地方改革创新实践案例研究丛书 2023卷

新时代改革方法论的地方实践

LOCAL PRACTICES OF REFORM METHODOLOGY IN THE NEW ERA

潘治宏 主编

社会科学文献出版社
SOCIAL SCIENCES ACADEMIC PRESS (CHINA)

课题组成员

组　　长：彭　森（中国经济体制改革研究会会长、十二届全国人大财经委副主任、国家发展和改革委员会原副主任）

副 组 长：赵　艾（中国经济体制改革研究会常务副会长兼秘书长、国家发改委区域开放司原司长）

专　　家：孔泾源（中国经济改革研究基金会理事长、国家发改委体改司原司长）

汪玉凯（中央党校〈国家行政学院〉教授、中国行政体制改革研究会原副会长）

银温泉（国家发展和改革委员会经济体制与管理研究所原所长）

储朝晖（中国教育科学研究院研究员、中国地方教育史志研究会副会长）

张照新（农业农村部农村经济研究中心研究员）

姜　玲（中央财经大学政府管理学院院长）

杨　菁（电子科技大学公共管理学院副院长）

执行组长：潘治宏（中国经济体制改革杂志社社长、地方改革创新研究院院长、中国经济体制改革研究会副秘书长）

执行副组长：蔡文武（中国经济体制改革杂志社副社长、地方改革创新研究院副院长）

耿　云（中央财经大学政府管理学院副教授）
徐照林（中国经济体制改革杂志社地方改革创新研究院学术秘书、博士后）
崔　晶（中央财经大学政府管理学院教授）
康　健（电子科技大学公共管理学院讲师）
盖丽茜（中国经济体制改革杂志社《中国改革年鉴》编辑部主任）
谭智心（农业农村部农村经济研究中心经营体制研究室主任、研究员）

序
践行新时代改革方法论，抓好重大改革任务推进和落实

彭　森

习近平总书记在党的二十大报告中指出，继续推进实践基础上的理论创新，首先要把握好新时代中国特色社会主义思想的世界观和方法论，坚持好、运用好贯穿其中的立场、观点、方法。推进中国式现代化新征程对地方全面深化改革在认识和实践上都提出了更高要求。这些年来，改革在实践上已经形成了一些很好的经验和基本方法，包括坚持党对改革的全面领导，正确处理改革整体推进与重点突破的关系；坚持解放思想，正确处理改革的问题导向与目标导向、结果导向的关系；坚持高质量发展为第一要务，正确处理好改革、发展与稳定的关系；坚持市场化改革的方向，正确处理好政府与市场的关系；坚持以人民为中心，正确处理改革的顶层设计与基层探索创新的关系；坚持“先立后破”的方针，正确处理好改革与法治的关系等。这些经验和方法为破解我国经济社会发展中面临的深层次矛盾问题、促进实现中国式现代化提供了思想和制度支持，为地方全面深化改革和落实提供了基本遵循。

一　坚持和加强党的领导，认真谋划好新一轮全面深化改革的重要举措

党对改革事业的坚强领导是改革开放40多年来最重要的一条经验。改革开放以来最重要的改革举措都是在党的会议上做出的决定。中国共产党的领导是中国特色社会主义最本质的特征，也是中国改革最本质的特征和

最基本的经验。

坚持中国共产党领导是中国式现代化的本质要求之一。坚持和加强党的全面领导是中国式现代化前进道路上必须牢牢把握的重大原则之一。党的二十大提出，必须坚持系统观念。习近平总书记明确提出，“推进改革要树立系统思想，推动有条件的地方和领域实现改革举措系统集成。”坚持系统观念，加强改革系统集成，已经成为党的十八大以来地方改革的重要趋势和特点。注重系统性、整体性、协同性是全面深化改革的内在要求，也是推进改革的重要方法。加强改革的协同性，关键是要深入研究全面深化改革的顶层设计和总体规划，明确提出改革总体方案、路线图、时间表。顶层设计强调的是顶层。要加强改革综合配套的设计决策工作机制。更加重视改革具体路径的选择。改革的任务纷繁复杂，要整体推进，不能一哄而上。在设计改革总体方案、路线图和时间表时，必须突出重点，综合协调，积极寻找可以牵一发而动全身的改革突破口，将改革的任务按其性质、目标、优先顺序、难易程度以及环境条件等因素，分类排队，联动设计，逐年分批推出一些有分量、有影响力的综合配套改革。

中央近期多次强调，要认真谋划新一轮全面深化改革的重大举措，这充分体现了党开启改革新征程的决心。新征程上继续推进全面深化改革，要坚持和加强党的领导，把准改革方向，明确目标任务，以科学的谋划、创新的魄力把各项工作抓好抓实。多地改革案例，充分证明了坚持和加强党的集中统一领导、加强党的自身建设在推进改革方面的重要性。

二　坚持解放思想，正确处理好目标导向与问题导向、结果导向的关系

在庆祝改革开放40周年大会上，习近平总书记曾深刻指出：“没有新一轮的思想解放，就没有新时代改革的大突破。”

解放思想是改革开放的前提条件。四十多年来，每一次改革的深化、每一项重大改革方案的出台，首先是以解放思想为先导、为条件。没有思想解放，任何改革突破都是难以想象的，改革时代之所以以1978年12月党的十一届三中全会为标志，不仅是因为这次会议正式确定了改革方针，更是由于会议决定从思想上拨乱反正，纠正文化大革命的错误，批判“两

个凡是”的错误方针，把党的中心工作转移到现代化建设上来。只有解放思想才能实事求是，坚持实事求是才能真正地解放思想。回顾中国改革开放四十多年来所走过的道路，就是一个解放思想、实事求是、追求真理、探索创新、不断推进马克思主义中国化时代化的过程。社会主义市场经济理论就是这一过程最大的创新成果。在新一轮改革中，仍然要把思想解放作为我们改革者理论和实践探索的重要思想武器。

习近平总书记指出，我们中国共产党人干革命、搞建设、抓改革，从来都是为了解决中国的现实问题。他反复强调，要以重大问题为导向，抓住关键问题进一步研究思考，着力推动解决我国发展面临的一系列突出矛盾和问题。党的二十大报告提出，必须坚持问题导向。聚焦实践中遇到的新问题、改革发展稳定中存在的深层次问题、人民群众急难愁盼问题、国际变局中的重大问题、党的建设中面临的突出问题，不断提出真正解决问题的新理念新思路新办法。2019 年中央经济工作会议指出，要积极进取，坚持问题导向、目标导向、结果导向。

要正确处理好改革的问题导向与目标导向的关系。中国的改革都是始于“问题导向”的。在改革开放初期，农业“大包干”、价格“双轨制”都是解放思想的结果，也都曾引起很大的争议，这就需要“目标导向”来把关定向。党的十四大确立了社会主义市场经济目标模式以后，问题导向的改革举措有了明确的方向，各项市场化改革探索有了政治上的保障。本书收录的淄博市“有解思维”案例，坚持万事有解，大胆通过改革突破体制瓶颈，认定对于发展中的问题，一定要解，一定能解。这就体现了问题导向改革路径，也体现了解放思想的改革精神。用改革的思路和办法破解发展中的难题，体现了问题导向的原则；而改革成为促进发展的关键一招，体现了结果导向的要求和标准。

当前，要注意区分问题导向和目标导向两大类改革推进方式的概念。在新一轮全面深化改革过程中，要坚持解放思想，确定各项改革任务从过多地关注问题导向改革转向更加注重目标导向改革。

三　坚持以高质量发展为首要任务，正确处理好改革与发展的关系

改革的本质是不断变革生产关系和上层建筑，为生产力的解放与发展

开辟道路。改革不是目标，只是路径选择，改革是为发展服务的。中国改革的历程证明，中国解决各种问题的关键在于发展，而改革是发展的第一推动力。党的十一届三中全会决定党和国家工作重心转向经济建设，党的二十大报告指出，高质量发展是全面建设社会主义现代化国家的首要任务。

面对发展中出现的难题，中国必须用市场化改革的思路去破解。改革开放是推动高质量发展、早日实现中国式现代化的“关键一招”。近年来，我国的经济发展面临挑战，经济回升的基础还不稳固，有效需求仍然不足，社会预期偏弱，经济增长的内在动力有待加强。面对经济下行的巨大压力，短期内可以通过宏观政策调控予以刺激和应对，但从中长期来看，发展中的结构性问题，只能通过改革，向改革要动力，只有市场化改革的办法才能破解。中央经济工作会议强调“必须把坚持高质量发展作为新时代的硬道理”。而高质量发展的动力何在呢？改革开放是高质量发展的主要动力源。必须坚持依靠改革开放增强发展内生动力，统筹推进深层次改革和高水平开放，不断解放和发展社会生产力，激发和增强社会活力。

四　坚持市场化改革的方向，正确处理好政府与市场的关系

改革开放40多年来，中国改革的核心问题一直是政府与市场的关系问题，这个问题涉及目标导向的改革，也涉及下一步改革的重点任务。在十八届三中全会上，习近平总书记指出：“理论和实践都证明，市场是配置资源最有效的形式”。他还强调：“市场决定资源配置是市场经济的一般规律，市场经济本质上就是市场决定资源配置的经济”。改革已经40多年，仍存在政府与市场的关系尚未理顺、市场体系仍不完善、市场配置要素的范围有限、政府对微观经济活动的干预过多等问题。一些行政垄断、市场壁垒、地区分割现象严重影响了全国市场的统一。针对这些问题，中央近年发布多个文件，包括推进要素市场化改革、建设全国统一大市场、完善社会主义市场经济体制等。

在研究新一轮深化改革的形势和任务时，应在工作中抓住三个重点：全面深化改革要以经济体制改革为重点，经济体制改革要以市场化改革为重点，市场化改革要以市场主体，特别是促进民营经济做大做优做强、要素市场化改革以及市场基础性制度的完善为重点。

五　坚持以人民为中心，正确处理好顶层设计与基层探索的关系

发展和改革为了人民，以人为本。党的二十大报告指出，必须坚持人民至上，人民性是马克思主义的本质属性，是共产党人的根本宗旨。一切改革如果不能以人民为中心，不能满足人民群众对美好生活的向往和追求就是无意义的。这也是改革的成果导向的实质和核心，即我们的发展与改革是否坚持了一切为了人民，一切依靠人民，一切成果由人民共享。淄博市在改革中坚持对于发展中有关民生的问题一定要解、一定有解、一定善解。保证改革有成效，地方得发展，群众得实惠，就是坚持成果导向，以人为本的最佳实践。

以人民为中心还强调了人民群众是历史创造者，是推动社会发展的决定性因素，是经济改革和中国式现代化建设的主体和主要动力。人民群众是改革实践和认识的主体，一切智慧的源泉都产生于人民群众的实践中，必须尊重群众在改革中的首创精神，在实践中不断总结和汲取人民群众创造的新鲜经验，这样改革发展才能克服一个又一个难点，不断开拓前进，取得胜利。中央全面深化改革的顶层设计非常好，要求非常明确，但不是仅有顶层设计就可以了。各地实践进一步告诉我们，中国改革还是需要广大人民群众、各级政府的解放思想、勇于探索、敢为人先的精神。

根据当前的改革形势与任务，我们特别要重点抓好重大改革试点，正确处理好整体推进和重点突破的关系。习近平总书记指出，改革需要整体推进，但不能是平均用力、齐头并进，而是要抓住主要矛盾和矛盾的主要方面，注重抓重要领域和关键环节，努力做到全局和局部相配套、治标和治本相结合、渐进和突破相衔接，实现整体推进和重点突破相统一。

试点先行是重大改革全面推进的一般规律的基本特点。近年来，中央在推进改革方式方面进行了新的探索和调整，鼓励地方进行差别化改革，鼓励地方敢试、敢闯、敢为，通过综合授权、先行先试，以局部突破带动整体突围。综合授权改革试点是在中央改革顶层设计和战略部署下，以清单式批量报批的方式推动重点领域和关键环节改革。综合授权改革试点就是按照法定程序、通过立法机关“授权试点”方式，为突破“无人区”“深水区”重大体制机制问题的改革提供法律依据。经过适当程序，涉及

法律的，经过全国人大进行审批授权；涉及国务院一些权责或规章制度的，由国务院进行授权。通过这种清单式、批量式的申请和授权，把解决一些重大体制机制问题需要的权力真正交给试点地区，试点地区将具有全面的责任和全面的改革自主权。

六　坚持“先立后破”，正确处理好改革与法治的关系

改革不能简单地以“破”代“立”，也不能片面地强调“破字当头”。在新的历史起点上，习近平总书记以全局视野布局党和国家发展各项事业，强调“既要勇于‘破’，又要善于‘立’”，辩证取舍、推陈出新，引领开启新时代中国的伟大变革。而在改革初期，由于经验缺乏，改革的理论方面准备不足，人们的认识的局限性比较大。因此，长期以来我国改革的基本推进方式带有一个鲜明的特点，即“摸着石头过河”，局部试点，总结经验，然后推广，形成制度或法律。这种“先行先试”“渐进式改革”的做法，避免了因盲目照搬外国模式、脱离中国国情而可能引起的社会动荡，实际上一度成为中国改革最为人称道的一条基本经验。

今年的经济工作，中央提出了“稳中求进，以进促稳，先立后破”的工作总基调。先立后破，字面意思是破旧之前要先立新。总的方向是破，但要注意统筹“稳”与“进”的关系、“立”与“破”的关系，各项工作必须做好规划，统筹协调，谋定而后动。不能脱离实际，急于求成。各项改革要立字当头，先立后破，必须处理好改革与法治的关系、依法治国与先行先试的关系，加强相关法治制度建设。习近平总书记指出，凡属重大改革都要于法有据，在整个改革过程中，都要高度重视运用法治思维和法治方式，发挥法治的引领和推动作用，加强对相关立法工作的协调，确保在法治轨道上推进改革。科学立法是处理改革和法治关系的重要环节。要实现立法和改革决策相衔接，做到重大改革于法有据、立法主动适应改革发展需要。

正确处理好改革和法治的关系是40多年来的一个重要改革经验。党的十八届三中全会提出全面深化改革，十八届四中全会作出全面依法治国的决定，实际上都是要解决如何将改革纳入法治轨道问题。一方面，要解放思想，大胆探索创新，通过改革打破束缚生产力发展的一些体制机制障

碍；另一方面，新时代要更多通过立法或授权的形式推进改革举措的落实，坚持用法律为改革提供保障，开辟新的空间。

对于地方来说，要在习近平新时代中国特色社会主义思想指导引领下，深刻践行新时代全面深化改革方法论，加强学习，不断提高站位，解放思想，立足实际，胸有全局，提高责任担当，把握好改革着力点，完善推进机制，努力抓好重大改革任务推进和落实。通过深化地方改革促进高质量发展，早日实现中国式现代化。

（作者为中国经济体制改革研究会会长，十二届全国人大财经委副主任委员，国家发展和改革委员会原副主任）

·目 录·

第一部分

新时代深化政务服务改革的“四川实践”研究

摘要：习近平总书记在党的二十大报告中指出：“扎实推进依法行政，转变政府职能，优化政府职责体系和组织结构。”政务服务改革是新时代国家治理体系和治理能力现代化的战略决策，是建设法治政府、智慧政府、服务型政府的重要途径，是党的十八大后深化行政体制改革、推动政府职能转变的一项重大举措。近年来，全国政务服务改革蹄疾步稳、持续向纵深发展。各级地方政府在巩固已有改革成果的基础上推陈出新，浙江省“互联网+”赋能改革、天津市“五环相扣”、广东省“粤系列”平台优化，为进一步深化放管服改革贡献地方力量。

本研究选取在全国深化政务服务改革领域具有典型意义的实践探索先进地区——四川省，系统总结2015~2022年地方探索的问题与经验成果，为中央及全国其他省市深化政务服务改革提供借鉴。四川省深化放管服改革实践始终坚持以习近平新时代中国特色社会主义思想为指导，高举中国特色社会主义伟大旗帜，全面贯彻落实党的十九届历次全会精神和党的二十大战略决策，聚焦方便企业群众创业办事，以“一网通办”前提下的“最多跑一次”改革为突破口，深入开展政务服务标准化规范化便利化建设、营商环境对标创新、成渝地区双城经济圈建设等重点工作；着力培育和激发市场主体活力，打造市场化、法治化、国际化营商环境，在思想引领、体制优化、机制突破、机构调整、服务供给、动能释放等方面持续深化改革；先后实施政务服务“三化建设”、营商环境升级优化、加速推进“一网通办”“跨省通办”等重大行动，全力做好两项改革“后”半篇文章。“五个率先”领跑全国、“四个体系”相继完善、网上政务服务能力位于全国前列，形成富有四川特色的实践模式和方法体系。“四川模式”为全国深化政务服务改革积累了宝贵经验，具有普遍借鉴推广意义。

关键词：政务服务改革　中国式现代化　政府治理　四川实践

一　新时代深化政务服务改革“四川实践”的研究背景和意义

（一）由管制到治理的公共行政理论沿革

1. 从权威管制到能动行政的历史变迁

经济基础决定上层建筑，中国行政管理体制脱胎于传统的计划经济体制，行政权力渗透到经济社会各个方面。“全能政府”“权威管制”的特点是全能与集权，垄断包揽一切经济社会事务，压缩市场发展和社会自治空间。自20世纪70年代开始，国际公共行政变革呈现一个共同趋势，即对政府、市场与社会关系进行反思，重新定位和设计政府职能。凯恩斯主义的管控型政府向新自由主义主张的“有效性”政府转变，强调限制政府干预经济，让市场充分发挥自我调节作用。英国“公民宪章”、美国“重塑政府”等新公共管理运动方兴未艾，在“反思—实践—修正”的改革螺旋中，“新公共服务”、“整体政府”和“网络治理”等新学说相继问世。受外部思潮和现实压力的双重影响，为适应政治经济形势变化，我国自改革开放以来先后进行了8次大规模的机构调整，推动行政体制改革不断向纵深发展。

1978~1987年，我国政府与市场关系处于探索阶段，打破了高度集中的计划经济体制模式，认识到市场配置资源的主导作用，强调政府以管理经济事务为主要职能，逐渐放松对市场和社会的权威管制，减少政府对经济活动的直接控制和干预。1982年和1988年两次大规模行政体制改革的重点在于“精兵简政”，首次提出“转变政府职能是机构改革的关键”，这一命题对此后的公共行政改革产生了深远影响。1992~2012年，随着社会主义市场经济体制的建立发展，政府与市场的关系进一步明确，即市场在国家宏观调控下对资源配置起基础性作用。机构改革主要聚焦于转变政府职能、实现政企分离、完善行政管理体制等内容，在“运行机制改革”上下功夫，尤其关注经济调节、市场监管和服务质量。2008年北京奥运会的成功举办推动中国经济走向新高度，同时暴露出公共服务供给不足的短板。国家开始强调服务型政府建设，着重加强政府的宏观调控、社会管理和公共服务职能，探索实行职能有机统一的大部门体制。由全能政府向有限政府、效能型政府转变的公共行政改革取向更加清晰。

2012年中国社会进入新时代，政府职能转变作为改革重点，被放到更加优先的位置。改革的方向是完善党和国家机构职能体系，推进治理体系和治理能力现代化。2013年3月，李克强总理提出，“转变政府职能，就是要解决好政府与市场、政府与社会的关系问题，通过简政放权进一步发挥市场在资源配置中的基础性作用，激发市场主体的创造活力，增强经济发展的内生动力；就是要把政府工作重点转到创造良好发展环境、提供优质公共服务、维护社会公平正义上来”。2013年11月，习近平总书记在关于《中共中央关于全面深化改革若干重大问题的决定》的说明中指出，“中央认为对政府和市场关系的问题，从理论上做出新的表述条件已经成熟，应该把市场在资源配置中的‘基础性作用’修改为‘决定性作用’”。十八届三中全会指出“核心问题是处理好政府和市场的关系，使市场在资源配置中起决定性作用和更好发挥政府作用”。党的二十大进一步要求，“深化简政放权、放管结合、优化服务改革”“转变政府职能，优化政府职责体系和组织结构”。如何更好地发挥政府作用成为公共行政改革必须予以科学回答的重大课题。放眼新时代，政府在强化经济宏观调控的同时，必须更加突出社会管理和公共服务职能，管理方式进一步向宏观管理、间接管理和监管服务转变，政府管理逐渐向党领导下的政府治理深刻转变。

2. 中国式现代化与中国特色政府治理

“治理”一词作为公共管理领域的重要概念，指的是一种由共同目标支持的活动，活动的主体未必是政府，也不一定非得依靠国家的强制力量来实现。从本质上看，治理行政与管制行政有很大的不同。一方面，管制行政的权威主要来自政府，而治理所需的权威并不为政府所垄断，更多的是政治国家与公民社会的合作，是强制与自愿的结合。另一方面，权力运行的向度发生变化。管制行政的权力运行是自上而下的，依赖地方政府的法定权威，通过发号施令对公共事务实行单一向度的管理。治理行政则是一个上下互动的过程，政府与非政府机构主要通过合作、协商、伙伴关系，基于共同目标处理公共事务，其权力向度是多元的、网络化的。正如习近平总书记强调的“治理和管理一字之差，体现的是系统治理、依法治理、源头治理、综合施策”。

政府治理是在社会主义市场经济体制条件下，人民政府在党的领导下依法对公共事务的治理，是国家整体治理的分支范畴和子领域。政府治理的发展变化与中国式现代化道路的长期探索密不可分。从单一的工业化，到多方面的“四个现代化”，再到全方位的“富强、民主、文明、和谐”，中国共产党人不断丰富和完善中国特色社会主义建设的奋斗目标、发展战略和基本纲领，对现代化建设规律的认识不断深化。2013 年，十八届三中全会将全面深化改革总目标确立为“推进国家治理体系和治理能力现代化”。这是党中央因应世界局势，出于长期执政考虑，在“四个现代化”基础上提出的第五个现代化。习近平总书记强调，“必须完整理解和把握全面深化改革的总目标，这是两句话组成的一个整体，即完善和发展中国特色社会主义制度、推进国家治理体系和治理能力现代化。我们的方向就是中国特色社会主义道路”。2022 年，党的二十大报告首次正式提出“中国式现代化”这一概念，阐释了其内涵和本质要求，进一步指出要深入推进国家治理体系和治理能力现代化。由此出发，政府治理现代化进程必然加速。

中国特色政府治理本质上是人民之治，是以满足人民群众对美好生活新需求为追求的服务型政府治理。首先是以政务服务改革撬动国家行政体制改革，借鉴整体性治理、政府流程再造、政府规制及新公共服务等国内外优秀治理理论与思想，科学民主决策促进党和国家机构调整。其次是以推进国家机构职能协同高效为着力点，优化行政决策、执行、组织、监督体制，完善治理结构和提升治理能力。再次是通过加快政府职能转变，使市场在资源配置中起决定性作用，更好地发挥政府作用，政府治理的能动性持续强化。通过推动行政区划调整，促进区域一体化发展，助力建设全国统一大市场，打开城乡发展新格局。通过强化对权力的监督，厘清权责清单，优化行政问责机制，推进纪检监察体制整体性重构。通过调整中央与地方的权力结构，央地、府际关系更加协调密切，寓活力于秩序。最后按共建共商共享原则积极构建人类命运共同体，深度参与全球治理。历经40多年的改革开放、守正创新，中国政府治理体系和治理能力现代化建设取得重要成果，逐步理顺党与政府、政府同市场和社会、央地政府以及地方政府间的关系，通过实施包括政务服务改革在内的系统性变革，初步建立了党领导下的、以人民为中心、组织结构更加精简高效、职能权责更加科学合理、体制机制更加健全、政务运作更加协调、法治化智能化水平显著提高的现代政府治理体系。

3. 政务服务改革的内涵特征与功能价值

政务服务改革即简政放权、放管结合、优化服务，三位一体、协同推进的综合性改革，是党的十八大以来党中央、国务院精简行政权力、激发市场活力、提高国际竞争力的重要战略部署，是深化行政管理体制改革、加快政府职能转变、提升政务服务能力的深刻的自我革命，是一场政府主动的、建构性的、内生型的公共行政变革。“放”的本质在于重新调整政府与市场、政府与社会的关系，通过权力瘦身调整政府职能边界，发挥市场配置资源的决定性作用，释放市场与社会活力；“管”的本质在于改变政府职能运行的方式，更加注重运用制度、网络、社会等新型监管方式实现行政管理职能；“服”的本质在于完善政府的公共服务职能，优化公共服务供给体系，提高政府服务市场与社会的能力。

通过政务服务改革，提升政府政务服务品质水平，释放社会活力，创造有利于效率与公平的新秩序，实现由管制型政府向服务型政府的转变。首先是践行“以人民为中心”的理念。改革要以人民性视角为出发点，以市场主体感受与满意度为着力点，以增进人民福祉为落脚点转变政府职能。其次是以增进社会公平为目标。通过政务服务改革促进政府职能转变，改变过去长期存在的重审批、轻监管、弱服务的做法，将提高监管效能、管出质量、管出公平作为价值目标。最后是以提升公共服务能力为定位。牢固树立政府公共服务意识，以人民群众满意为公共服务的价值标准，积极回应社会关切与民生的需求，提高政府公共服务能力，增加政府公共产品服务供给，满足广大群众日益增长的多样化、个性化需求。

（二）深化政务服务改革的内生动力与外在条件

1. 深化政务服务改革紧扣国际国内大变局发展趋势

针对国际国内环境，习近平总书记指出，“当今世界，百年未有之大变局叠加全球疫情，进入动荡变革期”“要统筹谋划中华民族伟大复兴战略全局和世界百年未有之大变局”。这是我们观察分析国内外形势，必须牢牢把握的重大战略判断。总体上看，我国发展面临着复杂严峻的国内外形势和诸多风险挑战。从国际上看，全球疫情仍在持续，经济复苏面临不稳定、不确定性，外部环境更趋复杂严峻。从国内来看，我国经济发展面临需求收缩、供给冲击、预期转弱三重压力，困难和风险增多。

深化政务服务改革是紧扣国内外局势、准确把握时代脉搏做出的发展良策。首先，推动优化行政审批改革，强化市场监管，对标全球典范，努力打造市场化、法治化、国际化营商环境，激发市场活力，推动海内外贸易持续发展，经济平稳向前运行，削弱国际局势对贸易市场的冲击，防范化解局势变动风险。其次，大力推动行政区划调整，促进区域一体化发展，打开城市发展新格局，刺激市场激发消费活力增强内需，同时区域间统筹合作有利于打破技术壁垒，开放包容促进技术创新。最后，持续的公共服务供给水平优化能够最大限度地在疫情反复的局势下聚焦群众利益，加强服务保障，解决亟须关注的问题，增加政府权威与公信力，为群众幸福感“加码”。

2. 深化政务服务改革是实现高质量发展的战略要求

高质量发展是全面建设社会主义现代化国家的首要任务。必须完整、准确、全面贯彻新发展理念，坚持社会主义市场经济改革方向。“坚持以推动高质量发展为主题，把实施扩大内需战略同深化供给侧结构性改革有机结合起来，增强国内大循环内生动力和可靠性”，着力转变发展方式、优化经济结构、转换增长动力，提高经济发展质量和效益，加快构建以国内大循环为主体、国内国际双循环相互促进的新发展格局。

实现高质量发展，就要通过深化政务服务改革，促进经济发展方式转变。完善公平竞争的市场环境，倒逼企业提高产品和服务质量，激发市场更大活力，提高供给体系质量。推动需求层次提升，使需求潜力更加充分地释放，使经济发展在新的更高水平实现供需动态平衡。实现高质量发展，就要通过深化政务服务改革，促进经济结构优化升级。建设统一开放、竞争有序的市场体系，使劳动力、土地、资金、资源等各类要素在行业内、企业间、区域间实现更高效率配置。实现高质量发展，就要通过深化政务服务改革，促进经济增长动力转换。进一步打破行政性垄断，防止市场垄断，确立竞争政策的基础性地位，使新技术、新产品、新业态、新商业模式获得更加稳定的制度基础和更加优厚的发展条件。

3. 政务服务改革创新是国家治理现代化的关键环节

新时代十年治国理政实践让我们深刻地认识到，推进国家治理现代化必须在党的全面领导下，始终以人民为中心，发挥中国特色社会主义制度优势，统筹好国内国际“两个大局”，坚持走中国式现代化道路，不断提高战胜风险挑战的能力。政府治理现代化是国家治理现代化的固有之义，政务服务改革则是其中关键一环。

政务服务改革通过简政放权、权力下放，持续推进政企、政资、政社、政事分开，加强政府经济调节、市场监管、社会管理、公共服务等职能，逐步将计划经济体制下的政府职能转变为适应社会主义市场经济的政府职能。政府集中力量，做好“该做的事”，市场活力得到激发、社会自治空间得以扩大，政府职能作用体系不断优化。通过放管结合、优化服务，精准校正政府与市场关系，以政府“有形之手”使市场“无形之手”充分发挥作用，进而撬动经济社会各领域的改革。政府主动作为，优化营商环境，搞好惠企便民服务，推动现代政府治理体系臻于至善。政务服务改革构思缜密、意图深远，旨在从根本上重塑政府的职能作用边界和思维行为方式，触利益、动格局，看似“小切口”，实则“大成效”，对推进政府治理体系和治理能力现代化具有“牵一发而动全身”的撬动作用。

4. 中央政府重视和引领支持全面深化政务服务改革

政务服务改革作为一场从理念到体制的深刻变革，致力于破解长期存在的政府职能错位、越位、缺位难题。以习近平同志为核心的党中央高度重视放管服工作，多次就深化政务服务改革作出重大决策和战略部署。“十四五”规划和 2035 年远景目标纲要明确提出，到 2035 年我国基本实现国家治理体系和治理能力现代化；“十四五”时期，要实现国家治理效能得到新提升，国家行政体系更加完善，政府作用得到更好发挥。国务院办公厅印发《第十次全国深化政务服务改革电视电话会议重点任务分工方案》，提出40项具体举措。这意味着深化政务服务改革使命重大、任务繁重、时间紧迫，刻不容缓。中央政府在掌舵方向、引领进程的同时，对地方政府深化政务服务改革的各种探索和行动给予了有力支持，该下拨的经费尽快足额到位，该放权的政策空间尽量松绑解围。

在政务服务改革中，地方和基层积极贯彻中央改革部署，同时结合本地实际，大胆探索、勇于创新，破解了许多改革难题，形成了许多深受群众欢迎的好做法，如“一窗受理、并联审批、全程通办”，审批办证“让群众最多跑一次”，“不见面”审批，“涉企收费进清单，清单之外无收费”，实行“双随机、一公开”抽查等。

5. 智慧技术赋能助力政府职能转变和数字化转型

发展数字经济是把握新一轮科技革命和产业变革新机遇的战略选择，是构建现代化经济体系的重要引擎。数字化服务正有效打破时空阻隔，提高有限资源的普惠水平，满足便利化、多样化、个性化需要，让广大群众享受到看得见、摸得着的实惠。

建设更高水平的数字政府是推动国家治理能力现代化的重要举措。当前我国数字化政府建设卓有成效，一体化政务服务和监管效能大幅度提升，“一网通办”“最多跑一次”“一网统管”“一网协同”等服务管理新模式广泛普及，数字营商环境持续优化，在线政务服务水平跃居全球领先行列。同时数字政府建设也面临着困难与挑战，价值潜力还没有充分释放，数字经济治理体系需进一步完善。一方面，李克强总理提出建设“互联网+监管”系统，强化对地方和部门监管工作的监督，实现对监管的“监管”。另一方面，政府利用数字技术赋能营商环境建设、重构政务服务场景，利用数据将人、物、资本、信息等生产要素进行有效链接和跨时空协同，不断提高市场效率和改善服务体验。借助数字方式所具有的信息交互即时化、政务服务精准化、数据运营无界化优势，有效破解行政壁垒和服务碎片化问题，密切政府与社会公众连接互动，是新技术条件下政府改革转型的有为之道。

6. 地方创新辐射扩散推动治理变革纵深交互发展

地方深化政务服务改革的创新实践在一定程度上扩散至其他地区，形成全国范围的政策扩散耦合效应。政策采纳的动机往往来自“上下左右”的政治压力，这种政治压力形成了竞争性激励因素，成为各级政府政策学习的主要动因。发展当地经济的迫切愿望与绩效考核压力下的政绩锦标赛激励，形成政府横向竞争压力，促使政府开展政策学习，推动政策在各地扩散。

政策扩散的速度、幅度和力度不仅受地方财政资源、人口规模、经济发展水平的影响，也会受到中央政府主导压力的影响。富裕地区由于对政策创新的社会预期高，政策创新压力大，经济落后地区则更容易扮演“观望者”“跟进者”角色。政府积极转变职能，既营造出具有活力的市场竞争态势，又反过来给予政府一定的压力，倒逼政府继续深化政务服务改革。

（三）全国政务服务改革推进的总体状况与典型样本

1. 全国政务服务改革的发展进程

在中央大力推动下，各地积极开展政策创新和实践探索，政务服务改革不断向纵深发展，大体经历三个阶段。一是20世纪70年代末到90年代末向市场经济转型阶段。这一时期主要以中央向地方下放权力、政企分开为重点。1982年，国务院提出“四化”方针；1988年，第一次明确提出政府职能转变这个关键性问题；1993年，机构改革的重点是转变政府职能，中心内容是政企分开；1998年，机构改革在政府职能转变方面取得重大进展，政府职能确定为宏观调控、社会管理和公共服务三项，政企分开取得新突破。计划经济体制终结，社会主义市场经济体制在我国基本建立。

二是21世纪初期至2012年市场经济体制发育阶段。这一时期重点是推进政企分开、强化政府公共服务职能、建设服务型政府。为更好地发挥市场在资源配置中的基础作用，加大了行政审批制度改革力度。2001年9月成立国务院行政审批制度改革工作领导小组，2004年7月《行政许可法》正式实施。截至2012年共进行了六轮行政审批制度改革，取消调整了2400多项审批项目，占原有审批项目的近70%。我国的行政审批制度改革取得突破性进展，政府服务功能不断强化。

三是2012年底至今市场经济体制完善阶段。2013年11月，党的十八届三中全会在政务服务改革方面做出了总体部署，提出要进一步推进行政审批制度改革和投资审批制度改革，大幅度减少国务院部门微观事务管理职能，以实际行动推动简政放权；同时，要更好地发挥政府在宏观调控、市场监管、社会治理、公共服务等方面的作用。这一阶段我国政务服务改革取得了突破性进展，商事制度改革深入推进，“双随机、一公开”的市场监管改革持续深化，服务于“大众创业、万众创新”的政务服务效率大幅度提升，我国营商环境全球排名持续提升。世界银行《2020 全球营商环境报告》显示，中国的总体排名上升 15 位，名列第 31 位（见图 1）。该报告称由于大力推进改革议程，中国连续第二年跻身全球营商环境改善最大的经济体排名前 10。政务服务改革取得重大成功，成为中国特色政府治理体系中最为闪耀的一环。

TABLE 0.2 The 10 economies improving the most across three or more areas measured by *Doing Business* in 2018/19

Economy	Rank	Change in DB score	Reforms making it easier to do business									
			Starting a business	Dealing with construction permits	Getting electricity	Registering property	Getting credit	Protecting minority investors	Paying taxes	Trading across borders	Enforcing contracts	Resolving insolvency
Saudi Arabia	62	7.7	✔	✔	✔		✔	✔		✔	✔	✔
Jordan	75	7.6					✔		✔			✔
Togo	97	7.0	✔	✔	✔	✔	✔					
Bahrain	43	5.9		✔	✔	✔	✔	✔	✔	✔	✔	✔
Tajikistan	106	5.7	✔				✔			✔		
Pakistan	108	5.6	✔	✔	✔	✔			✔	✔		
Kuwait	83	4.7	✔	✔	✔	✔	✔	✔		✔		
China	31	4.0	✔	✔	✔			✔	✔	✔	✔	✔
India	63	3.5	✔	✔						✔		✔
Nigeria	131	3.4	✔	✔	✔	✔				✔	✔	

图 1　中国营商环境的全球排名及进展

资料来源：世界银行《2020 全球营商环境报告》。

2. 全国政务服务改革的政策成果

政务服务改革由中央发动，自上而下推行，在各级各类部门迅速展开，关键在于党和政府高度重视政务服务改革的功能价值，率先垂范引领改革、深化改革，不断研究新问题、出台新政策。

从国务院层面来看，2017 年 6 月，国务院办公厅印发政务服务改革重点任务分工方案：一是在更大范围内推进“证照分离”和“负面清单”试点，对于有前景的产业和业态量身定制监管模式，为促进就业创业降门槛。二是改进和优化纳税服务，落实和完善全面推开营改增政策，为各类市场主体减轻负担。三是放宽市场准入，压减 50%的工业产品生产许可证，放宽外资准入限制，拓展有效投资空间。2018 年 8 月，强调大力发展“互联网+政务服务”，推进线上线下融合，打造全国一体化政务服务平台，坚持“联网是原则，孤网是例外”，大力推动跨地区、跨部门、跨层级信息数据开放共享，优化政府服务。2020 年 11 月，强调要落实好《优化营商环境条例》，巩固已有改革成果，将行之有效且可长期坚持的做法逐步上升为制度规范，一体化推进相关领域改革。2021 年 7 月，强调要重视市场主体诉求，加强帮扶支出，让市场主体安心发展、更好发展。同时持续深化行政审批制度改革，加强部门衔接；建立健全营商环境法规体系，依法保护各类市场主体产权和合法权益，严格规范公正文明执法；加强与相关国际通行规则对接，健全外商投资促进和服务体系，进一步优化外贸发展环境，加强营商环境“三化”建设。2022 年 10 月，强调要依靠改革开放释放经济增长潜力，继续把培育壮大市场主体作为深化政务服务改革的重要着力点，支持企业到国际市场打拼，在公平竞争中实现互利共赢。

从中央部委层面来看，各部委落实政务服务改革的要求，在各自领域不断推行政务服务改革。2017 年，民政部、国家发展改革委、公安部等部门加快推进养老服务业政务服务改革，要求流程简化优化、管理依法合规、服务便捷高效、政策衔接有效。2018 年，水利部要求做好水利政务服务改革专项督察工作，重点督察涉水改革任务贯彻落实情况和有关问题整改情况。公安交管部门进一步深化政务服务改革提升交管服务便利化的措施，改革交管窗口服务，全面推行“一次办、马上办”、延伸下放交管业务，大力推行“就近办、便捷办”。生态环境部实施《建设项目环境影响评价分类管理名录》动态修订，优化环评分类。落实新修订的《环境影响评价公众参与办法》，优化公众参与程序和形式。2019 年，商务部要求做好批发仓储经营资格审批取消后政策衔接工作、零售经营资格审批下放移交工作、制定完善管理制度、加强石油成品油流通行业管理。2021 年，农业农村部在乡村治理中推广运用清单制，构建全国统筹、分级负责、事项统一、权责清晰的农业农村领域行政许可事项清单体系。编制农业农村领域政务服务事项基本目录，大幅提升政务服务平台服务能力。

从地方政府层面来看，政策成果总体丰硕，地区间存在结构性差异。借助“北大法宝”政策检索平台进行主题词搜索，收集 2017～2021 年共 1356 份政策文献，其中国务院及各部委发文 38 份，省和直辖市发文 1318 份。

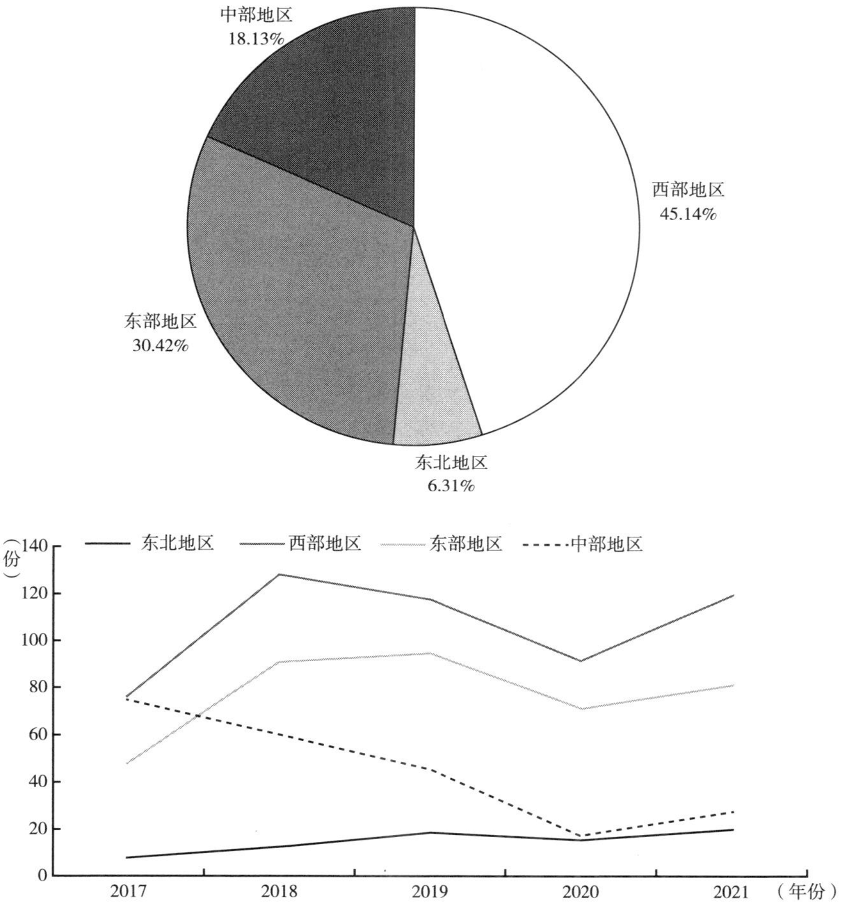

图 2　全国政务服务改革政策产出区域分布

从空间区域来看，西部地区和东部地区文本数量较高，2017~2021 年西部地区文本数量为 595 份，占比 45.14%，东部地区 401 份，占比 30.42%。从行政区划来看，政策文本数量靠前的省份分别是甘肃省（123 份）、江苏省（91 份）、四川省（90 份）、山东省（73 份），其余省份均在 64 份及以下。由此观之，目前我国政务服务改革政策细化较为突出的是西部地区，甘肃省、四川省以及东部地区的江苏省政务服务改革政策创新成效显著。在上述政策文献中，剔除会议通知、人员任命等文本后，表 1 统计了 2017~2021 年地方政府发布的放管服政策。

表 1　各地政务服务改革政策产出年度分布（2017~2021 年）

单位：份

年份	东北地区	西部地区	东部地区	中部地区	总数量
2017	8	75	48	75	206
2018	13	128	91	60	292
2019	19	118	95	46	278
2020	16	92	71	18	197
2021	20	120	81	28	249

从 2017 年开始，全国各地几乎每年出台的政策都在 200 份以上，其中 2018 年出台的政策数量最多，共计 292 份。西部地区出台的放管服政策数量始终最多，每年出台的政策数量都保持在 70~130 份，其次是东部地区和中部地区，东北地区出台的政策最少，每年都在 20 份以内，整体呈现缓慢增加的趋势。

统计显示，现阶段我国政务服务改革的政策内容覆盖面较为广泛，简政放权、放管结合、优化服务三个议题几乎覆盖了所有政策领域。同时，三者在占比上存在一定差异，优化服务议题和简政放权议题所占比例大体相当，放管结合议题所占比例较低（见图 3）。“优化服务”所占比重最大，为 37.0%，其次是“简政放权”，为 33.9%，放管结合只占 29.1%，总体较为均衡，表明简政放权、放管结合、优化服务工作在各地方政府得以同步推进。

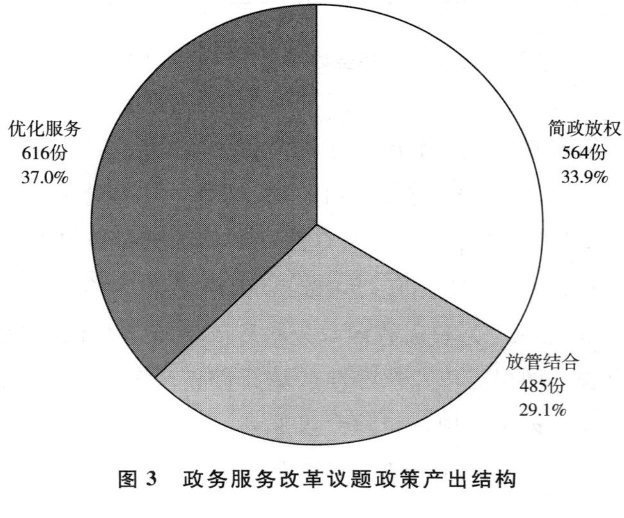

图 3　政务服务改革议题政策产出结构

进一步分析可见，政务服务改革主要集中于营商环境、简政放权、政务服务以及信用监管等议题。

3. **全国政务服务改革的实践成效**

从国务院层面来看，在简政放权方面，一是减少行政审批事项。分 9 批取消下放国务院部门审批事项 618 项，占原有 1700 多项的近 40%。二是改革商事制度。工商登记由“先证后照”改为“先照后证”，前置审批事项压减 87%以上，注册资本由“实缴制”改为“认缴制”，推行“多证合一、一照一码”改革，启动企业简易注销登记改革。三是清理审批中介。分 3 批清理国务院部门行政审批中介服务事项 323 项，占原总数的 74%，实行中介服务机构与审批部门彻底脱钩，规范了中介服务。四是实行减税降费。出台营改增、中小微企业税收优惠等结构性减税政策，全面清理涉企收费问题，中央和省级政府取消、停征和减免收费 1100 多项，其中涉企行政事业性收费项目减少 69%，政府性基金减少 30%，2013~2016 年累计减轻企业负担 2 万多亿元，2017 年出台的减税降费措施，可使企业全年减负 1 万多亿元。五是推行清单管理。省、市、县三级政府部门权责清单已全部公布；国务院部门公布了行政审批事项汇总清单，权责清单制定已在 7 个部门试点，总结经验后推开；中央和省级政府公布了涉企行政事业性收费、政府性基金目录等清单；公布《自由贸易试验区外商投资准入特别管理措施（负面清单）》，覆盖现有 11 个自贸试验区，负面清单事项大为减少，缩减至百项以内。

在放管结合方面，加强事中事后监管，推行“双随机、一公开”抽查监管，2017 年底实现全覆盖；实行信用监管，建立了国家企业信用信息公示系统和守信联合激励、失信联合惩戒机制；出台公平竞争审查制度；推行智能监管，利用大数据、云计算等现代信息技术加强监管；探索对新经济形态实行包容审慎监管；改革行政执法体制，市、县两级全面推行市场监管综合执法。

在优化服务方面，大力简化审批程序，创新服务方式，“一窗受理、一站服务”得到普遍实行，审批时间大大缩短；取消了一大批烦扰公众的各种证明和繁文缛节，办证多、办证难现象大为减少；推行行政审批规范化，出台《行政许可标准化指引 2016 年版》；“互联网+政务服务”全面推开，实体服务大厅与网上办事大厅融合加快，“一网通办”正在形成，有的审批办证事项做到“最多跑一次”或“一趟不用跑”。

从地方政府层面来看，各地根据中央部署要求，结合自身实际情况，充分利用比较优势，实施了一系列具有个性特色的改革措施。例如，上海市构建了“六全”的系统治理体系，一体推进政务服务改革，打造市场化法治化国际化一流营商环境。深圳市始终坚持把优化营商环境作为“一号改革工程”，改革政策从1.0到5.0不断迭代升级，从先行先试到全面落地，改革举措在全市“遍地开花”。发挥数据价值为城市发展赋能，积极探索政务数据在社会治理和商业场景中的应用。推进“政策补贴直通车”改革与政务服务“全市域通办”。将“i深圳”平台打造成城市移动服务总门户和“一网通办”主渠道。这些大力度标志性改革，破解了多年来存在的难题，清除了改革发展中的障碍，取得了显著的实践成效。

一是推动了政府职能转变。通过简政放权，将该放的权力放给市场和企业，以政府权力“瘦身”打开激发市场活力之门；通过放管结合，创新监管方式和手段，减少“重审批、轻监管”现象，事中事后监管得到加强；通过优化服务，政府服务能力水平有了明显提升，方便了企业公众办事创业。实践表明，政务服务改革推动了政府履职理念和方式变革，从不同方面厘清了政府与市场的边界，扭转了诸多职能越位、缺位、错位等现象，使政府职能有了重大转变。

二是改善了营商环境。政务服务改革减少了政府审批发证，放宽了市场准入，扩大了市场主体自主权，强化了市场监管，方便了就业创业，推动了从“严进宽管”到“宽进严管”的转变，降低了制度性交易成本，使营商环境得到明显改善。根据中国国际贸易促进委员会调查，全国营商环境持续优化，主要表现为：“一是有效的监管体系为简政放权提供保障；二是法治化营商环境日趋完善；三是减税降费措施成效显著，企业感受到‘真金白银’的实惠；四是贸易投资便利化大幅提升；五是传统基建和‘新基建’持续优化。”

三是促进了经济社会发展。政务服务改革为企业松了绑，为市场腾了位，为“双创”清了障，为发展添了力，极大地激发了市场活力和社会创造力，连续几年全国新增市场主体日均4万多户，保持新增就业1300万人以上，带动了新的就业、消费和投资。加快了新动能形成，新经济形态的贡献率快速提升，一些传统产业也增添了活力生机。推进了企业降成本、减负担、增效益，使企业特别是中小企业可以轻装上阵。这就在一定程度上抵消了经济下行压力，提供了发展动力，促进了经济社会发展。

4. 推进政务服务改革的地方样本

一是浙江省"互联网+"赋能政务服务改革。2016 年，浙江首次提出"最多跑一次"改革，充分运用"互联网+政务服务"，以增强人民群众获得感为落脚点，开启变"群众跑腿"为"数据跑腿"的服务新模式，全面推进政府自身改革。2021 年，加快推进浙江省跨境电子商务供应链智慧化、贸易便利化和服务优质化，把跨境电子商务打造成为浙江参与双循环的新动力、开展制度创新的新引擎和稳外贸的重要支柱。2022 年，开展营商环境优化提升行动，打造具有中国特色、浙江辨识度的国际一流营商环境，为争创社会主义现代化先行省、高质量发展建设共同富裕示范区提供强有力的制度保障。浙江通过"互联网+"赋能政务服务改革，打破信息壁垒，实现信息共享。打造"一指减负"数字化改革场景应用提升企业获得感。"一指减负"是浙江在全国首创的数字化改革场景应用，通过"一指减负"五部曲，即减负政策"一指查询"、条件匹配"一指评估"、满足条件"一指办理"、上下联动"一体推进"、减负效果"一指评价"，形成了减负工作闭环，可以让企业清楚地知道自己"减什么、减多少、怎么减"。截至 2021 年末，服务端"浙里办"企业码"一指减负"应用累计访问量达 232 万次，累计评价 1.5 万次，企业五星好评率为 99.97%；治理端已在全省、市、县实现全贯通，上线减负降本政策 40 条，全省企业减负降本金额达 2574.31 亿元，惠及企业 3983 万家次。

浙江省是全国最早启动"互联网+监管"平台建设的省份，改革从企业和群众最关注的领域入手破题，主要解决政府监管面临的 3 个突出问题：整体性协同性不足、标准性规范性不足、精准性预见性不够。浙江省"互联网+监管"平台是浙江省政府数字化转型"四横三纵"体系中的通用业务应用系统，是全省标准化、通用性的行政执法监管系统。有针对性地解决了传统执法监管工作中各地各部门协同不足、标准不一的问题，通过打通行政执法监管系统和省统一投诉举报平台、公共信用信息平台、基层治理平台、全程电子化登记平台等，实现了监管业务"一个入口、一个平台"，成为目前全国唯一实现省、市、县三级全贯通和执法部门全覆盖的执法系统，并率先完成与国家系统的对接，为全省各地执法部门和执法人员提供了全流程一体化监管工作平台。基于移动互联网技术，浙江依托全省公务员的“政务超市”——“浙政钉”，推出了全国首个统一推广的移动执法系统“浙政钉”掌上执法。掌上执法系统让全省各地的基层执法人员从大量的文件和表单中抽离出来，只需通过手机就可以完成执法，便捷了基层执法工作，提高了执法效率。

二是天津市“五环相扣”创新监管模式。2014 年 5 月，天津滨海新区行政审批局正式成立，9 月，李克强总理前往滨海新区考察并对天津这一改革予以肯定与赞扬。2015 年 3 月，天津、河北、山西等省市开展相对集中行政许可权的试点改革。2017 年，明确改革工作目标为实现行政审批最少、市场监管最强、公共服务最优。2018 年，提出“一制三化”改革，着力打造一流政务服务体系，持续深化承诺制审批改革、强化政务服务标准化建设、打造政务服务智能化平台、提升政务服务便利化程度。

天津市强调信用体系建设，通过完善信息公示、风险分类、随机联查、结果告知、联合惩戒，形成“五环相扣”链条式监管体系，为企业家创业发展营造公平诚信、开放包容的市场竞争环境。第一，实现信用信息公示全覆盖，为企业编制“信用名片”。依托天津市市场主体信用信息公示系统，形成企业的“信用档案”，为市场交易提供信用指引。第二，实施信用风险分类，对企业做出“信用评价”。以企业信用记录为基础，建立并推行市场主体信用风险分类制度，为守法经营企业家开拓市场提供信用支撑。第三，开展双随机抽查，防范对企业不必要的打扰。健全跨部门随机抽查联合检查机制，减轻企业负担，有效保护企业家自主经营权。第四，主动告知检查结果，引导企业家诚信经营。主动向企业告知监督检查结果和信用风险分类变化，使企业家及时了解企业的信用状况，不断规范企业经营行为。第五，加强信用激励约束，点亮企业经营的“红绿灯”。对失信企业实行信用约束与信用惩戒，使其“一处违法、处处受限”，促进市场公平竞争。

三是广东省“粤系列”应用平台优化服务。2015 年，广东推进行政审批制度、投资审批、职业资格、收费清理、商事制度、教科文卫体等系列改革。2017 年，按照应放尽放的原则，取消、下放和委托管理的行政审批事项74项，除跨流域跨地市事项、审批数量极少的事项、必须由省统筹的事项、涉及环保安全税收的事项以外的其他事项基本下放。2021年，广东省基本完成全省职称制度改革，推动涉企经营许可事项分类改革，深化商事登记确认制改革和工业产品生产许可制度改革；推动一批重点事项实现"跨省通办"，深化"粤系列"平台型应用建设，深入推进政务服务流程优化，使政务服务延伸到基层群众。

广东省不断优化"粤省事""粤商通""粤智助"等"粤系列"平台功能，让更多重点领域政务服务事项可以通过App、自助终端等渠道"指尖触达"，群众可享受指尖办、随时办、随地办的便捷体验。目前，已经实现"粤智助"自助机在市、县（区）、镇（街道）、村四级全覆盖。线下服务有效打通，线上服务更方便快捷。加强"粤省事"平台宣传推广，不断深化平台功能应用，稳步推进建设具有本地特色的"潮州专区"，为市民提供981项"掌上办"政务服务事项，在打造高效政府、助力新冠疫情防控等方面发挥积极作用。"粤商通"是广东省面向市场主体打造的涉企移动政务服务平台，可为广大企业提供561项省统服务事项和39项本地特色服务事项，开企业、办业务、找政策、提诉求等全方位服务可轻松实现"掌上办"。广东不断优化"粤系列"平台功能，推进线上线下各类政府和社会服务渠道深度融合，大力构建泛在普惠的政务服务体系，鼓励各地开展区域特色服务创新，增强用户黏性和服务获得感，打造全省统一的移动民生服务平台。

（四）研究四川深化政务服务改革的理论和实践价值

1. 四川实践为继续推进国家治理理论创新探索前进路径

国家治理理论创新的主要路径，一是顶层设计自上而下，二是地方探索自下而上。顶层设计指的是对制约我国未来改革发展的一些全局性、关键性问题进行顶层判断，提出解决的整体思路和框架，以此作为制定具体改革政策的依据。政务服务改革在进入"深水区"和攻坚期后，各种深层次矛盾纷纷显露，盘根错节，难以分清是纯粹的经济问题、政治问题还是社会问题，也不是某个部门、某个领域或某个省区所能解决的问题，因此须从全局和更高的层次上去谋划和部署改革，整体地、全方位地为规范有序的改革提供原则和方案。顶层设计并不意味着地方无所作为。李克强总理在谈到下一步的改革时重点强调“改革要既有顶层设计，又尊重基层的首创精神”“中国太大了，14 亿人口，区域广阔，国情非常复杂，仅有顶层设计远远不够”。中国改革开放的起点，就是尊重群众的首创精神，今天这种精神仍要继续发扬。

因此，改革方案的设计不是顶层专利，地方的探索创新亦具有积极意义。只有充分尊重和发挥地方的首创精神，鼓励地方探索创新，才能不断地为“顶层设计”积累经验，提供脚本，以弥补“顶层设计”的实践不足，避免改革方案空洞化。事实上，当前深化政务服务改革将顶层设计与地方创新相结合，自上而下与自下而上相结合，创新优势大、后劲足。深入研究四川实践的“一网通办”“双城经济圈建设”“政务服务三化”“全链条监管”“全方位服务”等特色措施，总结和推广这些宝贵经验，能够为持续推动国家治理理论创新做出贡献。

2. 四川实践为构建高水平社会主义市场经济体制贡献力量

构建高水平社会主义市场经济体制要以处理好政府与市场关系为重点，优化发展环境，这也是政务服务改革的重点。开放市场、公平竞争是高标准市场经济体系的重要特征，构建高水平市场经济体制更是要优化发展环境，要在激发市场主体活力的制度创新上实现新突破。同时以知识产权保护为重点推进产权制度改革。要实现要素市场化配置改革取得重大进展，必须更好地利用国内国际两个市场、两种资源。

政简易管，政繁易腐。政务服务改革的核心要旨是对政府与市场边界进行重新厘定，推动有效市场和有为政府更好结合。通过减少行政权力的不当干预，优化行政权力的作用方式，破除影响市场交易的各种藩篱和屏障，促进各类要素的自由流动，形成更加开放、更有活力的全国统一大市场，激发社会主义市场经济发展的内生动力。通过建立健全贯穿市场主体全生命周期，衔接事前、事中、事后全监管链条的新型监管机制，促进有为政府及时有效弥补市场机制缺陷，以公正监管促进公平竞争，形成科学合理的政府与市场关系。四川围绕营商环境做文章、下功夫，实行了一系列便企利企措施，吸引“外边的”，留住“已有的”，不断壮大市场规模，有效激发了市场主体活力和发展内生动力。深入研究四川实践优化营商环境和惠企利民的成功经验，能够为构建高水平社会主义市场经济体制贡献有益借鉴。

3. 四川实践为加快推动政府治理体系现代化提供实践蓝本

党的十九届四中全会提出“坚持和完善中国特色社会主义行政体制，构建职责明确、依法行政的政府治理体系”，从完善国家行政体制、优化政府职责体系、优化政府组织结构、健全充分发挥中央和地方两个积极性体制机制等方面指明方向路径。一方面，厘清政府治理现代化的责任逻辑。明确政府责任是政治责任、法律责任、道德责任的多面融合。根据以责确权、权责一致的原则实现责任与权力的统一。另一方面，优化政府治理现代化的结构体系。理顺行政内部条块关系，处理好多元治理主体关系；盘活行政体系诸要素，确保中央顶层设计与地方自主管理相互配合，运用新技术新手段创新行政方式，激活行政效能。

四川省着眼于处理好政府与市场、政府与社会等治理主体的关系，通过简政放权、精简机构破解条块矛盾、理顺行政体系内部关系，在一定程度上打破职责同构，科学定责确权，加强跨部门跨层次协调沟通，消弭部门之间的潜在冲突；根据市场和社会主体的功能有效放权，调动多元主体积极参与政府治理，有效拓展政府治理触角，为改革创新探索新路。四川实践致力于市场治理有力度、社会治理有精度、基层治理有温度，是我国致力于政府治理体系和治理能力现代化的缩影。

4. 四川“后半篇”改革为全国政务服务改革提供参考经验

两个“半篇”改革是四川省深化政务服务改革的战略安排。“后半篇”文章主要是指继续做好乡镇行政区划和村级建制调整改革，结合政务服务改革将政务服务“三化”建设延伸至基层。在深化改革方面，四川省提出稳妥有序推进后续各项改革、推动乡镇（街道）扩权赋能；在推动高质量发展方面，明晰乡镇（街道）发展定位，提高乡村规划建设水平，加强基础设施建设，培育壮大优势特色产业，加强城市生态环境保护；在优化服务供给方面，提出提升基本公共服务供给水平、优化完善便民服务体系、加强基层应急能力建设；在提升治理效能方面，加强和创新城市社区治理，培育文明乡风、淳朴民风，加强基层党组织和人才队伍建设。

四川省“后半篇”改革首先是党委重视。省、市、县、乡、村五级书记亲自抓，各地各部门高度重视，形成了上下联动、左右协作、全局一盘棋的工作格局。其次是坚持精准施策。制定推进乡镇行政区划和村级建制调整改革的指导意见及配套政策，明确乡镇建制调整“五个不”和村级建制调整“三不变”的边界红线。再次是尊重民意。将群众满意贯穿于改革全过程，方案形成后挂网公开征求社会各界意见。针对性做好重点群体宣传解释工作，切实保障知情权、参与权和监督权。最后是稳慎推进。坚持“一快一慢”，方案制定充分调研，方案确定快速实施完成；坚持依法依规，严格履行重大行政决策程序；充分考虑脱贫攻坚、疫情防控等因素，分批次推进改革；把握宣传的时效，对群众意见大、难以统一的，暂时搁置，整个改革期间未出现重大负面舆情。为做好“后半篇”文章，四川坚持问题、基层、利民、发展、目标、结果“六个导向”，聚焦优化资源配置、提升发展质量、增强服务能力、提高治理效能“四大任务”，把“前半篇”确定的愿景、构建的框架、形成的格局、激发的活力转化为高质量发展、高效能治理、高水平服务的成果和实效。其间所展现的改革决心、改革思维，所创造的政策成果、实践经验，能够为全国其他地区全面深化政务服务改革提供宝贵借鉴。

二　新时代深化政务服务改革“四川实践”的主要内容

（一）聚焦改革主题，谋划推进重大行动

1. 加快推进政务服务标准化规范化便利化

四川省政务服务“三化”建设主要是以“一网通办”前提下的“最多跑一次”改革为牵引，加强政务服务事项管理，统筹线上线下政务服务，促进区域和城乡政务服务均衡发展，推动审批服务与事中事后监管有效衔接，持续提升行政效能，为企业群众提供更加优质高效的政务服务。

一是推进政务服务标准化。第一，构建政务服务事项“一单一图一表”管理体系。建立由政务服务事项清单、运行图谱、实施要素一览表构成的政务服务事项管理体系。通过“一单一图一表”，详尽直观展示并规范政务服务运行，推进政务服务与事前事中事后监管有机衔接，方便企业群众办事和行政机关实施管理。第二，编制政务服务事项清单。政务服务事项清单由政务服务事项基本目录和实施清单构成。省直各部门根据国家政务事项基本目录和国务院有关部门发布的政务服务事项实施

清单，结合四川省现有的行政权力事项清单和公共服务事项清单，全面承接中央层面指定地方实施的政务服务事项，同步梳理四川省依法依规自行设立的政务服务事项，确保事项名称、类别、编码、依据对应统一，明确实施层级，形成本部门政务服务事项实施清单。第三，推进事项要素统一。根据事项清单梳理再造流程，逐项、逐环节明确设定依据、实施机关、许可条件、办理程序、办理时限、申请材料、适用范围、有效期限、中介服务、监管主体、监管措施等要素，固化现场勘验、技术审查、听证论证等程序及最长办理时限，形成事项运行图谱和实施要素一览表，实现服务流程“一图尽知”、监管责任“一表尽览”。第四，推进事项动态管理和标准化建设。对全省政务服务事项进行动态管理，及时研究解决清单管理和事项实施中的重大问题。严格实施国家政务服务标准化工作指南，加大改革创新力度，探索建立全省政务服务事项管理、政务服务中心建设、政务服务实施、便民热线运行、服务评估评价等地方标准规范体系。

二是推进政务服务规范化。第一，规范审批服务行为。严格按照“一单一图一表”提供办事服务，不额外增加或变相增加办理环节和申请材料，鼓励在合法合规的前提下探索进一步减少申请材料、压缩办理时限的创新举措。严格执行首问负责、一次告知和限时办结等制度。清理无法律、法规或者国务院决定依据的中介服务事项，动态调整强制性中介服务事项清单，并纳入中介服务“网上超市”统一管理、提供服务。第二，加强审管联动。按照“谁审批、谁监管，谁主管、谁监管”原则，健全审管衔接机制。监管机关严格履行监管责任、落实监管措施。特别是开展相对集中行政许可、综合执法改革的地方，明确审批、监管、执法的职责和边界，加强协同配合，实现审批、监管、执法信息实时共享。第三，推进实体大厅规范化建设。完善省、市、县政务服务中心集中服务模式，加快乡镇便民服务中心、村便民服务站建设。建立进驻事项负面清单制度，除场地限制或涉及国家秘密等情形外，原则上政务服务事项均应被纳入政务服务中心集中办理且实质运行，严禁“明进暗不进”。规范设置综合咨询窗口、帮办代办窗口、“跨区域通办”窗口、“办不成事”反映窗口等，满足群众各类办事需求。完善“首席事务代表”“收件即受理”等制度，加强审批前申报辅导。加快综合办事窗口建设，合理设置无差别或分领域综合窗口，形成“前台综合受理、后台分类审批、综合窗口出件”的工作模式。第四，提升网上办事服务能力。按照“应上尽上”原则，除涉及国家秘密等情形外，推动政务服务事项全部纳入一体化政务服务平台管理和运行，加快实现“一网通办”。根据事项运行图谱，结合系统整合对接实际，逐一确定事项网上办理进度并进行动态调整，推进更多适合网上办理的事项“网上可办”，进而实现“全程网办”“好办易办”。推进全省一体化政务服务平台建设，在全面融合对接全国一体化政务服务平台的基础上，提升支撑系统服务能力，实现网上办事“一次注册、多点互认、全网通行”。优化页面设计，规范在线咨询、引导服务，完善在线导办、智能推荐等功能，开展适老化、无障碍改造，让办事群众“找得到、看得懂、会操作、能办成”。第五，推动线上线下融合发展。推进政务服务事项、办事指南等在线上线下服务渠道同源发布、同步更新，做到线上线下办事一个标准、一套材料、一体化办理。对已实现网上办理的事项，同步提供线下窗口办事服务，由企业和群众自主选择办理渠道。

三是推进政务服务便利化。第一，深化“一件事一次办”改革。在“最小单元”政务服务事项标准化基础上，以“办成一件事”为导向，以“新生儿出生”“医疗费用结算”“不动产登记”“企业开办”等“一件事”为重点，梳理企业从准入到退出、个人从出生到身后事等“一件事”所包含的业务关系，精简事项和环节。集成办成“一件事”需提供的各类材料，推进“一次告知、一表申请、一套材料、一窗受理、一网办理、一口发证”，为企业和群众办事提供套餐式、主题式集成服务。第二，最大程度地压减申请材料。根据事项运行图谱全面梳理压减事项办理所需材料，明确所需材料可否免提交或容缺受理，相关证明及事项办理是否实行告知承诺。司法部门牵头编制发布依法应当保留及实行告知承诺的证明事项目录并进行动态管理。明确承诺的具体内容、要求和违反承诺应承担的法律责任，细化承诺方式和监管细则，及时向社会公布。在保障个人隐私和数据安全的前提下，以全网信息查询、全事项数据共享为目标，增强数据共享和业务协同能力，加强电子证照归集和运用，实现政府部门核发的材料一律免于提交，能够提供电子证照的一律免于提交实体证照。第三，加快推进“掌上办”“就近办”。整合政务服务移动端应用，统一使用“天府通办”政务服务移动应用程序提供服务。推动企业和群众经常办理的政务服务事项实现“掌上办”“指尖办”，推进电子证照在移动端汇聚展示并在日常生产生活各领域中使用。完善“天府通办”功能，加强各分站点建设和数据共享，实现“一次注册、全域认证”“一次登录、全网通行”。推动群众经常办理且基层能有效承接的政务服务事项以委托受理、授权办理、帮办代办等方式下沉至乡镇村社区办理。延伸政务服务时间和空间，推广24 小时自助服务，推动集成式自助终端向社区、园区、商场、楼宇和银行、邮政、电信网点等场所延伸，实现政务服务就近办、家门口办。第四，拓展便利化办事广度、深度。推进水、电、气、热等与企业、群众生产生活密切相关的服务事项进驻政务服务平台。加强与各类快递公司的合作，不断提高物流效率，降低企业群众办事成本。加强无障碍环境建设和改造，为老年人、残疾人等特殊群体提供便利服务。鼓励开展延时错时服务，建设企业和个人专属服务空间，完善“一企一档”“一人一档”，规范和拓展二维码、数字名片等场景应用，实现个性化精准服务。建立惠企政策专区，探索建设政策兑现系统，实现惠企政策“一键尽查”“无感审核”“免申即享”等。

2. 连续升级投资营商环境优化策略

四川省始终依照党中央、国务院关于深化政务服务改革、优化营商环境的有关要求，制定各市、区的改革工作方案，稳步推进简政放权、放管结合、优化服务的进程，不断反思与总结，根据工作现状进行政策调整，始终保持步调与中央一致、实际工作状况与顶层设计协调。

2018 年，深化简政放权，进一步提升政府效能，清理规范行政权力事项，同步指导各级各部门动态调整清单。加强综合监管，实施商事制度改革，探索“证照分离”改革。优化政府服务，全面推进互联网+政务服务，加快推进“最多跑一次”改革。

2019 年，聚焦企业关切，打造中西部国际化营商环境高地。精简行政审批，释放更大活力和动力，全面实施工程建设项目审批制度改革。激励创业创新，推进新旧动能接续转换，引导共享经济健康良性发展。深化商事制度改革，维护市场公平和秩序，完善企业开办“一窗通”平台。提供便捷高效、公平可及的公共服务，优化整合提升政务服务大厅“一站式”功能。

2020年，深化行政审批制度改革，修订《四川省权责清单动态调整管理办法》。深化商事制度改革，涉企经营许可实现“证照分离”改革，严格落实“一张清单”管理模式。激发创业创新，出台科研项目经费“包干制”改革试点实施意见。优化公共服务供给，推进“互联网+”与教育、健康医疗、养老、文化、旅游、家政等领域深度融合发展。加强事中事后监管，建成全省统一的“双随机、一公开”监管工作平台。开展营商环境优化专项行动，开展全省营商环境评价，完善政务失信的监测、评价与惩罚机制。开展政务服务质效提升专项行动，推进“一事一次办”改革，出台“一证通办”“一照通办”事项清单。开展政务服务改革向基层延伸专项行动，推进乡镇便民服务规范化标准化建设。

2021年，深入开展“三项重点改革”，即在“一网通办”前提下实现“最多跑一次”改革、成渝地区双城经济圈的政务服务改革以及创新开展科技领域政务服务改革。加快推进简政放权，梳理四川省自行设定以及由国家部委设定在四川省实施的各类审批事项和各种具有审批性质的管理措施，推广企业投资项目承诺制，实现投资项目“全程网办”，推动不动产登记全流程信息共享集成。构建新型监管模式，将“双随机、一公开”监管与企业信用风险分类管理等结合起来，按照不同风险级别开展差异化监管。加快推进“省内通办”“跨省通办”，优化政务服务咨询投诉机制，加强“好差评”宣传推广，加大差评整改力度。

2022年，一是深化“一网通办”前提下的“最多跑一次”改革，提升政务服务事项网上办理深度，推动更多政务服务事项由“网上可办”向“全程网办”转变，推进数据按需共享和电子证照应用，建立健全数据共享协调机制。二是推进政务服务标准化规范化便利化，全面承接中央指定地方实施的政务服务事项，同步梳理四川省依法依规自行设立的政务服务事项。编制公布省、市、县、乡四级行政许可事项清单，对应调整权责清单，按照“应进必进”原则推动政务服务事项全部纳入省一体化政务服务平台管理和运行，并进一步向同级政务服务中心集中，建立进驻实体大厅事项负面清单制度。推出一批“免证办”事项，实行“一站式”便捷服务。三是持续优化营商环境，对标全国营商环境创新试点城市，结合四川省实际和营商环境评价工作，开展营商环境对标创新专项行动。推行企业年报“多报合一”改革，扩大住所与经营场所分离改革试点范围，拓展电子营业执照“一照通”改革应用场景。加快推动国际贸易“单一窗口”服务功能向口岸物流、贸易服务等方面拓展，推广应用进出口货物“提前申报”“两步申报”“两段准入”通关模式。四是深化成渝地区双城经济圈政务服务改革，协同推进一体化政务服务，打造一流的市场环境，建立健全跨区域协同监管机制。五是不断强化监管效能，持续完善以“双随机、一公开”监管和“互联网+监管”为基本手段、以重点监管为补充、以信用监管为基础的新型监管机制。

3. 抓紧实施“一网通办”三年行动

为持续深化“一网通办”前提下“最多跑一次”的改革，加快建设全省统一、智慧泛在、便捷高效的网上政务服务体系，全面提升公共服务数字化智能化水平，不断满足企业群众多层次多样化需求，四川精心制定实施“一网通办”三年行动方案，着力抓好5项能力建设，全面实施16个重点示范工程。

一是全面提升“一网通办”业务支撑能力。第一，加强政务服务事项标准化建设。全面规范政务服务事项，推动同一政务服务事项在全省范围内“无差别受理、同标准办理”。第二，及时动态调整政务服务事项。健全政务服务事项动态管理机制，实现数据同源、动态更新、联动管理。第三，规范政务服务事项办理流程，严格按照办事指南提供办事服务。第四，探索便民服务事项规范化管理。参照政务服务事项管理模式，对公共教育、劳动就业、医疗卫生、养老服务、社会服务、市政公共服务等领域的便民服务事项进行规范化管理。第五，探索主动行使行政权力类事项规范化管理。规范主动行使行政权力事项。第六，推动政务服务线上线下融合发展。除法律法规另有规定或涉及国家秘密等情形外，原则上各地各部门实际办理的政务服务事项在省一体化政务服务平台公开运行，规范政务服务线上线下办理方式，满足企业和群众多样化办事需求。

二是全面提升“一网通办”技术支撑能力。第一，加强全省政务服务平台建设统筹。坚持“以统为主、统分结合，部门协同、上下联动”的原则，充分发挥省一体化政务服务平台公共枢纽、公共支撑作用，统筹推进全省政务服务平台建设管理，推动政务服务线上线下全面融合、服务同质，构建全时在线、渠道多元的一体化政务服务体系。第二，建设综合受理业务协同枢纽。围绕“受审分离”“集成服务”，建设省一体化政务服务平台综合受理业务协同系统，提升任务分发、材料流转、业务协同能力，鼓励有条件的市州叠加特色功能和应用。第三，提升“天府通办”多端协同服务能力。依托省一体化政务服务平台强化地方和部门站点建设，加强政务服务公共入口管理，持续健全“天府通办”移动服务矩阵，推出更多特色服务。第四，打造全省统一的“天府一号通”智能客服体系，强化 12345 热线平台数智化能力建设。第五，创新推进新技术应用。围绕政务服务共性需求，全面加强公共支撑能力集约化建设，不断拓展信息新技术应用。

三是全面提升“一网通办”数据支撑能力。第一，构建政务服务数据共享枢纽。构建全省统一的一体化政务大数据共享体系，实现跨地区、跨部门、跨层级政务服务数据互联互通。第二，推动政务服务数据有序汇聚。筑牢“一网通办”数据基础，强化政务服务数据汇聚治理。第三，提升政务服务数据管理服务水平。推动全省政务数据统筹管理，提高政务数据支撑服务水平。

四是全面提升“一网通办”要素电子化支撑能力。第一，夯实电子证照共享应用基础。加快电子证照归集共享，有序推进电子证照应用和管理。第二，拓展电子证照共享应用领域。通过直接取消证照材料或数据共享、在线核验等方式，实现能够提供电子证照的一律免于提交实体证照。第三，提升电子印章支撑保障能力。积极推进电子印章、电子签名在网上申报、收件受理、办结制证行政审批全流程中的广泛应用。第四，积极推进其他电子要素应用。积极推动电子材料、电子档案、电子合同、电子证明在政务服务和相关社会领域的汇聚和应用。

五是全面提升“一网通办”服务创新能力。第一，推动简单事项“极简办”。大力推进智能化审批“秒批秒办”“一证一照办”“零材料办”，进一步减材料、减时间、减环节、减跑动。第二，推动复杂事项“集成办”。聚焦关联性强、办事需求量大的跨部门、跨层级政务服务事项，完善智能导引、优化并联流程，强化系统互通和数据共享，推出“一件事”集成服务。第三，推动便民事项“就近办”。聚焦公共教育、社会保险、医疗卫生、养老服务、社会服务等高频事项，打破事项属地化管理限制，推动全省范围内实现必须线下办理的事项可到实际居住地“就近办理、一地办结”。第四，推动高频事项“掌上办”。推动年检审核、医保异地备案、公积金缴存等经常办理的事项向移动端延伸。第五，推动特色事项“跨省办”。围绕企业异地投资兴业、流动人口异地就医就学落户等跨省高频事项，推动区域性特色事项“跨省通办”。第六，实施惠企纾困服务“精准办”。围绕惠企帮扶、援企稳岗、防疫补助、减税减负等，加快实现惠企政策精准推送，推动“企业找政策”向“政策找企业”转变。

4. 加快推进政务服务“跨省通办”

为持续深化政务服务改革，优化政务服务“跨省通办”办事流程、服务方式，完善事中事后监管，不断拓展“跨省通办”事项广度和深度，四川 2020 年实现了第一批 58 项政务服务“跨省通办”任务事项，2021 年实现 74 个高频政务服务事项“跨省通办”，有效满足各类市场主体和广大人民群众异地办事需求。

一是统一“跨省通办”业务规则和标准。按照“省级统筹、分级负责、应减尽减”的原则，积极对接国家部委，加强与其他省（自治区、直辖市）的沟通衔接。基于国家政务服务平台政务服务事项基本目录，持续推进基本要素“四级四同”，梳理“全程网办”“异地代收代办”“多地联办”等跨省通办实现方式，明确业务规则，统一编制办事指南，规范事项运行流程，实现同一事项在不同地域无差别受理、同标准办理。

二是推进线上“全程网办”。按照“应上尽上”的原则，分批次将“跨省通办”事项纳入省一体化政务服务平台办理，提供全流程网上服务，编制简单易懂的全程网办操作指南。加强线上与线下相结合，对已实现“全程网办”的事项向线下申请人提供咨询、引导等服务。

三是推动线下“异地代收代办”。强化“一窗受理”，采用“收受分离”模式，做好代收事项申请材料的形式审查、身份核验工作，通过邮件寄递完成办理和送达办理结果。建立受理本地申请、收取异地来件、问题处理、监督管理、责任追溯等机制，规范运行，确保收件、经办权责清晰、高效协同，进一步深化“异地受理、无差别办理”服务。

四是拓展“跨省通办”深度和广度。在四川省政务服务“跨省通办”任务清单基础上（见表 2），不断拓展成渝地区双城经济圈“跨省通办”事项办事范围和深度。

表 2　四川省政务服务“跨省通办”任务清单（样例）

序号	事项名称（国家清单）	责任单位	对应的四川省事项名称	办事场景	办理方式
1	学历公证	司法厅、教育厅（排首位为牵头单位，下同）	学历公证	申请人可异地申请博士研究生、硕士研究生、大学本科、大学专科学历公证，不受户籍地或学校所在地限制	在各地公证机构直接办理
2	学位公证	司法厅、教育厅	学位公证	申请人可异地申请博士、硕士、学士学位公证，不受户籍地或学校所在地限制	在各地公证机构直接办理
3	机动车驾驶证公证	司法厅、公安厅	机动车驾驶证公证	申请人可异地申请机动车驾驶证公证，不受户籍地或驾驶证领取地限制	在各地公证机构直接办理
4	应届毕业生法律职业资格认定（享受放宽条件政策的除外）	司法厅	对司法部关于法律职业资格认定进行复审（享受放宽条件政策的除外）	申请人可选择在居住地、户籍地或工作地申请授予法律职业资格，不受考试报名地限制	在居住地、户籍地或工作地市级司法行政机关直接办理
5	失业登记	人力资源社会保障厅	失业登记	申请人可在居住地、工作地、参保地或户籍地申请失业登记，不受地域限制	通过四川政务服务网“跨省通办”专区提交申请，全程网上办理
6	社会保险个人权益记录单查询打印（养老保险、工伤保险、失业保险等）	人力资源社会保障厅	个人权益记录查询打印（养老保险、工伤保险、失业保险等）	申请人可异地查询、打印本人名下各地、各年度社会保险个人权益记录单，不受地域限制	通过四川政务服务网“跨省通办”专区查询打印

注：2020 年底前实现“跨省通办”的事项（58 项）。

聚焦外出务工人员居住、婚姻、生育、就业、社保、养老、子女入学等高频办事需求，主动与有关省市对接，探索开展点对点“跨省通办”。“跨省通办”事项分批次实现“省内通办”，统一制定省内“异地代收代办”“多地联办”事项的业务规则和操作规程，推动各级政务服务机构均可异地受理不同层级办理的事项。

五是加强“跨省通办”技术支撑。积极对接全国一体化政务服务平台，加快推进网上政务服务省、市、县、乡、村五级全覆盖，在四川政务服务网、“天府通办”App 开设政务服务“跨省通办”专区。加快推进部门自建业务系统与省一体化政务服务平台深度对接，打通系统数据通道，实现一次录入、全程监管、结果可评。加快实现电子证照跨地区互认互信。

六是建立数据共享长效机制。各级政府部门在履行职责时提出数据共享申请的，除现行法律法规另有规定或涉及国家秘密和安全等外，各类数据一律共享调用。梳理编制数据共享需求清单并动态更新，受理数据共享申请，实现各类政务数据互通、查询、调用，保障数据的及时性、准确性和安全性。将更多直接关系企业和群众办事、应用频次高的数据纳入共享范围，依法有序推进政务服务数据让公共服务机构共享。

5. 统筹推进政务服务数字化转型

为加速建设数字政府，推进政务服务数字化转型，提升政府治理现代化水平，四川以“互联网+政务服务”“互联网+监管”等为抓手，综合运用云计算、大数据、人工智能等新技术，不断强化部门协同联动，大力推进政务信息系统整合、数据资源共享开放，结合政务服务改革要求和业务需求持续推进政务信息化建设，数字慧政惠民成效持续提升。

一是构建科学精准的决策支撑体系。加强数据获取、数据共享、系统集成能力，强化数据驱动的党政机关管理运行改革创新，形成各级党政职能部门核心业务全覆盖、横向纵向全贯通的数字化工作体系。一方面，着力提升党政机构运行效率。建设“一网统管”决策指挥中枢，提高分层分级应用的研判分析、综合指挥、高效处置及监督管理等能力，推进党政机关谋划、决策、执行、督查、反馈等数字化协同。加强党委、政府数字化治理与服务模式创新，形成职能部门核心业务全覆盖、横向纵向全贯通的全方位数字化工作体系。另一方面，着力加强民主法治建设支撑。加快智慧人大建设，强化网络议政、远程协商能力，推进地方立法辅助决策系统、联网监督平台、五级代表履职大数据平台等建设。深化智慧政法、智慧法院、智慧检察、智慧公安、智慧司法等业务系统应用，统筹推进政法大数据平台建设，加强政法部门数据跨边界共享和协同治理。

二是打造优质便捷的普惠服务体系。首先，推动政务服务提质增效。大力推进“一件事”主题集成，推动政务服务事项集成办理，实现“一件事一次办”。拓展网上办事场景化服务应用，推进“一证通办”“全程网办”“全省通办”“无感智办”。持续迭代升级“天府通办”，打造多端服务体系。其次，促进公共服务智慧均等。深化教育、医疗、就业、社会保障等各领域政务服务系统应用，推动线上线下服务融合，实现基本公共服务“马上办”“掌上办”“就近办”和“一窗办”。围绕出行、就医、消费、文娱、办事等高频事项和服务场景，让老年人、残疾人等特殊人群在信息化发展中有更多获得感。最后，持续优化提升营商环境。深化商事登记制度改革，全面融合线上线下业务。推进公共资源交易领域全流程电子化、数字化、智能化。推动网上立案、网上庭审，实现全流程无纸化办案，提升合同执行、商事纠纷办理便利度。推动惠企政策上线，加快惠企政策集成在线兑付。

三是完善全域智慧的协同治理体系。加强经济调节、应急管理、生态环保、自然灾害、公共卫生、社会安全、城市运行管理、乡村治理等重点安全领域的信息资源优化整合和业务关联共治，提升社会风险智能感知、快速反应、精准指挥、科学决策能力。强化各类数据资源在经济调节中的综合运用，提高经济运行监测分析、预测预警、目标设定、政策制定与评估能力，增强经济调节的前瞻性、针对性、协同性和风险防控能力。建设“智游天府”文化和旅游公共服务平台，实现线下服务向线上服务拓展，满足群众文化的一站式获取、公共文化服务单位一站式管理需求，提升文化服务效能。立足“平安四川”建设和社会治理现代化，建立健全社会公共安全治理信息资源目录体系，完善网格化服务管理信息系统，大力推进社会治安防控体系建设，推进公共安全视频监控建设联网应用，实现公共安全、社会综合治理数据集中管理。强化新技术在生态环境领域的融合创新，建成生态环境业务应用大系统，全面加强生态环境监测与感知接入，实现省、市、县三级互联互通、数据共享、业务协同。整合应急管理、自然资源、住房和城乡建设、水利、气象、交通、消防、地勘等部门现有监测数据，建设“空天地”一体化基础感知网络和大数据平台。

四是强化公平公正的智慧监管体系。汇聚整合市场主体准入、生产、行为等多维数据信息，构建跨界联动、多元共治的综合监管信息化支撑体系，推动实现市场、税务、商务等部门监管与服务政务行为的协同联动。加快推进“互联网+监管”系统应用，构建监管事项全覆盖、监管过程全记录、监管数据可共享、监管结果可追溯的智慧监管体系。加快推进社会信用信息平台建设，推进各地各部门、各行业的信用信息归集、治理、公开和共享。推动各领域主管部门利用数字化技术和工具创新监管方式，实现监管数据可比对、过程可追溯、问题可监测，及时动态掌握监管对象运行情况及规律特征。对食品、药品、疫苗、医疗器械、特种设备等重点产品，建立健全产品追溯体系，形成来源可溯、去向可追、责任可究的信息链条。

五是创新互利共赢的区域协同体系。首先，推进成渝地区一体化数据共享。以全国一体化算力网络成渝国家枢纽节点建设为基础，建立高效的政务数据供需对接机制，持续推进两地在地方立法协作、标准体系共建、基础信息库共享、数据有效性互认、政务系统对接等方面合作。其次，推动政务服务跨省通办、省内通办。深入推进成渝地区政务服务“一网通办”，推进全流程线上办理，实现无缝对接，降低企业和群众办事成本，打造跨省通办标杆。最后，推进重点行业跨区域协同联动。积极推动成渝地区跨区域信用联合惩戒制度建设。建立公共卫生应急管理智慧化监测预警体系。加快数字流域、智慧水网、智慧广电、智慧邮政建设，探索跨地域区块链应用场景。推进“惠民一卡通”等服务工程建设，在交通出行、旅游观光、文化体验、政务服务等方面率先实现同城待遇、一码通行。

6. 全力做好两项改革“后半篇”文章

为将政务服务改革推向深入，四川提出做好乡镇行政区划和村级建制调整改革“后半篇”文章，实施“1+24+1”工作方案，划分乡镇级片区809个。坚持“多规合一”，编制完成全省2/3乡镇级片区国土空间总体规划。实施“6大提升工程”“5项改革措施”，优化片区内教育、文化、体育、医疗、养老及应急救援等公共资源配置，统筹布局特色优势产业，形成“一片区一主业一特色”新格局。

一是制度先行，有力推动和引领改革文章做好做实。深刻领悟“便民小事”与“国之大者”的内在联系，在两项改革中勤于思考、敏于行动，真想实干。在建章立制上下足功夫，先后出台《四川省乡镇行政区划和村级建制调整改革“后半篇”文章专项工作要点的通知》《关于以乡村国土空间规划引领县域内片区高质量发展的指导意见》《四川省乡镇（街道）便民服务中心标准化规范化便利化建设方案》《四川省完善镇村便民服务建设指导手册》《乡镇级片区便民服务设施专项规划编制方案》《进驻乡镇（街道）便民服务中心政务服务事项参考目录》等制度文件。

二是试点探路，为做好改革文章提供最佳样本。坚持省、市、县三级联动试点，拓展各级试点范围，2022 年试点累计覆盖 60%以上的县市区、乡镇街道，中心镇村全覆盖，形成点面结合、整体推进的工作格局。2021 年全省首批 269 个乡镇便民服务中心被确认为“省级示范便民服务中心”。下一步将持续扩面增效，省级试点地区累计不超过所属县的 30%，市级试点累计覆盖所属县的 30%，县级试点乡镇街道不少于 3 个，村社不少于 50%，鼓励有条件的地区镇村全覆盖。对试点成果及时验收和巩固推广，发挥示范引领作用。

三是资源整合，提升镇村便民服务“三化”水平。第一，下沉服务事项“就近办”。按照“依法下放、宜放则放”原则，结合不同类型镇村便民服务情况，积极探索将基层群众办理的高频事项下沉到镇村。目前，全省平均下放委托乡镇事项 118 项、进驻便民服务中心 156 项、村级代办 40 余项。第二，资源整合服务“一站式”。准确掌握两项改革后资源存量与增量底数，整合政府与社会资源。第三，完善标准打造新样板。围绕便民服务中心服务管理、一枚印章管审批服务等 8 个方面，制定全省便民服务中心工作标准。

四是需求导向，创新优化镇村便民服务。第一，贴心适老服务。针对老年人成为线下办事主要群体，在办件过程中老年人普遍遇到的难题，各地便民服务中心加大适老化改造力度。设置“敬老专员”，积极主动为老年人提供便捷、无障碍政务服务。第二，优化“一件事一次办”服务。做深做实镇村级“一件事一次办”，真正实现“只跑一次、办好多件事”，让企业和群众办事更加便捷高效。第三，提升帮代办服务。将传统手段和信息技术相结合，不断巩固提升帮代办服务水平。第四，拓展“政务服务+”。紧紧围绕人民群众对美好生活的向往和个性化需求，创新“政务服务+”模式，推进便民服务均等化。

表 3 乡镇（街道）便民服务中心政务服务事项（样例）

序号	事项类型	事项名称		办理方式	中心镇	一般镇	备注
		主项	办理项（子项）				
1	行政许可	对在村庄、集镇规划区内的街道、广场、市场和车站等场所和道路、河道两旁修建临时建筑物、构筑物和其他设施的许可	对在村庄、集镇规划区内的街道、广场、市场和车站等场所和道路、河道两旁修建临时建筑物、构筑物和其他设施的许可	直接办理	?	?	
2	行政许可	对在乡（镇）、村规划区域内使用原有宅基地、村内空闲地进行住宅建设的许可	对在乡（镇）、村规划区域内使用原有宅基地、村内空闲地进行住宅建设的许可	直接办理	?	?	
3	行政许可	对开发农民集体所有的荒山、荒地、荒滩从事种植业、林业、畜牧业、渔业生产的许可	对开发农民集体所有的荒山、荒地、荒滩从事种植业、林业、畜牧业、渔业生产的许可	直接办理	?	?	
4	行政许可	对不宜采取家庭承包方式的农村土地由本集体经济组织以外的单位或个人承包的许可	对不宜采取家庭承包方式的农村土地由本集体经济组织以外的单位或个人承包的许可	直接办理	?	?	
5	行政许可	对农村村民住宅用地的许可	对农村村民住宅用地的许可	直接办理	?	?	
6	行政许可	对农村的疫区、狂犬病防护带养犬的许可	对农村的疫区、狂犬病防护带养犬的许可	直接办理	?	?	
7	行政许可	乡村建设规划许可证核发	乡村建设规划许可证核发	委托受理/授权办理/帮办代办	?	?	
8	行政许可	临时性建筑物搭建、堆放物料、占道施工审批	临时性建筑物搭建、堆放物料、占道施工审批	委托受理/授权办理/帮办代办	?	?	
9	行政许可	改变绿化规划、绿化用地的使用性质审批	改变绿化规划、绿化用地的使用性质审批	委托受理/授权办理/帮办代办	?	?	
10	行政许可	森林高火险期内进入森林高火险区的活动审批[森林高火险期内进入森林高火险区的活动审批（省/市/县级）]	森林高火险期内进入森林高火险区的活动审批	委托受理/授权办理/帮办代办	?	?	

五是系统协同，有序推进便民服务设施规划编制工作。坚持以乡村国土空间规划为引领，把专项规划编制作为推动镇村便民服务标准化规范化便利化建设的重大机遇。各地正有序推进便民服务专项规划编制，进展迅速。目前，全省60个县（市、区）已经初步形成便民服务设施专项规划编制成果。

六是深挖需求，高位推动干部群众关注的实际问题。第一，解决部分投入减少、管理弱化等问题，加强对被撤并乡镇场镇管理。第二，解决部分被撤并乡镇距离新设乡镇便民服务中心较远、有的事项难以“一次办结”等问题，优化便民服务网点，加强便民服务能力。梳理乡镇村社便民服务事项和代办事项目录，推动更多群众经常办理且基层能有效承接的政务服务事项下沉至便民服务中心办理，实现“一站式”服务。第三，解决部分被撤并乡镇村社“断头路”未打通、道路未硬化，以及新老场镇之间无班线等问题，加快推进通组硬化路建设，解决群众出行难题。第四，解决部分被撤并乡镇医疗卫生技术人员流失、教学质量得不到保障、治安管理能力减弱等问题，提升被撤并镇村公共服务和治理能力。第五，解决两项改革后部分乡镇村社通勤压力变大、工作量增加、办公场地拥挤等问题，加强对基层干部职工的关心关爱。

（二）聚焦简政放权，提升行政审批效能

1. 调整行政审批机构，优化机构职能体系

为深化行政审批制度改革，四川省在省、县两级进行机构调整，不断优化机构职能体系，目前各地均组建了以行政审批局为主体的审批机构，组织保障体系初步健全，成为推进相对集中行政许可权改革的有效载体。

一是机构设置与调整。在省级层面，2001年，四川省成立全国第一家省政务服务中心，为副厅级行政单位，牵头负责全省行政审批制度改革。2014年，省政务服务中心与省公共资源交易服务中心整合为省政务服务和资源交易服务中心，为正厅级公益一类事业单位。2019年至今，2019年省政务服务中心线上相关职能划转给新组建的省大数据中心，两个中心均为正厅级公益一类事业单位，政务服务线上线下分头管理，同时成立省推进协调办，为省政府办公厅正处级行政机构，牵头全省政务服务改革。在县（市、区）级层面，到2022年4月，全省各县（市、区，含部分经开区、产业园区等）相继成立行政审批、政务服务管理机构202个，主要负责统

筹推进政务服务改革、优化营商环境、行政审批、政务服务管理、电子政务、政府信息公开等工作，成为落实相对集中行政许可权改革、促进政府职能转变的重要力量。从机构名称来看，以行政审批局为主体（167个，含挂牌），作为当地政府工作部门，同时部分地区因地制宜设置了网络理政办、政务服务管理局、行政审批和非公经济发展局、行政审批服务局、行政审批和政务服务管理局、政务服务中心、政务服务和公共资源交易服务中心等机构合计35个；从机构性质来看，行政性质197个，事业性质5个，行政性质占据绝对比重；从机构级别来看，正处级或正局级18个、副处级或副局级2个、正科级182个，基本与当地政府工作部门级别保持一致；从内设机构和直属单位来看，平均设内设机构5.43个、直属单位1.38个，直属单位主要集中为政务服务中心、公共资源交易服务中心、采购中心、大数据中心、现勘中心和12345政务服务热线中心等。

二是职能体系优化。第一，事项划转坚持“应划尽划、分类实施”。各地按照“划入部门为主、划出部门配合”“平稳过渡、无缝衔接”原则，分类有序将相关业务主管部门的行政许可及带有审批性质的行政权力事项及人员转至行政审批机构，确保工作不乱、服务不减。全省各县行政审批机构平均从业务主管部门划转行使行政权力事项110.15项、公共服务事项1.25项。从各市州划转情况来看，成都市各县平均划转行政权力事项316.43项、德阳市各县平均划转公共服务事项4.33项，为辖内县平均划转事项最多的市州。从各县划转情况来看，成都市青白江区划转行政权力事项736项、眉山市仁寿县划转公共服务事项21项，为划转事项最多的县。第二，编制划转坚持“人随事走、编随人走”。将从事或熟悉行政审批等相关工作人员原则上随职责一并划转，确保行政审批工作不受影响。全省各县行政审批机构平均配备行政编制11.31名、事业编制18.76名、编外聘用编制14.97名，三类编制累计平均45.04名，实现职能、编制、人员基本匹配。第三，审管机制坚持“便于协同、利于监管”。事项划转后，各地进一步明确权责，着力健全边界清晰、协作顺畅的“审管分离”运行机制，出台落实《行政审批新机制运行管理暂行办法》《相对集中行使行政许可权和事中事后监督管理实施办法（试行）》《行政审批协作管理规定》《重大行政许可事项会商会审制度（试行）》《行政审批与监管执法信息共享制度（试行）》等制度，形成既制衡又协同的行政管理工作新态势，为推进相对集中行政许可权改革打下良好基础。

2. 理顺行政事权责任，建立行政许可目录

四川省积极推动行政审批制度改革，综合开展相对集中行政许可权、商事制度、投资建设项目审批、监管执法体系各领域改革，在规范完善权责清单管理、推进行政许可标准化建设、加强事中事后监管、加快行政审批信息化建设等方面取得优异成绩。

一是清理规范行政权责，将简政放权落到实处。行政权责清单标明了政府内部每个单位、每个职位的权责。行政权责清单具有划定权力边界、规范权力运行、强化制度性授权、加强社会监督、遏制滥用职权等多项功能，有利于推动简政放权，促进政府职能转变，提供优质公共服务，维护社会公平正义转变。政务服务改革过程中，四川省不断清理规范行政权力事项，形成行政权责清单，并制定了一系列管理机制。一方面，完善权责清单动态管理机制，根据法律法规“立改废释”以及国家行政权力事项调整情况，动态调整全省行政权力指导清单，同步调整省级政府部门责任清单，指导市县开展动态调整工作，并向社会公布。另一方面，建立权责清单社会公众意见建议收集制度，对于公民、法人或其他组织就权责清单调整优化等提出的意见建议以及就行权部门违反规定行为进行的投诉和举报，及时处理并予以回应。

二是探索“一单一图一表”管理体系，建立行政许可事项清单。四川省探索建立由行政许可事项清单、运行图谱、实施要素一览表构成的行政许可事项管理体系，力争通过“一单一图一表”，直观展示规范行政许可运行，扎实推进行政许可事项清单管理工作，确保行政许可事前事中事后监管有机衔接，提升企业群众办事创业便利度“满意度”获得感。将行政许可事项清单作为基础，研究落实清单编制要求、创新清单编制方法、健全清单编制机制，推动清单编制任务按时间节点落地落实。第一，建立“一单”基本目录体系。《法律、行政法规、国务院决定设定的行政许可事项清单（2022 年版）》印发后，四川省政府办公厅迅速组织各地各部门全面承接中央层面指定地方实施的行政许可事项。根据行政许可事项清单层层向下覆盖的要求，研究架构行政许可事项基本目录体系，明晰各级行政许可事项清单应涵盖的范围，指导事项梳理。第二，建立“一单”编制责任体系。采取“自上而下”模式，明确由省直各部门（含中央在川单位）负责省本级及市、县、乡实施事项的梳理编制和

规范，形成本系统行政许可事项实施清单；指导市县对本行业系统内实施的事项进行梳理规范，形成通用标准。各市州、县市区审改机构组织承接上级设定、本地实施事项，梳理依法自行设立、上级下放（委托）事项，编制本地区行政许可事项基本目录。第三，建立“一单”审核管理体系。由省政府办公厅、省委编办、司法厅、省政务服务和资源交易服务中心、省大数据中心组成业务指导组，对清单编制进行指导和联合审查。结合全省“最多跑一次”改革，同步推动线上线下办事一个标准、一套材料、一体化办理。

3. **完善政务服务平台，规范审管运行机制**

通过构建“一单一图一表”管理体系，扎实推进行政审批线上线下平台建设，详尽直观地展示并规范政务服务运行，推进政务服务与事前事中事后监管有机衔接，方便企业群众办事和行政机关实施管理。

一是稳步推进线上线下融合发展同步运行。2022年，以行政许可为重点，基本建立统一编制、联合审核、动态管理、全面实施的政务服务事项清单管理机制，厘清监管责任，建立审管有效衔接机制。实现线上线下事项清单一致、实施要件统一、办事指南同源。实现政务服务中心综合窗口全覆盖，受审分离制度全面实施，省一体化政务服务平台功能显著提升，省内自建政务服务系统无孤网运行，适合网上办理的行政许可事项全部实现“网上可办”。努力实现其他依申请办理的行政权力事项（行政确认、行政裁决、行政给付、行政奖励、行政备案及其他行政权力事项）及公共教育、劳动就业、社会保险、医疗卫生、养老服务、社会服务、住房保障、文化体育、残疾人服务等领域依申请办理的公共服务事项全面标准化。规范统一、集约高效、智慧便利的省、市、县、乡、村五级综合性政务服务体系基本建立，全省一体化政务服务平台与国家平台、各业务系统全面融合对接，适合网上办理的政务服务事项全部实现“全程网办”。

二是推动行政许可全透明运行和全链条规范。将政务服务事项清单确定的政务服务事项“颗粒化”分解到最小单元，梳理事项运行流程图，并确定基本要素，形成事项运行图谱。一方面，突出直观清晰，以“一图”促进行政许可全透明运行。以“勘查、开采矿藏和各项建设工程占用或者征收、征用林地审批”为样本事项，梳理形成事项运行图谱，推进办事流程与事项要素深度融合。首先是对审批流程开展梳理再造。根据行政许可事项设定和实施依据，开展由“受理”到“出证”的审批流程梳理再造，取消无效流程、重置低效流程、整合破碎流程，进一步压减办理时限，对依法需进行的现场查验、听证、招标拍卖、检验检测等程序做出时限承诺。其次是从申请人视角展示关键要素。将流程按办理顺序进行分解，确定业务关键控制点，逐一确定办事群众各环节需了解的受理主体、申请渠道、申请材料、办理时限、结果获取方式等关键要素，从申请人角度实现办事流程“一图尽知”“一目了然”。最后是压减所需材料并明确提供渠道。逐一明确事项申办材料可否免提交或容缺受理，相关证明及事项办理是否实行告知承诺，确保事项办理既合法合规又科学有效。例如，在样本事项运行图中，明确个人身份证和营业执照实现电子证照亮证后即可免提交；在市州审核、省级复审环节，明确申办材料由部门内部转报，减少群众“往返跑”。

另一方面，突出精细准确，以“一表”促进行政许可全链条规范。对样本事项开展全要素梳理，形成行政许可实施要素一览表，并通过事项运行图谱检验实施要素的准确性，使“一单一图一表”相互关联、相互印证。首先是建立许可事项与有关清单对应关系。在“上下对应”上，对行政权力事项清单进行对应修改，加强与上级行业主管部门的对接，确保子项、实施要素上下一致。在“左右衔接”上，逐一确定相关行政许可事项是否为市场准入负面清单、投资项目审批、“证照分离”改革所涉事项，从源头上建立行政许可事项清单与各类清单的对应关系。其次是从“最小单元”梳理行政许可实施规范。在确保子项上下一致的基础上，根据新办、变更、延续、注销等不同情形确定业务办理项或情形项。逐一明确事项依据的具体条款、许可条件、申请材料、中介服务、审批程序、审批时限、收费、许可证件、数量限制、年检年报等内容。最后是逐一落实行政许可事项监管责任。与“互联网+监管”事项清单对应，逐项匹配行政处罚、行政检查、行政强制等监管型行政权力事项名称。明确监管牵头部门，细化监管具体措施，对涉及公共安全、公众健康、潜在风险大、社会风险高的重点事项重点监管；对其他事项采取部门“双随机、一公开”联合监管、信用监管，实现监管责任“一表尽览”。

（三）聚焦放管结合，构建多元监管格局

1. 建构审管协同模式，强化行政监管效能

政务服务改革既要求简政放权，又强调放管结合，确保“放得下”的同时还能“管得住”，实现“应放尽放”“该管尽管”，这就要求统筹放和管两方面工作，整体设计、一体推进。近年来，四川依照国务院的要求，通过深入推进政务服务“三化”建设，结合自身实际创建了一套较为健全的新型监管制度。

一是构建审管联动模式。审管联动，即同时注重审批、监管两方面，做到审批监管联动进行。按照“谁审批、谁监管，谁主管、谁监管”原则，健全审管衔接机制。四川通过探索建立“一单一图一表”管理体系，对审批事项和监管事项进行清理规范，对权责归属和事权关系进行调整厘定。在实施要素一览表中被明确的监管机关，要严格履行监管责任、落实监管措施。特别是开展相对集中行政许可、综合执法改革的地方，要明确审批、监管、执法的职责和边界，加强协同配合，实现审批、监管、执法信息实时共享，审批部门应将有关办理信息和结果同步告知监管及执法部门，监管、执法部门应将相关的行政检查、行政处罚等信息与审批部门同步共享。

二是健全新型监管机制。持续完善以“双随机、一公开”监管和“互联网+监管”为基本手段、以重点监管为补充、以信用监管为基础的新型监管机制。第一，积极构建双随机分级分类监管新机制，打造分析研判、双随机抽查、后续处置、回溯分析的综合监管闭环，形成以联合抽查事项清单为核心、部门实施清单为支撑、检查工作指引为标准、检查对象名录库为着力点的联合双随机工作规范体系。第二，加强监管事项和数据标准化建设和动态管理。各地各部门自建监管系统全面接入省“互联网+监管”系统，编制监管数据资源目录清单和供需对接清单，汇聚关键性监管业务数据。将与行政许可相对应的监管计划和监管事项以及重点监管事项、现场监管事项纳入“互联网+监管”系统进行动态管理。第三，建立健全各行业企业信用风险分级分类管理制度，明确企业信用风险分类标准，完善企业信用修复机制。推动建立适用于专业领域的企业分级分类监管机制，实现企业信用风险分类管理与专业领域监管的有效结合。深入推进“双随

机、一公开”监管与信用监管结合，根据企业信用风险分类结果，制定监管抽查工作计划，合理确定、动态调整抽查比例和频次，实施差异化监管。加快社会信用立法，加强省社会信用信息平台建设，推进各地区、各行业信用信息归集共享，不断丰富社会信用应用场景。第四，完善重点监管机制。对直接关系人民群众生命安全、财产安全、公共安全，以及潜在风险大、社会风险高的领域，实施重点监管，建立重点监管市场主体名录，完善重点监管企业监督检查档案，规范重点监管程序。第五，实施包容审慎监管。在全国首推行政处罚“三张清单”，分级分类实施不予处罚、从轻处罚、减轻处罚，对更多的市场主体实行包容、审慎、容缺的柔性监管执法，相关经验做法被国务院办公厅在全国推广。

2. 完善多元共管机制，发挥社会监督作用

随着改革的不断深入，经济运行和社会管理中暴露的深层次问题日益增多，政府不仅要承担好行政监管和执法的主责，更要不断吸纳市场、社会、公民等多种力量进入监管领域，畅通监管渠道，完善监管平台和机制，构建共建共治共享监管格局。

一是规范监管执法行为。健全审管衔接机制，推进审批和监管、执法信息实时共享，实现事前事中事后全链条全领域监管。将有关联的多个监管事项梳理整合为综合监管“一件事”，实施多部门一次检查、联动执法、联合惩戒。探索轻微违法行为首次免罚模式。对平台经济、共享经济、在线医疗、智能配送等新产业新业态，根据促进发展和防范风险的要求，制定相应监管措施。对高危行业、重点工程、重要商品等重点领域积极应用物联网、视联网等现代信息技术远程监管、移动监管、实时监管，完善风险评估、预警、处置和反馈机制。推进行政执法标准化建设，规范处罚裁量权，开展不合理罚款事项专项整治。有效落实行刑衔接，推动行政执法部门涉嫌犯罪案件主动移送率达到100%，加快行刑衔接工作平台建设，逐步实现线上线下同步移送。

二是完善社会监督机制。四川采取若干项措施来强化民众监管，提高人民群众的参与度。一方面，加强12345政务服务便民热线建设，优化热线运行管理，完善诉求办理机制，开展热线运行服务评估，提升热线服务效能。另一方面，建立政务服务“好差评”机制，加强评价、整改、督办、回访闭环管理，引导企业群众自主参与评价，强化差评大数据分析，强化“办不成事”反映窗口建设，解决企业群众办事过程中遇到的疑难事项和复杂问题。

3. 创新监管方法技术，提升监管效率质量

近年来，四川省贯彻落实党中央、国务院决策部署，以“互联网+监管”为抓手，充分利用大数据、云计算、互联网等新技术和新手段，不断推进部门协同和数据共享，创新联合监管、信用监管、风险预警等方式，为深化政务服务改革提供强有力支撑。

一是实施“互联网+监管”提升工程。四川不断深化互联网监管机制创新和平台建设，完成全市统一的重点监管事项清单、“双随机、一公开”监管事项清单、行政检查事项清单梳理。在此基础上，全面推动“互联网+监管”业务与技术的深度融合。推进“审”和“管”协同联动，深化“双随机、一公开”监管、重点监管、信用监管和综合监管的创新运用。2022年建立了行政许可事项与监管事项对应联通机制，实现监管事项动态管理，监管事项清单全覆盖，完成监管共享清单梳理发布，推动重点部门监管数据归集和共享。接下来将致力于全面实现各省级相关业务系统与省“互联网+监管”平台对接，实现相关数据全量汇聚。加强“双随机、一公开”抽查事项清单、行政执法事项清单等与监管事项清单的衔接，实现从事前审批到事后监管的闭环管理，强化监管结果运用，建立完善风险预警核查处置机制。

二是全力推进事前事中事后监管。2019年，李克强总理强调“加强公正监管，切实管出公平。公平公正是中国特色社会主义的内在要求，也是社会主义市场经济的应有之义。市场经济应该是法治经济，市场机制的有效运转、市场主体的公平竞争才能激发活力，这些都需要保障公平、实施公正的监管”。近十年来，政务服务改革通过转变监管职能，放管结合、放管并重，把有效监管作为简政放权的必要保障，构建起权责明确、公开透明、监管公正、简约高效的事中事后监管体系。

为构建全链条监管体系，一方面理顺事权关系，明确政府职责和权限。结合全省建立健全行政权力清单制度总体要求，厘清行政审批部门与职能部门之间关系，对没有法律法规授权或规章以上依据委托的，市县政府不得擅自将法定职责上收一级或转移给下一级政府实施。另一方面推进放管结合，加强事中事后监管。2016年，严格落实“先照后证”改革，实行行政审批事项目录管理，确保行政审批行为严格依法、公开透明。厘清市场监管职责，工商部门履行“双告知”职责。加快商事制度改革信息化系统项目建设，构建信息互联共享机制。2018 年，发布《四川省人民政府关于全面推开“证照分离”改革的通知》；2019 年，发布《四川省人民政府办公厅关于进一步做好加强和规范事中事后监管重点工作的通知》，进一步完善事中事后监管细则内容。

（四）聚焦优化服务，创新政务运行模式

1. 打造政务服务平台，升级服务便民惠企

为进一步推进政务服务运行标准化、服务供给规范化、企业和群众办事便利化，四川全力推进政务服务体系建设、加快实施“一网通办”“最多跑一次”改革，不断优化升级服务中心站点和网络平台建设，持续创新政务运行和服务供给模式。

一是加快政务服务“三化”体系建设。大力推进公共服务“三化”建设，持续提升行政效能，为企业群众提供更加优质高效的政务服务。在标准化建设上，构建政务服务事项“一单一图一表”管理体系，编制政务服务事项清单、推进事项要素统一、推进事项动态管理和标准化建设。在规范化建设上，强调规范审批服务行为，加强审管结合，推进实体大厅规范化建设，提高网上政务服务能力推动线上线下融合发展。在便利化建设上，深化“一件事一次办”改革，最大限度地压减申请材料，加快推进“掌上办”“就近办”“马上办”，拓展便利化办事广度深度。

二是推行“一网通办”“最多跑一次”改革。“一网通办”，即“进一张网办全部事”，指打通不同部门间的信息系统，政务数据归集到一个功能性平台，企业和群众线下“只进一扇门”，现场办理“最多跑一次”，就能办成不同领域的事项，解决“办不完的手续、盖不完的章、跑不完的路”等麻烦，破除困扰企业、群众“办证多、办事难”等现象。

三是加强服务平台建设，线上线下同步运行。实体政务大厅是企业、群众办事的主要渠道。大厅服务升级遭遇资源瓶颈，办理量大、办理频繁的窗口人满为患。线上平台办事便利，但全流程网上办理事项少。互联网政务服务平台当前主要提供办事指南、在线预约、材料预审、结果查询等基本服务，离群众办成事的期望还有不小差距。对此，四川加大平台建设

力度，创新政务运行模式，采取了系列措施。推动网上政务大厅与实体政务大厅相结合，从线上线下两个角度综合进行政务服务改革。加快推进12345政务服务热线资源整合，实现咨询、投诉、求助和建议等一号受理，形成从接听到办结归档公示的全闭环管理，打造政务服务“总客服”。整合对接各地政务服务实体大厅运行管理系统和相关服务设备，实时汇入网上申报、排队预约、服务评价等信息，构建线上线下功能互补、无缝衔接、全程留痕的集成服务体系。

2. 持续改善营商环境，集聚区域比较优势

为打造市场化、法治化、国际化营商环境，四川多年来聚焦方便企业群众创业办事，以“一网通办”前提下的“最多跑一次”改革为突破口，绵绵用力、久久为功，深入开展政务服务标准化规范化便利化、营商环境对标创新、成渝地区双城经济圈政务服务改革等重点工作，着力培育和激发市场主体活力，不断提升企业群众满意度、获得感。

一是开展营商环境对标创新。对标全国营商环境创新试点城市，结合四川实际和营商环境评价工作，开展营商环境对标创新专项行动，推出一批引领性强、含金量高、突破性大、惠及面广的改革举措，在企业开办、招标投标、工程建设项目审批、用电用水用气、提高服务与监管效能、知识产权、投资贸易、获得信贷等领域形成新突破，力争形成一批可复制、可推广的改革经验。充分发挥对标创新示范引领作用，鼓励各地积极探索优化营商环境特色亮点工作，持续优化营商环境指标。

二是推进创新创业。建立大学生就业创业扶持政策清单，推进创业带动就业示范行动，扶持大学生、农民工、退役军人等重点群体自主创业15万人，带动就业40万人以上。实施就业创业服务质量提升工程，加强创新创业教育培训和平台建设，持续打造“我能飞”创业提升培训品牌，评定扶持30家省级创业孵化基地，推动全省创业孵化基地提档升级。巩固和推广创业担保贷款信息化服务成果，发放创业担保贷款40亿元。开展创业大赛、创业博览会、创业沙龙等特色活动，营造创新创业良好氛围。稳步推进新就业形态就业人员职业伤害保障试点，鼓励灵活就业人员在户籍地或灵活就业地参加企业职工基本养老保险。

三是激发民间投资活力。近年来，四川省大力实施企业梯度培育工程，实施《中小企业“育苗壮干”梯度培育计划三年行动方案（2020—

2022）》，强化激励措施和上市挂牌等政策支持，重点培育50家农业产业化联合体，带动发展农民合作社150个以上、家庭农场2500户以上，培育扶贫龙头企业。2020年，开展民营企业家梯队建设“1111”工程，实施“产业领袖”“科技川商”“创业工厂”“青蓝接力”“卓越团队”五大重点工程。推行企业年报“多报合一”改革，扩大住所与经营场所分离改革试点范围，拓展电子营业执照“一照通”改革应用场景。深化“证照分离”改革，推动照后减证。开展促进民间投资专项行动，促进“个转企”“小升规”，推行惠企政策“免申即享”、快速兑现。推行企业所得税、财行税“十一税合一”申报，探索全税费种集成申报，持续压减企业年纳税次数。推动企业信用信息依法依规向金融机构开放，提高中小微企业贷款覆盖率、可得性和便利度。建立预防和化解拖欠中小微企业账款长效机制。

四是提升对外服务水平。加快推动国际贸易“单一窗口”服务功能向口岸物流、贸易服务等方面拓展，推广应用进出口货物“提前申报”“两步申报”“两段准入”通关模式。实施以企业为单元的税款担保改革。将正常出口退税的平均时间压缩至6个工作日，增值税增量留抵退税审核时限压缩至3个工作日。扩大进口货物“船边直提”和出口货物“抵港直装”试点范围。推动更多涉外审批服务事项“一站式”办理、“一网通办”。

五是深化公共资源交易平台整合共享。加快四川省公共资源电子化交易平台和政府采购一体化平台建设，打造四川省公共资源交易“一张网”，推进不见面开标、远程异地评标常态化运行。强化公共资源交易领域制度标准建设，完善招标投标和政府采购制度，深化“示范交易中心”创建活动，健全招标投标领域违法线索研判会商机制和投诉举报及办理情况信息共享机制。进一步探索公共资源交易集中统一监管新模式，实现交易服务、管理与监督职能相互分离、相互制衡。继续推动川渝公共资源交易一体化建设、西部公共资源交易平台联盟区域合作。

3. 建设村镇服务体系，精细服务延伸基层

随着乡村振兴和基层治理现代化加速，以及四川“一干多支”发展战略、乡镇行政区划和村级建制调整改革的深入实施，镇村服务体系不完善、布局不合理、事项不精准，群众办事繁、办事难、跑路远等问题较突出。2020年，四川省委、省政府在“两项改革”取得阶段性胜利的基础上，谋划做好“后半篇”文章，全力推进镇村便民服务体系建设。

一是构建便民新格局，服务设施标准化。聚焦群众办事网点分散、多头跑、盖章难等问题，结合两项改革后镇村服务范围调整变化，优化便民服务体系，织密便民服务网络，实现“小事不出村，大事不出镇”。第一，统一规划服务场所。各乡镇按《四川省乡镇（街道）便民服务中心建设标准》，统一规划建设便民服务中心。结合各地实际，优化资源配置，被撤并乡镇结合需求灵活设置便民服务站。两项改革后现有的3230个乡镇均设立便民服务中心，1597个被撤并乡镇设立便民服务站，35387个村（社区）依托党群服务中心设立便民服务代办点，城市社区“15分钟便民服务生活圈”基本实现。第二，统一设置综合窗口。加快实现“一窗受理”“限时办结”“最多跑一次”，推动服务管理智能化，实现便民服务“零距离”。全省90%以上的便民服务中心设置综合窗口，平均压减窗口30%以上。2021年，全省镇（村）累计办件1637万余件，办结1625万余件，办结率达99.27%，办理提速60%以上，努力做到“让数据多跑路，让百姓少跑腿”。第三，统一审批服务专用章。整合人社、残联、计生、民政等部门业务章，乡镇统一启用行政审批专用章，推行“一枚印章管审批”，解决办事群众盖章多头跑、办事烦琐等问题，实现“一站式服务”。

二是紧贴群众新需求，服务事项规范化。坚持从群众视角出发，推动高频服务事项下沉，梳理“一件事”目录，优化再造流程，实现“只进一扇门、最多跑一次”。第一，下沉服务事项促进“一站式服务”。各地按照“依法下放、宜放则放”的原则，结合不同类型镇村便民服务情况，积极探索将基层群众办理的高频事项、基层治理需要事项权限赋予乡镇，延伸到村级。全省平均下放（委托）乡镇事项115项、进驻便民服务中心140项、村级代办40余项。第二，突出群众视角规范“一件事”。始终从群众视角出发，聚焦企业群众全生命周期、生产生活高频事项，会同镇村窗口一线工作人员梳理形成全省25个“一件事一次办”指导目录，指导各地结合实际情况制定特色清单，用情景化的方式编制办事指南，制作便民服务事项“二维码”，确保办事群众看得懂、记得住、好操作。第三，注重流程再造实现“四减”。针对社保、医保、救助等业务量大、手续多、耗时长的重点事项，指导各地不断优化办事流程，切实减环节、减材料、减时限、减费用，全省平均减环节44%、减材料48%、办理提速56%、群众办事成本大幅降低，满意度显著提升。

三是创新服务新模式，服务供给便利化。从改进窗口工作作风入手，创新探索服务模式，扩展服务外延，从原来的窗口等群众来办事，到现在窗口主动到群众身边去办事，实现“办事不求人，服务找上门”。第一，抓实精准代办。针对不同服务对象办事需求，积极整合资源，打造“管家式”服务品牌，打通镇村便民服务“毛细血管”，推行便民服务帮办代办，落实企业“代办专员”，实行代办网格化服务，全省镇村便民服务代办人员达10余万人，基本实现社保、医保等高频事项帮办代办，确保企业、群众就近可办、园区事园区办。第二，推进智能导办。依托全省一体化政务服务平台，充分运用“互联网+政务服务”成果，升级手机App、小程序服务功能，上线7000多个便民服务应用，在社区部署智能自助服务终端，100余个事项实现“掌上办”“网上办”“码上办”。第三，聚焦疑难帮办。各级政务服务大厅全覆盖设立“办不成事”受理窗口，通过明确工作机制，建立工作台账，一件一件找原因、抓落实，畅通政府与企业、群众互动渠道，及时协调解决“疑难杂症”，“对症下药”为企业、群众“办成事”“解难事”。全省共设立窗口3656个，累计受理5395件，有效回应群众、企业急难愁盼问题，倒逼政务服务效能提升。第四，拓展融合联办。针对群众多元需求，创新开展“政务服务+乡村旅游、就业、商圈、基层治理、金融”等服务模式，不断提升基层便民服务均等化。与农村信用联合社、农商行、农业银行等金融机构合作，建成农村金融综合服务站1025个，实现医保社保参保登记查询、小额取现、就诊挂号等38个高频服务事项联办，已累计为群众提供金融和生活服务3357.99万笔、交易金额95.63亿元，实现基本金融、生活服务不出乡村。

三　新时代四川深化政务服务改革的特点与方式方法

（一）新时代四川深化政务服务改革的主要特点

1. 始终专注“一网通办”，以智能化终端建设突破服务瓶颈

四川省在推进政务服务标准化、规范化、便利化过程中，始终发力“一网通办”，在终端集成和智能化建设上下功夫，探索实现了“一章审批”“一门办理”“一窗受理”“一网通办”“一次办结”的政务服务模式，

不断提高企业群众办事体验幸福感和满意度。

一是最大化缩减环节，基本实现“一章审批”。组建行政审批机构后，将原来分散的审批主体集中到一个审批主体，停用封存原审批单位行政审批印章，正式启用行政审批机构审批专用章，开展集中审批，基本实现“一枚印章管审批”，有效解决审批盖章多、审批时间长等问题。2008 年，成都市武侯区成立全国首个行政审批局，推行“一枚印章管审批”，为全国行政体制改革贡献“四川样本”，受到国务院李克强总理批示表扬。泸州市龙马潭区行政审批局承接区级事权 172 项，“一枚印章管审批”共替代部门印章 62 枚。眉山市仁寿县行政审批局自 2019 年成立以来，审批人员由 43 人减少到 15 人，减少 65%；审批盖章由原先的 11 枚减少到 1 枚，减少 91%；审批环节由原先的 12~28 个减少到 3~7 个，减少重复提交材料 6 类 30 份。达州市渠县在经开区综合服务大厅设立行政审批部，授权使用“行政审批二号章”，真正实现入园企业“办事不出经开区”。

二是整合集约化资源，“一门办理”成为常态。深化“大集中”管理模式，持续推进“三集中、三到位”，打破行业、部门界限，实现职能整合，将行业主管部门的行政审批职能归并整合，统一入驻政务服务中心、分中心设置窗口，开展集中审批和现场审批，从单一审批向综合服务转变，使“一门办理”成为常态。目前，全省各县（市、区）均设立政务服务大厅。成都市高新区政务服务中心集合原公安户政、出入境办证中心、天府新谷税务服务中心、人才服务中心、不动产登记服务中心等 8 个分中心，2021 年办理审批服务事项 1039 项，实体政务服务大厅办件 208.9 万件。泸州市古蔺县 731 项依申请政务服务事项全部进驻县政务大厅，进驻率达 100%，2021 年实体政务服务大厅办件 80 万件。

三是流程再造集成化，稳步推进“一窗受理”。依托政务服务实体大厅，紧紧围绕“一窗受理、集成服务”目标要求，全力推行“前台综合受理、后台分类审批、统一窗口出件”政务服务模式，推动实现“一窗受理”。2021 年底，各县（市、区）政务服务实体大厅均设立综合窗口，窗口数从 1.7 万余个压减到 1.1 万余个，其中分领域专科受理综合窗口近 1 万个，无差别全科受理综合窗口 1200 余个，窗口压减率超 30%，纳入综合窗口受理办理事项平均占比达 90%以上。广安市岳池县依申请政务服务事项实现材料缩减比例达 73.49%，承诺办理提速达 90.72%，“一窗受理”

事项比例达 100%。各地以“综合窗口”改革为牵引，全面设立“办不成事”受理窗口 3656 个。2021 年，共接受咨询 10.13 万件，受理 5395 件，办结 5020 件，办结率为 93.05%。2022 年，省中心与广安市行政审批局“省县联动”跨层级解决群众反映的 2 个“没办成的事”，为全省各级行政审批机构做实“办不成事”受理窗口提供实操经验。各地“省内通办”“川渝通办”、西南五省“跨省通办”等区域通办有序开展。成都市青白江区与省内外 18 个地区实现政务服务“跨域通办”，实现区级权限事项 89 个“跨省通办”、138 个“川渝通办”、222 个“成德眉资通办”，共计办件 5899 件。

四是技术升级信息化，“一网通办”日趋成熟。深化“一网通办”前提下“最多跑一次”改革，依托省一体化政务服务平台、“天府通办”等平台，打破部门信息“壁垒”，大力推动“联、通、办”、政务数据共享利用和数据共享机制更加完善。成都市金牛区首创“云现勘”、实现智能咨询，点对点精准推送服务信息，创新“不见面云服务”。成都市青白江区建成“青松办”智慧政务平台，实现依申请政务服务事项 90%“不见面”审批、63%“马上办”，承诺提速率达 92%，相关案例入选“全国区县政府网站‘十佳’优秀创新案例”。广安市广安区纳入省一体化平台政务服务事项 5306 条，实现行政审批及公共服务事项全覆盖，全程网办率达 99.68%。广安市前锋区企业办事事项网上可办率达 100%，事项即办率达 75.24%，承诺提速 91.40%，“最多跑一次”事项占比 100%，减证明减材料 73.41%。

五是服务提质便民化，“一次办结”亮点纷呈。推进“一件事一次办”，坚持群众视角，聚焦生产生活高频事项，着眼线上线下同标准受理办理，将企业和群众眼中的“一件事”涉及的所有审批事项进行有效整合。广安市广安区推出“我要开超市”“我要开饭店”“我要开诊所”等 120 项“主题式服务”；攀枝花市米易县、盐边县开展新生儿“全生育周期”一件事改革，新生儿办证审批效率提升 70%以上，申请人减少材料 90%以上；眉山市仁寿县推行“身后一件事”改革，把群众身边的“伤心事”办成“宽心事”。

2. 持续改进“跨省通办”，以成渝双城圈建设打破区域藩篱

为贯彻落实习近平总书记在中央财经委员会第六次会议上的重要讲话

精神，加快推动成渝地区双城经济圈建设，四川省联合重庆市政府，秉持同向发力、协调发展、互惠共赢的基本原则，共同推进两地政务服务改革工作，成渝地区双城经济圈优化营商环境工作取得实质性进展，政务服务标准规范统一，数据平台共享互通，高频事项“跨省通办”基本全覆盖，协同监管合力增强。

一是协同推进一体化政务服务。依托政务服务标准化规范化便利化建设，加快推进“省内通办”“跨省通办”与“川渝通办”有机融合，促进通办事项办事指南、办理要素和办理流程相对统一。2022 年实现第三批“川渝通办”事项落地，第一批电子证照共享互认。优化“川渝通办”线上服务专区，提升专区的安全性、稳定性、友好度和运行速度。强化“川渝通办”窗口能力建设，开展示范窗口创建活动。在“川渝通办”框架下探索推动成都市和重庆主城都市区更多合作互动。

二是协同打造一流市场环境。落实《成渝地区双城经济圈优化营商环境方案》，培育和激发市场主体活力。实现司法行政、民政、文化旅游等领域共 20 个证明事项在川渝两地实行告知承诺制，编制统一的告知承诺书格式文本。上线运行成渝地区双城经济圈企业登记档案智慧查询系统，实现在成渝地区双城经济圈内网上自助查询企业注册档案。建立川渝两地重点企业跨区域涉税事项协调工作机制，统一川渝两地税务行政处罚裁量基准，推进便捷办税同标同质。在川东南地区试点探索建立成渝地区双城经济圈重大项目有关政务服务事项集成化办理机制。

三是建立健全跨区域协同监管机制。深化川渝地区 12345 政务服务热线互联互动，建立两地互转工单跟踪催办机制。推进监管业务系统对接和数据汇集，实现两地相关监管信息联网共享。共同开发信用应用场景，推动信用街区、信用商圈建设。探索两地协同推进包容审慎监管。共建一般税收违法失信纳税人名单库，出台分类管理办法，探索“信用+风险”监管措施，维护税收征管秩序。

四是不断推进省际省内交流协作。四川省协同广东、福建、江西、湖南、广西、海南、四川、贵州、云南 9 省区签署《泛珠内地九省区政务服务“跨省通办”合作框架协议》，依托全国政务服务平台打造政务跨省通办合作，提高政务服务效率。2021 年 9 月，西部 12 个省级以及新疆生产建设兵团公共资源交易中心在四川成都共同成立中国西部公共资源交易平台共享联盟。

四川省为加速成渝双城经济圈建设，加快推进省际政务服务，制定实施了一系列个性化改革举措，先后出台“跨省通办”工作方案和任务清单，采取优化政务服务“跨省通办”办事流程、统一“跨省通办”业务规则和标准、推进线上“全程网办”、推动线下“异地代收代办”、加强“跨省通办”技术支撑、建立数据共享长效机制、加强政务服务机构建设等措施，持续优化“跨省通办”服务方式，不断拓展“跨省通办”事项广度和深度。2020年实现第一批事项“跨省通办”。2021年基本实现高频政务服务事项“跨省通办”，有效满足了各类市场主体和广大人民群众异地办事需求。川渝地区双城经济圈内一系列跨区域通办的政务服务事项，是国家深化政务服务改革和优化营商环境的重要内容，是川渝两地落实党中央、国务院决策部署的具体安排，是合力打造区域协作高水平样板的务实举措，是让两地企业和群众享受更多同城化便利的系列利企便民行动之一，对激发市场主体活力、改善民生、提高人民群众幸福指数具有重要意义。

3. 高度聚焦“三化”服务，以前后篇两项改革贯通服务体系

四川省认真贯彻落实党中央、国务院关于深化政务服务改革的决策部署，聚焦乡镇行政区划和村级建制调整改革“后半篇”文章，坚持以人民为中心，因地制宜，创新开展镇村便民服务标准化规范化便利化建设，推动政务服务改革向基层延伸，努力打通服务群众“最后一公里”，实现省、市、县、乡、村五级政务服务体系全覆盖，群众办事满意度、获得感、安全感显著提升。

一是党政高度重视，层层推动有力有序。四川省始终把完善镇村便民服务体系建设作为做好两项改革“后半篇”文章的关键支撑、推进政务服务改革向基层延伸的重要抓手、全面推进乡村振兴的有力保障，系统周密部署，纳入“1+24+1”工作方案，并多次召开省、市、县、乡四级电视电话会议动员部署、统筹调度。省政务服务和资源交易服务中心作为全省完善镇村便民服务体系建设牵头单位，始终把做好“后半篇”文章作为“一把手”工程，组建工作专班，开展专题调研，形成专项方案，建立“四项机制”推动落实。四川各地认真落实省委、省政府决策部署，积极整合资源，结合开展党史学习教育、“我为群众办实事”实践活动，注重规划、政策引导，强化人财物保障，整合资源解决服务场地问题、完善便民功能。达州市达川区便民服务硬件、软件及奖补资金投入近1200万元，内江市东兴区按3年规划每年向便民服务中心投入1000余万元用于全域提升打造。

二是坚持系统集成，形成整体联动格局。第一，规划引领。探索经济区和行政区适度分离，将便民服务设施规划纳入全省乡村国土空间规划编制范围，有效促进镇村便民服务功能互补、区域通办。第二，融合发展。将镇村便民服务“三化”建设与基层社会治理现代化、乡村振兴、高质量发展和为群众办实事相结合，务实创新，全面融入以人民为中心的发展思想。都江堰市“以提升镇街便民服务质效赋能乡村振兴新动力”被人民网评选为全国乡村振兴优秀案例。第三，共建共享。优化资源配置，在保证服务不减的前提下，服务阵地灵活采用“建、租、改”等方式解决，不搞“一刀切”，村便民服务室主要依托现有的党群服务中心设立，不单独摆摊设点；各地因地制宜将与群众生产生活密切相关的事项下放（委托）到乡镇，纳入便民服务中心集中办理，并充分拓展水、电、气、视、讯以及金融等服务，平均下放（委托）乡镇事项115项、进驻便民服务中心140项、村级代办40余项。第四，标准规范。出台《四川省乡镇（街道）便民服务中心标准化规范化便利化建设方案》，有效解决各地缺乏标准参考问题。结合四川省政务服务和公共资源交易服务培训研究基地建设，选取都江堰市幸福街道等4个便民服务实训点进行标准化提升，为镇村便民服务标准化建设积累经验。

三是坚持试点示范，积极稳妥推进落实。第一，坚持试点先行。按照专项工作方案确定的2021年镇村便民服务水平得到较大提升，2025年实现“一个平台优服务”目标，结合四川省便民服务点多面广、发展不平衡等实际，2020年底率先在11个以成渝地区双城经济圈建设县域集成改革为主的地区展开试点，2021年初按照四川省委两项改革相关要求，在全省21个市州选择代表不同类型的750个乡镇街道、3909个村社区，同步展开省、市、县三级试点，形成上下联动、整体推进格局。第二，坚持群众视角。聚焦企业群众全生命周期、生产生活高频事项，省政务服务和资源交易服务中心成立专班，会同镇村窗口一线工作人员梳理形成25个“一件事一次办”指导目录，让群众易懂、易办、满意办。成都市金牛区推出“出生一件事”、眉山市仁寿县探索“身后一件事”等让老百姓办事越来越便利。第三，坚持分类指导。以省级试点为龙头，三级试点分层指导。省级层面分片区召开“三化”建设现场推进培训会，组织省、市、县、乡四级政务服务机构观摩学习都江堰市、名山区、罗江区、船山区、达川区等地先进经验做法。各地先后召开现场会、培训会、研讨会，绵阳市等地组织开展以“学经验、看变化、找差距”为主题的拉练比拼活动，积极对标推进落实，各地形成你追我赶的良好氛围。

四是坚持需求导向，打通服务“最后一米”。第一，抓实精准代办。针对不同服务对象办事需求，各地积极整合资源，打通镇村便民服务“毛细血管”，推行便民服务代办代销代购，落实企业“代办专员”，实行代办网格化服务，确保企业群众“小事不出村、大事不出镇”“园区事园区办”。巴中市恩阳区组建“恩阳跑团”、遂宁市船山区在省外务工人员集中地建立“工匠家”提供便民服务等深受群众好评。第二，推进智能导办。依托四川省一体化政务服务平台，充分运用“互联网+政务服务”成果，升级手机 App、小程序服务功能，在园区、社区、小区部署智能自助服务终端，在线查询、网上申报、自助打印等事项实现“掌上办”“网上办”“码上办”“少跑快办”。大英县“政务大百科”解决群众办事“开头一米”，甘孜州上线藏汉双语和藏语语音播报服务解决藏族群众办事难点堵点。第三，聚焦疑难帮办。2021 年，全省各级政务服务大厅全覆盖设立“办不成事”受理窗口，受到企业群众欢迎。省政务服务和资源交易服务中心重心下移，指导各地明确工作机制，建立工作台账，畅通政府与企业群众互动渠道，及时协调解决企业群众办事时遇到的“疑难杂症”，“对症下药”为企业群众“办成事”“解难事”。

这些举措让群众感到满意，有力地助推了乡村振兴。第一，五级政务服务体系全覆盖，多点可办。“两项改革”后四川省、市、县、乡、村五级政务服务体系更加完善，服务站点布局更加合理，省本级、21 个市州、183 个县（市、区）均设立政务服务大厅，“两项改革”后现有的 3230 个乡镇街道均设立便民服务中心，1597 个被撤并乡镇设立便民服务站，35387 个村社依托党群服务中心设立便民服务代办点，城市社区 15 分钟便民服务生活圈基本实现。第二，“一站式、一窗式”服务全面展开，就近能办。各地结合不同类型镇村便民服务情况，积极探索将基层群众办理的高频事项、基层治理需要事项权限赋予乡镇，延伸到村级代办，纳入综合窗口受理办理。截至2021年底，全省平均下放委托乡镇事项115项、进驻便民服务中心140项、村级代办40余项，90%以上的便民服务中心设置综合窗口，群众办事不再反复跑。第三，“一件事、一枚印章”有序推进，少跑快办。各地按照“一件事一次办”优化整合乡镇便民服务关联事项，便民服务中心“审批服务专用章”启用率达94%，逐步替代部门业务专用章，有效减少办事环节和证明材料，试点地区平均梳理“一件事”28个，减材料48%、减环节44%，办理提速56%。第四，“政务服务+”创新拓展，融合联办。各地紧紧围绕人民群众对美好生活的向往和多元化的需求，创新“政务服务+”模式，不断提升基层便民服务的均等化。青白江区等地推进服务“双进入”，选取优质商家设立便民服务点，参与社区服务。截至2021年底，建成农村金融综合服务站1025个，实现38个高频服务事项联办，现已累计为群众提供金融和生活服务3357.99万笔、交易金额95.63亿元，代收代发物流快递16.66万单，实现基本金融、生活服务不出乡村。

4. 大幅拓展“政务互联网+”，以数字化转型提升服务水平

四川省加快推进政企合作、校企合作、医企合作等协同机制，积极推动政务服务与党建、金融、教育、医疗、社保、农旅、法律、公证等领域融合，构建强效合作发展模式，不断拓展政务互联网+涉及的民生领域、应用层级、工作场景、服务环节，促使政务服务改革不断深入扩展，改革成果惠及更多企业群众。

一是民生领域拓展“政务互联网+”，提升便民服务能力。各地积极推进“政务服务+金融”，21个市（州）、75个县（市、区）与当地农信社签署协议，建成村农综站10767个，覆盖率达74%，为群众提供小额贷款95亿元。什邡市试行“政务服务+产业”，为企业提供全流程专属定制服务，审批资料一次性通过率达90%以上，审批办理时限缩短50%以上；成都市金牛区不断拓展“政务+法律”，研发“金牛e法通”公共法律服务自助终端，实现社区公益律师全覆盖；泸州市江阳区“政务服务+商圈、党建”打造商圈驿站，为周边2000多家商户、企业提供便利服务，实现政务服务和商圈、党建的有机融合。

二是工作场景运用“政务/互联网+”，提高便民服务效率。各地大力推行数字化便民服务，依托政务服务中心等数字平台，采取“互联网+政务服务”的方式，建立线上政务服务体系，民众无须另外前往政府部门提交材料，只需在线办理相关业务，极大地提高了政务服务效率。深化教育、医疗、就业、社会保障等领域政务服务系统应用，推动线上线下服务融合，实现基本公共服务“马上办”“掌上办”“就近办”和“一窗办”。大力推行以社会保障卡为载体的居民服务一卡通。围绕出行、就医、消费、文娱、办事等高频事项和服务场景，让老年人、残疾人等特殊人群在信息化发展中有更多获得感、幸福感、安全感。深化拓展“四川天府健康通”应用，推动与“天府通办”深度融合。

三是村镇街区引入“政务/互联网+”，扩大便民服务范围。实施村级民事代办制度，切实推动村（社区）主动为村民代办与生产生活密切相关事项，按照便民、公开、法治、无偿的原则，厘清村级民事代办事项，建强村级民事代办队伍，强化村级民事代办保障，提高村级民事代办服务质量和效率，不断增强村民获得感、幸福感和安全感。建立“平台整合网络跑、社会力量帮助跑、‘互联网+’代理跑”新的服务模式，民政、农业农村、人社、卫健、住建、公安、教育、退役军人等部门服务事项实现标准化，不断加强服务终端建设，拓宽便民服务渠道。大力推行“互联网+村级民事代办”模式，创建县、乡、村三级网上村级民事代办大厅，提高工作人员网络应用技能，为群众提供便捷高效优质服务。名山区推广“蜀信e·惠生活”互联网金融和电商平台，线上助农销售农产品4300万元。保和镇在需求端“把脉”、供给侧“问诊”、服务中“开方”，组建“农旅服务一件事一次办”工作推进专班，将涉及农业服务、旅游发展、就业创业等的300余项事项全部纳入便民中心。百丈镇解放村整村授信农户3780万元，30年来无一笔违约，被评为全省第一个省级信用村。

四是服务过程嵌入“政务/互联网+”，改善便民服务体验。大力推进“一件事”主题集成，通过系统互通、数据共享、业务协同，系统性再造办事流程，推动政务服务事项集成办理，实现“一件事一次办”。拓展网上办事场景化服务应用，推进一证通办、全程网办、全省通办、无感智办。持续迭代升级“天府通办”，打造多端服务体系，拓展第三方互联网服务渠道，推动各地各部门分站点建设运营，推进政务服务线上线下无缝融合并向街道社区和村镇延伸，实现政务服务就近办。持续推进用户专属空间建设，提供主动、精准、个性化服务。进一步完善政务服务好差评制度，对服务能力、态度、效果等进行在线综合评价。

5. 深入践行“依法治川”，以制度化法治建设引领护航改革

四川全面落实依法治国基本方略，按照科学立法、严格执法、公正司法、全民守法的要求加快推进法治政府建设，营造了良好的依法治省、依法治县氛围，为全面深化政务服务改革、促进营商环境法治化建设、加强城乡社会平安建设提供了有力保障。

一是全面推进法治政府建设。深入学习贯彻习近平法治思想，把政府工作全面纳入法治轨道，推动法治四川、法治政府、法治社会一体建设，编制实施五年建设方案。抓好法治政府建设示范创建机会，推进天府中央法务区建设。加强产业发展、改革创新、生态文明、社会治理、民生改善等重点领域立法，完善公共法律服务体系，高水平开展“八五”普法活动，不断提高运用法治思维和法治方式深化改革、推动发展、化解矛盾、维护稳定、应对风险的能力。

二是着力提高依法行政水平。贯彻执行民主集中制，完善“三重一大”决策机制，落实重大决策出台前向人大报告的相关规定，听取多方意见，推进科学民主依法决策。加快转变政府职能，规范政府监管执法行为。严格落实行政执法“三项制度”，完善行政执法与刑事司法衔接机制。完成行政复议体制改革，推进行政执法标准体系建设。深化政务公开。认真做好人大代表建议和政协委员提案办理，依法接受人大及其常委会监督，自觉接受人民政协民主监督，主动接受社会和舆论监督。

三是切实加强营商环境法治保障。开展《四川省优化营商环境条例》的宣传贯彻、检查督促等工作，调整与优化营商环境要求不相符合的地方性法规、政府规章、规范性文件，强化知识产权保护。加快推进《四川省知识产权保护条例》立法工作，完善对商标恶意注册和非正常专利申请的快速处置联动机制，开展商标专利巡回评审和远程评审，加快知识产权保护和维权援助服务体系建设。加强涉外商事法律服务，建设涉外商事一站式多元解纷中心，建立健全府院联动机制，探索实施企业破产预重整制度，完善简化审理制度和简易退出机制，提高市场重组、出清的质量和效率。

四是大力推进基层治理法治建设。一方面，提升基层党员、干部法治素养，引导群众积极参与、依法支持和配合基层治理。完善基层公共法律服务体系，加强和规范村社法律顾问工作。建立领导干部学法清单，认真落实村社“两位”班子成员集中学法制度。运用信息化系统搭建“学法考试平台”，广泛开展线上学法考试，加强基层组织负责人学法用法教育培训。深入开展“民主法治示范村社”创建活动，大力实施乡村“法律明白人”培育工程，建立“法律顾问+村社干部+法律明白人+人民调解员+综治网格员”的基层依法治理骨干体系。另一方面，指导村社依法制定村规民约、居民公约，健全备案和履行机制，确保符合法律法规和公序良俗。建立健全村规民约和居民公约县级民政部门审查、备案和督导机制，不断提升城乡基层社会治理水平和文明程度。同时，坚持和发展新时代“枫桥经验”，整合社会治理资源，完善基层社会治安防控体系，增强平安乡村建设能力。

（二）新时代四川深化政务服务改革的方式方法

1. 谋划“前后半篇”掌控改革方向

四川深入推进政务服务改革，率先在全国建立省、市、县、乡、村五级政务服务体系，政务服务标准化规范化便利化建设成效显著，但“三化”服务在向基层延伸过程中存在诸多不足，尤其是乡镇行政区划和村级建制调整改革以后，矛盾问题双重叠加。四川结合政务服务“三化”建设深入推进的改革需要，不失时机地开启两项改革“后半篇”工程，取得了巨大成就，积累了宝贵经验。

一是对两项改革“后半篇”文章的战略认知清晰、定位精准。第一，落实习近平总书记系列指示和有关重大战略的时代命题。深入贯彻落实习近平总书记关于坚持社会治理为了人民、深入政务服务改革、让改革延伸到基层公共服务供给领域等要求，强化以人民为中心的发展思想，厚植为民情怀，深刻领悟“便民小事”与“国之大者”的内在联系，将镇村便民服务与高质量发展、基层社会治理现代化、乡村振兴以及成渝地区双城经济圈建设战略紧密结合，统筹谋划，协同推进。第二，推动四川“两项改革”走深走实。近年来，四川省在深化改革中坚持以推动高质量发展为主题，以深化供给侧结构性改革为主线，以改革创新为根本动力，深入实施“一干多支、五区协同”“四向拓展、全域开放”发展战略，全域一体化发展不断推进。四川“两项改革”是贯彻落实党的十九届四中、五中全会精神、加强和改进乡村发展治理的一项重大基础性原创性改革，作为一项涉及面最广泛、群众最关注、影响最深远的重大基础性改革，四川省委将其作为事关乡村振兴和治蜀兴川全局的大事要事来抓，各级政务服务管理部门主动担当作为，压茬推进，“前半篇”改革任务顺利完成。镇村便民服务作为群众最关心的一件大事，对改革成效起着基础服务支撑作用，“前半篇”要求“基本公共服务不降低”，保证服务不脱节是底线，“后半篇”明确提出完善体制机制，整合资源，重塑格局，提质增效，持久释放改革活力，以优质服务助推四川乡村振兴。第三，满足企业群众对改革红利释放的新期盼。“两项改革”前，四川全省乡镇（街道）4610个、建制村45447个、社区7804个，从事镇村便民服务人员约6万人；“两项改革”后，乡镇（街道）调整为3230个，村（社区）调整为35387个，另外1597个被撤并乡镇设立便民服务站，从事镇村便民服务人员增加到10余万人。希望办事更好、更快、更近，办事不求人、不折腾作为改革后群众对美好生活的向往，需要四川深化政务服务改革向基层延伸，推进“一网通办”前提下的“最多跑一次”，补齐服务能力短板，促进镇村便民服务供给均等化。省政务服务和资源交易服务中心作为牵头单位，立足现有体制，一方面自上而下推进政务服务线上线下融合，加快综合窗口、全生命周期“一件事一次办”服务；另一方面通过抓镇村便民服务“三化”建设试点，增强服务能力，打造城镇社区15分钟、乡村30分钟便民服务圈，持久释放改革红利，不断提升群众获得感、幸福感、安全感。

二是为做好“后半篇”文章，全省上下勠力同心，精心设计稳步推进。2020年7月，时任四川省委书记彭清华在绵阳市三台县盐亭县蹲点调研。他指出，改革必须坚持以人民为中心，以群众需求为导向，被撤并镇村要根据群众需要保留必要的办事窗口和工作力量，优化便民服务体系，确保各项公共服务不降低。2020年11月，省政务服务和资源交易服务中心党委书记、主任吕芙蓉主持召开全省完善镇村便民服务体系试点工作推进会。她要求，各地要在明确方向、明确目标的前提下，抓紧推进镇村便民服务“三化”试点示范工作。会上，部分地区围绕便民服务进行了讨论交流。2021年3月，省委、省政府印发《关于做好乡镇行政区划和村级建制调整改革“后半篇”文章的实施方案》，四川省两项改革“后半篇”文章专项工作领导小组印发《优化乡镇机构编制资源配置》等25个工作方案，明确完善镇村便民服务体系具体政策措施。省政务服务和资源交易服务中心先后到南充市、遂宁市、雅安市、德阳市等多地开展镇村便民服务体系建设专题调研，详细了解群众办事的便捷度、窗口办事流程、办事效率和镇村便民服务体系建设的推进情况，认真听取镇村便民服务网点群众需求及基层工作中存在的问题和困难。2021 年 4 月，省政务服务中心结合四川各地实际，印发《四川省完善镇村便民服务体系建设指导手册》《全省镇村便民服务体系标准化规范化便利化建设“示范便民服务中心”“示范便民服务室”创建活动工作方案》。2021 年 4 月，四川省在 21 个市州选择代表不同类型的 750 个乡镇街道、3909 个村社区，同步展开省、市、县三级试点，形成上下联动、整体推进格局。2021 年 6 月，先后在都江堰市、雅安市名山区、遂宁市船山区、德阳市罗江区、达州市达川区组织召开全省镇村便民服务标准化规范化便利化建设现场推进培训会。2021 年 12 月，采取各地自评申报、市州主体验收、省级交叉核验方式，经省中心党委会研究，确认都江堰市幸福街道等 269 个便民服务中心为首批省级“示范便民服务中心”。

三是为做好“后半篇”文章，采取实施有效举措，积累形成独到经验。坚持问题导向，聚焦群众需求精心谋划和稳妥推进实施了一系列关键举措，包括“党政高度重视，层层推动有力有序”“坚持系统集成，形成整体联动格局”“坚持试点示范，积极稳妥推进落实”“坚持需求导向，打通服务‘最后一米’”。其经验如下：第一，必须始终坚持党的全面领导。始终坚持以习近平新时代中国特色社会主义思想为指导，把党的领导贯穿镇村便民服务建设工作全过程，各级党政“一把手”高度重视、高位推动，全面落实四川省委、省政府关于做好两项改革“后半篇”文章决策部署，紧密结合党史学习教育系统谋划镇村便民服务“三化”建设，上下联动，整合资源，统筹推进，形成齐抓共建合力。第二，必须始终坚持以人民为中心的发展思想。民之所盼，政之所向。便民服务的出发点、落脚点都是群众，基层便民服务作为党和政府最贴近群众的前沿阵地，承担着服务基层企业群众的主要任务，最能体现“两项改革”成败，最能释放改革红利，只有始终把群众需要作为服务目标，把群众满意作为服务标准，善于从群众关注的焦点、百姓生活的难点中寻找服务的切入点，才能确保群众利益不受损，群众满意度大提升。第三，必须始终坚持顶层设计与基层首创结合。政务服务改革、镇村便民服务体系建设是一项系统工程，必须把准党中央、国务院有关要求，结合四川实际加强顶层设计，同时要灵活运用方法论。四川各地经济发展水平不平衡，企业群众需求不同，便民服务基础也不同，要鼓励基层因地制宜，既依靠顶层设计“指路”，又通过基层实践“探路”，充分尊重地方、基层和群众的首创精神，推动顶层设计和基层探索良性互动、有机结合。

2. 聚焦“三化服务”推进改革进程

一是坚持人民至上理念，明确改革导向和突破点。始终突出问题、目标、结果、发展、价值导向，围绕企业和群众全生命周期服务需求，设计改革议程，把握主攻方向，纵深推进和全面优化政务服务，切实提高人民群众的获得感和满意度。第一，坚持问题导向，挖掘主导需求，实质上是一个及时发现问题、科学分析问题、着力解决问题的过程，是马克思主义最优良的方法论传统和最鲜明的方法论特征。第二，聚焦改革过程，关注重点事项，坚持主要矛盾与次要矛盾相结合的唯物辩证法，牵住深化改革的“牛鼻子”，锁定关键环节，聚焦疑难问题。第三，关注改革成果，以工作成效为标准，以发展实绩和成效为准绳，以成败论英雄，用人民获得感、幸福感、安全感来衡量，以实实在在的业绩接受检验、评判工作。在改革的过程中，针对省内政务服务体系、行政审批体系、营商环境等领域存在的问题设计较为完善的优化方案，通过不断解决改革难题，快速推动改革持续深入，积聚厚植发展优势，取得实实在在的发展成果和工作业绩。

二是强化组织领导，严格改革全程管控。四川省对政务服务改革工作实施严密的组织领导，明确改革方向、改革目标、改革规划，建立健全方案措施，完善政策保障，健全激励机制，强化督促落实的相关机制。加强事中事后监管，及时发现、协调、解决工作中的重大问题，及时综合分析改革所面临的环境状况与潜在问题，不断对改革方案进行优化调整。根据改革进程制定相应的激励或保障措施，提高改革活力、保障改革能够正常进行。充分发挥政府主导推进改革工作的职能，确保政务服务改革沿着正确的方向有序推进。第一，发挥党委总揽全局、协调各方的领导核心作用。加强各级党委对政务服务改革的总体领导，整体部署和统筹协调改革工作的开展，构建总揽全局、协调各方的党委领导体制，建立以党建引领工作为核心、纵向治理体系为关键的整体架构，充分体现党领导下各类治理主体协同力量善治优势。第二，始终作为“一把手”工程。综观各地改革实践，特别是广东、浙江等政务服务改革和数字政府建设先进地区，都是“一把手”抓、抓“一把手”、一抓到底、久久为功。总结四川高位推动“一网通办”前提下的“最多跑一次”改革经验，关键是始终贯彻党政“一把手”亲自抓、分管领导直接抓、一级抓一级、层层抓落实的工作推进机制。第三，突出行政主导，强化属地责任。深化政务服务改革需要政府来主导推进，要充分发挥政府的作用，尤其是要强化属地责任。四川各级政府在党委领导下明确改革方向、改革目标、改革规划，合理安排改革流程与分工，建立健全统筹推进、督促落实的相关机制，及时协调、解决工作中的重大问题。各市（州）、县（市、区）人民政府对本地区政务服务工作负主要责任，切实加强领导，强化经费、人员、场地、信息化保障，立足群众对政务服务需求和办事满意度、获得感，推进全方位、系统性、重塑性变革，提高优质服务共享水平。

三是构建上下贯通、区域联动、部门协作机制。改革的顺利进行需要各级政府部门在统筹引导、联动执行、分别实施三个层面进行分工，将改革的各项要求分配给合适的行政部门，确保分工有序、事权分明，同时设定主要牵头部门，确保责任对应到具体部门。省政府办公厅负责全省政务服务工作的规范设计、统筹推进、监督检查，指导、协调和督促各市（州）、县（市、区）和省直各部门提供优质、规范、便捷、高效的政务服务。省政务服务和资源交易服务中心牵头负责省、市、县、乡、村五级综合性政务服务场所规范化建设。省大数据中心牵头负责推进省一体化政务服务平台及其移动端建设、政务服务便民热线建设管理及政务数据共享、数据安全保障工作。省直各部门要发挥纵向行业引领作用，加强对本行业政务服务标准化规范化便利化改革的指导，结合行业实际探索更多管用可行的改革举措。各级政府办公系统充分发挥统筹协调作用，推动解决有关重大问题，确保改革任务落地见效。在推进政务服务改革的过程中，既做到在规划决策时全面完善，又保证在基层落实时严谨规范，实现顶层与基层、自上而下与自下而上相结合，双线并重协同推进。

3. 凭借“主动靠前”抢占改革先机

四川各地政府充分运用靠前思维、主动作为，构思实施了许多具有创造性的“金点子”，帮代办、就近办、集中办、特殊办等服务新方式、好做法纷纷涌现，实现了审管环节前置和服务窗口前移，解决了老百姓急难愁盼问题，获得了企业和群众的赞许，赢得了改革的主动权，抢占了深化改革的先机。

一是“五个率先”领跑全国。省委、省政府高度重视政务服务工作，高位推动、成效显著，系列经验做法在全国推广。2001 年以来，四川在全国率先开始政务服务改革，探索成立省级政务服务中心，赋予行政职能，将分散的行政审批事项和工程建设招投标事项集中办理；率先制定全国第一部省级政务服务管理条例，固化政务服务改革成果、推动改革有法可依；率先在全国探索“两集中两到位”和建立并联审批机制，切实减环节、减材料、减时限、减费用、减跑动；率先在全国创建公共资源流程化管理机制，最大限度地减少交易环节的廉政风险。多位时任中央政治局常委和国务院领导同志、全国省级党委和政府、香港特区政府等代表团来川考察，《人民日报》头版头条、新加坡《联合早报》、新华社内参《国内动态清样》、中央纪委网站多次专题报道“四川做法”“四川模式”。

二是“四个体系”相继完善。建成覆盖省、市、县、乡、村五级的政务服务体系和连接省、市、县、乡的行政效能电子监察体系；省级政务服务中心发挥系统业务统筹和指导作用，市级全部建立政务服务管理机构，除广元外均为行政管理机构，县级全部建立行政审批局，市、县两级机构绝大部分为政府组成部门；建成覆盖省、市、县三级的公共资源交易体系，推动公共资源交易标准化规范化建设，切实降低交易成本；近年来，基本建成覆盖省、市、县三级的大数据管理体系，加大数据资源整合共享力度，推动数字政府建设，促进数字经济发展。

三是网上政务服务能力位于全国前列。四川省政务服务、公共资源交易、大数据服务能力整体处于全国相对靠前的位置，但随着近几年体制改变，部分工作发生较大变动。政务服务方面，2015 年在全国的省级政府和重点城市网上政务服务能力（政务服务“好差评”）第三方评估工作中，位列全国第 4，2018 年位列全国第 22，2019 年、2020 年均位列全国第 7。公共资源交易方面，2017 年以来，四川省在国家发改委全国公共资源交易平台的数据交换情况排名中，长期处于前 3 名，多次位列第 1。大数据方面，四川省进入复旦大学联合国家信息中心数字中国研究院发布的中国地方政府数据开放排行榜，2020年位列全国第9，2021年位列第3。

改革实践中，各地涌现出不少“主动”“靠前”服务典范。金牛区树立“主动谋划、提前介入、靠前服务”理念，创新“预服务”改革，将审中纠正、审后整改转变为审前服务，将审批自由裁量权转变为标准化、规范化、便利化的贴心提醒和审核要点展示，在为民为企服务中主动靠前一步，推动审前服务、审中审批、审后监管等全过程有效衔接，不断提升行政效能，当好惠民助企的“服务员”和“贴心人”。金牛区“预服务”真正打破了审批专业壁垒，打造了公开透明的政务服务环境，让市场主体广泛受益，企业和群众满意度和获得感显著提升。2022年1~9月，金牛区新增市场主体50071户，增量排位全市第2，其中，新增企业33297户，增量排位全市第1；新增个体16774户，增量排位全市第2。夹江县组建实体“投资项目行政审批代办服务中心”，全面开展投资项目全程代办服务。巴中市恩阳区组建“恩阳跑团”常态化开展帮代办，累计为10000余名群众和50余家企业提供帮代办服务16000余次，满意率达100%。达州市达川区创新“达川代办”服务品牌，落实代办员2000余名，实行“全岗通办、上门接办、延伸包办、随时帮办”的四办服务。旌阳区通过配备“项目专员”、推行“一企一策”、开通“绿色通道”等方式促进项目快审批、快落地，“护航”重点项目早开工。

4. 采用“赛马机制”激活改革思维

实践出真知，一线出智慧。许多推进工作的金点子、解决问题的金钥匙，往往来自基层，来自普通干部群众。例如，内江经开区创造性提出“首席服务官”+“最多找一人”服务机制，组建“首席服务官”专属服务团，为重大项目提供“1+1+N”服务，即“1名首席服务官+1名企业联系人+N个职能部门联系人”，构建涵盖企业注册、落户、建设、投产、注销的全生命周期服务体系，着力打造清朗的投资建设政企互动环境。恩阳区从执法、司法、守法、普法等方面综合施策，推行以“123+N”为框架的“法治跑团”服务体系，推动法治营商环境大幅度优化。四川在加强系统性顶层设计的同时，综合运用监测、创建、考核、评优、找碴等“赛马机制”来识别干部、激发创新、盘活机制，通过探索新路、经验共享、榜样示范，汇聚智慧和力量，解决了许多困扰一时的疑难杂症，促进了政策学习和辐射，形成了积极浓厚的改革氛围，有效地推动了改革进程。

一是持续监测改革成效，及时总结工作经验。在长期改革实践过程中，各级政府积极总结反思，不断挖掘改革过程中存在的不足和问题，剖析问题产生的根源，从中探索解决问题、进行提升的有效方法，并加以落实。经过不断探索与优化调整，四川省各地在推进“一网通办”、构建“审管联动”、推行“双随机、一公开”监管和“互联网+”监管等过程中积累了许多原创性经验，形成了富有借鉴意义的改革方案。

二是政务服务建立“三评”制度。政府“评绩效”，各市县人民政府建立健全政务服务督查考核机制，将政务服务工作纳入本地区政府年度绩效考核范围。一线人员“评应用”，建立指标体系，依托综合性政务服务场所开展政务服务平台及其应用稳定性、易用性评价，及时解决堵点难点问题，提升平台建设水平，并向国家有关部委提出完善相关平台建设的建议。企业群众“评服务”，落实政务服务“好差评”制度，完善“好差评”系统，对各级综合性政务服务场所、政务服务平台、政务服务便民热线全面开展“好差评”工作，健全评价、整改、反馈、监督全流程衔接的评价机制。把镇村便民服务体系建设作为工作的重中之重，纳入对市州年度政务服务的评价，各地有压力有动力，主动作为，创新推动。迭代升级“好差评”系统，推动政务服务评价实现渠道全覆盖、信息全关联、数据全汇聚、结果全公开。推进“好差评”向政府公共服务领域延伸。达川区建立政务服务“红黑榜”管理机制，结合作风整顿专项活动，一月一督查、一季一考核，月月晒进度，形成比学赶帮氛围。

三是开展示范性创建和最佳案例评选活动。为了加快改革进程，扩大示范效应，四川省连续多年精心组织了一系列创建评选活动，鼓励各地及时总结经验成果，大力推动成果学习和政策扩散，调动了各地改革创新的主动性和创造性，探索出一批具有创新性、典型性的工作举措和实践做法。2021 年为展示四川镇村便民服务“三化”建设成果，评选出成都市青白江区行政审批和营商环境建设局创新“镇区合一”服务模式实现“办事不出功能区”等 10 个最佳案例、34 个优秀案例以及优秀组织单位，在全省范围内予以通报，要求各地学习借鉴获奖案例的经验做法，努力创造出更多可复制、可推广的经验做法。

5. 借助“智慧技术”提升改革成效

新兴技术为四川改革插上了腾飞的翅膀，大数据、云计算、即时通信、人工智能、区块链等先进技术在各地得到广泛运用。打造“城市大脑”和“政务中枢”，培育数字应用新业态，构建智慧医疗、智慧康养、智慧交通、智能建造等数字应用场景，促进政务运行效能持续提升，公共服务更为智能化、便捷化。

一是信息基础设施加快建设。电子政务外网已接入国家电子政务外网中央节点，横向覆盖所有省直部门，纵向联通 21 个市州、183 个县（市、区）以及所有乡镇并向村组社区延伸，全省接入部门超过 1.5 万个。

二是业务应用系统逐步贯通。建成全省统一的一体化政务服务平台和贯通省、市、县、乡、村五级的政务服务网，推出统一移动应用品牌“天府通办”，实行全省政务服务事项“一库管理”，群众办事“一号登录”。建成全省统一的投资项目在线审批监管平台，实现公开、便捷、规范、高效、精准的投资项目审批和监管。建成省社会信用信息平台，通过信息资源归集共享，形成以信用监管为核心的政府监管新模式。

三是资源整合共享初见成效。建成省、市两级政务信息资源共享交换体系和公共数据开放网站，政务信息资源共享开放深入推进。省共享平台纵向贯通 21 个市州、横向接入 58 个省直部门。截至 2021 年，编制资源目录 5.2 万项、挂接资源 1.6 万项、提供查询核验 1873.68 万余次、库表交换 49.93 亿余条。全省共有 3081 个数据集、2.72 亿条数据、112 个接口可在开放网站申请使用。依托共享平台实现跨部门、地域、层级的协同应用 99 个。

四是政务服务能力持续提升。基本建成“一网通办”政务服务框架，基本实现一体化政务服务平台线上线下全覆盖，全省“最多跑一次”事项占比 99.83%，全程网办事项占比 83.2%。群众需求较强烈的交通运输、住房城乡建设事项，省级分别实现 94%、89%的事项全程网办。2021 年，省政务服务网总访问量突破 4200 万次，注册用户 2963 万余户，各类办件量达 3521 万余件。全省社会保障卡持卡人数达 9072 万余人，普及率为 99.7%，省内异地就医结算覆盖所有县（市、区），就业创业、社会保险等民生领域 121 项公共服务事项接入一体化政务服务平台。

五是社会治理水平逐步提高。公共安全视频监控建设联网应用全面推进，基层综合治理中心不断夯实，城乡社区网格化管理实现全覆盖，社会治理精细化、精准化、智能化水平不断提升。建成“互联网+监管”平台，截至 2021 年，编制省级监管事项目录清单 1265 条，省、市、县三级检查类实施清单 84263 条，向国家监管系统上报数据 2276.8 万条，逐步实现全省监管业务“再监管”、重点领域风险“早预警”、监管效能评估“可量化”。

四　四川深化政务服务改革的阶段性成效与普遍推广意义

（一）四川深化政务服务改革的阶段性成效

1. 政务服务更加标准规范便利，公共服务质量显著提升

随着政务服务改革的深入推进，四川省政务服务水平显著提高，政务服务体系更加标准化规范化便利化。2020 年省级政府和重点城市一体化政务服务能力第三方调查评估指数排名中，四川位列省级政府第 5，成都市在全部 32 座重点城市中位列第 8。近年来，四川建成了覆盖 49 个省直部门、贯通省、市、县、乡、村五级“1+5”（1 个省级主站点，省、市、县、乡、村 5 类站点）政务服务建设运营体系；完成 40 个省级自建业务系统与 46 个国垂系统对接，国家和省级平台便民应用总数突破 6000 个。“天府通办”用户数突破 6000 万户，成为四川省使用人数较多、应用领域最广、业务集成度最高的政务服务品牌。各地各部门在完善全省协同联动机制、推动系统对接打破“信息孤岛”、扩大电子证照应用领域和互认互通、“一网通办”、跨区域协同服务等方面取得了显著成效。两批次共 210 项“川渝通办”事项清单已全部实现落地可办。51 项“西南五省跨省通办”事项已实现落地可办，166 项泛珠三角区九省通办事项被纳入清单。近年来，四川各级政府的服务意识显著增强，解决企业和民众急难愁盼问题的能力和效率大幅提升，让市场和民众感受到了改革带来的便利和实惠。两项改革“后半篇”文章进一步将标准、规范、便利的政务服务推向镇村，基层公共服务质量显著上升，老百姓满意度、获得感明显增强。

2. 营商环境优化“加速度”，市场活力与社会创造力迸发

四川坚决贯彻落实优化营商环境条例，开展营商环境评价，降低交易成本，严厉打击偷税逃税，治理恶意拖欠账款和逃废债行为；完善社会信用体系，强化契约精神，维护市场主体合法权益，构建亲清政商关系，营商环境不断优化，市场化、便利化、法治化、国际化水平持续提高，市场活力与社会创造力蓄势迸发。“最多跑一次”事项占比提升至99.2%，“全程网办”事项占比提升至94.9%。深化商事制度改革，实现“证照分离”全覆盖；大力支持实体经济发展，新增减税降费近400亿元，新增市场主体135.2万户、达771.6万户，民营经济增加值同比增长8%；开放合作水平不断提升，成都天府国际机场正式投运，实现与双流国际机场“两场一体”运营；西部陆海新通道建设加快推进，铁路营运里程达5687公里，高速公路通车里程达8608公里，出川大通道达40条；开行国际班列4358列，成都中欧班列境外城市站点增加10个、达68个；成功举办西博会、科博会、泛珠论坛、金砖国家国际竞争大会、中外知名企业四川行等活动，四川投资吸引力不断增强；新增国际友城和友好合作关系51对、达418对，开放合作朋友圈越来越大。

3. 群众满意度不断提升，便民服务释放宜居宜业新红利

四川省聚焦解决事关群众衣食住行、安居乐业的各方面问题，在经济、就业、教育、医疗、住房、文旅、社保、生态保护和城乡建设等领域精准施策，唱好“双城记”、建强“都市圈”、打造“示范区”、提质“幸福城”，创造出政通、经热、人和的好局面。2021年，西昌市、简阳市跻身全国百强县，10个区入选全国百强区，首批省级特色小镇17个，县域综合承载能力不断提升；新增国家级专精特新“小巨人”企业133家；城镇老旧小区改造新开工6245个，筹集保障性租赁住房6.3万套；民族自治地区15年免费教育惠及学生172.8万名；开展中医药强省建设十大行动，中医医疗机构数、中医年诊疗量均位居全国第一；打好蓝天、碧水、净土保卫战，全省优良天数率达89.5%，203个国考断面水质优良率达96.1%；三星堆博物馆持续引领文博热，命名11个天府旅游名县、首批66个天府旅游名牌，国家5A级景区达15家、位居全国第三，国家全域旅游示范区达8个、位居全国第一；城镇新增就业105万人，基本养老保险参保人数达6360万人；实施养老服务“七大工程”和适老化改造提升十大行动，新增社区养老服务综合体84个；实施“美丽四川宜居乡村”建设行动，新改建农村公路1.7万公里，四好农村路全国示范市1个、示范县10个，12个乡镇、119个村被认定为全国乡村治理示范镇村。这些改革成就持续惠民生增福祉，充分释放宜居宜业新便利新红利，人民群众获得感、幸福感、安全感不断提升。

4. 数字化信息化改革成效卓著，智慧政府建设提质增效

四川省加快数字信息基础设施建设，推动5G、工业互联网、物联网等规模化部署，建设成渝地区工业互联网一体化发展国家示范区。推动“芯屏存端软智网”数字产业集聚发展，实施国家“东数西算”工程，打造数字化制造“灯塔工厂”。智慧政府建设提质增效，电子政务外网已接入国家电子政务外网中央节点，横向覆盖所有省直部门，纵向联通21个市州、183个县（市、区）以及所有乡镇并向村组社区延伸，全省接入部门超过1.5万个；建设“1+N+N+1”省级政务云，已有82个部门、504个应用系统部署上云，总存储量达5.23拍字节；基本建成“一网通办”政务服务框架，基本实现一体化政务服务平台线上线下全覆盖，全省“最多跑一次”事项占比99.83%，全程网办事项占比83.2%；省政务服务网总访问量突破4200万次，注册用户2963万余户，各类办件量达3521万余件；全省社会保障卡持卡人数达9072万余人，普及率为99.7%，省内异地就医结算覆盖所有县（市、区），就业创业、社会保险等民生领域121项公共服务事项接入一体化政务服务平台；公共安全视频监控建设联网应用（“雪亮工程”）全面推进，基层综合治理中心不断夯实，城乡社区网格化管理实现全覆盖，全省超过98%的4A级及以上景区实现视频监控联网；建成“互联网+监管”平台，编制省级监管事项目录清单1265条，省、市、县三级检查类实施清单84263条，向国家监管系统上报数据2276.8万条，逐步实现全省监管业务“再监管”、重点领域风险“早预警”、监管效能评估“可量化”。

5. 成渝双城经济圈建设进入“快车道”，持续高质量发展

四川省坚持成渝两省市“一盘棋”思维和一体化发展理念，紧扣中央顶层设计共绘“施工图”，聚焦产业、基础设施、公共服务等重点领域紧密协作、相向而行，在发展态势、创新动能、融合融通等方面取得显著成效。2021年，成渝地区双城经济圈实现地区生产总值超过7.39万亿元，同比增长8.5%，在全国占比为6.5%、在西部地区占比为30.8%。成渝地区双城经济圈建设形成“1+4+7”政策体系，省级政府将部分省级行政职权事项委托下放至区域中心城市，放权基层，带动跑出加速度。七大区域中心城市经济总量全部突破2000亿元，绵阳、宜宾均超3000亿元。“一区一策”支持4个省级新区建设，投资均实现两位数增长。因地制宜探索经济区与行政区适度分离改革路径，创新毗邻合作、园区共建、飞地经济等新模式，探索共建共享的公共资源配置机制、分工协同的产业合作机制、异地通办的政务服务机制，形成联系更加紧密的发展共同体。川南渝西融合发展试验区、川渝高竹新区等10个毗邻地区合作功能平台建设加速推进，“市场准入异地同标”、税收征管一体化等探索加快实施。成渝地区双城经济圈作为“四极”之一进入国家综合立体交通网，获批建设工业互联网一体化发展国家示范区、全国一体化算力网络国家枢纽节点。67个合作共建重大项目开工65个、完成投资2154亿元。设立明月山绿色发展示范带、泸永江融合发展示范区、内荣现代农业高新技术产业示范区，川渝高竹新区、遂潼一体化发展先行区等毗邻地区合作平台建设扎实推进。实施便捷生活六大行动，210项高频事项实现川渝通办、日均办理1.8万件。四川政务服务改革为地区发展按下“快进键”，跑出“加速度”，成渝地区双城经济圈建设正成势见效。

6. 社会治理现代化成势见效，塑造共建共治共享新格局

四川省全面落实法治政府建设实施方案，开展省级法治政府示范创建活动，提升依法行政水平。加快推进社会治理、绿色发展等重点领域立法。完成行政复议体制改革，推进行政执法标准体系建设。认真做好人大代表建议和政协委员提案办理，自觉接受人大及其常委会监督、政协民主监督、社会舆论监督。2021年，制定修订政府规章6部，提请省人大常委会审议地方性法规14件，出台全国首个交通运输综合行政执法条例；办理人大代表建议996件、政协委员提案1014件；财政直达资金精准有效惠企利民等3项典型经验获国务院大督查通报表扬。增强基层党组织政治功能和组织力，健全基层群众自治制度，推动构建公共服务圈、群众自治圈、社会共治圈，系统解决好百姓最关心最直接最现实的利益问题，严格落实“政府新增公共服务支出向社会组织购买比例不低于30%”的规定，有效提升社会治理精细化智能化水平，推动社会治理现代化建设，塑造共建共治共享新格局。

（二）四川深化政务服务改革的普遍推广意义

1. 为加强党建引领基层治理效能提升开展实践性探索

党的工作最坚实的力量支撑在基层，最突出的矛盾问题也在基层。随着政府工作重心下沉，大量工作下移或延伸到城乡社区，基层工作能不能做好，便成了民生服务能不能落到实处、落到群众心坎上的“最后一公里”。只有让人民群众感知政策冷暖，成为社会治理的参与者、受益者、评判者，才能有效推进社会治理体系和治理能力现代化。四川省着力做好两项改革“后半篇”文章的经验做法具有广泛借鉴意义。省、市、县、乡、村五级书记亲自抓，各地各部门高度重视，形成了上下联动、左右协作、全局一盘棋的工作格局。将为民服务作为基层治理的第一要义，实现社会治理重心下移，把资源、服务、管理下沉到社区，从制度层面向街道社区赋权增效，加强社区居民自我管理、自我教育、自我服务、自我监督。改革的普遍推广，有利于把党的领导落实到基层社会治理中，共建社会治理共同体，努力为人民群众创造和谐的社会环境，开启“中国之治”的新境界。

2. 为新时代全面深化政务服务改革提供理论与实践借鉴

四川省深化政务服务改革取得重大进展和显著成就，梳理其改革的演进逻辑，提炼基本经验，可以为新时代全面深化政务服务改革提供理论与实践借鉴，增强中国特色社会主义“四个自信”。四川形成了市场化、效率化和法治化的改革路径与经验，不断完善简政放权、强化监管和优化服务，有效破解了阻碍市场发展的体制机制弊端，推动经济发展和政务运行质量变革、效率变革、动力变革。按照习近平总书记有关全面深化改革内在要求的论述，坚持改革的系统性、整体性、协同性，形成了深化政务服务改革的科学逻辑和经验方法。四川深化政务服务改革的生动实践为全国其他省市进一步深化改革提供了理论与实践借鉴，为改革纵深发展呈现了示范样本。

3. 为新时代高水平社会主义市场经济体制建设做贡献

实现经济高质量发展，从根本上还是要在改革上下功夫、在体制创新上做文章，切实把市场活力最大限度地激发出来，把人民群众创造力最大限度地调动起来。政务服务改革能够有效破除各种束缚创新发展活力的桎梏，让亿万群众的“碎片化知识”得到有效整合、聪明才智得到充分发挥，使我国经济走上依靠创新提质增效的发展路径。四川一方面着力布局区域经济发展、升级产业结构、优化营商环境、促进创新创业、打造经济动能引擎，另一方面加快构建促进高质量发展的制度体系，形成纵览全局、协调各方的党的领导体系和职责明确、依法行政的政府治理体系，更多实施功能型社会性支持政策，切实完善社会保障制度，防范和化解财政金融风险，为市场作用的发挥创造更好的政治社会环境。四川“两手抓”

的改革智慧及具体做法可供其他省市探索建设高水平社会主义市场经济体制借鉴。

4. 为正确处理好政府与市场关系形成合力开拓新思路

政务服务改革重在重塑政府、市场与社会的关系，提升政府的治理效能。市场经济奉行的是效益、竞争、价值原则，实行市场经济体制能提高经济运行效率。但是市场经济也有其固有局限性，会因垄断、外部性、信息不对称和公共物品供给等因素导致市场失灵，一旦失灵泛化可能导致市场竞争的无序性、低效率乃至崩溃等严重后果。高质量发展是依靠充分竞争、公平秩序来实现的，通过政务服务改革可以充分发挥政府的作用，弥补调整市场的失灵，激发活力、保护权益、规范竞争，充分发挥市场配置资源的决定性作用。四川在政务服务改革中聚焦经济高质量发展、政务高质量运行，着力加速公共服务供给侧改革，努力拓展市场主体空间和能动性，较好地实现了政府作用与市场机制的自洽与互动，为进一步厘定政府与市场关系提供了实践启示。

5. 为建设人民满意的服务型政府释放新红利贡献力量

以人民为中心的发展思想是新时代深化政务服务改革的基本遵循。四川省将一切工作的出发点和落脚点归根于满足人民群众对美好生活的需求，致力于提高人民群众的满意度、幸福感、获得感。将政务服务改革作为推动政府治理能力现代化的途径，作为加强政府建设、推进经济发展、完善社会治理的手段，最终达到增进人民福祉、促进共同富裕的目的。通过深化改革，重新定位政府角色，重新界定政府、市场、社会的边界和相互关系，让政府归位守正，在加强宏观调控服务、有效维护市场秩序、充分调动市场主体积极性等方面积极作为，服务型政府建设成效突出。力除烦苛之弊，大兴便民之举，企业和群众反映突出的“办事难慢”“多头空跑”“奇葩证明”“新官不理旧账”等问题得以有效解决，服务市场、社会、大众的能力得到明显提升。

6. 为促进数字化赋能助力社会治理精细化找准新路径

数字技术对政府治理方式、治理结构、组织变革等产生了深刻影响。四川将数字政府建设与政务服务改革紧密结合起来，一体化推进，数字技术赋能政务运行和服务，“三化建设”“一网通办”“跨省通办”等技术支撑能力体系日臻完善。考察四川实践可以发现，新技术渗透和应用对政府管理模式的变革提出了新要求，技术发展和变革是以行政体制改革为核心的政务服务改革深层次的动力支持系统，也形成一种倒逼机制。一方面，大数据、云计算、物联网、区块链等先进技术为政务运行提供了功能平台，为公共服务提供了便利条件，为改善社会治理提供了崭新路径。新技术使政府如虎添翼，为提高社会治理精细化程度、实现更为广泛深入的社会协同共治提供了必要支撑。另一方面，信息技术革命的加速，客观上需要政府部门迅速变革传统治理结构、方式和方法，驱动组织结构、业务流程、行为关系的优化再造，实现政府治理的数字化转型。

7. 为全面实施乡村振兴战略促进城乡协调发展谋良策

四川省围绕做好农村两项改革“后半篇”文章，牢牢把握“坚决维护核心、倾力服务中心、坚守为民初心、广泛凝聚人心”总体思路，深入基层摸清实际情况，培育片区发展新引擎。各地立足资源禀赋、区位优势、工作实际，在全面推动乡村振兴、促进城乡协调发展上交出满意答卷。泸州、雅安、内江探索经济区与行政区适度分离，注重发挥特色产业优势，有效促进区域协调发展和城乡融合发展；内江、乐山、自贡、绵阳因地制宜，推动执法权力下放，务实推进“一支队伍管执法”取得成效；成都、德阳科学划分功能片区，科学编制乡村国土空间规划，重塑经济发展版图，发展质量持续提升。四川省“后半篇”改革坚持转职能、提效能、激活力、促发展，深入基层、深入一线、深入群众，真正了解基层群众所思所想所盼，完善相关政策、加大宣传力度、细化落实举措、改进具体工作，打通服务基层群众“最后一公里”。通过深化政务服务改革，释放乡村振兴红利，不断凝聚乡村振兴合力，为全面实施乡村振兴战略、促进城乡协调发展寻找新思路，其经验做法值得全国各地学习推广。

五 目前四川及全国深化政务服务改革的主要困难

（一）四川下一步推进政务服务改革所遇难题

1. 政务服务体制亟待清障

在机构职能设置方面，出现“两张皮”“小马拉大车”现象，存在管办职能划分不清晰、机构性质与职能错位、职能弱化、线上线下不同步等问题。当前，各地政务服务改革进入深水区，协调改革重大难题、痛点堵点问题力度不够，有时难以有效发挥牵头作用；省中心和省大数据中心错位履职，事业单位承担的行政职能难以落实到位，心有余而力不足，指导基层存在“一对多”“多对一”且标准要求不一致等问题。

在政务运行机制方面，省级常态化工作推进协调机制还不完善，“下得去、接得住、办得好、监管有力”的机制还不完善，“综合窗口”改革支撑和保障机制不健全、综窗建设运行支撑不力，流程再造堵点较多、数据交换共享平台缺乏、上下统一的标准化滞后，地方立法推进机制还不健全，在政务服务、数据管理、公共资源交易领域立法滞后，公共资源交易改革推进机制弱化，数据资源管理和数字政府建设工作机制亟待完善。

在服务平台建设方面，当前还存在缺乏整体规划、顶层架构不完善、信息基础支撑不足、数据资源共享难等问题。支撑服务五级体系的“四梁八柱”残缺不全、功能不完善，缺少数据共享平台、证照库、主体库等。纵向来看，下级平台与上级平台的数据交互存在问题，地方系统和省厅及部委一级办件系统在系统架构、信息内容及信息覆盖面等方面都存在很大差别。横向来看，各地专网重复建设、标准不一、互联互通不够，跨域协同实施困难，“数据孤岛”“信息垄断”问题尚未得到破解，不能充分实现政务数据的价值化利用，与数字政府建设要求还有较大差距。

2. 行政审批运行存在掣肘

一是审批机制不顺畅。首先，下改上不改，上下协调难。21个市州政务服务管理机构存在机构性质、机构名称和职能职责“三个不统一”现象，各地政务服务管理工作的重点、推进力度、作用发挥、职责内涵等缺乏遵循。其次，各地不统一，职责有出入。部分县级行政审批机构名称不一致、职责分工不同，全省县级行政审批服务机构202个，机构名称未含“行政审批”的机构22个，占比10.89%。最后，线上线下“两张皮”，“一网通办”阻碍大。这是基层反映强烈、影响工作效率的重要问题。上一轮机构改革后，全省线下政务服务管理工作由省中心牵头，线上由省大数据中心牵头，各市州政务服务管理机构统管线上线下政务服务工作，安排部署工作无法精准到位，甚至出现严重脱节，基层对同一事项不同的考核标准无所适从，同一事项、同一信息、同一数据多头重复报送。省一体化政务服务平台“建、管、用”分离，平台未与部门专网深度对接，行政审批机构无法及时监管事项办理进度，二次、多次录入增加基层负担，影响办事效率。

二是审批运转还不到位。首先，划转事项不够彻底。全省行政审批事项“应划未划”情况较为突出。全省未划行政权力事项的县（市、区）行政审批机构达 87 个，占 43.69%。其次，过渡事项衔接不畅。存在个别行业主管部门对划转事项“一划了之”的现象，不愿参加联合审批，不考虑行政审批机构是否能够有效承接，技术交底不充分，导致一部分事项“空转”，没有实质性运行。再次，已划事项部分退回。存在已划转事项退回原主管部门的现象。最后，进驻事项不够全面。个别部门形式上将行政许可事项进驻政务服务大厅，但对窗口人员授权不充分，具体业务审核权仍在单位，存在“明进暗不进”“两头受理、体外循环”等问题。

三是队伍建设还有待加强。首先，存在“人不配事”的现象。目前，各地行政审批机构掌握并能熟练运用行政许可相关法律法规的审批人员严重缺乏。各地距离落实“编随事走、人随事走”还有差距，划转到行政审批机构的人员来源渠道复杂，不少无审批经验，年龄普遍偏大，素质参差不齐。其次，存在“苦乐不均”的现象。“同工不同酬、同工不同身份”，审批人员长期在“放大镜”“聚光灯”下工作，压力大、节奏快、要求高，人员更换较为频繁。最后，存在“管理脱节”的现象。进驻政务服务大厅窗口的工作人员人事关系、工资福利、行政管理仍归属职能部门，日常监管、教育培训和检查考核难度大，易造成“管人管事脱节”。

3. 审管分离联动仍不通畅

一是审管分离存在挑战。首先，长效机制拓展不足。各地虽形成了“审管分离”的运行机制，但省、市未明确县级行政审批机构与行业主管部门间的行政审批、行政许可事中事后监管等工作的审管边界、协作机制，问题出现后仅靠基层不断协调以求得共识，易出现相互推诿或监管漏洞。其次，现场踏勘需求较大。除法律明确规定需要进行现场踏勘的事项外，还有一些审批事项法律虽未明文规定需踏勘，但实际需要政府部门查看现场。联合踏勘是“审管联合”的表现形式之一，与“审管分离”理念相悖。再次，部门联动合力不够。省、市主管部门政策文件只发送对口部门，业务培训未通知行政审批机构的情况时有发生，导致行政审批机构人员对“审管分离”改革等工作认识还有局限。最后，数据共享技术受限。

审批监管系统账号不能分割或同时登录，权责无法明确，给后续审批、监管带来隐患。审、管、执法数据共享的系统还未建成，仍依赖低效的传统手段。

二是法律法规依据滞后。首先，“减”的依据不充分。减时限和减材料合法性亟待确认，“容缺审批”等创新缺乏法律授权。其次，“放”的条件受限制。审批事项向乡（镇、街道）延伸办理机制等缺失，存在较大的政策风险和法律风险。最后，“责”的界限不明晰。审批事项集中到行政审批机构后缺乏上位法支撑，审批行为法律责任主体与实际审批机构不统一，容易产生权责矛盾和部门推诿问题。

三是监管机制尚不健全。首先，审管事权界限模糊。目前，省、市并未明确县级行政审批机构和行业主管部门间行政审批、行政许可事中事后监管等工作的审管边界，全省还未建成审管数据共享系统。其次，监管环节仍较薄弱。存在“重审批而轻监管，重实体而轻程序”现象，常常“放而不管”。监管任务重、难度大，监管效能吃紧，监管力量薄弱，许多事项下放后监管不到位，“接得住、管得好”的监管体系未形成。监管部门联动合力不够，业务主管部门多头监管，事前守信联合激励、事后失信联合惩戒等机制不够完善。立法比较滞后直接导致监管链条不畅、监管职能弱化。再次，监管标准化建设不足。多数地方“双随机、一公开”监管平台不够健全，随机抽查事项、检查对象名单、执法人员名录库电子化程度较低，难以做到全面、公开、留痕。对新兴领域的监管依据不明、标准不一、权责不明、力度不够。最后，职能部门监管模式单一。一些部门习惯运用传统行政手段进行监管，静态式监管、被动式监管、运动式监管仍是主流，监管模式保守单一，方式方法缺乏改革创新。

4. 服务标准质量还需提升

在标准化建设方面，主要是标准化建设的内生动力不足，各地标准化建设滞后。标准化建设需要调整权力清单、责任清单、实施事项清单，改革原有服务程序，不仅涉及多方利益，更要面对接踵而至的问责风险与政策风险，许多部门为规避风险选择部门利益最大化。同时，对标准化建设认知不深以及缺乏专业人才支撑，也使得地方标准化体系建设不够完善。因此，省、市、县三级存在各自为政、标准不统一、数据无法有效共享等问题，各地各部门在规范事项、场地建设、窗口设置等方面差距较大。机构名称不一致、职责分工不同，导致改革标准参差不齐，在行政审批、政务服务环节中难以协调统一，增加办事时间和成本。同一事项在不同地区、不同层级的办理流程和标准不统一，阻碍着全省“一网通办”的进程。

在服务体系建设方面，首先，简政放权不够精准。群众生产生活高频事项下放力度不大，部分下放事项含金量不高，存在“僵尸事项”“挤牙膏”等现象。其次，权力下放不够规范。由于体制不畅，工作部署无法精准到位，政务服务标准各地不一，城市与乡村的服务水平参差不齐，线上受理和线下运作两头跑、重复多遍证明的情况依然存在，尚未形成统一的政务服务标准和规范，“综合窗口”建设任重而道远。同时，权力下放的公平性受到质疑，小型生产经营主体和大中企业存在优惠不同、服务有别现象。再次，政务平台功能发挥欠佳。实施“建、管、用”分离，平台未与部门专网达成对接，数据共享困难，群众体验感较差。最后，服务信息化程度还有待加强。各部门各环节间的信息共享并不充分、应用不深入，垂直信息系统数据壁垒仍然存在，窗口业务办理的信息化程度不高，很多基层政务服务大厅尚未接入统一数据共享交换平台。“互联网+审批”的数量远优于质量，线上审批功能仍需优化，电子证照建设进程迟缓。

（二）全国深化政务服务改革推进过程中所遇困难

1. 管理体制与机构设置存在梗阻

我国行政组织采用条块双重管理体制，这种架构虽然有其可取之处，但条块分离所带来的地方保护、职能壁垒等问题也甚为突出，重大改革的成功往往依赖高位推动，所以“一把手”工程出现在众多改革领域。深化政务服务改革是一项事关全局、牵一发而动全身的综合性改革，要求高水平的上下联动、左右贯通，一旦出现断链现象便会造成改革的“中梗阻”问题。在四川实践中，我们也看到这一问题的存在及其所产生的严重弊病，举一反三，其他省、市也不同程度地存在类似的改革协同难题。国家行政管理体制的改良优化虽非朝夕之功可毕，但是在实施深化政务服务改革这类重点改革工程时，要有“刀刃向内”“刮骨疗伤”的改革勇气，向体制性顽疾动刀下手，对政务服务改革本身而言这是必由之途，对整个行政体制改革亦是如此。具体路径和策略必然是针对具体问题的系统思考，权衡利弊、慎重取舍，难免要经过试点取经、反复改良、实践检验的过程，这样才能判高下、辨优劣。比如对放管服而言、对全局而言，管办究竟是分离好还是集成好？这个问题在四川实践中俨然有答案。那为何将已然存在的好制度改成“两张皮”体制，背后的动因值得深入探讨。触类旁通，行业主管部门何以在行政审批机构已经设立并正常运转的情况下，依然在文件流转和业务培训等工作中漠视其存在？是法条失据这类客观因素限制还是部门利益这种主观因素抵制？唯有抓住这些“牛鼻子”问题，深入调查探究病根，对症下药，才能真正将改革推向深入。只有彻底解决“中梗阻”问题，方可有效解决“信息碎片”“数字鸿沟”“数字孤岛”这些表象问题。

2. 行政审批改革难题亟须着力破解

行政审批制度改革是政务服务改革的要害。“放、管、服”三环，“放”是首要环节，“放”的水平直接决定改革方向、任务和成效。从目前情况来看，行政审批制度改革既是要点，也是难点堵点痛点，可以说抓住搞好行政审批制度改革，就是摁住了各种流弊的“七寸”。从行政管理体制到行政审批制度，一脉相承，关键在于机构设置和权力分配问题。只有系统梳理机构、职能、权力和责任，理顺彼此关系，才能真正建立高质量的事项清单，这是事项管理得以顺利运行的基本前提。解决好前置性问题，才能推动后续问题得到真正解决。首先，改革内容趋于碎片化。在行政审批过程中，往往习惯于从部门自身角度出发，按政策领域来收集、储存、分析和利用审批信息，使部门之间形成割据状态，管理处于“碎片化”状态。另外，行政审批和监管之间权责脱节，审管协同不足，往往出现重权力轻责任、重审批轻监管、放任审批自由裁量权等现象。同时，许多地方引入行政审批中介服务机构，但中介机构的服务质量良莠不齐，无形中降低了政府在公民心中的公信力和满意程度。其次，改革流于形式、忽略质量。许多地方政府单纯追求取消和下放事项的数量，审批形式主义与官僚主义盛行，重管制轻服务、重程序轻配套、重投入轻回报，使得行政审批只有在领导重视下才开展集中管理，陷入“取消/下放”和“再增加”的反复循环。最后，存在改革合法性问题。相关立法修法工作落后于改革。如目前人工智能在行政审批流转平台的运行中发挥着重要作用，但较多技术问题在当前法律框架内尚无解决办法。新兴产业、新兴领域的行政审批与法律法规之间存在“模糊空白”地带。

3. 审管协同多元监管尚未改到位

审管关系在政务服务改革设计中是一对颇为棘手的关系，两者既要分离又要联动，是对立统一的复杂矛盾体，涵盖机构、职能、权责、事项、业务、流程、技术、数据、标准等诸多要素的协同，覆盖审批、监管、服务、处罚执法、监督等各个环节的衔接。构建真正有效的审管协同机制，实现全链条多主体监管，引入新技术要素创新审管形式，切实提高审管效能，从目前情况来看还任重道远。这是一项系统性改革，需要顶层精心设计、有序推进，系统解决有关机构设置、职能定位、权力配置、法律依据、技术融入等问题。许多改革试点工作突破了现有法律法规框架，但法律法规的溯及力未及时调整，在国务院以规范性文件的方式取消下放与相关法律法规修改或废止的空隙里，经常出现法治“真空”，这就让改革者左右为难、进退失据。同时，现有监管体系背后是深层次的权力利益，“动蛋糕”“分奶酪”的改革动作必然会遭遇抵制反噬。再者，新业态、新技术的进入，带来审管事项动态化、审管主体多元化、审管方式网络化、审管模式立体化等变化，也需要改革者保持好应对节奏。针对这些问题，要探索系列解决方案，但关键还是以立法为要。法律是定海神针，立法修法释法工作一定要有前瞻性思考，保持与行政改革协调一致、同步推进，甚至可以通过立法发挥改革引领作用。只有改革者胸有定心丸、手持尚方剑，才能有勇气、信心和能力直面困局、击破难题。

4. 政府、市场、社会三方力量未聚合

政务服务改革的基本理念、前进路线、未来图景均反映了党的宗旨路线，立足、依靠和为了人民群众。改革的深入、扩展、持续需要在全社会而非仅限于政府内部形成最广泛的共识，需要汇聚政府、市场、社会三方力量深度参与、共建共享。目前的实际情况是各方合作的广度、深度、力度还不够，相应的改革设计还需进一步完善。从政府主体看，政府工作人员扮演着自我和公务人员双重角色，追求个体利益和集体利益，就个体而言必然是自利的，就集体而言也存在狭隘的地方利益和部门利益之分。在此行为动机下，面对深层次的利益和矛盾，赖在舒适区不愿动弹、被动消极应付、习惯性推诿拖延、“上有政策、下有对策”等现象发生则是顺理成章之事。从市场主体看，政务服务改革旨在为市场

松绑减负，激发市场活力，但面对大数据、云计算等新兴技术的介入，政府还未完全做好应对市场边界拓宽的政策准备。为维护自身利益，许多市场主体钻空子制造行业垄断与行业壁垒。同时市场倡导公平有序竞争，面对厚此薄彼的做法必然加以抵触。这类或主动或被动的市场反应均不利于政企之间良性互动、持续合作。从社会主体看，一方面，我国社会组织的整体承接能力较弱，规模有限、依赖性强、能力不足；另一方面，政府主导角色变味，改革从决策到监督、选择性参与、公开、执法、评价等问题丛生。针对社会参与的引导、实施、评价和激励机制尚不完善。但是政务服务改革必须要促共识聚合力。我国具有党领导下的新型举国体制优势，在政府治理改革中合理恰当运用这一优势是可行的，也是必要的。同时要明责定则。政府、市场、社会三方的改革角色任务和行事逻辑规则各不相同、各循其法，关键是要理顺三者关系，围绕改革主题任务搭建平台、畅通机制、共享成果。

5. 机构、阵地、人才三维支撑需加强

基层是政务服务改革的最后一环，也是政务服务的“最后一公里”，基层改革成效最终反映整体成效。但由于基础、环境、条件等多方面客观因素的制约，基层成为改革链条的薄弱环节。一方面，“千针万线一根针”，基层汇集承担着来自各方面各领域的改革任务，繁重艰难压力大；另一方面，机构建制不全、阵地建设不足、人才供给不够等问题突出，严重影响基层正常履职，基层作用受限导致改革效果大打折扣。许多地方因政务服务场地紧张和面积不足而导致部分与民众息息相关的事项无法进驻办事大厅，即使成功进驻也常因窗口设置、服务设施、大厅布局的不合理造成群众办事不便。许多基层工作人员能力有限，思想陈旧，常迫于压力被动地接受改革，缺乏能动性与创造性。同时基层对于人才的吸引、储备、培训皆不占优势，人才流失情况较为严重。基层改革凸显出治理资源需求与服务供给体系残缺、供给能力不足之间的深刻矛盾。因此，只有高度重视基层能力建设，将乡村振兴战略与政务服务改革紧密结合起来，系统推进基层机构、阵地、人才三位一体发展，不断培育和夯实改革土壤，才能推动改革举措落地生根，让改革成果真正惠及亿万群众。

六　进一步深化四川及全国政务服务改革的政策建议

（一）深入推进四川政务服务改革的政策建议

1. 完善体制机制和理顺职能关系

围绕党中央、国务院、省委、省政府关于政务服务改革、数字政府建设的新要求，结合四川实际，加快调整完善省级政务服务和数据管理体制机制。成立数字政府建设领导小组，在省、市、县三级成立政务服务数据管理局，建立上下协同的管理队伍，形成上下贯通、技术与业务融合的集约化管理体制。四川省政务服务和数字化建设管理局行使放管服、政务服务、数据管理、数字政府和公共资源交易行政管理职能，单位性质为正厅级行政管理机构或参公管理单位。省政数局职能以省推进协调办、省中心、省大数据中心主要职能为主体，整合政务服务事项清单管理、政务服务信用体系建设、公共资源交易综合专家库建管等职能，承担数字政府建设牵头职能，更好地使用机构编制资源。通过改革有效解决线上线下“两张皮”“小马拉大车”“上下协调难”问题。

具体做法上，组建“一局、三中心、一集团”。一局：组建四川省政务服务数据管理局，为省政府直属正厅级行政管理机构或参公管理单位，内设13个处室，主要承担统筹协调推进、监督指导全省政务服务改革工作，负责五级政务服务体系和便民服务体系建设、优化，统筹全省数字政府建设、大数据发展和大数据运用，统筹全省电子政务重点项目建设，统筹开展全省公共资源交易管理、12345热线等工作。三中心：组建省政务服务中心（省12345政务服务便民热线中心）、省大数据中心（公共信用管理中心）、省公共资源交易中心（省政府采购中心）。其中，省政务服务中心为省政数局管理的副厅级公益一类事业单位，负责一体化政务服务平台、12345热线等平台管理，省直部门及人员综合服务、现场管理，重大项目并联审批、跟踪服务等工作；省大数据中心为省政数局管理的副厅级公益一类事业单位，承担全省数字政府建设、发展调研、规划起草、实施等工作，组织实施数字政府与数字机关项目建设、大数据产业规划建设、“一网通办”“跨区通办”等技术保障等工作；省公共资源交易中心，加挂省政府采购中心牌子，为省政数局管理的副厅级公益二类事业单位，负责为相关公共资源交易项目提供现场服务，对进场交易机构及人员进行监督管理、见证和信用记录，受委托依法开展政府集中采购活动等。一集团：组建数字四川集团，建议该集团主要开展数据资源要素运营、重大数字化项目建设运营等业务，促进打通政企数据通道，围绕“城市大脑”布局大数据全产业链，以数据资源市场化带动数据要素价值化，建立大数据资源交易平台，全面支撑城市数字化转型。

2. 深化行政审批和审管联动改革

简政放权是政务服务改革的先手棋，应从深化行政审批制度改革入手，带动整体改革进程。一方面，加快出台县（市、区）行政审批局划转事项指导目录。明确市、县行政审批局拟集中事项主要与企业和群众生产生活密切相关，且经常发生、申请量大、有明确审批标准和程序、集中办理更加便民高效，各市（州）所辖县（市、区）应相对统一，市辖区范围基本一致。统一出台《市县行政审批局相对集中行使行政权力事项指导目录》，加强动态调整，推动全省相对集中行使行政权力事项进一步标准化、规范化。

另一方面，建立健全审管协调联动体制机制。合理划分各职能部门和行政审批机构职能，厘清权责边界，建立审批与监管相分离的行政管理体制，职能部门重点加强对行业规划、政策、标准的制定、实施和事中事后监管，行政审批局负责行政审批事项办理所需的受理、审查、决定、送达等基本程序环节，并对行政审批行为及后果承担相应责任。审批与监管部门之间建立审管联动机制，包括常态化联系、信息互联互通和定期召开联席会等，做到信息充分共享，沟通顺畅。同时，划出部门协助接收部门加强与省、市级相关对口部门的工作衔接等，确保审管工作不断档、不掉线。合理设置过渡期，明确过渡期内审批责任分担，划出部门积极配合接收部门开展审批，协助培养审批业务人员，避免出现部门只划事项、不划骨干、一划了之等情况。加快建成审、管、执法数据共享的系统，打破审批与监管部门信息壁垒，提高审批与监管部门的互动效率，形成各司其职、各负其责、相互配合、齐抓共管的协同监管机制。加强对审管联动机制执行情况的督导，着力革除“管卡压”“推绕拖”和官僚主义、部门本位主义，不断提升行政审批效能。

3. 加强人才队伍和政策法规建设

在人才队伍建设方面，严格按照“人随事走、编随人走”的原则划转编制，按照“精通政策法规、熟悉审批流程、业务能力较强且具备相应行政审批资格”的要求划转人员，窗口工作人员确实不足的，可探索由行政审批机构以政府购买服务方式统一配备管理。完善编外聘用人员管理办法，妥善解决编制外聘用人员待遇问题，有效稳定窗口一线服务队伍。加强教育培训，按照“成熟一个组建一个、共建共享”的原则，推动全省五大片区建设培训基地，上下联动建立培训师资库与教学典型案例库。定期举办全省系统窗口服务技能大赛，加强对市、县行政审批改革工作指导，分级分类组织省外考察研修，通过工作现场培训会等形式组织观摩学习。加强管理考核，落实“窗口腐败”问题专项监督，充分发挥行风监督员及社会各方的监督作用，毫不松懈纠治“四风”。完善窗口工作人员考核管理机制，明确行政审批机构考核权限。

在政策法规配套方面，在国家、省级层面完善相对集中行政许可制度改革、行政许可专用章使用办法、容缺受理等方面的法律法规和指导性文件。认可市、县行政审批局法律地位和印章效力，明确审批法律依据、办事条件、承诺时限、收费依据和标准、申请材料等，推动行政审批集约化、标准化、规范化运行，更好地推动行政审批机构减时限、减材料、减环节、减次数，推动审批事项向乡（镇、街道）延伸。行业主管部门通过业务培训、联席会等形式将最新的配套规章及政策传递至行政审批机构，确保行政审批机构及时知晓行业内部标准和地方政策。

4. 改进“互联网+”新型监管平台

“互联网+监管”作为政府重构监管体系、转变政府监管职能的有效手段，除了借助互联网、大数据等先进技术手段实现监管能力的智能化和监管行为的在线化外，更重要的是实现监管机制的信息化。一是加强配套法律法规和制度化建设。根据“互联网+监管”模式特点，推动部分法律法规立改废释。建立执法统一、建明一行的执法监管规则和标准，推动“互联网+监管”有法可依、有据可循。完善数据采集、传输、存储、处理、共享、分析、应用等全生命周期安全管理制度，提升数据安全防护水平。二是加强监管数据汇聚分析及协同。持续推进全省监管业务系统对接，推进监管数据资源归集共享，解决数据汇入国家系统难度大、国家下发线索数据共享难和部门参与联合监管、协同监管办法不多等问题，提升数据准确性、完整性、可用性和实效性。完善监督执法和风险预警模型，从多维度对监管数据进行分析研判，评估处置，提升事中事后监管的精确化、智能化水平。三是对标国家“互联网+监管”能力第三方评估指标自我改进。根据四川省“互联网+监管”的现状，强弱项、补短板，加强跨部门、跨层级、跨领域联合监管、协同监管的整体规划和顶层设计，深化与国家“互联网+监管”系统联通对接。深化成渝地区双城经济圈监管信息合作，推动川渝两地监管信息共享，实现违法线索互联、处理信息互通。四是深入开展信用联合奖惩机制建设。加快构建跨领域、跨层级、跨区域的信用联合奖惩机制，处置“互联网+监管”发起的联合监管任务，实现信用监管协同联动，建立动态的信用联合奖惩更新和差异化信用风险分类管理制度，完善政府、市场、公众等广泛参与的信用联合奖惩机制。

5. 优化营商环境升级成渝经济圈建设

成渝地区双城经济圈建设是一项系统工程，要加强顶层设计和统筹协调，突出中心城市带动作用，强化要素市场化配置，牢固树立一体化发展理念，做到统一谋划、一体部署、相互协作、共同实施。一是坚持市场化构建产业环境。继续深化要素市场化配置改革，实施建设高标准市场体系行动方案，支持成都争取国家要素市场化配置改革试点、开展省内第二批试点。紧扣要素敏感点供给政策，提升产业政策可及性。优化产业配套，围绕主导产业成链成群招引培育关联企业。强化要素保障，多举措保障项目用地，着力提升水、电、气、能源供应保障能力。推行“供应链金融+便利服务”，运用商业保险和科技金融，重点提升中小企业获得信贷便利度。推广使用网上中介服务超市，推进中介服务机构信用信息公示公开，营造公平、规范、便捷、高效的中介服务环境。二是坚持法治化构建市场环境。坚持非禁即入原则鼓励民企扩大投资。发挥法律服务联盟作用，以知识产权保护、贸易纠纷调解为重点，构建符合国际规则的法律服务体系。推行事中事后信用分级分类综合监管，实现跨部门“双随机”检查常态化。坚持包容审慎执法，对民营企业采取预警、提醒等方式进行适度、有效监管，帮助他们及时纠错改正。加快推进企业信用体系建设，强化企业信用信息交换共享运用。三是坚持国际化打造开放环境。牢固树立全球思维、国际视野，以改革创新精神抓好自贸试验区引领国际化营商环境标杆城区建设。推进四向通道建设，提质增效运行国际班列。做大做强开放口岸平台，加快培育成都国际铁路港国家级经开区和综合保税区，力争尽快获评。探索实行差异化定价模式，让注册大港区的大直客和产能转移客户得到更多优惠。提高经济外向度，完善鼓励类外商投资产业目录，加强开放型产业园区建设，加快国际化社区建设，配套国际化教育、医疗、生活等服务，增强对国际企业和高端人才的吸引力。

6. 推动政务服务改革提速增效延伸基层

基层政府作为国家最基础的行政单元和直接面对群众的工作一线，是政务服务改革反馈问题最多、检验改革成效最直接的地方，政务服务改革延伸到基层至关重要。将基层治理体系和治理能力现代化建设与政务服务改革结合起来，不仅能够提高政务服务改革的综合功能效应，更有利于基层治理改革落到实处、产生实效。一是聚集力量做好两项改革“后半篇”文章，围绕干部群众急难愁盼问题推出切实有效的改革方案，把基层便民服务工作筑牢夯实。对一些地方干部群众反映被撤并乡镇场镇管理有所减弱、群众办事不够方便、生活服务也受到影响等问题，从加强被撤并乡镇场镇建设管理、加强被撤并乡镇便民服务能力、提高新老乡镇之间的交通运输服务水平、提升被撤并镇村公共服务和治理能力、加强对基层干部职工的关心关爱等五个方面，切实办好一些群众期盼关注的实事。二是依托政务服务中心提升服务效能。政务服务中心是解决政府与公众“最后一公里”的必由之路，要把政务服务中心作为推进改革的抓手，加快构建统一的“一站、一门、一窗、一次”服务体系，通过转变传统管理方式、简化申报材料手续、优化再造业务流程，推动政务信息数据、相关证明信息等跨部门、跨区域、跨行业互认共享，切实做到“证件联用、信息联通、服务联动”，力促从“群众跑腿”向“数据跑路”转变、“条块分割”向“整体联动”转变、“群众来回跑”向“部门协同办”转变，实现企业民众现场办事项“一窗受理、限时办结”和“最多跑一次”。三是依托“互联网+政务服务”，让企业和群众办事更方便更快捷。推动更多政务服务事项上网办理，加快实现一体化政务服务平台上线运行，推进同一事项名称、编码、依据、类型等基本要素在成渝双城经济圈、省市县乡村五级统一，推动实现同一事项无差别受理、办理流程和评价标准统一，加快实现“一网通办”、异地可办和不见面办理。

（二）深入推进全国政务服务改革的政策建议

1. 认清政务服务改革对政府治理现代化的重要性

党的十九届四中全会对推进国家治理体系和治理能力现代化做出重要决策部署，指出要“深入推进简政放权、放管结合、优化服务，深化行政审批制度改革”。政务服务改革是重塑政府与市场关系、发挥社会主义市场经济体制优势的关键举措，是转变政府职能、构建现代政府治理体系的必由之路。政务服务改革是优化营商环境、激发各类市场主体活力的制度安排，而营商环境是提升国家治理水平的综合性体现，优化营商环境就是解放生产力、提升竞争力。政务服务改革是深化行政体制改革、转变政府职能的重要内容，是政府“刀刃向内”的自身革命，也是上层建筑适应经济基础规律的内在要求，在优化政府治理体系、提高治理效能等方面起着重要的作用。政务服务改革走到今天，虽然成就令人瞩目，但与形势发展要求和人民群众期待相比，还存在一定差距。从改革的攻坚克难阶段逐渐过渡到提质增效阶段，未来的政务服务改革在“深水区”作业，必将迎来更大的挑战。为实现中国式现代化的目标，提升国家治理体系和治理能力现代化水平，各级政府必须深刻认识到政务服务改革对治理现代化的重要性、必要性，毫不动摇地深入推进政务服务改革。

2. 把准深化政务服务改革的努力方向和关键任务

行百里者半九十，唯有真抓实干，不断攻坚克难，才能取得新突破。我们既不能因政声民意的积极变化而躺在功劳簿上沾沾自喜，也要防止产生畏难心理、抵触情绪和疲软姿态。必须继续弘扬“撸起袖子加油干”的改革创业精神，结合党的二十大的战略部署，科学把握政务服务改革动态趋势，进一步明确今后的努力方向和任务，使其在促进共同富裕、服务实体经济和民营经济发展等新领域发挥更大作用。政务服务改革是政府自身的一场深刻变革，触及权力、利益、体制、理念等深层次矛盾。经过多轮改革，容易咀嚼的“面包”已经吃完，剩下的都是比较难啃的“硬骨头”。各地各部门要继续拿出“刀刃向内”的勇气行至简之道，全面贯彻中央关于政务服务改革的各项决策部署。2022 年中共中央及国务院办公厅发布了一系列政策文件，对未来深化政务服务改革提出了明确要求，涉及全面实行行政许可事项清单管理、推进政务服务标准化便利化、加快建设全国统一大市场、加强数字政府建设、进一步优化营商环境降低市场主体制度性交易成本共五个方面。接下来，要深入贯彻党中央、国务院的改革部署，在重要领域和环节取得更大突破。一是要破解简政放权的难题。加快企业“办证”改革，实现开办企业便利化、整合工程建设项目许可，破除投资建设障碍、继续清理涉企收费问题，降低企业经营成本、向事业单位放权，促进公益服务发展。二是完善清单管理制度。进一步统一清单内容，增强清单的实用性，采用更加简洁易懂的表达方式出台清单制定标准和确立标杆，使清单更加科学规范，建立一套清单运行的监督检查机制和内外结合、闭环管理的问责机制，确保清单发挥作用。三是着力提升市场监管效能。彻底扭转“重审批轻监管”的错误倾向、改进监管模式，采用随机检查、联合检查与行业自律相结合的监管方式，更多采用提醒、警示、约谈等简约管理方法，建立失信联合惩戒机制和巨额惩罚性赔偿制度等，全面推行“双随机、一公开”监管、信用监管、智能监管等创新举措。四是推动政府服务更加便利高效。积极回应社会关切、推行政府服务标准化，加快政府信息服务平台建设，大幅提升政府网上办事的服务能力。

3. 理顺审管分离联动中的主体事权和要素关系

审管关系是政务服务改革的要害，要想切实做到放管结合，必须完善配套的权责机制和事中事后监管体系。随着政府职能的转变与行政审批制度的改革，审批与监管之间的关系形态也在不断发生变化，但“重审批、轻监管”的问题依然存在，进一步优化营商环境与理顺政府部门职责分工，必然要推动审管联动，构建“规范—协同”的审管关系。一是继续完善事项清单管理体系。国务院要求2022年底前构建形成全国统筹、分级负责、事项统一、权责清晰的行政许可事项清单管理体系，必须坚决落实到位，在编制清单的基础上进一步完善清单动态管理机制。二是加速审管业务、数据和技术的标准化建设。出台相关的规范性文件对地方在推行“相对集中行政许可权”改革过程中产生的新设机构做出规定。秉承着因地制宜的原则推出能够指导行政审批与监管实践的标准化业务办理指南。标准化是一个“制定—执行—评价—完善—再执行”的螺旋上升过程，推动审管关系标准化还需长期努力。三是构建多元参与的审管关系发展模式。审管关系具有双重功能，除了影响政府部门之间的关系外，也直接作用于企业与个人。为充分发挥市场在资源配置中的决定性作用，在梳理权责清单的基础上，应将包括行业协会在内的社会组织纳入其中，以需求为导向督促市场和企业实现自我管理。四是完善失信惩戒机制为协同审管关系提供制度保障。全面的审管关系不仅牵涉前期审批与事中事后监管，同时还包括事后的惩罚，将“惩”与“审”“管”有效结合，做到“宽进严管”，惩处严重危害市场和社会的行为，为审批放权到位、监管精准有效提供坚实保障。五是应用大数据为协调审管关系提供技术支撑。在确保数据安全的前提下搭建统一的数据共享平台，在审批阶段提供集成式服务，在监管阶段实现跨部门联合监管，在技术层面推进审管联动。

4. 筑牢面向放管服的全链条多元共治监管体系

随着共建共治共享理念日渐深入人心，多元治理主体不断增长成熟，新技术手段、新工作方式快速创新应用，我国已经具备推行共治的环境条件。在政务服务改革三环之中，“放”由政府担当主责，“管”和“服”应朝着政府、行业组织、市场机构和公众齐抓共管、协作共创的方向发展。相对于“服”而言，“管”的多元引入还有悖于传统认知和习惯做法，应作为改革重点予以特别关注、大力推进。推进监管转型，必须打破政府在监管中唱“独角戏”的方式，积极构建以权责清单为基础、以“双随机、一公开”监管为原则、以信用监管为核心、以智慧监管为支撑、以衔接配套“制度链”为保障，行政监督、行业规范、社会监督相结合的综合性、多元化监管体系。一是吸纳多元力量，培育共治监管主体。通过责任激励和利益引导激发社会主体参与共治监管的积极性，通过培训和学习将社会主体培养成具有专业能力的共治监管主体。二是完善多元共治监管的法律法规体系，为构建多元共治监管格局提供法律保障。出台专门政策文件，明确监管主体的权责，规范社会主体参与共治监管的流程。三是创新监管机制，护航共治监管运行。健全信息共享机制、失信惩戒机制等，促使多元主体相互搭台、合作、监督和激励。

5. 完善上下联动、左右协同、内外贯通的协同机制

政务服务改革是一个有机整体，需破立并举、增减适宜、相辅相成。实践表明，协同推进的改革策略能够收到事半功倍的成效。一是加强任务协同，保持步调一致。在削减审批事项后，对保留的事项简化审批流程，优化政府服务；在取消下放审批事项时，同步拿出事中事后监管的措施和方法，做到同步落实，放管结合；对涉及不同层面的审批事项，实行关联审批，全链条整体取消或下放，防止你放我不放，你改我不改；加强各级各部门信息平台建设，打破“信息孤岛”，推动跨部门、跨地区、跨领域的信息互通共享。二是加大基层改革治理力度，建立“问题—责任—压力—政绩”倒逼机制。首先，在国家层面统一标准，打通国家部委和地方政务服务平台的数据交换通道，实现政务信息数据在全国一体化政务服务平台上共享互认，切实发挥国家平台总枢纽作用，促进政府内部上下左右协同配合。其次，积极采取政社企合作方式，让企业参与到政务服务改革的落实中来，解决改革落地的“最后一公里”。再次，各地政府要统筹考虑各类企业和群体的办事场景，要改变思维习惯和行为习惯，坚持需求导向，充分发挥实体政务服务中心在集中现场办事、监督权力运行、推进改革创新、密切政民关系等方面的示范引领和集成作用。最后，培养专门的改革人才，解决基层人才缺乏的问题。三是畅通行政相对人和服务对象深度参与的渠道。政务服务改革是社会系统工程，不是政府部门的自娱自乐，必须开门搞改革，要从民众视角设计流程和制度，提高公众参与度。其一，了解跟踪动态需求。坚持问题导向，及时发现改革深层次问题，摸清企业群众的新需求，适时凝练转化成政策议题，引入改革进程。其二，完善信息公开制度。及时公布政务服务改革出台的政策措施与执行状况，打破社会各主体与政府间的信息差是社会各方深度参与改革的基础。其三，采用线上和线下两种反馈渠道吸纳百姓对政务运行和服务工作的意见建议，将政务服务质量社会评价纳入工作考核范围。

6. 加深数字化信息技术应用，升级系统综合功能

全面落实网络强国战略，把数字技术广泛应用于政府管理服务，推动政府数字化智能化运行，为推进国家治理体系和治理能力现代化提供有力支撑。智慧技术的发展和应用对政务标准化与数字化提出要求，带来业务流程的重构，加强部门之间的深度合作，从某种程度上倒逼简政放权加快步伐，大幅提高监管效能，提高公共服务精准性。一是构建完善的数字治理标准体系。将分散的治理系统进行整合管理，厘清各级部门的业务需求，构建一套以业务应用、技术支撑、运维保障标准为核心架构，紧扣数据智能共享应用的数字化社会治理标准体系，打造一批具有普遍意义的重大应用，提炼一批在全国有影响力的最佳应用，形成一批数字化社会治理改革领域可复制、可推广的标准化成果。二是全面构建一体化监管平台。加强监管政务信息资源整合，实现各级监管业务部门、监管资源、监管对象、监管人员、监管事项等的统一管理、统筹调配，建设监管大数据中心，全面构建数字市场监管一体化监管平台，形成全国“监管网、监测网、执法网”三张网。三是促进数字政府功能升级。加速新型技术应用，加强数据终端网络、系统管理平台和服务应用体系一体化建设，合理规划拓宽数字化政务和数字化服务应用场景，规范系统基础功能、强化分析运算功能、升级辅助决策功能。四是保障数据共享和安全。将安全意识渗透到政务数据共享交换体系建设全流程，充分运用安全技术手段，从基础安全和新技术安全两方面逐层进行安全防护，形成多维度、体系化的纵深防御架构，提升电子政务系统的安全保障能力和防护水平，确保信息系统安全稳定运行。

7. 开展国家示范性评估验收，扩大政策辐射效应

自 2015 年时任总理李克强提出政务服务改革到现在已有 7 个年头，全国各地大力推行政务服务改革已然卓有成效，涌现出许多好思想、好经验和好成果。客观评价前一阶段的改革成效，及时发现问题、总结经验教训，共享改革成果，对于深化改革、优化改革极为重要。一是构建完善的政务服务改革成效评价体系。改革成效评估突出目标导向，应构建综合性评价指标体系，推进政务服务改革成效量化评估。采取第三方评估的方式，保证评估的客观公平。二是定期进行放管服成效评比。中央政府定期根据具有普适性的评价指标体系对各省分阶段实施改革成效评估，公布评估结果，评选出改革“模范”“标兵”并予以表彰。三是总结经验、固化成果。既分享先进经验又发布诫勉材料。宣传示范性典型案例，将好的做法经验在全国推广，各地在实践中相互借鉴、争先创优，通过以评促建、以评促学、以评促改，营造比学赶帮的积极氛围，为深化改革提供不竭动力。

报告执笔：罗海元（中央财经大学政府管理学院副教授）

贾存斗（中国经济体制改革杂志社地方改革创新研究院研究员）

第二部分

新时代市域治理现代化的“南通实践”研究

摘要：市域治理是以设区的市为治理单元，覆盖农村、联结城乡的一种地方治理新样态。在国家治理体系和治理能力现代化建设中，市域治理发挥着承上启下的作用，既是国家治理体系的重要支柱，也是基层治理的统筹力量。市域治理现代化是新时代“五位一体”总体布局在市域层面的全面展开，旨在以大数据赋能市域治理创新，通过在市域发展中贯穿“融合”“服务”“数智”“创新”等现代治理理念，解决城市发展困境中的“五最”问题，为经济发展和社会稳定保驾护航。2021 年，中共中央、国务院印发《关于加强基层治理体系和治理能力现代化建设的意见》，明确基层治理是国家治理的基石。

江苏省作为当前中国综合发展水平最高的省份之一，2019 年通过了《中共江苏省委关于贯彻落实党的十九届四中全会精神、推动省域治理体系和治理能力现代化建设走在前列的意见》，以现代数字政府建设、全域治理实践、新一轮党政机构改革、基层“三整合”改革等为抓手，高位推进治理体系和治理能力现代化改革。南通市作为江苏省第四座 GDP 万亿元城市，以此为契机，被确定为首批“全国市域社会治理现代化试点城市”，坚持打造数字政府、数字经济和数字社会“三位一体”高度集成的市域治理综合智能体，积极探索“数智数治”治理模式，以数字化推动治理更精准、服务更高效，逐步实现市域治理从“经验治理”到“科学治理”的嬗变，为全国推进市域治理现代化城市提供了可资参考的典型样板。

关键词：市域治理　现代化　南通　“五位一体”　数智数治

自党的十八届三中全会《关于全面深化改革若干重大问题的决定》提出“完善和发展中国特色社会主义制度，推进国家治理体系和治理能力现代化”的深化改革总目标以来，市域治理作为国家治理体系在宏观和微观的转承点，因其在治理半径、治理资源、治理手段、治理效率等方面的优势日益受到重视。党的十九届四中全会对坚持和完善中国特色社会主义制度、推进国家治理体系和治理能力现代化进行了全面部署。2021 年，中共中央、国务院印发《关于加强基层治理体系和治理能力现代化建设的意见》，明确基层治理是国家治理的基石。党的二十大报告系统阐释了中国式现代化的特征和本质要求，为如何推进中国式现代化提供了更加明确的实施路径。

江苏省作为当前中国综合发展水平最高的省份之一，积极贯彻落实中央精神，突出高质量发展的总导向，2019 年印发了《中共江苏省委关于贯彻落实党的十九届四中全会精神、推动省域治理体系和治理能力现代化建设走在前列的意见》，以现代数字政府建设、全域治理实践、新一轮党政机构改革、基层“三整合”改革等为抓手，高位推进治理体系和治理能力现代化改革。南通市作为江苏省第四座 GDP 万亿元城市，以此为契机，被确定为首批“全国市域社会治理现代化试点城市”，坚持打造数字政府、数字经济和数字社会“三位一体”高度集成的市域治理综合智能体，积极探索“数智数治”治理模式，以数字化推动治理更精准、服务更高效，逐步实现市域治理从“经验治理”到“科学治理”的嬗变，为全国推进市域治理现代化城市提供了可资参考的典型样板。

一　南通市推行市域治理现代化改革的基本背景

党的二十大报告指出，“中国式现代化的本质要求是：坚持中国共产党领导，坚持中国特色社会主义，实现高质量发展，发展全过程人民民主，丰富人民精神世界，实现全体人民共同富裕，促进人与自然和谐共生，推动构建人类命运共同体，创造人类文明新形态”。到 2035 年，我国要基本实现社会主义现代化。市域治理位于国家及省域治理和基层治理之间，承担着承上启下的重要作用，是国家治理体系和治理能力现代化建设的支柱性工程。随着经济社会的发展，我国市域治理现代化不断由“总体支配型”的社会管理模式向“协同参与型”的社会治理模式过渡，并积极向“智慧融合型”的市域治理模式发展。在市域治理现代化实践的道路上，南通市坚决贯彻习近平总书记的相关指示精神，响应和落实国家及江苏省关于治理体系和治理能力现代化建设的相关要求，在市域层面持之以恒地推进现代化建设。长期以来，南通市凭借其扎实的数字政府建设基础、总量破万亿元的经济优势、综合型战略支点城市的发展定位、勇于创新的通商精神，抓住市域治理体系和治理能力现代化建设的战略机遇，探索形成了极具创新精神和推广价值的“南通模式”。

（一）我国市域治理现代化的相关概念

从治理层级看，市域治理不仅是实现国家治理体系和治理能力现代化的重要支柱，也是推动基层治理现代化的统筹协调力量。从治理内容看，市域治理从市域社会治理发展而来，是在市域层面推进经济、政治、文化、社会、生态文明“五位一体”总体布局的全方位统筹治理。

1.“市域”的概念

关于“市域”概念的界定有两种观点：一种观点认为“市域”是一个地域概念，指以地级市为行政区划所确定的区域范围，具体包含市、县、乡、村在内的所有区域范围；另一种观点认为“市域”是一个城市概念，指设区的城市的行政区域和层级，与县域相对，是市级政府所辖区域内除了县域之外的部分。前者所指的“市域”内涵比后者更丰富，包含了农村地区，后者所指的“市域”外延比前者更广泛，不仅包括地级市，还包括省会城市、计划单列市等。综合而言，从地级市层面理解市域中的“市”更符合中国国情。

市域层面的治理具有其特殊性。一方面，按照我国目前的行政区划，治理领域存在省域治理、市域治理、县域治理、乡镇（街道）治理等不同层级。省域、市域、县域治理均属于地方治理范畴，市域治理介于省域治理与县域治理之间，具有承上启下的枢纽作用。另一方面，市域层面具有较为完备的治理体系，具有解决重大矛盾问题的资源能力，是将风险隐患化解在萌芽、解决在基层最直接、最有效的治理层级，是推进基层治理现代化的前线指挥部。

2. “市域社会治理”的概念

党的十八大将社会建设纳入“五位一体”的中国特色社会主义事业总体布局，提出要加强和创新社会管理；党的十八届三中全会在此基础上明确提出了“创新社会治理体制，提高社会治理水平”，这标志着我国社会管理从“单向管理”向“多元治理”的进一步转变。

“市域社会治理”概念是在2018年6月4日延安干部学院“新任地市级党委政法委书记培训示范班”开班式上被首次提出的。“市域社会治理”是指地级市行政区划范围内社会治理主体在形成合作性关系的基础上，运用多元的社会治理手段化解市域社会矛盾、解决市域社会问题，以达到促进市域社会和谐稳定目的的一种枢纽性基层社会治理。在治理空间上，“市域社会治理”包括地级市辖区范围内的城区社会治理和乡村社会治理；在治理主体上，“市域社会治理”突出市级层面在该地域社会治理过程中的“主导者”角色和“统筹性”功能，主体层级维度包括市级统领、区县负责、乡镇联动；在治理方式上，“市域社会治理”强调系统治理、依法治理、综合治理、源头治理等的综合运用，治理机制维度强调多层级主体协同、多样化路径互动、全方位要素集成、全员化社会参与；在治理理念上，“市域社会治理”以实现城乡居民美好生活为目标，致力于破解城乡社会治理的二元结构，强调以“市域”为范畴，通过整体性治理消解城乡社会分治带来的社会不公和社会进步差距。

3. “市域治理”和“市域社会治理”的区别与联系

“市域治理”伴随着“市域社会治理”发展而提出，是“市域社会治理”经验在多元领域的应用。从区别上看，“市域治理”包含“市域社会治理”，“市域社会治理”是“市域治理”的一部分。“市域治理”的内容更加丰富，包括经济治理、政治治理、社会治理、文化治理、生态文明治理等重要方面。而“市域社会治理”更强调将“市域治理”的理念应用于与经济、政治、文化、生态文明等相对应的社会领域，致力于公共安全、社会矛盾、网络安全、文化生活、社会心理服务、权益保障、公共服务、公共秩序等“社会治理公共品”更充分更均等更精准更高质量地供给。从联系上看，传统治理体系的低效能与城市高质量发展的矛盾迫切要求推动“市域社会治理现代化”向“市域治理现代化”转变。随着社会的不断发展，经济、文化、生态等领域的问题逐渐表现出个性化、复杂化、交叉化、跨界化等多元特征。“市域社会治理”要求以解决城乡居民的现实需求为导向，整合不同治理主体的功能，通过技术等多元手段，构建系统、联动、智慧、集成、高效的市域治理体系与平台，形成功能融合、优势互补的新型社会治理行动网络。“市域社会治理”的平台和经验对治理其他领域的问题解决无疑具有示范与借鉴意义，或者本身就与其他领域的问题交织在一起。

4. “市域治理现代化”的概念

现代化在中国特色社会主义语境下，指由传统社会向现代社会转型变迁且实现全面发展的过程。“市域治理现代化”应在推进国家治理现代化和建设市域社会治理现代化的双重逻辑下进行。一方面，服务于国家治理体系和治理能力现代化，以“市域之治”助推“中国之治”；另一方面，应做好市域社会治理现代化与市域治理现代化的过渡与衔接。“市域治理现代化”包括了治理理念、治理体系、治理能力等的现代化。

一是要推进市域治理理念现代化。第一，应延续“市域社会治理”现代化的部署。坚持树立目标导向、政治导向、民本导向、问题导向、效果导向，拓展“五个导向”的应用范围，深刻把握市域治理现代化的战略意义。第二，应树立系统融合的理念。系统融合是城市形成发展的关键，也是市域治理的目标要求。只有坚持以系统融合思维推进市域治理，才能实现治理要素的深度融合，产生治理效能倍增的结果。第三，应树立精细精致的理念。转变粗放式治理模式，细化治理单元，推进“智慧城市”“城市大脑”建设，通过精巧的制度设计、精确的过程推进和精微的治理技术，达成精准、精细、精致的治理目标。

二是要推进市域治理体系现代化。市域治理体系是信息技术与数据驱动的智能城市社会形态下具有相对规范性、稳定性的制度框架，包括一整套紧密相连、衔接协调的体制机制和制度安排。第一，健全市域治理现代化的组织与制度安排，促进形成多元主体共建共享共治的治理格局。第二，要理顺纵向架构，增强市域治理统筹力，进一步理顺市、县、乡镇（街道）权责关系，完善权责明晰、上下贯通、层层推进的三级纵向治理架构，形成市级统揽全局、县级实战指挥、镇级一线处置的市域治理体系。第三，要坚持“五治融合”，创新市域治理资源融合的体制机制，破解“五治”规则壁垒，形成“政治统领、自治为基、法治为本、德治为先、智治支撑”协调互动的治理规则体系。

三是要推进市域治理能力现代化。市域治理能力是实现市域治理现代化的重要保证，第一，要提升市域治理要求的具体工作能力。市域社会治理建设要提升“七个能力”，即提高统筹谋划能力、群众工作能力、政法改革能力、创新驱动能力、破解难题能力、依法打击能力、舆论导控能力，这些能力同样适用于市域治理。第二，要提升资源整合能力。积极挖掘各方资源并进行有效整合，通过机构整合、功能整合、制度整合和政社整合等，优化配置政治资源、行政资源、市场资源与社会资源。第三，要提升“数智”治理能力。推动大数据、人工智能、区块链等现代科技与市域治理深度融合，打造数据驱动、人机协同、跨界融合、共创分享的智能化治理新模式，提升智能化服务水平。

（二）我国市域治理现代化的发展模式

我国市域治理现代化的发展体现了国家从管理到治理理念的变迁和发展，按发展时间大致可分为以下几种模式。

1. 以政府善治为目标的“总体支配型”社会管理模式

1978 年党的十一届三中全会作出了把党和国家工作中心转移到经济建设上来的决策，党的十四大正式确立了建立社会主义市场经济体制的目标，党的十七大报告明确提出了新时期“四大建设”理论，其中社会建设包括的六个方面之一即是社会管理。在市域层面，我国逐步形成了以政府善治为目标的“总体支配型”社会管理模式，具有以下特征。第一，以实现“善治”为最终目标。即以人民为中心，强调公民自愿的合作和对权威的认同，要求公民积极参与。第二，具有“总体支配型”特点。以政府与国家为主体，通过规训、运动和动员的方式，自上而下地依靠带有行政性的管制力量来维持社会稳定。第三，以建立现代社会管理体制为目标。党的十六届四中全会提出“建立健全党委领导、政府负责、社会协同、公众参与的社会管理格局”。党的十八大进一步提出“要围绕构建中国特色社会主义社会管理体系，加快形成党委领导、政府负责、社会协同、公众参与、法治保障的社会管理体制”。第四，采用“以人为本”的柔性治理方式。在把握治理客体行为规律的基础上，采用非强制性的治理手段，注重“规律、非强制、潜在以及自觉”，对治理客体产生潜移默化的作用，以达到治理目的的自觉行动。

2. 以共建共享为特点的“协同参与型”社会治理模式

党的十八届三中全会在《关于全面深化改革若干重大问题的决定》中把“社会管理”改为“社会治理”，市域层面逐渐形成以共建共享为特点的“协同参与型”治理模式，具有以下特点。第一，从权力向度看，治理是建立在市场原则、公共利益和社会认同之上的合作，其权力向度是多元的、相互的，法治精神、多元协同、公民参与等治理理念逐渐形成。第二，从治理主体看，由政府主导，社会组织、企业、公民个体等社会力量共建共享的格局逐渐形成。第三，从治理过程看，社会治理是基于对社会的认识，为了实现社会群体的共同目标，而对社会领域自觉地进行规划、组织、协调、服务、监督和监控的活动。第四，从治理方式看，系统治理、依法治理、综合治理、源头治理等多元方式开始综合运用。

3. 以数字科技为推动的“智慧融合型”市域治理模式

党的十九届四中全会提出加快推进国家治理体系和治理能力现代化，2019 年 12 月 12 日召开的全国市域社会治理现代化工作会议强调，推进市域社会治理现代化，既是推进社会治理现代化的战略抓手，又是推进国家治理体系和治理能力现代化的重要内容。《数字中国建设整体布局规划》提出，到 2025 年基本形成横向打通、纵向贯通、协调有力的一体化推进格局，经济、政治、文化、社会、生态文明建设各领域数字化发展更加协调充分，有力地支撑全面建设社会主义现代化国家。《国务院关于加强数字政府建设的指导意见》提出，到 2035 年，与国家治理体系和治理能力现代化相适应的数字政府体系框架更加成熟完备，整体协同、敏捷高效、智能精准、开放透明、公平普惠的数字政府基本建成，为基本实现社会主义现代化提供有力支撑。由此可见，以数字科技推动“智慧融合型”的市域治理模式进入建设发展期，具有以下特点。第一，强调以人民需求为导向。市域治理不再是单一的专业型治理，突破了以综治维稳为主导的传统任务，是以解决城乡居民的现实需求为导向的综合治理。第二，强调科技赋能基层治理。引入大数据、物联网、区块链、数据算法和5G等新型数字技术，建立起多方信息、数据实时共享的协同治理机制。第三，强调多元治理主体融合。市域治理要求发挥党委和政府“引领”“整合”“协调”的功能定位，融合多元治理主体与机构，实现社会各方行动主体协同共治。第四，强调治理方式刚柔并济。市域治理形成了“政治统领、自治为基、法治为本、德治为先、智治支撑”协调互动的治理规则体系。

（三）我国市域治理现代化建设的改革动力及发展困境

随着我国城市规模的不断扩大，社会结构日益复杂，各种矛盾交织交错，在国家治理体系和治理能力现代化建设道路上，推进市域层面的治理现代化，是实现城市创新性发展的必然选择。

1. 我国市域治理现代化建设的改革动力

第一，推进市域治理现代化是释放承上启下治理优势的必然要求。市域治理作为国家治理的重要维度，是基层治理的统领和龙头，市域治理现代化对基层治理具有引领、推动作用。在经济社会高质量发展进程中将国家治理向市域层面延伸拓展，有助于夯实国家治理的县域、乡村、社区之基，实现党和国家的治理理念、谋略、政策、规则、行动、目标、绩效在中央、省域、市域、县域、乡域、社区六个层级有序有效有力贯通，从而使市域治理社会关系协调，治理规则融合，治理活力迸发，治理效能良好，人民群众对市域治理成果的获得感、幸福感、安全感不断提升，充分发挥市域治理在国家治理和基层治理中承上启下的优势。

第二，推进市域治理现代化是推进城市复杂巨系统整体治理的必由之路。伴随着城市化进程的加速，当前社会流动持续增强、经济社会结构日益复杂、线上线下融合渗透、群众诉求日趋多样、各领域矛盾交织交错，城市发展过程中围绕工业、教育、医疗、民生等空间发展布局中的“短视行为”带来诸多治理难题。面对这些市域治理中层出不穷的新情况、新问题、新挑战，既不能简单照抄资本主义发达国家的治理模式，也不能沿用传统“城乡二元经济结构”条件下所固化的治理方式，而需要科学谋划治理目标，以市域治理现代化“融合”“服务”“创新”的理念推进城市复杂巨系统整体治理，设定与市域市情、社情、民情相适应的路线图、时间表，聚焦人民群众反映强烈的“最急、最难、最愁、最盼”问题，出实招、见实效。

第三，推进市域治理现代化是应对现代城市治理难题的关键举措。当前，我国正处在农业社会、工业社会、信息社会三重跨越转型期，城市呈现农业文明时代“熟人”社会、工业文明时代“陌生人”社会以及信息文明时代“网络人”社会的多重复杂、交错交织的样态，各领域矛盾引发诸多社会治理难题，例如网络欺诈案迅猛增长，黑社会性质犯罪、恶势力犯罪与“保护伞”滋生发展，传统安全与非传统安全问题并行，城市化高速发展与社会转型要求相伴，对境外非政府组织管理面临新问题，城市要害部位设施安全隐患居多等，城市治理呈现诸多薄弱环节，推进市域治理现代化刻不容缓。

第四，推进市域治理现代化是建设共建共治共享社会治理格局的重要手段。党的十八届五中全会通过《中共中央关于制定国民经济和社会发展第十三个五年规划的建议》，明确提出“人人参与、人人尽力、人人享有，构建全民共建共享的社会治理格局”。党的十九大报告正式提出“打造共建共治共享的社会治理格局”。从此，“共建共治共享”成为新时代社会治理的发展方向和基本格局，共建是基础，共治是关键，共享是目的。而推进市域治理现代化要求发挥党委、政府的积极作用，构建多元复合治理结构，有效组织社会各方行动主体协同共治，是建成“共建共治共享”社会治理格局的重要途径。

第五，推进市域治理现代化是科技创新赋能政府治理变革的现实需要。2016 年，我国明确提出“实施国家大数据战略”。2022 年《国务院关于加强数字政府建设的指导意见》提出，到 2025 年政府决策科学化、社会治理精准化、公共服务高效化取得重要进展，到 2035 年建成与国家治理体系和治理能力现代化相适应的数字政府体系框架。2023 年 3 月 7 日，根据国务院关于提请审议国务院机构改革方案的议案，我国将组建国家数据局。社会大转型与大数据时代的重叠，为市域治理的制度优化和治理创新准备了新条件，海量数据的挖掘整合、统计关联和预测分析技术的成熟运用，为民意感知和民情研判、社会风险评估和政府响应提供技术支撑，为市域治理的智能化提供制度和技术保障。借助大数据工具，市域治理现代化通过数据赋能，与体制机制融合实施全链条治理，推动了政府治理的变革。

2. 我国市域治理现代化建设的发展困境

市域治理现代化要求坚持以人民为中心，以问题为导向，整合市域治理资源，以智能技术提升协同治理效能。当前，我国全面推进市域治理现代化仍面临诸多困境。

第一，多元主体离散化：治理主体的分散和封闭。多元主体离散化是指多元主体分散管理、缺乏协同机制的治理现象，具体而言，基层权力在执行和运作过程中呈现碎片化的特点，基层治理的职能被分散在不同层级和不同管理部门之中。这一现象的根源在于以“块”为单元的属地管理和以“条”为线的部门管理之间分割的管理模式。一方面，“条块”间彼此分割、难以协调，治理任务被层层转移到基层，基层政府承担了大量的治理事务，造成了“基层治理力量薄弱”与“繁多的治理任务”间的矛盾；另一方面，“条块”关系具有封闭性，缺乏与多元治理主体的互动和协调，社会治理事务高度依赖于行政力量。

第二，专业管理碎片化：科层体制下的“部门主义”现象。政府部门主义，又称部门本位主义、部门保护主义，是指某些行政部门在思维和行为层面表现出“部门主义”倾向。在思想认识上政府部门主义认识问题视野狭窄，局限于“部门”角度，缺乏整体观念；在决策措施上局限于部门高度自成体系，不顾及部门决策的关联性，缺乏民主性和科学性；在利益处理上政府部门主义一方面将部门利益置于公共利益之上，唯部门利益而行，淡视甚至无视公民利益；另一方面以利益为转轴处理部门关系，表现为有利则争、无利则推、不利则阻、他利则拖、分利则顶。从本质上看，政府部门主义的实质就是部门利益问题，在部门利益最大化的引导下，各个地方政府（部门）可能就各种利益资源进行区域战争和封锁，导致本应专业化的管理呈现“碎片化”非专业现象。

第三，问题治理被动化：压力传导的“运动式治理”弊端。政府部门问题治理被动化是指在面对治理问题时政府部门没有未雨绸缪的“见子打子”现象，部分政府部门自发、主动化解问题和开展工作的意愿不高，工作中主要表现为被动式执行、运动式治理、压力型应付，注重后端“救火”而忽视前端预防和源头治理。这一现象的根源在于被卷入“压力型体制”中的基层政府面对绩效考核的压力，投入大量的治理资源被动地应付基层治理中的矛盾和纠纷，“应激式”突击、“疲态治理”挤占了基层大量的时间与精力，治理的预见性不足，政府部门常处于被动局面，社会治理难以步入制度化、规范化和常态化的轨道。

第四，数据应用壁垒化：部门间的“数据烟囱”现象。“数据烟囱”也称信息孤岛或信息壁垒，在政府部门主要表现为数据的“条块分割”。其根源在于，政府机构建立了以部门为中心、以业务为主线的政务信息化发展模式，采用的是纵向数据采集机制，即基层人员采集数据，并上报给各自部门系统，各部门只能从体系内基层采集数据。部省级单位有各自的信息化系统，数据储存、格式等方面也存在一些差异，部门之间横向调取和向下回流都存在一定困难，从而导致政府部门掌握的海量数据长期处于“条块分割”和休眠状态。目前，自上而下的数字化建设主要集中在政务服务领域，其他方面的信息共享和联通仍然较少；基层部门主要响应“条线”上的信息管理需求，缺乏统一的信息管理平台；基层政府与其他治理主体之间的信息共享不充分等问题仍然普遍存在。

第五，治理效果“内卷化”：自我内耗的治理效果边际递减。基层治理“内卷化”是指治理过程中资源投入、制度创新和新的治理技术并没有显著提升治理效果，存在自我内耗、内部失序、简单重复的边际递减现象。其产生的原因是，为了保证基层政府的能动性，国家向基层社会下沉治理资源，推动基层治理综合体制改革，强化了科层内部自上而下的监督和控制，“痕迹管理”“第三方评估”“一票否决”等治理技术被导入基层治理过程中。这些治理技术促进了国家和社会关系的调整，却也限制了基层治理主体的能动性，造成基层治理中的形式主义和“内卷化”。在形式主义的影响下，基层治理出现了由实转虚的问题，制度、组织和技术层面的创新难以突破治理结构的束缚，从而在基层治理领域出现了“有创新无效率”的现象。

第六，基层治理“悬浮化”：集约化改革导致治理重心下移困难。基层治理“悬浮化”是指国家和社会关系相互脱嵌，部分正式治理主体从基层治理中退出、抽离或嵌入不足的治理现象。20 世纪 80 年代以后，计划经济体制下全能主义的社会管理体制逐渐解体，社会治理由国家高度嵌入转向“悬浮化”。基层治理的“悬浮化”主要表现在两个方面：一方面，国家从乡村社会事务治理中大规模退场，大量管理部门从乡镇政权中被剥离，乡镇政权出现了“空心化”“隐性化”问题；另一方面，城市社会管理部门缺乏正式管道下沉到社区，街区管理体制的机构设置和职能配置不完整。基层治理“悬浮化”导致国家缺乏治理的神经末梢，基层治理体系和结构不完整，不能够及时捕捉和回应城乡社会的变化。

（四）南通市域治理现代化改革的战略机遇和现实基础

南通市地处长江三角洲东北部，经苏通大桥、崇启大桥、沪苏通长江公铁大桥三条跨江通道与苏州市、上海市相连，是我国首批对外开放的 14 个沿海港口城市之一，有着发展经济的独特区位优势。2020 年，南通市迈入 GDP 万亿元城市行列。2020 年 11 月 12 日，习近平总书记亲临南通视察，点赞南通“好通”、沧桑巨变、生活幸福。近年来，随着长三角一体化的深入落实，作为长三角强支点城市的南通迎来了新的市域治理发展机遇。

1. 南通市域治理现代化改革的战略机遇

2023 年 3 月，习近平总书记在参加他所在的十四届全国人大一次会议江苏代表团审议时，强调高质量发展是全面建设社会主义现代化国家的首要任务，提出要完善网格化管理、精细化服务、信息化支撑的基层治理平台，这与南通市开展市域治理现代化建设思路不谋而合。南通把握住了深入推动国家治理体系和治理能力现代化建设、加快开展数字政府建设、构建简约高效全域治理体系、深化党政机构改革、城市基层治理现代化改革等党和国家推动的战略改革机遇，这是南通市域治理现代化得以走在全国前列的重要原因。

（1）深入推动国家治理体系和治理能力现代化建设的机遇

自党的十八届三中全会提出推进国家治理体系和治理能力现代化建设以来，党中央将市域社会治理视为推进国家治理体系和治理能力现代化的关键点，积极开展市域治理的部署，为南通深入开展市域治理现代化实践提供了战略契机。

江苏省作为中国综合发展水平最高的省份，具有良好的改革基础，是众多治理改革项目的试验田。2019 年，江苏成为共建生态环境治理体系和治理能力现代化试点省份；江苏省南京市江宁区等 7 个县（市、区）入选首批 115 个“全国乡村治理体系建设试点县”。2020 年，江苏盱眙县等 10 个县（县级市）入选全国县城新型城镇化建设示范名单。2022 年，江苏南通市大数据赋能打造市域社会治理现代化“南通样本”，作为江苏唯一的地级市案例入选中国改革 2021 年度 20 个典型案例。江苏省在社会治理、基层治理领域积累了宝贵经验，为其推进市域治理现代化建设提供了机遇。

2019 年，中共江苏省委出台《关于贯彻落实党的十九届四中全会精神、推动省域治理体系和治理能力现代化建设走在前列的意见》，为在省域范围内推进治理体系和治理能力现代化提供了政策指引。2019 年 12 月，中共江苏省委十三届七次全会召开，南通市委书记以《坚持系统思维　提升治理效能　奋力推动市域治理现代化走在前列》为题进行了发言。江苏省级层面为南通推进和建设市域治理现代化指明了方向。

近年来，南通政府治理能力持续增强，党建融合不断深化。“不见面审批、零缺陷服务、精准化监管”的“放管服”改革品牌效应持续扩大，“一枚印章管到底”“一支队伍管执法”分别被国务院第三次、第五次大督查确定为典型案例，简政放权创业创新环境评价连续三年位列全省第一，入选“为江苏改革开放做出突出贡献的先进集体和先进个人”数量、全省改革经验案例推广数量、改革督察百分制考核得分均居全省前列。网格化服务管理与基层党建深度融合，提升组织力、提高基层党建质量“双提”行动取得成效，被中组部确定为全国城市基层党建试点市。深入落实中央八项规定精神和省委十项规定，紧盯“四风”突出问题，认真开展形式主义、官僚主义集中整治，充分运用“四种形态”，风清气正的政治生态得到进一步巩固。南通良好的社会治理基础为其落实市域治理现代化建设提供了现实可能性。

（2）以数字政府建设驱动治理方式变革的机遇

数字政府建设是我国治理方式变革、基层治理赋能的关键工程。“以数字化转型整体驱动治理方式变革”被写入“十四五”规划。2022 年，《国务院关于加强数字政府建设的指导意见》指出，加强数字政府建设是建设网络强国、数字中国的基础性和先导性工程，是创新政府治理理念和方式、形成数字治理新格局、推进国家治理体系和治理能力现代化的重要举措，要从培育新一轮治理优势的战略角度推进数字政府建设。

江苏省紧跟中央要求加快建设现代数字政府，提升政府治理数字化水平。《江苏省“十四五”数字政府建设规划》提出，未来，江苏省将通过政务中台建设、通用技术汇集、政务云优化等工作，加快构建数字政府“四梁八柱”。一方面，全力打造“苏服办”总门户；另一方面，从公共数据汇聚治理、共享开放、开发利用等方面打通数据共享“大动脉”，塑造“数字生态”。江苏省全力推进数字政府建设进程，为治理方式创新、治理效能提升奠定了基础。

南通市贯彻中央、江苏省委的要求，坚持探索创新、有力有序推进政府数字化转型工作。2017 年，南通组建了全省第一家大数据管理局，从数字机关建设、数字服务能力优化、数字治理水平提升三方面具体推进政府数字化转型工作，促进政府治理方式变革。南通多项创新应用获全国“数字政府管理创新奖”和“政府信息化管理创新奖”，为推进市域治理现代化夯实了数据基础，汇聚了变革力量。

（3）构建简约高效全域治理体系的机遇

近年来，在打造共建共治共享社会治理格局的大背景下，基层治理迫切需要提高统筹层级，扩大统筹的覆盖面，谋划全域社会治理体系，从部门、领域、层级和地区的治理转向全域治理，在更高层级推动和统筹下，全面深化多领域协同治理的体制机制改革，打破边界壁垒，强化跨边界的合作治理，以此提高全要素综合治理能力，不断推进基层治理体系和治理能力现代化。

江苏积极探索全域治理模式，近年来在基层治理、国土空间整治等方面积累了一定的经验。在基层治理方面，无锡江阴市作为江苏首个县级集成改革试点县市，大力推进集中审批、综合执法、网格治理、便捷服务，为县域治理现代化建设探索新路；南京市溧水区探索“党建+”，积极构建区域统筹、条块协同、上下联动、共建共享的城市基层党建新格局。在国土空间整治方面，宿迁市泗阳县以土地平整、灌溉排水、田间道路整修和农田生态保持为重点，推行全域土地整治。

南通整合市域治理力量，探索全域治理的“大融合”模式。全域治理要想取得良好成效，关键在于共建共治共享，难点在于资源力量整合。南通按照统筹整合联动、跨界打通融合的理念，把党的领导落实到市域治理各领域各方面各环节，优化整合行政审批、执法监管、行业治理、公共服务等力量，汇聚了推进市域治理现代化的治理基础。

（4）深化党政机构改革的机遇

2018 年 2 月 28 日，党的十九届三中全会通过了《中共中央关于深化党和国家机构改革的决定》，明晰了党和国家机构改革的大方向和总要求：加强党的全面领导，推进党的统一领导，形成党总揽全局、协调各方的领导体系；强调了党和国家机构改革的着眼点和落脚点：以人民为中心，全心全意为人民服务，实现好、维护好、发展好最广大人民根本利益；突出了此轮党和国家机构改革的指导原则和行动准则：优化—科学合理、权责一致，协同—有统有分、有主有次，高效—履职到位、流程畅通。2023 年 3 月，中共中央、国务院印发了新一轮《党和国家机构改革方案》，明确机构改革要“以推进国家治理体系和治理能力现代化为导向，坚持稳中求进工作总基调，适应统筹推进‘五位一体’总体布局”，并提出组建国家数据局，负责协调推进数据基础制度建设，统筹数据资源整合共享和开发利用，统筹推进数字中国、数字经济、数字社会规划和建设。

2018 年 10 月，党中央、国务院批准了《江苏省机构改革方案》。机构改革后，江苏共设置省级党政机构 60 个，其中党委机构 16 个、政府机构 44 个。改革后的江苏党政机构设置更加科学、职能更加优化、权责更加协调，为推动高质量发展走在前列提供了制度保障。

2019 年，南通市机构改革全面展开，《南通市机构改革方案》获中共江苏省委、江苏省人民政府批准。2019 年 1 月 11 日，南通市召开市级机构改革动员部署会议，标志着全市机构改革工作进入全面实施阶段。机构改革后，南通共设置市级党政机构 50 个，其中党委机构 14 个、政府工作部门 36 个。南通市党政机构改革的深化为其落实市域治理现代化提供了组织机遇。

（5）基层“三整合”改革推动基层治理现代化的机遇

推进基层整合审批服务执法力量是党中央加强党的基层组织建设、改革和完善基层管理体制的重要举措。2019 年 1 月，中共中央办公厅、国务院办公厅印发《关于推进基层整合审批服务执法力量的实施意见》，提出综合设置基层审批服务机构、积极推进基层综合行政执法改革、整合基层网格管理和指挥平台、大力推动资源服务管理下沉、优化上级机关对基层的领导方式五点意见，要求地方各级党委和政府结合本地区实际细化政策措施，做出统筹安排。

江苏落实中央要求，创新推出基层“三整合”改革，整合审批服务执法力量，提升乡镇街道效能。2020 年 1 月，江苏正式启动基层“三整合”改革，出台《关于推进基层整合审批服务执法力量的实施方案》，印发《赋予乡镇（街道）经济社会管理权限指导目录》，并在南京、苏州、南通等 7 个设区市开展试点。2020 年 7 月 28 日，江苏全省推进基层整合审批服务执法力量现场会在扬州举行，在全省乡镇（街道）复制推广经济发达镇“1+4”模式，即加强党的全面领导、审批服务一窗口、综合执法一队伍、基层治理一网格、指挥调度一中心，提升乡镇（街道）现代化治理能力。

南通积极推进基层“三整合”改革，提升基层治理能力现代化。根据试点先行、稳妥推进的原则，南通选取如东县、海门区试点此项改革，对乡镇（街道）精准赋权赋能，重组机构、统筹用人，完善“前台服务+后台保障”的运行机制，提升“网络联通+网格覆盖”的精细管理，健全“技术支撑+群众参与”的工作体系，打造“群众吹哨+中心联动+部门报到”的治理格局。2020 年 6 月 9 日，召开推进会，将此项改革从两个县市先行先试转入全市面上推开阶段，作为一项创新举措，县、乡两级指挥体系在南通各县（市、区）落地，为今后“一网管全市”打下基础。南通落实“三整合”改革，推动行政执法权限与力量下沉，为推进市域治理现代化打下基础。

2. 南通市域治理现代化改革的现实基础

2023 年，江苏省委书记信长星在南通调研时强调，南通市要深入贯彻习近平总书记重要指示精神和党中央决策部署，登高望远、把握机遇，充分发挥通江达海、紧邻上海和国家战略叠加的优势，敢为善为、敢为人先，奋力打造全省高质量发展重要增长极。一直以来，南通市紧跟党和国家的改革脚步，贯彻落实江苏省委的决策部署，发挥改革创新精神，为市域治理现代化建设奠定了坚实的改革基础。

（1）南通市长期坚持优化行政管理体制的改革基础

南通市长期坚持行政管理体制改革与数字政府建设，为三级区域治理现代化指挥中心建设积累了条件和基础。

首先，探索经济发达镇行政管理体制改革。2010年，如皋市长江镇、启东市吕四港镇率先开展经济发达镇行政管理体制改革试点。创新打造了便民服务、综合执法、社会管理“三大平台”。2014年，南通在全市选择19个市级中心镇复制推广长江镇、吕四港镇改革模式，创新管理体制，扩大管理权限，优化机构设置，逐步建立符合南通镇域特点的行政管理体制和运行机制，同时也为进一步扩大经济发达镇试点建立了后备梯队。2017年，海安市曲塘镇、如东县洋口镇、通州区川姜镇进入全省第二批经济发达镇名单，试点先行的示范效应不断放大。5个经济发达镇结合地区实际，建设了各具特色的审批服务执法一体化平台，为建设镇域治理现代化指挥中心积累了经验。

其次，组建全省第一家大数据管理局。2017年，在江苏省委、省政府和省委编办的支持下，南通率先组建了全省第一家大数据管理局，同时构建了大数据规划发展委员会和大数据集团，为市域治理现代化夯基垒台，形成推动发展的整体合力。具体做法是：组建大数据规划发展委员会，市委、市政府主要领导任主任，研究解决全局性问题；成立大数据管理局，负责智慧城市建设以及数据收集、管理、开放、应用等日常工作；成立大数据集团公司，负责智慧城市具体项目的组织实施。近年来，南通市大数据局对分散在各个政府部门和政务云、华为云、城市云等现有平台的数据资源进行整合，建设统一的政府基础数据库，大数据产业发展也已初具规模。制定《南通市大数据发展规划（2019—2025）》，编制《南通市数字政府建设实施方案》，提出到2025年将推动“三核引领”的“0513”南通大数据体系基本形成。

再次，县级层面组建公共治理服务中心。2018年，南通如皋市整合大数据管理、网格化治理、综合指挥协调等职能，率先在县级层面组建公共治理服务中心。同时，配套建设县级公共治理服务综合指挥平台，将平安法治系统、综合行政执法现有指挥系统、行政审批信息系统等打通融合，打造公共治理服务综合指挥平台。乡镇（街道）层面，设立乡镇（街道）公共治理服务综合指挥平台，由社会管理服务中心或相关部门负责日常运转，专门负责统筹协调指挥派驻机构及区域内各条块的管理服务力量，履行网格化治理工作职能，镇级平台与县级平台上下联通，数据同步。

（2）南通市实现GDP总量突破万亿元的经济优势

2020年，南通全市完成地区生产总值10036.3亿元，较上年增长4.7%，增速位于全省第一，南通迈入GDP万亿元城市行列。2022年，南通市地区生产总值共计1.14万亿元，较上年增长2.1%；一般公共预算收入761亿元，较上年增长3.2%（见表1）。

表1　2022年江苏省各市GDP总量

单位：亿元

排名	城市	GDP
1	苏州市	23958
2	南京市	16908
3	无锡市	14851
4	南通市	11380
5	常州市	9550
6	徐州市	8458
7	扬州市	7105
8	盐城市	7080
9	泰州市	6402
10	镇江市	5017
11	淮安市	4742
12	宿迁市	4112
13	连云港市	4005

资料来源：中经数据。

党的十九大以来，南通“经济强”成效显著。全市地区生产总值跨过4个千亿元台阶，占全省比重提高0.3个百分点，所辖县（市、区）均超千亿元。规模以上工业总产值、服务业应税销售均超万亿元，千亿级产业集群达5个。科技进步贡献率达66.5%，提高5个百分点，高新技术企业2370家，增长1.4倍，11项科技成果获国家科学技术奖。数字经济核心产业增加值占地区生产总值比重达8.7%。累计引进省“双创”人才343人、团队32个，高层次人才达11.6万人。中国（南通）知识产权保护中心建成运行。新增上市公司20家，市场主体达112万户。7家园区获批江苏自贸试验区联动创新发展区。进出口总额保持全省前列，获批国家级跨境电商综合试验区，新增省级开发区（高新区）5家、开放码头泊位32个。全省首家货运航空公司京东货航获批并注册。

南通经济体制改革工作有序推进，经济优势更加凸显。在创新方面，创新网络全面建立，主体能级持续提升，科创实力不断增强。在发展格局方面，跨江融合深入推进，沿海发展加快崛起，枢纽交通全面建设。在营商环境方面，深化“放管服”改革，提高行政审批效能，集成优化政务服务。在开放型经济方面，强化重大项目招引，建好中国（南通）跨境电商综合试验区，推进开发园区体制机制改革。

（3）南通市建设综合型战略支点城市的客观需要

习近平总书记提出，我国要逐步形成以国内大循环为主体、国内国际双循环相互促进的新发展格局。南通具有融入长三角一体化的独特区位优势，既有跨江出海、连通南北的枢纽优势，也有依托上海、链接全球的窗口优势，是国内国际双循环的重要节点。南通市地处长江三角洲东北部，与上海、苏州隔江相望，集“黄金水道”“黄金海岸”于一身，素有“江海门户”之称。南临长江，经苏通大桥、崇启大桥、沪苏通长江公铁大桥三条跨江通道与苏州市、上海市相连，东濒黄海，西北与盐城市接壤，西与泰州市为邻。特有的历史文化传承让南通融入长三角一体化、实现高质量发展有了得天独厚的条件。2019 年 12 月 1 日，中共中央、国务院印发《长江三角洲区域一体化发展规划纲要》，划定南通处于长三角环沪核心圈层，规划建设南通新机场，使其成为上海国际航空枢纽的重要组成部分，共建轨道上的长三角涉及南通的有沪通铁路、北沿江高铁、通苏嘉甬铁路，规划建设苏通第二、崇海等过江通道，规划建设南通通州湾长江集装箱运输新出海口，推动长三角港口协同发展。“十四五”期间，长三角一体化、“一带一路”和长江经济带三大国家战略在南通叠加并向纵深实施。南通沪苏跨江融合发展试验区等 23 个重大事项、重大项目被纳入《长三角一体化发展规划“十四五”实施方案》。目前，南通正从交通、产业、创新等方面加快融入长三角一体化发展格局，长三角一体化、长江经济带等国家战略在南通交会叠加。未来，南通进入了各类要素加快集聚、城市能级加速提升的发展阶段。

（4）南通市勇于创新、敢为人先的改革基因

爱国实业家张謇的企业家精神是南通创新基因的集中表现。南通是近代民族工业的发祥地之一，1899 年 5 月 23 日，南通先贤张謇创办的第一

家企业——大生纱厂正式开工投产，开创了中国近代民族工业先河。此后，他陆续办实业、兴教育、建城市，创造了当时诸多的“全国第一”，南通也被誉为“中国近代第一城”。2020年11月，习近平总书记来到南通博物苑，了解张謇兴办实业、教育和社会公益事业的情况，高度评价张謇“是我国民族企业家的楷模”。同时提出，要把南通博物苑和张謇故居作为爱国主义教育基地，让广大民营企业家和青少年受到教育，增强社会责任感，坚定“四个自信”。

为传承通商精神，南通采取诸多举措。第一，设立“南通企业家日”。第二，设立张謇企业家学院。为弘扬家国情怀、增强社会责任感、鼓励创新创造，南通高水平建设张謇企业家学院，培育新时代优秀企业家群体。第三，开展专题座谈会，加强企业家精神对年轻一代民营企业家的教育引导作用。第四，打造张謇文化品牌，出台《南通市弘扬张謇企业家精神打造张謇文化品牌实施方案》，加快筹建张謇研究联盟，精心打造“1+3”张謇文化特色展示区，深化文旅融合，注重张謇文化品牌标识展示，做好张謇品牌版权保护工作。

南通勇于创新的改革基因延续至今，在经济体制改革、社会体制改革等领域为全国探路。例如，国家海洋局将南通列为全国唯一的“国家海域综合管理试点市”；南通叠石桥市场采购贸易方式被列为国家跨江融合发展试点，成为全省唯一“走出去”先行先试试点城市；南通也是国家级相对集中行政许可权改革、综合行政执法体制改革、市域社会治理现代化试点城市等。南通这种一脉相承的改革基因也促使南通在市域治理领域积极探索，争做全国改革的排头兵和标杆。

二 新时代市域治理现代化“南通实践”的主要内容

习近平总书记指出，推进国家治理体系和治理能力现代化，必须抓好城市治理体系和治理能力现代化。南通市委、市政府审时度势，以打造“数据共享、预警预判、联动指挥、行政问效”全集成的市域治理现代化指挥体系为抓手，通过激活数据潜能、创新科技赋能，形成数智治理引领下的市级统揽全局、县级实战指挥、镇级一线处置的市域治理体系，全力打造南通市市域治理现代化“数智数治”样板。

（一）围绕“数据赋能”，建设数治化市域治理体制

南通市围绕“数据赋能”，充分发挥互联网、大数据、人工智能等信息技术的作用，持续推动市域治理现代化进入数字智慧治理、公共服务品质提升的新阶段。

1. 强化党委领导，健全总揽全局的数智治理顶层设计

南通市市域治理现代化是在党委领导下、市政府高位推动下的整合全市资源、覆盖全方位治理场景的整体性治理。一是高位推动，凝聚数智治理的广泛共识。2021 年 9 月，南通市委第十三次党代会提出“市域治理现代化走在全国前列”的总体目标，将着力增强市域治理能力列为“十四五”规划重点任务之一，市委书记、市长多次亲临指挥中心调研，强调要咬定“全省领先、全国争先”的目标定位，全市上下齐心协力，打造市域治理现代化的“南通样板”。二是顶层设计，绘就数智治理的长期发展蓝图。南通市委十二届十次全会报告中就描绘了南通市市域治理现代化建设的宏伟蓝图，提出要着眼于“五位一体”治理全局，推动实现市域治理体制、工作布局、治理方式“三个现代化”。南通市领导班子深度参与市域治理现代化建设工作，谋划设计指挥中心功能和建设原则，确立了实战管用的建设总基调，制定了“整体设计、系统实施、分步建设、逐步完善”的工作思路，高效推动全国首家市域治理现代化指挥中心顺利建成。三是统筹协调，构建数智治理的高效组织网络。南通市建立市域治理体系和治理能力现代化领导小组，由党委、政府主要领导担任双组长，42 个市级重点部门，10 个板块的县（市、区）、园区党委主要领导为成员，构建了党委领导、政府负责、协同联动、运行高效的组织网络。县、镇同样成立了由党委、政府主要领导担任双组长的领导小组，高位统筹，全域推进。在各级党委、政府的统筹领导下，南通市实现各地区、各部门数据、资源充分聚集，优势共享和深度应用，推动市域治理现代化高速、高效发展。

案例　南通市深入推进数字政府建设，优化市域数智治理

南通市从顶层设计规划了全市数字政府建设蓝图，建成“一委、一局、一平台”的大数据组织体系，形成“数据传输一张网、系统承载一朵

云、网站建设一底座、便民服务一门户、数据交换一平台、安全保障一体系、市域治理一中心”工作格局，积极探索政务数据归集共享的优化机制和治理应用的创新路径。

归集汇聚，夯实共享数据资源底座基础。南通市搭建数据归集和治理框架，推动形成可服务于业务应用的数据资源底座基础。一是实现“全部数据、全量汇聚”的“双全”目标；二是建成“一平台、两网站”（政务数据共享交换平台、政务数据共享网站、公共数据开放网站）；三是建成省内首家“政务+公安”大数据双网双中心；四是关键业务监管部门实现数据应归尽归。如市生态环境局实现水、空气、噪声、污染源、危废、环境管理、执法处罚等15类数据的全量归集；市交通运输局实现省级主管部门的车辆GPS、航政、路政、运政、港口、大件运输、交通工程建设等政务服务、重大危险源、重点营运车辆监管等数据的全量回流；危化品全流程监管平台汇聚2038家危化品企业信息、二道门、传感器、视频等实时数据，实现安全数据的全量掌控。

融合融通，构建数据合纵连横集成系统。南通市依托数据共享交换平台共汇聚全市10个县（市、区）、75家市级部门和单位的5000余项数据资源，24万路视频，400多亿条数据，每日数据交换量6亿条，实现了数据资源的互相共享、自由交换。一是实现市级部门与市政务数据共享交换平台的横向互通；二是实现国家、省、市、县政务数据共享交换平台的纵向级联；三是实现数据流通过程中“难点”“堵点”的打通。市域治理现代化平台促进了市级部门之间数据的高效流动与融合融通：“雪亮工程”视频数据赋能道路安全、违建治理、沿江沿海保护；信用数据赋能金融风险防范；人口、疫苗接种等数据防范教育资源盈缺问题；物流数据防范企业异地经营；税务数据防范高风险单位用工。

创新应用，大数据赋能市域治理现代化。市域指挥中心会同各地各部门持续创新治理应用，不断激活数据潜能，通过“大数据+N应用”的全方位预警预判体系，服务于“三跨”（跨部门、跨区域、跨层级）业务需求，解决跨部门综合监管难题，发挥大数据赋能实战作用。市域指挥中心会同发改、工信、民政、城管等部门开发了工业企业资源集约利用评价系统、重大项目管理系统、信用监管系统、惠企通政策直达平台、违建智慧管控平台、扬尘智慧管控平台、公共地名地址服务平台，会同教育、人社、市场监管等部门研发了教育资源盈缺、农民工工资保证金、企业异地经营、企业社保未登记、高风险用工单位等预警模型。

2. 优化政府职责，推动“一个中心管全域”治理模式

党的十九届四中全会指出，我国政府要“建立健全运用互联网、大数据、人工智能等技术手段进行行政管理的制度规则”“推进机构、职能、权限、程序、责任法定化”。南通市通过建设市域指挥中心，明确政府责任清单，推动政府职能整合，分类分级构建行之有效的“横向到边、纵向到底、集成共享”的指挥体系，统筹推进市域系统性、整体性治理。以信息技术和数据融通打破“碎片化”管理模式，着力构建职责清晰、分级负责、上下贯通、运行高效的市域治理现代化指挥体系，实现“一个中心管全域”的集约化数智治理。

一是以高点定位、高位统筹构建市域治理框架。一方面，建立市域治理体系和治理能力现代化领导小组。2020 年 1 月，南通市委十二届十次全会描绘了市域治理现代化建设的宏伟蓝图，强调市域治理是国家治理的基石，在国家治理体系中具有承上启下的作用。市委、市政府将“把治理效能转化为发展动能，推动市域治理现代化走在前列”列为市委、市政府重点工作。成立南通市市域治理体系和治理能力现代化领导小组，市委、市政府主要领导担任双组长，42 个市级重点部门、10 个板块的县（市、区）和园区主要领导为成员。日常工作由常务副市长坐镇指挥，市大数据管理局、市委政法委、编办、行政审批局、机关事务局、产业研究院、大数据集团组成工作专班具体推进。按照“五位一体”思路，统筹谋划、强势推进市、县、镇三级指挥中心建设。各县（市、区）、镇（街道）参照市级做法，也成立了县（市、区）域治理体系和治理能力现代化领导小组。另一方面，科学设置三级指挥中心架构。南通市市域治理现代化指挥中心，于 2020 年 6 月 19 日挂牌运行（2021 年 12 月更名为南通市市域社会治理现代化指挥中心），由市 12345 政府公共服务中心、市城市管理监督指挥中心数字城管职责和市委政法委网格化服务管理职责整合组建，挂南通市网格化服务管理中心、南通市 12345 政府公共服务中心牌子，为南通市政府办公室所属正处级事业单位，核定全额拨款事业编制 32 名，设主任 1 名，副主任 4 名，与市大数据管理局“一体化运行”（由市域指挥中心党委统一领导，市委副秘书长兼任中心党委书记，中心主任由市大数据管理局局长兼任，市域指挥中心与市大数据管理局共设一个办公室），常务副市长分管市域治理现代化工作。各县（市、区）、镇（街道）也立足自身实际，于同年陆续建成治理现代化指挥中心。县（市、区）域治理现代化指挥中心，整合县（市、区）大数据管理、12345政府公共服务、数字城管、网格化服务管理等相关部门单位的指挥考评职能和机构，同时挂“大数据中心、网格化服务管理中心、12345政府公共服务中心”牌子，为县（市、区）党委、政府直属事业单位，相当于正科级建制。核定全额拨款事业编制25名左右，设主任1名，兼任县（市、区）政法委副书记、政府办副主任；副主任3名，常务副县（市、区）长分管县（市、区）域治理现代化工作。乡镇（街道）治理现代化指挥中心，对于10万人以下的乡镇（街道），在党政办挂“乡镇（街道）治理现代化指挥中心、网格化服务管理中心”牌子，中心主任由乡镇（街道）党政办公室主任兼任，可明确为副科职级；对10万人以上的乡镇（街道），单独设置乡镇（街道）治理现代化指挥中心，挂“网格化服务管理中心”牌子，为乡镇（街道）党委、政府职能机构，股级建制，主要负责同志可明确为副科职级，乡镇（街道）党委副书记分管镇（街道）区域治理现代化工作。

二是以信息技术发展和应用推动系统性治理。南通市将市域治理现代化建设作为全面深化改革的重要组成部分，以数据聚集、资源汇总的方式，建立总管全域的数字化指挥中心，将市域治理融入经济社会治理的全过程、多环节，推动政府提升治理的系统性，重塑治理体制，优化治理流程。构建“数据为体、业务为用”的双轮驱动格局，在推动实现市域全量数据汇聚、治理、共享的基础上，实现各部门监管业务场景的打造，数据赋能推动系统化科学治理。

三是以横纵交错的指挥体系推动整体性治理。南通市围绕实现联动指挥功能，建设各级市域治理现代化指挥中心并实行一体化运行，按照市级平台、县级分中心、镇街工作站的总体格局，依据不同层级、不同区域以及相应职责权限，分级分类构建行之有效的“纵向到底、横向到边”联动指挥运行体系。纵向上，建成覆盖全域的“1+10+96”市、县、镇三级联动指挥体系，市级中心统揽全局，市级指挥平台负责统筹全市市域治理工作，对跨部门、跨区域、跨层级的重大、复杂事件进行一级指挥调度和监督问效，对于需要联合处置的事项，确定牵头部门和协同部门，明确办理时限；县级中心实战指挥，县（市、区）指挥平台负责归集受理区域职责范围内的事件信息，接收市级中心指挥调度，开展二级指挥调度，对转交线索和具体事件进行分类派单，对处置过程进行全流程跟踪，将处置结果向市级中心上传反馈；乡镇中心一线处置，接受上级指挥中心指挥调度和派单，开展三级指挥调度，对于辖区内常见多发、简单易处理的事件，做到第一时间发现、第一时间处置、第一时间反馈，对于本级无法协调处理的事件及时报送上级指挥中心。三级指挥平台实行信息互联互通、共享共用，确保指挥调度联动协调、数据实时汇集。横向上，按照“指挥中心+部门进驻”的方式，指挥中心联通各级有关部门，推动建设标准化、服务标准化、管理标准化、信息标准化。主要做到“三统一”：一是统一进驻。选择社会关注度高、事件受理量大、跨部门协调联动频率高的部门统一进驻，并落实专门科室承接中心交办事项，做到无缝衔接、闭环运行。二是统一指挥。各级指挥中心负责对本区域事件进行统一指挥、统一调度、统一交办，对涉及职权交叉、跨区域、跨部门的事件加强统筹协调，实行联合指挥调度。三是统一考核。研究出台市域治理现代化指挥考核办法，突出信息化手段，对管辖范围内的各级、各部门、各相关单位事项受理、反馈、处置、办结等全过程进行统一督查考核。将考核结果与综合绩效考核挂钩，奖优惩劣。

案例　市域指挥中心现场核查，协调优化营商环境

2022 年 7 月 7~15 日，南通市域指挥中心组织开展了上半年现场核查暨助力优化营商环境专题核查活动，联合市纪委监委、“两办”督查室、市级进驻部门、县（市、区）指挥中心，组成 8 个核查组，分别由中心各党委委员带队，深入问题一线，实地核查上级交办、预警线索指令、助企纾困等疑难复杂事项的办理情况，确保企业和群众反映的问题得到实质性解决。各地各部门把市、县、镇三级联动指挥平台提质增效工作摆在突出位置，进一步健全完善承办工作机制，不断加强与市域指挥中心的业务协同，形成紧密联动、齐抓共管、共建共治的良好工作格局。

坚持高位推动，组织领导有力。各地各部门高度重视上半年现场核查和提质增效活动，制定专门工作方案、扎实组织推进。崇川区党政主要领导亲自部署推动市、区双向联动工作，会同南通市域指挥中心联合印发实施方案；南通经济开发区管委会主要领导对提质增效工作作出专门批示，亲自批阅上级交办重点事项；海门区对12345在线平台进行扩容升级，区域指挥中心成立提质增效工作领导小组加强统筹协调；南通市住建局主要领导亲自抓，分管领导直接管，审阅批转承办件，高位推动群众诉求办理；南通市人社局建立由局主要领导总负责、分管领导具体负责、联调办综合协调的工作机制，确保承办工作高效运转。

强化工作统筹，协调联动有力。各地各部门充分发挥综合协调、联席会商等机制作用，狠抓统筹协调、过程管理，形成上下联动、齐抓共管的良好氛围。如皋市、通州湾示范区在自查"回头看"的基础上，自主开展现场核查活动；如东县制定疑难复杂事项联动协调办法，推动联动运行规范化、精细化；苏锡通园区加大对长期投诉的疑难复杂问题、不满意事项的会商会办力度；南通市域指挥中心联合市公安局、交通局、应急管理局、卫健委、城管局、市场监管局等部门常态化开展危化品、群租房、易肇事肇祸严重精神障碍患者、新机场、违建、扬尘治理等创新应用的现场核查；南通税务局联合市域指挥中心开展"一企来"政策专员惠企行动，积极精准助企纾困。

3. 健全多元共治，打造数据互联互通市域治理共同体

南通市充分运用信息技术手段，建立多方位、交互式的沟通渠道，降低民众参与成本，调动多元主体参与热情，形成党组织统一领导、其他各类组织积极协同、人民群众广泛参与的基层治理体系。首先，数据共联推动热线提质增效。依托指挥中心数据共联的优势，主动适应治理新形势，以数字化手段感知社会态势，深化整合热线服务渠道，全力推进12345热线与110紧急热线高效对接联动，实现系统互通和数据共享，严格实施"首问负责制""指定负责制""兜底负责制"，优化完善热线服务机制，推动企业和群众意见直达决策层。其次，网格走访主动倾听民众声音。根据地区实际情况划分综合网格和专属网格，畅通网格事件报送渠道，督促网格员实地走访，主动倾听民众的声音、发现群众面临的问题，及时上报

反馈，全面落实“重要价值信息”上报考核奖惩机制，使网格化服务管理成为市域治理工作的基层阵地。最后，畅通参与渠道培育基层自治力量。以党建引领号召民众、党员加入自我管理、自我服务的队伍中，积极培育相关社会组织，加强与自媒体平台的合作，支持网友、志愿队伍参与社会管理，推动多元主体建言献策、共治共享。

案例　市域指挥中心引导广大人民群众参与人民民主实践

近年来，如皋市域指挥中心持续畅通和规范群众诉求表达、利益协调、权益保障通道，通过政府“开门问策”、广大群众参与，充分调动社会各界力量广泛参与基层治理，为全面推进全过程人民民主提供生动案例。

共建共治化解难题。如皋市域指挥中心聘请社会各界热心市民担任12345民情采集员，广泛收集民情民意。通过建立舆情信息长效归集和对接沟通机制，实现服务触角深入基层，确保12345第一时间掌握人民群众的所盼所怨所想，推动矛盾和各类不稳定因素发现在早、解决在小。对民生热点和重点诉求事项，定期举办“圆桌会议”，邀请来电人、民情采集员、“两代表一委员”、纪检效能办、新闻媒体、部分群众代表及承办部门等各方嘉宾共坐一桌，以事论事，共同探寻民生热点和重点问题的解决办法，让群众享有充分的倾诉权、参与权、抉择权、监督权。建立群众绩效考核评审组，邀请社会各界热心市民担任群众绩效考核评审员，每年召开评审会议，将工作成效向群众展示，让群众全过程参与部门工作考核，把“群众满意度”的考核权交给群众，由此赢得了社会和群众的广泛好评。

创新搭建平台载体。2021年，如皋市域指挥中心邀请如皋部分自媒体走进中心观摩交流，建立了“市域治理e站”工作群。目前已有15家具有一定影响力的如皋本地自媒体和数名网络达人进驻，共同参与事件交办、处置、跟踪、反馈全过程。“市域治理e站”自成立以来，共受理交办各类民生问题300余件，解决了一批老百姓关注度高的急难愁盼问题。积极对接市委网信办、主动协调相关部门，共享舆情数据、高效交办处置。围绕问题发现率、解决率、办结率，落实“四快一体化”工作机制、压实基层职责分工，全面构建“网上巡控与网下管控、网上核查与网下落地、网上巡查与网下深挖”相结合的全链条合成作战模式。

相关链接：为什么最近如皋网上的投诉、爆料变少了？有网友私信某自媒体后台，问“为什么现在如皋网上的投诉变少了？”“你们转型了吗？”后来该媒体发布信息解释，是因为如皋市域治理现代化指挥中心（12345政府公共服务中心）与本地自媒体之间“搭上了线”，开启了“市域治理e站”交流。各自媒体小编化身网络上的“网格员”，将网友投诉的问题反映到“市域治理e站”，再由市域指挥中心对群里媒体反映的问题进行单独编号、建库、研判、交办、督办、办结、建档，形成闭环。

案例　如皋平园池村的小积分“兑”出大和谐

如皋市城北街道平园池村在实施乡村振兴的过程中，把乡村治理作为重头戏，以基层治理精细化、现代化为目标，推行“积分制”管理，全面提升村居治理工作。

激活基层治理“神经末梢”。2022年9月，经村“两委”商讨，在充分听取村民意见的基础上，平园池村建立积分制考评体系。由每位村干部列出条线考核细则，再结合本村实际，通过村民代表会逐条通过并制定加减分标准，出台了《平园池村文明诚信评分规则》。积分以每户为单位，清单包含人居环境、建房管理、社会平安、乡风文明、公民道德、应征入伍、村级工作、表彰奖励等8个大项113个小项。如“社会平安”共有32小项，主要为减分项目，涵盖违法违纪、治安管理、矛盾调解等方面，分值为20~100分。积分清单实行动态管理，每月设立人居环境基础分100分，同时再确定一个当前重点工作为“一票否决”项，月度评比与年度考核相结合，对正面典型进行加分和宣传表彰，对反面典型予以减分和通报曝光。

推进基层治理迈向智慧化。平园池村将传统乡村治理与基层治理现代化有机结合，建立了“线上+线下”积分管理方式，引导群众主动参与治理，让乡村治理逐步从被动管理向主动服务、从传统方式向信息化手段转变。为做实做细乡村治理，平园池村进一步开发定制“诚信积分、荷你同行”微信小程序，设有干部考勤、日常检查、网格考核、任务交办等事项。每天网格长到网格内开展安全、环境、治安等巡查，发现问题通过小程序上传，交办至各微网格联络员，由微网格联络员与网格信息员对接，进行事项处理，并将处置结果及时拍照、销号，实现“巡、办、督”三位一体闭环处置。村民在议事管事中，渐渐形成“网格是我家，治理靠大家”的良性互动。目前，村民可以通过扫每家每户门前的二维码，查看对比每户积分，达到相互监督目的。村民还可以自行申报加减分项目，激励村民持续关注村情村务，有效提升参与感、获得感和满意度。

推动乡村治理构建共同体。平园池村在党群服务中心设置积分兑换点，制度流程上墙，设立兑换奖品展示柜，通过考核、审核、公示等方式，实现“一月一评、一户一档”。每月发放标准为100~90分发大米10斤，89~80分发挂面5斤，80分以下无奖品，奖品根据大众需求适时调整，年度考核时全年有10个月达到90分以上的，直接晋级为示范户并给予相应物质奖励，其余分级给予奖励。自评比活动开展以来，已累计兑换奖品金额4万余元。积分制管理让村民的言行有“镜子”可照，有“标杆”可学，现在热心公益、文明诚信的住户被更多村民知晓，带头示范作用得到更好发挥。小小积分，带来村民实实在在的变化，也增强了他们的“主人翁”意识，他们由被动参与者变为主动实践者。2023年3月6日，村民老张在饭后散步时发现，一施工人员在施工过程中未佩戴安全帽，存在安全隐患，就通过积分制小程序反馈，网格员接报后立即到场要求施工单位加强监管。事后村委会也通过积分制平台对老张进行了相应的积分奖励。在人居环境整治工作中，以前村委对每户实行用工清理包干，现在用“10斤大米”让村民主动清理、长期保持，家家户户庭前屋后整洁有序。2022年9月以来，平园池村环境整治用工逐月下降，甚至连续几个月实现环境整治零用工。

4. 坚持法治保障，完善全方位全流程的数据治理规范

南通市以依法行政带动依法治理，在法治轨道上推动市域治理的数字化创新，积极发挥技术的向“善”作用。一方面，不断完善制度规范。及时将市域治理中的成熟做法总结上升为地方性法规、规章。南通切实贯彻落实《国务院关于加强数字政府建设的指导意见》中的相关要求，构建开放共享的数据资源体系，启动《南通市数据安全管理条例》立法的相关工

作，积极探索通过人大立法途径来保障政务数据归集共享、治理应用、督查考核等机制的建立，按照“谁管理、谁负责”“谁使用、谁负责”的原则，明确政务数据采集、汇聚、治理、存储、共享、开发利用等各环节安全责任主体，督促落实数据共享安全管理责任，确保数据共享工作安全、常态、有序运行。同时，南通市域指挥中心还在数据治理、信息收集、运行机制、分析研判、行政问效、网格管理等方面，分别建立了数据共享交换管理办法、重大突发事件信息比对上报机制、联动指挥运行管理办法、分析研判工作办法等50多项规范性文件，不断完善数智治理的制度体系。另一方面，严格执法抓落实。强化法治思维，坚持依法行政、依法履职。为确保三级指挥中心规范运行，在市级各类基础制度的基础上，各县（市、区）根据执行过程中的具体需要，合计建立各项制度规范近300项，规范执行和运作流程，并通过线上闭环问效系统、无隙化的监督体系、科学的考核方式，推动各级政府及相关执法人员严格依法依规处置，在依法治理中促进长效治理。2021年3月，中央依法治国办对8项地方典型经验做法予以通报，江苏南通试点的“大数据+指挥中心+综合行政执法”新模式获通报表扬。

案例　聚焦智慧治理　激发改革潜能　打造全域综合行政执法新样本

近年来，南通抢抓国家级综合行政执法体制改革试点和首批“全国市域社会治理现代化试点城市”契机，推动现代信息技术与综合行政执法深度融合、高效联动，探索构建了“大数据+指挥中心+综合行政执法”新模式，获评第一批全国法治政府建设示范项目，2021年3月，中央依法治国办将其作为典型经验在全国通报表扬。

打造“最锐鹰眼”，推行智能感知研判，着力解决综合行政执法信息来源问题。着眼提高综合行政执法一线感知能力，建立以大数据为支撑的执法信息情报体系。一是推行数据交换共享。针对数据孤岛制约监管执法效能提升的现状，打造交换库、共享库、主题库、专题库及应用库“五库合一”的政务数据共享交换平台，为推动市域治理和综合执法扫除了数据障碍。平台共汇聚10个县（市、区）、75家市级部门单位的400多亿条数据。二是畅通信息来源渠道。整合41家部门的38个App的1000余项服务事项进入“南通百通”App，做到“一个App管服务”。将全市65个部门95条热线全部整合进12345公共服务热线，实现“一个号码管受理”。推动“雪亮”工程视频资源共享，实时调取全市24万多路监控视频，为发现违法线索提供可视化支撑。开发融合通信软件，实现执法队员、网格员精准定位，做到实时调度指挥、现场跟踪处置。三是整合基层网格资源。整合城管、社保、民政以及生态环境、应急管理等基层工作力量，一并纳入8470个综合网格进行统一管理，将网格上报的监管执法事件线索集中进行交办处置。四是开展智能分析研判。在城市管理、公共安全、经济运行等领域开发130个监测预警项，通过对预警项实时动态监测，预警报告同步推送至相关部门和领导，做到线索发现、推送、执法、跟踪全流程可控、可查、可溯。

打造“最强大脑”，推行统一调度指挥，着力解决综合行政执法协同联动问题。整合各类执法资源，建立集成指挥平台，做到协同指挥、体系作战。一是建立集成指挥体系。在1个市级、10个县（市、区）和96个镇街全面设立区域治理现代化指挥中心，整合大数据、网格化、数字城管、12345等职能，构建贯通市、县、乡三级的集成指挥体系。二是开发综合执法应用平台。依托市、县、乡三级指挥中心，建设集线索受理、指挥调度、全程可溯、执法公示、信用共享、研判预警、行政问效功能于一体的综合执法平台，重点开发执法信息库、联动指挥模块、监测预警分析等板块，并借助数据共享交换平台，实现市、县、乡三级综合行政执法平台数据的互联互通。在市（县、乡）城市管理、交通运输、农业农村、市场监管等所有行政执法部门，设立综合执法指挥分平台，作为本级综合执法平台的二级平台，接受指挥中心统一调度指挥。三是明晰指挥调度职责。市级指挥中心负责对全市重大、复杂综合执法事项进行联动指挥，对跨部门、跨区域、跨层级的执法事项进行指挥调度，对下级指挥中心和部门分平台进行统筹协调和监督考核；县级指挥中心对辖区内相对复杂事项进行协调处置，对转交线索和具体事件进行分类派单，对跨部门、跨区域、跨层级的重大、复杂综合行政执法事项进行指挥调度；乡镇指挥中心负责对简单易处理事项进行一线处置，对辖区内常见多发事件，做到第一时间发现、第一时间处置、第一时间反馈。各级指挥中心在“两不变两继续”的前提下开展执法监管指挥调度，即原有的执法主体不改变、原有的执法体系不打破，部门能单独处置的执法事项继续由部门负责、下级能单独处置的执法事项继续由下级负责。四是规范指挥运行管理。实行统一进驻，市、县、乡三级指挥中心均采取“指挥中心+部门进驻”方式，选择社会关注度高、事件受理量大、跨部门协调联动频率高的部门统一进驻。实行统一指挥，建立综合行政执法指挥调度联席会议制度，日常事务由市、县两级指挥中心承担，对涉及职权交叉、跨区域、跨部门的事件实行联合指挥调度。实行统一考核，对管辖范围内的各部门、各单位执法事项处置、办结等全过程进行督查考核，并与综合绩效考核挂钩。

打造“最优队伍”，推行精准行政执法，着力解决综合行政执法能力水平问题。一是提高执法队伍聚合力。市级层面，以城市管理为重点，将建设、规划、住房等部门行使的623项行政处罚事项全部划转至城管局，4支执法队伍归并为1支。市区层面，着力推进市或区一个层级执法，城市管理、市场监管等执法频次高、违法案件多发的领域以区级执法为主，文化旅游、生态环境等领域明确由市级执法。县级层面，进一步加强县级5~7支执法队伍建设，依托指挥平台，着力解决条块分割、监管乏力、监管执法衔接不畅等问题。二是下沉执法力量强基础。市场监管实行“一镇街一分局”，全市设立市场监管分局99个，县级市场监管80%以上的力量下沉至基层；交通运输、城市建设、农林水利等领域面向基层派驻执法队伍，实行“一片区一中队”；生态环境执法领域，安排68%的执法编制到乡镇（街道、园区）。结合基层“三整合”改革，累计下沉基层执法人员2376名，确保每个乡镇（街道）配备不少于6名具有行政执法资格的人员，并配备一定数量的执法辅助人员。上级派驻县、乡两级的执法队伍，被纳入县、乡统一指挥调度，工作考核以属地为主。三是编制执法清单明权责。按照“重心下移、不重不漏”的原则，由市级行政主管部门牵头，率先在生态环境、城市管理等6大领域探索建立综合行政执法职责清单，累计梳理3574项监管职责，最大限度地减少不必要的行政执法事项、减少执法层级。四是完善执法机制树权威。规范执法行为，严格执行行政执法公示、执法全过程记录、重大执法决定法制审核等制度，着力构建权责明晰的监管执法体系。以规范执法行为和落实执法责任为重点，市、县分别建立综合行政执法监督考核工作机制，不断提高执法规范化水平。

5. 夯实科技支撑，建设汇聚全域数据的多维“城市大脑”

习近平总书记在浙江考察时指出，“运用大数据、云计算、区块链、人工智能等前沿技术推动城市管理手段、管理模式、管理理念创新，从数字化到智能化再到智慧化，让城市更聪明一些、更智慧一些，是推动城市治理体系和治理能力现代化的必由之路，前景广阔”。南通打造“城市大脑”，推动市域治理数字化、智能化，探索实现市域治理现代化建设的南通方案。一方面，充分使用大数据技术深挖数据价值。南通市汇聚各部门、各县（市、区）各类数据400多亿条，在实现数据归集的基础上，通过大数据等技术打造“城市大脑”，充分深挖数据价值，多维度展现市域治理整体情况，以数据融通推动整体治理，全方位推动智慧城市建设。另一方面，广泛应用人工智能分析技术辅助领导决策。充分运用人工智能等国内领先技术，开发优化数据算法，实现自动预警、分析研判、智能搜索等多项功能，及时掌握群众关注的热点、痛点，发现关键治理领域的重点问题，预警风险苗头、预判发展态势，及时向领导提供决策信息，推动治理决策科学化、精准化。

案例　智慧管控，扬尘治理创新应用

扬尘治理智慧管控系统是通过视频AI智慧监管将扬尘治理工作从被动监测转变为主动发现，从事后处理转变为事中干预。目前视频AI智慧监管已经覆盖全市252个在建工地。实现对扬尘浮起、裸土未覆盖、出入口不洁、渣土车未密闭、渣土车抛洒滴漏等5类场景的自动识别预警，发现扬尘问题分级部署，及时交办，并由部门进行线下执法，全流程管控、全过程问效。

自2022年7月系统上线试运行以来，南通市已累计发现疑似扬尘线索3000余条，经辖区城管执法队伍现场核实认定，及时有效处置扬尘案件83起。

2023年7月12日，视频AI智能预警发现崇川区冠达商城工地（裤子港河东、啬园路南、通富路西、居佳路北地块）存在扬尘浮起现象。预警指令通过市、县、镇三级大联动平台第一时间派发崇川区，并要求属地2小时内反馈现场情况，24小时内反馈整改情况。崇川经济开发区，

第一时间督促工地洒水除尘，针对扬尘问题进行整改，并及时上传现场整改照片。

（二）立足“五位一体”，完善智慧化市域治理体系

坚持党的领导，要把党的领导落实到统筹推进“五位一体”总体布局、协调推进“四个全面”战略布局的各个方面。南通市域治理围绕“五位一体”总体布局，融合了财政、产业、经济、党建、政务、文化、城市运行、交通、教育、医疗、生态等各方面数据，以专题形式全面推进市域治理现代化工作。

1. 经济建设提质量，动态监测经济改革实效

习近平总书记指出，建设现代化经济体系是跨越关口的迫切要求和我国发展的战略模板，是推动高质量发展、全面提高经济整体竞争力的必然要求。南通市坚持市域整体治理思路，全面提升政府经济调节的数字化水平。一方面，加强经济数据的整合、汇聚、应用，动态监测财政收支、产业比重、研发投入等关键指标数据，并对经济发展数据进行历年纵向比较和周边城市横向对比。另一方面，打造高质量发展一张图，包含六大板块，分别为态势总览、重点指标实时监测、主要指标月度评估、高质量发展指标评价、高质量发展基础信息以及重大项目进展情况，全方位监测经济高质量发展情况。强化经济监测预警，系统分析经济改革实效，提升经济政策精准性和协调性，推动经济高质量发展。2023 年上半年，南通经济发展更上一层楼，全市实现生产总值 6032.4 亿元，同比增长 7%。

南通市将高质量发展一张图分为三个部分：第一，财政高质量发展部分。一方面，直观掌握南通市近 5 年的经济发展情况，包括 GDP 增长、公共预算收入增长、固定资产总额、三大产业占比等；另一方面，围绕南通“长江经济带支点”的定位，对标苏、锡、常等长江经济带上的城市发展情况，激流勇进、不断赶超。第二，产业高质量发展部分。通过三大产业比重的变化分析南通供给侧结构性改革的成效，加快转变经济发展方式、调整经济结构，提高发展质量和效益。第三，创新驱动高质量发展部分。通过研发投入的变化分析创新驱动的成效，坚持以创新驱动经济转型发展，全面提升创新能力和效率，2022 年南通市高新技术产业产值较上年增长 9.41%。

同时，还开发了南通市工业企业资源集约利用评价系统。该系统实现了市、县平台一体联动，通过汇聚市场监管、税务、资规、统计、供电、发改、生态环境、科技等部门数据，摸清工业经济家底。以集约发展、科技创新、绿色安全指标为评价模型，对工业企业进行绩效评价，将企业划分为ABCD四类。以产业、区域、行业、企业的分析视角，综合呈现全市用地、销售、税收、排污、亩均等各项经济指标发展动态。

南通市工业企业资源集约利用评价系统已初步摸清南通1万多家工业企业经济家底及工业企业资源利用水平。通过构建差别化政策，正向激励、反向倒逼促进企业提质增效和产业转型升级，推动制造业高质量发展。

案例　数据融通，南通海安市服务全市经济社会发展

为贯彻落实省市关于工业企业资源集约利用综合评价工作部署要求，海安市出台《持续深化工业企业“亩产论英雄”改革实施办法》，统筹规划工业大数据平台建设，加快数据汇聚，推动工业数据全面采集、高质量汇聚，在南通率先建成工业企业绩效评价系统，以数据管理助力经济社会治理，取得明显成效。

企业综合评价，建立长效机制。以《海安市持续深化工业企业“亩产论英雄”改革实施办法》为依据，学习苏州等地区先进做法，以《南通市工业企业资源集约利用综合评价工作指南》为指引，设立亩均税收、亩均销售、科技创新等一系列核心评价指标，对全市工业企业进行综合评价。基于评价结果，将全市工业企业分为五类，建成全市工业企业数据库及“云图”，搭建科学、合理、可扩展的评价模型，实现工业经济发展布局的动态呈现。

差异化施策，助力企业转型。推进绿色发展，积极培育和壮大战略性新兴产业，引导先进制造业高质量发展，加快推动传统产业改造升级。同时，推动空间再造和智能化改造，加快实现新旧动能转换，提升传统产业优化升级进程，不断推动海安经济高质量发展。

数据辅助决策，提升规划精度。基于大数据分析技术，围绕各类工业经济发展业务，建立科学合理的专题分析模型，为明确低效用地及低效企业、优化产业布局、调整经济结构、推动产业转型升级提供有效支

撑。建立横向纵向运行监测，横向从综合、区域、行业、企业等维度分析，纵向从年度、季度、月度进行同期数据对比，实现经济运行精准分析，从而为领导经济规划、部门决策及招商引资资源规划提供高效的数据支撑。

2021年下半年以来，海安市域指挥中心会同发改委多次召开重点部门数据归集业务部署交流会，各区镇对企业用地、用电等方面进行了深入核实；相关部门提供各自分管领域评价数据。指标采集完成后，管理系统完成绩效评价分类，逐企下发“体检表”“告知单”，让企业准确认识自身的成绩和位置，为从金融、财税、用能、排污等9个方面配置差别化政策提供基础保障。截至2022年11月，评价管理系统已录入企业信息182392条，共3990家工业企业“入库”，将租赁单位、集团成员指标归集后，已有2056家工业企业参与评价分类，并完成了2021年、2022年上半年的数据核实确认及分类评价，其中A类企业203家，B类企业1429家，C类企业288家，D类企业82家，T类企业54家。

2. 政治建设夯基础，发挥党建引领核心作用

南通始终坚持党的集中统一领导，坚持党总揽全局、协调各方的核心作用，充分发挥党建引领作用，依托“数字化”“网格化”治理手段，以党建塑体系、以党建强功能、以党建提质效，有效推进多元主体参与议事协商工作，团结一致推进南通市域治理现代化建设，构建市域治理新格局。

南通市加强党建引领、多元协商的主要做法有：第一，强化党委的领导核心作用。为推进市域治理现代化工作，南通市专门成立市域治理体系和治理能力现代化领导小组，由市委、市政府主要领导亲自挂帅，市级42家重点职能部门和各县（市、区）主要负责同志为小组成员，双组长高位强势推进，各县（市、区）和各部门齐抓共管，不断强化党建引领的领导力量。第二，推动党建治理两网融合。南通从市级层面整体推动党建、治理两网融合，出台《关于推行“红网格　通通建”筑牢党建根基提升网格化服务管理工作的实施意见（试行）》，创新实施“红网格　通通建”工作。全市8470个城乡治理网格实现“一网格一支部”党的组织和党的工作全覆盖，构建起“乡镇（街道）党（工）委—村（社区）党组织—网格党支部—微网格党小组—党员中心户（楼栋长）”五级联动组织体系，把基层党组织的政治优势、组织优势转化为治理效能。第三，人大、政协推进在基层议政督政、协商议事工作。南通各级人大在基层建立“人大代表工作站”，作为人大代表工作在基层的延伸和有效补充，及时宣传党和国家方针政策、收集基层社情民意，拓宽人大代表工作渠道。2021 年，南通市委印发《关于推进“有事好商量”协商议事工作常态长效的意见》，紧紧围绕党委、政府主推的大事要事，开展协商议事，推动政协协商与基层协商有效衔接、政协协商与基层治理有机融合、政协协商民主与基层民主政治建设有序实践。

案例　崇川区“党建红”绘就社会治理“网格蓝”

崇川区聚力聚焦“基层基础夯实年”行动，加强基层党的建设，把握党建引领网格治理的重要意义，将上级决策部署落细落实，让群众切实感受到党组织就在身边。通过分类制定“十个一”操作手册，引导在职党员线上线下融入基层治理，2.7 万名在职党员在崇川区完成报到，组建功能型党组织 368 个，累计开展志愿服务活动 1623 场次。

突出到边到底，构建全覆盖“红网格”组织体系。一是完善组织架构。建立“街道党工委—社区（村）党组织—网格党支部—邻里党小组—微网格党员中心户”一贯到底的组织架构，切实将党的政治优势和组织优势转化为基层治理优势。崇川区以社区大党委为核心，将 2.7 万名在职党员融入 908 个综合网格、1.1 万个微网格，2.4 万名在职党员在 779 个小区楼道亮明身份。组建功能型党总支 24 个、党支部 344 个，有机嵌入党建网格，推动“红网格、双报到、红管家”三通合一。二是激活“感应末梢”。全面推进“支部建在网格上”“党小组建到邻里中”“党员中心户亮在微网格”，用一张网“兜”起群众的“大小事”，不断提升为民服务的“精细度”。任港街道建立“街道、社区、网格、微网格+党员中心户、通通在在职党员”的“4+2”包联到户微治理体系，充分发挥党组织战斗堡垒和党员的先锋模范作用，以“红网格”建设不断激活网格治理“红细胞”。三是配强治理力量。建立社区（村）后备干部人才库，探索建立“网格长—后备干部—‘两委’干部”晋升通道。崇川区选优配齐功能型党组织书记 368 名，促进更多优势资源向社区聚合。印发《关于面向优秀专职网格员选拔社区（村）后备干部的实施意见（试行）》，激发网格员干事创业的热情。

突出共建共享，构建全要素“红网格”治理体系。一是突出全域融合。不断深化街道“大工委”、社区“大党委”、网格“大支部”建设，推进网格党建与单位党建、行业党建以及各领域党建互联互融，实现城市基层党建条块结合、协同发展。一方面，做好“平时服务”，创优“4+N+X”服务体系，区级统一发布4类共性岗位，设立N个专业岗、X个应急岗确保专业服务、快速应对。另一方面，做好“战时攻坚”，新冠疫情防控期间，组建1061支机关党员突击队，认领完成流调溯源、卡点值守等任务。二是突出系统共治。通过实施“邻里红管家”物业党建工程，打造“红社益民”社会组织党建品牌，开展“‘红蜂’惠民”攻坚行动等，引导“两新”组织、新业态新就业群体等多元力量共同参与网格治理。三是突出党群联动。充分发挥群团组织桥梁纽带作用，以创建工人先锋号、青年文明号、三八红旗手等为载体，引导其在网格治理中贡献力量。

突出基层基础，构建全方位“红网格”保障体系。一是强化阵地支撑。充分利用小区架空层、网格服务站等，打造17个“通通在”示范点位，拓展在职党员为民服务路径。建立评价反馈机制，实行一月一提醒、一季一通报、半年一总结，让在职党员服务情况“实时在线、动态更新”，闭环管理激发基层治理活力。二是优化活动组织。借助“双报到通通在”小程序，通过线上发布活动，在职党员及时报名、线下定时定点参加，实现服务常态长效，不断激发在职党员参与基层治理的内生动力。三是固化作用发挥。建立报到联系、接单认领、积分管理、评价反馈等常态化制度，对接在职党员服务供给与群众需求，拓展服务网格功能，推动资源联享、教育联抓、难题联解，做到网格吹哨、党员报到。城东街道通过在职党员“我先上”和“跟我上”行动，以个体带动家庭、以家庭带动楼栋、以楼栋撬动社区，做实理念共享、生活共享、环境共享，在职党员争当先锋、做表率，以实际行动帮助群众解决实际困难，常态化开展垃圾分类督导、小区环境整治、公共设施维护、邻里纠纷调解等志愿服务活动，实现了小事不出网格、大事不出社区。

案例　人大代表工作站助推12345疑难工单处置，着力提升区域治理“善治”水平

为发挥人大代表在践行全过程人民民主这一重大理念中的重要作用，2022年崇川区域指挥中心率先在全市挂牌成立人大代表“三民三实”工作站，针对12345热线受理的职能空白、推诿扯皮等问题，通过专题视察调研、监督听取汇报、开展“回头看”等多种方式，督促12345承办部门积极履行办理责任，着力解决人民群众“急难愁盼”问题。

德生路摊贩问题较为突出，长期以来居民投诉不断，若无强有力的执法队伍加强管理，不仅影响市容环境卫生，也会给辖区居民健康和公共秩序安全带来隐患。此路为天生港镇街道、永兴街道的接壤地段，因历史原因，管理权属存在争议。为此，区域指挥中心先行召集区城管局、民政局现场协调，对争议路段进行调解，成功派发了12345平台中的存量工单，短期内该路段治理效果得到明显改善。

为保障争议路段后续的长效管理，区域指挥中心会同人大代表工作站，召开德生路摊贩经营执法权属事项会商会。区人大代表工作站站长及值班站长、区城管局、区法院、区域指挥中心及天生港镇街道、永兴街道分管领导和业务骨干参加会议。经过深入探讨，与会双方主动靠前作为，明确了争议路段的责任主体，为确保后续类似事项能够做到精准派发、高效办理，区域指挥中心下发《德生路摊贩经营执法权属事项协调会会议纪要》，人大代表工作站将重点关注、跟踪、监督上会疑难工单的后续处置情况，确保相关事项能够交办顺利、群众满意。

区人大代表“三民三实”工作站自挂牌以来，积极开展全过程人民民主的崇川实践探索，充分履行人大代表的监督职能。今年，区域指挥中心将依托人大代表工作站，常态化邀请相关代表参与12345疑难工单的处置，以群众满意不满意、答应不答应、高兴不高兴作为工作标准，切实关注民生、倾听民意、汇聚民智、解决民困，不断提升人民群众的满意度、获得感和幸福感。

案例 政协“有事好商量”，解决群众“糟心事”

南通经济开发区区域指挥中心依托政协“有事好商量”协商议事平台，积极开展全过程人民民主的新实践，邀请政协委员参与12345、网格等疑难问题工单的处置，助力区域治理现代化提质增效，不断提升人民群众的幸福感、满意度。

“一到下雨，我家后面路面积水就有十来公分，我们老年人真的是不方便。”“委员们帮我们看看，是不是可以开一个明渠，把积水引到河中，这样能基本解决问题。”2023年4月14日上午，在南通经济开发区新开街道长新社区某小区楼前，前来参加“有事好商量”协商议事活动的南通市政协委员和开发区政协委员正在耐心倾听着周边群众的诉说，频频点头，不时地参与讨论，并将大家的意见记录在笔记本上。

该小区积水问题是群众一直关心的民生实事，区域指挥中心、新开街道及长新社区在发动网格员走访的基础上确立议事议题，并迅速召集委员和街道党政领导、居民代表、物业召开“有事好商量”协商议事活动。委员们通过听取社区介绍、实地查看等形式全方面了解议题情况，围绕协商议题，参会人员深入进行讨论，最后结合居民意见和实际情况，制定解决方案，达成初步意见。

近年来，区域指挥中心、新开街道聚焦人民群众急难愁盼问题，充分发挥社区“有事好商量”协商议事平台功能，邀请市、区两级政协委员积极参加协商议事活动，通过与区域指挥中心12345联动，新开街道党政领导、社区网格员、居民代表、物业协商讨论，共同解决群众民生问题，激发政协委员参与社区建设的热情。

自搭建“有事好商量”协商议事平台以来，区域指挥中心从群众最关心、最直接、最现实的利益出发，将群众关心的难点问题拿出来讨论，切切实实办成民生实事，群众欢迎这样的协商形式，社区也很需要这样的议事机制。南通开发区将继续依托“有事好商量”协商议事平台，把政协协商与社区基层治理有机衔接、有效融合，把协商议事打造得更具特色、更有实效。

3. 文化建设树品牌，着力打造智慧城市名片

南通市深入贯彻落实中央、省、市关于深化文化体制改革的部署要求，聚焦建设理论宣讲和道德风尚“两大高地”、打造全国文明城市和新时代文明实践中心全域建设“两大现象”、实现舆论引导能力和媒体融合实效“两大提升”、促进文艺精品和文化产业发展“两大突破”，为建设“强富美高”新南通提供强大的思想保证和精神动力。

南通市持续加强文化建设，以数字化推动文旅产业高质量发展，强化新闻宣传，打造南通智慧城市名片。第一，建强融媒体宣传阵地，打造文明南通。南通市持续加强传统文化领域建设，积极开展网络综合治理，深入推动融媒体宣传阵地改革，构建全媒运行机制，打造全媒传播矩阵，推动媒体深度融合发展，营造风清气正的网络文化空间，打造“文明南通”。第二，开发智慧文旅平台，推动产业发展。大力推动文旅数字化建设，着重建设文旅数字监管和公共服务板块，以数字赋能文旅产业为抓手，积极打造文旅产业数据资产。其中，南通智慧文旅项目建设包括文旅监管、公共服务、营销推广三大平台，涉及文化旅游资源管理、数据可视化、实时监测、文旅大数据分析、涉旅企业监管、政务管理、多媒体展示、微信商城、抖音号等九大系统 71 个功能模块。第三，加强主流媒体报道，推广南通名片。智慧南通的建设和管理经验得到 CCTV、《人民日报》、《新华社内参》、《学习时报》、《半月谈》、《领导文萃》、《法治日报》、《新华日报》、中国网、人民论坛网、“学习强国”、凤凰网、新华网等数十家中央和省级主流媒体报道，“南通最强大脑”“南通之治”等南通智慧城市、数字城市名片引发社会热议，深入人心。

案例　如东智慧旅游，助力产业转型升级

如东县域指挥中心会同栟茶文旅公司利用云计算、大数据等先进技术建成栟茶古镇智慧旅游信息化项目，通过建立涵盖古镇智慧管理、智慧服务、智慧营销的智慧景区集成应用体系，及时准确地掌握景区、游客等各项实时信息，实现传统旅游管理方式向现代智慧旅游管理方式转变，景区旅游服务与管理更加信息化、智能化、特色化与精细化。

多屏互动，更便利。利用多屏互动方式，为管理人员、运营人员、游客等提供“互联网+”应用体验。

流量分析，促管控。通过客流统计相机和车辆识别系统，对进入景区的客流、车流进行智能化综合统计分析，促进景区管控方式变革，为景区疫情防控及安全管控提供数据支撑。

应急播报，显成效。通过应急广播系统进行信息播报，对儿童走失、物品丢失等动态信息第一时间传递，成效显著。

高清监控，保安全。结合景点布局，高清监控系统覆盖景区各重点活动区域，为景区提供安全监管、设备监控、案发后查、证据提取等有效的技术手段，保障了游客的人身、财产安全。

如东县域指挥中心不断加快数据共享，持续深化数字赋能，助力产业转型升级，提升治理体系和治理能力现代化水平。

案例　政府网站“在线访谈”平台加强政民互动共谋发展

“通州区人民政府网站·在线访谈”是由通州区域指挥中心承办的一档网络政务访谈栏目。早在2009年3月就依托“中国通州网”在江苏全省率先采用网络视频直播，实现与网友实时在线互动，并将图文实录与视频直播相结合的展现形式不断优化、延续至今。

栏目主要以辖区内各镇（区、园、街道）、各部门的负责人介绍各单位职能、展示工作亮点为主，并现场就节目主题进行相关政策解读，同时以回答网友提问等方式与网友实现互动，切实搭好政府与群众的“连心桥”。

在主题内容上，每季度发布邀请函，邀请各单位结合与民生密切相关的特色亮点工作自行报送主题。主题涵盖教育、医疗、住房、食品安全等方面，既传递网友声音，又体现政府的舆论导向。

在节目流程上，一是在通州区政府网站按季度公布“访谈计划”安排；二是每期访谈前一周发布“访谈预告”，向网友详细介绍上线单位、参与嘉宾以及访谈主题；三是提前征集网友问题，群众通过“预提问”提交诉求，嘉宾单位在直播现场答复。直播结束后，提供访谈图文和视频实录回放供网友回看。

自上线开播十余年来，“在线访谈”栏目深受广大群众喜爱；为提高该栏目举办的质效和水平，2021年7月对设备进行升级改造，采购了专业级直播一体机和视频编辑设备。同时利用区融媒体中心演播室制作在线访谈节目，为广大网民呈现更好的视觉效果。截至目前，累计进行访谈440期，嘉宾发言1729条，栏目日趋成为新形势下当地政府与网民沟通的重要渠道和桥梁，也是体现政府亲民务实、廉洁高效的重要方式和手段。

4. 社会建设惠民生，精准回应民众生活需求

南通市坚持以人民为中心，将人民的需求作为市域治理的重要动力，着力解决人民最关心、最直接、最现实的利益问题。

南通市在社会建设板块设置了社会治理、民生服务和城市运行等内容。一是在社会治理领域实现全流程管理。开发市域社会治理智能化综合平台。以习近平总书记关于推进国家治理体系和治理能力现代化重要论述为指导，按照中央政法委《全国市域社会治理现代化试点工作指引（第二版）》的要求，以“全省领先、全国一流”为目标，围绕试点工作指引中体制现代化、防范“五类风险”、发挥“五治”作用等11个板块，以及省委政法委确定的风险防范、网格化治理、非诉解纷等3项特色工作内容，按照“1+5+8+N+X”架构，汇聚雪亮工程全量视频、社会治理领域全量数据，倾力打造集指挥、预警、联动、处置于一体的市域社会治理智能化综合平台。二是在民生服务领域聚焦人民核心利益。围绕“幼有所学、学有所教、劳有所得、病有所医、住有所居、弱有所扶”，通过教育投入、万人全科医生数、常住人口城镇化率、新增就业人数等指标反映南通构建宜居宜业的新格局；通过重点关注南通市常住人口、城市部件和交通运行等相关数据信息，一方面掌握南通人口发展和主要基础建设成果，另一方面动态掌握南通城市交通运行状态。构建了教育资源盈缺、农民工工资保证金、企业社保未登记、非法集资金融风险、人群集聚异常、渣土车监管等综合预警模型、道路交通异常预警模型，目前正在探索空巢老人银发关怀预警。“南通百通”App持续提升服务功能，建立老百姓服务与办事的南通政府门户，实现多码一屏展示、智慧停车、惠企通政策直达、网上办事大厅等功能服务。惠企通政策平台项目，以政策智能匹配、精准推送、免申即享、简申快享为建设目标，建成万事好通、惠企通政策市县一体化服务平台。南通市域治理现代化建设始终坚持以人民为中心深耕民生领域，不断推出惠民便企服务产品。三是在城市运行方面推进智慧城管建设。开发应用城管一张图，汇聚了城管、市政园林、住建、行政审批等多个委办局的数据和全市重点点位的视频信息等，通过视频AI分析，100多万的城市部件自动发现城管违法违章行为。开发完成城市综合管理服务平台一期工程，建立城管事项发现、受理、处置、跟踪、督办、反馈、评价的闭环处理机制，强化联合执法力度，提高城市科学化管理水平和运行效率。危化品全流程监管平台、群租房智慧管控系统、扬尘智慧管控系统等一批创新应用，有效助力智慧城管建设，提升城市治理运行水平。

案例 多数据融合，提升特殊人员服务管理质效

为加强对易肇事肇祸严重精神障碍患者服务管控，进一步降低患者肇事肇祸的风险和概率，保障人民群众的生命、财产安全，维护社会平安稳定，南通市委政法委、市域指挥中心会同市公安局、卫健委等部门，共同打造了易肇事肇祸严重精神障碍患者智慧服务管控预警模型，通过信息化、智能化的手段提升服务管理的质效。

通过建立医学诊断、患者行为、患者社会属性、监护人属性、走访服务和家庭属性等6大类22个子类，对患者的人物进行画像和积分计算，形成一人一档的全量患者管理档案，实现了对全市易肇事肇祸严重精神障碍患者在库对象的服务和智慧管控。特殊人员管理创新应用自上线运行以来，已产生各类预警2560条，取得了一定成效。同时制定《易肇事肇祸严重精神障碍患者预警处置管理办法（试行）》，不断提升这一创新应用预警信息的办理质效，强化部门协调联动，规范易肇事肇祸严重精神障碍患者预警核查和处置工作流程，全面加强对这一群体的服务与管控。

2022年7月16日，监测预警模型发现启东市吕四港经济开发区某村精神障碍患者高某某疑似精神病发，在家乱摔乱砸，并打伤父母。预警迅速推送至县、镇两级指挥中心，县、镇立即响应，联合卫健、公安、村（居）、网格员对该预警进行核查，发现该患者近期停止服药且家庭出现矛盾受到刺激，引起精神病发。属地充分发挥“四帮一”机制，加强走访服务，为其缓和家庭矛盾，督促监护人履行职责，保证该患者正常服药。

2022年7月11日，监测预警模型发现海安市海安街道某社区精神障碍患者万某某近期购药出现异常，产生购药提示预警，网格员上门核查，

发现该患者近期因购药、服药异常出现病发现象，导致无故吵闹、砸东西、打人、胡言乱语、邻里纠纷等情况经常发生，后经及时处置，将该患者送往医院治疗。

案例　“吹哨报到”聚合力，如东县及时回应惠民生

“我们住的是商业住宅小区，前不久，楼下开了一家鑫盛源鲜肉批发零售店。商铺从凌晨开始进货，并在清晨处理猪肉，其间不断传出卸货声、剁肉声……”“每天睡觉前最重要的事情，就是把耳罩戴上，否则凌晨时分就别想睡好。”家住如东县岔河镇弘韬佳苑小区的多位居民向12345投诉。

该工单先后交办至如东公安局、生态环境局和岔河镇。经如东生态环境局监测，该处噪声确实超标，但根据《江苏省环境噪声污染防治条例》，社会生活类噪声不属于监管范围。岔河镇政府和社区工作人员前期虽进行了调解和劝说，但批发店主耿某并没有严格遵守承诺，导致居民再次向12345热线投诉。

民生无小事，枝叶总关情。针对前期各部门之间协作不畅、效果不佳、难以形成震慑等问题，如东县岔河镇域指挥中心主动认领、主动担当，充分发挥“群众吹哨、中心联动、部门报到”工作机制，组织市场监管、生态环境、综合执法、司法、公安、燕川社区等部门组成工作小组，并召开协调会，互相沟通协调，探讨解决方案。

协调会后小组成员立即赶到现场。一方面，从“情”的角度，劝解耿某换位思考，对周围住户多一点理解和包容，互谅互让，和谐相处；另一方面，从“法”的角度，引用《中华人民共和国民法典》《中华人民共和国噪声污染防治法》《中华人民共和国治安管理处罚法》等对双方进行了教育，告知其矛盾恶化可能造成的法律后果和可能承担的法律风险。在强大的政策攻势和确凿的噪声超标监测证据面前，店主耿某表示会立即通过装修剁肉台、加放橡胶垫等措施降低噪声，工作人员离开前还添加了耿某微信，以便及时了解整改进度。至此，一桩困扰周边群众两个月的噪声扰民问题得到彻底解决。

5. 生态文明抓持续，护航市域绿色高质量发展

习近平总书记提出，“要从系统工程和全局角度寻求新的治理之道”“全方位、全地域、全过程开展生态文明建设”。南通市位于长江三角洲北翼，拥有200多公里的长江岸线和海岸线，沿海滩涂面积较大，土地资源丰富，如何保护生态环境，实现生态文明可持续发展是南通市域治理建设的重要内容。

南通市坚持生态优先、绿色发展，以生态底色提升小康成色、以生态高质量支撑发展高质量。打造生态文明一张图，从气、水、土、绿、企业、信访6个方面全面展现全市生态环境数据采集信息，辅助领导全面、直观、动态地掌握城市生态环境实时状况，及时有效地实施城市生态环境监测预警，提升城市绿色发展水平。在环境保护方面，重点分析生态环境状态、污染物排放、单位GDP能耗和水耗、空气及水质情况等，动态监测存在污染的风险点；在生态保护方面，主要聚焦空气和水质的治理，实时监测主要污染物排量、空气优质天数、优质水体比例、土壤修复情况等重点信息。

案例　海门区“智慧苍穹”守护长江生态

2020年10月26日，海门区域指挥中心大厅内，“智慧苍穹”长江大保护智能应用平台发出预警信息，长江汤家段江面有一艘船长时间异常停留。工作人员立即对该预警信息进行图像研判，确定该船为渔船，且船上装载渔网渔具。海门区域指挥中心立即启动联动指挥机制，调度海门农业农村综合执法大队、长航公安局前往调查处置。经查，嫌疑人周某驾驶渔船携带13口底扒网（俗称“绝户网”）擅自进入长江禁渔区海门段江面，虽然未发现其捕捞行为，但仍然违反了“携带禁用渔具进入禁渔区”的规定，海门农业农村综合执法部门对周某依法进行了处理。

2021年4月16日，海门农业农村综合执法人员根据“智慧苍穹”长江大保护智能应用平台预警信息，会同长航公安局在长江干流海门段立新河口，现场查获违法嫌疑人员用刺网进行捕捞，捕得渔获物鲻鱼1条，重0.225千克。2022年9月21日，海门区长江大保护网格化巡查队员接到“智慧苍穹”长江大保护智能应用平台预警信息后，前往长江海门区段大

洪河附近进行核查，发现闸口外侧水域有人正在实施射鱼行为。海门区域指挥中心得到信息反馈后，立即调度区农业农村综合执法人员前去处置。经查，吴某某使用的射鱼器为长江流域重点水域禁用渔具“投射箭铦耙刺”，其捕捞行为违反了《中华人民共和国渔业法》相关规定，被移送至长江航运公安局依法处理。

这些违法行为得以及时发现和快速处置，最大的助力是海门区创新研发的“智慧苍穹”长江大保护智能应用平台。海门区深入贯彻习近平总书记“共抓大保护、不搞大开发”系列重要指示和讲话精神，依托区域治理现代化指挥平台，2020 年 8 月建成运行“智慧苍穹”长江大保护智能应用平台。平台以长江禁捕退捕、智能感知、水文环境为主题，围绕沿江 4 座岸线码头、14 条入江河流、1 个重点采砂区、10 个重点违捕区以及 3 个污染源排口等长江主要治理要素，布设了全覆盖的智能化视频监控系统 94 个，开发了船只预警、人脸识别、电子围栏等功能算法。平台全面对接生态环境、水利、市场监管等部门业务系统，实时抓取、自动分析、准确比对、及时预警长江各类违法捕捞行为，实时监测水文、水质、污染源等长江海门段生态状况，构建起长江水情监测、环境污染、禁捕退捕等问题全流程智能监管模式。海门区“智慧苍穹”长江大保护智能应用平台以强大的实战应用，深入践行“两山”理念，倾力打造长江“生态眼”，有力地提升了长江生态治理水平。

（三）聚焦“风险防控”，健全精准化监测预警体系

党的二十大报告指出，坚持安全第一、预防为主，建立大安全大应急框架，完善公共安全体系，推动公共安全治理模式向事前预防转型。2023 年，国务院办公厅发布《关于深入推进跨部门综合监管的指导意见》，明确要求在部分领域开展跨部门综合监管，优化协同监管机制和方式，提升发现问题和处置风险能力。南通市聚焦风险防控，引入先进信息技术，构建多维动态监测预警体系，从可视归集、预警预判、及时处置、重点治理四个方面，全方位、全过程实现跨部门、跨领域、跨层级对各类重点风险的动态治理。

1. 可视归集，运行感知体系识别潜在风险

南通市以“雪亮工程”建设为重点，建立社会运行全域感知体系，实

现视频资源可视化归集，有效识别化解潜在风险。围绕“全量数据、全部汇集”的“双全”目标，实现各类政务数据、受理数据、前端感知数据和互联网数据的全量归集，为识别潜在风险提供坚实的基础支撑。其中，视频、DCS等感知设备对精细掌握市域治理动态发挥着重要作用。南通建立系统全面的感知体系，以智能分析预警应用克服非结构化数据利用难问题的途径主要有以下几个：一是推动信息基础设施的全面升级。推动实现5G网络和1.4G无线政务专网全域覆盖，政务网络从千兆升级为万兆网络，建成信息网络“高速公路”，打造安全畅通的通信网络，不断推动“云—网—端”信息基础设施的全面升级。二是构建智能终端泛在感知体系。充分利用5G通信、射频识别技术终端（RFID）、智能传感器、视频监控系统以及全要素网格通、执法记录仪等各种移动终端设备，以街道商场、交通卡口、公交场站等场所为重点，提升智能感知能力，确保实现全域覆盖、全网共享、全时可用、全程可控。截至2022年，南通市域指挥中心累计汇聚各类视频资源点位24万路。三是开发视频智能解析综合应用。构建全市视频智能解析综合应用平台，在“新一代雪亮技防工程”汇聚全市各类视频监控资源的基础上，构建AI分析平台，为市域治理提供视频态势感知应用，做到潜在风险及时识别，重大问题可视化现场调度，重要点位监控随时查看，重点领域数据及时追踪更新。

案例　汇聚视频资源，增强指挥中心可视化指挥能力

南通市域指挥中心坚持实效导向、实战引领，不断探索和扩展视频资源平台数字化赋能渠道，加快重点应用场景开发和创新，完善共建共享联动协同机制，从整体视角谋划“多跨场景”，推动建成新机场智慧管控、违建治理、扬尘治理等一批实用型应用场景。

市域指挥中心会同各县（市、区）、市有关部门充分整合全市可用视频资源，挖掘视频智能感知系统潜能，初步构建成一个严密、泛在、互联、智能的感知前端圈，建成了一批符合本地特色、具有实战成效的场景应用。

在城市综合管理领域，市域指挥中心建设新机场智慧管控创新应用，基于新机场场址规划的140平方公里范围内的视频点位，设计多场景AI算

法，结合大数据分析、卫星遥感成像等，织密织牢违建管控监测网。新机场智慧管控系统自2021年4月16日成功上线运行后，迅速将相关技术和运行方式进行复制推广，开发违建智慧管控系统，并在主城区运用，共批转疑似违建线索600条，开展现场核查交办300次，推动各地拆除新增违建170处，累计拆除管控区域内违章建筑3.4万平方米。

启东市域指挥中心针对沿江沿海岸线长、日常风险隐患大、违规下海下江人员多、禁渔禁捕难度高、水务管理范围广、打击走私手段少等问题，充分利用水务局“长江采砂视频监控系统”、农业农村局“长江禁渔视频监控系统”、自然资源局“智慧国土监控系统”、商务局“反走私视频监控”等资源，打造了“一键联动、一图展示、一屏指挥”江海堤防综合治理智慧工程，形成沿江沿海“全领域、全天候、全时段、全过程”智能化巡防监控、网格化服务管理、高效化协同联动的现代化治理格局。

启东市江海堤防综合治理智慧工程实施一年多以来，救助江边海边轻生人员8名，帮助迷路走失老人10名，阻止违规下海下江人员3676人次，排查处置各类安全风险隐患1832件，提供线索、协助打击各类违法犯罪43件次，沿江沿海区域各类警情下降35.3%，相关经验做法被农业农村部写入长江流域禁捕网格化管理指导意见。

在卫生健康防疫领域，南通市、县两级指挥中心联合南通新冠疫情联防联控指挥部，建立全市集中隔离医学观察场所疫情防控专题视频资源库，接入全市200多家集中隔离医学观察场所2400多路实时视频监控，实现指挥部对全市集中隔离医学观察场所落实疫情防控情况的远程监督和指挥调度。

2. 预警预判，侦测风险源头评估实时风险

南通市风险信息预警致力于快速将市域内部潜在问题化解在萌芽阶段，通过先进的科技手段和信息集成机制，对构成潜在威胁的风险要素进行预先监测、精准评估。一方面，搭建人工智能预警模型。南通市结合市域经济社会发展现状，在全域数据汇聚的基础上，搭建人工智能预警分析模型，初步建立了全景、跨域、多维、实时的市域治理预警体系，针对危化品全流程监管、群租房管理、社会治理现代化、新机场管控、防治农民工欠薪问题等创新应用预警信息，市域指挥中心每周会同市委政法委、市

公安、应急、交通、城管、新机场指挥部等重点部门和各县（市、区）开展实地核查，不断优化预警模型。截至2022年，市域治理现代化指挥平台监测全量事件近436万条，共产生预警信息30余万条，切实起到科技赋能及时补位、提示提醒和提升促进的作用。另一方面，开展专项重点分析研判。定期分析重点领域的运行数据，对系统中提示的风险项及时研判，以智能分析研判平台预警结果为基础，辅以人工经验判断和专业核准，找准风险发生频次、强度和危害等规律特点，生成专题分析报告供领导决策参考，从源头上化解重大风险的产生。截至2022年，市、县两级指挥中心编撰各类分析研判报告492篇，获党委、政府主要领导批示肯定267次。

案例 创新数据赋能，破解群租房安全监管难题

群租房日常管理工作中因基层人员紧张等实际问题存在排查不彻底、更新不及时的情况，为有效破解群租房公共安全监管中“发现难”和“管理难”的问题，南通市公安局与市域指挥中心联合打造了“群租房智慧管控系统”，着力解决群租房治理中的难点、堵点，从事后打击转变为事前预防。通过整合警情、水、电、气、物流、12345、网格化治理及其他综合文本等十个方面数据，立足群租房地址这一核心要素进行多维度比对分析，通过建模分析、自然语言处理、AI辨重匹配等技术，建立因果推断模型，发现预警线索。同时将线索与公安现有在册治安类群租房的数据进行比对，既给群租房管理提供增量的数据源，又促进校验、反溯群租房模型的完善，解决发现难的问题。

对平台发现的疑似群（出）租房预警线索，直接推送至公安居住证系统，由社区民警联合网格员上门核查，判别“是、否”群租房，将“否”的回溯模型，进一步分析优化；对“是”群租房的，采集分析租户的行为模式，建立群租房租户画像，同时对核查中发现的群（出）租房各类隐患问题进行标注、上传，推送至市域治理联动指挥平台。经过统一分类、分级、分拨，根据群租房管理职责，市域指挥中心将各类隐患（消防安全隐患、用电用气隐患、房屋结构隐患）推送至各相应监管部门。各部门进行线下联合执法，全流程管控、全过程问效。

自系统运行以来，群租房创新应用已发现疑似群租房（出租房）线索

1 万余条，公安上门核查确认新增发现群（出）租房 1572 户，排查出各类安全隐患 10773 个，均已整改完成。

2022 年 7 月 7 日上午，南通市域指挥中心会同启东市域指挥中心以及当地公安、消防等部门，根据群租房智慧管控平台（供电数据）提供的预警线索，对启东市近海镇某村四组 160 号进行核查，发现预警属实。核查过程中发现出租屋内有电线私拉乱接情况，存在用电隐患，民警当即拍照取证上传公安侧“居住证系统”，系统同步流转至市域侧三级联动指挥平台，第一时间派发至属地相关职能部门，要求立即整改，确保消防安全。7 月 9 日下午，网格员再次上门核查，隐患整改完成。

案例　农民工工资保证金预警模型治理欠薪顽疾

农民工工资保障问题一直是社会关注的焦点，企业拖欠工资、农民工要债索赔等群体事件时有发生。工资保证金是解决工程建设领域欠薪问题的重要兜底保障措施。市域指挥中心会同市人社局、住建局、行政审批局等多个部门会商研究，开发“农民工工资保证金提醒”预警模型并于 2023 年 1 月上线试运行。

2023 年 3 月 3 日，预警模型发现某装饰股份有限公司通州湾示范区某项目疑似未按规定存储农民工工资保证金。大联动平台派发给通州湾指挥中心交办相关部门进行处置，经通州湾建设交通局核查，该单位已于 2023 年 3 月 13 日补缴了农民工工资保证金 80 万元。

南通市通过“农民工工资保证金提醒”预警模型，实现“事前预防、事中监督、事后督查”，通过发挥监测预警作用，实时动态监管，及时防范化解农民工欠薪风险。该做法在全省尚属首次，为防治农民工欠薪问题、构建市场主体守法用工和农民工体面劳动的和谐共赢新局面提供了智力支持。

案例　强化科技赋能　保障劳动者权益

社会保险制度的履行，关乎每个劳动者的切身利益，也是在劳动者发生突发事件时，减轻用人单位用工赔偿责任的最有效措施。积极缴纳社会保险是每个劳动者及用人单位应尽的义务。为保障劳动者合法权益，发挥科技赋能作用，南通市域指挥中心会同市人社、税务等相关部门建立企业社保未登记预警模型。该模型重点关注的是已注册登记45天以上在业企业、有纳税记录但无社保登记记录的情形，预警线索通过市、县、镇三级大联动平台交由属地人社部门办理。

2023年1月28日，预警模型预警发现南通某锂电科技有限公司疑似社保未登记，平台派发给海门区域指挥中心交办海门区人社局进行处置，经核查，该公司尚未办理社保登记手续。经部门督促后，该公司于2023年2月22日完成登记。

3. **及时处置，快速应急响应监测处置流程**

根据风险防控生命周期理论，风险防控具体包括计划准备、风险识别、风险评估和风险处置四个基本环节，其中风险监测、风险沟通和反馈机制三者贯穿于风险防控全过程。南通市积极构建统一指挥、专常兼备、反应灵敏、上下联动的应急管理体制，在依托人工智能模型识别和预警风险源头的基础上，建立指挥中心派单、职能部门响应、全流程追踪的风险处置和指挥调度机制。

预警预判是发现和识别风险的重要环节，南通市、县、镇三级指挥中心在实践中探索总结出“预警到管理”的独特管理之法，强化实战实效，使预警预判真正赋能市域治理。一是组建专班强化组织保障。按照预警内容将130个综合预警项分成危化品、群租房、社会治理、新机场管控、违建管控、扬尘治理、其他综合预警等领域，市域指挥中心成立7个工作专班，各明确一名分管领导，相关业务处室牵头、进驻中心部门人员共同参与，为快速响应处置预警问题提供常态化组织保障。二是统一指挥提高处置效率。市域指挥中心统一调度，搭建预警线索“发现—核查—处置—反馈—分析”闭环管理工作体系，明确主责部门，统筹协调多部门第一时间实现风险有效控制。印发《南通市市域治理现代化联动指挥运行管理暂行办法》《市域治理现代化指挥平台监测预警运行管理暂行办法》《市域治理重大突发事件信息报送制度》等文件，就重大预警、突发事件、紧急要情如何实施风险识别应对、措施防范、指挥联动等，出台一系列管理办法，确保三级指挥中心在突发事件中有序指挥。三是平战结合加强实战演练。定期开展各项实战演练，通过实践的方式不断验证、提升预警模型的准确度，提升三级指挥联动的快速响应能力。从发现预警线索到实战指令下达，三级指挥体系达到“秒”级快速响应。市域指挥中心坚持每周实战演练，三级指挥中心24小时专人值守在线，做到瞬间进入“战时模式”，全员10分钟到岗到位响应。

案例 危化品全流程监管平台处置

南通市危化品相关企业较多，目前有涉及生产、使用、存储、销售、运输和危废处置6个环节2000余家各类企业。危险化学品事故具有突发性、影响范围广、种类复杂、损失严重、救援专业性要求高等特点，仅每天航行于长江南通境内的危化品运输船达1000余艘，具有较大的事故和环境污染风险。

南通市应急管理局会同南通市域指挥中心等部门开发使用危化品全流程监管平台，解决传统的危化品监管产生的诸多难题。传统的危化品监管，从生产到处置涉及9个部门，每个部门“各管一段”，这种“九龙治水”的方式，带来了企业多、隐患大，部门多、阻力大，问题多、难度大等一系列监管难题。针对危化品监管的这一现状，南通市打通了9个委办局、3个化工园区、18个业务系统数据，开发了危化品全流程监管平台。该平台通过汇聚危化品全流程监管的6个环节及相关部门、园区、业务系统的数据，形成危化品全流程监管一张图和危化品全息档案平台，掌握危化品监管的宏观态势和实时情况，实现部门办理人员的实时查看和使用数据。危化品全流程监管平台根据功能可以分为大屏、危化品后台、数据引擎、AI监测预警和空间服务5大模块。一是大屏：实现信息查询和可视化展示功能。二是危化品后台：记录和更新危化品档案，对预警信息、基础档案资料、访问记录、流程指标等信息建档存储。三是数据引擎：建立危化品专题库、实时共享库、政务前置库、应用库之间的映射关系。四是AI监测预警：通过政务数据建立AI预警模型，目前已建立了42项监测预警项。五是空间服务：根据经纬数据确定行政区县及产业园区边界。自平台上线以来，共产生处置类预警6349条，核实并处置非法生产、非法存储、非法复工、非法运输、非法流动加油、非法处置等危化品安全隐患1278起，刑事立案20起、行政拘留9人、罚款181.9万元。2021年10月，南通市危化品全流程监管平台被国家政务服务办评为国家“互联网+监管”非现场监管优秀案例，入选2023年数字政府建设创新优秀案例。

2022年3月4日凌晨，危化品全流程监管平台发出预警，通州湾三余镇新民村存在危化品车辆异常驻留。3月4日上午，南通市域指挥中心会同市应急管理局、公安局、交通运输局进驻人员召开预警研判会议，分析发现有多个车辆多次在该点停留，停留时间均为20分钟以上，而地图信息显示该点周边无相关资质单位，且相关电子运单显示运输物质为油漆、稀释剂。分析研判认为，该点位存在收货或者发货的情况可能性极大。3月4日下午，南通市域指挥中心联合通州湾指挥中心会同市公安、交通、应急、市场监管等部门，对该点进行现场核查。核查证实预警准确，该点为农户私自改建的仓库，存储有大量的香蕉水、油漆、稀释剂和酒精等危化品。3月11日，属地执法人员反馈，现场查获稀释剂80桶、香蕉水1000瓶、二甲苯1200瓶、紫红酚醛调和漆90桶。5月20日，属地指挥中心上传行政处罚决定书，行政处罚20.2万元，并没收违法所得。

4. 重点治理，聚焦关键领域推动专项治理

南通市在汇集全域数据、系统掌握市域发展势态的基础上，对存在重大安全隐患和重要风险点进行重点治理，不断拓展应用场景。

南通市坚持“实战实用实效”原则，根据南通市经济社会发展和市域治理实践中的现实情况，针对容易出现重大风险隐患的关键领域，陆续开发专题创新应用，开展重点风险监测治理。一方面，针对市域范围内的重大风险进行创新应用开发。一期项目已开发并运行使用危化品全流程创新应用、群租房创新应用、社会治理创新应用、新机场智慧管控系统、违建智慧治理项目、扬尘治理项目等实用性强的重点风险防控应用，在识别、预警和处置安全隐患方面发挥了重要作用。重大项目管理系统、信用监管系统等14个市域治理二期项目，以及非法集资预警模型等也已全部建成并投入运行。另一方面，鼓励各县（市、区）打造本地特色创新应用。由于南通各地在经济、社会、地理、生态等方面存在差异，各县（市、区）根据本地实际治理需求，开发上线各类创新应用，例如海安市的“工地扬尘监管一体化平台”、如皋市的“放管服”综合研判系统、如东县的“路长制服务管理平台”、启东的“江海堤防综合治理智慧工程”、崇川区的“楼

宇经济”、通州的“自然人状态综合服务项目”、海门区的“智慧苍穹”、南通开发区的“环保安全一体化综合管理”、苏锡通园区的“违停监测预警系统”、通州湾示范区的“应急一张图”等，均相继投入运行。

案例 强化科技赋能 防范非法集资风险

非法集资，是指未经国务院金融管理部门依法许可或者违反国家金融管理规定，以许诺还本付息或者给予其他投资回报等方式，向不特定对象吸收资金的行为。

当前，南通市非法集资主要呈现以下三大特征。一是城区风险集中、向外蔓延扩散加速。崇川区各类金融机构数量约占全市的1/3，且风险不断向各县（市、区）、农村地区辐射。二是案件涉及面广，受害人多。通过对南通市接报、侦办案件的受害人情况进行分析，发现参与非法集资人群分布广泛；另外，这些受害者个体的经济损失相对较小，但由于个案的受害者数量较多，因此往往造成每个案件的总涉案金额大。三是预警工作难度大。非法集资监管的环节多、过程长、范围广，涉及市监、税务、金融等监管部门，监管数据分散、存在的管理漏洞也较多，非法集资作案手段趋隐蔽化、多样化、网络化，往往是犯罪分子携款逃匿后才被发现，监管难度特别大。

为有效发现区域内企业非法集资及其他非法金融活动风险线索，辅助监管部门进一步加强金融监管，降低金融风险，市域指挥中心会同市金融监管局等部门通过建立大数据分析模型，强化科技赋能，防范非法集资。一是加强顶层设计，拓展数据来源。市域指挥中心充分发挥数据全量归集的优势，汇聚市金融监管局金融类白名单企业数据、市监局企业注册登记数据等多部门数据，建立南通市非法集资监测企业底库，织密监管一张网。二是建立技术模型，提升风险预警效能。通过归集和清洗市域指挥平台全量事件库、论坛、舆情、招聘、广告等与非法集资相关数据，搭建非法集资风险预警模型，让大数据相互碰撞比对，实现非法集资风险“早识别、早预警”。三是纵贯横连，高效联动，实现处置闭环。对于大数据模型产生的风险预警，依托南通市、县、镇三级大联动平台，以工单形式派发给相关部门和地区，第一时间进行核查反馈、联合处置，形成“预警—

派单—核实—处置—分析”的全流程闭环管控。

2022年11月7日，非法集资风险预警模型平台产生一条疑似非法集资线索：“某实业发展有限公司崇川分公司招聘南通财富端城市经理，需要具备金融理财行业从业经验等。”随即该线索派发给南通市金融监管局及崇川区进行办理，经现场核实发现，该公司位于崇川区某商业广场C区，主营业务为东北农产品线上销售。该公司声称原本想招聘农产品销售代理，因人事部门操作失误发布成金融类人事招聘，目前已按要求将招聘信息进行改正。同时，主管部门已告知该公司负责人必须合法经营，未经主管部门依法批准不得开展金融业务，也不得使用金融字号进行宣传。

针对传统非法集资风险监管难度大、盲区多等难题，需要不断强化科技赋能，充分利用各项数据处理新技术，提高线上线下数据融合处理能力，推动关口前移，防早防小，搭建起防范非法集资的“天罗地网”，有效阻止风险蔓延扩大，切实保护人民群众财产安全。

案例　科技赋能，打造南通经济开发区环保安全一体化综合管理平台

跨越发展，理念先行。南通经济开发区指挥中心坚持科学规划，合理布局；坚持产业升级，提质增效；坚持以人为本，绿色发展；坚持两化融合，完善配套。在此理念之下，南通建设智慧园区、绿色园区，利用信息化手段打造环保、安全、应急一体化综合管理平台，涵盖生态环境监测感知网络、园区大数据中心、环保安全应急一体化综合管理软件平台3大部分。

生态环境监测感知网络建设，覆盖大气环境、扬尘噪声、地表水、工业污染源等，目前已接入69个厂界站、6个边界站、5个区内空气站、2个敏感目标站、119个扬尘噪声站、4个地表水站、108个废水监控点、21个废气监控点、34个VOCs监控点。同时，在辖区内重点区域和污染源企业部署环境视频监控点位，已接入新开、小海、竹行、中兴4个街道和老洪港36个视频监控点位。园区配置了移动监测车，实现大气VOCs秒级多组份走航监测，能够监测多达60多种大气污染物，快速对区域VOCs污染画像和企业污染画像，实时获取区域VOCs污染时空分布和变化规律。

园区大数据中心是管理平台的灵魂，在实现对生态环境要素、工业污

染源、环境风险、生产安全等进行动态感知的基础上，利用大数据、物联网、云计算、数据可视化等技术，建设一个服务于园区的信息资源平台，实现对各类安环数据的统一管理。平台加强对基础数据和业务数据的深度分析利用，实现数据转换、挖掘、共享，为园区管理提供决策支持。

环保安全应急一体化综合管理平台，包含环境监测监控预警综合管理和安全生产应急综合管理两大业务体系，目前已建成综合业务管理平台、污染源管控管理平台、环境监测管理平台、监测预警管理平台、环境应急管理平台、污染溯源分析平台、风险管控管理平台、隐患排查管理平台、生产执法管理平台、安全应急管理平台、安全信息管理平台、数据可视化平台共 12 个子平台、49 个子系统，以及 1 个移动应用综合平台。

截至 2022 年 8 月 15 日，平台累计汇聚数据 2.77 亿条，累计数据容量 14540GB，发出监测预警信息 72369 条，有效解决了企业废水、污染物等排放超标问题。环保安全一体化平台的建设符合园区规范化管理的需要，有助于提高执法监管能力，促进污染源企业安全生产、达标排放；有助于完善园区环境治理体系，打好污染防治攻坚战，改善生态环境；有助于提高综合决策的准确性，实现开发区生态环境保护和生产安全管理的现代化、科学化。

（四）深挖“数据价值”，打造科学化指挥中枢

南通市域治理坚持数据赋能，建设信息化、智能型的智慧城市，在强力汇聚全域数据的基础上，依托海量数据和大数据分析技术，深度挖掘数据价值，做到智能预警、科学研判、应急指挥和实战演练，为领导决策提供科学、可靠、及时、有效的辅助信息。

1. “大数据+AI 建模”，综合预警及时发现治理问题

大数据是一种更高效的信息处理能力，即从海量、多源、异构、动态、低密度的数据中挖掘有价值的信息，获取事件彼此间的内在关联。在大数据时代，多渠道的数据来源、全方位的数据挖掘、科学的预警模型能够使得综合预警更加精准。南通市基于互通互联、深度融聚的数据信息，采用云计算、人工智能等国内领先技术，建立并不断调试预警模型，实现问题源头的智能化预测和动态预警。

南通市创新开发监测预警系统，利用先进技术手段分析全量数据，以“大数据+人工智能”构建预警模型，形成130个预警项，识别和预警隐藏的风险隐患，自平台运行以来共监测各类预警信息30万条，为领导决策提供有力的参考依据。大数据的两大主要功效是感知当前与预测未来，南通市打通数据流通壁垒，融聚多部门、全方位的数据信息，在对汇聚的海量数据进行去重、转换、清洗、分类及抽取、集成等基础整理后，市域指挥中心进一步运用信息自动提取、数据挖掘、分词技术、语义分析、自动图像识别等分析技术，不断优化模型和算法，实现从海量基础数据中挖掘出结构化或非结构数据所蕴含的有价值信息，快速完成对问题源头的起因、蔓延和趋势、后果的预测，达到智能监测、动态预警的功能。同时，在实践中不断优化预警模型。监测预警模型基于海量大数据、融合AI技术、集各地各部门历史案例经验研究开发而成，需要在实践中不断检验、持续调整优化。南通市域指挥中心定期主动查找问题，反复核查、反复检验、反复完善，推动预警模型的准确率不断提高。

案例　全域协同预警处置，启东强化预警预判体系建设

启东市域指挥中心，聚焦平安建设、信访维稳和市域治理工作，从风险早发现、矛盾早化解、问题早处置的视角，探索市域治理预警预判工作机制，全面提升对各类风险隐患的主动识别、敏锐感知和预警处置能力，切实将各类隐患消除在萌芽状态。

第一，因地制宜，夯实队伍基础。指挥中心先后制定出台《启东市“十四五”数字政府建设规划》《启东市“十四五”市域社会治理（平安建设）发展规划》《启东市数字政府建设实施方案》《全市预警预判工作机制建设实施方案》，因地制宜，循序渐进，确立了短期、中期、长期目标，明确时间节点，实施挂图作战，同时成立业务、技术“两大”专班，确保预警预判体系建设有力推进。

第二，全域协同，搭建预警体系。指挥中心牵头全域预警预判工作，以12345热线受理诉求、网格员上报事件、数字城管平台、危化品预警平台、群租房预警平台、易肇事肇祸精神障碍患者预警平台为基础，汇聚110非警务警情、网信办舆情信息、市长信箱、阳光信访平台、司法调解

平台、市场监管局消费者权益、人社局劳资纠纷等各职能部门投诉信息，对接法院民商事立案、检察院12309检察服务热线、司法局行政复议、人社局劳动仲裁等业务平台，强化信息汇聚共享，数据碰撞比对，形成综合性预警预判机制。应急管理、公安、城管、水务、住建、农业农村、交通、市监、卫健、生态、消防等部门，围绕本部门、本行业热点、难点问题，以专业的视角，开展常态化风险研判，形成专业性预警预判机制。区镇（街道）依托综治中心、镇域指挥中心、矛盾调解中心等，打通市域治理“神经末梢”，汇聚属地范围内各类相关线索数据，成立预警预判工作专班，对本区域问题线索进行研判分析，确保风险隐患“早发现、早预警、早处置”。

第三，数据赋能，创新研判模式。一是数据赋能机制。建立全市社情民意数据库，联合科大讯飞探索开发市情大数据预警分析平台，通过自动分类、智能过滤、自动聚类和统计分析，实现对敏感词的实时捕捉、激增事件的实时监测、风险问题深度分析，形成对风险隐患的“全方位捕捉、全时段监控”。依托危化品、易肇事肇祸精神障碍患者、群租房平台等三大预警平台，加强对重点行业、重点人员、重点场所的预警预判，及时推动风险处置。二是“三情”联动研判机制。指挥中心、网信办、信访局建立社情、舆情、访情“三情”实时共享、联动研判机制，每天进行信息交互，每周开展合成研判，推动各类群众诉求得到有效处置。

2. “大数据+专家库”，分析研判促进政府科学决策

南通市运用大数据分析，构建覆盖社会服务、经济发展、公共安全、城市运行、社会稳定、舆情监测等领域的分析研判体系，定期生成专题分析研判报告，针对重点领域的重点问题组织专家系统研判，为领导科学决策提供有力支撑。

南通市构建了“日常分析+重点研判”的分析研判机制，基于大数据分析结果和预警信息，实现全域多领域的分析研判科学化。一方面，开展常规工作的定期研判分析。市域指挥中心定期围绕市委、市政府、老百姓关注的重点难点热点问题，会同市相关部门研究分析，形成日报、周报、专报等，并联合人民日报出版社相继出版2020年、2021年和2022年三期《融通江海　智通未来：南通市域治理现代化分析研判报告汇编》。多个县

（市、区）也同步创建了每日分析研判机制，每月分析热点态势，动态研判。各县（市、区）配备专门力量，在指挥中心设置研判预警科，专门从事指挥中心分析研判工作，从机构设置、队伍培养、绩效评价等方面提升研判分析实效。另一方面，组建专家智库进行专题研判。邀请中国人民大学、复旦大学、南京大学、吉林大学等知名高校与市域指挥中心开展合作共建，建立了市域治理现代化研究基地，定期举办研讨会，形成多层次、宽领域市域治理现代化分析研判体系，并积极推动研究成果转化。例如，针对前期“非法流动加油”牵头部门不明确、执法边界不清晰等问题，市域指挥中心及时形成专报上报市委、市政府，随后在全市范围内开展打击非法流动加油工作，有力推动跨部门、跨区域、跨层级联动执法工作开展。

案例　智慧赋能，创新引领，崇川区域指挥中心推动分析研判工作提质增效

崇川区域指挥中心以大数据为支撑，通过组建一支分析研判专职队伍，建立多项平战结合研判机制，研发一套数据分析工具，形成了丰硕的研判成果，很好地诠释了数据赋能区域治理现代化的内涵。

一是凝聚合力，建强研判队伍。为落实好分析研判工作，区指挥中心打造了一支凝聚区街合力，汇集多方智慧的精干队伍：中心研判团队由区指挥中心分析研判室牵头，包括研判室科长 1 名，专职研判员 1 名，各科室兼职研判员合计 7 名，充分发挥各科室业务专长，对业务受理、督查问效、数据归集等领域的疑难问题开展深入跟踪，并对全区研判工作进行统筹协调；街道研判团队由 16 个街道指挥中心组成，各中心均配备研判专员 1 人，结合属地实际对辖区内重点问题进行周期性挖掘剖析，已就机动车违停整治、商圈管理、网格化管理等多个主题形成研判报告，多次获区领导批示肯定；部门研判团队由全区各条线部门组成，区检察院、编办、文旅等部门分别就其业务领域内的 12345 工单处置质效、学前教育体制机制创新、节假日旅游现状等主题开展研判工作；专家外脑团队由区级各部门、高等院校与高新企业专家组成，来自区信息中心、南通大学及多家科技企业的专家学者针对老旧小区改造、垃圾分类回收、

智慧社区建设等问题与区指挥中心开展协同调研，提供理论指导，进一步提升研判成果的专业化水平。

二是平战结合，完善研判机制。区指挥中心建立了常态研判、战时研判、专题研判三大工作机制。常态研判以12345在线平台数据指标为重要抓手，通过网格上报、街道反馈、部门意见与上级指令等多渠道获取信息，在比对同期历史数据的基础上，定期就全区总体情况进行汇总研判；战时研判聚焦突发性事件和焦点性问题，充分运用中心预警系统与“区—街—社区—网格”四级联动平台获取相关即时线索，迅速开展针对性研判，及时提供决策建议；专题研判针对各类专题事件开展深入调研走访与数据挖掘，对事件相关的历史背景、当前动态、未来趋势进行梳理、汇总与预测。运用上述机制，区指挥中心在追踪跟进重大议题的同时，保持对实时热点的密切关注，实现了研判工作计划性与灵活性的动态平衡。

三是智慧赋能，创新研判工具。通过建设智能统计分析模块，区指挥中心实现了全区热点诉求智能抓取、重点区域自动识别、异常趋势智慧预警、历史数据多维比对、统计图表实时生成等实用功能，有效降低了数据收集、处理、统计与挖掘中的人力消耗，分析质效明显提升。结合定性、定量研究方法，中心工作人员坚持在调研工作中下沉一线，实地踏勘，多方走访获取一手数据，同时不断加强对数据资源的深度挖掘，综合运用李克特量表、指数分析、皮尔逊相关分析、多元线性回归、主成分分析等统计方法，不断提升研判维度的丰富性与结论的可靠性。

四是坚持导向，提升研判实效。2021～2022年，区指挥中心坚持以“实战、实用、实效”为原则指导分析研判工作，汇集全区之力，针对停车秩序整治、疫情防控、老旧小区改造、承重墙拆改等疑难重点问题，完成研判报告76篇，其中街道44篇、部门7篇，中心与部门合作研判报告4篇，市、区两级合作研判报告3篇，4篇获市委主要领导批示肯定，23篇获区主要领导、分管领导批示。区主要领导、分管领导高度重视分析研判工作，对报告第一时间做出重要批示，部署相关部门单位研究落实。部门聚焦报告反映的突出问题与群众的集中诉求，有的放矢，辩证施策，持续提升工作质效。例如，在2022年老旧小区改造工作中，区市政局充分利用往年研判报告成果，对拆建衔接中的漏雨问题采取一系列针对性举措，使相关工单诉求较上年同期大幅减少，有效推进了全区人居环境的改善与群众满意度的提升。

3. “大数据+强指挥”，凝聚合力推进指挥调度集成化

自20世纪80年代以来，各级地方政府均按照现代科层制建立起分工配合的组织形态，面对市域治理中出现的跨部门、综合性、复杂性的治理问题，常规科层组织就可能暴露出“部门分割”“执行不力”的问题。南通市以“大数据+强指挥”为工作逻辑，以市、县、镇指挥中心为抓手，打破部门各自为政的壁垒，凝聚合力实现应急指挥集成化，达到“一个中心管全域”的治理效果，大大提高了政策执行力度和领导指挥实效。同时还通过领导兼职制度推动部门横向联动指挥。在市级层面，南通市委副秘书长兼任指挥中心党委书记，大数据管理局局长兼任指挥中心主任。在各县（市、区），指挥中心党组书记、主任兼任本级政法委副书记、政府办副主任。

南通市以“解决实际问题”为核心，优化联动机制，夯实指挥体系，精心打造“领导驾驶舱”。一是优化领导驾驶舱功能，辅助领导指挥决策。南通市域指挥中心不断完善用户标准体系建设，细化用户权限管理，实现驾驶舱精准化信息推送；优化政务数据、视频资源更新利用机制，丰富平台应用功能，改善数据、视频呈现效果，实现驾驶舱多样化数据运用；提升平台运维管理能力，及时保障平台高效稳定运行，并支持电脑、平板、手机等多终端运行，方便领导随时随地掌握治理动态、掌控运行态势、科学研判决策、远程指挥调度。二是加强平时协调联动，夯实为民服务基本盘。南通市域治理由市级统一指挥协调，县与镇分层协同治理，以互联网和信息技术作为指挥的通道与媒介，形成市级统揽全局、县级实战指挥、镇级一线处置的市域治理体系。此外，南通市充分发挥大数据的数据归集优势，开发大联动平台，优化简易告知、派发工单、下达指令、督查督办“四级交办体系”，联动平台自上线运行以来，各地各部门高效处置群众诉求，平台事件办结率达99%。三是强化战时应急指挥，守住安全稳定生命线。在紧急事态出现时，市域指挥中心根据市领导指挥指令，联动县、镇指挥中心，对各县（市、区）和市各重点部门下达应急处置指令，做到快反应、强指挥。两年来，南通市各地各部门发生1147余起各类突发事件，均得到高效快速处置。

案例　三函制度，启东市创新联动指挥机制

为提高市域治理现代化联动平台交办事项的处置成效，切实解决群众“急难愁盼”问题，启东市域指挥中心推行《提示函》《催办函》《督办函》“三函制度”，对于被发函催办督办的事件（指令）将在启东市域指挥中心《周报》《专报》中通报、曝光，并列入镇（园区、街道）指挥中心规范化建设、市级机关服务高质量发展（效能建设）考核中。典型案例如下。

一　基本情况

2021 年 3 月上旬，龙馨家园业主多次向省、市、启东 12345 热线反映“皇冠假日酒店设备噪声扰民及龙馨家园地块声功能区域划分争议等问题”，一直没有得到有效解决，发生了业主聚集在皇冠假日酒店讨要说法的情况。启东经济开发区指挥中心主动申请，启东市域指挥中心、效能办、市委办督查室、政府办督查科联合召开会商会办会议，启东生态环境局、住建局、自然资源和规划局等单位共同参与讨论。市域指挥中心通过会办会议、现场实地核查，对事件的相关情况和部门的处置方案进行深入了解，并将所有内容编印成《专报》，得到了启东市领导的批示肯定。6 月底，酒店按业主要求完成降噪改造。

二　经验做法

（一）深入摸排，了解情况掌动态。针对该疑难工单，启东市域指挥中心高度重视，为有效解决工单办理中存在的突出问题，进一步提升工单办理质量及群众满意度，启东市域指挥中心采用实战演练方式，利用融合通信手段现场连线启东经济开发区指挥中心及属地网格员，对市民反映的“启东皇冠假日酒店设备噪声扰民”等问题进行远程视频核查。随后，启东市域指挥中心联动指挥科和督查考核科负责人及工作人员再次赶赴现场开展实地核查，查看酒店前期降噪改造情况，听取酒店后期处置方案。

（二）压实责任，部门联动促成效。龙馨家园业主多次对皇冠假日酒店噪声扰民问题进行了越级投诉，对此启东市域指挥中心根据《启东市市域治理现代化指挥平台五色预警机制（试行）》《关于建立督查督办“三

函制度”的通知》等文件要求，及时启动黄色应急机制，发出《提示函》，提醒启东经济开发区领导重视对该问题的处置。随后，启东市域指挥中心召集效能办、司法局、经济开发区、生态环境局、住建局、自然资源和规划局等部门分管领导召开工作联动会议，整体联动，集中研判，互相协作，总结存在的问题并提出意见和建议，统一思想、凝聚共识，进一步明确责任主体，制定后期工作计划，加强工作问效。

（三）跟踪进展，长效治理保民生。在明确各部门责任后，启东市域指挥中心会同效能办继续关注皇冠假日酒店环评手续、设备噪声、龙馨家园地块声功能区域划分等问题的处置进展并做好诉求人的答复工作，对该工单跟踪落实，切实解决民生诉求，提升城市精细化管理水平。两个月后，该疑难诉求得到彻底解决。

启东市域指挥中心通过“三函制度”，结合会商会办、现场核查等方式，促进解决了“志良桥村民用水问题”“龙馨家园设置庙效村党群服务中心问题”“北新镇新水湾小区管理问题”等疑难工单，强力推动化解群众疑难问题、复杂矛盾，不断增强人民群众的获得感、幸福感、安全感。

4. “大数据+常演练”，实战演练提升应急处突战斗力

实战演练是从理论到实践的桥梁，是日常条件下检验应急处突能力的重要手段，也是发现处置流程中问题和疏漏的有效途径。南通市始终坚持“以用促练”，常态化开展综合演练，建立平战结合新模式。

南通各级指挥中心定期开展各类实战演练活动。市级层面，坚持每周开展市、县、镇三级应急综合演练。南通市域指挥中心根据季节变化每周会同市级相关部门开展特定主题的应急综合演练，市指挥大厅通过视频会议纵向连线县（市、区）、镇（街道），横向连线各部门，发出“作战”指令，先后与市应急管理局、水利局、生态环境局、卫健委、文明办、消防支队等部门开展森林防火、冰冻灾害、防汛防台、秸秆禁烧、疫情防控、文明城市创建等各类实战演练。在常态化的实战演练过程中，各级指挥中心和相关部门根据实际演练情况，不断减少不必要的处置流程，努力提高信息传递效率，致力于实现应急处突的精准性和及时性，通过实战演练不断优化应急处置流程和信息流通方式，目前已累计开展三级综合演练

160 余次。区镇层面，积极开展各自辖区内的应急演练工作。提高基层治理人员对大数据、信息化技术的应用水平，这是发挥数智治理实效的重要环节。区、镇指挥中心常以技能培训和常态化演练相结合的方式，不断提升基层管理人员、网格人员的信息技术使用能力和实战水平。例如南通经济开发区定期组织全区网格员积极参加指挥中心连线演练，确保全区网格员会用、善用视频连线；通州湾示范区率先使用无人机、单兵设备、网格员手机终端进行多兵种实战处置演练。

案例　针对台风“烟花”的防汛综合备战演练

2021 年 7 月，南通市域指挥中心联合市水利局、各县（市、区）域治理现代化指挥中心围绕台风“烟花”防御，开展防汛防台综合备战演练，通过市、县、镇三级联动、多兵种协同作战，检验防汛抢险救灾实战水平和应急处置能力。

根据南通气象部门预报，受第 6 号台风“烟花”影响，24～27 日全市将有强风雨过程。为充分发挥指挥中心对突发事件的支撑保障作用，此次综合演练调配无人机、固定视频、单兵、网格员、应急车等资源，检阅防汛防台指挥机制是否顺畅、指挥体系是否高效，保证防汛防台应急工作科学、有序、高效进行。

演练中，南通市域指挥中心先后视频连线省防指以及通州、如皋、如东、启东、崇川、海门等地指挥中心，了解上级最新指示精神，检查各地指挥中心防汛防台指挥预案的实操性，通过连线联动部门工作人员和基层网格员、调阅水利部门重点闸站视频监控等，实时了解南通沿江沿海水域最新情况，检查防汛防台相关准备，细化系统应用、信息报送、联动处置等工作，着力完善全市一体、三级联动、部门协同、齐抓共管的应急抢险救援体系。

（五）创新“专题应用”，强化数智治理应用价值

跨部门、跨领域的复杂问题是传统城市治理中的难点，在治理过程中常常出现职责不清、九龙治水、事态变化迅速等问题。南通市始终坚持“实战、实用、实效”三大原则，创新思维、突破传统，让数字治理概念

和技术融入治理的具体场景之中，精心打造一批极具实效性的创新应用，不断拓展应用领域。

1. **助力精准防疫，建设疫情监测智慧屏障**

面对新冠疫情呈现的点多、面广、频发的特点，疫情防控工作不能仅局限在医疗卫生领域，要兼顾经济发展、社会治理、城市管理等多个领域，考验城市统筹协调和精准治理能力。南通市积极贯彻落实上级决策部署、精准回应群众需求，充分利用技术治理优势，发挥指挥中心协调联动和网格化集约治理作用，以数字化建设助力疫情态势精准监测。

南通各级指挥中心充分利用技术优势，做到智慧防疫、科学决策、温情服务。一是开发疫情防控应用。南通市域指挥中心、大数据管理局会同市卫健委、公安局、交通局、大数据集团日夜奋战，高效建成“疫情防控综合管理系统”，开发“好通码”“货运通”“核酸检测热力图”等十多项应用，海安市开发“涉疫数据核验系统”，如东县开发“智防管理”小程序，海门区上线“海企通”交通运输智能监管平台等，服务疫情防控各部门和普通市民。二是远程开展精准防控。为解决疫情防控“不见面”监管问题，各级指挥中心充分发挥科技创新资源优势，有效运用“一网统管”平台，建立人防、物防、技防三位一体监管模式，持续保障疫情防控各项工作有序进行。南通经济开发区借助高空瞭望实时监控、无人机巡查技术，进行大范围动态抽检，实时了解各点位人员疏密、秩序维护、实时路况等情况，为领导指挥决策提供参考。三是保障和服务人民需求。一方面，南通市域指挥中心与市政务服务办合作，上线“南通百通”4.0版本，在整体架构、功能整合、设计优化、便捷服务4个方面进行突破创新，实现掌上服务全链路打通，切实解决群众“不见面、网上办”各类政务服务需求。另一方面，南通12345在线平台通过科学调配资源、深化协同运行，构建远程支持体系，确保疫情期间企业群众诉求的快速受理、高效解决。2022年4月，全市12345在线平台累计受理群众诉求34.82万件。此外，指挥中心聚焦就业购药、交通出行、物资保障、健康码转码、复工复产等社会热点问题形成治理专报辅助领导决策。

2. **提升运转能力，确保平战转换有效衔接**

为确保平战转换应急工作衔接紧密、响应迅速、处置高效，南通市域指挥中心出台《南通市市域治理现代化指挥中心突发事件应急保障预案》

《市域治理重大突发事件信息报送制度》《南通市市域治理现代化指挥中心防汛抗旱防台风工作方案》，会同市应急管理局开发应用“应急管理一张图”，对全市应急管理业务进行全方位、多层次、跨部门的数据融合、分析及展现。

南通市、县、镇三级指挥中心负责监测预警、会商研判、信息收集、技术保障等工作，围绕全市安全生产运行态势、自然灾害监测预警、“城市安全”运行情况等方面开展应急处置。

一是坚持预防为主，多渠道汇集相关信息。横向贯通职能部门突发信息共享渠道，汇集突发事件发展态势和预警数据，与相关部门实时共享汛期相关信息，为领导决策和部门处置提供技术支撑和数据依据；纵向落实三级指挥中心突发信息上报机制，市、县、镇三级指挥中心汇集12345、全要素网格、数字城管等方面有关突发事件重点信息，第一时间上报市级指挥中心。二是坚持平战结合，常态化开展综合演练。例如，市、县、镇三级指挥中心围绕防汛抗旱防台风主题，合理有效调配各项应急资源（无人机、固定视频、单兵、网格员、应急车等），定期开展多兵种联合演练，提升联动指挥实战综合能力。同时，指挥中心积极参与职能部门组织的防汛抗旱防台风、疫情防控等应急演练，充分发挥三级指挥中心信息技术支撑保障作用。三是坚持分级响应，科学有序做好防御应急工作。根据预警信息，提前做好相关准备，关键时期做到市、县、镇三级指挥中心值班人员和负有特定职责的人员24小时待命，同时保证各类技术设备随时投入使用。一旦启动应急响应，三级指挥中心工作人员按照职责要求，有序进行值班值守、协调联动、应急保障和信息报送，按照不同级别的响应标准开展应急处突工作。

案例　强化应急指挥，通州湾示范区积极应对突发情况

按照“平时好用、战时管用”和“实战实用实效”的要求，通州湾示范区指挥中心加强视频会议、统一通信系统的日常使用与反复演练，区、镇、村除按时参加南通市域指挥中心每周四组织的统一演练外，区指挥中心每周三组织各成员单位、三余镇164名网格长围绕联动平台重点事件处置核查、突发事件处置、疫情防控、秸秆禁烧、自然灾害应对、火灾救援

等主题现场视频连线网格长（员）、相关部门负责人，开展联动处置调度。区指挥中心率先采取无人机、单兵设备、网格员等多兵种方式，对事件（指令）处置进行随机抽查和可能性事件预演，强化区指挥中心实战能力，提升联动处置实战技能和水平，并同步推送至南通市域指挥中心及领导驾驶舱。

在2021年4月30日、7月25日、9月12日通州湾极端天气突袭、第14号台风“灿都”防御事件中，区指挥中心及时启动应急响应，迅速进入战时指挥状态，工作人员24小时在岗在位，及时开展抗灾救灾联动指挥、诉求工单交办、灾情信息汇总统计等工作。积极做好市、县、镇三级联动指挥通信技术保障工作，确保区主要领导、分管领导与南通市委、市政府主要领导和南通市域指挥中心领导能及时进行视频连线，实时汇报通州湾受灾受损、抗灾救灾、复工复产等情况；区、镇指挥中心通过实时视频会议、联动指挥系统，及时视频连线各村居网格长、网格员，直观了解现场救灾处置情况。

3. 优化城管方式，实现城市精准精细治理

传统城市管理存在问题琐碎复杂、发现困难、执法难度大等问题，南通市坚持“大数据+”思维，积极推动智慧城管与市域治理深度融合，不断推进城市管理智慧化体系建设，切实提升城市管理科学化、智慧化、精细化水平。

为提高城市管理的效率和水平，南通市创新开发“城管一张图”，推进跨部门创新应用建设。首先，打造“城管一张图”。该系统包含1张总图和11张分图，覆盖城管各项重点工作。一是实现对6大类107万个城市部件的精确定位和查询，发生部件丢损事件后可尽快明确责任权属；二是对以信息采集为主要来源的城管案件进行实时查询、预警、分析、研判，为城市管理的决策指挥和“城市病”治理提供数据支持；三是汇聚展示环卫管理情况的城乡生活垃圾转运量和焚烧量、垃圾分类设施覆盖率和收集量等统计信息；四是汇聚展示市区公共出行服务总体建设情况的实时查询公共停车场点位和泊位数、共享单车点位和桩位数等信息；五是将市区29家许可建筑渣土运输企业的848辆渣土运输车进行全密闭处理和加装智能管理终端，实行全过程监督；六是汇聚展现五年违法建设治理概况的实时查询拆除违建和联合惩

戒的具体点位和信息；七是实现实时查询市区建设工程企业基本信息和工地出入口监控视频，形成对在建工程的全过程管理。此外，开发“两个专项应用”。市城管局和市域指挥中心牵头建设“违建治理专题应用”和“扬尘治理专题应用”，前者可实现新生违建24小时监控、快速处置、高发预警和部门协同，后者则整合市区六类现场监控视频和物联网感知设备监测数据，推动扬尘治理工作向主动发现、事中干预方向发展。

4. 加强安全防范，助推安稳工作提档升级

南通市以内外循环赋能，以融合共治增效，探索“数据融合+场景创新+流程重塑”的数字转型道路，有力推动基层治理创新升级。

南通市聚焦安全稳定，拓展实战场景，推动精准控险，提升重大风险掌控力。一是防范个人极端事件更精准。成立由公安局分管领导总负责，包含治安、指挥中心、科信等9个内设部门的专项工作专班，探索个人极端精准识别管控模式，加快推进人员数字画像、风险判定、感知布控等工作，对接“135”相应处置，实行精准识别、精准防控、精准处置。二是推动道路安全监管更高效。南通公安、交通、城管、应急等部门协同联动，整合人车路企案等数据资源，开展时空分析，建立交通事故动态评估体系。搭建驾驶人、危化品运输等10个模型，设定142项管理标签，对重点运输企业实行“红、黄、绿”三色管理。2022年上半年，通过大数据指引，精准查处货车“闯”高架、夜间闯红灯等违法事件431起。三是实现群租房管理更准确。搭建时空异常、地址重叠等9大类27个模型，实行市域指挥中心与公安局双向推送核查机制。截至2022年，共发现疑似群（出）租房线索1万余条，公安上门核查确认新增群（出）租房1572户，排查出消防、住房、用电、燃气等安全隐患10773个，均上报至市域大联动平台，并派发至相关部门整改完成。

案例　苏锡通园区助推非法加油源头治理

非法流动加油不仅扰乱成品油市场正常经营秩序，而且在运输车辆、存储环境等环节存在突出的安全隐患，严重威胁群众生命财产安全。苏锡通园区坚决落实习近平总书记关于切实做好安全生产工作的重要指示精神，深入贯彻省、市两级关于安全生产大整治的工作要求，全力开展非法加油车辆过程管控、源头治理、现场执法等专项行动，整治非法经营、储存、销售成品油及偷税漏税行为，在南通率先建立了非法流动加油的长效处置机制，有效遏制了非法加油事件发生。

一是率先建立机制，全面部署，务求实效。苏锡通园区召开党工委会议专题研究非法流动加油工作，讨论通过了《关于全面开展苏锡通园区非法流动加油专项整治的工作方案》，明确了整治重点、责任分工、时间步骤等工作要求，率先在全市制定了长效处置机制。在日常查处中，及时总结，撰写《关于优化非法流动加油处置流程的相关建议》，优化了事件处置流程，确保处置效能。

二是强化部门合作，保持威慑，顶格惩处。指挥中心充分发挥“大数据+指挥中心+综合执法队伍”联动机制，强化危化品全流程监管平台运用，相关部门协作配合，互通信息，形成合力。对查获的流动加油车，严格依法顶格处理，对存在非法改装的车辆一律扣留，依法处罚后责令恢复原状。对存在其他违法违规问题的，在依法处理后，及时移交相关部门进一步深入调查处理，完善执法主体，精准处理违法行为。

三是开展分析研判，深挖源头，明确目标。苏锡通指挥中心根据对危化品车辆轨迹研判，发现多辆危化品车辆在大桥燃料油公司进行长时间驻留，锁定大桥燃料油公司系非法流动加油涉案源头企业。下达了《关于流动加油问题现场核查情况的报告》，立即责令区镇予以整改。苏锡通园区党工委、管委会高度重视，连续召开三次工作协调会议，成立了领导小组和处置专案组，明确了工作分工，形成了处置方案，建立了联合处置的工作机制。

四是强化宣传教育，发动群众，全民参与。苏锡通指挥中心利用各种媒体手段对广大群众进行安全宣传教育。在加油站、社区、国省道周边张贴标语、设置宣传警示牌、发放宣传资料，告知劣质成品油和非法流动加油存在的危险隐患，强化安全防范意识。充分利用新媒体资源，在微博平台、微信公众号发声，曝光一批典型案例，形成严厉打击非法流动加油车的高压态势。

市、区两级指挥中心联动，全市打击非法流动加油工作在园区打响第一枪，联合开发建设打击非法加油创新应用，拓展前端感知、重点监管、汇总分析、实时预警等功能，提供有效技术支撑。深度挖掘创新应用预警线索，强化部门联动，对5家非法流动加油源头企业开展联合执法，没收不合格油品4.72吨，处罚金23.36万元。苏锡通园区于2021年1月将南通大桥燃料油净炼有限公司列为重点拆迁整治对象。迅速启动厂区拆除工作。3月20日，该公司1.2万平方米建筑及26只大型储油罐体等所有设备全部被拆除完毕。

5. 建设智慧社区，提升社区智防技防水平

南通市积极探索智慧社区建设途径，形成了丰富的建设经验，其中崇川区学田街道充分使用各类智慧应用小程序，将信息化建设成果与居民共享，培育了南通智慧小区建设典范。

学田街道创优社会治理路径，以信息化引领小区建设，不断加大智慧小区投入力度，先后建成天龙逸园、通明花苑两个智慧小区。智慧小区开发安装了视频监控、人脸门禁、车牌识别、高空抛物、智能烟感、燃气泄漏告警、智能门磁、智能充电桩、智能垃圾分类箱等贴合居民实际需求的20余个智慧应用小程序，通过多种形式的安防管理及物联网感知设备，运用5G、NB-IOT技术，更加有效地收集小区实时数据，并通过后台分析来保证小区的整体运行和有序运转，实现了小区管理智能化。例如，学田街道为有需求的空巢、独居老人安装了智能门磁设备、一键告警设备，在设定的时间内若老人未出门，智能门磁就会报警，社区网格员收到报警信息后便会立即上门查看，防止老人发生突发状况。同时，街道还为有需求的"70"独居、"80"空巢等人群安装了燃气泄漏告警设备，当燃气泄漏浓度超过一定比例时，设备会自动告警报送至社区及网格人员处，同时控制阀自动关闭，避免出现安全事故。

（六）突出"便民惠企"，提升群众政务服务满意度

《国务院关于加强数字政府建设的指导意见》指出，要让数字政府建设成果更多更公平地惠及全体人民。南通市坚持"以人民为中心"，打造12345服务热线、做强"南通百通"App、打造"惠企通"服务平台、完善"精网微格"治理模式，努力提升服务的集约化、便利化水平，提升群众满意度和获得感。

1. 一个号码管受理，做好12345政务服务总客服

优化政务服务便民热线，对于有效利用政务资源、提高服务效率、加

强监督考核、提升企业和群众满意度具有重要作用。南通市域指挥中心牵头开展12345服务热线整合归并工作，先后完成全市65个部门和单位的94条热线整合，进一步畅通群众诉求渠道，实现“一个号码管受理”。

南通12345坚持“听民声、察民情、聚民智、解民忧”，以群众满意为导向，全面融入市域治理工作体系，全力畅通群众诉求表达渠道，持续深化政务热线整合，不断推进平台迭代升级。一是加强热线整合，实现公众诉求“一口进”。南通市12345热线研发统一数据中台，按照“整体并入、双号并行、设分中心”三种方式，“一号一策”分类推进94条热线系统对接、流程优化等重点工作任务，实现公众诉求在12345平台“一口进、一口收，闭环流转”。二是强化平台支撑，优化平台基础支撑能力。南通12345不断增加完善各类座席，提高人均座席占有量，提升接听、回应的及时性；进一步优化覆盖受理、质检、转办、督办、回访等全流程的41项现场服务标准体系；研发智能知识库、智能归口、智能质检、智能派单、智能语音等新一代12345智能助手，提升服务现场智能管理、智能调度水平，不断优化平台基础支撑能力，提高服务质量和水平。三是规范队伍建设，提升热线对外服务水平。为高质量达到“一个号码服务”“全天候服务”的要求，指挥中心进一步优化充实人员力量，大力开展业务培训、工作交流和绩效考核，培养了一支服务态度好、业务能力强的受理员队伍，全面提升12345专业化服务水平。

案例　如皋市运用“三延工作法”办好12345服务热线

2006年1月，如皋市在全省率先开通了12345政府服务热线。近年来，如皋12345服务热线在工作实践中不断探索创新转型，升级转变职能，自觉融入市域治理体系，切实加强效能建设，把百姓的所求、所盼、所怨视为送上门的群众工作，逐步形成特色工作法，即“三延工作法”：现场跟踪群众的诉求解决了没有；解决了某一个问题，是否解决了类似的共性问题；某一个或共性的问题得到解决，百姓的尊严问题关注了没有。由一声诉求、一种期盼，把工作延伸到让群众真正满意为止。

一是把群众所求延伸到事情现场，与群众零距离沟通。为解决群众多次反映的宏济苑小区南北通道被赛佳酒店占用影响出行的问题，2022年3

月3日下午，如皋市域指挥中心组织住建局、城管局、如城街道、宏坝社区和一品置业公司相关负责人进行实地踏勘并现场召开协调会，专门就群众反映的问题进行研究，形成了结论性意见，解决了宏济苑小区的出行问题。

二是把群众所盼延伸到政策层面，让更多群众得到实惠。12345热线是企业和群众诉求的主渠道，2022年3月11日，如皋市发布紧急通知，对返如人员、行程码带*人员等进行提醒，一时间群众诉求激增，针对群众多次反映且具有普遍性的诉求事项，如皋市域指挥中心第一时间编发受理要情并提出相关建议，编发《关于从南通市以外来（返）如人员入驻酒店等事项的相关建议》《关于老年人无双码无法进入超市、菜市场等公共场所相关应对举措的建议》等受理要情，并获得如皋市主要领导的批示。

三是把群众所怨延伸到民主考量，使群众拥有真正的话语权。新冠疫情形势复杂多变，全员核酸检测是疫情防控的重要手段，有利于早发现、早治疗，降低疫情传播风险，但也存在一些老年人、残障人士在核酸检测时遇到困难的问题。2022年3月底，有多位市民致电12345求助，家中老人身体不便，无法自行赴现场参加全民核酸。如皋市域指挥中心第一时间联系所在辖区的防疫指挥部，指挥部立即采取措施，安排医务人员上门服务、入户采样。针对行动不便的老年人、残障人士，可第一时间联系所属社区，向社区报备，社区会安排医务人员上门进行核酸检测，确保全民核酸检测“不漏一户、应检尽检”，既落实了防控要求，又方便了行动不便人员，受到群众的好评。

从群众的呼唤延伸到事情现场，这是开门办好热线的创新；延伸到政策层面，这是由小见大、由点到面群众工作深化的创新；延伸到民主考量，这是从实践到理性的跳跃，让老百姓更有尊严的创新。“三延工作法”的创新实践，让热线不仅仅是聆听民声的“扩音器”，更是市域治理的“直通车”；不仅仅是服务政府的“联络站”，更是关注民生的“协调办”；不仅仅是社会维稳的“晴雨表”，更是百姓维权的“照明灯”。2022年以来，12345在线平台共受理各类诉求近13.8万件，同比增长73%，累计组织职能部门、诉求人等现场踏勘和专题协调24次，解决宁荣新城小区停水停电、老年人无双码进入超市等多起疑难问题，取得了良好的社会效应。

2. **一个 App 汇政务，做强“南通百通”城市 App**

为认真贯彻落实国家和江苏省关于政务新媒体的管理要求，南通市聚焦“一个 App 管服务”总体布局，制定《政务服务 App 整合工作方案》，全力打造“南通百通”App 统一移动办事服务门户，努力为市民和企业提供高效、便捷、智能的政务服务。

“南通百通”App 围绕“看、查、问、办、评”五项核心功能，持续推进部门和区县频道建设，进一步优化群众办事流程，提升服务效能，变“群众跑腿”为“掌上办事”。南通市从功能整合和功能设计两个方面提高“南通百通”App 的实用性和好用性。功能整合方面，聚合各类移动服务事项。围绕市民企业办事、生活服务场景，以把掌上服务做全、做深、做透为目标，全面整合汇聚各类移动服务事项，打造办事服务全链路，实现“官方资讯，随时看”“想你所需，随心查”“诉求互动，放心问”“掌上大厅，指尖办”“畅通渠道，随手评”。功能设计方面，优化不同用户使用体验。围绕“如何方便企业”，打造企业服务频道，实现设立变更、准营准办、资格认定、供需对接等 200 余项涉企事项在线办理，帮助企业快速掌握惠企政策和涉企服务；围绕“如何方便老年人”，打造长辈服务专区，集中整合养老、健康、出行等老年群体关心的系列主题事项，结合字体放大、智能语音等功能，让老年群体也能享受到贴心的掌上政务服务。围绕“如何凸显本地特色”，建设了 10 个县（市、区）频道，如皋市的“留如稳企”、如东县的“明厨亮灶”、苏锡通园区的“苏通大桥 5G 直播”等服务，为广大市民提供一站式集约化服务。截至目前，“南通百通”App 注册用户超过 498 万人，实名认证用户超过 389.8 万人。

3. **一个平台惠企业，做优“惠企通”一站式服务**

为进一步提升数据赋能优化营商环境的实效性，南通市开发打造“惠企通”政策直达平台，编制《“万事好通 · 惠企通”政策直达平台建设方案》，归纳梳理、分析国家、省、市、县四级惠企政策，做好惠企政策的发布、解读工作，打造惠企政策一键查询、一站式服务的平台。

南通“惠企通”政策直达平台，按照政策数字化、标准化管理要求，实现政策智能匹配、精准推送和“免申即享”“简申快享”以及与财政、科技等业务系统的打通，实现涉企政策集中展示、及时解读，推动打造良好的营商环境，助力企业发展。一方面，统一组织，整合发布各类涉企政策。政策归集和解读的完整性和及时性是优化良好营商环境的关键问题之一，南通市相关部门和单位充分利用“惠企通”平台，做好惠企政策发布、解读、项目申报和兑现等工作。新的政策、解读等文件在发布的3个工作日内上线，往年还在生效的政策能归尽归，全面归集梳理国家、省相关政策。另一方面，统一保障，规范平台运维支持。为确保平台日常运维、政策发布、申报兑现等工作实现闭环管理，南通市工信局和大数据管理局联合发文《“万事好通·惠企通”政策直达平台运行管理暂行办法》，厘清成员单位工作职责，考核惠企政策发布的及时性、政策解读的权威性、政策兑现的精准性，确保在实际工作运行中有法可依。同时，南通市组建了专业技术团队，为各部门相关工作人员提供业务培训和技能培训，并为平台运营、维护提供技术支持和问题答疑。目前，南通“惠企通”政策直达平台已在全域实现一体化服务，并与江苏省“苏企通”平台打通，实现省、市、县三级联动，共发布政策文件3962条，政策解读133条，在线可申报项目138个，兑付资金1.29亿元。

4. 一个网格管治理，完善“精网微格”家门口服务

围绕“让社会环境更加安全稳定、让社会治理更加精准高效、让群众办事更加方便快捷、让基层干部更加勤政廉政”的工作目标，南通市自2017年起，部署启动城乡社区网格化服务管理工作，始终把网格化工作机制作为推进社会治理创新、提升社会治理体系和治理能力现代化水平的一项重要举措，初步构建了“标准统一、流程规范、联动智能、服务精准”的网格化服务管理新体系，以“精网微格”的网格化服务精准对接群众需求，高效回应和处理解决群众的困难。

南通市发挥数智治理的优势，技术赋能提升网格治理实效。一是在网格治理方面实现党建和治理两网融合发展。在全市推行“红网格　通通建”做法，推动党建引领基层治理构建新格局。坚持以党建引领贯穿基层治理，以网格党建项目为依托，以提升组织力为重点，以服务民生为主线，提升网格治理实效。比如，社区吸纳网格党员、楼道骨干、志愿者、热心居民等成为“微网格员”，构建起党建网格和社区治理网格“两网融合”格局，实现社区居民自治与网格服务管理有效衔接。二是在系统建设方面开发网格化服务管理智能应用平台。南通市开发并升级完善网格化服务管理智能应用平台，实现与12345政府热线、“数字城管”等系统的对接，探索构建了巡查走访→采集上报→流转办理→跟踪督办→办结反馈的网格化工作闭环运转机制，形成网格事件“一网受理、按职交办、部门处置、及时反馈”的良好局面，大大提高了群众的安全感。三是在队伍建设方面培育专业暖心的网格队伍。南通市深入贯彻实施“精网微格”工程，将现有网格进一步细分为62134个微网格，充实网格力量、规范队伍管理、加强队伍培训、开展榜样评选，不断提升网格队伍的专业性、职业性。在深入排查治安隐患、化解社会矛盾纠纷日常工作和防汛、防涝、非法“小化工”排查整治、疫情防控等专项工作中，网格事件总办结率达99.85%。

案例　江苏省最美网格员倪伯苍

倪伯苍，74岁，江苏省启东市海复镇庙基村第一网格微网格联络员。江苏省首届最美网格员、全国模范人民调解员、2021年度全国十大法治人物。

倪伯苍负责的网格下辖8个村民小组和一个老镇区，网格范围大、矛盾多。他身兼信息员、宣传员、调解员、服务员等多项工作职责。他的一部小灵通电话是村民有事必打的110、120和119。每天早晨5点起床，做完家务，他就开始到网格中巡查走访，有没有陌生人、有没有新出租的房屋、有没有矛盾纠纷等，都是他关注的重点。晚上，倪伯苍把一天的走访情况记在民情日记本上。一年365天，无论寒暑，雷打不动。从事网格员工作9年来，倪伯苍记了37本约80万字的民情日记，大到国家政策的宣传，小到邻里纠纷调解，民情日记包含了与村民生活息息相关的方方面面，也记录了倪伯苍工作的日日夜夜。

在走访中，倪伯苍发现网格内年纪大的村民比较多，子女又不在身边，这就带来了一个问题，一旦村里的老人们有什么突发情况，没有青壮年的帮助，会延误救治的最佳时机，这个情况村民们反映得比较多。倪伯苍自发组织志愿者，组建志愿救助队，建立一套包括转移安置、水电抢修、应急救援的志愿体系。自组建以来，志愿救助队在处置突发事件中已成功挽救了10名村民的生命。2018年12月7日，天还没有完全亮，村民施兵为抄近路，不慎陷入一片淤泥地，等到被发现时，淤泥已经淹到他的胸口。倪伯苍召集志愿救助队30多名村民赶来救援，经过1个多小时的救援，最终将施兵成功救出。

为了更好地服务群众，倪伯苍腾出家里的两间屋子作为网格工作站，让网格居民有一个开展活动、协商议事、读书看报、科普健康知识的场所。并且自己动手，在屋前场地上竖起平安法治宣传栏，传播社会正能量。以前网格里发生事情，大家都看热闹，现在在老倪的带领下，大家都非常愿意出力，有什么困难互相帮助。

三　新时代市域治理现代化“南通实践”的方法策略

南通市域指挥中心按照中央和省、市委部署，统筹推进市域治理现代化工作，全面建成“1+10+96”市、县、镇三级联动指挥体系，搭建横纵交错的组织架构，汇聚全量数据推进“大数据”技术的深度应用，交出了集约化、科学化的“数智数治”南通答卷。

（一）“大联动”打通壁垒，无缝畅联横纵治理体系

协调高效的联动体系是提升治理效能的重要基础。南通市创新建设全国首家市、县、镇三级指挥中心，并以此为抓手打造无缝畅联的横纵治理体系，实现纵向指挥响应快、横向协调配合强的组织体系建设，同时推动基层治理汇聚多元力量，为市域治理落实落细提供组织保障。南通市域治理现代化指挥平台自正式上线运行以来，全市统一事件库内事件总量达503.8万条，目前已处理501.3万条，通过AI辨重，准确率达87%，处置率超过99.5%。

1. 发挥领导势能，高位推动市域治理组织体系建设

南通市域治理现代化建设在市委、市政府主要领导的亲自挂帅、强势推动下，依据实战管用的建设总基调，采用整体设计、系统实施、分步建设、逐步完善的工作思路，构建了一体运行、纵横贯通、动态可视的“1+10+96”横向到边、纵向到底组织架构体系。

南通市域治理组织架构体系具有高站位、大整合和强联动的特点。一是高站位，领导小组强势推进。南通建立市域治理体系和治理能力现代化领导小组，市委、市政府主要领导任双组长高位强势推进，市委、市政府

分管领导坐镇指挥、一线推进、一线协调，班子领导共同参与、齐抓共管。二是大整合，指挥中心统筹治理。指挥中心整合12345政府公共服务、网格化服务管理以及数字城管等相关部门单位的职能和机构，与大数据管理局一体化运行，实现经济、政治、社会、文化、生态文明“五位一体”，一体化治理。三是强联动，联动体系纵横交错。纵向建设市、县、镇三级指挥中心，1个市级、10个县（市、区）、96个乡镇（街道）均建立市域治理现代化指挥平台；横向整合优化部门职能，实行重点部门进驻中心工作制；市、县两级整合优化大数据、12345、网格化以及数字城管等相关部门单位的职能和机构，建立部门进驻、指挥长负责、人员管理、考核问效等运行机制。设立市应急指挥中心、防汛抗旱指挥部、疫情防控指挥部、公安110指挥中心、生态环境执法支队、城管执法支队、交通执法支队、市场监管执法支队等16个分中心，与党委和政府、群团组织、垂管部门、国有企事业单位148个成员单位，建成纵横交错的立体化市域治理现代化强联动指挥体系。

2. 建设指挥中心，重点打造中心四大核心功能

南通市按照“五位一体”总体布局构建系统整体功能架构，高效建成全国首家市域治理现代化指挥中心，重点打造四大核心功能。一是数据共享功能。围绕“全量数据、全部汇聚”的“双全”目标，实现各县（市、区）、各部门数据全量归集、综合治理、实时共享、深度应用。集成12345和南通百通App服务优势，构建“群众吹哨+部门报到”治理新格局。在此基础上，精心打造了1张总体态势图和16张专题图，便于领导动态感知、实时掌控市域治理工作全貌。二是预警预判功能。通过多维数据建模分析，建立全景、跨域、多维、实时、立体的监测预警体系，及时感知市域治理风险，实现常态监测和应急防控“先知先觉”，推动市域治理从被动“堵漏洞”向主动“察风险”转变。运用大数据+人工智能，构建覆盖社会服务、经济发展、公共安全、城市运行、社会稳定、舆情监测等领域的分析研判体系，定期生成专题分析研判报告，为领导科学决策提供支撑。三是联动指挥功能。构建“1+10+96”市、县、镇三级联动指挥体系，横向打通部门、纵向贯穿县镇到网格，实现“平时协调联动”“战时应急指挥”。结合先进通信手段和可视化技术，通过对全市域事件AI辨重、一体派单、联动处置、实时监控和闭环问效，实现资源汇聚辅助决策、多维融合全面会商、三级联动指挥到底，做到“平时好用、战时管用”。四是行政问效功能。建立覆盖市、县、镇三级行政审批、综合执法、公共服务、营商环境等全流程、全节点实时监督评价体系，通过提供数据、提示促进、提升效能和督查考核，服务于全市高质量发展。

3. 纵向指挥到底，构建高效三级联动指挥系统

纵向上，南通市建立市、县、镇三级指挥机构，按照市级平台、县级分中心、镇街工作站的总体布局，依据不同层级、不同区域以及相应职责权限，分级分类构建行之有效的运行模式。

纵向到底的联动体系明确三级指挥中心的职责分工，市级管“大”事预警分析、县级管“难”事指挥调度、镇街管“繁”事现场处置，三级指挥平台实行信息互联互通、共享共用，确保指挥调度联动协调、数据实时汇集。市级中心统揽全局：市级指挥平台负责统筹全市市域治理工作，对跨部门、跨区域、跨层级的重大、复杂事件进行一级指挥调度和监督问效，对于需要联合处置的事项，确定牵头部门和协同部门，明确办理时限。县级中心实战指挥：县（市、区）指挥平台负责归集受理区域职责范围内的事件信息，接受市级中心指挥调度，开展二级指挥调度，对转交线索和具体事件进行分类派单，对处置过程进行全流程跟踪，处置结果向市级中心上传反馈。乡镇中心一线处置：接受上级指挥中心指挥调度和派单，开展三级指挥调度，对辖区内常见多发、简单易处理的事件力争第一时间发现、第一时间处置、第一时间反馈，对于本级无法协调处理的事件及时报送上级指挥中心。

4. 横向协调联动，“三不变”“三统一”促进部门协作

打通职能部门之间的壁垒，是实现横向协调联动的重点问题。南通市充分发挥“指挥中心+部门进驻”的协调作用，建立部门进驻机制，采用“值班长牵头处置”“参与部门协同联审”“职能部门会商联办”等形式，推动建设标准化、服务标准化、管理标准化及信息标准化。市发改委、公安局、自然资源和规划局、生态环境局、城管局等15家进驻部门安排专人进驻市域指挥中心，围绕“数据对接、数据赋能、工作协调、质效跟踪”等方面，以清单化、任务化、制度化的方式，扎实有序推进市域治理现代化各项重点任务。持续做好数据对接，优化“一张图”及创新应用、综合预警等功能；深入参与数据赋能，全流程参与预警研判、交办、核查等，推动市域治理预警预判能力持续提升；积极做好12345知识库更新、政策咨询培训、疑难工单协调、联动指挥演练、办理质效跟踪等工作，推动群众诉求得到高效有效解决。

为进一步落实部门协调机制，南通市以领导兼职制度、“三统一”制度设计、“三不变”权责关系，推动部门横向联动发挥协商实效。一是通过领导兼职制度打通部门合作的顶层通道。市级层面，南通市委副秘书长兼任指挥中心党委书记，大数据管理局局长兼任指挥中心主任；各县（市、区）指挥中心的党组书记、主任兼任同级政法委副书记、政府办副主任。二是通过“三不变”工作原则降低部门协调成本。原有相关部门做到三个不变：事权不变、权责不变、工作体系不变，最大限度地保持部门原有情况不变。在各部门履职到位的前提下，指挥中心做好补位的工作：补问题的发现，通过科技赋能帮助各个部门发现问题；补工作空白，在监管过程中有空白的，指挥中心进行补位；补工作的督查和推动，形成全方位的监督管理体系。三是通过“三统一”的进驻方式明确部门协作模式。各职能部门统一进驻、指挥、考核的工作模式极大地提升了协作工作效率。

5. 聚合多元力量，推动基层治理共建共治共享

为建设人人有责、人人尽责、人人享有的社会治理共同体，南通市有效整合各方力量，发挥社会共治合力，积极组织动员社会多元主体参与到基层治理之中。

南通市鼓励群众、社会组织、自治组织加入市域基层治理队伍之中，不断扩充共管力量，推动队伍融合。一是夯实共管力量。综合协同业主委员会、物业公司、共建单位、“两代表一委员”、社区民警等多方力量，发挥专属网格中负责单位的自我管理效能，扩大基层治理的管理队伍。二是充实网格队伍。将热心公益的退休党员、退役军人、小区物业人员及企事业单位相关管理人员等力量吸纳为网格信息员，协助专职网格员开展工作。三是动员志愿团队。发动机关和辖区企事业单位党员干部认领志愿服务岗位，在共青团的组织动员下，全市推动建立了32家青年社会组织孵化基地，集中开展社会治理服务，并在崇川区和平桥街道北濠桥东村、钟秀街道中心村社区、学田街道学田社区涌现了一批社会组织参与社会治理的优秀案例。四是充分发挥“老干部”独特优势。聘请一批老干部加入市域治理现代化联动队伍，充分发挥他们的政治、经验和威望优势，参与疑难复杂问题的分析研判和协调处置。对多次交办、久拖未决等事项开展日研判、周会商，涉及多部门处置的，进一步明确牵头单位并督促开展联合执法，确保跨部门、跨层级、跨领域事件的实时、高效、联动处置。五是构建“网上网下”治理共同体。积极对接网信部门、主动协调相关部门，共享舆情数据、高效交办处置；吸纳本地自媒体和网络达人组建“市域治理e站”，及时关注重大突发事件和网络“三跨”诉求事项，把问题发现在苗头、解决在萌芽，不断提升社会认同感、群众获得感。

（二）“大数据”全面共享，数智赋能市域全域治理

数据是国家战略资源，是新型生产要素。《国务院关于加强数字政府建设的指导意见》强调，要充分发挥数据的基础资源作用和创新引擎作用。南通市在推进数据整合共享和开发利用方面取得了显著成效，以前所未有的决心和力度推动汇聚全市10个县（市、区）和75家市级部门5000余项数据资源400多亿条数据、24万路视频，筑牢数智城市治理的“大数据”基础。

1. 突破信息孤岛，多线联动强力汇聚全域数据

围绕“全量数据、全部汇聚”的“双全”目标，南通市强力推动市域范围内各层级、各部门、各领域的数据汇聚到一起。针对数据格式不一致的问题，南通市出台《政务信息资源共享实施细则》，在南通市域内对数据标准格式进行了统一，实现了全域数据的归集融汇；针对数据质量不一的问题，对归集入库的数据进行加工处理，共核出8896万条问题数据，进一步提升了数据质量，解决了数字治理中的信息孤岛问题。

南通市归集汇聚的数据主要有四类：一是政务数据。主要指各地各部门政务应用系统沉淀的监管数据，充分融合条块部门政务数据，使“跨部门、跨区域、跨层级”问题线索在一个平台上进行比对碰撞关联分析。二是受理数据。主要包含12345百姓诉求、全要素网格、河长平台、数字城管、110非警情、突发事件上报等各类受理数据。累计归集受理数据500多万条。三是前端感知数据。主要汇聚全市“雪亮工程”和部门业务监控共24万路视频信息，形成“可看、管用、能决策”的视频资源一张图。同时汇聚公安、生态环境、交通运输、应急管理等部门各类传感器全量数据。四是互联网数据。主要包含政务App、舆情、物流、信令、第三方互

联网数据等。

2. **推动平台建设，提升数据共享交换应用水平**

数据汇聚并不是目标，从海量多维数据中挖掘有效治理信息辅助领导决策、提升治理水平才是南通数智治理的目的。南通市打通政务数据共享交换通道，提升数据共享应用水平，支撑指挥中心、大数据局对数据的建库应用。

南通市秉持实战实用实效原则，不断提升数据共享交换水平，以共享交换促实践应用，拓展数据治理应用场景。一是强化共享交换平台建设。为加快推进数据有序共享，不断推进市政务数据共享交换平台建设，加强市政务数据共享交换平台三期项目建设，持续优化完善平台服务功能，提升数据共享交换速率。截至目前，平台累计汇聚全市 75 家市级部门、10 个县（市、区）共计 5000 余项数据资源，累计入库数据 400 多亿条。二是规范数据共享行为。南通市大数据管理局编制数据共享实施方案和市级部门政务数据共享责任清单，建立健全政务数据共享运行机制，加快推进省、市、县三级平台级联对接，不断完善省、市、县一体化数据交换体系。三是提升数据应用水平。南通市在党建引领、经济发展、社会治理、政务服务、公共安全、城市运行等 6 个市域治理领域，创造性构建 1 张总体态势图和 16 张专题图、各类创新应用和 130 个监测预警模型，推动数据资源跨部门、跨区域、跨层级融合应用。

3. **动态更新保鲜，保证共享数据的质量和时效**

数据的真实性和时效性直接影响数据分析的结果。在大数据应用治理实践中，数据归集并不是一次性的，还需要保持数据的及时性，努力实现数据同步更新，提升基础数据的完整性和有效性。

南通市通过建立常态化数据排查机制、明确成员单位数据归集责任等方式持续动态更新数据，让数据“活”起来。一是加强数据更新巡检的制度化保障。市域指挥中心会同市委政法委出台《南通市市域社会治理智能化综合平台数据更新管理办法（试行）》《南通市市域治理现代化指挥中心数据资源日常巡检工作制度（试行）》，明确成员单位数据归集职责，规范数据更新机制，保障平台常态化运行、数据实时鲜活有效。二是严格执行数据资源日常巡检工作。指挥中心每日巡查处置数据更新异常情况，每周在市域治理工作专报上专栏通报数据异常整改情况，每季度通报各地各部门的资源编目发布、数据更新维护、订阅申请审批等情况，保障各类应用及时、准确、规范、完整地获取数据资源。三是完善视频资源“自动+人工”巡检机制。严格执行数据视频“日排查、周通报”巡查巡检机制，平台运维人员通过视频管理平台配置定时巡检任务，每天完成各类重点点位视频自动巡检，并根据自动巡检报告，对问题视频逐一进行人工复核。累计及时发现视频质量问题 134 次，推动修复视频点位问题 2010 次。

4. 强化数据流动，建立健全数据安全治理制度

数据流动开放能够最大化地发挥数据集聚的效用。南通市通过建立健全数据安全治理制度，提高数据安全保障能力，逐步推动数据资源有序开发开放，促进数据红利有效释放，实现治理数据上下回流反哺区县基层治理及公共数据有序开放。

区县作为基层数智治理的重要力量，获得充分高质量的数据能够更好地指导网格化治理，真正达到精准治理的目的。一是多途径实现数据的上下回流。一方面，市级部门积极主动与上级部门对接，争取条线数据回流本地共享使用；另一方面，将数据资源同步下沉到县（市、区）基层，实现数据反哺，让各县（市、区）享受数据回流带来的治理赋能。二是逐步推进数据开放工作。对于可以向社会公开的公共数据，南通市组织各地各部门开展数据开放，以市场主体对公共数据资源的应用需求为导向，梳理编制公共数据开放清单，依托南通市公共数据开放网站对外提供服务。截至 2022 年底，共有 39 家市级部门和单位、10 个县（市、区）通过市公共数据开放网站对外发布 1131 项数据资源。三是强化数据安全管理机制。南通市建立网络安全制度规范，明确网络安全管理机构和责任分工，为网络安全管理工作提供制度保障。建立内部数据管理制度，明确内部数据资源编目发布、资源订阅审批和数据安全管理等相关流程和规范，保障了内部数据安全管理工作规范及有序。建立首席数据官制度，开展数据分类分级工作和数据安全服务，构建布局合理、管理协同、风险可控、安全可靠、合法合规的数据安全保障体系。

（三）“大集约”功能整合，聚焦重点问题集中治理

市域治理现代化建设需要强化系统观念，全面提升数字政府集约化建

设水平，统筹推进技术融合、业务融合、数据融合。南通市通过中心融接、职能融入、管理融优、队伍融合和技术融聚，最大化地整合治理功能，团结治理力量，实现聚焦重点问题开展集中治理，推动南通市域治理实现系统性、整体性、数据化、智慧化发展。

1. **中心融接，一个中心受理全域集约化治理**

在电子政务发展与数字政府建设过程中，数据共享难、部门协同难、融合应用难是大数据协同治理的主要障碍。南通以市、县、镇三级指挥中心建设为抓手和推动力，构建“一个中心管全域”的集约化治理模式，实现了市域综合性、系统性治理。

指挥中心作为多方协调的接口和多方位治理的推手，汇聚资源和力量，大力推动市域治理的集约化发展。从治理体系来看，指挥中心坚持全市域范围覆盖、全业务系统覆盖，纵向打通市、县、镇三级，横向联通市、县各相关部门，形成市、县、镇三级联动的市域治理指挥体系，全面共享资源、协调联动，呈现系统性治理的特点。从治理机制来看，指挥中心汇聚各地各部门、各业务系统信息资源，建立全面共享的一体化综合管理平台，形成数据高度融合、业务有效集成、指挥相互贯通的一体化、实战性综合业务系统。

2. **职能融入，一个平台调动多部门联动发力**

统筹开展市域治理现代化建设需要打破科层制下的部门壁垒，整合相关职能，建立长效协调机制以形成治理合力。市域治理现代化指挥平台实现了职能部门治理的集约化和协同化。一是多方合力保障平台平稳运行。南通市出台《南通市市域治理现代化联动指挥运行管理暂行办法》《南通市市域治理现代化指挥平台“六个统一”规范》《南通市市域治理现代化指挥平台监测预警运行管理暂行办法》《南通市市域治理现代化指挥中心分析研判工作暂行办法》等，明确各县（市、区）人民政府、市级机关及驻通垂直管理部门、市属公共服务企事业单位均为市域治理现代化领导小组成员单位，会同市域指挥中心共同推进平台建设运行工作。二是平台派单解决“三跨”治理难题。面对跨部门、跨区域、跨层级的治理问题，市域指挥中心协调相关职能部门，通过平台派单的方式协同处理解决，并通过全过程、全流程的处置痕迹实现监管和问效，彻底解决多头管理、职能不清、推诿扯皮等疑难问题。

3. 管理融优，一套制度统筹推动规范化管理

南通市在打造强指挥、强联动、强集约的数智治理模式过程中，将制度建设和规范建设放在重要位置，不断完善市域治理制度体系，推动市域治理规范化运作。

各级指挥中心在数据治理、信息收集、运行机制、分析研判、行政问效、网格管理等方面不断建立和完善60余项管理制度，真正实现靠制度运行、靠制度管人、靠制度规范。一是规范班子建设管理。印发《南通市市域治理现代化指挥中心党委工作规则》《南通市市域治理现代化指挥中心党委理论学习中心组学习制度》《南通市市域治理现代化指挥中心党委加强"三重一大"事项决策的议事规则》《关于印发领导班子成员挂钩联系县（市、区）的通知》等7项班子建设管理制度。二是规范整体运行机制。市域指挥中心制定了《关于建立市域治理重大突发事件信息报送机制的通知》《南通市市域治理现代化指挥中心分析研判工作暂行办法》《南通市市域治理现代化指挥平台监测预警运行管理暂行办法》等24项机制运行制度，推动整体运行机制职责明确、分工合理、运行流畅。三是规范行为管理制度。为提升管理实效、推动部门分工合作、规范工作人员行为，市域指挥中心出台34项管理制度规范，具体包括《南通市市域治理现代化指挥中心大厅进驻人员日常管理（暂行）规定》《南通市市域治理现代化指挥中心进驻人员考勤管理暂行办法》《南通市市域治理现代化指挥中心、大数据管理局巡查值班工作暂行办法》等。四是规范具体执行要求。基于市域指挥中心制定的各项管理规范，县级指挥中心根据具体情境和实践要求，制定了各类具体执行层面的制度规范和执行办法，例如工单办理质效提升工作机制、网格化服务管理考核办法、联动指挥运行管理暂行办法等。

4. 队伍融合，一支队伍综合供给网格化服务

南通市始终把网格化工作机制作为推进市域治理创新、提升基层治理体系和治理能力现代化水平的一项重要举措，连续多年将其列为各级党委、政府的"一把手工程"，多种手段提升网格队伍的专业性、职业性。

根据不同地区的特点，南通市将网格划分成为综合网格和专属网格两类，并设置网格长。一是覆盖大部分地区的综合网格。综合网格按照"城市300~500户、农村300户左右为基本单元"的标准，共划分了8470个，

并按照“一格一长、一格多兼”的标准配备网格队伍，网格长由村、社区干部担任，兼职网格员原则上由村、居民小组长和楼栋长担任。二是特殊区域的专属网格。对于城乡范围内的各类园区、商圈市场、学校及企事业单位等特殊区域，南通市根据实际情况划分出 861 个“专属网格”。网格长一般为党政机关、事业单位、国有企业等单位分管安全稳定工作的负责人或职能处（科）室的主要负责人，非国有企业集聚区则由乡镇（街道）具有公职身份的工作人员担任网格长。

5. **技术融聚，一张云图展示整体性系统治理**

科技支撑是南通市打造以“数智数治”为核心的市域治理现代化体系的突出特点和关键手段。南通市采用国际一流、国内领先的技术，综合运用大数据、5G、人工智能、融合通信等技术，汇集全市市域治理资源，在多维技术的支持下，打造出“1+16”的市域治理云图。“1”是指 1 张市域治理现代化总图。南通市围绕“五位一体”的总体布局，融合了财政、产业、经济、党建、政务、文化、城市运行、交通、教育、医疗、生态等各方面的数据，打造市域治理现代化总图，从经济建设、政治建设、文化建设、社会建设、生态文明建设五个专题集中展示南通市域治理全貌。“16”是指 16 张具体应用领域的专题图。在一张云图之外，南通市还开发出党建、社会治理、文明城市、高质量发展、交通、警务、城市管理、政务服务、应急管理、生态环境、自然资源和规划、社情民意、舆情、文旅、视频、数据资产共 16 张专题图，全方位动态展现市域治理工作全貌。“1+16”市域治理云图，涵盖了市域治理的方方面面。每 1 张专题图，不仅仅只有本部门的单一数据，更是融合了其他部门的多维度数据。对于市委、市政府领导，通过专题图，可以实现对南通的城市运行情况一屏统揽；对于部门管理者，则可以通过专题图，利用跨部门的数据，更好地解决本部门的业务问题。

（四）“大监管”集约治理，创新智慧监管新机制

正如习近平总书记所说，“新时代改革开放具有许多新的内涵和特点，对改革的系统性、整体性、协同性要求更强，相应的，建章立制、构建体系的任务更重”。南通市积极探索“互联网+监管”新路径，打造智慧监管平台，创新“一门共管、一体联管、一网统管”监管新机制，实现一个平

台、共享联动的统一监管，推进统筹高效、互联互通的市域治理。

1. **一门共管整合职能，完善工单制联动处置系统**

推动监管集约化的重点在于职能整合，从根本上打破碎片化监管现状，提升监管效率和水平。南通市将政府各部门监管职能及资源整合到智慧监管平台，出台《南通市市域治理现代化联动指挥运行管理办法》，以制度推动全域“一门共管”。南通市域治理现代化平台整合12345热线事件、数字城管事件、河长事件、全要素网格事件等各个渠道的问题反馈，由市域指挥中心指令席对城建、治安、环保等各方面的问题进行统一分类识别，创新“事件”和“指令”形式，以任务单的方式通过市域治理现代化联动平台派发给相关地区和部门。一是划分任务单类别。根据工单的来源及性质分为事件类任务单和指令类任务单，事件类任务单主要为12345等平台的群众反馈和网格员上报的问题，按照咨询类、建议类、投诉类、举报类等不同情况分类处理；指令类任务单一般为上级指挥中心下达的工单任务，包括国家和省级交办事项、市域指挥中心综合预警事项、需提级办理和指定部门处置的相关事项。二是规范处置流程。南通市各级指挥中心及联动成员单位规范建立工单承办工作机制，细化职责分工，明确分管领导和具体经办人员专门负责诉求办理工作，完善签收、办理、审核、反馈等工作流程，对不同类型的受理需求分类、分级处置。例如，海安市出台《海安市市域社会治理工单办理质效提升工作机制（试行）》，如皋市出台《如皋市市域治理现代化指挥中心业务办理流程》，明确各类工单处置流程和处置时限，对复杂咨询类诉求、求助类任务单、建议类任务单、投诉举报类任务单实行分级分类处理。三是重视任务单处理结果。南通市高度重视任务单闭环流转处置结果，推动成员单位建立健全内部承办工作机制，压实处置部门单位的首问负责和沟通解释工作，推动问题实际解决，提高群众满意度。

2. **一体联管聚合力量，打造全覆盖立体监管机制**

碎片化监管模式无法解决市域治理中的复杂疑难问题，聚合监管力量需要打破部门各自为政的壁垒，推动实现治理现代化。南通市以权责清单为依据，以数据资源为支撑，以指挥中心为中枢，聚合监管力量，深入推进“一体联管”，实现“三跨一监督”，协调推进跨部门、跨领域、跨层级综合监管。一是建立横纵交错的联动指挥机制。建设1家市监管平台、10

家县区监管平台、96家乡镇街道监管平台，打造全覆盖、立体化的三级监管体系，对于出现的职能交叉、成因复杂的疑难问题开展多部门会商研讨，确保监管事项“事事有人办”“件件有回应”。平台自运转以来，共交办工单57万余件，处置率达99.5%。二是指挥平台支持联动线上指挥。南通市充分利用数据归集的优势，建立以大数据为支撑的信息情报体系，开发打造集信息归集、联动指挥、分析研判、监测预警、实时监控于一体的综合指挥平台。三是部门进驻联动处置疑难问题。南通市级15家重点监管部门常驻监管平台，实行“指挥长负责制”，对监管中发现的问题现场会商、派单交办，有效破解职能交叉、推诿扯皮、监管盲区、权责脱节等难题。

3. 一网统管链接资源，建设一体化综合执法模式

习近平总书记指出，要继续探索实行跨领域、跨部门综合执法，建立执法队伍主管部门和相关行业管理部门相互支持、密切配合、信息共享的联动机制。南通市深化综合行政执法改革，按照党和国家及省委的部署要求，创新打造“大数据+指挥中心+综合执法队伍”基层执法模式，进一步推动基层执法实现大综合、大集约、一体化。南通市以基层网格为基础、以指挥中心为中枢、以执法队伍为抓手、以配套机制为保障，建立健全综合行政执法职能体系、情报体系、指挥体系、队伍体系、制度体系，探索建立“大数据+指挥中心+综合执法队伍”新模式，进一步提升综合行政执法效能。一是强化信息支撑。南通市汇聚全市10个县（市、区）、75家市级部门（单位）5600余项数据资源、24万多路视频、400多亿条各条线数据信息，建立以大数据为支撑的执法信息情报体系，为分析研判、精准派单、监管执法提供信息支撑。南通指挥中心融合运用跨部门海量数据，联手职能部门打造农民工工资保证金、非法集资、离线上路等130个监测预警模型以及危化品、群租房、新机场（违建）、扬尘智慧管控等30多个跨部门、跨区域、跨层级应用场景创新平台，有效破解了综合监管各类疑难重症。二是加强执法联动。南通市在市场监管、生态环境、文化市场、交通运输等多个部门建立综合行政执法指挥平台或机制，以三级指挥中心为抓手，明确综合行政执法联动指挥工作职责。同时还开发了综合行政执法指挥模块，推动信息共享与流动，综合执法在基层得到有效落地执行。三是落实重心下移。按照“重心下移、不重不漏”的要求，南通市市场监管、应急管理、城市管理等相关主管部门牵头建立综合行政执法职责清单，系统梳理基层执法事项和流程，不断提高执法精准性。四是整合监管队伍。南通市坚持网格化监管与综合执法相结合，持续整合市场监管、生态环境、文化市场、交通运输、农业农村、应急管理、城市管理等领域的执法队伍，积极推动执法力量向基层延伸及人财物等资源向基层下沉，在镇一级实现“一支队伍管执法”。

4. 网格要素全量汇集，打造高素质基层网格队伍

网格是南通市域治理的末梢，也是信息采集、问题上报、事件处置的主要阵地之一，创新完善网格化治理机制，完成综合监管的“最后一公里”，是落实落细监管实效的重要环节。南通市融合监管要素，逐步将多项基层治理事项纳入网格监管服务范围，推进基层执法队伍进网格，建设治理、服务、监管一体化的全要素网格队伍，提升监管实效。一是打造全要素的全科网格。南通市立足打造“全科网格”的工作定位，将政法单位和相关职能部门涉及基层社会服务管理的事项，按照“成熟一个、纳入一个”的思路整合纳入网格，逐步实现网格事项“全要素”，并协同相关部门研究梳理出 6 大类 64 项 284 个网格事项清单，纳入基层社会治理“一张网”统一开展监管服务工作。二是强化网格信息化管理与保障。系统治理离不开平台建设，南通市自主研发全市统一的“网格化服务管理智能应用平台”和“全要素网格通”手机终端 App，并为网格长配发“全要素网格通”，统一开展基础信息采录、网格事件上报、交办指令核查等工作，织密信息网络，以无形的线上网络和紧密的线下队伍推动基层监管互联互通。如东县还在此基础上进行了优化升级，结合地方特点自主研发了“指挥通”App，实现随手拍事件采集上报、实时监控事件全流程处置、任务协同重要事件在线视频呼叫指挥等功能。三是不断加强网格队伍建设。健全网格员教育培训体系，定期开展业务培训，印发《南通市基层网格化服务管理工作指导手册》，加强网格员队伍职业化、正规化、标准化建设；备齐网格工作设施，有条件的地区还为专职网格员配备制式服装、电动巡逻车、可视对讲、单兵设备等设备；健全队伍基本保障，网格管理工作所需经费，由各地按照现行财政管理体制纳入各级财政年度预算，确保网格员的工资、补贴等福利待遇及时、足额拨付到位，实行专款专用；定期开展评奖评优和榜样宣传，积极举办

“最美网格员”“最美网格”评选活动，激励网格员争先创优，及时总结推广、宣传典型。

（五）“大督查”治理问效，构建动态闭环监督体系

党和国家监督体系是党在长期执政条件下实现自我净化、自我完善、自我革新、自我提高的重要制度保障。提升联动处置治理实效，必须要完善权力监督制度和执纪执法体系，使得各项监督更加规范、有力、有效。南通市充分发挥数智治理优势，打造行政问效系统，推进技术监督构建无隙化监督模式，主动接受民众、媒体等社会各界监督，以严格规范的监督问效体系督促工作人员切实履职。

1. 加强行政问效，实现平台全流程实时问效

南通市域指挥中心会同市委组织部、发改委、司法局、行政审批局等部门，根据“提供数据、提示促进、提升效能、督查考核”的原则，建设了行政问效系统，实现对全市行政审批事项、行政执法事项全流程监管，进一步提升政务服务和行政执法效能，服务全市高质量发展。

行政问效整体框架分为综合考核、依法履职、中心问效三大板块，对综合执法、公众服务、营商环境等进行全流程、全节点实时跟踪。一是综合考核板块。这一板块主要包括高质量发展考核、营商环境考核两部分内容，高质量发展考核由省对南通市的考核以及南通市对各县（市、区）、市级部门和单位的考核两部分构成，营商环境考核部分对南通市17个具体指标在全省排名情况、年度变化趋势进行总体分析，并对相关市级部门、县（市、区）指标情况进行分类分析。二是依法履职板块。这一板块分为政务服务和行政执法全流程监管两部分内容。政务服务通过“办件量+时效+质量”的组合分析反映部门审批事项办理效能，实现了对已归集政务服务办件全流程监测，对即将超期、超期办件及时预警。行政执法主要针对案件数量和类型进行多维统计分析，对异常流程、文书不合规、裁量不合规、时效异常等进行预警，以达到提升全市执法水平的目标。三是中心问效板块。中心问效整体设计包括事项总览、承办时效监测、重点指标跟踪三部分，对全市整体的办理时效和综合满意率进行监督，并按照日、周、月、季、年的时间维度对部门办理时效进行实时监测，对于指标异常或办理超时的项目进行督办问效，发送催办函。

2. 推进技术监督，构建集约无隙化监督模式

信息技术在督查领域的应用，以其严密的治理逻辑与理性的运行规则，有效缓解了传统监督机制的结构性功能困境。南通市发挥智慧治理优势，将技术应用于监督领域，依托行政问效系统，构建集约无隙化监督模式，实现监督零盲区。

南通市以平台问效助推监督效能，实现监督的自动化、全流程和及时性。一是自动监督真实记录反馈事件原貌。凭借不具感性、不困于物的“写真”功能，大数据技术能够不加刻画地照实陈述、准确还原权力运行本貌。南通市“数智数治”治理模式中，市域治理过程全面数据化、信息化，视频资源、处理流程、事件数据、意见反馈等基础信息均归集在综合治理平台中，真实反映事件发展处理原始样貌。二是流程监督追踪跟进事项发展。南通市行政问效系统接入政务服务办件过程数据，对大联动平台交办任务单全流程跟踪留痕，实时跟踪督办各类异常指标，形成事项流转、交办、办理、核查、评估和问效的闭环监督体系。截至 2023 年 6 月，已发书面通报 84 期，提醒函 34 份，催办函 5 份，督办单 101 份，督办重点事项 179 件，推动各地各部门不断提升工作效能，更好地回应群众诉求。三是即时监督实时提醒风险工单。行政问效系统能够根据各类处理数据，对平台办理情况监测跟踪，对指标异常部门及时点对点电话提醒，对于未及时落实的工单提醒执行，防范重大风险产生。同时，系统基于数据分析，可以客观科学地分析高质量考核和营商环境考核评估结果，对指标落后的牵头部门实时提示督促。此外，除日常定期监督外，市级指挥中心还会通过电话、视频会议等方式进行县、镇两级指挥中心值班抽查，及时通报提醒。

3. 开展专项督办，跟踪和督办复杂疑难问题

面对重点领域和排查出的重点问题，南通市域指挥中心开展专项督办，多种途径跟踪和督办复杂疑难问题。针对未妥善及时处理的问题，南通市各级指挥中心坚持问题导向，建立“日研判、周会办、月通报、季核查”机制，推动各部门（单位）提升回应群众诉求、解决群众问题的效率；对复杂顽固的重点问题会同市纪委监委、市委督查室、市政府督查室开展现场核查。

一是每日汇总分析。每日汇总研判当日工单处置情况、回访不满意、

群众热点反映及“特殊事项”，选取典型案例纳入综合演练，重点进行动态跟踪和结果评估。二是每周线上核查。每周组织开展市本级工单核查，通过无人机、单兵等技术手段，对不满意工单开展线上核查并进行处置通报，对线上核查工单跟踪监督。三是每月会商会办。建立与纪委监委、编办、司法等部门联席会商制度，发挥进驻部门能动作用，每月对职责空白、职能交叉等疑难复杂事项进行集体分析研判，联合认定牵头办理主体。建立重点问题清单库，实行台账式管理、闭环式跟踪。每月通过月度例会，通报成员单位办理成效。四是季度现场核查。现场核查严格遵守重点执行“四必查”，即久拖不决、推诿扯皮的必查；未有实质性处置结果的必查；同一事项群众多次反映的必查；市级以上督办的重点难点事项必查。通过查看现场、查阅资料、访谈询问、评估测试等方式进行重点核查。

4. 形成督办合力，全方位引入多元监督力量

南通市完善内部监督控制流程、接受外部监督力量督促，融合督查部门、纪委监委、社会组织、人民群众、宣传媒体等多方监督力量，以“互联网+”为技术手段突破民众参与的时空障碍，构建全方位多元化监督体系。

南通市各级指挥中心及相关部门、人员主动接受内外部监督，形成督办合力，提升督办实效。一是主动接受纪委监委的监督。南通市各级指挥中心坚持从严治党，接受市纪委监委、“两办”督查室监督，聚焦疑难事项，有力推动各项问题的解决。二是畅通群众监督渠道。通过组织特邀监督员、志愿者等方式，抽查、跟踪、监督诉求办理。南通市12345在线平台通过公开征集和征求意见，聘请来自不同岗位的群众成为特邀监督员，做内部标准化服务与网络成员单位办件效能的“监督员”、平台与社会公众的“沟通员”；海安市每月邀请人大代表、政协委员、党代表、群众代表等社会各界人士，针对热点问题开展协商；如皋市定期举办“圆桌会议”，邀请“两代表一委员”、民情采集员、新闻媒体、部分群众代表及承办部门共探热点难点问题解决之法。三是发挥媒体监督实效。通过政风行风热线、“直击民生诉求”专栏联办，深入跟踪报道公众关心的热点难点问题，发挥媒体监督优势，助推问题解决。

5. 优化分类评价，过程和结果考核齐抓并行

为了更好地发挥指挥中心的协调治理成效，南通市不断优化指挥中心相关部门和工作人员的分类评价考核机制，规范治理行为，激发员工工作积极性。

南通市域指挥中心的评价考核机制具有“讲分类、重过程和看结果”的特点。一是讲分类。为了有针对性地开展精准评价考核，市域指挥中心一方面完善成员单位评价办法，重点将平台办理指标、数据共享、视频巡查等指标纳入县（市、区）、园区高质量发展考核、市级机关部门服务高质量发展减分项考核；另一方面将工作人员分为“平台工作人员、部门进驻人员、编外辅助人员”三类，根据三类人员的工作内容制定不同的考核指标、考核方式以及考核结果应用方式。二是重过程。考核方式分为日常管理、季度考核和年度考核，以日常巡查、视频监察、领导巡视和专项督查等方式，对工作人员的日常考勤、作风纪律、业务能力三个方面进行全方位过程考核，日常管理和季度考核的结果在年度考核结果中所占比例很大。例如，在崇川区平台工作人员考核办法中，季度考核中日常考评占80%，年度考核中季度考核平均数占80%，工作人员的日常工作状态成为其重要的考核评价指标。三是看结果。南通市为不同类型的工作人员制定不同的考核反馈机制。例如，指挥中心工作人员的考核与评优及奖金挂钩，进驻部门工作人员的考核结果会反馈给相关部门。

四　新时代市域治理现代化“南通实践”的现实意义

在市域治理现代化建设的探索道路上，南通市抓住“数智数治”的治理特点，数据赋能推进市域整体性治理和智慧化建设，为全国推进市域治理现代化提供了具有较强可推广性的“南通模式”。2020年6月，自市域治理现代化指挥中心建成以来，南通市的实践和探索取得了显著成效。汇聚全市10个县（市）区、75家市级部门和单位的5000余项数据资源，高效处置各类事件501.3万条。依托创新应用全流程监管重点领域，例如，根据危化品全流程创新应用核实处置危化品安全隐患1278起，根据群租房创新应用发现疑似群租房线索1万余条等。通过AI智能

预警与专业研判分析相结合的方式，南通市域指挥中心自成立以来共产生各类预警信息30多万条，向领导驾驶舱推送突发事件信息289条，编撰分析研判报告62篇。2021年，南通构建市、县、镇三级智慧监管平台等做法被国务院办公厅《政务情况交流》专题报道，获时任国务院总理李克强肯定批示；“大数据+指挥中心+综合行政执法”新模式获中央依法治国办通报表扬、中央编办批示肯定；《大数据赋能打造市域社会治理现代化“南通样本”》作为江苏唯一的地级市案例成功入选中国改革2021年度案例。

（一）“一盘棋”市域整体治理典范：构建党委领导下全方位系统性市域治理

党的二十大再次强调了“加快推进市域社会治理现代化，提高市域社会治理能力”的行动目标。实现市域治理的现代化无疑对推动国家治理体系和治理能力现代化有着关键作用。在各地积极开展智慧城市建设的过程中，做好城市某项政务工作的“智慧化”相对容易，但打通整个城市的政务和服务运转，考验的则是城市的顶层设计和运营能力。南通市以数智引领数治，以体制机制重塑、治理体系创新、治理方式变革等方式推动市域治理现代化建设，探索“市域社会治理现代化”向“市域治理现代化”迈进的改革道路，为国家市域整体治理贡献了“南通样本”。南通市通过政府主导、政企及政社合作的发展模式，激活数据潜能，创新科技赋能，建立全国首个市域治理现代化指挥中心，融合市域治理的多元力量，构建了党委领导下的全方位系统性市域治理模式，以更高的站位、更系统性的视角、更整体性的治理逻辑，突破社会领域的治理局限，全面推动经济、政治、文化、社会、生态文明“五位一体”整体协调发展。

（二）“一个中心”部门联动治理典范：建成全国首家市域治理现代化指挥中心

跨部门、跨领域的复杂问题是现代城市治理的痛点和难点。推动市域治理现代化建设的重点之一就是如何在机制上打通部门壁垒，推动部门协调联动发展。南通市将数据融通、信息互联作为破局之法，以

“一个中心”为抓手，统筹协调市域治理全面发展。南通市委、市政府创新打造市域指挥中心，市级层面整合了原12345政府公共服务中心职责、市城市管理监督指挥中心数字城管职责和市委政法委网格化服务管理职能，同时与市大数据管理局实行“一体化运行”；县级层面整合大数据、网格化、12345、数字城管等职责，组建县（市、区）域指挥中心；镇级层面单设或在党政办挂牌设置镇域指挥中心。指挥中心承担了协调解决“跨部门”复杂问题的职责，按照“一个中心管全域”的建设思路，通过数据融聚、AI监测等信息化手段奠定市域整体性治理的信息基础，通过机构职能的有机整合，以“部门进驻”“三统一”等方式巧妙打破部门壁垒，强力推动部门协作，使政府职能更加优化、权责更加协同、运行更加高效。三级指挥中心的设立及其与基层执法队伍的融合，大力推动基层治理集约化、整体性改革，实现了市域治理指令的有效传达，使得南通市域治理实现了纵向上的指挥有力和横向上的部门协同。

（三）“数据融通”数治建设治理典范：实现市域数据互联互通、省部级回流和县（市、区）数据反哺

向数据要效益是实现治理现代化的必由之路。数字政府建设与数字经济建设密不可分，这需要在顶层设计上就把产业数据、民生数据与政务数据打通，推动产业增长和民生改善。南通市以城市操作系统为基础底座，以数据共享交换平台为载体，通过制定数据标准，汇聚数据资源，搭建数据中台，实现市域全量数据的汇聚及共享。一方面，汇集南通10个县（市、区），75个市级部门及垂管单位的数据资源，实现市域数据互联互通；另一方面，主动对接省级部门，积极推进省部级数据回流。在数据融聚的基础上，南通市围绕“实战、实用、实效”的建设原则和“全量数据、全部汇聚”的“双全”目标，打造交换库、共享库、主题库、专题库及应用库，并协同市公安局建成省内首家“政务+公安”大数据双网双中心，推动数据反哺县（市、区），在数据的上下流动和实战应用中不断发掘数据价值。南通市“数据融聚汇集、数据共享流动、数据应用实战”的数治建设市域治理典范，为市域智慧化建设路径贡献了有益的经验。

（四）“五治融合”综合运用治理典范：政治、法治、德治、自治、智治有机统一

“五治”融合是市域治理现代化的重要方法。在推进改革试点工作中，南通市紧紧围绕共建共治共享，聚力推进“五治”融合，推动市域治理向精准、精细、精致方向迈进。一是强化政治引领。把政治引领贯穿于市域治理全过程，完善党建引领机制、加强政治教育覆盖、夯实基层组织基础，推动治理的协同联动。二是强化法治保障。围绕市域治理需要及人民群众期待的制度需求，结合工作实际制定和完善地方性法规规章，建设高品质法治南通。三是强化德治教化。充分挖掘南通市优秀传统文化，用社会主义先进文化陶冶道德情操，营造和谐共助、团结奋进的社会文化氛围。四是强化自治基础。健全基层党组织引领的群众自治机制，激发社区自治组织的治理动力，培育社会组织参与公共事务的能力，充分激发人民群众的积极性、主动性、创造性，打造共治共享的社会自治氛围。五是强化智治支撑。采用国际一流、国内领先的信息科技，综合运用大数据、5G、人工智能等技术，形成市域治理现代化的全覆盖体系，打造“一体化”智慧指挥体系，推动市域治理智能升级。

（五）“人民中心”掌上服务治理典范：政务热线、移动应用、平台系统最大化便民整合

习近平总书记多次强调，“江山就是人民、人民就是江山”。只有真正了解和认识到民众最关心、最直接、最现实的利益问题，才能对症下药精准回应群众需求。一是通过数据汇聚了解群众关切。南通市依托市域指挥中心实时汇聚人民生活方方面面的数据，通过对数据进行研判、分析，及时掌握群众关注的热点、痛点。二是通过数据应用提升处置效率。在处理问题的基础上，南通市基于对基础数据的比对和分析，不仅及时发现和处理问题，而且利用大数据工具预判未来特定时间段内老百姓可能关心的问题，提前将矛盾化解于无形，提高政府服务效率。三是通过应用整合优化掌上服务。从便民惠企角度出发，南通市大力整合面向群众的各类政务服务，汇聚全市65个部门和单位的94条热线合并为12345统一政务服务热

线、推出“南通百通”App统一移动办事服务门户、打造“惠企通”政策直达平台，实现政务热线、移动应用、平台系统的集约化整合，为人民群众提供最便利、最简单、最友好的掌上服务。

（六）“最后一米”基层网格治理典范：实现“数据+网格+人力”的融合式治理

随着社会的发展与人们生活水平的提升，公众对政府公共服务供给能力提出了更高的要求。技术治理是基于数据和模型理性运算的结果，但基层治理还需要调动情感因素，打造社会治理共同体。南通市探索形成了“数据+网格+人力”的融合式治理模式，不仅发挥了技术的“无隙化”治理优势，也充分强调了基于网格的柔性治理温度。在技术治理方面，南通市充分运用大数据技术，由指挥中心在整体分析的基础上统一分工派单，将属地和部门纳入基层网格化体系，并由其根据系统下发的工单进行问题处置，使得网格成为基层治理的“最后一米”，与上级指挥中心和相关部门保持高度一致；在柔性治理方面，南通市充分发挥社区自治功能，综合网格的网格长一般由村、社区干部担任，构建问题和意见反馈的制度化渠道。网格负责人和自治组织负责人的双重身份，有利于更好地实现政府指导和基层自治的有效结合，推动形成共建共治共享的社会治理制度。

五　新时代市域治理现代化推进中面临的挑战

全国各地在探索市域治理现代化过程中形成了具有不同特色的治理模式，从“南通实践”经验中，我们发现市域治理现代化建设面临的一些挑战和瓶颈，在全国层面上还是较为普遍的。

（一）治理观念有待提升，数智治理意识不强

市域治理现代化建设不仅是信息技术手段的应用，而是通过数字化变革的平等互动理念推动政府整体性理念革新、职能转变与管理体制重塑。放眼全国各地智慧城市建设案例，虽然在不断引进先进的信息技术手段助力市域治理，但在治理观念上仍一定程度地存在数智治理思维未

转变的问题。数据已经成为信息时代的新生产要素，部分政府领导和工作人员对于“数字政府”“大数据+政务服务”等理念的认识不足，将数据围困在业务系统的“烟囱”里，无法构建起从数据到信息、知识、决策的桥梁，难以实现跨层级、跨地域、跨系统、跨部门、跨业务的协同管理和服务，导致很多有价值的数据成为“闲置品”，也让业务系统的价值大打折扣。

（二）体制机制亟待优化，“小马拉大车”需强劲后力支撑

市域治理现代化需要以数字政府建设为支撑，但在我国开展数字政府建设的具体实践中仍存在制度设计不足、缺乏对口支持部门等问题。2023年，党和国家新一轮机构改革方案中提出要组建国家数据局，负责统筹推进数字中国、数字经济、数字社会规划和建设等工作，这对于充分激活数据要素潜能、发挥数字经济对经济社会的基础性作用而言是十分重要的。如何充分发挥国家数据局统筹协调的作用，构建从中央到地方的数字治理体系，是接下来的改革重点。以南通市为例，市域指挥中心在统筹协调多部门开展整体治理方面发挥了重要作用，但一方面缺乏上层对口部门支持是市域治理现代化建设的重要制度障碍，在业务运行和工作机制方面面临一定的问题；另一方面，“小马拉大车”的困境使得指挥中心在具体协调过程中面临着资源不足、指挥力度不强、动员能力较弱的难点和痛点。尤其是在多部门协调过程中扮演的是“行政执法协调者”的角色，由于事业单位的性质，其统筹协调、指挥调度、行政问效的能力、范围还较为有限，存在职能设计与执行权力不匹配的问题。

（三）数据共享壁垒仍存，由上自下回流困难

传统政府电子政务采取以部门为中心的方式来搜集保存数据，固化数据信息流动的渠道，形成数据相互割裂、条块分布、彼此独立的不良状态。市域治理现代化建设的基础是全域数据的归集共享，但数据壁垒和数据“烟囱”等问题仍在一定范围内存在，成为阻碍数智治理的重要因素。一是各部门内部数据资源依然分散。各部门的政务系统都按照各自的标准建设独立的数据库、信息中心和综合平台，存在个性化的软件和界面风格，存在信息数据资源分散、信息资源不能互通及存量数据格式转换的工

作量大、周期长等问题。二是部省级数据回流存在一定障碍。国家和省级层面越来越重视系统数据整合，积极推动全国、全省统一平台建设，汇聚了大量的业务数据，但数据打通、协调工作较为复杂，往往因数据安全、个人隐私等原因回流困难，难以被市、县共享使用，尤其是垂管部门的数据共享更加困难。

（四）数据价值亟须释放，信息安全有待加强

大数据技术的应用发掘了数据汇聚的信息价值，但是各地政府对数据的应用大多停留在初步归集使用阶段，缺乏具体的分析研判机制，对于数据挖掘的深度不足，导致难以充分发挥数据的应用价值。同时，数据的归集也存在较大的安全风险。一是数据收集存在隐私风险。比如城市治理收集的数据通常既包括人口统计情况、政务数据等主动收集的信息，也包括视频监控等自动收集的前端感知数据，部分数据的收集、挖掘尚没有法定的边界，存在范围过大、过度入侵个人隐私等风险。二是数据应用存在安全风险。信息安全是数智治理时代的重要命题，信息共享、信息应用、外部机构参与建设等均可能触发政务信息化安全管理问题，政府部门的信息安全重要性日趋凸显。随着《中华人民共和国网络安全法》《中华人民共和国数据安全法》《中华人民共和国个人信息保护法》等文件的出台，我国信息安全保护工作持续深入发展，但动态监控、主动防御、协同响应的数字技术安防体系仍有待优化。

（五）治理权责不够对等，基层工作压力偏大

在我国条块分割的治理体系下，政府往往通过任务发包的形式层层下压工作任务，基层单位经常要向上对接多个主管部门，存在“万能社区”、无限责任等现象。一是基层任务无限增加。随着网格治理的发展，基层网格员不仅要面对上级多线条的任务分配，还要处理民众多样化的需求，任务叠加现象明显。二是基层人员力量不足。基层工作人员数量不足，经常身兼数职对接多个主管部门。同时基层工作队伍还存在流动性大、优秀骨干储备不足、职业发展通道有待拓宽、岗位吸引力低等问题。例如，某社区有 106 幢居民楼，1 万多位居民，专职网格员只有 7 人，但网格事项清单共有 6 大类 284 小项。三是基层治理资源有限。例如，网格化运行实践

中，各部门往往习惯向网格下压任务和责任，但是培训、人员和经费等下沉不足。

六　“南通实践”对全国推进市域治理现代化的启示

在国家新一轮机构改革的大背景下，结合南通市域治理现代化建设的创新成果，聚焦实践过程中出现的问题和挑战，在总结全国层面推进市域治理现代化建设存在的共性问题基础上，提出以下政策建议。

（一）数治理念提速，以技术创新赋能政府数智治理变革

在“社会矛盾风险增大、治理事务增加、公共服务需求增多和节约治理成本”的条件约束下，数智治理模式是提升市域治理效率的最佳选择，也是推进治理现代化的重要趋势。但数智治理并非只停留在技术应用层面，而是要以技术驱动、数据赋能推动治理思维变革，实现科学化、整体化、智能化的政府治理新局面。一是树立数智治理理念。领导干部要认识到数据资源的重要作用，转变治理思维，为数据归集、共享、应用创造更加良好的建设环境，培养数据分析助力的科学化决策方式。政府工作人员要不断学习，提升数据应用水平和技术实用能力。二是强化数据归集力度。信息技术的监测预警和分析研判功能的准确性依赖于全量、真实、及时的基础数据，只有在数据归集上真正实现市域范围内的“大数据”，才能真正发挥技术赋能市域治理的实际效果。要畅通数据上下流通共享途径，打破部门主义的保守观念，实现部级和省级数据自上而下的回流，完善基层数据自下而上的收集更新，推动部门间数据的横向流动应用。同时有关部门要加强对社会数据、商业数据的管理和归集。

（二）统筹顶层设计，明确指挥中心角色和部门权责边界

针对市域治理现代化建设中体制机制运行存在壁垒、数据回流共享困难、社会多元治理格局仍需改善的问题，一是统筹强化顶层设计，精准定位指挥中心的机构角色。明确指挥中心数据归集分析、统筹协调运行、开发创新应用的角色定位，从机构性质、职能定位、制度设计等方面增强指挥中心的资源调动能力，推进政府治理流程优化、模式创新和履职能力提

升。二是明晰部门责权边界，避免政府责任推诿和过度干预。市域治理的整体性需要推动政府各部门之间相互协调配合，建构市域治理的“权责体系”，分类确定各个层级、各类主体的权责，严格执行“权责清单”。关键是厘清指挥中心和常驻部门关系，建立资源渠道“全集成”机制，按照“重点部门集中常驻、一般部门轮流入驻、涉事部门随叫随驻”的原则，推动工作力量有效整合。针对以往部门间信息共享难、数据归集难、线下线上脱节等问题，可依托“城市大脑”，建设市域治理现代化智能管理平台，建成纵向贯通市县乡村、横向联通重点行业部门单位的市域数据共享体系，让市域治理更智慧高效。

（三）协同联动攻坚，破壁垒降低关键问题分头治理成本

部门分类管理可以有效提高政府管理的专业性，但面对跨部门、跨区域、跨层级的复杂治理问题以及“牵一发而动全身”的关键问题，只有打破部门各自为政的壁垒，以协同治理的思路建立整体性治理框架，才能真正解决问题、化解矛盾。一是强化数据的深度融合应用。数据的汇聚、交换、共享，能够在技术层面奠定部门间沟通合作的信息基础，但数据本身并不是治理，只有以应用促进数据融合，不断加强对数据深度融合应用，形成治理决策和机制，才能发挥数据的真正价值。二是建立运行通畅的协调联动机制。在现有行政组织架构中，许多问题的解决需要通过平台搭建、机制创新、技术运用、流程优化等方式，强化部门配合，吸纳多主体参与，建立协调联动的机制方能解决。三是建立问题导向的数据思维。市域治理体系是各个主体和各大资源要素共同作用的结果，要树立全周期服务管理意识，以问题为导向，建立专门负责统筹协调和应急联动的指挥中心，提高政府在重点领域和关键问题的应急响应、协调处置能力。

（四）强化数据挖掘，打造更多实用管用的多跨应用场景

数据是贯穿全部治理活动和治理过程的核心资源，强化数字引领在市域治理中的关键作用是推动治理体系和治理能力现代化建设的重要内容。一是夯实支撑，让数据“聚起来”。加快实施万兆网络全覆盖、IPV6 无缝升级、机房智能管控等工程，建设完善数据共享平台，提升各类软件综合

运维管理能力。构建数据融通共享机制，提升各部门的数据共享意识和数据治理思维，打破部门各自为政的数据壁垒。二是赋能治理，让数据“用起来”。对汇聚的数据资源进行系统化、规范化、标准化加工整理，建成各类主题库、专题库。针对企业和群众共性需求开发“多跨协同”应用场景，推动数据资源跨层级、跨区域、跨部门融合应用，赋能市域治理创新应用，进一步提升监测预警的精准化、分析研判的智能化和事件处置的高效化。三是实时更新，让数据“动起来”。数据的信息价值一般具有很强的实效性，建立实时变动、动态反馈的数据更新机制，畅通上级数据回流、下级数据反哺的上下流动渠道，保证数据的真实性、有效性和及时性以提升预警预判的精准性，更好地助力领导决策。

（五）多元共治汇智，将整体治理思维融入基层治理末梢

数字技术不应只是政府部门的工具，也要为社会赋能，打造有活力、有温度、有韧性的社会治理共同体。一是整合网格应用，提升基层网格治理的集约化程度。一方面，提升基层网格的信息技术应用水平，将涉及民生的高频类事项服务“下沉”到网格，发挥网格全覆盖、边界清、关系明、数据准的优势，推动网格化管理在服务资源和服务流程上的职能整合，为市民提供简易、集约的管理和服务。另一方面，推动多个部门和执法主体纳入网格，将民政、公安、司法、人社、城管等部门力量整合优化，形成治理合力。二是激发社会力量治理动力和参与热情。要通过数字化手段，构建常态化的社情民意反馈渠道，定期组织社会公众、专家学者、新闻媒体等开展协商会商，接受社会监督。同时，要依靠互联网技术构建更加平等、灵活的政府与民众对话平台，降低民众参与成本。政府要适度让渡治理空间，通过党建引领激活社区自治效能，培育专业社会组织发挥志愿服务等功能，倡导邻里互助营造温馨团结的社区氛围，多种途径提高基层自我管理、自我治理的水平。三是加强专业技能培训，助力提升信息化治理水平。建立科学长效的智能化技术与知识培训制度，定期开展软件教学、讲座、经验交流会等培训。增强对专业人才的吸引力。有意识地吸纳信息技术专业人才和数字治理领域相关人才，同时合理提升待遇水平、优化职业发展通道、规范队伍考核。建立科学有效的考核激励机制。将信息技术应用、数据归集成果等数字治理相关指标纳入部门或个人考核

中，建立过程考核和结果考核相结合的考核激励制度，激发基层队伍积极主动学习能力以适应数字治理模式变革。

报告执笔：耿　云（中央财经大学政府管理学院副教授）
贾存斗（中国经济体制改革杂志社地方改革创新研究院研究员）
宫亚楠（中央财经大学政府管理学院行政管理专业研究生）

第三部分

四川天府新区体教融合：超大城市治理现代化的教育改革新突破

摘要：习近平总书记反复强调，教育是国之大计、党之大计。中国特色社会主义进入新时代，我国已经迈上了全面建成社会主义现代化强国、实现第二个百年奋斗目标的新征程，教育的基础性、先导性、全局性地位和作用更加凸显。党的二十大报告指出，我们要坚持教育优先发展、科技自立自强、人才引领驱动，加快建设教育强国、科技强国、人才强国。坚持以人民为中心发展教育，加快建设高质量教育体系，发展素质教育，促进教育公平。深化教育领域综合改革，增强教育改革的系统性、整体性、协同性，为教育强国建设激活力、增动力。当前和今后一个时期，要准确把握教育事业发展面临的新形势新任务，全面落实教育优先发展战略，以教育现代化支撑国家现代化。

四川省以习近平新时代中国特色社会主义思想为指导，加快推进教育现代化、建设教育强省，全面深化改革，推进基础教育高质量发展。为更好地推动改革落实落地和先行示范，四川省委教育工委、省教育厅决定建设天府新区成都直管区省级教育综合改革试验区，打造现代教育治理示范高地，创建教育生态样板区，着力培养担当民族复兴大任的时代新人，加快推进天府新区成都直管区教育现代化，为建设具有世界知名度的公园城市、推进国家级新区高质量发展提供有力的人才保障和智力支撑，为成渝地区双城经济圈建设乃至全国教育改革发展提供可借鉴范例。

天府新区积极创建四川省体教融合改革试验区，将“健康第一”融入学校体育、运动竞赛和体育后备人才培养全过程，强化思想、目标、主体、资源融合，着力破解体制机制障碍，创建一体化设计、一体化推进的体教资源共享机制，构建政校社企研深度融合、多元共治体系，创新体育赛事发展体系，积极培育“体育＋”新业态，努力为全省乃至全国体教融合改革提供可借鉴范例。天府新区体教融合改革自实施以来，创建体育教师共享中心，努力创新资源共享新机制，探索体教融合新路径，构建区域治理新格局，已经取得了比较显著的改革成效。

关键词：教育改革　体教融合　超大城市治理　现代化

一 体教融合改革的理论基础和政策实践

（一）概念界定

1. 体教融合的定义

体教融合是以思想、价值观、制度体系和更科学完善的课程体系为支撑，不同主体在理念、组织、目标、资源、政策和措施方面进行深度融合的理念和目标的高度统一，它覆盖了体育和教育的各个方面。体教融合不是简单地把体育和教育两个部门的资源相加，更重要的是观念的转变。这一理念应该达到以文育人和以体育人的目的，从而充分发挥体育在育人中的多重功能和价值作用。因此，体教融合是指体育与教育在价值、功能和目的上的充分融合，目标指向青少年的发展。

2. 体教融合的理念和基本特征

体教融合在微观层面上保障运动员的受教育权利，坚持以人民为中心使其成为全面发展的人，在中观层面上解决竞技体育人才培养脱离学校教育大环境的问题，在宏观层面上实现体育和教育两部门之间的业务融合。体教融合具有四个方面的基本特征。

一是培养目标的长远性。体教融合不仅仅局限于当下学校在体育方面的名誉和成绩，更是站在更高层次上追求为我国储备竞技体育后备人才、培养优秀运动员的长远目标。同时，体教融合有助于我国学生德智体全面发展，丰富校园文化，提高全民健康素质。

二是培养主体的唯一性。体教融合的培养主体是教育系统，融合是指将竞技体育后备人才的培养与教育体系相融合，将体育系统的资源与教育系统的资源相融合。体教融合有利于激发教育系统的积极性，集中力量发展我国体育教育事业，体育系统在运动员选拔培养、教练员指导方面也能够借助教育系统的优势。

三是培养对象的业余性。体教融合的培养对象不只是体育特长生，面向的是全体在校学生。体教融合一方面使学生在接受科学文化教育的同时加强体育锻炼、全面发展，另一方面有助于体育系统培养竞技体育后备人才，扩大运动员的选拔范围，进而推动我国竞技体育事业持续发展，也减少了有潜质的体育人才被埋没的可能。

四是培养过程的科学性。教练员及相关配套保障人员的专业水平在很大程度上决定了运动员培养过程的科学性。高水平教练员不仅具有从事高水平运动的经历，而且具有专业理论知识，再加上有学校科研力量的支持，能够科学地指导后备人才在基础阶段的训练，对于运动水平的提高和运动生涯的后续发展有很大帮助。

（二）理论基础和逻辑内涵

1. 习近平新时代中国特色社会主义思想

党的十八大以来，习近平总书记着眼培养什么人、怎样培养人、为谁培养人这个根本问题，发表了一系列有关教育改革发展的重要论述。这些重要论述内涵丰富、博大精深、全面系统，为新时代发展中国特色社会主义教育事业指明了方向，为坚持以人民为中心、办好人民满意的教育提供了强大的思想武器和行动指南。

2018 年，习近平总书记在全国教育大会上强调，推进教育改革，加快补齐教育短板，教育事业中国特色更加鲜明，教育现代化加速推进，教育方面人民群众获得感明显增强，我国教育的国际影响力加快提升，13 亿多中国人民的思想道德素质和科学文化素质全面提升。这为加快推动教育现代化、建设教育强国、办好人民满意的教育指明了方向。青少年身体素质事关个人成长、家庭幸福、民族未来，只有积极参与体育健身运动，强健体魄、砥砺意志，凝聚和焕发青春力量，才能为中华民族伟大复兴做出应有贡献。习近平总书记特别强调，“少年强、青年强则中国强。少年强、青年强是多方面的，既包括思想品德、学习成绩、创新能力、动手能力，也包括身体健康、体魄强壮、体育精神”。

习近平总书记强调：“要坚持健康第一的教育理念，加强学校体育工作，推动青少年文化学习和体育锻炼协调发展，帮助学生在体育锻炼中享受乐趣、增强体质、健全人格、锻炼意志。”经常参与体育锻炼、体育比赛，有助于推动学生在体育技能的学习中养成坚韧拼搏、自尊自信、积极进取的品质，在团队合作中学会合作互助、相互尊重、承担责任，在比赛训练中形成遵规守纪、诚信自律的意识，树立正确的胜负观。一堂好的体育课，就是对学生综合素质的全面培养。

2. 体教融合的新时代新内涵

（1）体教融合的新目标是促进青少年健康发展

国家体育总局、教育部联合印发了《关于深化体教融合　促进青少年健康发展的意见》（体发〔2020〕1号）（以下简称《意见》），站在民族振兴和国家富强的高度，重构了学生、运动员文化学习和体育训练的制度体系，提出了青少年文化学习和体育锻炼协调发展等现实问题，旨在真正促进青少年健康成长，锤炼青少年意志和养成青少年的健全人格。新时代体教融合新目标的确立，为我国学校体育改革提供了新方向，这既符合我国体育、教育发展的历史规律，又为今后我国体育事业发展提供了强有力的后备人才保障和体制机制支撑，带动了学校体育发展质量的提升。

（2）体教融合的新认知是促进体育人全面发展

以体育塑造心灵的事实日趋成熟和深入人心，推动体教融合发生了重大转向。《意见》要求学校开展丰富多彩的课余训练和竞赛活动，这就强调学生在体育活动中是切身性的、体验性的、体悟性的，体育作为一种育人手段，身体感受到的美感和与同伴队友合作产生的道德情感是最为真切的。体教融合倡导通过体育运动促进普通学生身心全面发展、健康成长的基本理念，不仅包含了健康意蕴，更是包含了全面发展的内涵。对于青少年而言，体育是不可或缺的教育形式，是最具具身性特质的美育和德育。

（3）体教融合的新职能是教育体育深度融合

新时代体教融合为加快政府职能转变提供了新的生命力，形成了教育和体育部门在工作职责上深度融合的新职能。《意见》要求将青少年体育赛事依据职能进行重新整合，明确义务教育、高中和大学阶段的学生体育赛事由教育、体育部门共同组织，同时将全国青年运动会与全国学生运动会合并。《意见》要求整合体育传统项目学校和体育特色学校，教育部门和体育部门联合评定体育传统特色学校，目的是让学生能在学校学会至少一项专项运动技能，这就要求学校要开展体育项目技能培训，提供专业的体育训练和指导，通过提高体育传统特色学校运动水平，实现课余训练和体育后备人才培养的双重职能。《意见》提出教育、体育部门为在校学生的运动水平等级认证制定统一标准并共同评定，这意味着教育和体育部门要联合制定新的标准，规范运动员技术等级的分级审批。

（4）体教融合的新机制是统筹协调齐抓共管

《意见》提出建立由国务院办公厅、教育部、体育总局牵头，12个中央部委组成的青少年体育部级联席会议制度，以青少年的实际需求为牵引，强调一体化设计、一体化推进原则，注重顶层设计，强化中央权威，注重责任落实，打破了过去纵向分割、横向封闭的状态，体现了新时代我国学校体育整体性治理思维的转变。

（5）体教融合的新模式是多元参与共享共治

建立多元主体共同治理的制度框架是学校体育改革的必然。新时代体教融合为多元主体共同治理创造了制度条件，初步形成了“政府主导、市场参与、社会协同”的发展格局。学校引导和支持社会力量参与学校体育，社会体育组织在校内以市场化的形式参与体育职业技能考核、运动技能培训、体育科学研究和体育文化活动。社会体育俱乐部成为学校体育活动开展的主要载体，严格落实学校体育的各类标准，明确责任分工，为学生开展各式各样的服务，满足学生对体育活动的多样化需求。

（三）政策梳理与发展脉络

1. 国家层面政策梳理和主要任务

党中央、国务院高度重视青少年健康发展和学校体育教育，针对包括体教融合在内的教育改革制定出台了一系列制度文件和政策举措。这为各部门、各地区更好地推动建设教育强国、体育强国，实现学校体育教育高质量发展提供了关键依据和支撑。

2020年，中共中央办公厅、国务院办公厅联合印发了《关于全面加强和改进新时代学校体育工作的意见》（中办发〔2020〕36号），提出要以服务学生全面发展、增强综合素质为目标，坚持健康第一的教育理念，推动青少年文化学习和体育锻炼协调发展，帮助学生在体育锻炼中享受乐趣、增强体质、健全人格、锤炼意志，培养德智体美劳全面发展的社会主义建设者和接班人。该意见阐明了学校体育对学生健康成长、幸福家庭和健康中国的重要意义，明确了学校体育发展的历史方位和主要目标，是对新形势新问题的积极回应，是对办好人民满意的教育的深刻践行，有助于构建科学合理、切实可行、运转高效的现代化学校体育高质量发展体系。

2020 年，中共中央、国务院印发了《深化新时代教育评价改革总体方案》，提出系统推进教育评价改革，发展素质教育，引导全党全社会树立科学的教育发展观、人才成长观、选人用人观，推动构建服务全民终身学习的教育体系。该方案改变不科学的教育评价导向，从根本上解决教育评价指挥棒问题，扭转教育功利化倾向，着眼于促进学生德智体美劳全面发展，有利于提高教育评价的科学性、专业性、客观性，有助于构建符合中国实际、具有世界水平的评价体系。

2018 年，《中共中央　国务院关于全面深化新时代教师队伍建设改革的意见》印发，鲜明地提出了遵循教育规律和教师成长发展规律，加强师德师风建设，培养高素质教师队伍，倡导全社会尊师重教，形成优秀人才争相从教、教师人人尽展其才、好教师不断涌现的良好局面。该意见的出台在教师队伍建设上具有里程碑意义，充分展现教师是教育发展的第一资源，是立教之本、兴教之源，将加强教师队伍建设作为教育事业的基础工作，统筹教师培养、使用、服务保障全过程，聚焦关键环节、筑牢强师之基，促进教育优先发展。

2019 年，《中共中央　国务院关于深化教育教学改革全面提高义务教育质量的意见》印发，提出要坚持“五育”并举，全面发展素质教育。该意见为新时代义务教育工作提供了根本遵循和行动指南，是我国深化教育教学改革、全面提高义务教育质量的纲领性文件，反复强调科学的教育质量观和教育理念的重要性。明确了新时代发展素质教育的主要内容，并提出了一系列新举措。积极回应招生、素质教育、减负等社会热点问题，既有前瞻性、系统性，又非常务实、重点突出，旨在使每个孩子享有公平而有质量的教育。

2019年，《国务院办公厅关于新时代推进普通高中育人方式改革的指导意见》（国办发〔2019〕29号）印发，提出要统筹推进普通高中新课程改革和高考综合改革，全面提高普通高中教育质量。重点提出要强化体育锻炼，修订学生体质健康标准及评价办法，丰富运动项目和校园体育活动，培养体育兴趣和运动习惯，使学生掌握1~3项体育技能，要求开齐开足体育与健康等课程，积极开展校园体育等社团活动。该意见是第一个关于推进普通高中教育改革的重要纲领性文件，对于办好普通高中教育、增强高中教育发展后劲、提高国民整体素质具有十分重要的意义。

2020年，国家体育总局和教育部联合印发了《关于深化体教融合 促进青少年健康发展的意见》（体发〔2020〕1号），提出要深化具有中国特色的体教融合发展，推动青少年文化学习和体育锻炼协调发展，促进青少年健康成长、锤炼意志、健全人格，培养德智体美劳全面发展的社会主义建设者和接班人。该意见提出了8个方面37项政策措施，全方位推动深化体教融合，促进青少年全面健康成长。

此外，为更好地促进体教融合发展，相关部门先后制定出台了一系列规范性文件和政策措施。国家体育总局和教育部联合印发了《关于加强竞技体育后备人才培养工作的指导意见》（体青字〔2017〕99号），教育部印发了《学校体育美育兼职教师管理办法》（教体艺〔2017〕7号），教育部办公厅印发了《〈体育与健康〉教学改革指导纲要（试行）》（教体艺厅函〔2021〕28号）。这些文件对体教融合的相关理念、制度、机制和能力建设等方面进一步细化和具体化，共同构成推进体教融合的政策体系，彻底解决青少年体育发展中出现的问题、矛盾和短板，推动体育与教育事业的持续健康发展。

2. 地方层面政策梳理和主要内容

在国家政策文件的指导下，全国各地根据国家统一要求和学校体育教育的需求，纷纷出台了适合本地的体教融合实施意见或实施方案，其中对体教融合的具体目标有所调整，部分省市在重点任务、重大政策和重大项目上进行了创新。

北京市体育局、北京市教委联合印发了《北京市深入推进体教融合实施方案》，提出要发挥“双奥城市”优势，重点推进创新落实学校体育工作要求、全面提升体育专业人才能力、构建新型业余训练体系、共建青少年赛事体系、推动社会力量服务校园、实施青少年体育促进计划等6项主要任务。

广东省体育局、广东省教育厅联合印发了《关于深化体教融合　促进青少年健康发展的实施意见》，在全国文件的框架下，采用能融尽融、应融尽融的原则，在省级层面主要针对自己存在的问题，形成更有规划、更具体系的指导性文件。该意见的广东特色突出体现为提出“推动粤港澳大湾区青少年体育发展”、构建粤港澳大湾区体教融合发展机制、协同港澳建立粤港澳大湾区青少年比赛联合办赛机制、支持粤港澳大湾区体育教育与发展联盟建设、支持开展体育师资交流与培训等，并打算从马术、自行车等市场化发展较好的项目入手。

江苏省体育局、江苏省教育厅联合发布了《关于深化体教融合　促进青少年健康发展的实施意见》，明确提出到2025年，江苏基本形成教学体系规范、训练构架完整、竞赛体系完备、人才渠道畅通、保障机制健全的体教融合工作机制和模式。明确提出体育课不再为文化课“让道”，而是与文化课同等重要，中考体育分值权重应占各设区市中考总分值的10%以上。

浙江省体育局、浙江省教育厅联合印发了《关于深化体教融合　促进青少年健康发展的实施意见》，明确提出了深化体教融合发展，加快健康浙江、教育强省、体育强省建设，助力高质量发展建设共同富裕示范区。该意见对标对表党中央、国务院和有关部委的政策意见，立足“重要窗口”和“共同富裕示范区”建设定位，提出有针对性、突破性和实质性的政策举措。

（四）全国各地体教融合改革的实践探索

1. 上海打造中小学体育“一条龙”

2019年起上海就明确“一条龙”布局，推进高中阶段学校按一定比例与初中、小学组成基本的“一条龙”布局，实现教学、训练系统衔接。在全面推进学校体育特色发展、建设“一校多品”的基础上，分阶段推进“一条龙”布局。“一条龙”人才培养布局涵盖三大球、三小球、田径、游泳、武术等9个重点项目，以及冰雪、击剑、射击、射箭、健美操、棒垒球及赛艇等7个推进项目，共计16个项目。原则上，一所市实验性示范性高中阶段学校按照项目与至少2~3所初中、4~6所小学共同组成一个基本的学校体育项目“一条龙”布局单位，在课程、师资、场地、科研及评价等方面形成相关项目的高品质、系统性供给，促进实现各学段间培养的有序衔接。“一条龙”初中和小学可研究建立跨学校的优秀体育学生联合培养机制，推动体育师资、训练场地等资源共享，促进优秀体育人才脱颖而出。高中是“龙头”，初中、小学分别是“龙身”“龙尾”，帮助学生找到终身喜欢的运动项目，经过长时间训练、高水平比赛的支撑，有希望成为专业运动员。

2. 武汉探索“体校+学校+俱乐部”体育后备人才培养体系

近年来，武汉市教育局和市体育局深度合作，为深化体教融合、促进青少年体育事业发展探索新办法、新模式。2021年，武汉市体育局、市教育局联手进行体制机制创新，开展新周期武汉市体育传统特色学校评审认定工作，落实关于“体育传统项目学校”“体育特色学校”两校合一的政策方针，打牢体教融合工作基础，积极推进足球、网球、冰雪项目进校园，游泳、滑冰等体育项目进课堂。此外，大力开展青少年体育技能培训，加大青少年体育人才培养力度，武汉市“学校+体校+俱乐部”体育后备人才培养体系正在形成。2020年和2021年，武汉车谷江大女足俱乐部连续夺得女超联赛冠军，该俱乐部最初成立于2001年，由江汉大学与武汉市足协共同组建，这也是全国最早探索实践体教融合模式的足球成功案例。知音小学与武汉市少儿体育运动学校一墙之隔，该校长期与武汉市少儿体校合作，将体育项目学习融入日常教学中，对学生进行全员兴趣培养，发现苗子，重点输送。目前，少儿体校的乒乓球、羽毛球、网球、体操、跳水、游泳等6个项目的近百名队员在知音小学读书。经过多年的实践和探索，武汉市体育局针对不同年龄段少年儿童开展了16个运动项目的免费技能培训（足球、篮球、乒乓球、羽毛球、网球、游泳、体操、射箭、击剑、摔跤、跆拳道、水上、滑冰、滑雪、武术、马术）和游泳池馆免费开放服务。汉阳区强化政府在青少年体育发展中的主导作用，体育和教育部门打开大门、打破壁垒，共同整合优势资源，让体教融合，“融”“荣”与共。区体教两部门合作建立省、市、区三级体育传统项目学校24所，发展21所（家）学校、单位和社会机构为竞技体育业余训练点，3 个市队区办项目落户学校。市级游泳进课堂试点校 4 所，市级网球进校园试点校 5 所。

3. **广州探索“融合共享，内涵发展”特色模式**

广州市始终坚持把学校体育作为实现立德树人的根本任务、提升学生综合素质的基础工程，对标构建公平卓越、活力创新、开放包容的广州教育新发展体系目标，把学校体育工作摆在更加突出的位置，树立“一个理念”、抓好“两个保障”、整合“三类资源”、强化“四项建设”，推进多样化、现代化、高质量的学校体育体系建设，构建德智体美劳全面培养的教育体系。广州学校体育抓住“双减”契机，推进全员体育，加强体教融合，在“教会、勤练、常赛”上下功夫，普及和提升两手抓，构建融合共享、内涵发展的广州特色学校体育发展格局。

二　天府新区体教融合改革的主要做法

（一）改革背景

1. **国家和四川省推动教育综合改革试验区建设**

为深入贯彻党的十九届五中全会关于建设高质量教育体系重要精神，认真落实中央关于基础教育重大决策部署，特别是全国教育大会后中央印发的关于学前教育、义务教育、普通高中教育等重要文件精神，进一步探索深化综合改革，促进学前教育普及普惠安全优质发展、义务教育优质均衡发展、普通高中多样化特色化发展，全面提高基础教育质量，教育部决定建立基础教育综合改革实验区。2021 年，教育部办公厅印发《关于设立教育部基础教育综合改革实验区的通知》（教基厅函〔2021〕38 号），部署在上海市、广东省深圳市、四川省成都市、河北省廊坊市、山西省长治市、江苏省常州市、浙江省金华市、安徽省铜陵市、福建省三明市、湖北省宜昌市、陕西省西安市高新区、山东省诸城市等 12 个省（市、区）建立教育部基础教育综合改革实验区。教育部基础教育综合改革实验区涵盖了省级市、计划单列市、副省级市、地级市、高新技术产业开发区、县级市等，具有广泛的代表性。各实验区都以党委、政府或教育工作领导小组名义专门印发了方案，提出了具体的改革实验内容和举措。12 个实验区在东、中、西部均有分布，改革目标和重点任务都不尽相同。

四川省积极探索教育综合改革。2020年，四川省委教育工作委员会、省教育厅印发了《建设天府新区成都直管区省级教育综合改革试验区方案（试行）》，提出打造现代教育治理示范高地，创建教育生态样板区，着力培养担当民族复兴大任的时代新人，加快推进天府新区成都直管区教育现代化。新区确定了8大类20项改革任务，其中大部分都是全国首创。改革坚持目标导向、问题导向、改革导向，依照“党政领导、上下联动、多方参与、强化保障、学术支撑、学校试验、动态评估、成果推广”，改革项目以“行政推进、课题推进”方式分类推进，努力在重点领域和关键环节取得重大突破。

天府新区成都直管区省级教育综合改革实行“1345工作体系”。“1”是锚定一个目标，即争创国家教师教育改革实验区、打造教育生态样板区、建设现代教育治理示范高地；“3”是坚持三个导向，即服务人才、服务产业、服务城市；“4”是统筹四大举措，即党建引领、政府主导、多元合作、分类办学；“5”是实现五大转变，即实现由保障户籍人口向服务常住人口转变、由保老师向保学生转变、由保基本民生向服务产业转变、由低位均衡向高品质多元供给转变、由等书教向找书教转变。

天府新区成都直管区省级教育综合改革不同于单项改革、碎片式改革，其意义在于改革之间环环相扣、相互支撑，从而让改革更深入、成果可持续。以“多校划片”改革为例，其支撑改革包括办学体制创新、学区制思维下的集团化办学、“一校两制”的人事制度等，同时“多校划片”也为其他改革带来支撑，集团化办学就是“受益者”。再以集团化办学为例，“多校划片”的招生制度改革可以缓解集团校内部生源竞争问题，党建引领下的学校治理体系建设可以解决集团化办学中权责利问题，“一校两制”的人事制度改革可以破解集团化办学的公民融合与优质教师资源调配问题，教育大数据平台构建的教育信息化改革可以完善集团的一体化建设问题。为更好地推动综合改革，教育系统内部的各个环节也被充分调动起来。党建方面构建党建引领、多方参与的现代教育治理体系改革，人事方面推进校长职级制、深化教师人事制度改革，教育教学方面加快落实立德树人、五育并举改革，招生方面全面推动中小学招生改革，资源供给方面加快多元合作、分类办学改革，社会服务方面推进教育服务经济社会高质量发展改革，教育信息化方面加快教育信息化引领教育现代化改革，教育投入方面推动教育多元投入改革。

2. 天府新区体教融合面临亟待解决的突出问题

实施体教融合改革之前，天府新区学校体育教育面临诸多亟待解决的突出问题，严重影响到体育教育质量提升和学生身体素质提高。

第一，中小学体育师资短缺。天府新区作为国家战略重要承载地和区域发展重要增长极，近年来GDP平均增速始终保持在9%左右。随着经济的高质量发展，大量高科技企业、高端人才入驻入户新区，学龄人口在规模和结构上发生了巨变，原有的师资力量远远不能满足人民群众对优质教育资源的需求，特别是体育教师数量严重不足。按照天府新区“义务教育阶段实行每天一节体育课、高中和职业学校每周调剂增加一节体育课”的要求，天府新区中小学校每周需开设6159节体育课，要高质量完成此项教学任务，需要在现有师资基础上额外增加90名体育教师，而目前体育教师编制使用已接近满额状态。

第二，体育教师专业水平不高。由于长期以来的受重视程度不够，改革前体育教师的教学能力水平与现实需求相比存在一定差距。体育教育的教学方法比较单一、教学模式比较落后，一些中小学体育教师过于重视体育技术传授，忽略了实践的意义，导致学生只了解理论内容，实践起来却存在很多问题。部分体育老师对于自身的教学能力并没有清楚的认识，仅满足于按照规定顺利完成教学任务。以前大多数学校对于体育课程都不重视，不会重点关注学生的体育课程成绩，导致大多数体育教师不重视教学能力的提升，参与培训的积极性普遍较低。新课改背景下，体育教师专业水平不高的短板弱项表现得尤为突出。

第三，体育教育资源共享程度较低。改革前体育教育资源共享目标定位不清晰，各学校对资源共享的认识不到位，全区内资源共享没有形成有效机制，优质学校只顾及本校利益，对资源共享重视程度不够，主要是为执行上级指令。为数不多的教师资源共享方式主要为演示和观摩示范课、集体备课、评价和讨论课程等，难以满足教师资源共享内容的需求，部分教师资源共享流于形式。大部分教师参与共享活动动力不足，对教育资源共享普遍持观望心理或“软抵抗”，不能以积极的心态投入教学工作中。另外，各学校与社会办体育教育机构之间资源共享的机制尚未建立、渠道尚未打通，不利于资源共建共享。

第四，学校体育后备人才培养机制不完善。竞技体育的金字塔结构决定了顶级运动员数量非常少，大量基层运动员在培养过程中面临淘汰分流。传统体校系统里面被淘汰的青少年运动员由于文化学习上的短板，在读书和就业方面面临巨大困难，大部分青少年不愿意进入体校专业队开展训练，更希望能在教育系统的普通学校当体育特长生，这样就能够接受系统的文化教育并为今后的工作生活解除后顾之忧。然而教育部门体育老师的现有专业能力难以适应培养出优秀体育后备人才的客观需要，普通体育老师的专业理念和训练水平与专业的竞技训练体系相比还有很大差距。大量学生不愿意去专业运动队，普通学校又培养不出高水平的运动员，导致许多有天赋的青少年体育后备人才出现流失。

第五，退役运动员就业安置难和资源浪费并存。运动员退役后再就业问题是长期以来影响体育事业持续健康发展的一大难题。四川省和成都市的退役运动员数量比较多，受文化程度和教育水平等多种因素的限制，他们就业安置的难度越来越大，从事理想工作的可能性越来越小，大多数退役运动员被迫转向相对陌生的领域，而且就业质量普遍不高。与此同时，退役运动员在运动队期间通过系统训练培养形成的专业技能，由于不能从事对口工作导致资源浪费，亟须得到二次开发和有效利用。

3. 天府新区推进社会治理创新的内在改革驱动

2018 年 2 月 11 日，习近平总书记视察天府新区时指出，“天府新区是‘一带一路’建设和长江经济带发展的重要节点，一定要规划好建设好，特别是要突出公园城市特点，把生态价值考虑进去，努力打造新的增长极，建设内陆开放经济高地”，为天府新区明确了战略定位，标定了城市特质，规划了奋斗目标，指引了发展方向。

四川天府新区坚持系统观念，树立辩证思维，强化创新意识，加快推动新区改革向更大范围、更宽领域、更深层次拓展。紧扣主线主题，切实增强改革意识，拿出“敢为人先、争创一流”的决心，推动各领域改革工作取得新进展、新成效、新突破。聚焦重点领域，突出原创性原动力改革攻坚，着力推动重点改革领域和关键环节取得突破性进展，推动改革协同创新行稳致远，提升改革的“含金量”和利民惠民的“获得感”。聚焦品牌塑造，全力打造创新高地，着力打造更多集成性、引领性、原创性原动力改革新模式，努力让更多的“天府经验”在全国范围内得到复制推广，更好地肩负起国家级新区的改革创新使命。担当改革探路先锋，统筹推进改革系统集成，持续争取支持政策，把改革政策红利转化为推进新区经济社会发展的强大动力源。

四川天府新区作为国家级新区和省级教育综合改革试验区，始终把改革创新、敢为人先作为动力源，充分发挥资源集聚优势，主动担当，先行先试，深入贯彻党中央关于教育强国、体育强国、健康中国重大战略部署，全面贯彻党的教育方针，落实立德树人根本任务，以人民为中心发展教育，坚持为党育人、为国育才，家校社合力推动五育并举和“双减”落地落实，不断推进省级教育综合改革试验区和体教融合改革试验区建设，回应人民对更好教育的期盼。

2020 年 9 月，新区在义务教育阶段学校试行“每天每生一节体育课”，但新区体育教师数量不够、专业性不强，无法满足学生、学校需求，特别是“双减”实施后，体育师资不足问题越来越突出。根据测算，新区体育教师缺口 141 名，折合下来近 8.5 万个课时。四川作为体育大省，每年有近百名专业运动员退役，但退役运动员入校执教的路径渠道尚不畅通，保障机制还不健全，教师编制制约、资格限制、工资待遇等问题有待解决。针对学校体育量质双增的现实需求和退役运动员职业发展转型的实际困难，天府新区在全国首创体育教师共享中心，实施体育教师共享模式，实现超大城市治理现代化的教育改革新突破。

（二）重大改革举措

四川天府新区认真贯彻落实习近平总书记强调的“坚持健康第一的教育理念”和全国教育大会精神，坚持把体教融合改革作为深化省级教育综合改革试验区建设的切入点，聚焦推动青少年文化学习和体育锻炼协调发展目标，针对体育师资不足、专业水平不高、体育后备人才培养机制不完善等难点问题，在全国首创体育教师共享中心，探索构建体育供给侧和需求侧“双向联动”、公益性服务和市场化运营“双轨运行”的体教融合发展新路径，示范引领效应已初步显现。

1. 搭建师资“蓄水池”，打造体育人才高地

（1）创建体育教师共享中心

天府新区通过教育行政部门赋能，依托国企平台，在全国首创成立体育

教师共享中心，负责体育共享教师的招引、培训、服务、管理等工作。新区统筹整合各级各类体育资源，建设共享中心机构资源库，创新开发菜单式、项目化选师选课服务 IT 系统，高位推动与华东师范大学、成都体育学院、四川体育职业学院、成都大学等高校和教育科研机构深度合作，努力打造体教融合“B2C 平台”。支持新区体育共享教师、教练员在四川省及成都市共享。健全共享体育教师、教练员管理制度，符合条件的可经考核入编。施行体育教师共享平台组织遴选优质校外培训机构进校园开展教学，建立优秀退役运动员进家庭、进社区、进企业制度，构建社会体育指导员服务体系。

四川天府新区体育教师共享中心被定位为公益性，兼顾社会化运营，坚持先进驻、后培训、再上岗的工作思路，逐步推进体育共享教师进学校、进家庭、进社区、进单位。体育教师共享中心由教育科学研究院作为管理主体，天投教育公司协同。体育教师共享中心实行党组织书记领导下的主任负责制，下设综合服务部、课程研发部、教师发展部、赛事管理部和市场运营部 5 个部门。中心负责研制体育人才招引政策，指导教育集团及成员学校引进体育人才并纳入共享中心统筹管理，负责建立健全与体育相关单位、高校、科研机构、协会企业等的联动机制，负责打造多支天府新区青少年体育代表队，负责承接国家课程体育教师培训、区级体育代表队建设和师生体育赛事。

表 1　共享教师管理制度梳理

序号	领域	文件名称
1	招聘制度	《四川天府新区体育教师共享中心共享教师公开招聘工作实施方案》
2	管理制度	《四川天府新区体育教师共享中心共享教师（教练员）管理暂行办法》
		《四川天府新区体育教师共享中心共享教师（教练员）组长、副组长管理暂行办法》
		《四川天府新区体育教师共享中心专家库管理办法》
3	薪酬制度	《四川天府新区体育教师共享中心共享教师（教练员）薪酬管理暂行方案》
		《四川天府新区体育教师共享中心共享教师（教练员）工作补贴暂行方案》
4	考核评价制度	《四川天府新区体育教师共享中心专职共享教师学期绩效考核方案》

资料来源：作者整理。

专栏一　天府新区退役运动员共享教师资格条件

退役运动员应同时满足下列（1）、（2）两个条件，以及（3）～（8）中的至少一个条件：

（1）应持有相应运动项目教练员证书。

（2）具有从事体育项目专业训练经历，取得良好运动成绩（获得过省级及以上体育比赛前三名）或运动技术等级（国家一级运动员及以上称号）。

（3）体育教练员职称证书。

（4）持有二级及以上社会体育指导员职业资格证书。

（5）持有全国性单项体育协会颁发的二级以上体育技能等级证书。

（6）体育教师资格证书。

（7）持有经人力资源和社会保障部确定的人才评价机构颁发的体育职业技能等级证书。

（8）持有经省级（含）以上体育行政部门认可的相关证书。

专栏二　天府新区体育教师共享中心大事记

2021 年 7 月 17 日，四川省体教融合改革试验区授牌仪式暨四川天府新区体育教师共享中心发布会举行。

2021 年 8 月 24 日，首批体育共享教师面试，体操奥运冠军、世界冠军冯喆参与。

2021 年 8 月 25 日，举办与四川省优秀退役运动员的双选会。

2021 年 8 月 26~28 日，举行首批体育共享教师实训考核，跳水世界冠军、奥运银牌获得者邱波等参与授课。

2021 年 9 月 1 日，启动全区排课走校，首批体育共享教师入校执教。

2021 年 9 月 8 日，四川省优秀退役运动员担任学校体育教练员入职仪式在天府四中举行，四川省副省长罗强出席。

2021 年 9 月 9 日，开启首次校园课后延时服务体育课程双选会。

2022 年 1 月 5 日，改革事迹荣登“成都教育十大民生实事”之首。

2022 年 1 月 14 日，央视《焦点访谈》报道天府新区体教融合工作，

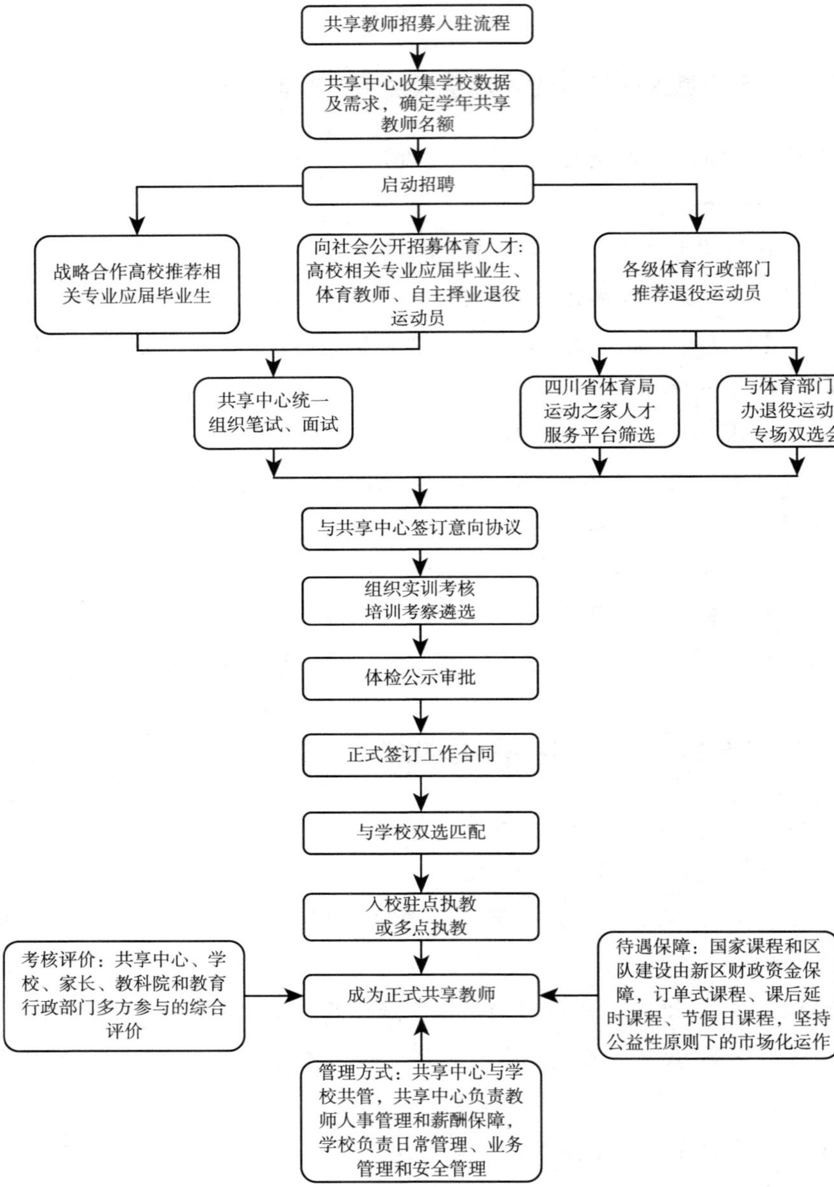

图 1　体育教师共享中心共享教师招聘流程

聚焦体育教师共享中心。

2022 年 3 月 2 日，央视《新闻直播间》报道四川天府新区体育教师共享中心特色课后延时课程服务工作。

2022年3月22日，引进首家战略合作单项重点协会——四川省游泳协会并签约。

2022年4月26日，“教师共享中心”发展模式被写入成都市第十四届党代会报告。

2022年5月12日，举办四川天府新区2022年体育共享教师招聘会退役运动员专场。

2022年5月，组建包含15个项目35所学校的体育后备人才基地学校，以及涉及40余个项目的65所体育传统特色学校，并完成授牌仪式。

2022年5月，组织28所学校参与2022年成都市学运会15个项目并喜获佳绩。

2022年6月6日，天府新区社区治理和社事局与成都大学签署战略合作协议、天府新区体育教师共享中心与成都大学全国幼儿体育发展研究中心签署战略合作协议，成立“天府幼儿体教融合协同创新中心”并完成专家聘任仪式。

2022年7月8日，完成四川天府新区2022年退役运动员共享教师实训考核培训并举行结业仪式。

（2）精准制定人才新政

天府新区严格落实体育总局、教育部“畅通优秀退役运动员、教练员进入学校兼任、担任体育教师的渠道”等重要部署，拓展优秀退役运动员入校担任专、兼职体育教师和教练员途径，广纳冠军、优秀退役运动员、教练员和优秀体育教师进入共享平台。天府新区建立师资准入、岗位聘用、培训提升、考核评价等服务体系，制定退役运动员共享教师公开招聘工作实施方案，实行退役运动员“先入驻、再培训、后上岗”政策。实施天府英才计划，给予新区体育人才10万~200万元分类奖励，对特色体育项目予以专项扶持，凡纳入共享平台的体育人才在新区购房、就医、子女入学等方面享有优待。建立健全与共享中心发展相适应的价值分配和激励约束机制，体现多劳多酬、公平公正的薪酬原则，科学制定专职共享教师和教练员的薪资报酬制度，以更好地吸引人才、留住人才、激励人才。

截至2022年10月8日，四川天府新区体育教师共享中心共计入驻冠军专家45名，其中奥运冠军5名，包括体操冯喆、柔道唐琳、乒乓球陈龙灿、射击张山和易思玲；世界冠军 22 名，包括羽毛球谢中博、网球郑洁、举重张勇、赛艇赵晓俐、花样游泳蒋婷婷和蒋文文等；亚洲冠军和亚运会冠军 5 名，包括排球张翔、中国国际跳棋界第一位男子特级大师周伟等；体育名宿 13 名，包括篮球王治郅、足球马明宇、围棋宋雪峰等。

（3）构建多元化人才队伍

天府新区采取“共享中心招引、教育集团聘请、学校特色吸纳”等多种方式，构建以体育冠军为引领、体育教师为主体、专业人才为特色的多元化师资队伍，广纳 45 名奥运冠军、世界冠军和体坛名宿、48 名优秀退役运动员、2000 余名体育专业人才入驻共享中心，优选签约 72 名共享体育教师，实行编外合同制管理、多劳多得、优绩优酬。

2022~2023 学年度，四川天府新区体育教师共享中心共招聘专职共享教师 72 名，全学年为 30 所公立学校提供 4.2 万余节基础课程服务，其中续约 45 名，新签约 27 名，退役运动员总数达 16 名。性别方面，男教师 35 名，占比 48.6%，女教师 37 名，占比 51.4%。学历方面，研究生 7 名，本科生 63 名，大专生 2 名。年龄方面，最大的 36 岁，最小的 21 岁，平均年龄 27.1 岁。等级运动员 32 名，健将 11 名，一级 7 名，二级 14 名。共享教师擅长的运动专项涉及 25 个项目，项目人数由高至低依次为排球 12 名、田径 8 名、篮球 5 名、足球 5 名、健美操 5 名、游泳 5 名、网球 4 名、羽毛球 3 名、乒乓球 3 名、曲棍球 3 名、柔道 2 名、武术 2 名、射击 2 名、其他（综合）2 名、蹦床 1 名、大众健美操 1 名、举重 1 名、垒球 1 名、民族传统体育 1 名、攀岩 1 名、皮划艇 1 名、赛艇 1 名、跆拳道 1 名、体操 1 名、跳伞 1 名。

2. 构筑共享“立交桥”，激活资源乘数效应

（1）建立“区管校用”新机制

天府新区深化体育教师人事管理改革，探索新区范围内公办、国企举办学校体育教师全部纳入体育教师共享平台管理，由学校使用，全面实行全区排课走校。共享中心统筹“师资管理、岗位设置、人员使用”的柔性人事管理机制，实行“中心管人员总量、动态调整；中心管动态岗位、学校按岗选人；中心管人员薪酬、学校使用评价”，由学校和共享教师多向互选，形成了共享教师多点执教的走校教学模式，打破了教师身份限制，实现了“学校人”向“系统人”转变。设立首席教师（体育）特设岗位、体育名师名教练工作室。鼓励和支持优秀体育教师担任班主任及学校各级管理人员。开展学校教练员、裁判员队伍培养。完善体育人才待遇和荣誉体系。优化体育教师在课外辅导和组织竞赛活动中的课时、工作量计算等奖励性绩效分配政策。2021~2022 学年共享教师累计授课达 33000 余节，经共享中心、学校、家长、教科院和教育行政部门等多方参与综合评价，总体满意度达 98.21%。2022~2023 年上学期，结合区队建设和学校特色项目开展需求，共有 12 名退役运动员共享教师进行多点执教，覆盖 22 所学校（含公立学校及新体制学校），全学年提供 2300 余节精品特色课程服务。

专栏三　天府新区多点执校和排课走校工作新模式

多点执校是指不强行安排体育教师到特定学校任教，根据国家体育教学课程任务所需，同时在两所及以上学校任教。天府新区在多点执校人员的选配上注重双向互选，依托体育教师共享中心信息化平台，对学校提出的体育国家课程、延时课程、特色课程等教学需求，以及体育课程开设情况、师资缺口、教学水平、生源情况等进行综合分析，并尊重双方意愿完成执教配对，目前 57 名共享体育教师被统筹安排到 11 所试点学校执教。毕显皓就是其中一员，他曾是世界冠军，有着 11 年职业排球运动员的经历，正好契合天府新区华阳中学大力发展排球运动的需求，于是被安排到该校担任排球代表队总教练。毕显皓不负重托、深入钻研，为学校量身打造排球冠军课程，一方面将优秀前沿的训练方法与形式运用到课堂教学中，提升学生运动技能；另一方面将冠军效应转化为引导学生爱上运动的榜样力量，促进学生运动爱好的养成。

共享中心排课管理中的所有国家课程、延时课、训练课需求均由学校具体提出，平台根据学校实际形成课时订单，利用信息化技术进行排课。学生也可以通过系统注册来选修自己感兴趣的体育课程。根据学校选课类别、授课时间、选课人数、学校地理位置等，从师资库中择优选择授课教师进行排课。授课教师接收到授课安排后在系统的监督下定时定量地完成授课工作。学期结束时，专家组、平台、学校及学生将通过系统对授课完成质量进行评价。体育教师共享中心则会根据授课评价对授课教师进行升降级、培训等管理。

（2）扩展“拓科拓区”新领域

天府新区推动“双减”政策创造性落地，教育行政部门支持共享中心制定校外培训机构遴选入校管理办法，畅通和规范体育、艺术、科创、劳动、国防等校外培训机构进入学校开展课后延时服务，推进学校和校外培训机构资源互补、合作育人，实现教育更好地回归学校主体、校外培训机构作为有益补充的目的。整合运动场馆、博物遗产、红色基地、科研设施、乡村文旅等研学资源，鼓励艺术、科创、国防教育等专业人才进校授课。基于共享中心丰富的师资力量，开展跨区域项目服务，举办中国排球协会 2022 年第一期全国幼儿排球教练员培训班。

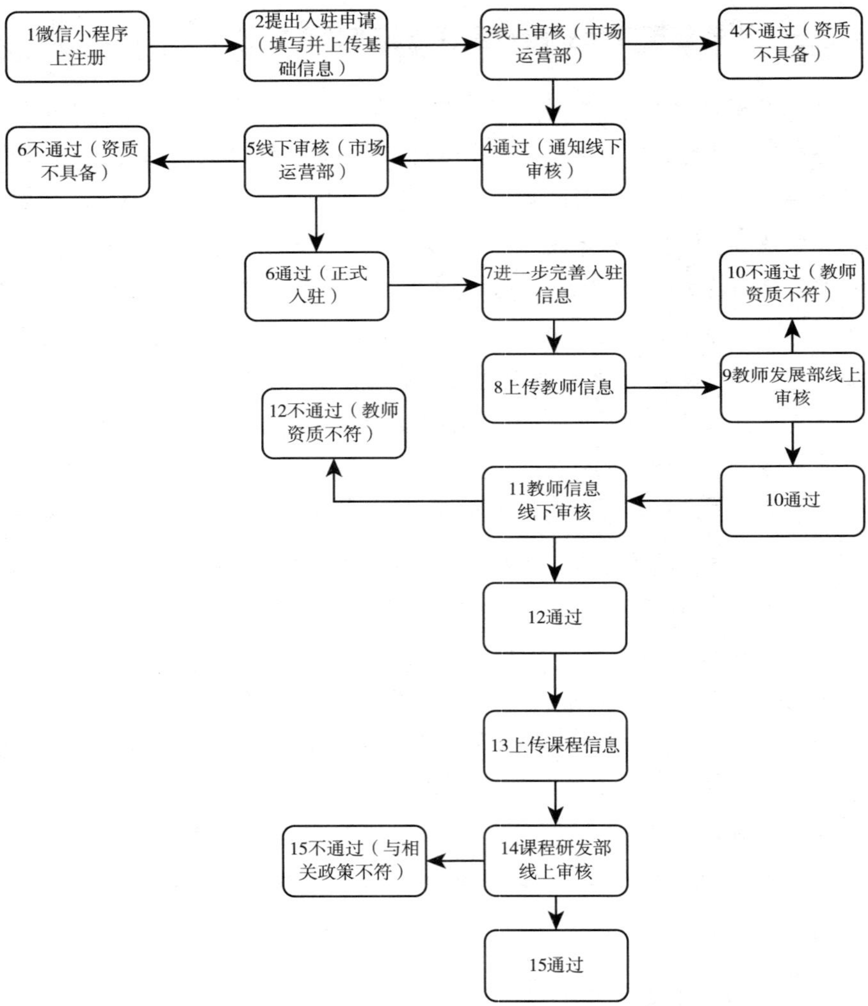

图 2　四川天府新区体育教师共享中心机构入驻流程

（3）探索“体育四进”新服务

天府新区深化健康中国建设，顺应市民健身需求，扩展共享教师的社会体育指导员的多重角色，推动体育人才“进学校、进家庭、进社区、进单位”。常态化组织“冠军云课堂”居家运动系列课程，疫情防控期间开展线上居家防疫冠军课程教学。创新设立冠军 PED 讲堂，汇聚各行业“冠军大咖”，传授专业知识和技能，讲述奋斗故事，弘扬拼搏精神。

3. 创设课程“大超市”，促进全面个性育人

（1）多样化课程育人

天府新区塑造学校体育发展新体系，建设一批体教融合改革示范学校，布局“一校多品”。面向高中和义务教育阶段全体学生，制定学校体育量化目标，推行每周 5 节体育课+多样化特色课的“5+X”体育课程。强化体育学科地位，深化考试内容和形式改革。科学规划和设计中小学体育课程体系，建立学校体育教学、课余体育训练、体育社团和体育运动队的协同发展体系，明确不同学龄段学生运动技能掌握、竞赛参与、体质标准。强化学生健康教育，大力建设体育与健康精品课。依托四川省教育评价改革试验区，强化体育评价，建立中小学学生全员动态体质健康电子成长档案平台。成立体教融合研究院，加强体育课题研究。健全学校体育意外伤害预防与处置机制。

天府新区聚焦“一校一品”和“一校多品”特色体育发展，创建 65 所中小学体育传统特色学校，开设轮滑冰球、花样游泳、曲棍球等体育特色项目 40 项。共享中心遴选 300 多家校外机构与学校合作开设足球、健身操、网球、垒球、棋类、中国舞、陶艺、无人机等 600 余门课后（延时）课程、周末课程和节假日课程，学生自主自愿选课走班，实现“一生一课表”，学生体育兴趣更浓、体育运动时间更长。2021 年全区中小学生体质健康合格率达 98.72%、优良率达 64.10%，其中优良率同比上升 8.85 个百分点。

（2）品牌化赛事育人

天府新区构建“金字塔式”体育赛事新格局。强化竞赛作为推进体教融合的核心节点作用，加强与各级体育协会和体育培训机构合作，整合各级各类体育部门、教育部门青少年体育赛事，推动青少年竞赛体系和学校竞赛体系有机融合，规划并贯通小学、初中、高中、高校四级联赛一条龙竞赛体系，构建班级、校级、集团、区级“四级”竞赛体系，创新“家、校、社”三位一体的融合赛事，形成校内、校际、区级、市级、省级乃至国家级的体育赛事新格局。集成体育教师共享平台资源，举办各类青少年和全民健身体育活动赛事。开展公园城市“天府杯”“天府共享杯”青少年系列品牌赛事活动，举办世界围棋职业锦标赛、国际马术公开赛、成渝地区网球邀请赛、天府公园城市半程马拉松、四川省幼儿体育交流大会暨第四届幼儿篮球交流大会、四川电视台金熊猫冲锋者亲子挑战赛等赛事活动，营造了公园城市健康乐活的育人氛围。

天府新区打造体育赛事融合平台。推进体育系统、教育系统和社会共同参赛的青少年体育赛事融合，实行一体化管理，针对运动员制定参赛获奖的奖励制度。探索政府调控机制，支持单项运动协会履行赛事设计、组织、审批、认证、管理和监督的职能，促进体教融合青少年体育赛事的精准定位和健康发展。截至 2022 年 10 月 8 日，共举行区级体育比赛 6 项，区级以上体育活动 3 项。在成都市 2022 年学生运动会上，天府新区共参加 15 个项目比赛，8 个项目完成比赛，共获得 6 金 5 银 3 铜的好成绩。目前共评审出体育后备人才基地学校 35 所，建设体育传统特色项目学校 65 所，共建设 20 个运动项目 120 余支队伍。

（3）个性化项目育人

天府新区拓宽畅通青少年体育运动员升学渠道。支持体育特色学校开展高水平青少年体育训练，通过选拔考核，按运动项目对口升学，形成小学—初中—高中一条龙的学校竞技体育后备人才培养体系，系统培养有发展潜力的体育后备人才，保证体育后备人才运动成绩和文化成绩同步提升。支持改革完善新区中高考体育对口单招政策，科学设置体育成绩加分比例，探索增加运动技能专项考试内容，为更多体育后备人才提供接受高等教育的机会。

天府新区聚焦体育后备人才培养，市区共建赛艇皮划艇、射击射箭、曲棍球项目重点基地班，组建了足球、网球、棒球、花样游泳、曲棍球、赛艇等 20 支区级运动队，打通体育竞技“苗子”的小学、初中、高中对口升学通道。在第十四届全运会上，新区在籍学生运动员李英兰夺得田径混合 4×400 米接力赛冠军并打破全国纪录，新区输送运动员叶娇夺得女子曲棍球项目冠军。

天府新区探索中小学组建运动队制度。建设棒球、攀岩等20支天府新区特色体育代表队，打造高水平竞技体育高地。支持中小学校与体育教师共享平台合作组建青少年体育俱乐部。探索政校社企研联合办运动队，体育特色项目高中建立高水平运动队，义务教育阶段学校举办多样化运动队，建立小学、初中、高中对口升学单位，完善早期发现、跟踪培养的体育后备人才培养机制。支持省属、市属体校在天府新区布局建设青少年体育训练中心，学生被纳入天府新区中小学文化学习教育体系。深化与高校合作，畅通体育后备人才输送渠道，建立中小学运动队与市队、省队和国家队的衔接制度。

天府新区推动省、市、区共建高水平单项运动业余训练点。选择天府新区基础设施较好、青少年体育训练水平较高的基层训练单位，通过各级体育行政部门共同投入、共同支持，逐步建成一批“青少年高水平单项运动业余训练点”，充实和完善竞技体育后备人才输送培养体系。

4. 建强运营“生态链”，保障双轨持续发展

（1）强化省、市、区联动

2021年7月，四川省教育厅、省体育局支持在天府新区设立首家四川省体教融合改革试验区。2022年4月，成都市第十四次党代会报告明确将推广“教师共享中心”纳入全市教育重点工作。天府新区管委会成立体育教师共享中心工作领导小组，整合人事、体育、财政、国企、平台、公司等力量支持体教融合改革，共享教师国家课程教学服务、特色运动队和青少年体育赛事被纳入财政保障。天府新区建立体教融合改革试验区创建工作联席会议，定期研究解决体教融合试验区建设发展重大问题，保障工作的组织领导和统筹协调。

天府新区加大财政投入力度。整合体育教育部门、学校体育相关投入，新设体教融合生均经费，按中小学生均相应公用经费20%的标准由财政单列保障，用于学校开展体育后备人才贯通式培养。试行学校体育意外伤害保险制度，通过各级财政投入、学校集体缴费和个人缴费相结合的方式筹集资金，实现对在校学生的统保。

（2）构建体教融合治理体系

天府新区推进行政管理部门融通。充分发挥党委领导和政府主导作用，整合体育、教育行政部门力量，集中统一管理青少年体育发展，建立规范化部门联动机制，健全清单式责任落实机制，健全常态化监督机制。强化顶层设计，健全完善体育后备人才培养制度体系，开辟国民教育体系培养优秀竞技体育人才路径，形成“体回归教、体教合一”的综合治理新格局。

天府新区推进家校社体育一体化。强化家庭、学校和社会联系，拓宽参与合作途径，构建青少年体育教育动态互动网络，形成多元化、多主体支持系统。消除学校体育、各级各类体校、学校高水平运动队和社会体育组织四类主体间壁垒，构建政策和平台一体化推进的组织基础、运行机制和保障体系。大力建设社区体育中心，创造各种条件和要素服务青少年健康成长。

天府新区实行体育场地统筹规划。实施区域常住人口人均体育场地使用面积标准化建设，加快“一场、一池、一馆”规划布局建设，构造全民体育运动场景。区域体育场地实行“一盘棋”管理，盘活各类学校、社会体育场馆，新增资源规划建设，充分满足各类人群体育运动需求。

（3）探索市场化运营

天府新区按照“政府主导、市场主体、商业化逻辑”的运作方式，推动天投集团与成都传媒集团合作组建共享中心运营公司，开展投融资、平台运营、项目开发、市场拓展、区域合作等市场化协同创新服务，培育体教融合独角兽企业，打造“体育+”新场景、新业态、新模式。

天府新区大力发展“体育+互联网”新业态。创新体育业态的管理模式和运营模式，创建体育教师、教练员、社会体育指导员共享数字平台，打造“体育共享”模式，延长体育价值链，构建服务互动新平台。制定适应健康中国战略、全民健身、智能体育等服务青少年、社区、企业的全民体育发展政策，推动大数据、区块链、人工智能等数字技术与体育公共服务融合，激发体育业态的创新发展。

天府新区广泛吸纳社会投入。制定《四川天府新区体育教师共享中心机构入驻管理办法（试行）》，广泛引入艺术、科创类优质社会机构，将其入校培训纳入共享中心统一管理，并持续吸纳优质体育机构，共同做好四川天府新区课后延时服务等工作。畅通体育社会组织进入学校的渠道，体育社会组织进入学校的方式由体育教师共享平台统筹管理。制定政府资金支持、税收优惠、特许经营、专项补助等支持政策。鼓励和支持社会组织在强化内部治理、团队管理、品牌培育等方面实现突破，有效承接学校体育公共服务。

截至2022年10月8日，天府新区体育教师共享中心入驻机构共283家，包括专业协会22家，其中体育类136家、艺术类100家、科创类13家、研学类13家、综合类14家、家庭教育类2家、健康服务类2家、劳动教育类2家、国防教育类1家。共享平台上，159家机构与43所学校建立了服务关系，共有教师664名，提供课程927门，教师擅长的课程专项涉及286个项目，项目人数由高至低依次为足球38名、网球18名、美术17名、乒乓球15名、航空科普14名、羽毛球14名、管乐12名、航空科普教育12名、篮球12名、财商素养10名、击剑9名、魔方9名、中国舞9名、跆拳道8名、游泳8名、国际象棋7名、轮滑冰球7名、跳绳7名、舞蹈7名、民乐类6名、舞蹈表演6名、播音与主持艺术5名、财商5名、街舞5名、棒垒球4名、传统武术4名、古筝4名、陶艺4名、小提琴4名、音乐表演4名、英语戏剧表演4名、游泳教学4名、壁球教学3名、播音主持3名、钢琴3名、管弦乐3名等。截至2022年10月8日18：00，共享平台学生注册数为54682名，其中19428名学生完成选课，涉及课程39180节。

（4）突出公益性服务

天府新区探索可持续共享发展模式，充分整合新区教育资源，依托麓湖、兴隆湖、天府公园等公共体育资源，打造新区常态化、综合化、多样化的教育共享品牌，定期发布惠民项目清单，共享中心免费提供公益性课程和赛事活动，订单式课程和定制赛事活动坚持公益价格，实现体育运动全龄、全域、全季参与，让新区市民在体育中感受快乐、享受健康。

专栏四　四川天府新区体育教师共享中心入驻机构服务价格管理基本原则

（一）坚持公益价格原则。各机构在校内提供的课程课时单价原则上不超过市场价格的80%。

（二）坚持片区统一原则。各机构在同一片区内提供的同一类型课程，原则上应保持价格统一，不能出现价格差异。

（三）坚持学期统一原则。机构在一学期提供的课程，在学期中不能随意进行课程价格调整。

（四）坚持片区最低原则。原则上机构在天府新区学校内提供的课程课时单价不能超过其他行政区域校内课程课时单价。

（三）改革初步成效

1. 学生体质健康水平不断提高

天府新区通过以体育教师共享中心为抓手的体教融合改革，积极整合了新区体育教育教学多元化、多维度的优质资源，发挥了各类专门人才和体育机构的育人功能，学校体育教育质量得到进一步提升。2021年，全区中小学生体质健康合格率达98.72%、优良率达64.10%，相比2020年，优良率上升8.85个百分点，学生体质健康普遍获得增强。

2. 教育资源共享不断优化

自天府新区体教融合改革以来，累计共有45名冠军、专家，2000余名退役运动员、体育专业人才，300余家专业机构，10余家行业协会入驻共享中心，各类优质体育教育资源汇聚并发挥辐射引领作用。社会教育资源覆盖领域推广至国防教育、艺术教育、劳动教育、科创教育，全面推动深层次教育体制机制改革创新。

3. 运动赛事成绩不断提高

天府新区体育教师共享中心持续以赛促练、以赛促学，2021年7月至今已组织包括四川省幼儿体育交流大会暨第四届幼儿篮球交流大会、四川电视台金熊猫冲锋者亲子挑战赛及“天府杯”“天府共享杯”青少年系列体育赛事在内的九大赛事活动，参与者达30000人次。在2022年7~8月举行的四川省第十四届运动会上，成都体育代表团中的83名新区青少年组运动员，共获17枚金牌、9枚银牌、6枚铜牌，金牌总数在区、市、县牵头组队的项目中排名前列。

4. 群众获得感不断提升

天府新区积极推动的共享中心模式在不断摸索和实践的过程中得到了各级教育、体育行政部门的重视和支持，受到众多主流媒体的关注和宣传报道，先后接受中央电视台焦点访谈栏目、中国教育电视台、《中国教育报》等媒体专访和广泛报道，获得2021“成都教育十大民生实事”殊荣，入选教育部“双减”典型案例。推广“教师共享”模式写入成都市第十四次党代会报告。相关工作受到教育部、国家体育总局和四川省、成都市有关领导的高度认可。

三　天府新区体教融合改革的创新突破和推广价值

（一）理念创新

1. 突出人民至上理念

人民至上是天府新区体教融合改革的靓丽底色。天府新区坚持把人民至上贯穿体育教育工作始终，围绕“办好人民满意的教育”的目标，聚焦教育发展的突出问题和薄弱环节，在解决普惠性学前教育资源不足、中小学生课业负担偏重、城镇“大班额”、改善教师待遇等民众关心的教育问题上，一件一件抓落实，不断优化教育投入结构、教育资源配置，推动教育公平发展和质量提升。天府新区在体教融合改革中注重倾听人民群众的教育呼声，回应人民的教育期待，让教育发展真正造福于人民，努力让每个孩子都拥有光明的未来、出彩的人生。

2. 突出共建共享理念

共建共享是天府新区体育教师共享中心的最大特色。体育教师共享中心是天府新区深化教育综合改革、构建全面育人大环境新环境的一项全国首创性工作，是新区实现建成以“共治共享”为最高目标的教育现代治理体系的重要抓手之一。体育教师共享中心聚焦“行业级标准、全国性眼光”，多方合作打造教育的资源池、中转台、供给侧，构建体育资源整合、体育师资配置、体育课程开发等功能配套的“天府共享体育”IT 平台。新区深化协同育人格局，整合全域体育场馆资源，服务学校体育、竞技体育和全民健身。新区打破体育教师的身份限制和学校限制，创新建立“共享教师模式”，破解一师一校固化难题。实现全区范围内“排课走校”，构建起单校任教与多点执教相结合的新型教学模式。

3. 突出融合发展理念

融合发展是天府新区体教融合改革的鲜明亮色。天府新区抢抓体教融合发展机遇，坚持融合整资源、融合破难题、融合出特色，以体促教、以教养体，探索走出一条具有天府特色的体教融合发展之路。体教融合不是体育、教育资源的简单相加，而且推动体育和教育在价值、功能和目的上的融合，并共同作用于青少年的成长和发展。理念融合是深化体教融合行动的先导，打破教育体育体制机制壁垒成为体教融合的关键。天府新区倡导公办民办融合，鼓励和支持具有独立法人资格的非学历教育服务单位入驻体育教师共享中心，倡导师资教育资源融合，学校体育教师为共享教师教育教学提供辅导，形成互补优势。

（二）体系创新

1. 创新体育教学体系

天府新区开齐开足上好体育课，落实义务教育阶段中小学“每天每生一节体育课”，不断充实体育大课间和体育课外活动内容，保障学生每天校内、校外各 1 小时体育活动时间及效果。丰富课程内容，结合新区各学校体育服务需求，优选整合社会专业机构力量，构建起覆盖 29 个奥运项目、9 个非奥项目和 10 个中华传统体育项目的课程体系。组建了足球、网球、棒球、花样游泳、曲棍球、赛艇等多个特色运动队伍，建成青少年班级、校级、集团（片区）、区级“四级”竞赛体系，切实推动“一校一品”和“一校多品”学校体育特色项目发展。打通体育优秀“苗子”的小学、初中、高中对口升学通道，建立“一条龙”体育人才培养新机制，着力改变以专业体校为主的体育人才培养模式，为市、省、国家发现、储备和输送体育后备人才，打造未来冠军摇篮。

2. 创新课后服务体系

天府新区以体育教师共享中心为渠道，组织遴选 300 余家非学科类校外培训机构进入学校，开设了足球、健身操、网球、垒球等 600 余门订单式周末课程和节假日课程，充分发挥体育的综合育人功能，助推学校的特色项目建设，实现校外培训转向校内学习，学生学习回归校园主阵地。以体育教师共享中心为主导，完善课后服务体系，构建基础课程+体育、艺术课程+素质教育课程的“1+2+N”课程体系，提供多元化、个性化课后延时服务，实行公益收费，实现校内提质与校外减负相协调、教育质量与社会效益相统一。以体育教师共享中心为平台，深化协同育人格局，进一步明晰家校育人责任，密切家校沟通，创新协同方式，整合运动场馆、校外国防教育基地、劳动教育基地、乡村文旅等资源，推进协同育人共同体建设，营造良好的家校社共育氛围。

专栏五　四川天府新区体育教师共享中心机构入驻必要条件

一　机构资质

根据成都市体育局、成都市科技局、成都市文广旅局出台的体育类、文化艺术类、科技类培训机构标准，结合天府新区相关业务主管部门、审批部门对校外培训机构的管理要求和共享中心的实际，非学科类机构进校园开展课后延时服务等教学培训活动需满足以下基本要求。

体育类拟入驻机构须有民办非企业（法人）登记证书或社会团体法人登记证书或营业执照（至少符合一种）。

艺术类拟入驻机构须有民办非企业或企业单位（法人）登记证书或社会团体法人登记证书或营业执照（至少符合一种），须有办学许可证。

科创类拟入驻机构须有民办非企业（法人）登记证书或社会团体法人登记证书或营业执照，须有办学许可证或办学许可的批复。

综合实践类拟入驻机构须有民办非企业（法人）登记证书或社会团体法人登记证书或营业执照。

以上类别机构须同步具有相应专业教学、培训的业务经营范围。

二　从业人员资质

符合《校外培训机构从业人员管理办法（试行）》对从业人员的基本要求。教师、教练具备相应的教师资格证书或职业（专业）能力证明。

3. 创新体育人才配置体系

天府新区聚焦体育教师资源深度开发、有序流动、高效配置，创新师资共享机制，推动体育教育优质均衡发展。通过纵向贯通、横向联盟的6大教育集团，以体育教师共享中心为平台，积极推动体教融合改革试验，以推动退役运动员入校执教进一步丰富“区管校用”人事改革实践。坚持由“学校人”向“系统人”转变的工作思路，打破体育教师的身份限制和学校限制，不断完善“天府共享体育”IT平台，在新区范围内推行57名专职共享老师排课走校、动态调配，创新建立单校任教与多点执教相结合的教学模式，推动“区管校用”创造性落地，有效推动体育教育优质均衡发展。

4. 创新体育赛事体系

天府新区常规开展“三大球”校园班级联赛、综合性运动会等基础性“天府共享杯”青少年赛事，积极承办高能级“天府杯”体育赛事，大力举办“天府公园城市”全民健身系列赛事，打造新区体育文化和体育赛事品牌，提升新区体育影响力。

（三）模式创新

1. 创新政社合作模式

天府新区坚持公益性、兼顾市场化，区分政府与社会责任，分类提供基础性课程和拓展性课程。开足开好每天一节体育课，由政府提供服务、学校提需求、平台派教师，实行全区排课走校，全面提升青少年体质健康水平。“订单式”课后延时服务、周末和假期托管服务由家长和学生提需求、平台提供教师，满足学生个性化发展需求，健全“一条龙”人才培养体系，打造全省、全国乃至世界体育冠军“蓄水池”。积极打造“天府共享杯”青少年赛事品牌，引领体育项目多样化、有特色、高水平发展。鼓励体育锻炼进家庭、进单位、进社区，参与全民健身运动，个体、群体在平台上自主选择，呈现多元化、多样态的发展态势。

2. 创新体育人才融合发展模式

天府新区探索多方共建区级特色体育运动队。加大探索力度，积极构建政校社企多方共建区级体育代表队的机制，努力招募高水平的教练团队，打造 15 个体育项目的区级代表队。在落实“一校一品、一校多品”工程建设的基础上，加快探索小学、初中、高中及向专业队输送的特色体育后备人才一体化建设路径，有效提升新区学生体质健康水平和运动技能。

（四）机制创新

1. 创新体育教学人才资源供需匹配机制

天府新区以体育教师共享中心为载体，搭建供需精准对接平台，广纳包括冯喆、蒋文文、蒋婷婷等奥运（世界）冠军和退役运动员在内的140余名体育专业人才，构建以体育冠军为引领、体育教师为主体、专业人才为特色的多元化师资队伍，实现体育教师需求侧和退役运动员供给侧的有效衔接。构建学校、学生、教科院和共享中心等多方参与的评价体系，对57名体育共享教师的满意度达96.94%。丰富服务内容，积极推进双选精准匹配，已构建覆盖国家课程、课后（延时）服务、节假日课程52个体育项目的课程服务体系，实行公益收费。组建足球、网球、棒球、花样游泳等15个体育项目特色运动队伍，积极参加比赛，切实推动新区体育事业健康发展。

2. 创新教师管理机制

天府新区加强教师全流程服务管理，以培训畅通入口关，以评价严把出口关，打造高素质专业化共享教师队伍。与华东师范大学、成都体育学院等高校合作，签约的69名退役运动员先进驻、后培训、再上岗，实现由体育人向教育人转变。建立共享教师进入、管理和退出机制，实行学校、学生、家长、教科院和共享平台等多方评价，坚持过程性评价和结果性评价相结合。推行开放式合作，建立提供课后延时服务的校外培训机构遴选、教师审查机制，强化对已吸纳的121家机构的日常监管，保障校外培训机构教师高质量开展教学服务。

3. 创新教学服务社会参与机制

天府新区统筹整合学校和社会资源，构建多领域、全链条服务体系，家校社协同推动“双减”落地，构建良好的教育生态。横向拓展服务领域，探索从体育向艺术教育、劳动教育、国防教育等领域拓展延伸，整合学校体育场馆设施、社会运动场馆等体育资源，链接乡村文旅、红色基地等劳动教育、国防教育、社区教育点位，鼓励劳动、艺术等方面“大家”进校授课，退役军人进校开展国防教育、青少年军训等。目前已在天府四中、都江堰融创雪世界等点位开设涵盖26个项目、194个门类的寒假素质课程，2000余名学生踊跃参与。纵向贯通服务链条，从中小学延伸到学前教育，在科学城幼儿园、天府二幼开设少儿托管营，为6岁以下的少儿提供托管服务和素质提升课程，满足幼儿发展需求。

四 国内和天府新区体教融合改革面临的痛点难点

（一）国家体教融合改革面临的主要问题和原因

1. 部门分割和行政壁垒依然存在

长期以来，教育部门和体育部门在体育教育方面存在明显差异，工作目标的聚合程度不高，体教融合在基层落实中面临种种困难，消除教育部门与体育部门内部的利益分歧刻不容缓。针对体教融合，体育部门的工作重心主要集中于培养竞技后备人才、解决运动员的文化教育和退役运动员就业问题等方面，教育部门的工作重心主要聚焦于增强学生体质、促进青少年身心健康发展等方面。由于目标任务不同，两个部门在推进体教融合工作时的出发点和落脚点存在较大差异，因此在实际工作中没有真正形成合力。能否形成以体教融合为中心的青少年体育治理模式，还需要多方协调与整合。

在多部门的管理架构下，体育和教育部门之间的工作职能可能因利益诉求不同而存在模糊地带，且落实目标任务的发展机制还不成熟，也可能导致体教融合在实施过程中运行效率低下。在发展措施层面，能够兼顾青少年健康成长和竞技体育后备人才培养的模式并不多，没有太多非常成熟的经验体系，现有的各种模式仍在不断探索过程中，有些模式甚至可能面临失败风险。在保障机制层面，相关部门出台了一系列针对运动员工作保障、就业安置的文件，但受限于文化水平较低等因素，难以从根本上扭转运动员退役后失业的残酷现实。打通体育系统和教育系统之间针对体育后备人才培养的关键环节，并建立起完备的制度保障体系，在当前和今后相当长的一个时期内显得尤为重要。

2. 学校体育教学受重视程度不够

学校体育教学是提高青少年健康素质的关键环节。加强学校体育教学是提升学生体质健康的有效途径，但却是当前教育工作中比较薄弱的环节。长期以来，学校体育教学在教育体系中处于弱势地位，受片面追求升学率等的影响，其他学科挤占了体育课和课外体育锻炼的时间，导致学生活动时间不足，一定程度上影响和制约了学生体质健康水平的提升。在基础教育阶段，体育课给文化课让路的现象长期存在、普遍存在。即使体育参加中考已经实施多年，但体育教育仍未得到足够重视，主要原因在于，体育中考不能客观地反映学生的健康水平，体育课的教学内容与中考体育的考核指标关联性不强，不能将身体机能的提升转化为形成一种健康的生活方式。

与学校体育教学受重视程度不够相呼应的是，学生身体健康问题不容乐观。2021 年 7 月 13 日，国家卫健委疾控局发布信息表示，2020 年全国儿童青少年总体近视率为 52.7%，其中 6 岁儿童、小学生、初中生和高中生的近视率分别为 14.3%、35.6%、71.1%和 80.5%。学校体育作为理想中竞技体育人才培养的主要基础阵地，短时间内难以形成一支成熟、稳定的竞技体育复合型保障团队，若要求学校投入大量资源培养竞技体育人才，显然也不符合学校的长远发展。体校作为体育行政系统办教育的典型，为竞技体育后备人才培养和体育事业的发展作出了重大贡献，但体校面临文化教学质量较低、毕业生就业不畅、办校经费缺乏等问题，普遍出现了生存危机。传统的体育系统与教育系统的学校中，竞技体育后备人才培养难的问题均较严重。

3. 学训矛盾突出影响后备人才培养

体教融合是推动竞技体育后备人才培养的最佳路径。大多数学校的学训矛盾十分突出，赛制改革亟待进行。竞技体育后备人才全都是在校学生，既要从事运动训练，又必须兼顾文化学习。教育和体育两个部门共同培养竞技体育后备人才，这既体现了对青少年成长发育规律、文化学习规律、运动员成才规律、运动技能形成规律的尊重，也有利于发挥两个部门的协同优势。但学生运动员的时间和精力毕竟有限，较大的运动量、长时间训练之后难有更多精力用于学习。同时由于赛制影响，因比赛耽误的课程无法及时跟进和弥补，势必造成运动员文化课学习进度跟不上，影响文化课学习效果。从这个角度看，赛制改革是保证运动员文化教育质量、更好地推进体教融合的前提。

4. 社会力量参与体教融合明显不足

社会组织是支持青少年体育发展的重要力量。仅仅依靠学校现有行政力量、教育资源和体育师资队伍很难将体教融合的各项部署落实到位，这就需要广泛吸收社会力量提供服务。学校体育师资主要面临两个问题，一是体育教师严重缺编，二是体育教师竞技训练能力总体偏弱。学校要开展丰富多彩的课余训练、竞赛活动，扩大校内、校际体育比赛覆盖面和提高参与度，必然要求更多社会组织进入学校，以弥补学校竞技体育组织的不足。但是目前社会组织人员参与学校体育的准入制度尚不完善，而且还要解决其教育基本理论知识缺失、教学能力欠缺、学生体育学习评价能力缺乏、体育实践教学经验缺少等问题。

社会力量参与学校体育的内容不仅仅是体育课或体育竞赛，而应该是以服务为宗旨，解决青少年体力活动不足、学校体育育人功能不强、体育评价机制不畅通等现实问题。但目前社会体育组织受登记管理双重许可、监管双重负责等社会团体管理制度的限制，运作的独立性和自主性缺失，资金筹集和专业服务水平较差，内生动力不足，自治水平和自我管理的能力还较弱。社会体育组织若仅仅依靠政府资金支持、税收优惠、特许经营、专项补助等手段参与学校体育，而不从内部治理、程序优化、团队管理、品牌培育、公信力建设等方面实现突破，则难以有效提升承接学校体育公共服务的能力。与此同时，学生和家长对社会体育组织融入学校体育的参与度和支持度较低，短时间内无法接纳社会力量为体育教学、竞赛或培训提供指导，引导、扶植和培育具备承接体教融合高质量发展需要能力的社会体育组织尤为关键。

（二）天府新区体教融合改革面临的痛点难点

作为体教融合改革的先行者，四川天府新区在推进体教融合过程中既面临全国的共性问题，也存在自身的个性问题，既面临宏观层面的体制机制障碍，也存在微观层面的痛点难点堵点。进一步看，天府新区体教融合改革在逐步探索解决原有困难不足的同时，又面临新问题新挑战，亟须予以重视和解决。

1. 退役运动员的教学能力水平亟待提升

退役运动员拥有较高的个人竞技能力，但由于文化程度偏低，没有经过系统化的教学知识学习，距离合格体育教师的要求还有一定差距。目前天府新区体育教师共享中心引进入驻的大多数体育冠军和退役运动员在育人理念、教学方法等方面有很大欠缺，考取教师资格证存在一定困难，很多退役运动员专业与学校需求匹配度不高，导致体育人才未能全覆盖匹配到学校使用。目前入驻的退役运动员专项主要集中在水上项目或小众项目，与新区学校体育师资、特色队伍建设的需求匹配度不高。可以预见的是，退役运动员在专业结构、知识水平、教学素养等方面的短板弱项，将是体育教师共享中心可持续发展的重大制约因素。

2. 体育教师共享中心的职能定位需要更加明确

目前体育教师共享中心的学校体育行政职能由社区治理和社事局委托，开展共享教师管理、入驻机构管理等工作，但因中心性质定位等原因，体教融合推进过程中的很多事项仍不够顺畅，权责关系不够明晰，流程管理不够规范。如体育教师共享中心的经费保障和人员管理比较模糊，目前依靠大量借调人员维持运转，身份性质和待遇不同导致归属感不强。

3. 共享教师的资格能力认定亟须规范

目前体育教师共享中心的教师和教练员大多为退役运动员，其中大多数没有考取教师资格证的意愿，从而无法教授学校开设的国家课程，无教练员证也不符合到学校担任教练员的基本要求。尽快协助解决共享教师的资格认证问题，是天府新区深入推进体教融合改革、推动体育教师共享中心进一步发展的关键。

4. 高水平体育运动队伍建设机制有待完善

为深入贯彻落实党中央、国务院的政策文件精神，天府新区根据现有基础谋划打造包括足球、篮球、赛艇、攀岩等 15 个体育运动项目在内的区级体育运动队伍，但是目前体育教师共享中心尚处于初创阶段，国家体育课程和课后延时服务被定性为纯公益服务，中心没有充裕经费高水平建设区级体育运动代表队，为了彰显新区体育运动风采，需要进一步谋划寻求多方资金渠道支持。

五　对我国及天府新区深化体教融合改革的建议

体教融合是我国体育和教育转型发展中重要的理念变革和战略任务，站在实现教育现代化和体育强国战略的高度，需要深刻理解体教融合的新内涵、新理念和新路径，通过体教融合转变发展观念，充分发挥体育的育人价值。新时代新征程上，必须坚持以促进青少年健康发展为主要导向，始终坚持“一体化设计、一体化推进”的总体原则，彻底解决青少年体育发展中出现的短板弱项和痛点难点，推动体育与教育事业的健康可持续发展。

（一）厘清明晰体教融合改革理念

1. 坚持以人民为中心的发展思想

体育教育是满足人民群众对美好生活向往、促进人的全面发展的重要手段，更是青少年教育中非常重要的一部分。加快建设体育强国和教育强国，必须坚持以人民为中心的发展思想，紧紧抓住青少年健康最直接最现实的关键问题，把青少年作为发展体育教育事业的主体，把提升青少年健康素质、促进青少年的全面发展作为学校体育教育工作的出发点和落脚点，着力补齐短板弱项，落实体教融合改革举措，不断提高青少年健康水平。只有坚持以人民为中心，走好学校体育教育共建共享之路，才能实现学校体育教育事业更高质量、更有效率、更加公平、更可持续、更为安全的发展。

2. 坚持健康第一理念

树立健康第一理念是我国教育和体育事业发展的核心价值追求，对新时代体教融合的实施具有重要的引领作用。落实健康第一理念，就必须提高政治站位，重视体育教育对青少年成长的健康价值。树立健康第一理念就必须将促进青少年身心健康作为目标导向，培育终身体育习惯，培养青少年的健康生活方式。在体教融合实施的内容设计、方式选择和绩效评估等方面，均要体现健康第一的目标约束。这就更加需要确立学校体育教育在教育发展过程中的基本定位，以学校体育的教育教学机制、人才培养机制、服务社会机制为基础，通过培养和输出人才及改善教学方法、教育理念、教学设施等，提高服务校外参与体育运动的能力和质量。

3. 坚持学校体育教育的主体地位发展理念

学校是广大青少年接受教育的主阵地，学校体育教育是青少年体育的基础、体育教育的核心、竞技体育后备人才培养的源头。学校体育是群众体育、竞技体育的根基，是丰富校园体育文化的重要场域，是塑造和培养学生运动员在学业、健康、公平精神、体脑平衡方面的重要载体。深化体教融合必须确立学校体育教育的主体地位，聚焦体育的教育功能，致力于培养德智体美劳全面发展的社会主义建设者和接班人，社会、市场可以主动将资源投入学校体育教育中，将学生的健康作为目标融合、措施融合、资源融合的根本落脚点，为广大青少年的健康成长提供持久动力。

4. **坚持体校协同育人的价值理念**

体育是教育的重要组成部分，通过体育教育不仅能够增强青少年体质，促进其生长发育，同时也能让学生在体育教育中学会遵守规则、团结合作、吃苦耐劳、顽强拼搏、尊重他人等，提升青少年的道德素养。新时代体教融合需要促进学生的全面发展，充分发挥学校体育教育在促进青少年成长中的重要作用。新时代的体教融合不是简单地将体育与教育相加，也不仅仅是体育回归教育的问题，而是要牢固树立体教协同育人理念，把体育和教育各自的理念优势变为共同优势，共同作用于青少年的身心健康发展，产生“1+1>2”的系统整合效果。体教协同育人理念是要将体育纳入学校的学科教学体系、日常教育体系、管理服务体系和评估督导体系等具体工作内容中，充分发挥体育和教育育人的综合价值。

5. **坚持多元开放融合的治理理念**

新时代体教融合的实施主体主要是体育部门和教育部门，应强调体育和教育部门的一体化推进，加强部门间的协调、沟通与合作，整合资源，实现两部门的资源共享与共用。新时代体教融合要树立多元开放融合的理念，改革落实全程需要坚持多部门分工配合、上下联动、密切合作，调动全社会积极性共同参与，促进体教融合各项改革措施在政策取向上相互促进。政府、市场和社会在实施过程中应该相互协同，为完成总目标聚焦发力，建立多元开放的青少年体育健康发展的治理体系。

（二）全面深化学校体育教育改革

1. **改革体育竞赛模式**

竞技运动可以造就一批身心协调发展的青少年，每个人都在规则的基础上把自己的最大潜力发挥出来，在赛场上是对手，比赛结束后是朋友。在竞赛过程中可以培养青少年的规则意识、团队合作精神、不服输精神、理性面对输赢精神，如果青少年代表国家、学校、班级参赛，爱国主义、爱校主义、爱班主义思想便自然形成。在体教融合过程中，为了达成扩大校内、校际体育比赛覆盖面和参与度的目标，应不断改革和完善现有体育竞赛模式。

2. **改革师资聘用模式**

体教融合过程中，为了达成学校体育改革的预定目标，拥有足够的高水平体育师资是必要的前提条件。只有拥有足够多的优秀体育教师，才能保障学校开设更多可供学生选择的体育项目，确保“一校一品”的实现，为学生掌握1~2项专门的运动技能奠定基础。为了充实现有体育师资，需对现有学校体育师资聘用模式进行改革，允许多种师资聘用模式并存。学校可以通过教育部门购买服务，聘用体育系统大量的优质教练员、裁判员参与学校体育课教学和课外体育活动，提升学校体育师资水平，实现体育系统教练员资源的合理流动与资源共享，同时在工资待遇、职称评定、继续教育等方面将其纳入教育系统进行统筹。学校也可以通过设置不同的师资岗位促进师资队伍的稳定与水平的持续提升。对于专职体育教师，应基于学校特色项目，采用各种培训方法提升其该运动项目的运动技能及教学能力。

3. **改革考核评价模式**

考核评价是决定教育实践及其方向的“指挥棒”。为了深入推动体教融合，改革考核评价模式势在必行。全面总结体育中考的有效经验和做法，为体育进高考做好技术储备和舆论准备。运用各项目的运动技能等级标准，对学生进行运动技能测试，凸显对学生平时运动技能和健康水平的测量，以及对其进步幅度的评价。为了保障学校体育考核评价模式的有效推进，应将学生体质健康作为评价学生的重要依据，在具体实施过程中将其与考试、招生等实践有机结合起来。将学生体质健康作为评价学校以及地方教育、经济、社会现代化水平等的重要指标。

4. **改革体育教学模式**

为更好地实现体教融合的目标，学校体育教学内容与模式也要进行相应调整和完善。要扭转学校体育课“重体能、轻技能”的趋势，教学主要涵盖健康教育内容、基本运动技能和运动项目三个部分。体育教师进行体育教学时应至少拥有相关方面的教材，通过一定学段的教学使学生熟练掌握相应的运动项目技能。小学、初中、高中、大学阶段可以保持选择项目的连续性，也可以根据兴趣重新选择项目，目标是确保每名学生都能在基础教育阶段掌握运动技能、参与体育竞赛。随着互联网技术和信息化工具的广泛应用，可以将短视频等形式用于基本运动技能教学，帮助学生快速掌握运动技能。同时，还可以帮助青少年在家庭空间内通过简单器械、徒手动作等完成基本运动技能的学习与锻炼，鼓励家长与子女共同参与锻炼、同步学习体育与健康知识，在实现体育生活化的过程中最终实现生活体育化。

（三）健全体教融合一体化推进机制

1. 夯实体教融合一体化推进组织机制

深化体教融合需要破除体育、教育行业的传统认知，彻底消除部门之间的隔阂，树立一体化的发展逻辑。新时代体教融合要重视发挥政府部门联席会议制度的协调作用，破除制约多部门合作的体制机制问题，重构体育与教育部门的现代化治理新机制，实现相关决策部门一体化设计的思路，制定一体化实施的执行方案，实现横向一体化的组织关联，推动体育部门与教育部门形成空间上相互支持、功能上互相补充的发展格局，彻底实现体育与教育系统的深度融合，从而最终实现青少年文化教育和体育锻炼协调发展。第一，要实现顶层架构和基层运行组织的有效联动。在相关政策制定过程中，要充分考虑到地方部门实施的可能性。在微观运行方面，要体现地方实施经验对国家顶层设计的补充，确保在相关体育政策的制定和落实过程中，能够体现上下组织间良好的联动态势。第二，要实现政府、学校与社会体育组织的有效联动。要鼓励发展青少年俱乐部，制定社会俱乐部进校园的标准，为学校体育赛事活动、体育运动培训供给、优秀运动人才培养提供专业化服务，实现政府、学校、社会团体和市场资源的互动，全面夯实体教融合发展的组织基础。第三，要实现不同类型学校间的有效联动。推动传统项目学校、体校、普通学校之间的融合，发挥全国各类高等院校高水平竞技体育的带动作用，推动大学、中学、小学和幼儿园体育发展的系统衔接工作，彻底解决人才培养与体育事业发展严重错配的问题。

2. 优化体教融合一体化推进运行机制

体教融合是全过程、全方位培养人才的重要理念。体教融合不是脱离体育系统，反而是强化体育部门在整个育人体系之中的重要作用。体教融合是要以政社协同推进机制、责任落实机制、联合督导机制、社会力量参与的市场机制等，真正实现新常态下体教融合的制度创新、方式创新以及内容创新，让学校成为我国体育事业的重要战略基地，让学生形成良好的体育参与意识，让体育素养成为我国普通公民的知识内容和基本特质。第一，要实现人才资源的共享机制。体教融合的实施需要体育系统和教育系统实现优秀人力资源共享，制定优秀退役运动员进校园担任体育教师和教练员制度、体育系统教师与教练员到中小学校任教制度和中小学校文化课教师到体校任教制度等，从政策上保证他们的地位、待遇和发展机会被同等对待。第二，要形成一体化的赛事运营机制。体育部门和教育部门共同制定与完善体育系统赛事和教育系统赛事并轨后的参赛资格、成绩标准和等级认定制度，破除既往两个系统赛事的壁垒。要做好赛事分类管理和配套工作，厘清不同赛事的归口部门，做好赛事运动等级评定工作。第三，要建立体育服务购买机制。制定社会体育俱乐部参与政府购买服务的制度，完善相关收费制度、体育教学活动质量监控标准制度，从而实现社会体育俱乐部顺利进入学校。第四，要建立多主体的互动机制。学校、社区应不断完善体育场地器材建设并积极免费向青少年提供，定期提供体育健身指导和举办运动会。社会组织要合理有序地开展青少年体育培训、训练、竞赛等活动，充分发挥青少年体育俱乐部的带动作用。家长要在思想上转变对体育的认识，并在行动上引导孩子在课余时间积极参与体育运动。

3. 健全体教融合一体化推进保障机制

体教融合目标具有多元性、长期性和复杂性，涉及教育、体育、民政和市场监督等多个政府部门的业务范畴，建立体教融合一体化推进的保障机制是新时期做好学校体育教育工作的重要抓手。新时期要重视体教融合的政策保障，科学制定体教融合评估考核体系，将体教融合的评估考核结果作为改进体育和教育工作的重要标尺，成为监督地方政府加强体教融合工作的重要依据。第一，要引导不同主体形成推动体教融合工作的合力。将打造学校、社区、家庭体育的一体化育人模式作为有效载体，要在政策、评价、监督等各个方面设立专门性制度，尤其是要建立体教融合的激励保障机制，从而提升各级主体的工作积极性。第二，要健全深化体教融合的制度体系。围绕各级各类学校制定相关政策法规，对国家出台的相关制度进行定期修订，进一步强化体育、教育、卫健委等主管部门的职责协同，实现职能、权力和责任的有机统一。第三，要建立体教融合评价标准体系。教育部门要会同体育、卫生健康部门共同制定学校体育标准，加强对学校体育教学、课余训练、竞赛、学生体质健康监测的评估、指导和监督，使学校体育成为推动体教融合的有效载体。强化对传统体校的体教融合开展情况进行定期检查，将培养优秀体育后备人才作为重要内容，全面保证体教融合目标的实现，真正使体教融合战略任务能够落地生根。

（四）全面深化基础教育体育教学改革

1. 开齐开足上好体育课

严格落实学校体育课程开设刚性要求，不断拓宽课程领域，逐步增加课时，丰富课程内容。义务教育阶段和高中阶段学校严格按照国家课程方案和课程标准开齐开足上好体育课。鼓励基础教育阶段学校每天开设 1 节体育课。高等教育阶段学校要将体育纳入人才培养方案，学生体质健康达标、修满体育学分方可毕业。鼓励高校和科研院所将体育课程纳入研究生教育公共课程体系。

2. 加强体育课程和教材体系建设

学校体育课程注重大、中、小、幼相衔接，聚焦提升学生核心素养。学前教育阶段开展适合幼儿身心特点的游戏活动，培养体育兴趣爱好，促进运动机能协调发展。义务教育阶段体育课程帮助学生掌握 1~2 项运动技能，引导学生树立正确健康观。高中阶段体育课程进一步发展学生运动专长，引导学生养成健康生活方式，形成积极向上的健全人格。职业教育体育课程与职业技能培养相结合，培养身心健康的技术人才。高等教育阶段体育课程与创新人才培养相结合，培养具有崇高精神追求、高尚人格修养的高素质人才。学校体育教材体系建设要扎根中国、融通中外，充分体现思想性、教育性、创新性、实践性，根据学生年龄特点和身心发展规律，围绕课程目标和运动项目特点，精选教学素材，丰富教学资源。

3. 强化基础教育学校体育教学训练

逐步完善“健康知识+基本运动技能+专项运动技能”的学校体育教学模式。教会学生科学锻炼，指导学生掌握跑、跳、投等基本运动技能和足球、篮球、排球、田径、游泳、体操、武术、冰雪运动等专项运动技能。健全体育锻炼制度，广泛开展普及性体育运动，定期举办学生运动会或体育节，组建体育兴趣小组、社团和俱乐部，推动学生积极参与常规课余训练和体育竞赛。合理安排校外体育活动时间，着力保障学生每天校内、校外各 1 个小时体育活动时间，促进学生养成终身锻炼的习惯。加强青少年学生军训。

4. 健全体育竞赛和人才培养体系

建立集校内竞赛、校际联赛、选拔性竞赛于一体的大、中、小学体育竞赛体系，构建国家、省、市、县四级学校体育竞赛制度和选拔性竞赛（夏令营）制度。大、中、小学校建设学校代表队，参加区域乃至全国联赛。加强体教融合，广泛开展青少年体育夏（冬）令营活动，鼓励学校与体校、社会体育俱乐部合作，共同开展体育教学、训练、竞赛，促进竞赛体系深度融合。深化全国学生运动会改革，每年开展赛事项目预赛。

5. 加强体育传统特色学校建设

完善竞赛、师资培训等工作，支持建立高水平运动队，提高体育传统特色学校运动水平。加强高校高水平运动队建设，优化拓展项目布局，深化招生、培养、竞赛、管理制度改革，将高校高水平运动队建设与中小学体育竞赛相衔接，纳入国家竞技体育后备人才培养体系。加快探索向专业队输送特色体育后备人才一体化建设路径。深化高水平运动员注册制度改革，建立健全体育运动水平等级标准，打通教育和体育系统高水平赛事互认通道。

（五）全面加强体育教学要素保障

1. 着力配齐配强体育教师

要加大力度配齐中小学体育教师，未配齐的地区应每年划出一定比例用于招聘体育教师。在大、中、小学校设立专（兼）职教练员岗位。建立聘用优秀退役运动员为体育教师或教练员制度。有条件的地区可以通过购买服务方式，与相关专业机构等社会力量合作向中小学提供体育教育教学服务，缓解体育师资不足问题。实施体育教育专业大学生支教计划。通过“国培计划”等加大对农村体育教师的培训力度，支持高等师范院校与优质中小学建立协同培训基地，支持体育教师海外研修访学。推进高校体育教育专业人才培养模式改革，推进地方政府、高校、中小学协同育人，建设一批试点学校和教育基地。明确高校高职体育专业和高校高水平运动队专业教师、教练员配备最低标准，不达标的高校原则上不得开办相关专业。

2. **大力改善场地器材建设配备**

研究制定国家学校体育卫生条件基本标准。建好满足课程教学和实践活动需求的场地设施、专用教室。把农村学校体育设施建设纳入地方义务教育均衡发展规划，鼓励有条件的地区在中小学建设体育场馆，与体育基础薄弱学校共用共享。小规模学校以保基本、兜底线为原则，配备必要的功能教室和设施设备。加强高校体育场馆建设，鼓励有条件的高校与地方共建共享。配好体育教学所需器材设备，建立体育器材补充机制。建有高水平运动队的高校，场地设备配备条件应满足实际需要，不满足的原则上不得招生。

3. **统筹整合社会体育资源**

完善学校和公共体育场馆开放互促共进机制，推进学校体育场馆向社会开放、公共体育场馆向学生免费或低收费开放，提高体育场馆开放程度和利用效率。鼓励学校和社会体育场馆合作开设体育课程。统筹好学校和社会资源，城市和社区建设规划要统筹学生体育锻炼需要，新建项目优先建在学校或其周边。综合利用公共体育设施，将开展体育活动作为解决中小学课后“三点半”问题的有效途径和中小学生课后服务工作的重要载体。推荐无法进入学校担任教师的冠军或退役运动员到优质培训机构兼职，参加课后服务、周末（寒暑假）班的教学。搭建冠军和退役运动员创业孵化基地，支持其在体教融合领域进行自主创业。

（六）完善体教融合评价机制

1. **推进学校体育教学评价改革**

建立日常参与、体质监测和专项运动技能测试相结合的考查机制，将达到国家学生体质健康标准要求作为教育教学考核的重要内容。完善学生体质健康档案，中小学校要客观记录学生日常体育参与情况和体质健康监测结果，定期向家长反馈。将体育科目纳入初、高中学业水平考试范围。改进中考体育测试内容、方式和计分办法，科学确定并逐步提高分值。积极推进高校在招生测试中增设体育项目。启动在高校招生中使用体育素养评价结果的研究。加强学生综合素质评价档案使用，高校根据人才培养目标和专业学习需要，将学生综合素质评价结果作为招生录取的重要参考。

加强体教融合理论和实践研究，建设体教融合研究专家库。

2. 完善体育教师岗位评价机制

把师德师风作为评价体育教师素质的第一标准。围绕教会、勤练、常赛的要求，完善体育教师绩效工资和考核评价机制。将评价导向从教师教了多少转向教会了多少，从完成课时数量转向教育教学质量。将体育教师课余指导学生勤练和常赛，以及承担学校安排的课后训练、课外活动、课后服务、指导参赛和走教任务计入工作量，并根据学生体质健康状况和竞赛成绩，在绩效工资内部分配时给予倾斜。完善体育教师职称评聘标准，确保体育教师在职务职称晋升、教学科研成果评定等方面，与其他学科教师享受同等待遇。优化体育教师岗位结构，畅通体育教师职业发展通道。提升体育教师科研能力，在全国教育科学规划课题、教育部人文社会科学研究项目中设立体育专项课题。加大对体育教师表彰力度，在教学成果奖等评选表彰中，保证体育教师占有一定比例。参照体育教师，研究并逐步完善学校教练员岗位评价。

3. 健全体育教育督导评价机制

将学校体育纳入地方发展规划，明确政府、教育行政部门和学校的职责。把政策措施落实情况、学生体质健康状况、素质测评情况和支持学校开展体育工作情况等纳入教育督导评估范围。完善国家义务教育体育质量监测，提高监测科学性，公布监测结果。把体育工作及其效果作为高校办学评价的重要指标，纳入高校本科教学工作评估指标体系和“双一流”建设成效评价。对政策落实不到位、学生体质健康达标率和素质测评合格率持续下降的地方政府、教育行政部门和学校负责人，依规依法予以问责。

4. 深化体校管理体制改革

推进各级各类体校改革，在突出体校专业特色和体育后备人才培养任务的同时，推动建立青少年体育训练中心，配备复合型教练员保障团队，以适当形式与当地中小学校合作，为其提供场地设施、教学服务、师资力量等。将体校义务教育适龄学生的文化教育全部纳入国民教育体系，配齐配足配优文化课教师，加强教育教学管理。鼓励体校与中小学校加强合作，为青少年运动员提供更好的教育资源，创造更好的教育条件，不断提高其文化教育水平。确保体校教师在职称评定、继续教育等方面享受与当地普通中小学校或中等职业学校教师同等待遇，合理保障工资薪酬。鼓励体校教练员参与体育课教学和课外体育活动，为学生提供专项运动技能培训服务，并按规定领取报酬。

5. 推动体育社会组织发展

鼓励青少年体育俱乐部发展，建立衔接有序的社会体育俱乐部竞赛、训练和培训体系，落实相关税收政策，在场地等方面提供政策支持。制定社会体育俱乐部进入校园的标准，由学校自主选择合作俱乐部。同时要加强事中事后监管，改善营商环境，激发市场活力，避免因联合认定俱乐部而可能出现变相行政审批的现象。支持社会体育组织为学校体育活动提供指导，普及体育运动技能。有条件的地方可以通过政府向社会体育组织购买服务的方式，为缺少体育师资的中小学校提供体育教学和教练服务。

（七）强化体教融合科技创新支撑

1. 加强体教融合新技术开发应用

推动体教融合的数字化服务普惠应用，充分运用大数据、云计算、人工智能、物联网、区块链等新技术手段，鼓励支持新技术赋能，为青少年学生提供更加智能、更加便捷、更加优质的体育教学服务。通过“互联网+”体育教学服务应用的方式，发展灵活多样的远程服务，提高体教融合服务质量、智能化水平以及获取服务的便捷程度，增强定位服务人群、发现服务需求的灵敏性和有效性。加快共享体育智慧平台建设，实现课后（延时）服务、周末课程、假期课程等不同服务类型的全部功能上线与优化。

2. 加强体教融合新产品研发推广

以提升青少年健康素质为导向，创新体育产品与服务供给，培育“互联网+健身”、体育文化、虚拟运动、体育会展等新增长点。加快线上线下互动融合，开发更多满足青少年健身、线上参赛观赛等新需求的产品和服务。推动建设体育教学新空间，创造体育消费新场景，打造一批地域特色鲜明、服务功能完善、经济效益良好的青少年体育服务综合体。大力发展“体育+”新业态，开展科创活动、劳动教育、国防教育、研学实践等校外个性化服务。培育体教融合新业态、新模式、新产业。

在推进创建四川省体教融合改革试验区的改革实践中，天府新区要不断总结完善，逐步将教师共享机制延伸到艺术教育、劳动教育等各领域，做强协同育人共同体，努力把共享中心建设成为区域教育综合改革提升端、教育资源多元供给整合端、共享机制建设成果孵化端、共享运营模式探索风控端、新区教育创新机制示范端，争创标准示范、机制示范、功能示范的有全国性示范价值的教育共享大中心，力争辐射全市、全省、全国，努力争创国家级体教融合样板区，力争纳入全国体教融合改革试点，发挥超大城市优势，打造体育教育新场景、新业态、新模式，带动体教融合领域的系统性改革，条件成熟时向全国其他地区示范推广。

报告执笔：邢　伟（国家发展改革委社会发展研究所社会事业研究室主任、副研究员）

第四部分

要素市场化配置综合改革的“温州实践”研究

摘要：党的二十大报告指出，高质量发展是全面建设社会主义现代化国家的首要任务。深化要素市场化配置改革，是贯彻落实党中央、国务院决策部署的重大举措，是推动高质量发展、促进共同富裕的必然要求，是温州“续写创新史、走好共富路”的重要抓手。温州要全力以赴争取国家综合改革试点落地，加强顶层设计，注重基层创新，推动国家试点争取和自主改革实践相促进，重塑“精准、高效、法治”的要素配置格局。具体要以试点为引领，推出更多引领性、首创性、先行性改革举措，学习借鉴各地先进经验做法；以问题为导向，紧贴推动高质量发展、打造共同富裕市域样板，加大探索力度，破解体制机制障碍；以改革为动力，运用数字化改革思维，以强有力改革推进要素配置方式创新。2021 年 9 月以来，温州市出台《关于进一步深化要素市场化配置改革　促进全要素资源精准高效配置的实施意见》，配合制定 7 个子方案，土地、用能、劳动力、资本、技术、数据、交通物流等 7 大要素改革整体联动推进。为推进要素市场化配置改革，温州市主动靠前谋划研究，制定“1+7”政策体系，针对土地、用能、劳动力、资本、技术、数据、交通物流各领域要素配置存在的堵点难点问题，推出了一批富有创新性、突破性的改革举措，以强有力的改革推进要素配置方式创新，分类施策、系统发力，推动温州要素市场化配置改革走在全国前列。

关键词：高质量发展　要素市场化　综合配套改革　温州

习近平总书记在浙江工作时曾如此肯定温州，“温州是一个敢于创新、善于创新的地方，也是能出经验，出好经验的地方。”温州以我国改革开放先行区、中国民营经济重要发祥地著称，在全国率先进行市场取向改革，创造了举世瞩目的“温州模式”。温州市委、市政府历来高度重视要素市场化配置改革，要素市场化改革起步早，改革探索成果比较丰富，是名副其实的“改革之城”。温州市要素市场化配置改革具有特色鲜明、亮点突出、制度成果丰富等特点，是大家公认的研究要素市场化配置综合改革的典范之一。在全面建设中国式现代化新阶段新起点上，温州市深入贯彻党的二十大精神，牢记习近平总书记寄予温州“续写创新史”的殷殷嘱托，坚定扛起“探路者”的使命担当，推动要素市场化配置综合改革不断走在全国前列。

一　温州要素市场化配置综合改革的实践成效

（一）温州要素市场化配置综合改革的时代背景及重要意义

要素市场化配置是我国建设高水平社会主义市场经济体制的标志性改革，党的十九大明确将要素市场化配置作为经济体制改革的两个重点之一。党的十九届四中全会进一步强调，推进要素市场制度建设，实现要素价格市场决定、流动自主有序、配置高效公平。2020 年 3 月 30 日，《关于构建更加完善的要素市场化配置体制机制的意见》出台，对于加快完善社会主义市场经济体制、建设高标准市场体系、推动经济高质量发展具有重要意义。党的二十大报告着眼于高质量发展首要任务，进一步提出了推进要素市场化配置改革要求，明确指出，构建全国统一大市场，深化要素市场化改革，建设高标准市场体系。在此背景下，温州进一步深化要素市场化配置改革具有十分重要的意义。

1. 是建设高标准市场体系的改革逻辑和客观要求

2021 年 12 月 21 日，国务院办公厅印发《要素市场化配置综合改革试点总体方案》（以下简称《方案》），标志着要素市场化配置改革进入向纵深推进阶段，同时也意味着我国以市场经济为导向的经济体制改革进入攻坚冲刺阶段。《方案》明确了未来我国在土地、劳动力、资本、技术、数据要素等方面的改革方向，提出加强资源环境市场制度建设，健全要素市场治理，进一步发挥要素协同配置效应。这其中，建立健全城乡统一的建设用地市场、试行以经常居住地登记户口制度等内容均是重要的制度变革。温州要素市场化配置配置综合改革已经成为国家要素市场化配置配置综合改革总体任务的一部分，是坚持和完善社会主义基本经济制度，加快建设高水平社会主义市场经济体制与高标准市场体系的重要实践内容。

2. 是新时期坚持和推进市场化改革的重要探索与试验

党中央多次强调，基层是改革创新的源头活水，要注重激发基层的改革创新活力，鼓励支持地方开展差别化的改革创新试点。近年来，中央先后批准深圳市中国特色社会主义先行示范区、浙江省高质量发展共同富裕示范区等配置综合改革试验，激励试点地区解放思想，守正创新，大胆试大胆闯，为全国提供可复制可推广的改革经验。国家层面改革试点任务要求，要聚焦要素市场建设重点领域、关键环节和市场主体反映最强烈的问题，进一步解放思想、实事求是，坚持“摸着石头过河”与顶层设计相结合，坚持问题导向和目标导向相统一，在维护全国统一大市场的前提下，激励地方开展首创性、差异化探索，为完善要素市场化配置提供制度创新经验。近年来，全国范围的要素市场化改革推进得如火如荼。但是，要素市场化配置改革是一项具有牵引作用的关键性改革任务，基础性改革任务是加快政府职能转变，打破地方保护和市场壁垒，大幅缩小政府直接配置要素的范围。同时深化国有企业和国有金融机构改革，促进民营经济发展壮大，确保各类所有制企业通过竞争等市场手段平等获取要素。

3. 是新阶段构建双循环新发展格局再次贡献温州经验的需要

党中央、国务院高度重视促进民营经济发展壮大，强调民营经济是推进中国式现代化的生力军，是高质量发展的重要基础，是推动我国全面建成社会主义现代化强国、实现第二个百年奋斗目标的重要力量。作为全国民营经济的重要发祥地，习近平总书记在浙江工作时曾如此肯定温州，“温州是一个敢于创新、善于创新的地方，也是能出经验，出好经验的地方。”温州市场化基础与水平较高，民营经济从无到有，以敢为人先的勇气创造出世界瞩目的“温州模式”。温州要素市场化配置改革起步较早，2012年启动“亩产论英雄”改革，以税费总额和亩均税费为依据，通过综合评价和分类管理机制实现了奖优汰劣。2015年，出台《温州市要素市场化配置配置综合改革总体实施方案》，围绕土地用能、劳动力、资本、技术、数据、长三角要素市场一体化等6个方面，提出32条务实举措，积极探索、主动作为，系统集成推进要素市场化配置改革。2021年9月以来，温州市出台《关于进一步深化要素市场化配置改革　促进全要素资源精准高效配置的实施意见》及配套行动方案。截至目前，全市营商环境持续优化，产业发展层次和企业内生动力不断提升，要素配置更加科学、合理、高效，经济发展质量和效益明显提升，为全国要素市场化配置配置综合改革探索出了很多具有普遍推广价值的经验做法。实践证明，温州要素市场化配置配置综合改革对新时代构建双循环新发展格局，完善社会主义市场经济体制将再次贡献温州经验、提供温州方案。

4. 是推动温州高质量发展和实现共同富裕的必然要求

党的二十大报告指出，高质量发展是全面建设社会主义现代化国家的首要任务。深化要素市场化配置改革，是贯彻落实党中央、国务院决策部署的重大举措，是推动高质量发展、促进共同富裕的必然要求，是温州“续写创新史、走好共富路”的重要抓手。温州要全力以赴争取国家综合改革试点落地，加强顶层设计，注重基层创新，推动国家试点争取和自主改革实践相促进，重塑“精准、高效、法治”的要素配置格局。具体要以试点为引领，推出更多引领性、首创性、先行性改革举措，学习借鉴各地先进经验做法；以问题为导向，紧贴推动高质量发展、打造共同富裕市域样板，加大探索力度，破解体制机制障碍；以改革为动力，运用数字化改革思维，以强有力改革推进要素配置方式创新。

（二）温州要素市场化配置改革框架主要构成

1. “1+7”政策体系

2021 年 9 月以来，温州市出台《关于进一步深化要素市场化配置改革促进全要素资源精准高效配置的实施意见》，配合制定 7 个子方案，土地、用能、劳动力、资本、技术、数据、交通物流等 7 大要素改革整体联动推进。为推进要素市场化配置改革，温州市主动靠前谋划研究，制定“1+7”政策体系，针对土地、用能、劳动力、资本、技术、数据、交通物流各领域要素配置存在的堵点难点问题，推出了一批富有创新性、突破性的改革举措。2022 年 2 月 16 日，温州市深化要素市场化配置改革领导小组召开第一次会议，强调要始终牢记习近平总书记寄予温州“续写创新史”的殷殷嘱托，坚定扛起“探路者”的使命担当，要加大探索力度，以强有力的改革推进要素配置方式创新，分类施策、系统发力，推动温州要素市场化配置改革走在全国、全省（浙江省）前列，打造共同富裕市域样板。温州市制定“1+7”政策体系，联动推进土地、用能、劳动力、资本、技术、数据、交通物流等七大领域改革。各要素领域改革行动方案，均包括总体要求、主要任务、保障措施三部分。总体要求部分，均明确了 2022 年、2025 年两个阶段目标，系统设计了改革任务。

2. 主体框架

专栏 1　要素市场化改革“温州实践”主要框架内容

土地要素改革：盘存量、立规矩、破难题、活市场，深化“亩均论英雄”，探索工业用地“后评价”机制，破解老旧工业园区改造等难题。

用能要素改革：拓空间、强调控、促交易，发展新能源全产业链，推行“碳均论英雄”改革，落实电力市场化改革措施。

劳动力要素改革：促流动、聚英才、优生态，深化户籍制度改革，建立城乡统一的劳动力市场，加大职业培训力度，招引新业态从业人员。

资本要素改革：增加供给、做优市场、强化监管，推动金融机构量质齐升、金融产品创新发展，深化企业上市和并购重组“凤凰行动”。

技术要素改革：抓转化、强融合、深合作，深化科创中国试点城市建设，提高科技成果转化率，充分发挥科创基金作用。

数据要素改革：促开放、育市场、保安全，探索开展公共数据授权运营，加强数字征信体系建设。

交通物流要素改革：扩展通道、促进联通、降低成本，构建多式联运体系，深化全国绿色货运配送示范城市等试点，建立物流成本监测和发布机制。

3. 主要特点

温州要素市场化配置配置综合改革体现出以下几个鲜明特点：一是改革主要任务与国家试点任务基本一致，说明温州要素市场化配置配置综合改革内容高度符合新时代我国市场化改革发展的历史要求；二是方式方法上协同推进，高度契合推进配置综合改革的内在要求；三是温州要素市场化配置综合改革将“市场化”理念应用到方方面面；四是温州改革具有典型的“自费改革”特点，很多领域要素市场化配置改革推动早，地方推动改革的主观能动性强；五是交通物流要素市场化配置改革是温州的独创。

（三）温州要素市场化配置改革主要做法及举措

民营经济看温州，温州改革都做了什么？温州在土地、劳动力、资本、技术、数据、交通物流要素市场化等方面改革内容及主要做法扎实，实施的创新性举措丰富。总体而言，各地各部门均积极探索、主动作为，协同推进要素市场化配置改革，全市营商环境持续优化，产业发展层次和企业内生动力不断提升，要素配置更加科学、合理、高效，经济发展质量和效益明显提升。

1. 土地要素方面

一是全面推行“标准地”改革。围绕“标准地+承诺制”，在准入模式、审批承诺、过程监管、土地效益等方面开展积极探索，并推动向全行业覆盖，全市产业平台“标准地”出让占新批工业用地总宗数、总面积比例均达100%。二是强化工业用地管理。率全国之先开展规划用地“五多合一”改革，全国首推工业用地“限地价竞税收”出让新政，全省首创“工业区块线管理办法”，对工业用地实行全生命周期监管，稳定工业用地规模总量，打造公平拿地平台。三是持续开展“拓空间强保障”专项行动。2020年共消化批而未供、供而未用土地52811亩，完成城镇低效用地再开发17297亩，新增工业用地（用海）9530亩，累计4个区域围填海历史遗留问题处理方案通过自然资源部备案，数量位居全国第1。四是进一步培育规范工业用地二级市场。依托省工业用地二级市场平台，进一步完善存量工业用地保护和利用机制，遏制工业用地粗放经营、囤地、闲置等低效利用行为，促进信息共享和土地资源优化配置，激发土地二级市场活力，提高工业用地使用效益。

2. 劳动力要素方面

一是建立健全人才“引育用留”工作机制。迭代实施高校毕业生招引“510计划”，全国首创“人才住房租售并举办法”，打响“创业之都欢迎您，来了就是一家人”品牌。建成投用“温州人才客厅”，加快建设“人才云”平台2.0版，推动“人才码”服务提质扩面，新引育高校毕业生8.93万人、工匠人才6.46万人，2人入选省“鲲鹏行动”计划，1人获评省特级专家。二是强化人力资源市场化配置。整合全市人力资源服务机构资源，发挥第三方优势，强化人力资源市场化配置，实行招工奖励政策，引导人才中介开展异地精准招工，破解人才省际流动难题。同时，通过“余缺调剂”“共享员工”等方式，盘活本地人力资源和留温劳动力资源，缓解企业“用工荒”问题。三是打造高水平家政服务市场。获批全国家政服务业提质扩容“领跑者”行动试点，率全国地级市之先推出家政服务业条例，搭建全国首个政府主导的家政信息工作平台——温州“家服云”平台，实现家政服务的专业化、标准化和规范化。四是探索开展公务员聘任制改革。面向全国招聘首批7个职位聘任制公务员，规范各环节操作流程，创新专业素质、综合能力测评方法，最终确定4个职位各1名聘任人选。

3. 资本要素方面

一是深入实施“融资畅通工程”。推行“无还本续贷”“无抵押贷款”“首贷户拓展”“科技贷”等创新举措，深化财政支持民营和小微企业金融服务综合改革试点，2020年全市民营经济贷款、小微企业贷款、制造业企业贷款分别新增920.9亿元、824.83亿元、201.1亿元，不良率降至0.79%，实现“三升一降”。二是创新金融产品和服务。创新推出“抗疫复工”专属信贷、“温州版防疫综合险”等10余个金融产品，探索农民

（小微）资产受托代管融资模式，上线运行温州金融综合服务平台，13076家企业获得授信490亿元。三是持续减轻企业融资负担。2020年全市享受激励政策的普惠小微企业贷款延期本金达206.64亿元，累计为23多万户市场主体减息减费25.13亿元。四是加快资本市场建设。目前全市上市公司达44家，过会待发1家，新增直接融资310亿元。同时，大力推动企业发债融资，通过定向增发、中期票据、永续债、疫情专项债等方式实现新增直接融资282亿元，发行全省首单中债增信用增进中长期民企债券3亿元。

4. **技术要素方面**

高能级平台建设全面启动，瓯江实验室挂牌，国科大温州研究院、浙大温州研究院、科思技术（温州）研究院、光子集成（温州）创新研究院等创新平台加速落地，获批“科创中国”试点城市，启用温州（嘉定）科技创新园等科技飞地10家，创成省级产业创新服务综合体14家，科技创新体制机制性障碍被明显破除，科技经费包干制、成果转化三定向制度、科研诚信红黑榜、职务科技成果权属改革、技术产权证券化试点等系列改革扎实推进，“一区一廊一会一室”的创新格局渐次成形。特别是针对技术成果具有资产专用性但流动性不足、容易躺在企业里“沉睡”的现实情况，温州率先启动技术产权证券化试点，发行全国首单技术产权证券化产品，12家民营中小型科技企业凭借56项技术产权获得1.9亿元融资，通过技术产权市场化、资本化、证券化，探索出一条由地方政府牵头、将地方国有融资担保企业信用传递至科技型中小企业的资本市场助力实体经济的新路子，为科技成果转化应用、科技型中小企业融资、金融产品工具创新提供了全新路径。

5. **数据要素方面**

温州坚持将国家所需、未来所向与温州所能有机结合，以争当数据要素市场化改革“探路者”为己任，把数据产业作为温州数字经济发展一个重要的引爆点和突破口来抓，大力培育发展数字经济新产业、新业态和新模式。谋划设立数字经济集聚区，并以数据安全与应用为切入口，以战略眼光谋划布局数据安全与应用产业，围绕落地一个数据智能与安全服务创新园、一个大数据联合计算中心、一个大数据交易中心、一套数据安全与合规体系、一套市场化交易机制、一系列专业司法保障部门、一个工程师学院、一个数据安全发展大会和一个数字产业基金等“九个一”架构。温州以创新驱动引领高质量发展，在数据要素改革方面取得了阶段性成效。一是推进数据归集共享。全面对接“数据高铁”，打造“城市大脑”，打通全市188个系统，归集共享17.4亿条数据，日均数据调用量超2500万次，分批次将文化教育、交通运输、信用信息等领域的6亿条数据向社会开放。二是加快重大项目落地。获批国家首批5G试点城市、国家级信息消费示范城市，落地大唐5G、长城计算机、瑞浦新能源、正威国际等一批重大数字经济项目，“个人数据宝”入选省“观星台”，“企业数据宝”加速推进。三是搭建公共数据平台。按照“全域统、整体建、集成用”理念，搭建市、县（市、区）贯通的一体化智能化公共数据平台，形成庞大精细且标准统一的数据基础。目前，全市已统一22个标准规范，分领域建成18个专题数据库、分县域建成14个县级数据仓，集成提供三维图层、AI预警等53个可用于应用开发的智能组件，支撑市、县（市、区）在同一“跑道”上协同联动。四是探索开展数据治理。动态编制数据“需求”“归集”“共享”“开放”四张清单，提升数据规模；自主开发数据治理系统，自动“清洗”无效数据、派发问题、核查结果，本地数据整改平均时间由原来的30天缩短至12小时内。

6. 交通物流要素方面

一是基础设施日趋完善。实现县县通高速，地铁M1线、温福高铁开展前期工作，温州东部综合交通枢纽方案持续深化，甬台温高铁等6个项目列入《长三角交通运输一体化发展规划》，市域铁路S1线一期建成投用，S2、S3线加快推进，全国首条高铁“混改”与PPP双示范项目——杭温铁路一期进展顺利，温州港万吨级以上泊位达20个，龙湾国际机场旅客年吞吐量破千万、进入全国繁忙机场序列。二是产业规模不断扩大。落地国家综合物流信息平台，获批中国快递示范城市、绿色货运配送示范城市，建成智慧交通信息化三大平台。三是“四港”联动实现突破。打造集海陆空信息“四港”于一体的物流信息平台，乐清湾港区铁路支线建成通车，状元岙港区加速承接集装箱运输业务转移，开启海铁联运新时代；温州港现有印尼等5条外贸航线和2条台湾航线，吞吐量首破百万标箱；温州铁路口岸封关运营暨义新欧班列“温州号”投入使用，温州至中亚、欧洲陆上货运铁路通道正式打通。

专栏2 要素市场化改革“温州实践”创新案例（部分）

在全省率先推进“标准地+”集成改革试点

“天空地”态势感知综合场景应用、建设项目全生命周期服务管理系统被评为全省空间治理数字化最佳实践场景

省级揭榜挂帅项目“不动产智治”在全省率先实现全市贯通

获批农村集体经营性建设用地入市试点数量全省第一

做地储备出让实现全链条“线上办”

建立工业用地项目全生命周期绩效评估机制

推进老旧工业园区改造提升

开创全省地方国资自主售电模式先例

设立温州人才院并完成首批人才入驻

中国温州人力资源服务产业园开园

国家阀门质量监督检验中心（浙江）改制转型稳步推进

瑞安、苍南法院个人破产制度改革做法全省领先

首批国家知识产权强市建设示范城市

赋予科研人员职务科技成果所有权或长期使用权

成功发行三单技术产权资产支持专项计划（ABS）

中国（温州）数安港开园

列入国家区块链创新应用试点

形成数据安全四项基本制度规范

（四）温州要素市场化配置改革的初步成果与成效

温州开展要素市场化配置改革以来，成效已初见端倪。温州市委改革办在《关于温州深化要素市场化配置改革的若干建议》中进行了初步总结。课题组根据相关资料分析，结合温州2015年开展要素市场化改革，得出结论认为温州的要素市场化配置综合改革实际上已推进7年，2021年上升为系统推进七大领域要素市场化配置改革综合试点，阶段性成效显著。

1. 构建“1+7+N”政策体系，以制度创新促改革破题

要素市场化配置改革是一项政策性很强的工作，需要突破的领域很

多，在“1”个总方案+“7”个子方案的基础上，7个专项小组都针对要素市场化配置中的堵点难点问题，深化探索创新，加大制度破题力度，形成了一批制度成果，为要素市场化配置改革的有力推进打下坚实基础。截至目前，7大要素领域共出台28个配套政策和制度性文件（见表1），还有一批文件将于近期出台。

表1 温州要素市场化配置改革主要制度成果

序号	要素领域	主要制度成果
1	土地要素	《温州市征地行为专项治理实施方案》
2		《关于开展工业企业擅自“退二进三”专项整治行动的通知》
3		《温州市老旧工业区改造提升三年行动方案》
4		《温州市市属国有企业土地房产历史遗留问题分类处置方案》
5		《关于加强全市产业用地司法处置工作的通知》
6		《有序推进温州市区中心城区工业用地功能转变实施方案》
7		《温州市进一步深化“亩均论英雄”改革2022年工作要点》
8		《温州市工业用地项目全生命周期绩效评估机制》
9	用能要素	《温州市加快新能源产业创新发展的五年行动方案》
10		《关于促进温州新时代新能源高质量发展的实施意见》
11		《温州市重点用能行业企业用能预算化管理实施方案（试行）》
12		《温州市区管道燃气改革实施方案》
13	劳动力要素	《关于大力实施“瓯越英才计划”高水平建设浙南重要人才中心和创新高地的40条意见》
14		《温州市户口迁入规定》
15		《关于进一步推进在温高校大学生创新创业的意见》
16		《关于实施千名农播培育计划推进电商赋能乡村产业振兴的意见》
17		《关于进一步优化市属国有企业内部收入分配管理的通知》
18		《温州市“浙里新市民”应用改革推广实施方案》
19		《高校毕业生引育用留工作评价指标实施方案（试行）》
20	资本要素	《温州市财政支持普惠金融发展示范区建设实施方案》
21		《关于推广应用“科创指数”融资模式　提升科技金融服务水平的通知》
22		《温州市合格境外有限合伙人试点工作操作指引（试行）》
23	技术要素	《温州市科技创新创业投资基金管理办法》
24		《温州市国家知识产权强市建设示范城市工作方案（2022—2025年）》
25	数据要素	《温州市首席数据官及数据专员队伍建设实施方案》
26		《温州市公共数据治理专项行动计划（2022—2025）》
27		《温州市公共数据分类分级指南》
28	交通物流要素	《关于进一步加快开放型经济发展的若干补充意见》

2. 建立“改革方案+任务清单”推进模式及清单任务落实机制

温州借鉴深圳“实施方案+授权清单”的做法，在方案制定时，确定了第一批88项重点改革项目和各领域2022年度任务清单，改革专班以抓清单完成进度促年度改革任务的完成。

土地要素：四大方面60项具体任务中，36项提前完成年度预期目标，剩余24项正在有序推进。比如，全市消化“批而未供”土地3.5万亩，低效工业用地整治7500多亩，腾出用地面积8800多亩。

用能要素：八大方面59项具体任务中，53项提前完成年度预期目标，剩余6项正有序推进。比如，打造“核风光水蓄氢储”新能源产业链全链条，33个总投资超2100亿元的新能源产业项目签约落户，新能源产业完成产值1089.6亿元，增速为14%。

劳动力要素：五大方面30项具体任务中，22项提前完成年度预期目标，剩余8项正有序推进。比如，中国温州人力资源服务产业园开园，引育各类人才20.9万人，新增大学生人数、国家和省“引才计划”申报数三项指标均创历史最好成绩。

资本要素：五大方面40项具体任务中，35项提前完成年度预期目标，剩余5项正有序推进。比如，新增上市过会企业11家、报会企业11家，创历年同期最好成绩。

技术要素：四大方面11项具体任务中，8项提前完成年度预期目标，剩余3项正有序推进。比如，建成市级以上重点实验室102家、产业创新服务综合体35家，落地中电海康光电、省激光智能装备技术等创新中心，新增孵化基地54个、面积126万平方米。比如，科创基金注册设立子基金18只、认缴规模38.6亿元。

数据要素：三大方面10项具体任务中，7项提前完成年度预期目标，剩余3项正有序推进。比如，中国（温州）数安港、国际云软件谷开园，挂牌成立浙江省大数据联合计算中心、浙江大数据交易中心温州基地，“信贷数据宝”和“企业开户宝”成为首批上架产品，合作、签约53家企业。

交通物流要素：五大方面53项具体任务中，25项提前完成年度预期目标，23项正有序推进，5项存在瓶颈或略有滞后。比如，新开辟5条国际航空货运航线、3条国际海运航线，金温集装箱海铁联运实现常态化，

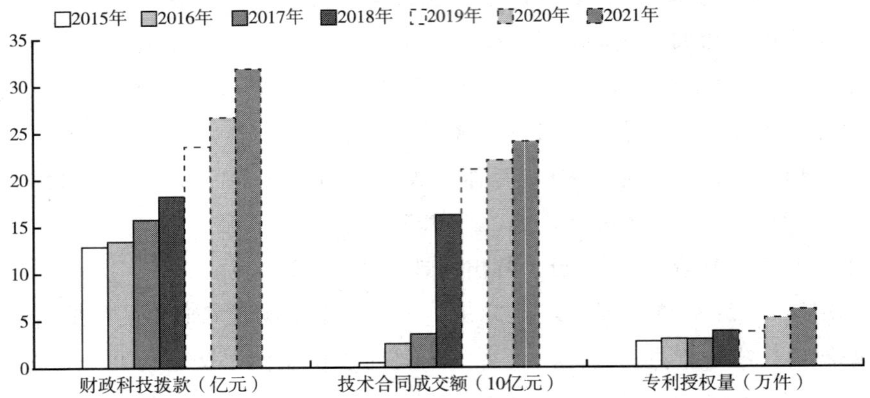

图 1　技术要素市场化改革以来温州科技投入与产出成效增长趋势

资料来源：《温州统计年鉴（2021）》。

浙南近洋航线中心格局初步形成，国内快货物流时效初步实现“1、2、3日达”，居全国领先水平。

3. 开展差别化探索，推进一批先行改革试点

一年多来，全国首批中央财政支持普惠金融发展示范区、数字人民币试点、合格境外有限合伙人（QFLP）试点、个人侨汇结汇便利化试点、跨国公司本外币一体化资金池试点等相继落地温州，市县两级入选国家创新型城市、首批国家知识产权强市建设试点示范城市等（见表 2）。

表 2　温州开展要素市场化配置改革先行试点及成果

序号	要素领域	主要试点成果
1	土地要素	永嘉县、泰顺县被列为全省农村集体经营性建设用地入市试点，全省仅 13 个试点县（市）
2	用能要素	4 个项目被纳入《浙江省“十四五”第一批新型储能示范项目清单》
3	资本要素	2022 年 3 月，获批第三批数字人民币试点
4		2022 年 3 月，获批开展合格境外有限合伙人（QFLP）试点
5		2022 年 3 月，获批开展个人侨汇结汇便利化试点
6		2022 年 5 月，获批全国首批中央财政支持普惠金融发展示范区
7		2022 年 7 月，正泰集团股份有限公司成功获批跨国公司本外币一体化资金池试点

续表

序号	要素领域	主要试点成果
8	技术要素	2022年1月，温州入选全国新一批创新型城市建设名单
9		2022年8月，乐清市作为温州唯一、全省5个县(市)之一成功入选首批全国创新型县(市)验收通过名单
10		2022年8月，温州入选全国首批38个国家知识产权强市建设示范城市名单，鹿城区、乐清市入选试点县名单，温州高新区入选示范园区名单
11		龙湾区“以先投后股方式支持科技成果转化”试点、瓯江实验室“新型研发机构科教融合培养产业创新人才”分别揭榜国家发改委和科技部全面创新改革试点
12	数据要素	2021年7月、2022年10月，分别获批第二批国家“新城建”试点城市和首批智能建造试点城市，以双试点融合协同开展试点任务
13		温州作为浙江省“1(1个省本级)+4(4个市区县)”协同试点模式的唯一地级市，承接国家区块链创新应用试点
14		温州“浙闽跨省通办政务协作应用”场景入选全省电子印章应用试点

4. 改革协同全面加强，标志性成果初步形成

按照“协同推进+分头落实”的思路，围绕做优要素市场化配置，增强要素协同配置能力，引导要素合理有序流动，初步打造了一批标志性改革成果（见表3）。

表3 温州要素市场化配置改革取得一批标志性成果

序号	要素领域	主要标志性成果
1	土地要素	在全省率先探索社会资本参与海域整治和林权流转
2		龙港农村宅基地制度改革国家试点先行建立宅基地信息管理系统
3		建设项目全生命周期服务管理场景被评为全省空间治理数字化最佳实践场景、全省自然资源系统改革创新优秀案例等
4		国土空间规划“一张图”实施监督信息系统建设经验做法被自然资源部推介
5	用能要素	开创全省地方国资自主售电模式先例，促成2家地方国有售电公司与26家企业签约
6	劳动力要素	全面取消县市落户门槛，实施城乡统一户口登记制度
7		全省率先设立温州人才院(登记为公益二类事业单位)并完成首批人才入驻
8		职业教育产教融合先行区建设走在全国全省前列，温职院、浙工贸、温科院等院校在全国、全省各类职业院校大赛中屡获金奖

续表

序号	要素领域	主要标志性成果
9	资本要素	省市两级碳账户金融平台率先实现上下贯通
10		成立省内首家破产事务管理处，瑞安法院探索设立以个债清理为主题的特设共享法庭，苍南法院集中由钱库法庭办理辖区破产和个债案件
11	技术要素	"科创指数"融资模式被"科创中国"推广
12		技术产权证券化实现3个主要资本市场全覆盖
13	数据要素	设立全国首家数据资源法庭、仲裁院并实现实质性运作，中国（温州）数安港数据资源法庭建设项目入选2022年中国（浙江）自由贸易试验区最佳集成性制度创新成果和联动创新区优秀案例
14		组建了全国首家数据资源公证服务中心
15		颁发全国首张"个人数据资产云凭证"
16	交通物流要素	试运营3个航次美西航线，温州港历史首次挂靠远洋航线
17		温州机场实现国际航空货运航线历史性零的突破，连续开通温州至米兰、洛杉矶、东京、大阪、首尔5条国际航空货运航线

5. 要素市场化配置综合改革对温州经济增长贡献作用明显

作为全国民营经济的重要发祥地，温州市场化基础与水平较高，民营经济从无到有，用敢为人先的勇气创造出世界瞩目的"温州模式"。温州要素市场化配置改革起步较早，2012年启动"亩产论英雄"改革，以税费总额和亩均税费为依据，通过综合评价和分类管理机制实现了奖优汰劣。2015年，出台《温州市要素市场化配置配置综合改革总体实施方案》。2021年又出台《构建更加完善的要素市场化配置体制机制实施方案》，围绕土地用能、劳动力、资本、技术、数据、长三角要素市场一体化等6个方面，提出32条务实举措，各地各部门均积极探索、主动作为，系统集成推进要素市场化配置改革。截至目前，全市营商环境持续优化，产业发展层次和企业内生动力不断提升，要素配置更加科学、合理、高效，经济发展质量和效益明显提升，为全国要素市场化配置配置综合改革探索出了很多具有普遍推广价值的经验做法。

温州要素市场化改革成效初显，对温州经济增长的贡献作用明显。通过对2015年以来温州主要经济指标数据变化分析看出，七大要素市场化改革试点稳步推进，除2020年以来新冠肺炎疫情对行业的全国共通性影响外，要素市场化改革对相关行业增加值及对温州地区生产总值的贡献率构成有力支撑（见表4）。如2022年温州在全国数字经济百强城市中位列第27，在复旦大学、国家信息中心发布的“2022年度中国开放数林指数”城市综合排名中位列前10。

表4 要素市场化改革以来温州部分行业生产总值指数变动趋势（2015~2020年）

单位：%

年份	2015	2016	2017	2018	2019	2020
全市生产总值	8.40	8.30	8.20	7.80	8.20	3.40
制造业	7.00	3.90	8.20	6.30	4.90	2.00
电力、燃气及水供应业	13.30	5.70	-6	6.20	15.90	2.20
建筑业	14	10.60	4.10	9.10	0.00	7.70
批发和零售业	8.70	6.00	11.40	12.50	7.80	2.10
交通运输、仓储和邮政业	3.40	8.80	2.30	3.20	5.50	-0.30
住宿和餐饮业	5.60	4.90	-3.50	15.30	7.10	-8.40
信息传输、软件和信息技术服务业	1.60	-12.70	-0.70	11.50	19.90	20.10
金融业	19.40	17.70	6.20	8.90	14.30	9.30
房地产业	6.70	15.10	7	8.80	7.10	3.90
租赁和商务服务业	16.90	34.50	18.10	9.40	19.90	2.90
科学研究和技术服务业	6	10.80	17.40	9.10	9.10	17.80
水利、环境和公共设施管理业	9.90	16.50	16.70	4.30	9.20	3.20
居民服务、修理和其他服务业	13.40	8.50	24.40	-4.50	13.90	6.30
卫生和社会工作	17	21.40	14.60	6	9.60	1.30
文化、体育和娱乐业	5.80	-5.70	10.30	0.90	11	-12.30

资料来源：《温州统计年鉴（2021）》。

（五）温州要素市场化改革的创新价值及推广意义

要素市场化改革“温州实践”具有的突出创新价值和推广意义，主要归纳总结为以下六个方面。

1. 充分彰显温州敢为人先的改革基因与“自费改革”本色

要素市场自主改革引领温州发展变革的价值。温州自主改革早、前瞻探索早，要素市场化改革充分彰显温州改革基因与特色。温州建立要素市场化配置改革试点制度，围绕要素市场化配置改革重要任务，确定一批突破性、引领性试点项目，以“破题悬赏”的形式，在改革基础好、创新意识强、推进氛围浓的县（市、区）先行先试，大胆探索实践，努力形成可复制可推广的改革经验，切实发挥试点的示范引领作用。

2. 具有要素市场化改革与温州民营经济融合发展的价值典范

“十个温州人九个商，还有一个会算账”，作为靠民营经济起家、立家、发家的城市，温州始终坚持“两个毫不动摇”，持续深化新时代“两个健康”先行区建设。温州将要素市场化改革与温州民营经济发展紧密融合，将温州的特色与市场化改革大势充分彰显，塑造新时代民营经济改革价值典范。

3. 要素市场化改革助力温州从科技短板向创新驱动发展的转型

过去温州人以艰苦创业闻名，现在温州科技创新异军突起，走上了依靠创新驱动、人才支撑的高质量发展之路，成功入选国家创新型城市、“科创中国”试点城市。如技术要素改革助力温州建成市级以上重点实验室102家、产业创新服务综合体35家，落地中电海康光电、省激光智能装备技术等创新中心，新增孵化基地54个，科创基金注册设立子基金18只、认缴规模达38.6亿元。2022年1月，温州入选全国新一批创新型城市建设名单。2022年8月，温州入选全国首批38个国家知识产权强市建设示范城市名单。

4. 交通物流要素市场化改革是温州实践的独特创新

国家要素市场化综合改革试点推出六大领域“规定动作”，交通物流要素市场化改革是温州的“自选动作”。温州交通物流要素市场化配置改革重在畅通内外经济循环，在当今加快构建“双循环”促进新发展格局中具有突出的实践价值。

5. 清单管理和改革项目化实施机制具有改革推进方式价值

温州要素市场化改革系统设计、整体推进，初步形成了要素市场化改革系统性推广清单，按各类要素市场化改革的难易程度有序推进。创新工作机制，全力推进改革稳步向前、取得实效。已形成88项重点任务清单和各领域年度任务清单，对清单中的每一项重点任务，按照“一个项目、一个团队、一抓到底”的要求，构建高效执行的闭环机制，强化责任落实，实行“挂图作战、对账销号”。如探索打造要素交易平台、建立健全工业用地项目全生命周期绩效评估机制、探索增加混合产业用地供给、深化“亩均论英雄”3.0改革、推进“碳均论英雄”改革、推进农业转移人口市民化改革、深化财政支持民营和小微企业等。

6. 为改革立法彰显新时代改革治理现代化价值

改革开放以来，温州人民敢为人先，勇于实践探索，率先推进市场化改革，走出了一条具有温州区域特色的发展路子。温州改革探索形成的区域发展模式，被世人称为“温州模式”。“温州模式”是温州人民改革开放探索的伟大结晶，在改革中加强立法保障，成为发展中国特色社会主义的一个生动样本，早在2002年温州就超前制定《温州市名牌产品认定和管理办法》，近年来先后制定出台《温州市“两个健康”先行区建设促进条例》等15部地方性法律法规。要素市场化改革实践有力地促进了温州全要素资源精准高效配置，全面激发温州全社会创造力和市场活力，实现温州经济社会高质量发展，激活温州经济增长的新动力。近年来，温州市人大主动服务、深度聚焦地方经济社会改革发展重点，着力让法规项目具有鲜明的温州印记、温州特质，在温州改革发展实践中落地生根、开花结果。

二　进一步深化温州要素市场化配置改革定位与目标

在温州改革实践基础上，进一步为温州未来改革画像，关键要使定位符合温州、像温州，有温州元素和温州标签，体现温州改革文脉和接续传承。基于这种考虑，我们在深入研究基础上，借鉴各方智慧，初步形成未来温州深化要素市场化配置改革的四个定位。在国家要素市场化配置综合改革全国布局中，找准温州在国家要素改革全局中的定位。

（一）温州深化要素市场化配置改革的有利条件

1. 温州要素市场化改革意识强

温州的最大优势在“民”，温州民营经济发达，经济社会整体的市场化意识强。温州的活力在“民”，温州改革的着力点在“民”。过去温州改革取得成功的一条重要经验，就是大力推进“民办、民营、民有、民享”。“温州模式”能够在温州大地上被创造出来，温州能够成为中国民营经济的发祥地，不是偶然的，蕴含着温州民间独特的活力基因。现在温州这种“民”的优势仍在，民间活力的土壤没有变。“温州实践”改革创新要坚持充分尊重基层和群众的首创精神，加大底层创新探路力度。只要做深做足“民”字号改革文章，就一定能够“续写创新史”，再创新的辉煌。

2. 温州要素市场化改革基础好

2015年温州率先开展要素市场化配置综合改革。2021年温州市主动靠前谋划研究，制定“1+7”政策体系，联动推进土地、用能、劳动力、资本、技术、数据、交通物流等七大领域改革，针对各领域要素配置存在的堵点难点问题，推出了一批富有创新性、突破性的改革举措。建立健全推进改革高位统筹领导机制，设立温州市深化要素市场化配置改革领导小组及工作推进机制。

3. 温州民间资本雄厚，民营体制灵活

要素市场化改革要充分发挥温州民间资本雄厚的优势，做好资本创新文章，引导资本活水浇灌实体经济。改革开放以来，民间资本在温州经济社会发展中发挥着十分突出的作用。要抓住温州金融综合改革这个契机，在创新利用民资上下更大的功夫，加快建设多层次资本市场，尤其是大力发展股权融资，大力发展产业投资基金，大力推动企业上市，打通民间资本对接实体经济的通道。要更加注重利用在外温商资本，千方百计引导总部回归、资本回归、实业回归。温州发挥民营机制优势，全方位推进市场准入开放，消除各种隐性制度和政策壁垒，真正打破“玻璃门”“旋转门”，充分激发市场活力。现阶段，做好温州民营这篇文章仍大有可为。

（二）温州深化要素市场化配置改革定位

1. 民资民企民营特色的市场化改革先锋区

民营经济是温州经济特色和活力灵魂，要素市场化配置改革要始终秉承以民为本的改革，建设民营经济示范之城。充分发挥温州“敢为天下先”的创业精神，再续改革先锋本色，在国家要素市场化配置综合改革中，打造民营经济要素市场化改革的新高地，起到民营经济改革排头兵的作用。重点是在科技要素、高端人才要素、国内外创新要素、民间资本要素、数据要素、企业家要素、管理要素等方面，进行积极探索，建设科创中国试点城市，建设科技创新策源地、科创企业孵化地、创新人才集聚地。

2. **外向型经济要素市场化协同配置改革引领区**

温州地处我国沿海开放经济带，经济外向依存度高，是我国外向型经济的典型代表地区之一。温州要不断提升全球化市场化下“卖全球买全球”的新优势，着力完善传统专业市场体系、增强能力，积极抢占云上全球大市场的温州节点支点，打造我国外向型经济要素市场化改革的引领区。

3. **利用温商资源开展要素全球化市场配置改革示范区**

中央提出加快构建以国内大循环为主体、国内国际双循环相互促进的新发展格局，把发展的基点牢牢放在自己力量的基础上。这就要求温州统筹谋划扩大内需和优化供给，充分发挥中国超大规模市场优势，积极利用温商资源遍布全球的体系优势、信息优势、能力优势，大力推动温州开展要素全球化市场配置，在实现温州自身高质量发展的同时为我国增强配置全球资源要素能力注入新动力。

4. **具有全国影响力的要素市场化配置综合改革先行区**

紧紧把住高标准市场体系建设方向，抢占国家完善高水平社会主义市场经济体制潮头前沿，对标对表国家层面推进要素市场化配置综合改革实施方案，加快建设具有市级改革标杆作用的国家要素市场化配置综合改革试点，打造具有全国影响力的要素市场化配置综合改革先行区。

（三）温州深化要素市场化配置改革目标

1. **总体目标**

进一步深化要素市场化配置改革，打造要素市场化配置综合改革先行区。加快温州建设中国式现代化的改革行动，打造民资民企民营特色鲜明、具有全国影响力的高标准要素市场化配置综合改革先行区。

2. **六个维度目标**

坚持问题导向与目标导向，结合温州市情特点和改革方向，初步确立温州深化要素市场化配置综合改革六个方面主要目标方向。

专栏3　温州深化要素市场化配置综合改革主要目标方向

要素市场体系健全。要素市场与经济高质量发展高度匹配，土地、资本、劳动力、技术、数据、资源环境及交通物流等各领域要素市场基本完备，专业化方向明确，加快从传统小市场向专业化、高标准市场发展转型，打造以专业化、高端化为特色的要素市场。

要素市场规模大、竞争力强。适度做大要素市场交易规模体量，优化要素市场结构，加快从温州小市场向区域大市场、全国大市场，乃至部分细分领域全球大市场发展。提升要素市场国际国内影响力，提高温州要素市场对浙江第三极、长三角南部区域的辐射力带动力。

要素市场高端平台迭代升级。坚持有所为有所不为，主动出击，在具有温州优势的部分领域打造配置资源的国际化高端平台。

区域性行业性要素价格重要参照标杆作用明显。要素自由流动性强，要素价格市场信号真实准确有效，要素价格信息等数据不断完善，在产业用地价格、劳动力要素价格、民间资本要素价格、物流要素价格等方面温州价格影响力参照性强。

全要素生产率显著提升。全要素生产率不仅反映生产要素的质量，也反映生产要素的配置效率，是经济增长质量的主要度量指标。我国全要素生产率对经济增长的贡献占 1/3 左右，远低于美、欧、日等发达经济体平均贡献 70%的水平。坚持改革的系统性、整体性、协同性，实现土地、劳动力、资本、技术以及数据等各领域要素市场化配置改革举措相互配合、相互促进，提高不同要素资源的组合配置效率，有效引导各类要素协同向先进生产力集聚。

要素市场化配置基础性制度体系完善。借鉴发达市场经济体的成熟经验，充分体现中国特色，健全市场基础性制度。

3. 两个阶段目标

到 2025 年，全面破除阻碍要素充分公平自由流动的体制机制障碍，构建完善的要素市场化配置体制机制，高标准市场体系逐步成型，要素市场化配置改革成为全国示范。

对标对表贯彻党的二十大精神，积极研究谋划到 2035 年要素市场化改革目标。率先建成与中国式现代化相适应的高标准市场体系，要素综合利用效率和要素市场化协同配置效率居于全国领先水平，温州特色的要素市场化配置综合改革试点示范成效突出。

三 温州深化要素市场化配置改革面临的体制机制难点卡点与主要挑战

要素市场化配置改革是全国统一大市场建设的重点任务之一，建设高标准市场体系是一个长期的过程，改革推进中会不断遇到一些障碍和问题，既有顶层设计、体制机制、整体环境、资源禀赋等方面的问题，也有改革权限、数据壁垒、信息孤岛等具体实施问题。

（一）要素市场化配置存在的共性体制机制问题

1. 要素产权制度和权能不完善的问题

具体为土地要素城乡分割、土地权能不统一、土地市场分割等问题。城乡土地统一调查、统一规划、统一整治、统一登记的机制还未理顺，农村集体土地的规划权能等亟待完善，农村宅基地市场流转的范围还很窄。不同类型产业用地合理转换、混合产业用地供给等机制亟待建立。农村集体经营性建设用地入市制度尚不成熟，增值收益分配机制还未建立，建立土地要素统一大市场尚无突破。城乡低效用地涉及产权关系，利益关系极为复杂，土地市场化进程面临诸多掣肘，对土地管理提出严峻挑战。职务科技成果产权界限模糊，职务创新的科技成果产权模糊，利益分配机制不合理，严重抑制了高校、科研机构和企业科研人员推动职务科技创新、科技成果转化的积极性。数据要素是新事物，遇到的制度性不完善情况更多，主要难点在于确权。

2. 要素市场配置效率不高及供需错配的机制问题

土地、劳动力、资本、技术乃至数据等要素市场均存在配置效率低、供需错配等问题。现代市场体系还不健全，要素资源错配的传导机制及信息反馈机制还不灵敏。以城镇建设用地为例，市场普遍反映建设用地指标紧缺，尤其是产业用地供地紧张，但同时较普遍地存在存量产业用地效率不高的问题。公共资源按常住人口规模配置的机制有待完善。财政资金等公共资源主要按照户籍人口而非常住人口分配，地区间资源分配事实上的不公平长期存在，一些人口净流入地区的常住人口数量远远大于户籍人口，但分配到的财政资金却相对较少。中小微企业融资“难、贵、慢”问题仍未得到有效解决。中小微企业信贷比重与其经济贡献度不相匹配，融资“难、贵、慢”问题长期得不到根本性解决。

3. 各类要素市场存在的市场分割问题

要素在不同部门、不同地区的自由流动还存在障碍。部分地方市场分割和地方保护政策阻碍商品和要素自由流动，市场基础设施“硬联通”和信息、标准等“软衔接”不够，影响市场流通效率，土地、劳动力要素等自由流通流动成本高。城镇教育、就业创业、医疗卫生等基本公共服务与常住人口挂钩的机制尚不健全，户籍、社会保障和基本公共服务仍存在行政性分割。

4. 影响市场主体间交易的体制机制障碍问题

具体为市场主体间的交易不够活跃、要素市场交易活力不够高等。这个问题体现为低效用地市场化流转交易频次低、低效用地市场化退出和重新配置面临一些困难。

（二）温州推进要素市场化配置改革中的难点卡点

总的来看，温州要素市场化配置改革也还存在一些短板和问题，要素供给不足、配置不优、监管不严、成本偏高等问题仍然不同程度地存在。一是供给仍有不足。全市囿于自然资源禀赋和区域地理位置，要素资源相对匮乏，要素支撑高质量发展的能力仍不强。二是配置还不够优。低效配置、无序配置等情况仍有发生。三是监管不够严格。要素市场化配置领域的体制机制还不够健全，缺乏配套的监管体系和资源利用评价机制。四是要素成本偏高。企业用地成本、用工成本，特别是人才成本、交通物流成本和小微企业融资成本仍然较高。

1. 土地要素成为温州城市和产业发展的瓶颈

温州特殊的自然地貌及基本市情决定了城市建设用地十分有限，亟待挖掘农村集体土地潜能，加快形成城乡统一的土地大市场。中心城区本地土地要素难以满足不断发展的产业用地需求。由于城市建设用地空间局限，温州城市向大都市建设的空间和品质都受到一些约束。城乡土地价格存在双轨现象，城市地价高、房价高、用地少，乡村土地大量闲置却不易流转，导致农民难以获得收益，即便进城务工也得承担城市的高房价压力。居住用地供给局限，在保障高品质住房需求、吸引温州发展亟须的大量人才方面成为短板要素。产业用地市场化配置机制不健全。产业用地、国有企业划拨土地得不到有效整体利用，实体经济用地成本居高不下，原有民营企业产业用地利用效率不高，产出效益与高质量发展极不相适应。低效用地大量存在。粗放型管理模式下，城乡都存在大量低效利用土地，土地使用权转让成本过高，使得企业转让存量建设用地的积极性大受影响。

2. 劳动力要素质量和结构难以有效支撑温州向现代化大都市迈进

温州城镇人口规模、劳动力队伍规模都还不够大，对温州成为浙江第三极乃至长三角南部重要区域性中心城市的支撑作用不够。人才结构不优，系统支撑不完善。人才结构“三多三少”（创新人才多，创业人才少；高校人才多，企业人才少；人才总量多，顶尖人才少，特别是能够引领产业发展的领军型人才偏少）；人才育留机制不完善，如新兴职业的职称技能认定尚处真空状态、人才集聚地配套设施不完善、人才政策区域藩篱依然存在、企业人才自主认定机制有待突破等。技能型劳动力队伍还不够壮大，对民营经济产业转型升级形成制约。城市里相当大比例的常住人口（以进城务工人员为主）享受不到城市基本公共服务，无法彻底融入城市，导致劳动力流失以及来温意愿不强。作为高级劳动力的管理人才，对温州发展至关重要，是促进民营企业建立现代化企业制度的重要人才要素，但职业经理人市场化选聘的机制平台发展还不充分。劳动力流动渠道和机制还不畅，劳动力市场体制机制不够健全，对城乡劳动者平等就业权利的保障力度不够。高层次创新创业人才匮乏。虽然近年来温州人才“引育用留”工作成效显著，但受到地理位置、产业结构、企业类型、创业氛围、激励机制等方面因素的影响，对高端人才的吸引力仍然不足，外来人才流动频繁，本地人才流失严重，人才集聚度、活跃度、贡献度与省内外兄弟城市相比差距仍然不小。

3. 温州民间资本要素优势尚未得到有效转化

温州一直没有区域性金融中心建设的系统性规划，金融业增加值占GDP比重、资产证券化率均偏低，与实体经济融合发展不足，与省内外兄弟城市相比仍存在一定差距。地方法人金融机构偏弱，机构数量偏少，资金配置效率不高，金融供给、抵御风险和资本补充能力都严重不足，跨地区业务辐射的能力、规模和范围都相当有限。金融业收入结构和业务拓展能力亟待提升。温州地方法人商业银行80%以上的收入来源于传统的利差收入，中间业务盈利能力偏弱，未能充分发挥其更加贴近温州市场、决策链条更短的优势，在内控管理、产品创新等方面与其他地区先进商业银行相比存在较大差距，远远满足不了金融国际化的发展需求。农村金融体系还不完善。适应农民生产与生活需求的金融产品与金融组织创新不够。上市公司数量与温州的地位仍不匹配，与绍兴、台州等地相比仍有不小差距，上市公司数量与温州全省“第三极”的目标定位难以匹配。温州民间资本优势尚未转化为促进共同富裕的有效力量。

4. 面向产业主战场的技术要素聚集能力和转化平台薄弱

科创资源支撑不足，财政和全社会科技投入力度不够，科技服务力量薄弱，科创激励机制不畅，在温高校、科研院所不多不强，国家级基础研发机构、创新型领军企业少之又少。科研和经济存在“两张皮”现象。科技成果与市场需求结合不紧密，企业参与度不足，成果转化的评估与检测机制缺失，导致科技成果常常沦为“沉默技术”，商业转化率极低。技术转化和交易市场不完善。成果转化不畅，专业服务支撑不足。大孵化集群建设成效还未显现，成果转化孵化育成体系尚不完善，中小试环节基础薄弱；成果转化公共服务有待提升，现有“科企通”应用和科技大市场平台功能还没有真正激活和高效贯通需求端、供给端、服务端和政策端；科技中介机构总量少、体量小、专业能力弱，技术转移转化运营机构更是十分匮乏。技术市场与资本市场融合不够，知识产权评估体系不健全，评估机构普遍业务水平不高、评估作价不规范，阻碍了资本对研发投入和技术创新的支持。平台生态不佳，赋能产业未凸显。目前已建成的43个高能级平台管理和评价标准单一，缺乏差异化的分类管理机制；平台之间协同创新少，资源共享机制尚未建立；大部分平台仍依赖政府资金的持续性投入，孵化科技企业、赋能产业成效不明显。温州虽设立了科技大市场等技术产权交易平台，但此类平台普遍存在交易范围有限、缺乏集中性和高流动性等问题，使得技术产权证券化底层资产的处置、变现难度极大，即便能够变现，回收的现金流也会远远低于基础资产的评估价值。温州技术产权证券化处于初创阶段、以自主知识产权为核心的科技型企业面临的融资“难、贵、慢”问题仍未得到有效解决，技术职务发明成果的产权分割、知识产权证券化等方面还有较大提升空间，科技成果转化渠道有待进一步拓展。

5. 数据要素引领发展的基础制度尚未全面打通

管理制度不完善。数据要素市场化配置尚处于起步阶段，相关立法及标准规范缺位，行业主管部门定位分工及责任边界有待进一步明确。数据资源匮乏。政府侧数据开放有限，企业侧数据基本未开放，公民个人数据普遍强调保护，已有数据质量相对不高、配置规模较小，整个数据市场“缺货”现象明显。数据资源共享不充分。政府各部门掌握海量公共数据，但部门间缺乏共享机制和统一的数据接入标准，跨部门、跨行业、跨区域的统筹协调难度较大，容易形成“数据孤岛”，且企业和公众也很难获得这些数据，还未找到数据隐私的必要保护与开放共享之间的最大公约数。市场供应链缺失。数据要素市场成长速度相对缓慢，数据投入产出尚未形成成熟的商业模式，应用场景较为局限，产业数字化、数字产业化和数据交易流通等数据要素市场活动还远远不够。保障支撑不足。数据要素市场化配置所亟须的专业人才、资金、场地、环境、制度等方面支撑严重不足，在数据确权、定价、开放、流通、交易、监管等方面仍存在诸多瓶颈。数据安全形势严峻，给数据要素市场化配置带来严峻挑战。

6. 建设交通物流要素高标准市场任务紧迫

交通基础设施布局有待优化，物流业发展规划与国土空间、综合交通等规划衔接不足，综合交通物流基础设施的统筹布局、物流通道及枢纽资源的共建共享、网络一体化的有效衔接等有待进一步提高。物流企业类型以公路物流为主，同质化竞争严重，税收贡献率低，航空货运在综合货运体系中的占比较低，多种运输方式转换衔接不畅，缺少能够提供“一票到底”服务的多式联运企业。物流园区建设相对滞后，现代化仓储、多式联运转运等设施明显不足，区域服务辐射能力不强。综合运输体系衔接不畅。道路、铁路、航空、海运、水运等运输方式仍处于各自为政、野蛮生长的阶段，信息化标准化发展滞后，跨平台、跨行业的对接能力较弱，基础设施、仓储等方面的衔接不够，“信息孤岛”现象明显。在农产品物流、冷链物流、城乡配送、电商快递、多式联运、跨区域物流等环节的标准体系衔接上需加大力度。物流服务能力仍需提升。物流服务功能单一、链条较短，存在低端服务能力过剩、中高端服务能力供给不足的现象；物流信息、结算、金融、流通加工、供应链等高端业态和增值服务发展缓慢，供应链管理、国际物流服务、物流金融、物流信息等领域高层次人才缺口较大。

（三）温州深化要素市场化改革必须直面正视几个挑战

1. 温州面临要素市场化改革权限及权力调整的挑战

温州推进要素市场化配置综合改革试点具有地方“自费改革”的显著特点，充分体现了温州敢闯敢干的精神，不等不靠。温州不是直辖市，不是省会城市和计划单列市，也不具有经济特区先行先试等政策优势，改革权限相对不足会在一些方面对改革试点突破构成掣肘或约束，温州在改革探索上缺乏顶层设计的支撑。地方政府在缺少上位法指导的情况下开展数据要素市场化改革探索，需承担较多风险。如温州在探索公共数据授权运营方面就遇到收费标准难界定的问题。如果无偿进行数据授权加工，是否存在国有资产流失的问题；如果实施有偿收费，那收费标准又该如何界定？收费多少直接影响新兴产业是否可以培育发展。要素市场化是一场深刻的社会变革，要素市场化配置改革“改到深处是权力”，权力调整的阻力自然大。现在已经碰到不少“硬骨头”，触及各个要素市场的“硬核部分”，每一个“硬核”都跟权力连着。只要要素市场一放开，就意味着某些权力的削弱、跌落甚至旁落，其阻力可想而知。温州要做要素市场化改革的先行区，就必须最大限度地探索市场决定性作用。这是一场变革，政府、市场、社会三角体系间进行着让权、削权、赋权等关系调整和权能优化配置，不仅是对温州，对整个改革都是不可小觑的挑战。

2. 温州在重大平台和集聚能力上存在挑战

需要正视温州在重大要素市场配置平台和集聚能力上存在短板，在配置全球资源要素能力上受到一些制约。温州是地级市，城市能级不高，与上海、北京、深圳等城市相比在配置全球要素资源的重大平台方面有明显不足。对比来看，这些城市有进博会、服贸会、科博会、消博会等，浙江乌镇有全球互联网大会，温州缺乏配置全球资源的平台。温州在区位上偏于一隅，受长三角中心城市上海、杭州等辐射联系相对要弱一些，打造要素市场一体化会受到一定影响。

3. 温州交通物流要素“自选动作”及自主开展用能改革遇到的挑战

交通物流要素市场化改革是温州的独创，但在这方面接受交通物流相关国家部门支持和资源保障的条件还有待增强。如交通物流重大基础设施布局有待优化。整合配置航线资源、港口资源、高铁等重大交通设施布局，温州改革“自选动作”迫切需要高位支持。温州经济以非公经济为主，享受大型央企国企资源少，独立开展电力、用能、环境要素市场化改革受约束。国家科研大院大所及高规格大学资源在温州布局较少，对温州改革的科技资源支撑条件也有一定影响。

4. 温州以民营经济为魂如何处理好政府与市场关系的挑战

正确界定政府与市场的关系，让市场“无形之手”与政府“有形之手”紧密结合，关键是要处理好政府与市场的关系。长期以来，政府与市场的关系问题一直是经济改革的核心问题。实践证明，只有协调处理好“市场之手”和“政府之手”，才能真正实现要素资源的市场化配置。在这个过程中，既要不断扩大市场决定要素配置范围，培育好市场交易平台，又要更好地发挥政府作用。需要指出的是，要素市场化配置改革的难点，不在于要素本身，而在于要素配置主体的改革。这就需要不断深化“放管服”改革，强化竞争政策的基础性地位，打破行政性垄断、防范市场垄断，清理废除妨碍统一市场和公平竞争的各种规定和做法，进一步减少政府对要素的直接配置。同时，要继续深化国有企业和国有金融机构改革，完善法人治理结构，确保各类所有制企业通过市场手段平等获取要素，为完善要素市场化配置改革营造良好的改革环境。

四 新时期温州深化要素市场化改革框架完善方向

（一）贯彻落实党的二十大精神与温州要素市场化配置综合改革新要求

1. 党的二十大对深化要素市场化改革的相关表述

党的二十大报告提出了深化要素市场化改革的相关表述及要求，主要有：构建全国统一大市场，深化要素市场化改革，建设高标准市场体系。完善产权保护、市场准入、公平竞争、社会信用等市场经济基础制度，优化营商环境。健全资本市场功能，提高直接融资比重。加强反垄断和反不正当竞争，破除地方保护和行政性垄断，依法规范和引导资本健康发展。健全资源环境要素市场化配置体系，加快节能降碳先进技术研发和推广应用，倡导绿色消费，推动形成绿色低碳的生产方式和生活方式。完善按要素分配政策制度，探索多种渠道增加中低收入群众要素收入，多渠道增加城乡居民财产性收入。

2. 结合贯彻党的二十大精神深化要素市场化改革的新要求

一是关于生产要素市场的理论顺序。鉴于新时期人才作为第一资源的重要作用，过去普遍把土地要素放在第一位，今后更倾向于把劳动力市场放在第一位。

二是拓展土地要素范畴。温州在土地要素上有拓展和创新，陆海统筹，海域作为土地要素的延伸。

三是资本要素市场与产权市场统筹推进。产权市场为非标的资本市场，要与资本市场一起统筹考虑。

四是技术要素市场应体现品牌作为知识产权的价值。探索品牌作为知识产权界定量化方式，同时建立技术经理人市场。

五是探索试点管理要素（企业家）市场。没有正式把管理要素（企业家）市场列入市场体系之内，存在遗憾和缺失。怎么样才能发挥中国成千上万管理者的作用非常重要，建议补上管理要素（企业家）这个市场。党的十六大、党的十八届三中全会、十九届四中全会报告都列入管理要素。现在完善管理要素市场“很迫切”。

六是构建新发展格局对集聚全球要素的要求，促进共同富裕对完善要素分配机制的要求，提出了吸引国际人才、资本、技术，参与国际规则制订，完善按要素分配机制等举措。相关举措有利于从总体上提升要素市场的发展质量和运转效率。

结合贯彻落实党的二十大精神，积极研究提出要素市场化改革“温州实践”框架完善方向。对标中国式现代化战略安排，突出改革试点温州特色，聚焦试点创新任务，以要素市场化改革带动高水平社会主义市场经济体制建设，提升推动高质量发展的现代要素资源保障，探索温州商品市场与要素市场更加紧密联动发展，全面提高要素协同配置效率。

（二）温州要素市场化配置综合改革对标比较与差距不足

正所谓尺有所短、寸有所长，“温州实践”不在于贪大求全，而在于有自己的特色和坚持。温州要在改革发展中始终坚守民资民企民营“民”

字号本色，但也要跳出温州看温州，加强与全国其他要素市场化配置综合改革试点地区对标比较，客观审视温州要素市场化改革的差距与不足，知彼知己，量力而行，坚持温州有为、温州能为、温州善为。

1. 推动要素市场化配置做强做大的战略空间有待优化提升

温州承载起浙江第三极的战略位势，但温州的城市能级和战略资源有一些局限，尤其是市辖区即主城区资源聚集规模不够大、水平不够高，要素市场化配置的区域空间相对有限。国家要素市场化配置综合改革试点方案明确指出，围绕推动国家重大战略实施，根据不同改革任务优先考虑选择改革需求迫切、工作基础较好、发展潜力较大的城市群、都市圈或中心城市等，开展要素市场化配置综合改革试点。与苏州、无锡、佛山、泉州、南通、东莞等地区生产总值（GDP）万亿元以上地级市相比，温州的城市能级和都市圈节点位势都有待进行战略提升（见图 2~图 4），主攻方向包括大幅度提升城市化率、显著扩大市辖区即主城区常住人口规模、战略性拓展温州城市建成区面积等。

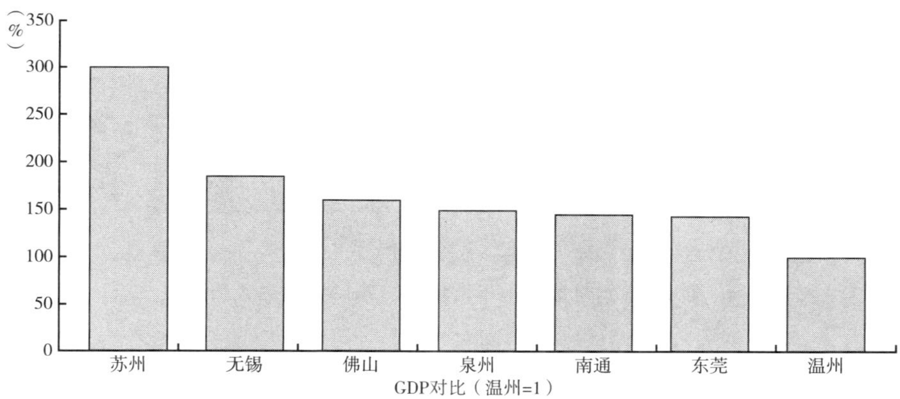

图 2　温州与部分地级市比较（GDP）

2. 改革创新的集中承载区尚待谋划

温州改革创新独具特色，但从国家层面的改革创新重大战略布局和重大平台来看，温州还缺少重大改革创新的集中承载区。当前，前海深港现代服务业合作区、横琴粤澳深度合作区、广州南沙新区、北京中关村国家自主创新示范区、中国（上海）自由贸易试验区临港新片区等重大平台都被赋予了聚集全球资源的功能使命（见表 5）。要把改革创新的"温州实

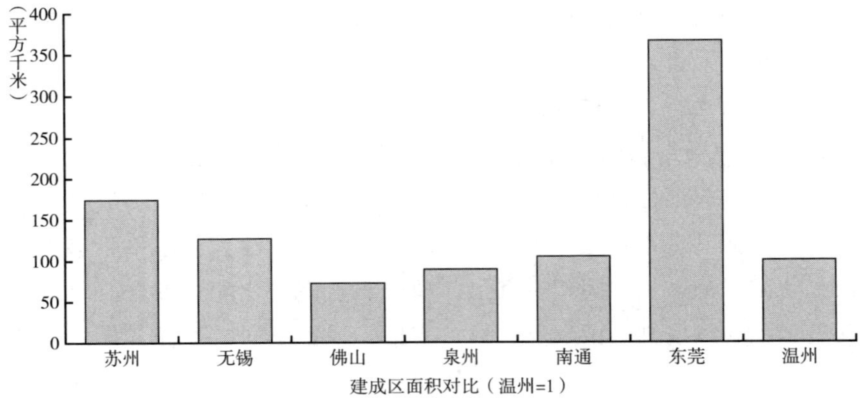

图 3　温州与部分地级市比较（建成区面积）

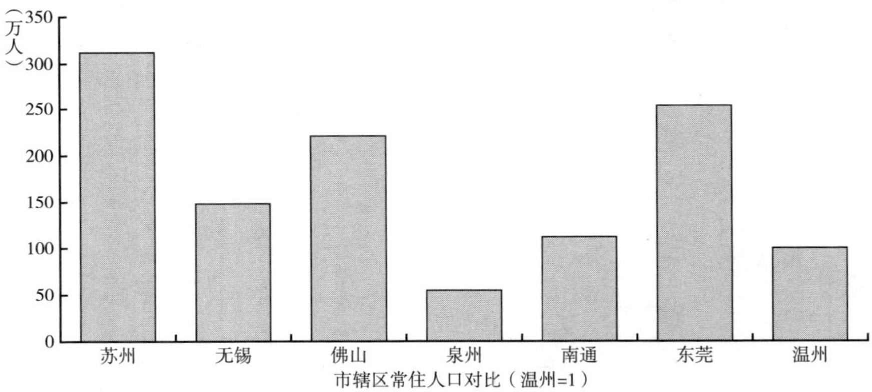

图 4　温州与部分地级市比较（市辖区常住人口）

践”做强做大，有必要谋划打造具备一定空间尺度的要素市场化改革集中综合承载区。

表 5　部分国家级改革创新的集中承载区

改革创新集中承载区	功能区面积	战略定位
前海深港现代服务业合作区	总面积 120.56 平方公里	打造粤港澳大湾区全面深化改革创新试验平台，建设高水平对外开放门户枢纽。功能定位为：深港合作先导区、体制机制创新区、现代服务业集聚区、结构调整区

续表

改革创新集中承载区	功能区面积	战略定位
横琴粤澳深度合作区	2020年建设用地规模控制在28平方公里	以合作、创新和服务为主题，充分发挥横琴地处粤港澳接合部的优势，推进与港澳紧密合作、融合发展，逐步把横琴建设成为带动珠三角、服务港澳、率先发展的粤港澳紧密合作示范区
广州南沙新区	规划面积800多平方公里	立足广州、依托珠三角、连接港澳、服务内地、面向世界，建设成为粤港澳优质生活圈和新型城市化典范、以生产性服务业为主导的现代产业新高地、具有世界先进水平的综合服务枢纽、社会管理服务创新试验区，打造粤港澳全面合作示范区
北京中关村国家自主创新示范区	示范区面积初定为233平方公里，后增加到488平方公里	区域定位为：中国高科技自主创新的发源地；中国高科技创业和投资的热土；中国经济科技教育体制改革的先行实验区；中国培养和聚集高素质人才的基地；中国战略性新兴产业的策源地
中国（上海）自由贸易试验区临港新片区	2020年建成区面积63平方公里，2035年建成区面积达到292平方公里	集聚海内外人才开展国际创新协同的重要基地、统筹发展在岸业务和离岸业务的重要枢纽、企业“走出去”发展壮大的重要跳板、更好地利用两个市场两种资源的重要通道、参与国际经济治理的重要试验田，有针对性地进行体制机制创新，强化制度建设，提高经济质量

资料来源：课题组整理。

3. 在国内外具有影响力的重大平台欠缺

要建设高水平的要素市场体系，温州有待加强要素市场重大平台方面的内容建设，打造要素市场高端平台，增强配置全球资源要素能力。对标进博会、广交会、服贸会、高交会、消博会等重大国家级展会平台（见表6），温州以全球温商大会著名，但仍缺少与上述国家级展会平台齐名的国家级商贸平台。面对现代化建设新阶段，应更加积极地融入国内国际双循环促进构建新发展格局战略实施，增强温州配置全球资源要素的能力，打造具有温州优势的顶尖市场平台。

表 6　部分面向全球配置资源的重大展会平台

展会平台	功能	战略定位
中国国际进口博览会（进博会）	为世界上第一个以进口为主题的国家级展会	2022 年 11 月，第五届进博会累计进场 46.1 万人次。进博会按一年计意向成交金额 735.2 亿美元
中国进出口商品交易会（广交会）	是中国历史最长、层次最高、规模最大、商品种类最全、到会采购商最多、成交效果最好的综合性国际贸易盛会	2022 年，第 132 届中国进出口商品交易会在线上开幕。其中，出口展按 16 大类商品设立 50 个展区，进口展 6 大类题材商品分别归入对应展区参展。超过 3.5 万家境内外企业线上参展，展品数量创下历史新高
中国（北京）国际服务贸易交易会（服贸会）	是全球唯一国家级、国际性、综合型的服务贸易平台	全球唯一涵盖世贸组织界定的服务贸易 12 大领域的综合型服务贸易交易平台。新冠疫情前的 2019 年中国（北京）国际服务贸易交易会共实现意向签约项目 440 个，意向签约金额 1050.6 亿美元
中国国际高新技术成果交易会（高交会）	中国高新技术领域对外开放的重要窗口和高新技术产业化的高端平台	以新冠疫情前的 2019 年为例，第二十一届中国国际高新技术成果交易会参会观众来自 108 个国家和地区、达 57.6 万人次，2077 项新产品和 701 项新技术首次亮相
中国国际消费品博览会（消博会）	是全国首个以消费精品为主题的国家级展会	2022 年第二届中国国际消费品博览会吸引来自 58 个国家和地区逾 700 家国际企业和全国 31 个省份的企业参展，国际参展品牌已超过 1300 个

资料来源：课题组根据有关资料整理。

4. 具有竞争力的高端科教资源和人才资源偏少

党的二十大报告强调，“必须坚持科技是第一生产力、人才是第一资源、创新是第一动力，深入实施科教兴国战略、人才强国战略、创新驱动发展战略，开辟发展新领域新赛道，不断塑造发展新动能新优势”。当前，温州市高端科教资源还比较稀缺，创新型人才资源偏少。全市高层次、创新型科技人才总量短缺，能跻身国际前沿、参与国际竞争的顶级人才、高端人才、大师级人才更是凤毛麟角。同时存在高素质人才结构性问题，与产业升级要求相适应的技术创新型的专业人才集聚不足，与外向型经济发展相适应的国际化的现代服务业人才匮乏，与温州经济发展相适应的高素质技工人才稀缺。

5. 要素市场化配置效率及要素配置协同程度需要提高

党的二十大及国家层面的改革试点提出要提高要素协同配置效率问题。从温州目前的实践来看，要素资源利用效率还有待提高。产业用地是较突出的短板，低效用地不少。在多要素协同配置方面，呈现几个不协同：一是产业用地与高质量发展不尽协同；二是技术要素与创新驱动发展不尽协同；三是资本要素与实体经济发展不尽协同；四是经济体量与高端人才要素不尽协同；五是贸易总量与配置要素资源的重大平台不尽协同。

（三）面向中国式现代化温州完善要素市场化改革框架的方向

1. 着力推动以高水平要素市场化改革引领温州高质量发展

高质量发展是党的二十大及中共中央、国务院《关于加快建设全国统一大市场的意见》的重要内容，不是为改革而改革，要素市场化改革要为温州高质量发展、推动中国式现代化建设服务。要素市场化配置综合改革要服务于推动温州经济结构向中高端转型，推动经济发展保持中高速增长、迈上产业链价值链中高端。在推动要素市场化配置综合改革过程中，需要结合温州经济的特点，为温州产业结构升级提供支撑。强化科技、人才要素市场化改革，推动温州高质量发展。实施科教兴国、科教兴市战略，强化人才是第一资源、创新是第一动力，加快补齐科技、人才要素市场化配置短板弱项。

2. 统筹三大市场贯通发展助力温州由大到强变革提升

温州在经济发展历史上形成了“小商品、大市场”的发展格局。温州人在全国乃至全球建立起了市场网络，资讯体系完整发达，小商品生产和贸易规模庞大，各类市场主体和从业人员多。2014 年温州市有各类市场 489 个，总成交额达 1209.54 亿元。其中，商品交易市场 455 个，成交额达 1110.33 亿元，比上年增长 7.4%；生产要素市场 7 个，成交额达 4.51 亿元，与上年持平；经工商部门登记核发的网上交易市场 27 个，成交额达 94.7 亿元，同比增长 30.6%。商品交易市场中消费品市场 366 个，成交额达 773.95 亿元；生产资料市场 87 个，成交额达 290.43 亿元；服务业市场 2 个，成交额达 45.95 亿元。截至 2022 年末，全市在册市场主体 129.3 万户，其中企业 38.9 万户，个体工商户 90.4 万户。从基本现状来看，商品市场与要素市场一条腿长、一条腿短的问题依然十分突出。随着高标准市场体系建设与改革要求、经济高质量发展战略要求深入推进，要加快“小商品、大市场”模式向高质量发展提质拓能升级。发挥温州商品市场优势，着力推动要素市场与服务市场、商品市场贯通发展，探索统筹三大市场贯通发展助力温州由大到强变革路径。

3. 积极拓展温州特色的要素市场范畴及要素市场内涵

在扎实推进土地、劳动力、资本、技术要素市场化改革基础上，要高度重视数据要素市场化改革，并积极抢占数据要素这个新兴要素市场先机，同时加大资源环境要素市场改革力度，拓展温州改革创新亮点。补上管理要素缺位。推动陆海统筹谋划与发展，将土地要素范畴拓展到海域资源。贯彻落实《全民所有自然资源资产所有权委托代理机制试点方案》，针对全民所有的土地、矿产、海洋、森林、草原、湿地、水、国家公园等8类自然资源资产（含自然生态空间）开展所有权委托代理试点，依法或依照授权履行地级市政府代理履行的部分权责。创新政府配置资源方式，发挥市场在资源配置中的决定性作用和更好发挥政府作用，更多引入市场机制和市场化手段，提高资源配置效率和效益。对于以营利为主的资源资产，温州可争取委托地级市政府代理履行所有者职责。地方政府加强完善制定规则，依法推进土地所有权与土地使用权分离，推动各种自然资源资产使用权、用益物权竞争性出让，完善自然资源资产出让、租赁、作价出资（入股）、特许经营等政策，对自然资源资产使用权扩权赋能、激发活力，健全自然资源资产国家所有权权利体系。

4. 适应碳排放双控要求大力拓展资源环境市场化改革

按照党的二十大后推动能耗双控逐步转向碳排放双控的改革方向，将用能要素市场化改革拓展为资源环境市场化改革。坚持先立后破，积极完善能耗双控制度，优化完善调控方式，加强碳排放双控基础能力建设，健全碳排放双控各项配套制度，为建立和实施碳排放双控制度积极创造条件，探索具体实现方式。加强资源环境要素市场制度建设，依托要素市场化改革、自然资源有偿使用及价格改革、资源环境权益交易等领域的研究基础，开展系统的理论研究。温州要与国家要素市场化综合改革试点任务对标对表，丰富并拓宽试点内容，将温州开展的用能要素市场化改革拓展为资源环境市场化改革。下一步，资源环境要素市场化配置的关键，一是要分析和识别资源、能源、生态环境各个领域市场制度建设存在的问题，总结并提出共性关键问题；二是要准确识别温州在资源环境要素市场化配置中的重点领域并进行深入研究，如电价改革、资源环境权益交易、环保产业、绿色产品标识等。

5. 增加促进共同富裕的要素收入相关改革探索

共同富裕是中华民族的伟大梦想，促进共同富裕对完善要素分配机制提出要求。党中央赋予浙江共同富裕先行区的使命任务，温州市确立打造共同富裕市域样板目标。与党的二十大报告新要求对标，增加要素收入相关改革探索。对标新时期共同富裕目标实现，加快探索增加群众要素收入促进共同富裕的温州实现路径机制。

6. 提升温州集聚配置全球要素资源的平台和能力

加强要素市场重大平台建设。打造要素市场高端平台，增强配置全球资源要素能力。更加积极融入国内国际双循环促进构建新发展格局战略实施，增强温州配置全球资源要素的能力，打造具有温州优势的顶尖市场平台。抢占数据要素制高点，突出数据要素领先优势，发展配置全球资源的专业化市场平台。温州经济发展曾以专业市场为依托，现在专业市场数字化转型升级意义重大，应打造全球化的数字化交易平台吸引国际人才、资本、技术参与国际规则制定。强化科技、人才要素市场化改革，推动温州高质量发展。实施科教兴国、科教兴市战略，强化人才是第一资源、创新是第一动力，加快补齐科技、人才要素市场化配置短板弱项。

7. 全面提高要素配置效率及全要素生产率

坚持系统集成、协同高效，配置综合推进改革的重要探索。强调改革的系统性、整体性、协同性，实现土地、劳动力、资本、技术以及数据等各领域要素市场化配置改革举措相互配合、相互促进，提高不同要素资源的组合配置效率，有效引导各类要素协同向先进生产力集聚。将以市场效率为导向、以全要素生产率提高为导向。温州模式的特色就是高度发达的民营经济，要充分释放民营企业的活力，在要素市场领域，我国市场经济仍然存在束缚市场主体活力、阻碍市场和价值规律充分发挥作用的弊端，市场发育仍不充分、市场决定要素配置范围有限、要素流动存在体制机制障碍等问题仍较突出。理论和实践都证明，市场配置资源是最有效率的形式。

五　贯彻党的二十大精神持续深化要素市场化配置改革

深化要素市场化配置综合改革，是贯彻落实党中央、国务院决策部署的重大举措，是推动高质量发展、促进共同富裕的必然要求，是温州“续写创新史、走好共富路”的重要抓手。要全力以赴推动国家综合改革试点落地，加强顶层设计，注重基层创新，推动国家试点和基层改革实践相促进，以试点为引领，推出更多引领性、首创性、先行性改革举措。

（一）下一步总体思路

党的二十大报告对构建高水平社会主义市场经济体制、深化要素市场化改革做出全面部署。基于开展试点以来的改革探索，建议下一步温州市深化要素市场化改革的总体思路，要以党的二十大精神为指引，以国家要素市场化配置综合改革试点为总抓手，构建“1+7+N”工作体系，力争形成30项以上突破性成果，助力服务新发展格局、推动高质量发展，为打造更具活力的“千年商港、幸福温州”提供强大要素支撑。

“1”，即高标准实施一张授权事项清单。在授权事项获批后，坚持把实施好授权事项清单项目作为重中之重。建议参考深圳等地试点做法，实行“一项授权事项、一位牵头领导、一份实施方案、一个改革专班”，健全改革推进机制，构建闭环管理体系，迅速形成一批标志性成果。

“7”，即深化推进7大要素领域各项改革。按照试点总体方案，围绕各要素领域重大需求，找准突破口，把握着力点，实施项目化攻坚，加快构建更加完善的要素市场化配置体制机制。

“N”，即滚动突破若干牵一发动全身的关键问题。①探索打造全要素交易平台。按照“总体谋划、分步推进”要求，将股权、用能权等要素先行纳入平台，并启动交易制度体制建设。②探索按要素分配机制。确定几个突破口先行探索，在农村宅基地“三权分置”改革、市属国有企业发展混合所有制经济改革、财富管理金融综合改革等方面先行推出一批制度。③完善建设项目全生命周期服务管理系统。完成2.0版开发建设并在全市开展实质性应用，推动工业用地出让“双合同”管理线上闭环运行。④积极探索用能权有偿使用和交易。积极向上争取更多用能权交易指标，建立健全用能权市场交易制度，形成用能权市场交易规范性制度，加快市能源大数据中心平台建设和应用升级。⑤探索开展职务科技成果产权制度改革。选择1~2个高校院所先行开展试点，形成经验后在面上稳妥推开。⑥探索数据基础制度建设。主要在数据资产登记、确权、评估、定价、交易以及数据交易监管、投诉举报和违规惩戒、数据安全审计等方面，加大探索力度。⑦迭代打造温州物流信息枢纽港。进一步对接省部级交通物流平台，加强功能开发和业务扩充，重点在政策支持、数字化场景应用、物流新基建等方面加以突破。⑧建立现代物流产业发展领导协调机制。健全完善组织领导体系，加大对重大问题的统筹协调。⑨积极争取入选第二批国家综合货运枢纽补链强链城市。争取试点落地并抓好推进实施工作。

（二）长远谋划一批基础性战略性改革举措

1. 健全具有世界前沿水准的要素市场化配置基础性制度

当前经济社会发展的新形势对人才、技术、数据、资源、资本等市场要素有了新的要求，对这些市场要素进行改革需要有相应的法规政策支持。一是建立健全世界领先的要素产权制度。最高标准保护要素产权，充分赋予要素产权权能。二是建立健全要素交易制度体系。温州可以通过在人才、技术、数据、资源、资本等市场要素制度建设、规则制定等方面出台相应的法规政策，积极开展试点工作。三是完善要素市场化配置信息披露制度。为了促进资本、土地、数据、技术成果等市场要素的流动，温州可以组建产权交易中心、土地交易中心、数据交易中心、资源交易平台等。支持各类所有制企业参与要素交易平台建设，规范要素交易平台治理结构，加快技术、数据、资源环境市场培育和规则建设，健全要素交易信息披露制度。

2. 培育温州“民”字号国际一流要素市场主体

坚持民资民建民营特色：一是培育民资民营领域的世界级一流企业；二是高水平建设中国（温州）国际科学城；三是建设中国（温州）国际技术交易中心（所）。温州市大学科研院所比较少，创新创业资源不足，高层次人才少，需要进一步培育和集聚技术创新主体。温州民间资本充裕，但是如何引导民间资本投向科创领域，也需要政府通过制定政策予以引导。

3. 打造面向全球配置要素资源的温州三大战略平台

坚持国际标准、世界眼光、温州人经济脉络，高起点规划建设几个温州重大平台。一是建设好世界青年科学家论坛永久性会址。比照上海世界顶尖科学家论坛、北京中关村论坛定位及规格，打造世界青年科学家创新创业高端品牌。以世界青年科学家孵化器、大学科技园为基础，重新规划建设和运营。设置若干个应用型科学家办公室，逐步集聚一批创新转化型世界顶尖人才。二是打造中国（温州）国际新产品发布与招商大会。在温州现有全球招商基础上，谋划与进博会、广交会、服贸会、高交会、消博会等齐名的中国国家级商贸平台。结合温州特点，着力打造国际时尚智造之都。三是打造全球温州商会大会。充分挖掘遍布世界各地的温州人资源和商会网络体系，提升新时代商会价值，再次擦亮世界温商大平台大品牌。

4. 构建大温州要素大市场大格局

主动融入全国统一大市场建设，构建大温州格局，促进长三角南部区域要素市场化配置大市场新格局形成。高质量推动温州现代化建设，锚定浙江第三极的战略定位，积极稳妥推进行政区划改革，加快温州国际大都市建设，为建立统一市场提供强大空间和载体支撑。适时推动温州市开展行政区划改革，扩大温州城市主城区版图，为要素市场化配置综合改革提供统一大市场的新空间。积极研究提升城市能级的可行性及实现路径，逐步将温州城市化率提升到90%左右，新增百万以上城市人口。探索提高市辖区人口承载力，结合行政区划优化调整，打造长三角南部温州国际化大都市。

（三）大胆探索一批创新性、突破性改革举措

充分发挥“温州精神”，“敢为天下先”，勇于探索改革创新，我们研究提出温州可以在以下几个方面开展试点，为完善国家要素市场化配置综合改革试点方案提供改革试点经验。

1. 探索农村宅基地收益取得和使用方式创新改革

“十四五”时期，在土地要素方面应该将初步建立健全城乡统一的建设用地市场作为一个主要任务。在当前国内国际双循环的背景下，如何调动内需是一个重要问题，特别是挖掘农村市场的消费需求新空间。增加农

民财产性收入是一个重要的因素，而宅基地改革是增加农民财产性收入的一个重要途径，深化宅基地改革具有非常重要的意义。深化农村宅基地制度改革试点，要建立真正的自愿退出机制，在强调宅基地的所有权、资格权、财产权和使用权基础上，进一步推动农村宅基地的退出权市场化改革，包括退出的范围、补偿资金的来源、承接主体等，温州可以在这方面尝试进行突破性探索。对于存量闲置宅基地的盘活利用，包括自主经营、租赁经营、委托经营，要将吸收投资的各种体制机制障碍彻底打破。农村宅基地改革最核心的部分是宅基地的跨集体流转，这个问题能不能解决，是宅基地改革的一个试金石。创新宅基地收益取得和使用方式，推动农村宅基地进入市场流转，为国家城乡建设用地市场一体化提供宝贵经验。研究探索赋予农村宅基地与城镇国有土地类似的一定年限的土地使用权证，通过规范的产权交易市场在温州市域范围内流通交易，将建立城乡统一土地要素市场向前推进了一小步。

2. 探索放宽民营主体进入土地一二级市场改革

土地市场作为要素市场的重要组成部分，是高标准市场体系建设的关键。贯彻落实党的二十大精神要进一步深化土地要素市场化改革，加快全国统一的土地市场建设，结合“多审合一”“多证合一”改革，推动服务标准统一、审批流程再造，激发市场主体活力。支持民营企业发展和进入更多市场领域，探索放宽民营市场主体进入土地一、二级开发领域。加快培育发展建设用地二级市场。尤其是在符合规划和尊重农民意愿的基础上，支持温州利用集体经营性建设用地建设保障性租赁住房，赋予集体经营性建设用地抵押权利。

3. 探索离岸创新创业与要素跨境流动改革试点

开展创新要素跨境便利流动试点，发展离岸创新创业，探索推动外籍科学家领衔承担政府支持科技项目。温州拥有得天独厚的条件，即温商在全球世界各地建立有极其发达的资讯网络体系，遍及世界各个角落，具备吸引世界范围内具有顶尖创新能力的科学家团队的渠道。因此，温州可以开展创新要素跨境便利流动试点，可以通过温商的资讯网络体系，大力吸引具有顶尖创新能力的科学家团队“揭榜挂帅”。

4. 探索民营资本举办科技研发转化大院大所试点

发挥温州民资民营特长和优势，推动设立民营资本投资建设和运营的温州国家自主创新示范区。探索大学科装置民营资本投资，探索国家级研发创新院所民营资本举办，探索与北京中关村科学城、上海张江科学城等不一样的创新投入路径。积极对接国家级科技平台，探索设立民营化的国家级科学院温州分院、民营化的温州综合创新研究院等。

5. 探索开展数据确权定价与交易试点

全面对标对表《中共中央　国务院关于构建数据基础制度更好发挥数据要素作用的意见》，以温州数安港高质量建设为抓手，推动温州数据要素市场化配置改革走在全国前列。对照机构改革要求，设立温州数据局。建立温州首席数据官制度。继续发挥温州数据领域法治化改革优势，突破数据产权确权难点，在确保国家安全和个人隐私保护前提之下，探索数据双轨运作，即属于公共产品性质的信息数据，及时地提供给全体社会成员，属于私人产品性质的信息数据，探索有偿转让或交易。开展数据要素有偿转让或交易体系中的定价机制。积极开展数据立法试点，从公共数据开放共享、数据流通交易、数据开发利用、数据安全保护等方面，完善市场制度规则。制定数据产品确权、定价、交易制度。

6. 探索温州民资民营产权交易中心及业务创新试点

要素市场化配置的核心是发挥市场机制的作用，实现资源的高效配置。要素流动需要有交易市场，温州可以建立温州产权交易中心、土地交易中心、数据交易中心，为市场要素的流动提供支持。对温州股权交易中心进行重新定位，为要素市场流动提供支持性平台。在温州股权交易中心的基础上，进一步扩展交易品种，将土地、技术成果、数据、银行信贷资产、票据等要素纳入交易对象。

7. 探索民间投资创新创业抵免税收改革试点

温州民间资本充裕，积极引导社会资本流向创新创业领域，地方政府研究制定政策予以引导。开展鼓励民间投资政策试点，积极引导民营资本投入创新创业领域。可以采取以投资抵免税收的方式，带动社会资本投资创新创业领域。

8. 探索全面放宽民营资本进入投资领域试点

民营经济是温州推进中国式现代化的生力军，是实现温州高质量发展的重要基础，要持续推进温州民间金融改革试点。健全中小微企业和个体工商户信用评级和评价体系，加强涉企信用信息归集，推广“信易贷”等服务模式。支持符合条件的民营中小微企业在债券市场融资，鼓励符合条件的民营企业发行科技创新公司债券，推动民营企业债券融资专项支持计划扩大覆盖面、提升增信力度。支持符合条件的民营企业上市融资和再融资。支持民营企业参与全面加强基础设施建设，引导民营资本参与新型城镇化、交通水利等重大工程和补短板领域建设。进一步放宽民营资本进入城市运营领域。支持民营资本投资基础设施领域，提供优质教育医疗服务，全资或入股参与各类园区开发运营，甚至投资参与军民融合领域。

9. 探索物流数字化赋能与货运物流要素市场化配置改革试点

强化交通物流数字化科技赋能，加快温州交通物流数字化转型。利用现代信息技术推动物流要素在线化数据化，开发多样化应用场景，实现物流资源线上线下联动。推动“一站式”物流数据中台应用，鼓励平台企业和数字化服务商开发面向中小微企业的云平台、云服务，加强物流大数据采集、分析和应用，提升物流数据价值。培育区域性物流数据要素市场，积极参与全国乃至全球货运物流领域数字治理。研究电子签名和电子合同应用。深化温州交通物流要素市场化配置改革，推进航线资源，尤其是货运物流要素市场化配置改革。加快物流服务要素市场化，提升货运资源市场化配置能力，建设全国性货运物流要素配置平台（或云上市场）。

10. 探索捐赠等三次分配促进共同富裕发展试点

通过捐赠可以缩减贫富差距，引导更多社会资本参与公益事业，拓宽促进共同富裕的渠道途径。发挥温州民间资本充裕优势，通过制定捐赠抵免税收政策，鼓励民间捐赠，规范促进公益事业发展。在《公益事业捐赠法》国家上位法基础上，温州结合新时代共同富裕要求，可率先探索研究制定捐赠促进创新创业和共同富裕的地方性法规。

11. 探索开展企业家体制内外流动试点

温州人“敢为天下先”的精神，是当前社会非常需要的企业家精神。《温州市创建新时代“两个健康”先行区加快民营经济高质量发展相关政策和具体措施》规定：建立“创二代”挂职培养制度，定期筛选有潜力的年轻优秀经营者，到涉企机关部门挂职锻炼，培养温州民营企业家后备军。贯彻落实关于促进民营经济发展壮大的意见，加强企业家队伍建设和流动体制机制改革，规范政治安排，完善相关综合评价体系，稳妥做好推荐优秀民营经济人士作为各级人大代表候选人、政协委员人选工作，发挥工商联在民营经济人士有序政治参与中的主渠道作用。支持民营经济代表人士在国际经济活动和经济组织中发挥更大作用。尝试积极探索进一步打破政商旋转门，促进企业家在政府、企事业单位、国有民营企业之间双向流动，进一步发挥温州民营企业家参与经济社会治理的作用。加快建设企业家（职业经理人）市场化选聘市场。

（四）精准实施一批小切口操作性改革举措

1. 加速城镇低效产业用地和农村低效用地市场化盘活

针对部分产业用地功能固化、存量用地效率偏低、城乡土地市场融合不足等问题，提出了探索赋予试点地区更大的土地配置自主权，支持不同产业用地类型合理转换，以市场化方式盘活存量用地。完善城乡基准地价、标定地价的制定与发布制度，逐步形成与市场价格挂钩动态调整机制。充分利用市场机制盘活存量土地和低效用地。深化农村宅基地改革，探索宅基地所有权、资格权、使用权分置实现形式，促进农村宅基地的流转，增加农民的财产性收入。探索温州与对口帮扶地区之间建立城乡建设用地增减挂钩节余指标跨省域调剂使用机制。

2. 深化吸引高端人才的各项改革

建立协调衔接的劳动力、人才流动政策体系和交流合作机制，健全统一规范的人力资源市场体系，完善全国统一的人力资源和社会保障公共服务平台，推动公共资源由主要按城市行政等级配置向主要按实际服务管理人口规模配置转变。大力吸引集聚专业人才来温州发展，探索事业单位通过特设岗位引进急需高层次专业化人才，支持专业人才柔性就业。制定高层次人才政策，促进党政机关、国有企事业单位、社会团体管理人才合理有序流动，实现高层次人才的市场化配置。深化户籍制度改革，建立城乡统一的劳动力市场。加大职业培训力度，招引新业态从业人员。

3. 发展民营企业治理现代化急需的职业经理人市场

探索建立职业经理人市场，建立民营企业、国有企业的经理市场化选聘平台。联合国内外顶级商学院，创办市场化运作的温州商学院，以建立现代企业制度为核心，培养具有现代化观念的企业家。

4. 推动支撑科教强市建设的技术要素市场化改革

加快补齐温州研究创新资源短板，支撑科教强市战略实施，进一步吸引研究院所来温州设立分支机构，建设一批温州急需的科技创新中心。设立首席科学家办公室，配套科学家基金，用于吸引国内外高层次人才落地温州。在支持方向上，以带动温州产业结构升级的技术成果为主要支持方向，通过吸引国内外先进的技术成果，与温州当地的产业结合，实现温州产业升级。加大科技成果产权激励制度改革力度，高校和科研院所探索创新职务科技成果转化管理方式。制定相关政策，鼓励高等学校、科研机构的科技研究人员在企业兼职，建立创新资源自由有序流动机制。支持将职务科技成果通过许可方式授权中小微企业使用。建立温州技术成果转让交易中心，发展技术贸易，促进技术进口来源多元化，鼓励当地企业通过购买和吸纳国内外的技术成果，实现企业自身的产业升级。完善知识产权和科技成果产权市场化交易机制。设立温州知识产权保护中心，制定专利奖励政策，支持企业申报各种专利。鼓励企业参与标准制定，支持行业领军企业牵头组建国际性产业与标准组织，积极参与国际规则制定。探索品牌作为知识产权，对品牌技术含金量进行界定量化（评估、作价、折股），同时建立技术经理人市场。

5. 推进“一带一路”国家小商品数据要素市场化探索创新

完善数据要素市场化配置机制，建立数据资源产权、交易流通、跨境传输、安全保护等基础制度和标准规范。探索公共数据共享、开放、运营服务、安全保障的管理体制，完善公共数据安全保护机制。探索开展政府数据授权运营，开展数据资产化服务试点，建立数据产品确权、定价、交易机制。推进政府数据开放共享。优化经济治理基础数据库，加快推动各地区各部门间数据共享交换，制定出台新一批数据共享责任清单。探索构建数字征信体系，完善个人信息授权使用制度，试点建立个人信息评价系统。探索数据跨境流动管控方式，完善重要数据出境安全管理制度。打造“一带一路”国家小商品交易大数据中心，促进“一带一路”高价值数据向社会开放。

6. 深化温州资本要素改革试点

持续深化资本要素改革是温州民营经济高质量发展的核心要义，也是温州改革的强项。下一步要深化完善跨境支付、人民币跨境贸易结算体制，大力推动使用数字人民币场景试点，争取开展本外币合一银行结算账户体系、个人侨汇结汇便利化、QFLP 等试点。健全公共信用信息同金融信息共享整合机制，支持金融机构设置专业化科技金融分支机构，开发多样化的科技金融产品。设立并购基金，制定鼓励企业并购政策，推动温州当地企业通过并购方式，实现自身产业升级，融入新兴产业领域。加快补齐温州股权投资基金发展短板，开展投资抵免税政策试点，积极引导社会资本流向创业投资领域。发展多层次股权市场，设立温州产权交易中心，探索制度和业务品种创新。探索加强省内联动，联合杭州、宁波等地方产权交易中心，突破产权交易的地域限制。探索加强区域性股权市场与全国性证券市场板块间合作衔接的机制。大力发展基础设施资产证券化，通过汇聚社会资本，以市场化方式融资，开展基础设施建设。支持符合条件的境内外投资者在试点地区依法依规设立证券、期货、基金、保险等金融机构。

7. 健全资源环境要素市场化配置体系

发挥温州民营企业资源富集优势，支持民营企业参与资源环境要素市场化改革。支持民营企业参与推进碳达峰碳中和，提供减碳技术和服务，加大可再生能源发电和储能等领域投资力度，参与碳排放权、用能权交易。加快发展方式绿色转型，构建绿色要素交易机制，推动经济社会发展绿色化、低碳化。进一步完善电力市场化交易机制及电力交易机构独立规范运行，积极推进用能权交易试点，推进碳排放配额、用能权指标有偿取得机制，争取上级授权，探索健全绿色电价体系，完善核电价格形成机制。着力打造“碳均论英雄”先行区，成立专门机构指导“低碳经济”，大力发展“低碳产业”，探索开展资源环境权益融资。统筹陆海资源管理，支持完善海域和无居民海岛有偿使用制度，加强海岸线动态监测。在严格落实国土空间用途管制和海洋生态环境保护要求、严管严控围填海活动的前提下，探索推进海域一级市场开发和二级市场流转，探索海域使用权立体分层设权。

8. 持续创新交通物流要素市场化改革

创新先行先试优势，推动助力“双循环”，建设交通物流要素市场化配置区域性、全国性改革试点基地。集聚交通物流要素平台资源，探索在交通物流等重点领域以数据为核心的产品和服务创新。更好地发挥政府作用，加强战略规划和政策引导，推动形成规范高效、公平竞争、统一开放的物流市场。依托国家物流枢纽整合区域物流设施资源，引导应急储备、分拨配送等功能设施集中集约布局，支持各类物流中心、配送设施、专业市场等与国家物流枢纽功能对接、联动发展，促进物流要素规模集聚和集成运作。完善功能多样的陆路通道，构建“通道+枢纽+网络”现代交通物流体系。打造东南沿海枢纽海港，构建陆海开放的集疏运系统，构建温州国内国际航空货运航线网络。充分发挥市场在资源配置中的决定性作用，激发市场主体创新发展活力，提高物流要素配置效率和效益。

9. 探索增加居民要素收入改革试点

促进共同富裕对完善要素分配机制的要求为必须探索增加群众要素收入促进共同富裕的具体实现方式。健全各类生产要素参与分配机制。构建知识、技术、数据等创新要素参与收益分配机制，强化以增加知识价值为导向的分配政策，发挥工资激励保障作用。完善国有企业科技人才薪酬激励政策。完善股份制企业特别是上市公司分红制度。完善股票发行、信息披露等制度，推动资本市场规范健康发展。创新更多适应家庭财富管理需求的金融产品，增加居民投资收益。探索通过土地、资本等要素使用权、收益权增加中低收入群体要素收入。开展农村宅基地房屋流通试点，增加农民财产性收入。鼓励设立公益基金，开展捐赠抵补税收政策试点。

10. 加快完善汇聚国际要素的扶持政策

构建新发展格局对集聚全球要素的要求为必须制定吸引国际人才、资本、技术要素的有关政策，增强温州对全国乃至全球要素资源的吸引和配置能力。搭建全球技术成果交易网络体系，拓展温州遍布世界的商贸体系功能，转型发展成为技术成果交流平台。提高全球先进要素集聚能力。支持探索制定外国高端人才认定标准，为境外人才执业出入境、停居留等提供便利。开展创新要素跨境便利流动试点，发展离岸创新创业，探索推动外籍科学家领衔承担政府支持的科技项目。探索国际科技创新合作新模式，围绕全球性议题在世界范围内吸引具有顶尖创新能力的科学家团队“揭榜挂帅”。支持行业领军企业牵头组建国际性产业与标准组织，积极参与国际规则制定。为加快实施创新驱动发展战略，扩大国际科技交流合作，加大对外商投资在华设立研发中心开展科技研发创新活动的支持力度。

11. 鼓励地方“自主改革”与加强改革授权和改革生态建设

“温州实践”极具探索意义和示范价值，针对温州位势不高的弱势，要千方百计加大对温州的改革试验资源配置，让“温州实践”叫好又叫座。一是加强新时期改革立法，借鉴法治国家先进做法，先立法后改革，边立法边改革，立法、修法与改革统筹协同推进；二是有序加强温州改革授权，争取被赋予国家级改革试验区的试点权限；三是温州自身不断探索自主改革权限，坚持非禁即入，在不触碰底线、红线、高压线的前提下，最大限度地发挥“自主改革”的主观能动性；四是健全改革试错容错机制，当前攻坚克难阶段的改革大多进入无人区，首创性、突破性改革都没有石头可摸，没有现成经验可循，没有谁能保证改革天生就能成功，要始终保持勇于探索的闯劲，也要建立健全宽容包容改革试错容错机制。面对中国式现代化建设新阶段，温州不断坚持培育中国特色市场化改革的浓郁改革生态。

报告执笔：孙长学（国家发展改革委经济体制与管理研究所研究员）
贾存斗（中国经济体制改革杂志社地方改革创新研究院研究员）

第五部分

“有解思维”：新时代地方改革方法论的淄博实践研究

摘要：改革是解放和发展生产力的关键所在，是激发全社会创造力和发展活力的根本所在。改革创新最大的活力蕴藏在基层和群众中间。基层改革创新、大胆探索，是全面深化改革的不竭动力源泉，是深入推动改革落地的重要途径。党中央高度重视基层改革创新，党的十八大以来，习近平总书记在亲自领导全面深化改革的总体部署、统筹实施、夯基垒台、立柱架梁的同时，高度重视发挥地方、基层、群众首创精神，鼓励差别化探索，及时总结典型经验，扎实推动改革全局。山东省淄博市“有解思维”改革是地方党委和政府深入落实习近平新时代中国特色社会主义思想，从本地区实际出发，大胆突破发展瓶颈，推动改革得成效、地方得发展、群众得实惠的典型案例。“有解思维”改革的核心是坚持问题导向，“万事有解”，发展中的问题、民生上的问题一定要解、一定能解、一定善解。“有解思维”改革展现出诸多典型改革做法和案例，对下一步全面深化改革深入推进具有重要借鉴意义。

关键词：新时代　改革方法论　“有解思维”　淄博

一 新时代深入推进基层创新具有重大战略意义

改革开放40多年来，经济体制改革始终是推动经济社会发展的强大动力。改革是一个宏大的系统工程，涉及重大体制机制的创新，关系重大利益格局的调整，每一项改革都会对其他改革产生重要影响，每一项改革又都需要其他改革协同配合。改革需要顶层设计的统筹谋划，也需要来自基层的创造实践。40多年的改革历程就是一个顶层设计与基层创新相互支持、协同配合、合力推动的过程。

（一）基层创新是深入落实中央改革要求的重要方式

党的十八大以来，习近平总书记在中央深改委（组）会议上多次强调要加强对地方改革创新的支持，要“及时总结和推广基层探索创新的好经验好做法”“要及时总结经验，把基层改革创新中发现的问题、解决的方法、蕴含的规律及时形成理性认识，推动面上的制度创新”。深入落实中央改革要求，需要顶层设计和基层创新良性互动。一方面，改革需要顶层设计。改革顶层设计是对改革全局的整体设计，明确改革的战略方向和总体思路，提出改革的路线图和时间表，突出改革的系统性、整体性、协同性，克服改革事项表层化、分散化、无序化、简单化倾向，统筹推进经济、政治、文化、社会、生态各领域改革。另一方面，改革顶层设计需要基层创新支撑。没有来自基层的改革探索，没有呼应顶层设计的基层创新，顶层设计就成为纸上谈兵。

两者是相互支持的统一体，只有坚持将两者有机结合，才能有力地推进各领域改革。

（二）鼓励支持基层创新是新形势下推动改革的重要方法

历经40多年的快速发展，我国经济社会发展取得了世人瞩目的巨大成就。但是也要清醒地看到，多年来，粗放式发展模式一直是经济高速增长的重要推动力量，持续带来地方政府经济扩张冲动，同时也带来产能过剩、重复建设、资源浪费、环境污染等诸多问题，一些长期积累的深层次体制机制矛盾在经济转型过程中逐渐凸显。特别是，近年来国内外形势已经发生深刻变化，我国社会主要矛盾发生重要转变，利益格局深刻调整，思想观念深刻变化，影响经济、社会发展的不确定性因素明显增多。在这一背景下，不少干部对原来粗放式发展方式、工作模式存在“路径依赖”，在改革转型创新发展上“畏难不前”。如何创新地方政府工作机制，推动地方政府主动适应形势变化，鼓励工作人员更好地担当与作为，争当改革的促进派和实干家，已经成为全面深化改革、推动经济高质量发展迫在眉睫的重要任务。鼓励支持基层大胆改革创新，也成为推动改革落地的重要抓手。

（三）基层创新是认识和实践每次突破的重要基石

基层创新有力地推动着40多年来改革开放的深入推进。从改革开放初期的“大包干”“三来一补”，到20世纪八九十年代的乡镇企业，再到近年来的创新创业创造；从经济发展到社会治理，再到各领域的创新突破，来自基层的一次次探索、开拓，屡屡带来思想认识的解放和体制机制的颠覆性创新。近年来，地方改革从解决实际问题的角度出发，紧紧围绕“国家治理体系和治理能力现代化急需的、满足人民对美好生活新期待必备的”制度体系构建进行了大量的探索实践。浙江省衢州市基层治理“四大五加”体系架构、湖南省衡阳市机关党建“六微”模式、广东省珠海市数据要素改革行动方案、厦门市海沧区“三链融合”发展新模式等，新事物、新做法、新探索不断涌现，折射出基层创新的旺盛生机活力。实践证明，只有充分调动基层改革创新的积极性、主动性、创造性，改革航船才能始终动力强劲，中国式现代化的发展道路才能行稳致远。

二 淄博“有解思维”创新实践是基层创新的成功实践

问题是创新的起点，也是创新的动力源。习近平总书记强调“要有强烈的问题意识，以重大问题为导向，抓住重大问题、关键问题进一步研究思考，找出答案，着力推动解决我国发展面临的一系列突出矛盾和问题”。淄博“有解思维”创新实践是坚持问题导向，聚焦地方改革发展的重大问题，抓住人民群众急难愁盼的关键问题，不断推动实践创新、制度创新，不断以改革的方式破解发展瓶颈、解决民生问题，成为基层创新的典型案例。

（一）老工业基地、资源型地区发展仍然面临诸多困扰

习近平总书记曾经指出“改革是由问题倒逼而产生，又在不断解决问题中得以深化”。淄博是全国唯一涵盖资源枯竭、老工业基地、独立工矿区三种类型的城市，近现代工业历史已有 100 多年。长期以来，淄博面临老工业基地转型、资源型地区“资源陷阱”的双重压力。虽经多年发展，淄博市经济社会发展取得长足进步，为国家做出突出贡献，淄博市连续五次在国家发改委、科技部、工信部等部门联合举办的全国产业转型升级示范区建设经验交流活动中做典型发言，但是，淄博发展中仍然存在诸多体制性、结构性问题长期困扰着区域经济社会发展。例如，经济发展的路径依赖尚未完全打破，推动城市高质量发展的创新要素资源支撑仍然偏弱，企业研发投入仍然面临瓶颈，科技创新投入后劲不足，“双碳”背景下绿色发展压力较大，稳定经济运行压力较大，等等。这些矛盾和问题迫切需要通过改革加以解决，本质上，淄博“有解思维”创新实践起因于自身转型发展的内在需要，问题倒逼地方必须以改革寻求发展出路。

（二）“有解思维”创新实践是以改革推动发展的战略抉择

传统发展模式已经难以持续，新经济、新业态、新模式、新赛道不断涌现。面对复杂的经济形势，不少干部“老经验不管用、新知识不具备”，对很多工作任务、百姓诉求以“无解”回应。针对这一问题，2019 年 9 月召开的淄博市委十二届八次全会提出，全市上下要强化“有解思维”，坚持改革破题、创新开路，通过新模式、新机制、新路径、新政策，坚定不

移破除障碍、打通瓶颈、开创新局。

近年来，淄博市以“有解思维”推动高质量发展，抢抓山东绿色低碳高质量发展先行区建设重大机遇，强化“亩均论英雄”“碳均论英雄”导向，坚持优势产业“树旗子”、龙头企业“立杆子”、营商环境“亮牌子”一体联动，启动实施短板产业补链、优势产业延链、传统产业升链、新兴产业建链“四链共进”行动，纵深推进“四强”产业攀登计划，倾力打造20条百亿级、千亿级产业链，“四强”产业增加值、高新技术产业产值占比均为50%左右，2家企业入选中国企业500强，6家企业入选中国制造业企业500强，列入省“十强”产业“雁阵形”集群12个、领军企业21家，省级专精特新中小企业534家、国家级专精特新“小巨人”企业81家，国家级制造业单项冠军示范企业19家、位列全国第6。大力开展新经济培育“沃土”行动，聚力打造中国氢能生产应用标杆城市、中国膜谷，氢能、光伏、储能等新能源产业和新能源汽车、无人驾驶、智能机器人等未来产业，是全国唯一入选五大氢燃料电池汽车示范城市群的合作城市，排名中国新能源产业集聚度城市第26位，东岳高性能燃料电池膜技术保持世界领先水平，创新驱动、高端高质、绿色低碳的现代化产业体系初步形成，获批国家服务型制造示范城市。

历经多年改革实践，老工业城市正在脱胎换骨，各项事业不断取得新进展、新突破，城市美誉度、知名度、影响力大幅提升，形成了“人好物美心齐、共促城市发展”的良好局面。地区生产总值增速连续2年列全省第2位，固定资产投资3年平均增速列全省第1位，老工业城市和资源型城市产业转型升级示范区建设5次获得国务院督查激励。2022年，全市地区生产总值达4402.6亿元，同比增长4.7%；规上工业增加值同比增长6.5%；固定资产投资同比增长18.1%。2023年前三季度，全市实现地区生产总值3454.1亿元，同比增长5.2%，全市固定资产投资同比增长6.2%，规上工业增加值同比增长8.3%。

（三）“有解思维”创新实践是以改革激发活力的重要举措

淄博市作为资源枯竭型城市、老工业城市，历史欠账多，包袱重，面临多重转型阵痛，前些年不少干部出现思维“路径依赖”，在改革转型创新发展上“畏难不前”。加之，近年来国内外形势发生深刻变化，改革提速、经济转型与经济下行压力加大相伴随，不确定因素增加。面对新形势，不少干部产生等待观望情绪，主动作为的积极性不高。淄博"有解思维"创新实践旨在激发干部敢想敢干的积极性，兴起改革创新之风，全力破解产业发展、社会治理、民生保障等各领域难题。

政绩评价"指挥棒"改革是激发干部活力的关键一环。"有解思维"创新实践进一步优化政绩评价体系，将"人民满意"作为政府工作的最高标准，对政府工作提出了更高要求。"人民满意"这个最高标准要求各级政府必须出实招、办实事，切实让人民群众满意。伴随着政绩考核"指挥棒"的变化，政府工作方式发生深刻转变，全市干部工作作风更加求真务实，工作积极性得到有效激发，政府工作效率明显提高，担当作为、干事创业蔚然成风。

（四）"有解思维"创新实践是以改革完善治理的积极探索

社会治理的重点在基层，难点也在基层。淄博市是个老城市，居民构成比较复杂，生活优越居民和困难群体并存，利益诉求多元化情况比较突出，由此带来的社会治理问题也比较复杂。改革要破题，观念必须先转变，"不为困难找借口、只为成功想办法"的"有解思维"已经深度融入社会治理领域。近年来，淄博市坚持把推进市域社会治理现代化作为城市品质提升和保障经济社会高质量发展的基础工程，紧紧围绕社会治理现代化，坚持用改革破题、以创新开路，逐步理顺政府与市场、社会的关系，推动居民、社会和企业多元参与社会治理，健全基层治理体制机制，着力打造市域统筹"一盘棋"、多元融合"一张网"、资源汇聚"一股绳"、风险防控"一道闸"、群防群治"一条心"、科技赋能"一链通"的"六个一"工作新模式，不断提高社会治理能力与水平。历经多年坚持不懈的改革，社会治理体制机制不断创新，不少基层治理难题逐步得到有效破解，一批创新实践持续涌现，社会治理领域屡屡取得创新成果。淄博市荣获社会治安综合治理优秀市"三连冠"，被授予长安杯，成功创建"全国市域社会治理现代化试点合格城市"，先后两次在全国新时代政法工作创新交流会和市域社会治理现代化试点工作交流会上做典型经验介绍……这些闪光点连在一起，构成了一条向上的曲线，呈现这座城市社会治理效能不断攀升的良好态势。

（五）“有解思维”创新实践是以改革改善民生的有效路径

淄博市作为老工业基地，历史欠账多，包袱重，人民群众日益增长的美好生活需要和不平衡不充分的发展之间的矛盾较为突出，迫切需要在更大力度、更广范围、更深程度上不断满足人民诉求。近年来，淄博市坚持以“有解思维”解决民生问题，切实解决人民群众“急难愁盼”的实际问题，真正做到群众有所呼、改革有所应，让老百姓得到实惠、增强获得感，加快实现由基本民生向品质民生转变，让人民群众共享高质量发展成果。近五年，全市民生支出占财政支出比重逐年增加，2022 年这一比重已达到 81.59%。全市广泛征求社会大众意见，由人大代表票决产生增加优质教育资源供给、提高医疗服务保障水平等十大民生实事，真正办好群众最关心、最期盼的事，真正满足人民诉求和意愿。民生领域改革取得明显成效，群众对医疗卫生、生态环境、营商环境等领域满意度不断提升。

三　淄博“有解思维”创新实践的主要内涵和逻辑主线

淄博“有解思维”创新实践的本质是地方政府深入落实习近平新时代中国特色社会主义思想，从本地区实际出发，大胆突破改革瓶颈，推动改革得成效、地方得发展、群众得实惠的探索实践。“有解思维”创新实践目的在于坚持问题导向，推动干部敢想敢干，在基层兴起改革创新之风，全力破解产业发展、社会治理、民生保障等各领域难题。

（一）“有解思维”创新实践的主要内涵

“有解思维”创新实践是地方政府坚持问题导向，坚持“万事有解”，从本地实际出发，大胆突破改革瓶颈，对于发展中的问题、民生上的问题，一定要解、一定能解、一定善解，推动改革得成效、地方得发展、群众得实惠。“一个核心+必解、能解、善解”构成“有解思维”创新实践的主要内涵。

1. “有解思维”创新实践核心在于确保落实党中央国务院、省委省政府的决策部署，确保改革始终沿着正确的方向推进

淄博市坚持以习近平新时代中国特色社会主义思想为指导，“有解思维”创新实践始终紧扣党中央决策部署、紧跟省委工作要求。围绕贯彻落实习近平总书记视察山东重要指示要求和中央改革决策部署，率先研究出台《山东省新型城镇化规划（2021—2035）实施方案》，立足未来2~3年，提出110项重点改革任务；率先研究制定建设高品质民生促进共同富裕《行动方案》，部署5大领域34个方面113项硬核改革举措，全力打造全域共同富裕先行城市；出台推动黄河流域生态保护和高质量发展的《关于建设高品质民生促进共同富裕的行动方案（2022—2024）》，从三个方面制定精准改革举措，构筑高质量发展增长极；实施减碳降碳十大行动，推动产业、能源、交通、建筑、生活等重点领域绿色低碳转型，加快促进发展方式、生活方式绿色化变革。聚焦省委改革重点任务，研究推出实施“一号改革工程”优化营商环境、以产业组织理念推动产业转型升级、市域社会治理现代化、数字化转型等一系列重大改革事项，直面发展难题，推动高质量发展。立足淄博转型发展实际，创新性谋划实施了“十大重点改革攻坚事项”“五大集成改革”“十大改革突破行动”，以重点突围带动全局跃升，有效破除经济社会发展的堵点痛点，为老工业城市转型升级提供强大动力活力。

2.“有解思维”创新实践根本在于“以人民为中心”——民生问题要求“必解”，决不“绕道走”

淄博市在解决民生问题上，要求群众诉求必须解决、不怕花钱。近五年，全市民生支出占财政支出比重逐年增加，年均增幅达6.8%，民生建设取得明显成效。“淄博齐惠保”更大范围覆盖罕见病患者人群，全域公园城市建设让百姓出门就是“口袋公园”……在“有解思维”创新实践深入推进过程中，群众对医疗卫生、生态环境、营商环境等领域满意度不断提升。反过来，群众满意度提升，又进一步激发了群众首创精神、创造智慧，凝聚成共同推动改革、破解难题、促进发展的强大合力。

3.“有解思维”创新实践关键在于“坚持问题导向”——遇到问题一定“能解”，决不畏难退缩

2019年9月，淄博市委十二届八次全会提出“有解思维”，要求全市各部门坚持问题导向，全力破解产业发展、社会治理、民生保障等各领域难题。随后，在全市分四批共评选了115个典型案例，集中开展了53轮次宣传推介，引导各级各部门抱定“万事有解”的信念，营造出强大的改革攻坚声势。在广泛探索实践基础上，制定实施了《淄博市“有解思维”推进改革运行办法》，建立起全链条难题解决机制，推动各部门更有针对性地发现问题、更具创造性地解决难题，打造出具有淄博特色的改革推进落实体系。

4. “有解思维”创新实践重点在于“坚持守正创新”——政绩评价必须“善解”，“人民满意”为政府工作的最高标准

“有解思维”创新实践取得成功，是大胆突破原有政府管理体制的创新成果。“有解思维”创新实践突出强调“人民满意”这个最高标准，对政府工作提出了更高要求。这一政绩评价标准要求各级政府必须出实招、办实事，切实让人民群众满意。否则，不管政府做了多少政绩工程，如果人民不满意就是不合格。2022 年，淄博市在居住环境、社会治安、基本医疗、文体生活、基础教育、社会帮扶 6 个领域，对全市 4493 个调查对象进行社会调查，群众满意度高达 95.05%。

（二）“有解思维”创新实践的逻辑主线

近年来，淄博市始终坚持改革初心，牢牢坚持问题导向，把“有解思维”作为推进改革的关键抓手，创新思路举措、巧辟路径方法、健全体制机制，制定印发《“有解思维”推进改革运行办法（试行）》，与日常改革工作推进有机结合，构建起全链条、闭环式改革“求解”工作体系，逐步形成“找准待解之题—攻克求解之坚—落实解决之事—确保解决之效”一条清晰的逻辑主线，沿着这条主线形成一整套以问题牵引改革、以破题推动发展的改革工作法，引导各级各部门全面细致兜问题、精准有效解难题，扫除了一大批制约老工业城市转型发展的体制机制障碍，为加快新旧动能转换、推动高质量发展注入澎湃动能。“有解思维”工作法入选中国改革 2021 年度案例、获评 2021 年山东省改革品牌。

1. 找准待解之题，确保改革方向准、目标明

淄博市坚持“事要解决”工作理念，把找准“要解之事”作为纵深推进改革的突破口和着力点，明确了四个查找问题的重点方向，切实提升改革针对性。一是围绕上级部署要求找问题。聚焦中央改革决策部署和省委改革工作要求梳理工作任务，对照既定目标、时间节点，查找工作中的短板和弱项，分析预期存在的困难和问题。二是围绕经济社会发展找问题。

聚焦就业、教育、医疗等民生领域查找群众“急难愁盼”问题，聚焦人才招引、要素保障、政策供给等方面查找企业“所思所求”问题，聚焦老工业城市特征和实际查找发展“关键制约”问题，深入分析问题背后的深层次矛盾。三是围绕寻标对标夺标找问题。聚焦优化营商环境、完善发展生态、打造金融高地、激发创新创业活力等重点领域，对标北京、上海、广东、深圳、江苏、浙江等地，学习先进经验做法，找准工作差距。四是围绕打造优势胜势找问题。立足城市发展基础，在全国全球竞争格局和未来五年、十年甚至更长时间跨度中审视自身工作，深入思考哪些领域可以牵引未来发展，哪些方面可以在竞争中取得优势，反向查找影响争先进位的瓶颈。实践中，淄博市定期在全市组织开展“查痛点、找难点、寻堵点”问题查找活动，发动各层级、各层面深入思考、精心调查、潜心研究，广泛深入查找工作中存在的困难问题和深层次矛盾。同时，建立服务企业专员制度、营商环境监督员制度，用好12345热线、人民网留言，多渠道、多方位收集“要解之事”。一年来，查找各层面、各层级、各领域体制机制问题700余个，为深化改革提供了“标靶”，多数得到有效解决。

2. 攻克求解之坚，推动改革破定式、出新招

“有解思维”创新实践的特点就是坚持问题导向，突破既有思路，以改革创新为动力，不断深化流程再造，着力破解基层社会治理痛点堵点难点问题。一是破解社会矛盾外溢上行难题。以“有解思维”深入推进源头治理、系统治理、依法治理、综合治理，加大社会矛盾排查化解力度，完善调解、仲裁、行政裁决、行政复议、诉讼等有机衔接、相互协调、高效便捷的多元化纠纷解决机制，切实将矛盾纠纷化解在萌芽、解决在基层；强化初信初访和信访积案化解攻坚，全市初信初访一次性办结率达到95%以上。二是应对治安问题复杂多变挑战。全面构建立体化、法治化、专业化、智能化的市域社会治安防控体系，以推进扫黑除恶专项斗争长效常治为牵引，持续提升人防物防技防水平，加大对盗抢骗、黄赌毒、电信网络诈骗等治安突出问题的综合整治力度，全市每十万人命案发案率小于0.65，群众对平安建设的满意度达到96%以上。三是补齐优质公共服务供给不足短板。积极回应人民群众对美好生活的新需要，精准把脉服务难点、办事堵点，深入推进“放管服”改革，推进“互联网+政务服务”建设，实行“马上办、网上办、就近办、一次办”，建设并打通市域各级政务服务 App、服务热线、微信公众号等渠道，推进有关公共服务事项凭身份证或社会保障卡“一证通办”。

3. 落实解决之事，推动改革落地实、见效快

明确各级各部门职责任务，建立科学的考核评价体系，构建起全链路、闭环式改革落地机制。通过层层压实责任、强化考核，确保各项改革有效落地，这是“有解思维”创新实践的重中之重。一是市级层面承担整合资源、加强督导责任。合理确定对各区县社会治理工作的财政补贴标准，加大支持保障力度，市委政法委加强对各区县、镇（街道）和市直有关部门单位的常态化督导检查，及时发现并整改工作中的问题和不足。二是51个职能部门承担牵头推进、联动配合责任。全面落实各项工作任务分工要求，履行好源头预防本领域内矛盾风险、维护社会治安和社会稳定的责任；部门社会治理考核成绩纳入市直部门绩效考核，作为文明单位创建的重要参考。三是区县承担加强组织、有效实施责任。围绕市里确定的目标任务，制定具有区域特色的具体实施方案，抓好任务的具体推动落实。四是镇（街道）承担夯实基础、落细落实责任。强化基层社会治理和公共服务职能，做实做强基层基础各项工作，做到信息掌握到位、矛盾化解到位、治安防控到位、服务管理到位。

4. 确保解决之效，推动改革亮点多、成果丰

伴随着“有解思维”创新实践落实落地，淄博市创新出一大批改进工作的新体制、新机制、新模式，涌现出一大批推动发展的新模式、新路径、新政策，打通了一大批制约老工业城市高质量发展的堵点、痛点、难点，为城市发展持续注入动力活力。例如，针对内需动力不足、消费信心不强等问题，抢抓消费市场回暖机遇，借势借力“淄博烧烤”火爆出圈现象，持续放大流量叠加效应，探索创新完善促进消费的体制机制，打造“近悦远来”消费城市品牌。2023年上半年全市限额以上社会消费品零售额同比增长11.4%；接待国内游客3005.5万人次，实现旅游收入287.2亿元，同比分别增长45.7%、48.6%。5月18日，国务院总理李强同志在青岛召开座谈会，淄博市作为全省两个地市之一，结合扩内需稳外需、提高实体经济发展水平，围绕扩内需促消费做了典型发言。再如，针对新旧动能转换“空笼期”过长、新经济培育力度不足等问题，出台建立新经济企业培育库等12项集成改革措施，实施“工赋淄博”行动、“四强”产业攀登计划和新经济培育“沃土”行动。3年来，国家级专精特新“小巨人”、省级专精特新中小企业分别由8家、163家增至82家、534家，独角兽类、瞪羚类、哪吒等新物种企业总数由140家翻番至285家。淄博成为全国唯一入选京津冀、上海、广东等五大氢燃料电池汽车示范城市群的合作城市。再如，围绕教育、医疗、养老、就业等基本民生问题，加快落实建设高品质民生促进共同富裕三年行动，统筹推进35类124项目标任务，推动基本民生向品质民生加速转变。

四 淄博“有解思维”创新实践的基本要点和主要方法

淄博市充分发挥改革“关键一招”作用，坚持发展出题目、改革做文章、地区增实力、群众得实惠，一系列深层次变革正在淄博大地上演。在“有解思维”牵引下，推进改革的体制机制得到有力重塑。

（一）坚持党的集中统一领导，为全面深化改革提供坚强保证

习近平总书记指出：“推进改革的目的是要不断推进我国社会主义制度自我完善和发展，赋予社会主义新的生机活力。这里面最核心的是坚持和改善党的领导、坚持和完善中国特色社会主义制度，偏离了这一条，那就南辕北辙了。”党的领导核心作用体现为总揽全局、协调各方。新时代改革开放具有许多新内涵新特点，已经到了愈进愈难、愈进愈险而又不进则退、非进不可的时候。在这种情况下，改革开放每向前推进一步，都需要下更大决心、付出更多努力。只有加强党对全面深化改革的领导，发挥党总揽全局、协调各方的作用，才能把人民群众的思想、意志、行动统一起来，把各领域各方面的力量凝聚起来，形成推动改革开放行稳致远的强大合力。淄博市始终坚持党委对改革的集中统一领导，把党总揽全局、协调各方的领导核心作用，体现在改革的所有内容和每个环节之中，通过强化党委书记亲力亲为抓改革、重视改革队伍建设、强化政策推进、以信息化手段有效提升改革工作的效能和水平、建立完善全面深化改革长效机制等五项措施，构建“五位一体”改革工作机制，为推进全面深化改革提供有力保障。

（二）坚持问题导向，建立闭环式改革推进机制

问题是时代的声音，也是改革的动因。坚持问题导向，是以习近平同志为核心的党中央治国理政的鲜明特征，也是当前全面深化改革的重要原则和思想方法。淄博“有解思维”创新实践是深入落实“坚持问题导向”要求的生动实践，自始至终都是“改革奔着问题去”。一是建立问题查找机制，确保问题查得准、找得实。定期在全市组织开展以“查痛点、找难点、寻堵点”为主要内容的问题查找活动，推动各级各部门围绕上级部署安排、打造优势破解发展困局、群众急难愁盼、寻标对标学标等方面，广泛深入查找工作中存在的问题短板。今年以来，先后通过建立服务企业专员制度、优化营商环境监督员制度、“五个一”县域发展常态化督促督导机制、“查痛点、找难题、寻堵点”活动等，查找各层面、各层级、各领域问题700余个，大部分已得到有效解决。二是实行点题交办机制，确保问题有效解决。通过每年召开一次全市改革动员部署会议、每月召开一次区县点评会以及召开深改委会、领导批示、下发问题交办单等形式，及时研究确定改革项目，向各级各部门交办落实。近年来，市委先后谋划交办了建立巩固拓展脱贫攻坚成果与乡村振兴有效衔接机制、创新政治生态评价体系、打造对外开放新高地、推行“全员环保”体制机制等一大批重点改革事项。三是创新承诺践诺机制，以公开发布倒逼任务落实。定了就办、说了就干，在年初公开发布重点改革任务目标，由牵头责任部门承诺亮诺。年中，公布具体改革任务进展、重大改革政策制定出台、改革创新经验培育等情况。年末，向社会公开亮晒改革成绩、攻坚成果。今年初，市政府办公室、市发展改革委、市工信局等36个部门，向社会做出公开承诺，向人民汇报，接受群众检阅。四是建立会商研判机制，研究解决改革难点。实行月度研判制度，每月围绕一个主题，市委改革办与重点改革任务责任部门、各区县召开会商研判会议，研判上级要求、研判工作亮点、研判难点堵点、研判努力方向。2021年至今，先后围绕改革品牌打造、改革效能提升、“十大创新”经验总结等召开11次会商研判会议。五是建立对账交账机制，加强改革过程监控。实行年中对账、年底交账，市委改革办与重点改革攻坚责任部门，对照任务分工一项一项地对进度、对亮点、对难点、对成效，确保各项改革任务按照既定目标落地达效。六是完善评估评效机制，营造争先创优的良好氛围。坚持结果导向、效果导

向相统一，不定期抽取部分市直部门、区县、镇街开展"四不两直"明察暗访，当面反馈问题，扎实抓好整改。用好考核"指挥棒"，对做出重大改革成绩的单位，给予"一票肯定"；对于落实改革任务敷衍应付的通报扣分，营造敢改革、善攻坚的良好氛围。

（三）坚持系统思维，开创改革转型新局面

全面深化改革是体系作战而不是各自为战，需要统筹兼顾、协同推进，要求全域上下一盘棋、十个指头弹钢琴，注重系统性、整体性、协同性。这既是全面深化改革的内在要求，也是其重要方法。党的十八大以来，以习近平同志为核心的党中央秉持改革一盘棋的整体思维，着力增强改革的系统性、整体性、协同性，全面深化改革集中发力、群体突破，取得历史性成就。从淄博改革实践来看，注重改革的系统性、整体性、协同性，成为确保改革取得实效的重要原则和方法。一是顶层设计系统化。2022 年 4 月，淄博市召开全市系统集成改革专题会议，从优化营商环境、产业转型升级、打造对外开放新高地、促进共同富裕、数字化转型 5 大领域，部署 24 个方面 93 项改革任务，动员全市上下勇闯改革"深水区"、跑出改革"加速度"，全力以系统集成改革推动转型跨越发展，吹响了新一轮改革攻坚的号角。二是改革推进机制化。"有解思维"的机制化推进，是理念重塑和流程再造，"全链路、闭环式"的新路径，打破了工作中"头痛医头、脚痛医脚"的碎片化和盲目性，把个体局部的改革举措提升为系统性的制度安排，实现了改革攻坚一体推进、常态长效。三是改革落地一体化。市、区县、镇办间上下贯通、步调一致，形成一体化的改革推进落实体系。各级在谋划推进改革时，盯紧总目标、找准落脚点，要做到上借下力、下借上势、统分结合，推动各项改革举措向中心目标聚焦发力、协同突破，实现改革目标统一、任务协同、成果共享。四是改革协调统筹化。各部门站在大局高度、立足全局视野，相互支撑、协同配合，增强政策衔接配套，推出多项跨部门、跨行业、跨领域的穿透式改革举措，形成力量相互支撑、工作相互配合、数据相互分享、流程相互衔接的集团化作战格局。五是改革支撑数字化。充分运用数字化技术手段，全面重塑体制机制、组织架构、方式流程，用数字化手段让信息流、业务流、数据流高效运转起来，促进部门之间、层级之间的协同高效，为系统集成赋能加力。

（四）坚持法治思维，推动全面深化改革行稳致远

习近平总书记强调："实现立法和改革决策相衔接，做到重大改革于法有据、立法主动适应改革和经济社会发展需要。"越是改革进入攻坚期、深水区，越是要在法治轨道上推进改革，保证改革不变形、不走样。党的十八大以来，以习近平同志为核心的党中央高度重视发挥法治的作用，将法治作为全面深化改革的基本遵循，大力加强与改革相关的立法工作，自觉运用法治思维和法治方式推进改革，推动全面深化改革乘风破浪、行稳致远。淄博市在全面深化改革进程中，坚持以习近平法治思想为引领，深入实施中央、省和市法治政府建设实施纲要，建立了一套完备的制度体系，坚持以法治化思维推进全面深化改革规范化运作。制定出台并修订完善了《淄博市全面深化改革运行规则》，确保各项改革切实按照中央和省委部署要求，始终于法有据、有章可循，成为全国首部指导全面深化改革各方面工作的规则。研究出台《关于严格依法办事优化法治营商环境的实施意见》，明确 10 个方面内容 38 项重点工作，涉及 22 个牵头部门和 43 个责任单位，将法治营商环境的内在要求转化为清晰可辨的指标清单和具体量化的任务措施。一是强化法治宣传，开展优化营商环境法律法规政策大学习、集中宣传、县（市、区）党政主要负责人专栏访谈等活动，优化营商舆论环境。二是强化立法保障，推动重点法规规章出台，开展政策措施评估清理，优化营商制度环境。三是强化依法履职，深化行政审批制度改革，推动政务服务法治化标准化，全面落实权责清单、负面清单制度，加强政务诚信建设，开展证明事项、涉企收费、摊派事项等专项清理活动，优化营商政务环境。四是强化市场监管执法、行业协会商会监管、企业信用监管，优化营商市场环境。五是强化司法保护，加强企业周边治安环境治理，严厉打击产权犯罪，强化企业债权司法保护，深化扫黑除恶专项斗争，建立"权益救济"机制，优化营商社会环境。六是规范涉企行政执法和司法监察行为，建立"免罚清单"机制，优化营商执法司法环境。七是深化政法机关"一次办好"改革，公正审理涉企诉讼案件，强化公共法律服务，健全涉企纠纷多元化解机制，优化便企营商环境。八是强化诉讼法律监督和行政检察监督，推动法定职责落实。同时，各项任务牵头部门制定具体方案，健全工作推进协调机制，确保责任落实。九是强化督导促

动，把法治营商环境建设作为市委巡察内容，纳入市委、市政府年度督查计划，并作为绩效考核评价的重要参考。

（五）坚持钉钉子精神，改进作风狠抓落实

实践证明，目标是否坚定，决定了事业发展的成败；落实能否到位，决定蓝图前景是否实现。党的十八大以来，习近平总书记多次强调钉钉子精神，并将钉钉子精神作为一以贯之的工作作风和本领方法，强调“既当改革促进派、又当改革实干家，以钉钉子精神抓好改革落实”。长期以来，淄博市始终坚持钉钉子精神，确保各项改革举措落地生根。一是确保落实中央要求。深入实际、深入基层，抓好改革督察工作，认真研究梳理解决改革落实中出现的问题，确保党中央确定的改革方向不偏离、党中央明确的改革任务不落空，使改革精准对接发展所需、基层所盼、民心所向。二是确保解决督察过程中发现的问题，要一竿子插到底，列出问题和责任清单，明确时限要求，坚持有什么问题就整改什么问题，是谁的问题就由谁来负责整改，同时举一反三、由点及面，推动更大范围整改。三是紧盯责任主体，抓“关键少数”，既听其言，也观其行、查其果，落实不力、整改不到位的追究其责任。例如，针对改革之初，一些地方和部门存在的对改革精神把握不准、改革举措落实存在“最后一公里”问题、改革实践“上热下冷”、改革成果与群众获得感不匹配、改革协调配套不到位等现象，淄博市在深入基层充分调研、多方听取意见建议的基础上，逐步探索实行集“调度、督察、排名、通报、宣传、会诊”于一体的综合督察制度，丰富督察方式，加大督察力度，形成常态机制，倒逼全面深化改革各个方面、各项任务、各个环节提速增效上水平，不断增强群众获得感、提高群众满意度，确保各项重大改革举措落地见效。

五　淄博“有解思维”创新实践的主要成效和典型案例

近年来，淄博市加大力度推进“有解思维”创新实践，在产业发展、科技创新、生态文明建设、民生建设、社会治理等各领域都取得明显成效，涌现出一批典型的改革案例。

（一）以“有解思维”打通产业转型升级通道

淄博以产业而立、因产业而兴。化工产业是淄博的支柱产业，也是传统产业中的“大块头”。过去，淄博传统产业占工业比重达到70%，重化工占传统产业比重达到70%。虽然产业基础扎实，工业体系完备、门类齐全、配套能力强，但要素成本的上升、资源环境压力的加大、产能过剩的持续，使淄博化工、建陶等传统产业面临着严峻复杂的竞争形势。身处转型跨越阵痛期和关键期的淄博，如何破题？淄博市明确提出，用“有解思维”来面对困难和问题，以思维“破冰”带来行动“突围”，在不断的认知迭代中，汇聚向新向上的强大动能。淄博市对标全省“十强”产业培育，将新材料、智能装备、新医药、电子信息“四强”产业作为主攻方向，坚持推进新旧动能转换与老工业城市产业转型升级“两篇文章”一起做，突出抓好传统产业优化升级和新经济新赛道培育壮大，氢能、光伏、储能等新能源产业和新能源汽车、无人驾驶、智能机器人等未来产业正在唤醒这座城市的新动力，淄博的产业正在加速由“红海格局”迈向“蓝海空间”。

1. 淘汰落后产能，腾挪出新的发展空间

在产业转型升级的阵痛下，淄博没有盲目另起炉灶，按照对技术工艺、产品体系、产品质量、产业链条、经济效益五个方面进行“优化”的路径，对机械、建材、纺织、医药等产业进行全链条改造，整个产业结构迎来了脱胎换骨的变化，推动传统产业提“高度”、增“厚度”、拉“长度”。近三年，全市关停取缔“散乱污”企业1.04万家。化工园区由28个减少到6个，化工企业从1135家减少到514家，既降低了能耗和排放，也为新动能打开了成长空间。

2. 布局金融赛道，为传统产业赋能

现代金融是省十强产业之一，而淄博相对单一的金融业态又无法满足老工业城市产业转型升级的资金需求。为此，淄博市对症下药、靶向施策，在全省率先创新推出的“技改专项贷”便是实施金融赋能行动、金融服务实体经济的一次有效尝试。“事前贷、事中贴、事后补”全流程技改政策体系的建立不仅给企业带来了资金，也带来了淄博市产业的品质化提升，推动制造业加速向数字化、网络化、智能化发展，提高了产业链供应

链稳定性和现代化水平，使产业链集群优势加速形成。截至2022年底，淄博政府参股类基金76只、总规模1485亿元，已投项目248个、累计投资规模达185.21亿元，还通过依项目设基金方式，成功引入优品车、蓝星智云、晶优光伏等一大批优质项目落地。从产业投资的周期来看，未来5~10年，淄博的产业结构将会发生显著变化。

3. **抢占新赛道，培育发展新动能**

做减法不是简单的量上增减，关键是要有质量的提升。如果去掉了落后产能，产业结构、产品质量原地打转，还停留在中低端，就失去了做减法的本意。因此，淄博坚持“优进”与“劣退”同步进行，不仅仅把眼光聚焦在减法上，还同步培育新动能。淄博精心培育新经济成长“沃土”，搭建赛场、布局赛道，形成新技术、新服务、新生活“三大赛场”和工业机器人、新能源车、工业互联网、产业算力服务、直播电商、数字文旅等31条细分垂直赛道，强化“场景营城”理念，每年公开发布淄博新经济示范场景、城市机会“两个清单”，致力于用三年的时间培育“10+”百亿级新经济新赛道、“10+”新经济高能级创新平台，推出“100+”新经济示范场景、“100+”新经济重大创新产品，新培育“1000+”新经济企业、全市新经济总规模新增超过1000亿元，基本构建起创新活跃、能级领先、布局完备、应用广泛的新经济产业体系，聚力打造成为新经济场景培育地、要素集聚地和生态创新区。以氢能与燃料电池产业为例，目前，淄博市“制氢、氢气装备、核心部件、整车”四大产业集群雏形初显：齐鲁石化氢气压缩充装项目建成投用，随着产能的逐步释放，项目每年可外供氢气1000万立方米；安泽气体与中科院金属研究所在固态金属储氢方面取得重大技术突破，共建山东省氢能基础产业研究院；亿华通、爱德曼等头部企业先后落地淄博。

（二）以“有解思维”推动科技体制改革

发展出题目，改革做文章。面对激烈的区域竞争，淄博市探索以“有解思维”搭建科技体制改革的四梁八柱，以科学技术全面创新推动城市转型升级高质量发展。淄博把科技创新作为撬动城市蝶变的关键支点，探索科技副总体制链接高端资源智库，深化柔性引才机制引育全球智库大脑，部署开展“研发投入提升”专项行动，实施重大创新平台“提能造峰”工程，为实现“3510”发展目标、“强富美优”城市愿景注入了澎湃动能。2022年，淄博市成功获批开展国家创新型城市建设，全市综合科技创新水平指数连续4年保持全省前3名，5个牵头项目入围山东省科学技术奖建议授奖名单，10人进入泰山产业领军人才工程（平台类）答辩环节，选聘“科技副总”490人次。

1. 建立协同创新机制，助力产业核心技术突破

企业是创新的主体，高校是创新的源头。如何推动两者深度融合、高效联动，是科技创新的关键所在。淄博市以“有解思维”贯通科创各领域、各环节，探索打造“政产学研金服用”相融合的创新生态，推动形成政府引导、企业主导、高校院所积极参与的多方协同机制。淄博市通过“政产学研金服用”协同创新机制，有效促成了一系列科技项目实现产业化，打造了以东岳含氟功能膜材料国家重点实验室、山东省先进有机硅材料与技术重点实验室等为代表的一批高层次创新平台，还积极培育实施一批省级以上重大科技创新项目。

2. 完善人才引育机制，为科技创新引入源头活水

人才是科技创新的源头活水，只有完善科创人才引育工作机制，才能让科技型人才暖心来淄、安心留淄。淄博市创新“一窗联办”工作模式，将外国人工作许可和工作类居留许可两项业务工作时限由10个工作日缩减到5个工作日，畅通了外籍人才来淄“绿色通道”，实现了“让数据多跑路，让人才少跑腿”，提高了审批效率，实现了部门间业务联办的有效探索，进一步优化涉外营商环境，助推淄博市涉外经济发展。

专栏1　淄博市创新实施“科技副总”，扎实推进产业赋能

近年来，淄博市按照“学校派人才、企业给岗位、政府奖政策、人才出成果”思路，以“有解思维”解码破题、攻坚克难，在全省率先创新选聘高校人才到企业“一人双岗”担任“科技副总”，建立贯通校地间人才、科技、创新等资源高效互通互融的工作机制，力促高校人才、技术等优质创新要素向企业生产一线流动，实现选聘一名副总、对接一所高校、链接一个平台的多赢局面，有效推动高校与地方“四链”的有机衔接、深度融合，形成了校地人才协同发展新格局。

强化整体设计，健全选聘机制，促成一批人才共引共用。充分发挥高校创新理念前沿、高层次人才密集以及淄博市工业门类齐全、企才易匹配等优势，不断完善整体设计。一方面，制定出台《高校高层次人才挂任"科技副总"选聘办法》《"科技副总"产业创新赋能行动实施方案》，按照征求企业需求、开展匹配对接、任前集中培训、实地合作对接、派驻企业工作、年度综合评价等6个环节。另一方面，每年重点面向全市科技型中小企业、初创企业等开展调研摸底，形成《企业人才和技术需求目录》，由高校根据企业需求选派符合条件的专家教授，灵活确定"一对一""一对多""多对一"等聘任意向，赋予人才企业"副总"权限，帮助企业解决技术创新难题、完善研发机制、提升经营管理水平，推进学校相关科研成果在企业落地转化，成为淄博"城市发展合伙人"。截至目前，已征集400家企业需求，从省内外高校院所选聘490名人才担任"科技副总"，其中近80%的"科技副总"具备校城融合项目实施经验。此外，148名"科技副总"自愿担任"大学生工作团"团长，带领1500余名大学生"来淄体验"和实习实训。

深化合作链条，创新服务内容，推动一批成果转化落地。坚持供给侧和需求侧两端发力，建立双向选择、自主评价、试用退出一体化的工作链条。一方面，明晰"科技副总"工作职责，围绕解决一批行业共性技术难题、打造一批高端创新平台、招引一批产业高端项目、引进一批产业发展急需人才、推动一批企业实现跨界融合创新，联合选聘企业进行前沿布局、重点攻坚。另一方面，聚力"科技副总"效能最大化，沿全市重点产业链，整合相近专业领域"科技副总"，组建"科技副总工作团"，形成市、区县科技副总"团+队"两级联动工作机制，分领域进行产业研究、把脉问诊。截至目前，推动高校和企业联合实施科技人才项目计划345个，获山东省科学技术奖68项，其中国家奖4项、省级一等奖11项，省"十强"产业"雁阵型"集群达到10个，一批"科技副总"在任职期间，主动发挥桥梁纽带作用，建立起派出单位、接收单位与地方的联系，推动校企共建联合实验室、研究院等平台100余个，山东理工大学推动学校与任职企业共建淄博市岩土工程实验室，把学校资源打包导入企业中。

完善激励支持，强化工作保障，带动一批企业提质增效。坚持学校、地方党委政府、企业三方协同发力，厚植"科技副总"发展沃土。一方面，保障“科技副总”日常待遇，挂职期间在学校现有待遇的基础上，市财政每年给予每名“科技副总”2万元补贴，接收企业每月提供不少于1000元的交通补贴和生活补助，并鼓励通过科研项目合作、技术入股等形式，合理获取兼职报酬。各派出高校在教学时间、成果转化、职务职称等方面对“科技副总”给予保障，确保其有时间、有精力参与企业工作。另一方面，给予“科技副总”绩效激励，每年评选50名左右优秀的“科技副总”，由市委人才办颁发荣誉证书，市财政每人给予3万元奖励，优先推荐申报重点人才工程、重点研发计划等各类项目。截至目前，帮助企业解决技术难题160余项，转化科技成果项目72项，为企业带来直接经济效益4.16亿元。山东金城生物药业有限公司“科技副总”马钦元教授，利用技术专长对酶的发酵培养基配方和发酵方式进行了优化，帮助企业将生产成本降低80%以上。山东才聚电子科技有限公司“科技副总”王力教授，针对双摆臂固晶机工作精度难题开展攻关，将芯片的焊接空洞率提升至国内最高水平，节省人力达到70%以上，对于氮气、电量的消耗均降低30%以上，极大地提升了企业产品的市场竞争力。

3. 实施高新技术企业“双培育”工程，培育科技创新主力军

淄博市实施高新技术企业“双培育”工程，以更高标准、更快速度、更大力度实施新一轮以“培育规上企业成高企、培育现存高企上规模”为重点的“双培育”工程，采用“育苗造林”式培育方式扶持一批中小微企业成长为具备自主研发能力和自主知识产权的科技型中小企业，积极引导创新资源向企业聚集，促进创新要素向企业流动，进一步增添高新技术企业发展后劲，推动高新技术产业高质量发展。同时，淄博市加强对高新技术企业的对接服务与培训指导，与证监会、上交所、深交所等加强合作，畅通高新技术企业上市融资渠道，推动优质高新技术企业利用科创板等多层次资本市场挂牌上市。

（三）以“有解思维”打造高水平市场化法治化国际化营商环境

淄博市实施政务环境、投资环境、市场环境、法治环境四大提升行动，出台“以评促转”行动方案，积极构造服务效果最优、报批流程最简等“六最”服务机制，“四位一体”审批服务、“齐岗贷”等两项做法被

《全国优化营商环境简报》刊发，"用地一件事"集成服务改革经验入选《中国发展改革报》全国100个重点宣传推广案例，淄博成功创建为第四批社会信用体系建设示范区。

1. **全力提高服务企业质效**

实施促进民营经济高质量发展十大专项行动，深化服务企业专员制度，6200名干部联系服务9912家企业和777个重点项目，新发放"优秀企业家荣耀卡"91张。针对企业群众办理"一件事"需要跑多个部门、窗口等问题，在全省率先实施企业个人全生命周期"一件事"改革，首批推出结婚、离婚、生育、退休等20件个人全生命周期"一件事"，置业、社会救助、企业注销等100件企业全生命周期"一件事"，实现"一窗受理、一套材料、一表申请"。

2. **加快完善要素市场化配置**

针对招商引资不精准、不聚焦、专业化程度低等问题，持续深化一个科创产业、确定一个园区承载、引进一组产业基金、组建一支专业团队、制定一套个性化政策、创设一个产业展示中心的"六个一"项目招引机制，实施"护商专员"制度，上半年省外到位资金352.3亿元，新引进过亿元项目243个。针对金融活跃度不高、资本要素驱动力较弱等问题，扎实推进区域性科创产业金融高地建设，完善金融服务实体经济机制，组织"省市行长项目行"暨政银企对接会，为22家签约企业发放贷款41.7亿元。大力推进资本市场突破行动，建立"上市管家陪跑"机制，新增上市公司2家，目前上市公司36家，其中A股上市公司33家，列全省第4位。

3. **解决高层次人才招引难、用不好等问题**

举办百名院士专家淄博行、百所高校进淄博等活动，创新实施"科技副总"校企融合发展模式，通过"揭榜挂帅"达成科技人才合作意向30个，27人入选泰山人才工程。创新人才引育机制，升级推出"人才金政50条"、青年人才来淄留淄"16条"，先后实施"三年引进十万大学生聚集计划""五年二十万大学生来淄创新创业计划"，3年累计引进大学生15.7万人。

4. **不断提升城市开放度、经济外向度**

开放是实现高质量发展的必由之路。淄博市坚持以改革促开放、以开放倒逼改革，连续三年把打造高水平开放型城市作为重点改革攻坚事项，策划实施一系列改革攻坚项目，积极对接国家重大区域发展战略，主动参与全省“一群两心三圈”建设，着力提高全市经济外向度、城市开放度、市场活跃度，让本地市场坚定信心、创新发展，让外来投资者看到诚意、选择淄博。加快构建更高水平开放型经济新体制，制定落实境外展会市场开拓计划，举办第三届齐商大会暨淄博城市推介等活动，不断增创开放合作新优势。2023年上半年全市完成进出口513.6亿元，实际使用外资3.2亿美元，同比增长21.5%；综合保税区实现规上工业总产值17.2亿元，同比增长50%。

专栏2　统筹实施“一号改革工程”优化营商环境任务清单

“有解思维”体现为3方面具体做法：一是完善推进落实体系，督促各任务牵头部门对照任务清单和国家营商环境评价指标，细化工作措施，统筹推进任务落实。二是建立全过程跟踪督导机制，制定“一号改革工程”作战图，按照工作计划和时间节点，每月调度推进落实情况，完成一项销号一项。三是建立常态化分析会商机制，每季度对“一号改革工程”146项任务清单进展情况进行一次全面分析，针对在清单推进过程中遇到的痛点堵点难点，主动与相关部门、单位进行对接会商，分析研判问题症结所在，会商研究解决措施，确保工作落实到位。

（四）以“有解思维”助力生态文明建设

淄博市作为以重化工业为主的传统老工业城市，生态包袱重、环境欠账多，环境质量长期处于全国、全省落后位次，环保问题已成为全市转型升级高质量发展的命门和关键。近年来，淄博市坚持以“有解思维”践行“两山”理论，创新建立“全员环保”体制机制，深度完善河湖长制工作体系，着力提升污染治理水平，生态环境多个领域实现跨越式突破。2021年，全市国控断面Ⅲ类水体比例达85.7%，国控断面年度水环境质量指数排名全省第一，马踏湖流域综合治理入选全国首批美丽河湖优秀案例第一名。因工作成效突出，淄博市连续两年在山东省污染防治攻坚战成效考核中被省委、省政府评定为优秀等次。

1. **完善河湖长制，推进流域水生态环境持续改善**

马踏湖位于淄博市桓台县东北部，有“北国江南”的美称。20世纪后期，流域内高强度工业化、城镇化开发活动，让马踏湖不堪重负，水质恶化，生态功能退化严重。原本游人如织的马踏湖一度成为臭水沟。为此，淄博市痛下决心，打响了马踏湖流域生态治理修复攻坚战。一是突出用系统思维做好治水文章，坚持把马踏湖流域作为一个整体进行综合治理，探索全领域治理、全流域修复、全过程管控的“治保用”水环境治理模式。在湖区所在的桓台县，当地充分发挥生态环境保护的倒逼传导机制，强化环境标准的“硬约束”作用，先后关停取缔各类涉水企业35家，实施了52家企业60项污水深度治理再提高工程，有力提升了企业污染治理水平，加快了产业绿色、循环、低碳发展的步伐。二是在全省率先全面实行河湖长制，创新完善“河湖管理委员会+河湖长+河长办+河湖警长+民间河湖长+河湖管理员”的河湖管理运行机制，构建职责明晰、细化具化的制度体系和责任机制，推进流域水生态环境持续改善。2022年1月，马踏湖被评选为全国首批美丽河湖优秀案例第一名。

2. **创新推行“全员环保”机制，人工湿地助力生态复苏**

贯穿南北的孝妇河是淄博的母亲河。近年来，淄博市委、市政府高度重视孝妇河流域水生态的安全与稳定，创新推行“全员环保”工作机制，积极构建政府为主导、企业为主体、社会组织和公众共同参与的环境治理体系，搭建公众参与环境保护平台，完善重点河湖和污染点源监管机制，不断加大涉水企业污染治理，水环境综合治理取得明显成效。同时，建设人工湿地水质净化工程，已有11个污水处理厂配套建设了人工湿地，打造“污水处理厂+人工湿地”治污综合体，在孝妇河、猪龙河和乌河等河道周边，先后建设人工湿地14000余亩，构建起了沿河环湖大生态带，提升了流域环境承载力，使得一片片水、一条条河又重新复“活”，润泽大地生息。

3. **以市场化运作推进农村生活污水治理**

农村生活污水是城乡面源主要污染源。近年来，淄博市积极探索农村生活污水治理新路径，以市场化运作推进农村生活污水治理，创新建立环卫一体化运行机制，构建完善生活污水全链条处理与资源化利用模式，让农村生活污水变成了农业园区、有机农产品基地里的“香饽饽”，有效改善了农村人居环境质量的同时，真正实现了变废为宝。例如，桓台县起凤镇鱼三村污水处理设施，建设污水管网 3.3 公里、污水提升泵站 6 座及一体化污水处理站 1 座，主要收集鱼三村村南河、中心河和鱼四村部分沿河居民的生活污水，采用新工艺处理污水，出水水质达到《山东省农村生活污水处理处置设施水污染物排放标准》一级标准。该设施的建设既解决了居民生活污水直排河道对河道水质造成污染问题，又有效预防了沿河形成农村黑臭水体，同时处理尾水部分用于附近藕池种植，实现了资源化循环利用。

4. 首创生态损害赔偿金，破解生态修复费用难题

在全市上下大力实施生态赋能行动的新形势、新要求下，为进一步深化刑责治污机制，充分发挥刑责治污利剑作用，市公安局多次与市财政局沟通会商，在全国公安机关首创增设生态损害赔偿金非税收入科目，相关非税收入纳入一般公共预算管理，通过“山东省非税收入征收管理系统”全额缴入市级国库。该机制的建立，有效解决了公安机关在办理污染环境案件中预算缺项、经费不足以及“企业污染、群众受害、政府买单”等难题，对淄博市深化刑责治污、更好地提升环境治理效能起到重要作用。

（五）以“有解思维”推动基本民生向品质民生加速转变

近年来，淄博市始终坚持以人民为中心的发展思想，把“有解思维”作为加快推进共同富裕的“金钥匙”，聚焦解决发展不平衡不充分的问题，在全省率先出台《关于建设高品质民生促进共同富裕的行动方案（2022—2024 年）》，确立“一年补短板、两年促提升、三年求突破”的目标，坚持“有解思维”，摆脱“路径依赖”，以创造性思维变“不可能”为“可能”，从关键环节着手、在重点部位发力，全方位打造贯通各领域、各环节的乡村发展体制机制，千方百计“做大蛋糕”“分好蛋糕”“变革赋能”，让农民能够真正富起来。

1. 推进乡村产业振兴，筑牢共同富裕根基

在建设全域共同富裕先行城市过程中，淄博市锚定农村共同富裕精准发力，因地制宜、因人而异、因势而变，务实“补短板”、对症“开方子”，以实施乡村振兴战略为总抓手，在全面推进乡村进步、加快农业现代化、带领农民走向共同富裕的新征程中，不断取得新的更大成效。立足经济社会发展的阶段性特征和新时代产业变革的趋势性动态，淄博市深入实施打造数字农业农村中心城市改革攻坚，聚焦农业全产业链数字化改造，深入推进智慧共享"云大脑"、高效优质"云产业"、区域中心"云市场"、便捷普惠"云金融"、有效治理"云乡村"，以数字化、智能化、自动化赋能农业发展、改善农村生活、带动农民致富，打开了产业振兴的广阔空间。与此同时，淄博市坚持以推进农业供给侧结构性改革为主线，注重培育放大农业农村发展新动能，依托农业产业优势和特色资源优势，初步形成了南部生态有机农业区、中部休闲观光都市农业和富硒高锶特色农业区、北部高质高效农业区四个区域板块，特色标准化养殖渐成规模。

专栏3 淄博市探索"数字+农业农村"发展新路径

淄博市坚持以"有解思维"引领农业农村发展，抢抓农业3.0时代重大发展机遇，制定出台《关于打造数字农业农村中心城市的行动方案（2020—2025年）》，围绕打造数字农业先行区、中国绿色智慧冷链物流中心城市、特色农产品"线上+线下"双节点城市、智慧乡村游学研目的地城市、智慧村居样板城市等"五大任务"，大力实施农业农村智慧大脑引领、数字农业生产加工融合、绿色智慧冷链物流补链延链强链、数字农业营销业态体系更新、智慧村居治理等"十大工程"，推出财政专项资金支持、土地流转奖补、企业项目招引落地奖励、数字农业农村担保支持等"十项政策"，以数字技术改造提升农业全链条、农村各领域和农民新生活，推动农业农村数字化、信息化、智慧化转型。获批国家数字农业农村改革试验区，"数字+农业农村"做法荣膺中国改革特别案例奖、人民网2021乡村振兴大会特别推荐案例、全国农村改革试验区典型案例。

淄博市以"有解思维"创新实践积极塑造数字农业发展新生态。针对数字农业产业生态不完善、农业产业本身投资周期长、收益不确定性大、各类主体投资观望情绪浓等问题，淄博市按照"紧盯前沿、打造生态、沿链聚合、集群发展"的产业组织理念，以市场化方式和平台思维、生态思维，以政策激活发展动力，以改革减少发展阻力，投入实打实的资源、展现实打实的诚意，为数字农业农村建设集聚最优质资源、提供最优产业发展生态。

以产权改革激活土地。作为全国农村承包土地确权试点市，淄博首创“确权确股不确地”经验模式，搭建承包土地确权登记信息管理系统和产权交易抵押融资平台，开发“地押云贷”，累计发放农村各类产权抵押贷款65亿元。深化农村集体产权制度改革，量化集体资产196亿余元，完成成员资格认定的村占99.57%，完成集体经济组织登记赋码的村占97.69%，激活土地让数字农业多种业态成为可能。

以支持政策激发热情。重磅推出财政专项资金支持政策、数字农业农村发展基金引领政策、土地流转奖补政策、建设用地专项保障政策、数字化改造资金支持政策、场景应用拓展支持政策、企业项目招引落地奖励政策、专业人才及团队支持政策、工商资本下乡鼓励政策、数字农业农村担保支持政策“十项政策”，以最大力度推动农业农村发展的全领域数字化。

以创新模式集聚资源。淄博市以创新推动新模式新业态渐成气候，齐贸通利用俄罗斯公共海外仓资源，搭建跨境电商平台，采用“海外仓+专业物流+商超系统”方式成功打入俄罗斯市场。纽澜地何牛、忆当年等龙头企业率先对接阿里、京东等高端电商平台，全市建成部级定点市场3家，规模以上物流企业197家。培育“电商+直播+网红”发展模式，目前已初步形成聚米、科梦、润邦等直播基地。

2. 巩固脱贫攻坚成果，守好共同富裕底线

“共同富裕道路上，一个也不能掉队”。随着脱贫攻坚任务的如期完成，进一步巩固拓展脱贫攻坚成果，接续推进脱贫地区发展和乡村全面振兴，是促进共同富裕的重中之重。近年来，淄博市不断完善巩固拓展脱贫攻坚成果同乡村振兴有效衔接机制，着力构建“1+N”社会救助体系，打造“淄助你”社会救助品牌，逐步建立起多层次、多样化的增收体系。例如淄博市设立的“脱贫人口小额信贷”，是指金融机构向18~65周岁脱贫享受政策人口和监测帮扶对象，发放原则上是5万元以下、3年以内、免抵押免担保、财政全额贴息精准帮扶到户的信贷产品。截至2022年8月底，全市累计发放贷款1680笔、金额达4301.05万元。

3. 积极落实民生工程，擦亮共同富裕底色

民之所望，政之所向。淄博市委、市政府切实履行兜底保障主体责任，提出推进省20项重点民生实事、市重大民生实事项目、“深化民生赋能”任务、“建设高品质民生促进共同富裕集成改革任务”、建设高品质民生促进共同富裕行动方案重点工作任务，构建形成了全市民生工作的“五条战线”，努力让广大群众的获得感、幸福感、安全感更加充实、更有保障、更可持续。在教育方面，淄博市持续完善优质教育资源共享机制，把建设一体化“交互式在线教学系统”项目列入2021年重大民生实事，投资1.98亿元，为445所城乡中小学全部配备交互式在线教学系统，全面实现了优质资源和“三个课堂”在广大中小学校的常态化按需应用，促进优质教学资源城乡共享。在医疗卫生方面，淄博市着力强化卫生健康体系建设、制度供给、服务优化和能力提升，在全国首推“第一村医”工作机制，从全市二级以上医疗卫生机构选派业务能力强的医生，到医疗基础薄弱的村工作，为群众提供全方位、全周期的健康服务。在养老事业方面，淄博市按照“普惠、均衡、充分、优质”的原则，深化养老服务业供给侧结构性改革，健全养老服务体系，深入推动长者食堂、医养结合等重点改革事项，高标准完成国家居家和社区基本养老服务提升行动，全力打造淄博幸福养老新标杆。

（六）以“有解思维”创新社会治理体制机制

改革要破题，观念必须先变。不为困难找借口、只为成功想办法的“有解思维”已经深度融入社会治理领域。用改革破题、以创新开路，着力打造市域统筹“一盘棋”、多元融合“一张网”、资源汇聚“一股绳”、风险防控“一道闸”、群防群治“一条心”、科技赋能“一链通”的“六个一”工作新模式，一批创新实践持续涌现，不断提高这座城市社会治理的能力与水平。近年来，淄博市荣获社会治安综合治理优秀市“三连冠”，被授予长安杯，成功创建“全国市域社会治理现代化试点合格城市”，先后两次在全国新时代政法工作创新交流会和市域社会治理现代化试点工作交流会上做典型经验介绍，整个城市呈现出社会治理效能不断攀升的良好态势。

1. 赋能基层“小网格”，释放社会治理大效能

社会治理的重点在基层，难点也在基层。淄博创新网格化基层治理模式，让小网格催生出大效能，成为“有解思维”落到实处的生动诠释。全市7508个网格链接到每户百姓，梳理整合政法、信访、应急、城市管理、市场监管等26个部门130余项事项，构建起“全科网格”工作格局。同时，创新实施“一网三联”，在所有网格建立党支部，推动党组织联网格、党员联群众、积分联奖惩，全市共建立网格党组织6000余个，实现了“红色网格”全覆盖。基层社会治理的“千条线”成功纳入“一张网”，破解了资源分散、各自为战等问题，让网格强起来、真管用。全市配备专兼职网格员7452名，每名网格员月均处理事项信息超过6万件，办结率超过95%。“遇到难事儿先找网格员”成了许多居民的口头禅。

专栏4　张店区打造智慧“城市大脑”，为城市治理注入澎湃动能

淄博市张店区以系统集成改革省级试点为契机，推进城市运行“一网统管”，打造智慧化“城市大脑”，打通管理城市、服务企业、惠及民生的“最后一公里”，数字化赋能高质量发展成效得到充分显现，首批山东省大数据培训基地落户张店区，作为淄博市主城区与市共建省级首批四星级新型智慧城市，获评第二届全国政务服务软实力数字化实践典型案例、1400余项民生服务事项实现“网上办”。

夯实智慧底座，建设一体化公共数字平台。一是建设城市智慧大脑。投资约1.6亿元建成面积3100余平方米的“一网统管”综合指挥中心，建设过程中秉持“共享、开放、协同”的大数据思维，把全区70余个部门、8个镇街、146个村居纳入“一网统管”体系，分级分类梳理791个事项清单，接入3万余路视频监控，汇聚城市管理、社会治理等数据1.4亿条，城市运行重点领域“一网统管”覆盖率达到95%。二是打造全域数字模型。创新“区块链+政府服务”，构建城市精细化CIM三维数据底板，对全域范围内的建筑物、住宅、道路、附属设施等进行数字孪生建模，设置物业管理、智慧社区等30余个特色专题板块，构建全区110平方公里的城市精细三维模型，涵盖城市管理、社会治理、应急防汛、信用体系四大领域，通过大数据和AI挖掘分析发挥数据价值，对城市问题进行预测、预警，提前预防做到“负一秒”处置，让城市治理从“被动发现问题”向“主动发现问题”转变，从“经验管理”向“数据评估”转变，从“补漏洞”向“治未病”转变，提升城市运行管理的智慧化、精细化水平。三是构建规范标准体系。推进AI智能识别、IPV6、数据中心、物联感知等规

模化建设，整合各类数据信息，以“人、房屋、法人、事件”为地址标识进行统一规范编码，同步梳理标准化政务服务事项近1.2万项，归集目前正在运行的电梯综合信息管理平台、智慧环卫系统、市民诉求服务平台等131个系统数据资源，形成数据专题库，沉淀为区级大数据资源池，打通“区、镇街、村居”政务服务办理通道，推动数据资源“一址”互联互通。

破除要素壁垒，打造便捷高效的审批环境。一是拓展服务平台。围绕构建审批服务闭合链条，不断深化市民中心集成建设，实施前端造场景、后台通数据、末端优服务，前端环节建设“张店审批服务”掌上办、手机端投资项目联审、“秒批秒办”自助终端等数字平台，后台推动高频电子证照上“链”，末端环节创新实施“帮办全国、通办全省”、政务服务110、“办不成事”窗口，打通审批服务“最后一公里”，企业开办全程网办率达到99%。目前，全区实现个体和企业工商注册、食品经营许可办理、公安刻章等113项线上应用，年内新增的9400余户市场主体设立登记全程网办率达到99.2%，位居全省前列。二是精简服务流程。加快政务服务多端多渠道“同标同源”建设，上线企业开办大数据集成分析系统，创新研发行政审批手机“微服务”平台，设置业务咨询、登记注册、身份认证等模块，企业群众无须安装任何App，直接通过手机微信端“张店审批服务”公众号中的“掌上办”，即可完成个体（企业）登记注册、医师（护士）执业注册、食品经营许可办理、税务办理、银行开户等113项便民服务，精简材料80%以上。三是延伸服务链条。建立企业服务中心，全面整合行政审批、涉企服务、群众诉求、招商服务等内容，搭建企业服务云平台，设置惠企政策、诉求服务、服务直通车及服务超市4个板块，企业享受在线获取政策、“云咨询”视频帮办等11个服务事项，为企业提供全方位的集成服务，实现审批服务、政策服务、企业服务、招商服务归集，找政府办事只需“跑一站”。

丰富应用场景，激发社会发展动能活力。一是优化城市管理新路径。打造全域智能监管平台和智慧市政、渣土管理等5个行业子平台，引入“固定+移动”视频AI智能识别、无人机巡查等科技手段，全天候、无死角对城市运行进行“CT扫描”，动态监测安全生产、极端天气等情况，做到实时报警、实时管理、事后溯源。基于大数据可视化、图像AI算法、深度学习模型等新技术运用，对店外经营、乱堆乱放等30余类问题可实现自动抓拍、智能分析、自动流转和处置，能有效减轻基层工作人员问题发现压力，将更多精力集中到事件的高效处理上。二是打造矛盾调处新空间。加快构建“网格化、数字化、标准化、法治化”基层治理体系，依托市民诉求服务中心，横向整合涉民部门、专业调解委员会，归集12345热线、“两微一端”等5个诉求渠道，打造“民生诉求”平台、“巡回智慧法庭”等4个线上应用，建立分行业诉求事项数据库，破解城市治理问题反馈来源分散、缺乏集中受理的难题。将全区各类治理事件全部纳入“一网统管”综合指挥监管平台进行受理，在为民服务“精准精细精致”方面做出系统性变革，实时感知市民声音，实现民生诉求“一口进、一口出”，民生诉求线上办结率达98%。三是拓展民生保障新范式。打造交通、停车等应用场景，推行“中央厨房/餐饮企业/农村幸福院/日间照料中心+长者食堂”等运营模式，建立老年人助餐服务网络，服务老年人23.8万人次，切实提升了老年人的幸福指数，高标准打造“好学张店云空间”，通过在线课堂、微课课程点播、答疑社区等形式，推进“互联网+教育”融合发展，入选山东省网络学习空间应用普及活动优秀区域，因地制宜打造9个省级智慧社区，用数字技术打通服务群众“最后一公里”。

2. 突破思维定式，创新解决实际问题

“有解思维”需要突破既有思路，坚持问题导向，以改革创新为动力，不断深化流程再造，着力破解基层社会治理痛点堵点难点问题。一是破解社会矛盾外溢上行难题。以“有解思维”深入推进源头治理、系统治理、依法治理、综合治理，加大社会矛盾排查化解力度，完善调解、仲裁、行政裁决、行政复议、诉讼等有机衔接、相互协调、高效便捷的多元化纠纷解决机制，切实将矛盾纠纷化解在萌芽、解决在基层；强化初信初访和信访积案化解攻坚，全市初信初访一次性办结率达到95%以上。二是应对治安问题复杂多变挑战。全面构建立体化、法治化、专业化、智能化的市域社会治安防控体系，以推进扫黑除恶专项斗争长效常治为牵引，持续提升人防物防技防水平，加大对盗抢骗、黄赌毒、电信网络诈骗等治安突出问题的综合整治力度，全市每十万人命案发案率小于0.65，群众对平安建设的满意度达到96%以上。三是补齐优质公共服务供给不足短板。积极回应人民群众对美好生活的新需要，精准把脉服务难点、办事堵点，深入

推进“放管服”改革，推进“互联网+政务服务”建设，实行“马上办、网上办、就近办、一次办”，建设并打通市域各级政务服务 App、服务热线、微信公众号等渠道，推进有关公共服务事项凭身份证或社会保障卡“一证通办”。

3. 聚合全社会资源，构建共建共治共享格局

科学界定政府与社会边界，聚合全社会各方资源，构建“人人有责、人人尽责、人人享有”的社会治理共同体。一是大力营造民主协商、自治自理的良好氛围。深入实施小公约、小民主、小服务、小调解、小平安、小乡贤、小名人、小家训“八小工程”，加强村规民约、市民公约建设，广泛建立村（居）民会议、村（居）民代表会议、村（居）民议事会、理事会等议事协商载体，推动民事民议、民事民办、民事民管。二是引导各类社会组织发挥作用。明确各群团组织在市域社会治理中的职责任务，加强市域内社会组织综合监管，建立完善政府购买服务指导性目录，支持社会组织参与社会治理、开展公共服务，不断拓宽社会组织发展空间，推动建立政府和社会的良性互动机制。三是调动社会各阶层力量投入社会治理之中。鼓励引导社会各方力量参与城乡社会治理、承担社会责任，加强社会工作人才队伍和社会工作服务机构建设，健全市域志愿服务激励保障机制，完善举报奖励、公益反哺、以奖代补等激励措施，广泛动员城乡群众参与社会治理。

六　淄博“有解思维”创新实践的推广意义和重要启示

淄博市紧紧围绕发展需要和群众需求，牢固树立“万事有解”坚定信念，构建起“发现问题—交办跟进—经验总结—学习借鉴—宣传推介—评估评效”一整套改革推动模式，涌现出诸多典型改革做法和案例，对其他地区深化改革具有重要借鉴意义。

（一）“有解思维”创新实践值得推广的主要经验

1. 坚持“靶向性”问题导向思维

“有解思维”创新实践的关键在于，瞄准问题“万事有解”，决不畏难退缩。用淄博人的话说“没有什么问题是解决不了的。不想办，能找出

100种理由；想办成，也能有100种办法”。例如，淄博市博山区探索推进“微改革”，在解决转型发展“难办小事”的同时，将解决措施固化为长效机制，积少成多，实现大突破、大民生、大治理，探索形成了一条基层改革的新路径。截至目前，已推出“微改革”事项50项。再如，淄川区聚焦就业难题，创新打造“直播送岗”促就业模式，每天固定2小时开展“抖音直播送岗”，将岗位情况向就业者直播展示，打造全时段就业服务。2022年以来，完成招聘直播670多场，观看总量超过2120万人次，解决用工需求1.5万人次。

专栏5 博山区50项“微改革”背后的民生“大逻辑”

近年来，博山区立足基层改革工作实际，从群众“身边小事”入手，从百姓“急难愁盼”破题，把改革的着力点聚焦到民生实事上，通过小切口、小变革、小创新，推动实现大突破、大民生、大治理，探索形成了一条基层改革的新路径。

从便民服务切入，推出行政审批领域“独立审批”制度改革，建立独立审批员队伍，梳理明确241项独立审批事项，全方位构建“受审合一”便民服务体系。其中，推动实施的“e+n大救助”体系（“e”是数字化办理平台，“n”是全面梳理涉及17个部门、10大类、48项社会救助事项），通过搭建协同集成、高效联动平台，实现“1”次救助申请、“n”个救助部门同时受理办结，让困难群众直接享受“n”项救助政策。2023年以来，共办理各种救助事项653件。推行“红蓝管家”微治理模式，由社区140名党员担任“红管家”，收集居民的服务诉求；12名网格员担任“蓝管家”，上门服务、帮办代办。依托社区数字化“管家系统”应用平台，“红管家”收到群众“呼叫”后，第一时间提报社区党委，社区党委及时提出处置意见，交办给“蓝管家”，做到“小事不出社区、难事不出镇街”。2023年以来，颜山社区“红蓝管家”为群众解决“家门口”的事1520余件。

从基层治理切入，开设“法庭E+”巡回智慧法庭，以金融借贷、人身损害等纠纷案件为突破点，前移矛盾纠纷化解关口，在诉前开展矛盾纠纷调处工作，实现了“诉源治理、多元解纷”。开发城市管理监督微信小程序，搭建群众与城管部门双向互动的沟通平台，畅通城市管理服务的便捷通道，累计受理处置群众和商家反映的店外经营、私搭乱建等问题近300件。在城区主要道路两侧设置18处“城市便民小站”，在便利群众的同时，引入社会资本，常态化维护公共空间。上线“安心宿”民宿服务App，全区30家网约民宿商家纳入监管，安装智能门锁280台，采集上传入住人员信息6985条。建立家事纠纷化解中心，推动解纷力量、审判力量、工作流程重塑，探索繁简分流、多元化解的特色家事纠纷化解新模式。今年以来，诉前调解成功案件164件，诉讼结案237件，实现了零信访、零投诉、零安全事故的“三零”目标。

从企业培育切入，创新高新技术企业培育机制，建立高新技术企业培育名单，根据企业发展实际，“量身定制”培育方案，部门联动实施“点对点”服务，目前已累计培育高新技术企业89家，全区高新技术企业达到111家，各类省级以上研发平台、技术中心72个。实施科技创新“四员一长”工作机制，鼓励和引导企业加大研发投入，增强自主创新能力，着力培育主导产业新动能，积极创建高效动力传动设备创新创业共同体。今年以来，全区新增规模以上企业7家，打造省级专精特新企业22家。

专栏6　淄川区创新“直播送岗”“上门助岗”就业服务模式

淄博市淄川区聚焦就业难题，牢固树立“不为困难找借口、只为成功想办法”的“有解思维”，依托有限资源禀赋，创新打造“直播送岗”“上门助岗”模式，加速就业服务迭代升级，实现就业“就在你身边”。2022年以来，全区实现城镇新增就业6434人，失业人员再就业8196人、就业困难人员就业1811人。

“抖音直播送岗”模式在全国人社系统做经验分享，创业孵化中心团支部被评为全国五四红旗团支部。“抖音直播送岗”的特点是“把就业送到身边”。一是打破招聘“时间壁垒”。开通全省首个政府部门抖音就业直播服务号“淄川就业”，免费发布更新企业招聘信息，每天固定2小时开展“抖音直播送岗”，实施“岗位推荐+线上答疑+后台服务”三位一体服务模式。2022年以来，完成招聘直播670多场，观看总量超过2120万人次，解决用工需求1.5万人次。抖音直播送岗模式入选淄博市“有解思维”暨“十大创新”案例，被山东省委改革办简报刊发，被央视新闻、人民日报、新华社等多家主流媒体宣传报道。二是打破招聘“空间壁垒”。发挥直播“可视化”优势，深入企业开展实地实景“探岗”，直观展示企业工作环境和企业文化，为求职者提供“沉浸式体验”。目前，已深入80余家企业开展直播，制作企业宣传视频700余条，短视频播放量突破2000万次。三是打破招聘“信息壁垒”。汇集抖音平台数据资源，建立缺工企业、人力资源供给、用工服务专员“三张清单”，分群体、分区域建立服务群，实施“点对点”就业指导，增强供需对接精准性。目前，已建立求职微信服务群119个，覆盖各类群体5.6万人，累计为2.5万名求职人员提供专业咨询，为7000余人提供精准就业服务。

“上门助岗服务”模式的特点是“把就业服务沉到身边”。一是构建就业服务圈。在每个村居设立两名就业服务专员，在镇区两级设立就业服务专班，搭建起“区—街道（镇）—社区（村）—网格（服务专员）”四级全覆盖就业服务圈，群众不出网格即可享受就业服务。目前，已在46个社区、村建成服务站点，覆盖223个网格、12万居民，2100余家企业及个体工商户受益。二是构建就业服务平台。整合抖音直播送岗+淄川就业创业公众号+人力资源网站+微信群+服务驿站（零工市场）和智慧人力资源市场等线上线下6种服务渠道，构建“乐业般阳”一体化就业服务平台，为各类求职者提供全方位服务。目前，已为3.1万名有求职意愿人员提供信息咨询服务。建成全市首家官方公益性零工市场，每天常态化为灵活就业人员提供服务200人次，累计服务超过5.5万人次。三是构建就业服务之家。在村居、银行、商圈、园区等设立人社之家，提供用工保障、就业指导、创业服务等6大类17项业务服务，创新“订单式”“定向式”培训模式，为求职人员、未就业人员和困难就业人员提供全流程免费技能培训服务。目前，已在般阳社区、宝塔社区、吉祥社区、SM众创空间等地举办“鲁菜师傅”、美妆器具制作、数据标注、直播电商等实用技能培训，2100余人掌握一技之长，帮助640人实现就业。

2. 推动“风暴式”改革宣传攻势

如何短期内让“有解思维”思想在全市干部中生根发芽，是改革顺利推进的难点所在。自2019年9月“有解思维”创新实践启动以来，淄博市委要求全市上下坚持问题导向、真正“拿事当事”，全力破解产业发展、社会治理、民生保障等各领域难题。随后，在全市开展大规模、大范围、风暴式改革宣传，引导各级各部门抱定“万事有解”的信念，营造出强大的改革攻坚声势，这是“有解思维”创新实践取得成效的重要基础。改革宣传的最大作用就在于，真正将全市各部门、广大干部群众的思想统一起来，将“有解思维”从理念认同固化为行动自觉，以“有解思维”落实党中央国务院、省委省政府的决策部署，以“有解思维”推动区域经济发展、社会治理、生态建设、民生建设。

3. 构建“闭环式”承诺践诺机制

定了就办、说了就干，以“公开发布”倒逼任务落实，这是“有解思维”创新实践的一个特色。一方面，对社会公众公开“亮诺”：每年年初，聚焦省市重点改革任务，公开发布重点改革任务目标，全部明确时间表、路线图、任务书，由牵头责任部门公开承诺亮诺。年中，公布具体改革任务进展、重大改革政策制定出台、改革创新经验培育等情况，确保任务序时推进、压茬落实。年末，逐一算账交账，完成一项、销号一项，向社会公开亮晒改革成绩、攻坚成果。另一方面，对部门内部，则是“年中对账、年底交账”。市委改革办与重点改革攻坚责任部门强化改革过程监控，对照任务分工一项一项地对进度、对亮点、对难点、对成效，确保各项改革任务落地达效。

4. 建立“全链路”改革落地机制

突出“一个第一议题”“三个第一时间”“三张改革清单”，狠抓改革落地，是“有解思维”创新实践的另一个重要特色。淄博市把保障改革落地作为重要工作来抓，建立起体系化、全链路的责任矩阵。建立“一个第一议题”+“三个第一时间”制度。坚持“一个第一议题”，即各级深改委会议第一议题传达学习中央深改委会议和习近平总书记重要讲话精神；坚持“三个第一时间”，即第一时间召开会议传达上级改革决策部署，第一时间分析研究改革重点难点和推进措施，第一时间制订改革方案和配套文件，确保上级各项改革部署在淄博快执行、快落地、快见效。建立“三张改革清单”制度。建立市级领导领衔改革事项、市直部门和区县党政主要负责同志认领改革事项、拟重点打造的省级以上创新改革事项“三张改革清单”，层层压实责任、传导压力、推动落实。创新实行市领导牵头改革任务责任清单制度，将每位市领导牵头的改革任务集成到一张责任清单上，做到任务清晰简洁、要求具体明确，确保市领导精准把握、统筹推进。

5. 打造“矩阵式”亮点推广机制

坚持“工作经验化、经验品牌化、品牌高端化”，建立改革经验挖掘、培育、总结、宣传、推介一体化改革亮点推广机制，形成链接线上线下、系统内外的立体化“推介矩阵”，高频次、高层级推介创新经验，迅速将点上的创新突破转化为面上的工作成效。一是常态化挖掘改革亮点。定期分专题调度全市各层面改革创新经验做法，对具有创新性、突破性的进行重点梳理挖掘。2022 年以来，先后围绕产业发展、民生建设、绿色转型、国企改革等调度梳理了 600 余项经验做法，其中仅“十大创新”就梳理形成了 179 项典型做法。二是体系化培育改革经验。建立“区县创品牌、部门出亮点”工作机制，每个区县选取 2～3 个、每个部门选取 1～2 个具有显著区域性、行业性特色的改革亮点进行深度培育打造，形成梯次培育体系。对具有典型性、引领性、可复制推广性的改革经验进行联合打造、系统提升。淄博先后重点打造了张店区“一网统管”、博山区“集成养老”、临淄区“企业医院”、桓台县“长者食堂”、市财政局“齐鑫贷”等 200 余项改革创新品牌，成为走向全省全国的改革创新经验。三是矩阵式推介改革品牌。建立链接线上线下、系统内外的立体化推介矩阵，高频次、高层级推介淄博创新经验。系统内，加大向省委改革办、中央改革办报送典型案例力度，先后有多篇稿件得到中央改革办、省委改革办推介。系统外，创新开展主题式集中宣传，变分散式、零星化为集中式、常态化宣传。

6. 完善“人民满意型”评估评效机制

多年来，淄博市坚持把群众关注的“小事”作为政府工作的“大事”，把“人民满意”作为评价政府工作的最高标准，用好考核“指挥棒”，不定期抽取部分市直部门、区县、镇街，开展“四不两直”明察暗访，当面反馈问题，扎实抓好整改。对做出重大改革成绩的单位，给予“一票肯定”；对于落实改革任务敷衍应付的通报扣分，营造出敢改革、善攻坚的良好氛围。政绩考核让“群众满意度”说了算，对社会民众、市场主体开展问卷调查，及时了解居民意愿，定期评价政府绩效，集中整改突出问题，有效提高了政府工作效率，担当作为、干事创业蔚然成风。“有解思维”创新实践取得成功，是大胆突破原有政府管理体制的创新成果。2022年全市社会调查群众满意度高达95.05%，就是对“有解思维”创新实践成效最好的回应。

（二）“有解思维”创新实践对深入推动基层创新的几点启示

淄博“有解思维”创新实践取得明显成效，一些好经验、好做法具有普遍适用性，对下一步深化改革带来重要启示。

1. 改革要敢于触碰“硬骨头”

目前，改革已进入深水区、攻坚期。从近期以来到各地方的调研情况看，好改的环节都改了，涉及实质性问题的“硬骨头”仍然缺乏实质性突破，一些涉及审批标准、条件、程序上的简化还刚刚起步。淄博市“有解思维”创新实践以“万事有解”的决心直击改革难点，是啃“硬骨头”的很好例子。因此，在推动地方改革时，应借鉴淄博改革的好做法，牢固树立“万事有解”的坚定信念，勇于啃“硬骨头”，敢于打攻坚战，大刀阔斧地深化改革，进一步提高行政效率。

2. 改革要重点突破“肠梗阻”

从有关方面反映的情况看，部门利益成为阻碍改革的重要原因。淄博“有解思维”创新实践以政府信用为基础，向市民和企业公开承诺改革事项，借助公众监督，最大限度地突破部门利益“肠梗阻”切实践诺，将各项改革落到实处。因此，在推动地方改革时，一方面，应借鉴“有解思维”创新实践好做法，鼓励、授权试点地区打破部门利益限制，加大力度先行先试，因地制宜地采取措施，尽可能地削弱旧法律条文对改革造成的阻碍。另一方面，应加快修订有关法律条文，下决心打破部门利益对改革的关键性制约，减少来自法律层面的阻力与障碍。

3. 改革要特别注重“夯基础”

“有解思维”创新实践之所以能够顺利推进，一个重要原因就是夯实了政府自身改革这个重要基础，整个政府工作流程得到系统化改造，政府服务效率大幅提升，最终让群众和企业打出“满意”项。因此，在推动地方改革时，一方面，应借鉴淄博做法，系统化改造政府工作流程，完善改革推进机制，让改革事项扎实落地。另一方面，应把握好政绩评价这个

“指挥棒”，让“群众满意度”成为评价各部门政绩的核心指标，杜绝盲目追求政绩，虚报、瞒报政绩的行为。

4. 改革要突出要求“重实效”

实事求是，立足本地，是淄博“有解思维”创新实践取得成效的关键所在。淄博市是老工业城市、资源型地区，在产业发展、环境保护、民生建设等领域，与北京、上海、广东、深圳等发达地区相比都有较大差距。针对这种情况，淄博市不怕直面问题，创造性地解决问题，推动产业发展、城市治理、服务保障、生态环境等各方面显著提升。因此，在推动地方改革时，必须强调一个“实”字，坚持问题导向，识短不怕丑、揭短不怕痛、治短不犹豫，切实提高改革针对性。

5. 改革要更加强调“有担当”

主动担当、积极作为、大胆实践，是“有解思维”创新实践一次次取得突破的根本推动力。在当下改革攻坚期和深水区，主动担当精神尤为可贵。因此，在推动地方改革时，一方面，应进一步强化改革的担当意识，树立正确的用人导向，建立崇尚实干、为担当干事者加油鼓劲的正向激励体系，让有为者有位。另一方面，应建立健全评价机制、激励机制、容错纠错机制，旗帜鲜明为那些敢于担当、踏实做事、不谋私利的干部撑腰鼓劲。

6. 改革要善于推广“好典型”

改革很多时候是“摸着石头过河”，及时总结推广各地改革经验做法尤为重要。“强宣传、树典型、重推广”是淄博市“有解思维”创新实践能够取得成效的一个重要推动力。因此，在推动地方改革时，应系统梳理地方改革经验，将各地行之有效的好做法、好成果，尽快汇编成册，尽快推广到其他地区，发挥“好典型”在推动改革上的示范引领作用，推动改革在重点领域和关键环节取得突破，带动面上的改革工作，进而实现全面深入推进改革，为高质量发展提供有力的体制保障。

七　进一步深化“有解思维”创新实践的对策建议

淄博市深入推进“有解思维”创新实践，各领域改革举措正在渐次铺开，多个领域取得突破和进展，特别是对一些社会关注度高、群众抱有期待的问题，政府及时出台了相关改革举措，一些领域的改革效应开始释放，为推进改革任务落实、实现良好开局奠定了基础。总的来看，改革势头较好。但在一些地方和部分领域，改革在实践操作中也出现不少困难和障碍。需要进一步完善改革机制，将"有解思维"创新实践引向深入。

（一）进一步研究新时期深化改革的阶段性特点

"有解思维"创新实践是地方党委和政府从本地区实际出发，全面深化改革，大胆突破发展瓶颈的典型案例。深入推进"有解思维"创新实践，必须遵循改革本身的规律性。未来一段时期，进一步深化"有解思维"创新实践，需要首先认清当前阶段深化改革的阶段性特点。近年来，国际国内发展形势已经发生深刻变化。国际形势严峻复杂，百年未有之大变局加速演变。我国经济发展阶段、社会主要矛盾也已发生重要转变，"以国内大循环为主体、国内国际双循环相互促进"的新发展格局正在逐步确立。当前和今后一段时期，改革面临新形势、面对新要求。与过去的改革相比，新一轮改革表现出一些不同于以往的阶段性特征，也面临更为复杂的背景。

1. 经济长期增长面临各种不确定性

过去的改革更多关注放活微观、激活活力，就能创造增长奇迹。现在通过改革激活微观活力的空间日益缩小，经济增长面临劳动力成本全面上升、资源环境总体恶化等压力，进一步的经济增长越来越依赖创新驱动和人力资本拉动，而这需要全方位的体制机制支撑，否则就不可能建设创新型国家，不可能成为人力资本强国，经济长期稳定发展就难以实现。

2. 新一轮改革面临较大的宏观风险

包括地方债、影子银行、房地产泡沫等，这些风险相互影响、相互制约，有些可以通过深化改革来化解危机，有些从长期来看，可以通过改革来化解，但短期来看，由于缺乏必要的监管措施或配套条件，贸然改革反倒可能会放大危机，对企业生存、劳动就业、金融安全等造成严重影响。"有解思维"创新实践虽然在产业转型、社会治理、生态建设、民生建设等领域都取得明显成效，但是涉及深层利益调整的改革仍然不足。按照改革规律性演变进程，今后改革有可能直面一些最复杂、最棘手的矛盾问题，应做好充分的思想准备。

3. 改革渗入利益格局的深度调整

新一轮改革对象都是难啃的“硬骨头”，各方面普遍受益和广为接受的改革措施越来越难找，改革涉及了更大范围、更大力度的利益调整，共识更难达成，难度不断增加，同时，改革面临跨越“中等收入陷阱”特殊阶段的挑战，进入了不进则退的关键时期。

4. 社会对改革的心理预期发生变化

一方面，人民群众对美好生活有了新期待。人们原来对物质生活的“硬需求”呈现出升级态势，不仅在“物”的层面有更高的期待，而且盼望更丰富的精神文化生活，更加追求生活的文化内涵和精神境界，由此衍生出获得感、幸福感、安全感以及尊严、权利、当家作主等更具主观色彩的“软需求”。人民生活进一步体现出“美好”意蕴，并在此基础上升华为对民主、法治、公平、正义、安全、生态等方面的更高期待。另一方面，人民群众对深化改革有了新期盼。以往改革更多是“摸着石头过河”，人们对改革的心理预期较低，对一些失败的改革试点更为包容。新一轮的全面深化改革更注重顶层设计，改革更加注重承诺和践诺，社会心理预期不同于以往，一方面，社会公众对改革的未来前景抱有很高期盼；另一方面，又对改革能不能真正地全面深化抱着怀疑态度。

在新的历史背景下，改革任务更为复杂、敏感、艰巨，靠“修修补补”的碎片化推进已难以胜任。这就要求新一轮“有解思维”创新实践必须坚持以影响经济社会发展的重大问题为导向，从人们最迫切关注的突出问题改起，从制约经济社会发展的突出问题改起，强化顶层设计、突出问题导向，从小到大、由易到难，突出重点、以质取胜，平稳有序、高质有效地推动改革，进一步将改革举措落到实处，最大限度地在全社会凝聚改革促发展的正能量。

（二）进一步强化改革系统性、整体性、协同性

历经多年创新实践，容易改的环节都改了，但一些涉及各方根本利益的“硬骨头”仍然没有改，一些改革还存在“肠梗阻”制约问题仍然没有彻底解决。当前，“有解思维”创新实践正在进入过关夺隘的关键阶段，未来改革将是一场攻坚战，啃的是硬骨头，中流击水、不进则退。深化“有解思维”创新实践必须进一步强化顶层设计、整体谋划，以抓铁留痕

的坚定决心狠抓落实，推动改革迈出新步伐。

1. **加强改革整体谋划**

一方面，深入研究全市各领域改革关联性和各项改革举措耦合性，深入论证改革举措可行性，把握好全面深化改革的重大关系，使各项改革举措在政策取向上相互配合、在实施过程中相互促进、在实际成效上相得益彰，确保改革顺利推进。另一方面，进一步明确改革近期、中长期目标任务。任何改革的实践又都是一个循序渐进、逐步发展的过程。应当聚焦淄博当下和长远亟须解决的实际问题，有一个系统性的改革推进规划，对于近期的任务、中长期的目标、具体的方法和步骤等，都需要在深入研究的基础上进行科学思考。

2. **优化改革协调机制**

一是进一步完善各部门之间的协调机制。在“有解思维”创新实践前期已经形成部门间协调机制的基础上，进一步强化改革推进协调的主体责任，按照相关法律规定及政府的职能定位，明确主办部门的协调责任，规范职责协调程序，督促各个部门协调一致，增强机构协调与资源共享，确保政府整体工作的高效统一。二是完善上级与下级政府之间的协调机制，鼓励地方探索创新。将自上而下的改革与自下而上的改革结合起来，鼓励市直部门、区县、基层和群众大胆探索，是实现改革目标的重要方法。在不违背中央顶层设计确定的原则下，严格落实“三个区分”，建立容错和纠错机制，鼓励各地根据自身的实际情况因地制宜、创造性地开展改革工作，鼓励大胆探索、有所突破。三是健全改革的利益协调机制。随着改革进入攻坚区，“帕累托改进式”的增量改革已经越来越少，在新的利益关系重大调整和利益格局重新洗牌的过程中，必然有人受益、有人受损、有人短期受益长期受损、有人短期受损长期受益，不同利益群体受益或受损程度也会有所区别。面对复杂的利益格局，可考虑由代表改革利益共同体公共利益的市改革办牵头，以严格遵循法律为基本原则，将改革评估结论、实地调研、有效信息反馈等作为主要参考，借助于官方、半官方及民间搭建的沟通平台，促成各方利益代表就利益分割、补偿条件等达成一致，最大限度地减少改革的实施成本和摩擦成本。

3. **确保改革抓铁有痕、踏石留印**

探索建立改革项目化管理办法。在改革的决策与实施过程中尝试引入工程项目管理的理念、机制与方法，在改革立项、提出方案、专家论证、审议决定、组织实施、督察考评、结项验收等重要环节，实行制度化、程序化、规范化、精细化管理。把不同改革责任主体的主体责任划分清楚、落实到位，推进它们既各司其职、各负其责又相互协作配合。明确要求部门主要领导对改革的统筹协调、方案质量、利益调整、督促落实有直接责任，全程过问，每一个环节都要有可落实、可核实的硬性要求。

（三）进一步完善改革推进方式

目前的“有解思维”创新实践更多是市、区县政府部门内部的改革。而下一步全面深化改革，时间跨度大，牵涉面广，形势复杂多变，仅靠市、区县层面的推动是不够的。迫切需要将“有解思维”创新实践向乡镇、基层延伸，激发基层单位的改革热情，增强基层单位以改革解决实际问题的能力，进一步让改革贴近群众，让群众了解“有解思维”创新实践、理解“有解思维”创新实践、参与“有解思维”创新实践，凝聚起全社会共同深化改革、推动发展的良好氛围。

1. 凝聚全社会改革共识

一是深化全社会对改革的理解和认识。要进一步宣传解释全市各部门改革的主要内容、各区县改革的典型案例，使全社会自觉实现改革的协同。宣传改革的主要方法、路径和节奏，宣传各地区、各部门推进改革的新举措、新方法，凝聚全社会共同推动改革的共识，提高全社会自觉推进改革的能力，树立敢改革、会改革和真改革，推动地方经济与社会均衡发展的干部标杆。

二是营造良好的改革创新氛围。要宣传改革的新进展、新成效，提升全社会推进改革、参与改革的信心。要提高社会对合理改革失误的容忍度，尤其是对在推动改革创新中，创新思路、大胆探索，由于不确定性或者外部环境变化，未能达到预期效果的干部；对由于采用新机制、新方法、新模式、新技术，因为先行先试、缺乏经验出现偏差的干部。

三是促进“有解思维”创新实践走向制度建设。加快推进与改革相关的重大制度建设，对一些经改革实践证明行之有效、应制度化而未能制度化的，要加快建章立制进程，及时将其上升为制度。对于一些条件成熟有利于区域发展的先行先试改革，应在现行法律法规框架下，争取山东省级层面支持，沟通有关国家部委，积极争取先行先试授权。对一些条件尚不成熟又确需先行先试的改革，可按法定程序争取国家层面授权。

2. 完善科学民主方式决策

进一步分类、分层规范改革决策程序，逐步推动改革程序性立法，提高改革推进程序的制度化、规范化和法治化程度。

一是明确不同改革的事前、事中、事后程序。区分综合性改革与专项改革，明确改革的指导意见、决定、实施方案、通知等的不同写作规范及原则。依据不同改革事项确定改革的事前（如规划计划、立项、调研、设计、征求意见、咨询论证、审核等）、事中（如部署落实、协调解决问题、试点试验等）、事后（如跟踪、督察、评估、经验交流、推广等）的法定程序。

二是明确不同改革决策主体及其负责人在改革决策中的职责和权限。明确改革决策的首要任务是落实党中央国务院、山东省委省政府的政策意图。明确部门机构职责。对于跨领域、全局性重大改革事项和聚焦经济、政治、文化、社会、司法、生态等中观领域的重点改革事项，应明确改革的方向和牵头部门职责，督促改革进程。业务主管部门（牵头部门和配合部门）共同负责改革方案的制定，牵头部门对负责的改革方案要全程过问、全程负责。

三是完善改革决策机制。其一是分类立项机制，对各类改革事项严格按等级分类；其二是调查研究机制，对改革事项进行充分调研，深入了解和掌握全面的一手信息资料；其三是咨询论证机制，充分尊重相关领域专家学者和相关部门、单位或社会公众意见；其四是合法性审查机制，确保改革内容、具体举措于法有据；其五是风险评估机制，对存在风险隐患的重大改革事项及早落实预防措施。只有在此基础上，改革方案才可进入审议、审批程序。

3. 提高改革方案的质量

一是将改革与行政事务区分开来。改革是体制机制的创新、利益格局的调整和资源配置方式的改变，不能将日常工作当作改革事项。改革要坚持问题导向、符合实际、管用有效的原则。

二是加强沟通协调能力建设。增强上下沟通的主动性，建立良好的沟通机制，提高沟通协调的修养，增加沟通次数。提高协调利益关系的能力。综合决策一旦进入实施阶段，可能会涉及社会的方方面面，诸如个人、家庭、企业、部门、地区和国家，综合决策的目的就是要协调这些利益群体的相互冲突，共同实现全面深化改革的目标。

三是加强调查研究。调查研究是谋事之基、成事之道。调查研究重在了解经济社会运行的微观机制。从改革全局看，体制整体的重心在微观、基础在微观。改革顶层设计既要着眼于宏观，还必须着眼于微观。深入调查研究，就是要了解不同经济主体的微观决策机制，从“菜单成本”“用脚投票”等角度分析微观主体对宏观体制改革的影响，这都需要进行科学而全面深入的调查研究。

4. 夯实改革决策的支撑体系

一是数据支撑体系。科学决策的基础是专业化的数据支撑。应进一步加快打通各部门的专业数据壁垒，加快构建“云数据”，用来扩充各专项改革领域的数据来源。同时，走出去，主动收集数据，了解社会对于全面深化改革的评价，单个社会成员对于某个具体问题的看法。

二是调研和评估支撑体系。由市级部门、各区县参与评估，建立自评估机制。支持建立第三方的社会调查系统，建立对社会民众、市场主体等的改革意愿、改革诉求进行调查分析的制度，通过科学抽样、问卷调查，及时了解民意，使社情民意数据成为改革的“晴雨表”。

三是改革类智库支撑体系。召集一批熟悉改革、能够将专业特长运用于综合决策的专家学者，就改革的战略问题、阶段性重点问题，建立定期研讨机制。完善保密和组织机制，明确改革参与纪律，切实维护改革的严肃性。

四是加强改革操作层面的工作能力。进一步深化改革，任务十分繁重，需要强有力的工作队伍。与改革决策关系密切的是加强各级政府改革领导力量建设，重视改革队伍建设，改变“发展硬、改革软”的问题，确保改革工作有人干、有能人干。

5. 健全监督考评机制

一是健全能定责、可问责的绩效考核机制。进一步制度化以“人民满意”为标准的考核机制，建立健全改革成效科学评价机制，重点考核中央和省委部署的改革任务、改革方案质量、改革试点推进情况、改革举措落实程度、人民群众满意程度。建立改革绩效考核全覆盖制度，实现绩效考核对改革相关部门的全覆盖，加大改革工作考核权重。绩效考核“既评优，又评差”，突出实绩考核导向，增加客观性考核指标。

二是建立以责促行、以责问效的追责问责制度。对没有完成年度改革工作要点、工作台账的部门，对在年度改革绩效目标考核中扣分多、不达标的地方，点名通报。对改革工作受到上级部门通报批评或造成严重负面影响的，严肃问责。对推进改革创新敷衍塞责、拖延扯皮、屡推不动的，对重视不够、研究甚少、贯彻乏力的，进行问责。对改革干部为官不为的情况，视情节轻重，及时进行提醒、函询、诫勉，并建档备案，作为干部考核、任免、奖惩的重要依据。对涉嫌违纪的，由纪检监察机关按照有关规定调查处理。实行改革追责问责通报制度，对改革不力的案例进行内部或公开通报，教育警示广大干部更好地改革创新、担责有为。

三是创新和完善绩效考核方式方法。进一步融合改革绩效考核与政绩考核，改革考核结果以政府政绩方式体现。建立改革工作第三方评估机制及科学系统的评估指标体系，实行专家评估与社会评价相结合，组织有关专家到改革实践一线进行实地检查检验，对改革成效成果进行评估，将群众满意度调查结果、实践检验或专家评估结果作为绩效考核得分依据，专家评估与社会评价相结合。建立健全改革工作绩效管理信息化系统，完善绩效数据收集、储存和分析工作机制，推进“阳光改革”建设。

四是建立考核结果运用机制。制定《改革工作绩效考核结果运用办法》，明确改革工作绩效考核结果应用的方式与方法。强化监督考评的刚性约束，将改革监督考评与现行考核制度有机衔接，监督考评结果纳入机关效能建设考核、政府目标管理绩效考核等现行的政府绩效考核体系，切实发挥改革监督考评的指挥棒作用。

五是建立改革容错机制，把干部在推进改革中因缺乏经验、先行先试出现的失误和错误，同明知故犯的违纪违法行为区分开来；把上级尚无明确限制的探索性试验中的失误和错误，同上级明令禁止后依然我行我素的违纪违法行为区分开来；把为推动发展的无意过失，同为谋取私利的违纪违法行为区分开来，建立以责促行、以责问效的监督考评机制。

（四）进一步把握好改革策略

淄博“有解思维”创新实践需在认真总结改革经验的基础上，进一步认真考虑系统推进改革的方式方法，既要做好顶层设计，又要强化基层创新，切实抓住改革战略重点牵导整体改革，研究制定改革的总体策略。

1. 必须坚持整体推进和重点突破相结合

新时期的改革是系统性、整体性的改革，从整体上协同推进是深化“有解思维”创新实践的必然要求，从关键部位重点突破是深化“有解思维”创新实践的重要途径。协同推进和重点突破有机结合，是新形势下全面深化改革的必然趋势和迫切要求。一方面，要根据改革事项的内在逻辑性和协同联动性，从整体上安排部署改革任务，统筹协调推动改革工作。另一方面要抓住“牵一发而动全身”“一子落而满盘活”的重点领域和关键环节，重点突破，以点带面，激发改革动力，牵引和推动改革整体推进。

2. 必须坚持加快推进和循序渐进相结合

从改革大背景来看，改革已经进入深水区、攻坚期，各领域改革要求高、时间紧、任务重，抓紧时间加快改革时不我待。但是又要看到，改革是个系统工程，有其自身的规律性。虽然近年来淄博“有解思维”创新实践取得明显成效，但是一些改革不可能毕其功于一役，需要分阶段推进。因此，改革既要加快进度，又要张弛有度。一方面，要分阶段制定改革计划，明确各阶段改革重点，列出时间表、任务图，紧凑安排改革任务，加快推进各项改革。另一方面，又要坚持科学态度，按规律办事，一些持续性、长期性，无法一蹴而就的改革，仍可以借鉴渐进式改革的有效做法，循序渐进、逐步深化地推进改革。

3. 必须坚持增量调整和存量优化相结合

以增量调整带动存量优化，是改革进入新阶段后，必须高度重视的重大策略。从增量利益调整入手，避免过早地触动存量既得利益，随着增量利益越来越大，原有的存量与增量关系将发生变化，进而带动存量利益优化，最终实现利益调整目标。虽然近年来“有解思维”创新实践取得很大成效，但是考虑到随着改革不断深化，涉及的利益关系更加复杂，改革的难度和阻力也有可能明显增大。改革既要打破既有利益格局，又要最大限度地减少改革阻力，凝聚改革合力。因此，一方面，要善于在利益增量上做文章，更加注重权利公平、机会公平和规则公平，使每个人都能通过自己的诚实劳动获得应有的利益。另一方面，又要稳妥推进存量利益优化，逐步规范和压缩不合理的利益空间，尽量减少改革的阻力。

4. **必须坚持试点先行和全面推广相结合**

试点先行而后全面推广是新时期推进改革的有效方法，有利于探索改革路径和经验，降低改革风险和成本。我们的改革前无古人、充满挑战，既没有现成的经验可循，也没有马克思主义经典作家的现成理论，只能通过先试点、后总结、再推广的反复过程。近年来，淄博“有解思维”创新实践在宣传、推广好经验、好做法方面已经取得明显成效。在今后的改革推进中，应进一步完善改革试点的方式方法，对于一时看不准、吃不透的改革，可先选择一些地区和领域开展试点，以点带面，在探索取得经验后再逐步展开。改革又必须在全面推广中不断调整和完善，把试点成果融入改革的整体推进中。

参考文献

习近平：《坚持历史唯物主义不断开辟当代中国马克思主义发展新境界》，《求是》2020 年第 2 期。

《习近平谈治国理政：第二卷》，北京：外文出版社，2017。

《习近平谈治国理政》，北京：外文出版社，2014。

习近平：《辩证唯物主义是中国共产党人的世界观和方法论》，《求是》2019 年第 1 期。

《习近平关于全面深化改革论述摘编》，北京：中央文献出版社，2014。

习近平：《在庆祝改革开放 40 周年大会上的讲话》，《人民日报》2018 年 12 月 19 日，第 2 版。

《马克思恩格斯选集：第 1 卷》，北京：人民出版社，2012。

《毛泽东文集：第 7 卷》，北京：人民出版社，1999。

《习近平谈治国理政：第三卷》，北京：外文出版社，2020。

刘云山：《加强和改善党对全面深化改革的领导》，《人民日报》2013 年 11 月 19 日。

《科学统筹突出重点对准焦距让人民对改革有更多获得感》，《人民日报》2015 年 2 月 28 日。

《中共中央关于党的百年奋斗重大成就和历史经验的决议》，《人民日报》2021 年 11 月 17 日。

本书编写组：《〈中共中央关于全面深化改革若干重大问题的决定〉辅导读本》，

北京：人民出版社，2013。

何立峰：《推动全面深化改革向广度和深度进军》，《人民日报》2021 年 12 月 7 日。

报告执笔：王琛伟（国家发展改革委经济体制与管理研究所宏观体制研究室主任、研究员）

方　艳（中国经济体制改革杂志社《改革内参》编辑部副主任）

第六部分

湖南湘江新区“以备案促倍干”容错纠错改革创新研究

摘要：“健全干部容错纠错机制”是在全面深化改革和全面从严治党的时代重任下提出的，旨在促进广大干部砥砺奋进、干事创业。习近平总书记在省部级主要领导干部学习贯彻党的十八届五中全会精神专题研讨班上的讲话强调，要加快构建容错纠错机制，遵循“三个区分开”——把干部在推进改革中因缺乏经验、先行先试出现的失误和错误，同明知故犯的违纪违法行为区分开来；把上级尚无明确限制的探索性试验中的失误和错误，同上级明令禁止后依然我行我素的违纪违法行为区分开来；把为推动发展的无意过失，同为谋取私利的违纪违法行为区分开来。

近年来，湖南湘江新区深入贯彻习近平总书记重要指示精神，在“三区合一”体制机制改革与“区政合一”运行模式创新的背景下，针对基层少数干部“患得患失”“怕失误、怕问责”等不良倾向引发的形式主义泛滥、改革停滞不前局面，坚持严管和厚爱结合、激励和约束并重，率先探索出以改革创新、干部担当作为“两个风险备案”的做法，实现容错前置，消除在深化改革、破解复杂疑难问题中的风险顾虑，激发了“闯、创、干”的精神，让干部甩开膀子加油干。同时，还与制度系统集成结合起来，形成了改革创新风险备案、容错纠错机制升级版、廉政风险防控、澄清正名、关爱回访等五项制度，率先探索出一套涵盖事前、事中、事后的激励保护干部担当作为机制，具有理论研究与实践推广的重要价值。

关键词：三个区分开　容错纠错机制　湘江新区

一 湘江新区“以备案促倍干”容错纠错改革的背景

当前，全面深化改革进入攻坚期和深水区，面对复杂问题与矛盾挑战，一些地方单位和少部分干部出现干事创业动力不足、责任担当意识不强、怕被问责追责的懒政怠政问题。为激励干部担当作为，从中央到地方相继出台了“容错纠错机制”的相关办法、规定和意见，让干部进一步解放思想、卸下包袱、干事创业。但在实践中，部分地方干部容错纠错机制未能发挥应有的激励作用，存在或多或少的问题。遵循“三个区分开来”原则，以激励理论、中国特色容错纠错等理论为指导，基于湘江新区高质量发展的现实需要，同时为解决现有容错纠错机制存在的问题，湘江新区结合实际进行大胆创新，建立“以备案促倍干”容错纠错立体联动机制，以期最大限度地激发干部干事创业的热情，推动新区经济社会高质量发展。

（一）理论基础：容错纠错机制建设的基本内涵与理论沿革

1. 容错纠错的基本内涵与功能定位

“容错”“纠错”最早属于计算机等领域的专业术语，而后被引入企业管理和政府治理领域，当前已演变为具有中国特色且内涵丰富的新概念。组织范畴中的容错纠错机制是指组织领导及其成员参与改革创新或发展实践，由于主客观因素未能达到预期目标或结果，从而导致部分过错与失误，应据相关法规条例进行及时纠正，并结合事实过错大小和失误严重性，在组织中酌情免除相应责任或适当考虑从轻、减轻处理的保障机制。干部容错纠错的内涵分为狭义和广义两大类：狭义的容错纠错是对干部推进改革创新进程中出现无意过错（过失）的宽容与纠正，广义的容错纠错是对干部由于个体能力等原因在履职尽责过程中出现错误或失误的宽容与纠正。容错与纠错既有区别又有联系，容错指向积极责任和客观责任，纠错指向积极责任和主观责任。根据容错机制与纠错机制的比较分析可知：从内容上看，容错机制是手段、纠错机制是目的，容错机制是前提、纠错机制是结果；从过程上看，容错机制过程关注输入、处理、结果要素，纠错机制过程关注事前、事中、事后要素。

2. 激励理论等相关理论基础支撑

激励理论是关于如何满足人的各种需要、调动人的积极性的原则和方法的概括总结。激励理论将人的需要、动机、目标和行为之间的逻辑关联统筹起来，寻求正确的激励出发点和着力点，以期把人的行为动机与智力因素有机结合，取得最大化收益。在党员干部管理体系中，“干部的激励有效性依赖于充分了解干部的需要，并选用合适的刺激物，将其设置为若干干部需要的目标，由此来调动干部的积极性，激励干部的心理动机和行为”。根据对干部心理诉求的研究，职务晋升是干部首要的激励内容，而积极作为、有效作为、做出政绩则是晋升的重要渠道。根据“人性假设”理论，韦弗构建了“政府官员追求连任和最大化”的理性行政人行为假设，但同时心理学家认为，负面事件比正面事件对个体心理过程的影响更为明显，因此，现实中已经形成的他人或者自身因为问责而影响晋升现象的存在，将会直接影响干部对自身行为的选择，具体而言，即使考虑到积极作为能够带来职务的晋升，但是对于结果的不确定性也会使其做出“不作为”或“慢作为”的行为选择。容错纠错机制的建立是对于“如果做错就得担责”行为逻辑的破除，从激励的源头出发，首先，消除干部“只要做就有可能出错”的顾虑，明确并不是所有的“错”都必须担责，也不是所有担责行为都会直接或者最终导致晋升的终结；其次，积极解决或提醒干部工作生活中的“小错”，防止其成为“大错”，进一步减小干部积极作为的阻力，激发其敢于作为的主动性。

3. 我国容错纠错实践中的理论发展

延安整风运动过程中，毛泽东提出“惩前毖后，治病救人”的宗旨和方针，一定程度上就是对容错的初步阐述。在毛泽东看来，要帮助犯错误的同志改正错误，允许他们继续革命。虽然时空环境在不断变化，但是中国共产党对待错误的态度并没有发生改变。习近平同志担任福建宁德市委书记时指出，“要正确区分违法乱纪与改革开放中出现的失误。重要的一点是要保护改革者的积极性，鼓励干部为人民事业敢为天下先。我们既要敢于惩治，又要善于激励，自始至终都必须把握好政策。”

党的十八大以来，习近平总书记强调要加快构建容错纠错机制，以坚持“三个区分开来”为原则，鼓励干部积极作为，敢于担当。最先对“容错纠错”进行明确规定的中央党内法规，是2016年10月党的十八届六中全会通过的《关于新形势下党内政治生活的若干准则》，该准则指出“建立容错纠错机制，宽容干部在工作中特别是改革创新中的失误。坚持惩前毖后、治病救人，正确对待犯错误的干部，帮助其认识和改正错误。不得混淆干部所犯错误性质或夸大错误程度对干部作出不适当的处理，不得利用干部所犯错误泄私愤、打击报复”。明确对容错纠错机制建构的基本遵循、工作原则、防范问题等进行系统规定的中央文件，是2018年5月颁布的《关于进一步激励广大干部新时代新担当新作为的意见》，该意见明确要求切实为敢于担当的干部撑腰鼓劲，建立健全容错纠错机制，宽容干部在改革创新中的失误错误。2017年10月，党的十九大报告提出，“建立激励机制和容错纠错机制，旗帜鲜明为那些敢于担当、踏实做事、不谋私利的干部撑腰鼓劲。”这便释放了积极的信号，就是宽容干部在改革创新中的失误错误，给敢于担当、敢于负责的干部吃下定心丸。2022年10月，党的二十大报告对于新时代新征程中国共产党的使命任务做出重要部署，同时提出，坚持严管和厚爱相结合，加强对干部全方位管理和经常性监督，落实“三个区分开来”，激励干部敢于担当、积极作为。

（二）现实依据：容错纠错机制建设的内生动力与外在条件

1. 习近平总书记“三个区分开来”明确指示要求

自2013年11月习近平总书记在党的十八届三中全会上明确提出要“宽容改革失误”，到中央全面深化改革领导小组第十七次会议、第二十一次会议上强调要“允许试错、宽容失败”，再到党的十九大和二十大报告明确要求“建立容错纠错机制”，总书记在不同场合多次强调要建立健全容错纠错机制。这不仅是对当前改革发展进程中突出问题的正视及回应，也是对新时代干部队伍激励机制构建的科学指引。2016 年 1 月 18 日，习近平总书记在省部级主要领导干部学习贯彻党的十八届五中全会精神专题研讨班上提出“三个区分开来”。从中央到地方相继出台了“容错纠错机制”的相关办法、规定和意见，让党员干部进一步解放思想，卸下包袱，努力构建不畏艰难、积极创新的良好政治生态和社会氛围。2016 年两会政府工作报告提出“健全激励机制和容错纠错机制，给改革创新者撑腰鼓劲，让广大干部愿干事、敢干事、能干成事”。与此同时，广东、浙江、福建、山东等地方党委政府积极行动，出台了《关于支持党员干部干事创业建立容错免责机制的实施办法（试行）》《中国（广东）自由贸易试验区条例（草案修改稿）》《关于建立党员干部改革创新容错免责机制的实施办法》等地方性条例措施，在改革发展中践行“三个区分开来”重要指示。截至 2022 年 12 月底，共有 20 个省级行政区出台了类似意见或办法，省、市、县三级均做出不同程度的探索。

2. 最大限度凝聚全面深化改革正能量的现实考量

容错纠错机制是有效调动干部工作积极性、深入推进改革的重要手段之一。党的十八届三中全会首次提出，“要宽容改革失误”，就是对容错纠错机制的最初表达。党的十八届六中全会指出，建立容错纠错机制，宽容干部在工作中特别是改革创新中的失误，强调在改革发展过程中要宽容“探索性失误”。改革开放以来，容错纠错制度的建立，让干部担当，确保改革行稳致远。当前，在改革迈入深水区、攻坚克难面临更多“硬骨头”的时候，敢于担当作为的干部的价值越发凸显。正如《关于进一步激励广大干部新时代新担当新作为的意见》所言，“坚持全面历史辩证地看待干部，公平公正对待干部，对个性鲜明、坚持原则、敢抓敢管、不怕得罪人的干部，符合条件的要大胆使用”。当然，大胆使用敢于担当作为的干部，绝不意味着干部选拔标准的放松，绝不意味着干部干事创业的任性，绝不意味着对党纪国法越界的容忍，而是要鼓励干部在充分依靠组织约束和支持下，在正视组织规则和程序的前提下敢作敢为、锐意进取，构建容错纠错机制，大胆培养使用敢于担当作为的干部。实践是正确把握“容错纠错”尺度的出发点和落脚点。从中央到地方，一揽子有关容错纠错的机制、制度、措施、程序在建立健全中，要按照"三个区分开来"重要原则要求，到改革的前沿观察干部、指导工作、指导实践。在改革的前沿阵地容错纠错，在第一时间发现问题解决问题，推动容错纠错机制落地落实落细。

3. 正视全面从严治党过程中衍生问题的解决方案

习近平总书记多次强调，在管党治党过程中要坚持严管与厚爱、激励与约束并重。党的十八届六中全会提出："要把建立容错纠错机制同严格监督结合起来。"2018 年 11 月 26 日，在十九届中央政治局第十次集体学习时，习近平总书记再次告诫要正确处理严格管理干部与激励鼓励干部的辩证关系。党的十八大以来，我们党采取严厉举措全面从严管党治党，"全面从严治党的目的是更好地促进事业发展。严管不是把干部管死，不是把干部队伍搞成一潭死水、暮气沉沉，而是要激励干部增强干事创业的精气神"。总体上看，过去一段时间遭受污染的政治生态得到了极大程度的修复和优化，但是"不作为""慢作为"等懒政怠政问题在一些地方和领域依然存在。根据中央纪委国家监委网站最新数据显示，全国共查处形式主义、官僚主义问题共计数十万起，其中，大部分是"不作为"问题。有些"不作为"的情形并不是干部主观上不作为，而是担心出错"不敢为"。一些干部不自觉地奉行"多干多错，少干少错，不干不错"的思维，以至于为避免出错而尽量不为，这种"不求有功，但求无过"的不良心态在干部群体中蔓延，只微笑不干事的"不作为式"成为管党治党的"拦路虎"。

全面深化改革已进入深水区，"好啃的骨头"已啃完了，面对空前增大的改革难度，更应鼓励试错，正如习近平总书记所指出，"探索就有可能失误，做事就有可能出错，洗碗越多摔碗的几率就会越大""干事业总是有风险的，不能期望每一项工作只成功不失败"。因此，"要在强化责任约束的同时鼓励创新、宽容失误"，通过建立容错纠错机制，对改革发展过程中出现的一些失误给予理解和宽容，以体现公平正义，释放激励效能。这说明，要正确区分干部队伍中"为"与"不为"的不同情况，正视一些干部担心出错而不敢为的现实问题，进而从建立容错纠错机制的角度，更好地激励干部干事创业、担当作为。

（三）实践背景：湖南湘江新区容错纠错机制改革探索历程

1.“三区合一”背景下启动容错纠错配套机制改革

为进一步理顺国家级新区体制，推动区域协调发展、加快发展，更好地融入和服务新发展格局，2022年6月，湖南省委、省政府出台《关于优化湖南湘江新区管理体制的实施方案》（湘办发〔2022〕26号），作出了优化新区管理体制的重大决策部署。2022年6月25日岳麓区融入新区，8月22日长沙高新区整合到新区，历史性实现“三区合一”。在推动湘江新区“区政合一”改革中，湖南省和长沙市以放权赋能为重要突破口，赋予湘江新区完整的市级行政权限和部分省级经济管理权限，让湘江新区集中省、市、区三级权限，拥有更大的发展自主权。同时，推动湘江新区实行大部制、扁平化运行机制，构建系统完善、科学规范、扁平高效的审批服务体系，确保下放权限、划转事项接得住、用得好。在承接权力事项过程中出现很多新情况，干部们需要创造性推动工作，这时候面临着出错风险。湘江新区与“风险备案”有机衔接，让干部从“不敢办”变成“大胆办”，探索实施改革创新风险备案机制，以风险备案为核心，将风险备案与容错纠错有机结合，健全担责体系和免责机制，为担当者担当、为干事者撑腰，营造了鼓励改革、允许试错、宽容失误的浓厚氛围，推动了改革在湘江新区蔚然成风。

2.“以备案促倍干”构建“五位一体”容错纠错机制

面对改革创新过程中出现的新矛盾、新问题、新挑战，部分干部出现干事创业动力不足、责任担当意识不强、怕被问责追责的懒政怠政问题，为激励干部担当作为，大部分省市制定并实施了干部容错纠错机制。湖南省湘江新区深入贯彻习近平总书记关于容错纠错与激励干部担当作为的重要论述、中共中央办公厅《关于进一步激励广大干部新时代新担当新作为的意见》、省委办公厅《关于建立容错纠错机制激励干部担当作为的办法（试行）》等文件精神，把握新区定位和实际，坚持严管厚爱结合、纪法情理融合，健全激励保护干部担当作为机制，为“闯、创、干”保驾护航，探索了改革创新风险备案机制，并注重改革创新的系统集成，形成了容错纠错、廉政风险防控、澄清正名、关爱回访等4项机制。这一举措的核心内容是以风险备案和风险防控为重点，构建事前预防机制；以容错纠错和澄清正名为重点，构建事中保护机制；以回访教育为重点，构建事后关爱机制，以一套涵盖事前、事中、事后的制度体系，为高质量发展增添新活力、新动力。目前，湘江新区“以备案促倍干”的“五位一体”容错纠错机制从初始阶段的建机制、抓落实，发展到了现在的成效显现和示范推广阶段。

二　湘江新区“以备案促倍干”容错纠错改革的主要做法

容错纠错机制不仅要容错，还要纠错，更要在纠错后激励干部干事创业。同时，大医治未病，做好事前预防、尽量避免错误也很重要。湖南湘江新区牢牢把握好容错纠错事前、事中、事后三个环节，按照“事前预防、事中保护、事后关爱”的全流程容错纠错思路，构建“以备案促倍干”容错纠错立体联动机制，为干部干事创业提供坚强后盾。

（一）以风险备案和风险防控为重点，构建事前预防机制，让干部有预期感

1. 构建改革风险备案机制，为干部撑腰

为打消干部想创新又怕失误、想干事又怕被问责的顾虑，湘江新区首创改革创新担当作为风险备案制度，为“闯、创、干”保驾护航。湘江新区纪检监察工委根据“三个区分开来”精神，进一步深化容错纠错机制运用，创造性地开展风险备案工作，即职能部门、国有公司在推进重大改革和有较大突破探索性工作前，认真分析风险和制定相关预案，并将该工作存在的风险向纪检监察工委报备，纪检监察工委最大限度地为改革创新者、担当作为者撑腰鼓劲，充分调动和保护新区干部改革创新、敢闯敢干、先行先试的积极性、主动性，鼓励基层发扬自我革命精神和首创精神。

（1）备案对象

湘江新区将工作中需要打破常规以及对现有体制机制进行突破探索的改革创新事项作为重点备案对象。制度设计上，把事后容错调整为事前风险备案，打消改革者的思想顾虑。对于一些可能存在风险的探索性工作，可向纪检监察机关事前申请风险备案，让干部有预期感、安全

感，放下“包袱”、敢闯敢干敢试。在备案范围上，根据新区实际，主要包括“创造性落实上级重要决策部署”“改革先行先试”“优化营商环境”“新兴产业发展”“化解遗留问题”等方面敢于突破、大胆创新的事项。其中，对改革创新事项，予以“改革创新风险备案”，破除改革创新“过度求稳、不敢越雷池半步”的不良倾向；对解决历史遗留等复杂问题，予以“担当作为风险备案”，消除基层干部“怕失误”“怕问责”等顾虑。

（2）备案程序

一是备前科学预判，申请单位对拟备案事项进行风险评估或论证，并经集体决策，在此基础上提交申报资料。申报资料包括：《湖南湘江新区风险备案申请表》，申请备案事项的情况说明，申请单位集体决策资料（党工委、管委会研究决定备案事项，提供会议纪要或记录），相关风险评估及应急处置预案，与备案事项相关的法律法规、政策等文件。二是新区纪检监察工委受理登记，责任处室开展初步审查，提出明确意见，拟予以备案或不予备案。三是经由内部审批，疑难复杂事项，征求相关部门、专家及党风廉政监督员意见，纪检监察工委会议研究。四是出具事项报告，申请单位将备案事项向党工委委员（分管领导）汇报。五是进行结果反馈，原则上在审批完成后3个工作日内以备案告知单形式向申请单位反馈。六是做好备案后的跟踪监管，制定内控措施，明确责任处室，实行全程监管，防止“一备了之”。

（3）问题处理

对报备事项在实施过程中出现的问题，实行分类处置：涉及需由新区纪检监察工委实施问责追责的，只要符合容错条件，按新区《关于开展容错纠错工作的实施办法》予以免责减责，同时坚持容纠并举，及时纠偏纠错；涉及上级纪检监察机关要求问责的，如符合容错条件的，由纪检监察工委积极向上级纪委监委报告，争取免予或从轻、减轻处理处分；涉及信访举报的，应严格控制影响范围，包容审慎地开展调查处置，并采取必要措施减少对改革创新工作的影响；涉及负面舆情的，加强正面引导，及时发布权威信息，争取干部群众理解和支持。在问责调查上，与容错机制相衔接，实行分类处置，对改革中的无心之失，包容审慎地调查处置，减少对改革创新的影响。区分本级纪检监察机关权限内的、上级要求追责问责的、涉及信访举报的、涉及负面舆情的等四类情形进行处理。让改革者、干事者有预期感，允许党员干部在“试错”中“试对”，助推新区用足用活用好先行先试权，率先打破体制机制束缚。

在后续管理上，加强监督检查，一旦发现问题，督促及时采取措施，既鼓励敢闯敢试也防止莽撞蛮干；业务处室制定内部操作细则，比如，对于疑难复杂的事项，征求相关部门、专家意见；发现打着改革旗号的违法乱纪者，依规依纪依法严肃处理。总之，备的是担当作为，是对履职中的无心之过、探路先行的改革失误等，给予同志式的关怀关心，而不是对违法乱纪的“背书担保”，防止宽容变纵容、保护变庇护。

2. 构建动态廉政风险防控机制，为风险设栏

“权力导致腐败，绝对的权力导致绝对的腐败。”廉政风险防控动态管理本质上是规范权力行使、化解廉政风险、预防腐败滋生的一种方法和手段，目的是让权力监督制约更加高效规范，风险防控意识提升到新高度，护航经济发展卓有成效。

（1）防控主体和对象

湘江新区构建的廉政风险防控机制，防控责任主体为新区各级党组织，纪检监察工委防控对象为新区行政事业单位和国有企业廉政风险职权、廉政风险岗位。

（2）构建防控模式

新区纪检监察工委构建了“MAP+动态更新”廉政风险防控模式，即摸清家底，找准问题，防控风险，动态更新。摸清家底就是要对每个单位把职权分成“内权”和“外权”进行梳理，摸清每个岗位的权力清单，这是基础；找准问题就是针对岗位的权力清单，分析出存在的廉政风险，这是手段；防控风险就是针对分析出来的风险，分对“事”和对“人”制定措施，双轨防控，这是目的；由于人和权都是动态的，所以风险防控不可能是静态的，不断更新职权、风险和防控措施是有效防控的关键。一是全面清理职权，找准风险点。根据“职权法定、权责一致”的要求，新区对所有权力事项进行清理，逐项确认，编制职权目录和清单，明确每项职权的办理主体、程序、期限等内容，绘制流程图，展示职权运行路径，并进行公示。共清理职权 501 项，厘清重要风险点 192 个。二是评定风险等级，明确关键点。根据权力大小、行使频率、腐败发生概率及危害程度等综合研判，对每项职权进行风险计分。高风险记3分，较高风险记2分，普通风险记1分，基本没有风险记0分。各部门、下属国企对每个岗位行使的所有职权梳理汇总，并将分数相加，按分数高低对岗位进行风险定级。评分≥8为一级风险岗，8>评分≥4为二级风险岗，4>评分≥1为三级风险岗。新区共评定风险岗位538个，其中一级157个、二级120个、三级261个。三是制定防控举措，实现双防控。对排查出来的风险点，各处（科）室、部门、管委会三级，有针对性地制定完善防控机制和举措419项。特别是针对国土规划、项目建设、安全监管、资金管理等高风险职权健全防控机制。同时，建立高风险岗位履职监督检查机制，新区纪工委定期对一级、二级风险岗位进行履职抽查，实现管“事（职权）”、管“人（岗位）”双轨防控，增强了公职人员的责任意识、风险意识。

具体步骤如下：

第一，摸清家底。即职权的清理，对职权的合法性、合理性、程序性、效能性4项进行审查，同步构建和优化流程。形成行政职权流程图和职权清理汇总表。

第二，找准问题。从职权廉政风险内容、职权廉政风险节点、职权廉政风险岗位三个不同维度对潜在的风险进行全面系统分析，查找存在的风险，即对人、岗位、环节（职权）风险的三维分析法，制作重大风险职权及风险点分析表、岗位廉政风险汇总表、风险岗位汇总表。

以“工程结算评审”这项风险职权为例，一是制作重大风险职权及风险点分析表，描述风险点为：窗口工作人员对建设单位提交的报审资料审查不严，未达到结算审核进窗条件的项目允许进窗；评审人员对建设单位项目送审工程量审核不到位，未发现虚增、虚报的工程量，对套取财政资金的情况把关不严，对结算资金存在的问题审核不细；现场踏勘不够仔细，现场存在的问题未被全部发现，工程结算或者测量数据失实；评审过程中重大问题决策依据不够充分，出具了不合理的评审结论；评审人员未严格落实评审时限管理制度，未及时发出相关函件或出具评审报告；评审人员未准确审核定额子目的套用或部分主要材料的价格，或审核过程中泄露了商业机密、评审消息等敏感信息。

二是制作岗位廉政风险汇总表，涉及行使的职权、负责的流程环节及职责内容有：参与集体研究或决策（讨论研究具体问题）、预算编制（对预算单位上报的预算基础信息和收支预算建议进行汇总、初审，对预算单位反馈的意见进行汇总、初审）、决算编制（对部门决算进行复核）、资金支出及拨付（对支出建议进行审核）、财务报销（签字同意）、财务审核（处室内部复核，对票据进行审批），并依次明确风险程度。

三是制作风险岗位汇总表，包括局长（风险评分26，岗位风险等级为高风险）、副局长（风险评分14，岗位风险等级为高风险）、投资评审中心评审复核部部长（风险评分8，岗位风险等级为中风险）、投资评审中心费用评审部部长（风险评分7，岗位风险等级为中风险）、金融债务处副处长（风险评分3，岗位风险等级为低风险）、预算国库处工作人员（风险评分2，岗位风险等级为低风险）。

第三，防控风险。风险防控采取处（科）室、部门（单位）公司、新区管委会“三级”负责制，实行对“职权”（事）和“岗位”（人）“双轨”防控制度。制定风险防控措施汇总表。防控制度包括：《湖南省财政投资评审管理实施办法的通知》（湘财办〔2020〕11号），《湘江新区政府投资建设项目管理实施办法》（湘新管发〔2017〕15号），《关于进一步加强工程概算及招标控制价编审质量管理的通知》（湘新财发〔2018〕24号），《湖南湘江新区造价咨询供应商备案管理办法（试行）》（湘新财发〔2021〕35号），《投资评审重大问题集体决策制度》（湘新财评发〔2020〕20号），《关于建设工程项目评审工作时限的规定》（湘新财发〔2020〕56号），《关于结算项目实行盲审有关工作的通知》。

第四，动态更新。一是构建风险防控动态更新机制。及时更新调整职权目录和权力运行流程图，完善防控制度与措施，实行动态更新，精准防控，建立并更新《湖南湘江新区廉政风险防控指南》；每年12月底前更新《单位廉政风险清单》报纪检监察工委备案。二是建立风险分类处理机制，制定并执行职权廉政风险防控工作方案；执行改革创新风险备案制度；执行容错纠错制度；执行问题线索移送制度。三是构建风险动态监控机制。指定专门的工作机构或人员负责；常态化地收集岗位廉政风险信息；针对性地开展岗位廉政风险预警和防控工作，每季度建立《岗位廉政风险防控动态监控信息登记台账》。四是建立风险防控效果评估机制，各级党组织每年应至少组织开展一次对廉政风险防控整体工作质效的自查和评估。

（3）形成监督机制

湘江新区构建廉政风险防控动态管理工作的监督机制，包括日常监督、履职检查、党工委巡察、政治生态分析。第一，日常监督。将廉政风险防控动态管理纳入日常监督。通过列席党工委会议、开展例行廉政谈话等方式，加强对党工委、管委会的监督。通过参加委属国有企业党委研究“三重一大”事项会议，加强对各部门监督。通过参加民主生活会、组织生活会、述责述廉会议，开展专项检查、明察暗访等，加强对被监督单位的监督。第二，履职检查。严格执行高廉政风险岗位履职检查制度。围绕权力相对集中、腐败现象易发多发的重点领域、关键环节，随机抽取中、高廉政风险岗位人员，对其上年度履职情况进行检查。第三，党工委巡察。坚定不移深化政治巡察，确保新区系统巡察工作全覆盖，打好常规巡察、专项巡察“组合拳”，切实提高巡察监督的针对性和时效性。第四，政治生态分析。紧盯矛盾集中、违纪违规问题多发频发、政治生态堪忧的高廉政风险领域进行政治生态分析，开展“普谈普查”、重点工作专项检查等，深入调研，解剖麻雀，发现问题，靶向治疗。

（二）以容错纠错和澄清正名为重点，构建事中保护机制，让干部有安全感

1. 建立容错纠错机制，明晰界限

2018 年 5 月，中共中央办公厅印发了《关于激励广大干部新时代新担当新作为的意见》（中办发〔2018〕28 号），明确要求各地各级要建立健全容错纠错机制，宽容干部在改革创新中的失误错误。湘江新区纪检监察工委在贯彻落实全面从严治党的同时，牢记“三个区分开来”重要原则要求，结合湘江新区改革创新工作实际，着重破解“不敢容”“不会容”难题，出台“容错纠错”实施办法，为广大愿干事、敢干事、能干事的干部撑腰鼓劲。同时，不断完善容错纠错机制，破解界限不明“该容的、不敢容”、担心“纪律松绑”等两大症结性问题，从“可以容”升级到实践中能落地，“该容的、大胆容”。

（1）明确“五看”标准，破解定性不准问题

容错纠错的“错”是指在推动改革创新、干事创业中出现的失误错

误。适用于新区党工委、管委会系统的机关事业单位、国有公司党员和公职人员。能不能容错纠错，主要从五个方面来看：一是失误错误还是违纪违法。二是先行先试还是肆意妄为。三是出于公心还是假公济私。四是民主决策还是个人专断。五是及时补救还是坐视不管。

（2）确立“三同步”原则，破解程序不清问题

“三同步”程序，就是要实现精准容错，破解容错程序不清晰问题。“问责”和“容错”本质上都是为了促进权力的正确行使。一是“同步启动”，调查核查组或相关问责机关启动调查或问责程序时，同步考虑有无容错情形。相关单位或干部受到追责问责调查时，可书面提出容错申请。二是“同步调查”，开展相关问责追责过程中，应当同步开展容错纠错调查核实。全面展开调查，充分听取意见，提出容错建议。三是“同步认定”，在案件审理过程中进行综合考量，并在报告中提出有关容错纠错的审理意见。多方面综合考量，听取解释说明，征求关联方意见。

（3）列出正负面清单，破解容错标准不明问题

正面清单明确了“探索创新类”“紧急事项处置类”“政策法规空白类”“其他类”4类13种可容错的具体情形。负面清单明确了“违反政治纪律类”“不担当作为类”“后果恶劣类”3类10种不可容错的具体情形，提升了容错机制的精准度。

13种可容错的具体形态为：第一，落实上级和新区党工委、管委会重要决策、重点工作和重大项目，因担当履职、大力推进、开拓创新，出现失误或造成负面影响的。第二，在推动改革创新过程中，大胆探索、先行先试，因缺乏经验出现失误错误或未达预期效果的。第三，在发展“四新”经济、招商引资、项目建设等工作过程中，为促进发展出现一定偏差、损失或负面影响的。第四，为了完成上级或新区党工委、管委会交办的某些任务，针对解决某些特殊问题而突破常规、采取创新性举措，出现了一定偏差、造成了一般损失，但有相关交办依据且实施了内部审批程序或决策程序的。第五，在服务项目、服务企业等服务工作中，为提高工作质效、优化营商环境，采取容缺受理、容缺预审、告知承诺制等创新性措施，并在事后进行跟踪监督，但仍出现失误、偏差的。第六，在解决历史遗留问题、化解矛盾焦点过程中，攻坚克难、破除阻碍，打破固有利益出

现失误或造成负面影响的。第七，在承担应急工程、抢险救灾、群体性事件以及各类紧急等事件中特殊情况，因突破常规和惯例及时应对处置，合乎当时情理，出现一定失误、损失的。第八，在推进全面从严治党，落实管党治党主体责任中，坚持原则、敢抓敢管、担当作为，出现失误错误或造成负面影响的。第九，在推进某些复杂的工作中，因政策界限不明确，导致执行政策出现偏差的。第十，在出现失误或偏差后，积极主动采取有效措施整改，最大限度挽回损失或者消除负面影响的。第十一，因受自然灾害、国家政策调整或上级决策部署变化等不可抗力等因素影响，导致失误错误或造成负面影响、损失的。第十二，法律法规和政策规定没有明确限制，探索性试验中出现失误错误的。第十三，经新区党工委研究决定可以容错免责的其他情形。

10 种不可容错的具体情形是：第一，落实全面从严治党责任不到位，造成严重损害或严重不良影响的，不予容错。第二，违反政治纪律，或者党章党规、法律法规、政策制度明令禁止，仍明知故犯、有禁不止的，不予容错。第三，违反廉洁纪律，假公济私、以权谋私，为个人、亲属、他人或单位谋取不正当利益的，不予容错。第四，在重大安全生产责任事故、重大环境污染和生态破坏责任事件、重大群体性事件、重大食品药品安全事故中负有责任，造成重大损失或恶劣影响的，不予容错。第五，未经集体决策或法定程序决策，个人专断、一意孤行造成重大损失或严重后果的，不予容错。第六，发现问题没有积极主动挽回损失、消除不良影响，坐视不管、任其发展的，不予容错。第七，在同一问题上重复出现失误错误或给予容错，并且纠错后再次出现同样失误错误的，不予容错。第八，应履行而未履行、不当履行、违法履行职责出现失职渎职，造成重大损失和严重后果的，不予容错。第九，干部工作中因不担当、不作为、慢作为、乱作为以及慵懒怠政、误事碍事，而造成损失、不良影响的，明知上级有政策可争取项目而不积极争取申报，明知投资者有投资意向而简单敷衍应付，造成机会丧失的，不予容错。第十，经研究不予容错的其他情形。

（4）建立会商裁决机制，破解复杂情况难界定问题

容与不容，实行“一事一议”研判，注重分析动机态度、客观条件、程序流程、问题性质、后果影响、补救情况等，严把容错尺度，防

止纪法"松绑"。对于情况复杂、影响较大、社会关注度较高的问题，湘江新区审慎对待，邀请组织人事、宣传、政策研究、业务主管部门、有关专家共同会商，拿出结论性意见，由纪工委研究后，报党工委研究决定。

（5）防止"一容了之"，破解纠错不到位问题

为防止"一备了之""一容了之"，明确了6种纠错形式：主动向相关部门报告，深刻反省主观过错；查找失误环节、原因，剖析产生错误的根源；在有关媒体、场所等一定范围内消除不良影响；采取有效措施减少或弥补损失；提出建设性建议，堵塞漏洞，健全有关制度；其他纠偏纠错方式。

另外，还明确了容错免责在多个方面"不受影响"，即党风廉政建设、平时考核、绩效考核、任期考核、试用期满考核等各类考核不受影响。评先评优、褒奖激励等不受影响。党代表、人大代表、政协委员和后备干部资格不受影响。对于免除责任的，干部提拔任用、职级职称晋升不受影响。对于给予从轻、减轻处分处理，有一定影响期的，影响期结束后提拔任用不受影响。两年来，湘江新区纪检监察工委已对8个案件25名干部予以容错纠错免责或减责处理，旗帜鲜明地支持敢闯敢试、干事创业，极大地保护了新区党员干部工作热情。

容错免责案例一

问题情况：某部门对某房地产项目资本金的监管存在"以缓代减"的问题，审批中作出的是缓缴50%的项目资本金，但管理中却对缓缴部分没有进行催缴且未约定缓缴期限。

责任分析：某部门对某房地产项目资本金缓缴批后监管不到位，未及时督促建设单位补缴，存在"以缓代减"等问题。资本金缴纳监管经办人、处室长对此均负有直接责任；分管领导负监管履职不到位的领导责任。

容错审查：纪工委结合当时实际，充分考虑，按照容错纠错"五看"标准及"三同步"的规定要求，开展了容错免责减责相关事项审查：从问题性质和工作依据上看，该问题主要是由于相关文件对项目资本金缓缴的

规定未明确补缴期限等具体要求，不属于“有令不行、有禁不止”违纪违法问题；项目现已完成权属初次登记，未发现项目建设过程中因资金短缺导致项目停工及拖欠农民工工资等问题。从主观动机上看，2015～2016年，当时房地产市场形势较为艰难，相关人员主观上是为了优化营商环境、支持企业发展。从纠错态度上看，2019年党工委巡察指出相关问题后，有关部门积极整改，完成了相关补缴、制度修订工作。同时，对项目资本金采取较为宽松的管理方式，符合当前转变房地产开发管理方式的改革方向。

容错情况：对5名责任人员予以容错免责，同时向该部门发出纪律检查建议书，强化制度执行情况的内部检查、考核，扎紧制度“笼子”，以制度规范约束行政审批、监管，防止自由裁量权滥用。

容错减责案例二

问题情况：某公司在建设文化艺术中心项目过程中，存在部分子项目未完成审批便先行施工和边报批边施工问题。

责任分析：未批先建、边批边建等均属于违反建筑法规的行为，该公司负责文化艺术中心建设的项目负责人、项目经理等人，不严格按照相关规定开展工作，是造成未批先建、边批边建的重要原因，对该问题负有直接责任，公司主管领导负重要领导责任。

容错审查：调查中发现，该文化艺术中心属于省市重点项目，建成后成为该省标志性建筑之一。项目建设历时6年之久，施工难度极大，多项建设工艺属世界首例，荣获多个国内建筑大奖。由于建筑难度和工期的双重巨大压力，且存在应急情形，该公司在施工建设过程中，出现了未批先建、边批边建等问题。核查组未发现相关人员有谋取私利的情况，按照容错纠错“五看”标准和“三同步”规定，开展了容错减责或免责审查。从主观动机上看，该公司是为了确保项目按时完工，保障省市重大活动顺利进行，是出于公心，而不是为了谋取私利。从工作依据上看，应急工程和部分难度大的项目在施工前均召开会议研究，并向上级行政主管部门进行了不同形式的报备，非个人独断、肆意妄为。从纠错态度上看，公司积极整改，积极配合调查，主动承担责任，完善全部审批手续，且项目建设过程中未发生安全事故，没有造成经济损失和不良影响。

容错情况：对2名负领导责任和5名负直接责任的人员予以容错减责处理，同时对该公司提出纪检建议，要求加强警示教育和完善制度建设。

2. 建立澄清正名机制，消除影响

“一只手持剑向前开辟道路，另一只手还要拿盾防卫身后”。这是习近平总书记在《知之深爱之切》一书中对一位农民企业家的描述。作为公职人员，既要披荆斩棘开辟道路，又要提心吊胆护着身后，这样怎么改革进取，干事创业？“澄清正名”就是解除干部敢担责任、大胆干事的后顾之忧，帮助受到诬告错告的干部卸下思想包袱、消除顾虑。湘江新区完善澄清正名机制，明确提前研判、快速核查、分类处置、打击诬告等方面19条措施，目前，已对3名干部进行了澄清正名。

（1）划分适用情形

澄清正名机制适用对象为湘江新区各级党组织、公职人员，实施主体是新区各级纪检监察机关。适用情形主要分为三类。第一，应当予以澄清。经核查认定检举控告反映内容失实，同时又具备以下情形之一的，应当予以澄清：一是被检举控告人在换届选举、选拔任用、评先评优等工作中受到或者可能受到影响的；二是被检举控告人人身权利、财产权利受到侵害或者正常工作、生活等受到不良影响的；三是失实检举控告在一定范围或者社会上造成不良影响的。第二，可以予以澄清。经核查认定检举控告反映内容部分属实，但按照“三个区分开来”要求，为保护干部干事创业的主动性、积极性、创造性，及时消除不良影响，符合以下情形之一的，可以予以澄清：一是被检举控告人被反映问题已经在新区纪检监察工委进行改革创新风险备案，属于提前预测的风险性问题的；二是被检举控告人被反映问题符合容错纠错情形，已经予以容错免责的。第三，一般不予澄清。一是被检举控告人被反映问题线索采取谈话函询、暂存待查方式处置的；二是被检举控告人尚有其他问题线索拟进行核查的；三是被检举控告人被反映问题涉及个人隐私的；四是失实检举控告未造成不良影响的。

（2）明确澄清方式

第一种，书面澄清。承办处室向澄清对象送达澄清函，载明澄清事项、澄清机关和时间等，抄送其所在单位党组织主要负责人，并根据需要抄送相关组织人事部门。第二种，当面澄清。承办处室派员或者发函委托其所在单位党组织负责人当面澄清事实。第三种，会议澄清。纪检监察机关派员或者发函委托澄清对象所在单位党组织负责人，在一定范围内开会澄清。第四种，通报澄清。承办处室或者发函委托有关单位在一定范围内通报情况，消除影响。

（3）严格实施程序

澄清正名的程序包括发起、评估、审批、实施、反馈等步骤。要求在10个工作日内完成澄清工作，保证工作进度，减少失实检举控告对被检举控告人造成的不良影响。第一步，发起。承办处室核实认定检举控告失实，认为有必要澄清且已征得被检举控告人同意的，或者被检举控告人主动向纪检监察机关提出申请的，填写《失实检举控告澄清征求意见表》。第二步，评估。由承办处室牵头，会同案件审理、案管信访处室，按照澄清的标准和要求，结合被检举控告人一贯表现等进行综合评估，形成一致意见。对是否应予以澄清存在争议的，由承办处室提请本级纪检监察机关班子会议研究。第三步，审批。由承办处室填写《失实检举控告澄清审批表》，参与评估处室分别签署意见后，报本级纪检监察机关分管领导、主要负责人审批。涉及重要岗位的领导干部，或者造成较大社会影响、拟予以公开澄清的，必要时呈报同级党委主要负责人审批。第四步，实施。由承办处室按照审批同意的澄清方式，牵头组织实施。第五步，反馈。澄清工作完成后，承办处室应及时向分管领导反馈有关情况。涉及澄清对象换届选举、选拔任用、评先评优等事项的，还应及时向组织人事等有关部门反馈。

澄清证明案例一

问题情况：2020年4月14日，新区纪检监察工委收到群众实名举报新区质安监站陈××对梅溪正荣府项目施工过程不检查不监督，滥用职权的问题。

澄清审查：新区纪检监察工委核查组通过调查谈话、查阅资料、座谈了解等方式查明，在接到梅溪正荣府业主投诉后，新区质安监站安排工作人员进行了现场核实，下发了限期整改通知书；在房屋竣工验收前，新区质安监站多次组织第三方检验机构，对相关问题进行了检测，结果均为合格，并在收到检测结果的第一时间组织会议，向该楼盘业主代表进行了情况说明。新区质安监站陈××积极履职，没有不检查不监督、滥用职权等问题。根据《中共湘江新区纪律检查工作委员会失实检举控告澄清工作办法（试行）》规定，该问题属于检举控告反映内容失实，且失实检举控告在一定范围或者社会上造成了不良影响。

澄清结果：根据陈××本人书面申请，新区纪检监察工委承办处室发起了澄清流程，经过责任处室评估，分管领导、主要领导审批后，对该问题线索进行了会议澄清。

澄清证明案例二

问题情况：2019 年 6 月 21 日，新区纪检监察工委、湘江集团纪委相继收到群众来信举报，反映湘新水务投资有限公司张××与合作公司存在私下交往和利益输送；操控并收购空壳公司，导致国有资产损失；在负责的项目中安排有利益往来的施工单位和设备供应商参与项目建设；生活奢靡、作风轻浮的问题线索。

澄清审查：经新区纪检监察工委、湘江集团纪委联合调查组查明：张××涉嫌利益输送、国有资产流失、与供应商进行利益往来、生活奢靡和作风轻浮的相关违纪违规问题不属实。根据《中共湘江新区纪律检查工作委员会失实检举控告澄清工作办法（试行）》规定，该问题属于检举控告反映内容失实，且失实检举控告在一定范围或者社会上造成了不良影响。

澄清结果：根据联合调查组意见，并征得张××个人同意之后，新区纪检监察工委承办处室发起了澄清流程，经过责任处室评估，分管领导、主要领导审批后，决定采取集团公司内部通报澄清和张××所在子公司会议澄清的方式，对张××失实举报进行了澄清正名。

（三）以回访教育为重点，构建事后关爱机制，让干部有归属感

1. 为犯错者指航引路，知错能改

处分决定不是政治上的“句号”，而是奋斗进步中的“逗号”。湘江新

区为犯错者指航引路，对一时犯错误受到党纪政务处分的干部及时回访、教育引导、关爱激励，帮助其解开心结、放下包袱、重整行装再出发；对处分期满后，切实改正错误、业绩突出的同志，向党工委和组织部门反馈，让干部感受到纪检监察工作“既有力度又有温度”。

（1）启动回访程序

对象确定上做到“两结合”，回访对象主要是受到党工委和纪检监察工委党纪和政务处分的人员。对受到党纪和政务处分的人员，主要是对“第二、三种形态”处理方式处理的对象，及时开展教育回访。同时，结合容错纠错工作，对被予以容错减责、从轻处理的人员，也可教育回访，激发其干事创业的热情。对应当受到党纪政务处分，但因具有从轻、减轻或容错减责、免责情形，最终没有受到党纪政务处分的人员，也应开展关爱回访。对应当给予组织处理的人员给予容错减责、免责的，原则上不再开展关爱回访。受上级纪委监委委托，纪检监察工委可以对上级纪委监委给予处分的、予以容错的人员进行回访。对被开除党籍、被行政开除或已辞职离开新区机关事业单位和国有公司的，不再进行回访。

（2）执行关爱回访

第一，回访主体。对于“谁”来开展教育回访，一般按照“谁处分、谁回访”的原则，由纪检监察机关（对口监督检查室）组织实施，但必要时，可委托回访对象所在单位党组织开展。通常由纪检监察工委、组织人事部门组成的两人以上的关爱回访小组开展工作。

第二，回访启动。启动有四种情形：上级纪委监委委托回访，纪检监察工委主动回访，受处分人员所在单位提出约访，受处分人员请求回访。

第三，回访时间。回访一般在处分决定生效三个月后至处分影响期满前完成；对予以容错未被处分但仍给予组织处理的人员进行回访，一般在容错决定生效三个月后至十二个月内完成。

第四，回访形式。具体可以通过直接走访、委托走访、致函致电的方式开展回访。直接走访：与回访对象面对面谈心，找相关党组织主要负责同志、分管领导、所在部门负责人和纪检监察机关负责人或纪检委员谈话。委托走访：委托相关党组织帮助走访，了解情况。致函致电：致函致电给回访对象所在单位和其本人，要求对方书面反映相关情况。

第五，重点了解内容。内容确定上把握“五必谈”。把握“思想状况必谈、遵规守纪情况必谈、工作状态必谈、今后努力方向必谈、外界评价必谈"的原则，全方位了解回访对象受处理处分以来的综合表现情况，对症下药、精准纠偏，确保回访教育取得实效。一是回访对象本人对所犯错误的认识、吸取教训、整改情况、存在的困难和对组织的合理诉求。二是所在单位对回访对象的思想、学习、工作情况的评价和反映。三是所在单位对回访对象的教育、疏导和帮扶情况。四是所在单位对党纪政务处分决定的执行和落实情况，对党员、公职人员的日常教育监管及制度建设等情况。

（3）完善结果运用

回访既是关爱，也是一次再监督。为防止回访教育一访了之、一谈了事，根据回访情况全面登记《关爱回访情况记录表》，将考核评价意见等重要书面材料整理归档，存入干部个人廉政档案，并将回访情况向组织人事部门反馈。处分影响期满后，纪检监察工委根据回访对象的表现，出具鉴定意见。第一，对处分期满后，认错纠错深刻彻底、工作态度积极主动、工作作风转变明显、工作实绩突出的，督促相关单位及时将受处分人员纳入正常的年度考核、职务职级晋升、评先评优、干部选拔任用范围。第二，改正态度不端正，思想错位、工作消极、不履职尽责的，按照有关规定进行教育提醒并督促整改，并建议相关部门进一步考察。情节严重的，涉嫌再违纪违法的，应作为问题线索移交负责案件监督管理的有关处室，依规依纪依法严肃处理。第三，相关党组织未按规定对受处分人员开展日常教育、管理和监督工作，处分决定执行落实不到位的，督促有关党组织限期整改，落实到位；拒不整改的，依规依纪依法严肃处理。

关爱回访案例

基本情况：×××同志于2020年6月受到党内严重警告处分。该同志在受到党纪处分后，出现了情绪低落、不愿参加单位集体活动、不愿去食堂用餐等现象，思想包袱很重。

回访情况：2021年3月12日，决定对×××同志开展关爱回访。纪检监察工委与组织人事部门组成关爱回访小组，以直接走访的形式开展回访。

通过与该同志所在部门领导、同事及其本人进行谈心谈话，全方位了解该同志自受处分以来的相关情况，同时传达组织关怀，帮助该同志重拾信心，卸下思想包袱再出发。

结果运用：关爱回访小组根据回访情况，填写《关爱回访情况记录表》，反馈组织人事部门，同时存入干部廉政档案，为干部廉政画像提供参考。处分影响期满后，鉴于×××同志在处分影响期内表现良好，纪检监察工委出具鉴定意见，并建议组织人事部门将其纳入正常的年度考核、职务职级晋升、评先评优、干部选拔任用范围。

2. 关爱包容干部职工，保护同志

如何开展关爱回访？一是加强心理疏导，消除干部思想包袱。二是摒除社会影响，疏解外部环境问题。三是注重后续帮扶，解决干部实际困难。湘江新区通过直接走访、委托走访、致函致电的方式开展关爱回访，对受处分人员教育引导和关爱激励。2020～2021年，共对7名受到党纪政务处分的干部开展了关爱回访，最大限度地消除干部因处分而带来的心理压力和精神负担，督促其“干事创业不掉队”，让“挂彩”的干部再“出彩”。

（四）用好“办不成事”反映窗口，构建难事易办机制，让行权者强担当

2022年3月28日，为切实践行群众路线、深化干部作风建设、助推优化营商环境，湘江新区设立“办不成事”反映窗口，聚焦“急难愁盼”、专挑“疑难杂症”，着力破除因干部作风、责任落实问题和制度不合理等因素导致的“办不成事”现象，一批群众烦心事、疑难事和久拖未决的问题得到破解。目前，共受理事项40件（含岳麓区7件），办结37件，满意率97.5%；厘清职责不越位，分流社会事务管理类、信访维稳类、涉法涉诉类等事项229件，做到件件有着落、事事有回音。通过这项举措，体现了攻坚克难的担当之为，推出了破旧立新的创新之举，抓出了服务发展、群众满意的务实之效。

“办不成事”反映窗口，不在于办件数量的多少，关键是能否以新思维“办成事”、破解基层“疑难杂症”。当前，在湘江新区“二次创业”

的过程中，形成一种不找借口、不拘于条条框框，大胆创新、"办得成事"的导向十分重要：对于常规性问题"快速办"，一般性问题尽快解决到位；对于紧急问题"应急办"，支持特事特办、急事急办；对于一些重要问题"重点办"，比如当前征收后没开发的"闲置用地"问题较突出，批而未供、批而未拆、供而未建以及规划设计调整、土地变性等因素导致的"闲置用地"200多宗、19000余亩，应加快分类制定方案处理历史遗留问题，用好宝贵资源、促进经济增长；对于职权之外的事项要"协调办"，防止"事不关己高高挂起"，及时指导办理路径，要主动负责、积极协调，涉及多个部门的事项，要明确牵头部门"牵头办"，不能"拒之门外""踢皮球"；对于新情况、新问题要"创新办"。一些拖了七八年的老问题，越拖问题越多、越拖成本越高，一个大点的项目停一天，就要白白花费几十万元，要敢于以创新的办法去解决，"久拖未决""一拖了之"不是干事创业的态度。

1. 聚焦不担当、不作为等作风问题，让"办不成事"变成"办得成事"

聚焦因干部不担当、不作为、慢作为等作风问题以及责任不落实、机制不合理等因素，导致群众"办事难""办不成事"现象，倒逼改作风、提效率、优环境。领导带头办，切实解决一批"疑难杂症"问题。例如，2023年6月，在省、市授权的改革过渡期，群众反映有关政务服务窗口办理"商用电梯使用登记"业务存在"躺平"、慢作为、资料过繁过多问题，纪工委主要领导亲自约谈相关部局主要负责人，亲自交办、督办，一周内两次听取办理情况汇报，该问题得到迅速解决。现场督促办，用心用力解决一批"急难愁盼"问题。又如，梅溪湖看云路因施工单位与建设方的利益纠纷，道路建成后46盏路灯一直未点亮、拖延了七八年，周边市民对安全隐患问题反映强烈，纪检监察机关督促急事急办、按照"应急工程"处置，派员每晚现场督查，3天督促解决到位，群众纷纷点赞。领导牵头协调办，攻坚克难破解一批历史遗留问题。比如，湘军文化园、桐溪港水系等项目，由于项目定位和市场环境出现新变化，一度停工，涉及10余家设计、施工等参建单位，支持职能部门以创新思维进行阶段性清算，按实际工程量给付工程款，愿意继续参建的单位，待重新设计完成后，继续参与建设，自愿退出的单位，友好协商退出，这个拖延了七八年之久的问题得到较好的解决。

2. 着力推动体制机制创新，从“办成一件事”变成“办成一类事”

分析研究“办不成事”背后的根源，以小见大、举一反三，一批共性问题得到解决。推动解决工作流程不明晰的事项。2023 年上半年，省市对新区授权期间，一些群众因信息不对称、对办理要求不熟悉导致“不知道怎么办”，纪检监察工委督促各部局迅速编制办事指南，逐一梳理事项名称、设定依据、受理条件、申请材料、申办方式、审批流程和办理时限等要素，逐项编制标准化工作流程图，让企业、群众都知道“怎么办”。推动解决机制有缺失的事项。针对一些因机制不合理带来的办事不规范、效率慢等问题，推动机制创新、流程优化。比如，针对群众反映项目策划审批时间长的问题，督促有关部门确定审批时限为 10 个工作日，明确内部审批机制、流程，加快项目策划生成。同时，推动解决简政放权不到位的事项，结合新区审批制度改革，正在推动政务服务事项，特别是一些高频事项下沉园区、街道、社区，实现“园区事、园区办”，让群众在家门口“办成事”。

3. 与“风险备案”有机衔接，让干部从“不敢办”变成“大胆办”

基层遇到的情况千差万别、十分具体，针对一些堵点难点痛点问题，探索改革创新风险备案机制，推动各单位根据实际、大胆创新工作机制和办法，打破“办不成事”的隐形壁垒，促进治理水平提升。除此之外，2023 年上半年，湘江新区纪工委还出台政商关系正负面清单，明确哪些“应当为”、哪些“可以为”、哪些“不可为”，鼓励领导干部在守住底线的同时，与民营企业家坦荡交往、上前服务。

案例　容缺许可+极简审批　强化“干”的作风

惠科光电是浏阳经开区引进的国内首条大尺寸 OLED 生产线项目。今年 4 月，企业因融资需要，急需在 5 天内办理不动产登记证，但由于不动产登记颁证需要经历测绘、踏勘、调查等环节，按照常规流程从申请到发证至少需要 12 个工作日。面对企业的需求，园区自然资源分局立即进行分析研究，寻求有效解决办法。“如果多个环节同时进行，能够满足企业的要求，但是可能会产生权属认界纠纷的风险。”园区自然资源分局一名干部心有顾虑地说，“从审批部门的角度来看，同步办理，出了问题，‘板子’肯定会打在我们职能部门的身上。”最终，该局向纪工委提交风险备案，请求开辟绿色通道，将原本需要12个工作日办结的不动产登记，缩短至1个工作日全流程办结。而最后的登记面积与实际面积完全吻合，没有产生任何权属纠纷。

“风险备案不是为解决个案问题和非常规问题的事先背书，也绝不是故意违反政策法规的‘避风港’”。浏阳经开区纪工委书记、监察工委主任肖赛男介绍，纪工委将报备事项列入日常监督的重点内容，实时跟踪问效，发现问题及时纠正，坚决防止“一备了之”。自风险备案工作开展以来，浏阳经开区在不断实践的基础上，把经验固化为制度，制定了工业投资建设项目“容缺许可、拿地开工”和“极简审批、联合验收”等措施。目前，园区工业建设项目办理施工许可要件资料由12项压减到5项，实现审批极简、服务极优。“园区是经济发展的主战场、改革创新的主阵地。开展风险备案，能够最大限度为党员干部松绑减压，激发敢闯敢为、先行先试的内生动力。”

三 湘江新区“以备案促倍干”容错纠错改革的特点与成效

区别于以往的容错纠错机制，湘江新区“以备案促倍干”容错纠错立体联动机制有着全领域范围边界明晰、全方位制度保护到位、全周期运行效果突出等主要特点。该机制实施两年多，取得了显著成效，创新实干氛围更加浓厚，新兴产业发展速度加快，项目建设推进加速提效，营商环境更加优化，有力推动了湘江新区高质量发展。

（一）湘江新区容错纠错改革的主要特点

1. 容错纠错的全领域范围边界明晰

湘江新区明确容错和纠错的边界，包括什么情况可以容错、什么情况需要纠错、如何进行容错和纠错等。制定规范化的容错纠错标准，保证容错纠错执行的规范化，这些标准包括了操作流程、操作规范、容错纠错的实施方式、责任界定等。容错纠错往往涉及多个部门的协作，湘江新区着力加强各部门之间的协作，明确各部门的职责和任务，建立联动机制，确保容错和纠错的顺畅实施。容错纠错制度的执行需要加强监管和评估，定期进行容错纠错工作的评估和反馈，发现问题及时纠正，及时修订制度。容错纠错制度的执行需要具备一定的专业知识和技能，对执行人员进行专业培训，提高其容错纠错的能力和素质。由于容错纠错机制的适用场景和需求随时都可能发生变化，应保持容错纠错机制的灵活性，及时调整和完善制度。例如，湘江新区推出风险备案事项 24 项，其中，改革创新、干部担当作为风险备案分别 14 项、10 项，涉及新兴产业领域 7 项、项目建设领域 8 项、国土规划拆迁领域 4 项、其他 5 项。风险备案制度运用的同时，业务处室还制定了内部操作细则，比如，对于疑难复杂的事项，征求相关部门、专家及党风廉政监督员意见，释放了为担当者担当、为负责者负责的鲜明导向。

2. 容错纠错的全流程标准规范健全

一是制定容错纠错标准流程。通过制定容错纠错的特定程序，确保容错纠错操作规范化和标准化。标准流程应包括容错纠错的申请、审核、实施和评估等环节。二是明确容错和纠错的标准。在制定标准流程的基础上明确容错和纠错标准，以避免任意性和不公平性。容错标准规定哪些情况可以容错，以及容错的幅度和范围。而纠错标准明确纠错的程序和流程，并规定纠错的责任人。三是明确容错纠错机构。湘江新区纪检监察工委专门负责容错纠错的申请、审核、实施和评估等工作。这样可以确保容错纠错机制的有效运行，以及容错和纠错的标准化与规范化。四是建立容错纠错档案。容错纠错档案可以用于记录容错纠错的全过程，包括容错和纠错的申请、审核、实施和评估等内容，在此基础上及时发现和解决问题，提高容错纠错机制的效率和准确性。五是加强监管和评估。容错纠错制度的执行过程需要监管和评估，定期进行容错纠错工作的评估和反馈，发现问题及时纠正，及时修订制度。

3. 容错纠错的全方位制度保护到位

做到全方位制度保护到位的容错纠错，一是制定容错纠错的法规和政策，对容错纠错的标准和流程进行规范化和统一化，以保障容错纠错的公平性和规范性。二是明确容错纠错的权利和责任，对容错和纠错的范围与程度进行规定，以避免滥用容错权利或责任推卸。三是制定容错纠错的奖惩制度，对容错对象进行表彰和奖励，对纠错对象进行惩罚和处罚，以提高容错纠错的积极性和有效性。湘江新区以改革创新风险备案为引领，系统集成了改革创新风险备案、廉政风险防控、容错纠错机制升级版、澄清正名、关爱回访等5个制度，探索了一套涵盖事前、事中、事后的激励保护干部担当作为的制度体系。例如，湘江新区构建廉政风险防控机制，采取“定性+定量”的方式做好风险排查和防控这个基础性工作，解决事前“防错”和权力规范运行、精准监督问题。2021年共清理职权501项、较大风险职权192项；评定风险岗位538个，其中高风险岗位157个、中风险岗位120个、低风险岗位261个；制定防控制度和举措419项。2021年重点对质安监站中、高廉政风险岗位在日常监督、执法通知签发、工程验收监管、安全生产标准化考评等方面的履职情况进行了检查。对2名工作人员进行了谈话提醒，对4名工作人员进行约谈和教育。

4. 容错纠错的全周期运行效果突出

湘江新区“以备案促倍干”容错纠错立体联动机制，事前“风险备案+风险防控”，让干部有预期感，敢闯敢干敢试。事中“容错纠错+澄清正名”，让干部有安全感，给干事创业者撑腰鼓劲。事后开展关爱回访，让犯错误受处分的干部“不掉队”，让干部有归属感。这一过程中，展开容错纠错的案例分析，识别问题的根本原因，并制定有效的解决方案，从而提高容错纠错的效果。追踪和评估容错纠错的实施效果，及时发现问题并做出调整。注重容错纠错的知识管理，建立容错纠错的案例库与知识库，收集和整理容错纠错的经验与教训，并在实践中不断完善和丰富，提高容错纠错的效果。建立容错纠错的反馈机制，让受众能够及时反馈问题，对问题进行有效处理，从而提高容错纠错的效果。加强信息公开和公示，让公众能够了解容错纠错的情况，增强透明度和公信力。开展容错纠错的培训和教育，提高主体容错纠错意识和能力。注重容错纠错宣传，让公众了解容错纠错的重要性和作用，增强容错纠错的理念和文化。

（二）湘江新区容错纠错改革的显著成效

湘江新区容错纠错改革激发出干部的创造力，带动干部队伍活力，创新实干的氛围更加浓厚，新兴产业的支撑更加有力。在“五位一体”激励关爱干部担当作为机制的保障下，简政放权改革推进顺利，项目建设的速度更加快捷，市场化、法治化、便利化营商环境建设初具成效。

1. 创新实干的氛围更加浓厚

制度是对干部干事创业最大的保护，湘江新区“五位一体”激励关爱干部担当作为机制自推出以来，共对33个事项进行了风险备案，明显减轻了干部的顾虑心理，弘扬了实事求是精神，助推了“闯、创、试、干”的氛围，促进了基层改革探索。例如，通过对新基建项目竣工验收风险备案，助推率先解决尚无验收标准，又无法以传统模式进行验收等问题，为全省甚至全国提供样本经验。同时，以改革创新风险备案为引领，系统集成了改革创新风险备案、廉政风险防控、容错纠错机制升级版、澄清正名、关爱回访等机制，使新区改革创新的特质更加鲜明，促进支持基层实事求是、打破条条框框，灵活地处理一些新情况、新问题。通过减轻干部思想顾虑，有效助推了干部创新实干。

2. 新兴产业的支撑更加有力

湘江新区聚焦现代金融、智能网联汽车等新兴领域，对金融科技政策、基金机构商事登记、智能网联汽车高速公路应用示范等进行风险备案，促进了新兴产业加快发展。在智能网联汽车领域助力长沙成为全国唯一获国家级车联网先导区等四块国家级牌照的城市；金融改革获批财政支持民营和小微企业金融服务综合改革试点。比如，在智能网联汽车发展过程中，遇到“聪明的车有了、聪明的路也修好了，现行法规却不许上路测试”“万一发生事故怎么办?”的顾虑，通过风险备案，让湘江智能公司卸下政策创新合规性的顾虑，加快建设100公里智慧高速、100公里城市开放道路，联合有关各方，推动适时修改有关法律，2021年7月交通部等三部委发布《智能网联汽车道路测试与示范应用管理规范》，提升产业集聚能力，支持了百度、三一等企业研发创新。同时，在促进现代金融方面，2021年以来，共为86家基金机构出具推荐函，新引进基金94家，湘江基金小镇注册机构368家，认缴出资额1066亿元，小镇产生税收5.7亿元，为2020年同期税收的7倍；湖南金融中心入驻各类机构600多家，实现税收51亿元。

3. 项目建设的速度更加快捷

湘江新区“五位一体”激励关爱干部担当作为机制成为深化“放管

服”与行政审批制度改革的重要保障，推动了项目建设提速增效。比如，开展“告知承诺制”审批，在建设单位承诺补齐缺少的一些非核心材料的情况下，先行办理相关审批手续，促进监管部门由“事前审批”向“事中事后监管”转变，投资进度、便捷度明显提升，目前，对长沙健康医疗大数据产业孵化基地等 99 个项目实行告知承诺审批，总投资额 600 亿元以上，可缩短开工时限 1 个月；精简申报材料，施工许可证办理只需提交 7 份材料，分别比 2020 年、2019 年减少 6 份、19 份。特别是当前全力以赴稳经济大盘的形势下，对加快招标采购、工程款支付等务实举措进行风险备案，比如，2022 年 6 月对山泉路施工资金支付进行风险备案，在论证相关合理因素的基础上，适当提高支付比例，提前支付施工单位 288 万元工程款，解决了农民工工资支付保障、材料设备款缺口、路灯照明等实际问题，顺应了周边居民对该道路尽快建成开放的强烈诉求。

4. **优化营商环境更具成效**

打造国际化、法治化、便利化营商环境是“十四五”期间全面深化改革的重要内容，湘江新区“五位一体”激励关爱干部担当作为机制有助于降低制度成本，持续改善本地区营商环境。例如，2021 年 4 月，取消项目资本金改革事项，共为 93 个历史项目解控资金 5.2 亿元，新建项目免缴 3.35 亿元，预计为企业节省资金成本 8000 万元以上。比如，为恒伟、晟通两家企业分别释放资金 2000 余万元、3000 余万元，增强了企业获得感。又如，对投资评审中心相关受到处分的工作人员进行回访，并督促该中心吸取教训、大胆干事创业，针对各地普遍存在的工程结算“久拖不决”等历史遗留问题，探索项目结算定案决策机制、过程结算等新做法，将技术、行政审查相分离，让“技术问题，归专家”，“行政决策敢拍板”，解决了项目概算评审、招标控制价、竣工结算评审、政府采购估值等过程中一大批久拖未决的疑难问题。新区 2017～2019 年由于各种复杂原因导致已竣工未结算项目 121 个、85.92 亿元，通过创新风险备案，支持采取创新方式切实解决问题，2021 年解决项目争议问题 55 个、争议金额 7298 万元，截至 2022 年底，完成项目结算初审 114 个、金额 77.29 亿元，完成 90%以上，一批长期未解决的问题得到解决。

四 湘江新区“以备案促倍干”容错纠错改革的普遍推广意义

湘江新区“以备案促倍干”容错纠错立体联动机制是基于“三个区分开来”重要原则要求，考虑当前改革发展的实际，对各地容错纠错机制的经验教训进行吸收完善优化，从而创造性推进的改革。此项改革成效显著，远超预期，且不是特例，具有普适性，对同样处于改革深水区的各地具有普遍推广意义。

（一）“以备案促倍干”改革是习近平总书记“三个区分开来”重要要求的创造性落实

习近平总书记指出，“干部管理是一门科学，要敢抓善管、精准施策，体现组织的力度；也是一门艺术，要撑腰鼓劲、关爱宽容，体现组织的温度。”“把严格管理和热情关心干部结合起来”，“领导”不同于“管理”，在于领导不仅仅重视任务的完成，更重视在任务中对干部的关心关爱。领导不是对干部的规范和约束，而是信任干部、发展干部、成就干部，给干部充分施展抱负的舞台与机会，同时要在干事创业中保护干部成长。湘江新区“以备案促倍干”改革将风险管控前移，对干部干事创业中的过失予以宽容和担当，客观上给了干部更多的改革自由度。坚持“惩前毖后、治病救人”的原则，对犯错干部严管厚爱、帮扶教育，让他们放下思想包袱，轻装上阵再出发。湘江新区列出“正负面清单”，破解容错标准不明确问题；建立“会商裁决机制”，破解复杂问题难界定问题；确立“三同步”原则，破解容错程序不清晰问题。这些做法都是对“三个区分开来”重要要求的生动实践和创造性落实，能有效激励干部担当作为。

（二）“以备案促倍干”改革是中纪委“监督保障执行、促进完善发展”新定位新要求的实化细化

监督保障执行、促进完善发展是新时代新阶段纪检监察工作的新定位，是纪检监察机关服务党和国家工作大局的切入点、着力点。这一新定位要求把正风肃纪贯穿于深化改革、完善制度、推动发展之中。发挥

监督保障执行作用，就是要以精准有力的政治监督、日常监督，以正风肃纪反腐释放监督推力，确保党中央决策部署落实。履行促进完善发展职责，就是结合监督执纪执法，聚焦解决体制性障碍、机制性梗阻、政策性创新方面的问题，通过监督查找问题症结、提出整改意见、倒逼深化改革、健全制度机制，把公权力置于严密监督之下，督促相关方责任主体以案为鉴、以案促改、以案促治。湘江新区以风险备案和风险防控为重点，构建事前预防机制；以容错纠错和澄清正名为重点，构建事中保护机制；以回访教育为重点，构建事后关爱机制，把监督执纪问责与促进高质量发展有效贯通融合，主动靠前，督在日常，是对纪检监察工作理念、思路、制度、机制的创新，也是对“十四五”实现高质量发展保驾护航。

（三）“以备案促倍干”改革是激励干部发扬“闯”的精神“创”的劲头“干”的作风的坚强后盾

习近平总书记指出，“全面从严治党的目的是更好促进事业发展，激励干部增强干事创业的精气神。”“五位一体”容错纠错机制有助于降低改革者的风险，拓展改革者的活动空间。因为面对责任风险的增大，趋利避害的人性使得一些本来敢于担当作为的干部谨慎行事，甚至退避自保；一些本就秉持中庸之道的干部转向选择不作为、不担当，甚至直接“躺平”。探索改革创新风险备案，目的就是为实干创新的干部吃下“定心丸”，消除“为官不为”倾向和“枪打出头鸟”“不求有功，但求无过”的消极心态。湘江新区“事前预防、增强干部预期感，事中保护、增强干部安全感，事后关爱、增强干部归属感”的立体联动机制，全过程为担当者担当，既激励了干部担当作为，勇当改革创新的“先锋队”“排头兵”，又能有效防范廉政风险，实现严管和厚爱结合、约束与激励并重，是干部干事创业、担当作为的坚强后盾，有利于改变广大干部的心理预期和行为选择，促进干部管理由惩罚导向转为发展导向。容错纠错机制的构建和应用，给那些积极肯干的干部以正确导向和正向激励，通过健全的容错纠错评价体系作为制度性保障，让忠诚干净担当、工作业绩突出、及时纠偏改错的干部脱颖而出、得到重用。

（四）"以备案促倍干"改革是市场经济条件下构建亲清新型政商关系的必然要求

市场主体是经济社会发展的基本推动力量，决定着一个地区经济发展的实力和活力。党的二十大报告指出，要"全面构建亲清政商关系，促进非公有制经济健康发展和非公有制经济人士健康成长。"容错纠错机制建立对于构建亲清政商关系有着重要推动作用，一方面，基层干部以"放管服"改革创新服务本地企业发展，面对新问题新情况，囿于经验缺乏，在先行先试创新探索之时，也许有一些非主观故意的失误和错误行为，这时候就需要同故意寻租腐败、损害企业利益以及谋取私利的违纪违法行为区分开来，把握好执纪执法的政策界限；另一方面，纪检监察部门与组织部门要客观全面地评价和保护干部，主动为服务企业、干事担当的干部撑腰，使其既免受"恶意举报"的侵害，又要厘清失误与错误的界限，对干部因服务企业发展而先行先试创新造成的过失和影响，要具体分析、客观辩证看待问题，营造遏制腐败、包容失败的政治生态。湘江新区以容错纠错机制贯彻落实稳增长各项政策措施，以"亲商助企"为载体狠抓项目，深入推进简政放权与商事制度改革，不断加大产业结构调整，全面推动多元化市场主体共同发展，更好助力科技创新、产业创新、企业创新、市场创新、产品创新。

（五）"以备案促倍干"改革是全面深化改革创新的重要保障

全面深化改革力度规模之大、涉及范围之广、触及利益之深，前所未有，特别是许多领域"老屋已拆、新屋未建"。随着全面从严治党不断向纵深推进，干部乱作为现象已得到有效遏制，但同时也出现一些干部改革勇气锐气弱化、为官不为等现象，成了阻碍推进改革的突出问题。习近平总书记指出，当前"为官不为"主要有三种情况：一是能力不足而"不能为"；二是动力不足而"不想为"；三是担当不足而"不敢为"。面对这些问题需对症下药、精准施策，对"不能为"的干部，应强化专业能力培训，不断增强干事创业的本领；对"不想为"的干部，应通过教育、考核、问责等方式，以及科学的激励约束机制，推动其有位也得有为；对于"不敢为"的干部，应建立既激发干部干事创业热情，又宽容干部改革中失误的容错纠错机制。湘江新区"以备案促倍干"容错纠错立体联动机制，对改革创新事项，予以"改革创新风险备案"，破除改革创新"过度求稳、不敢越雷池半步"的不良倾向；对历史遗留问题等复杂问题，予以"担当作为风险备案"，消除基层干部"怕失误""怕问责"等顾虑。备案范围上聚焦"落实上级重要决策部署""改革先行先试""优化营商环境""新兴产业发展""化解遗留问题"等方面敢于突破、大胆创新的事项，更好为改革保驾护航。

五 湘江新区"以备案促倍干"容错纠错改革面临的现实问题

前文提到，各地出台的容错纠错机制在实际执行过程中未能发挥应有的激励作用，存在或多或少的问题。这些问题中，有客观因素，也有主观因素，或囿于体制特点难以改变，或需要长效机制渐次解决。上述皆是湘江新区"以备案促倍干"容错纠错立体联动机制改革中面临的现实问题，具体表现在以下五个方面。

（一）容错纠错执行主体缺乏跨部门协作

干部容错纠错机制涉及跨层级、跨部门、跨系统、跨领域的主体和业务，其运行受到诸多要素、条件和变量的影响。党委（党组）、纪检监察部门、组织部门、相关职能部门等在容错纠错实施过程中角色定位不同、拥有权限不同，只有跨部门协作才能有效实施容错纠错行动。但实际上，各相关主体的价值取向、目标职责、利益导向、工作任务等各不相同，从而使各相关主体存在价值冲突、任务多样、权力与资源失衡等问题，"多元性"与"协同性"失衡。不同层级和部门侧重于各自分管领域，对容错纠错和执纪问责缺乏系统规划和协同推进，致使容错纠错机制执行效率低下，呈现部门分设、职能分割、责任推诿、协作不力等弊端。从横向维度讲，跨部门之间存在协同障碍，党委（党组）总揽全局、协调各方的职能作用未充分发挥，个别党委（党组）书记不善于根据干部出现过错的动机、条件、后果、挽回损失等情况，灵活处理、有效化解执纪问责和干部容错的张力；纪检监察部门和组织部门之间配合欠佳，追责者、被问责者与容错者之间无法形成有效互动；相关部门的职责、流程、会商机制还不健全，跨部门的协商机制运转不够通畅，财政部门、审计部门的有序参与也得不到充分保障。

当容错纠错执行主体缺乏跨部门协作时，可能会出现以下情况，容错纠错机制的运行效率和质量深受影响。一是信息不畅通。不同部门之间缺乏及时有效的沟通，导致信息共享不充分，难以对问题做出及时的反应和处理。亟须建立信息共享机制，形成各部门之间的信息共享渠道，及时共享重要信息，以确保问题能够得到及时解决。二是责任不清。由于不同部门的职责不同，使得问题的责任难以明确，难以判断哪个部门负责处理问题，从而导致问题得不到及时解决。对于涉及多个部门的问题，应明确各部门的职责和责任，避免责任不清的情况出现。三是协调不到位。由于部门间缺乏协作，可能会出现问题解决方案不统一、不协调的情况，从而影响问题的解决效率。亟须设立专门的协调机构，负责协调不同部门之间的协作，确保问题解决方案的一致性和协调性；或者建立跨部门联防联控机制，通过协调各部门的资源，共同应对问题，提高解决问题的效率。

（二）容错免责的事由缺乏规范化认定，执行标准模糊

当前，一些地区对可容之错界定不清晰，有些规定中的可容之错实为规避现行制度；有的设置的诸如勤勉尽责等规定过于宽泛，可操作性差；有的容错纠错程序模糊，等等。容错纠错权力行使，涉及党委（党组）、纪检监察部门、组织部门、相关职能部门等多个主体，不同主体职责不清晰，主体间协同配合未有明确规定，致使出现制度空转现象。客观地看，干部容错纠错标准的相关条目模棱两可，规范性不足，可能在不同的主体和角度上有不同的解释。与此同时，相比较干部问责处分制度中有对违反纪律情形的具体规定，容错纠错制度并无如此详尽的规定。约束性条款具体明晰，效力高；而激励性条款模糊不清，效力不高。如果跨层级、跨部门人员对容错纠错心有疑虑，人们就会趋向于规避风险，依据具体明晰、效力较高的约束性条款执纪问责，在实践中呈现处分问责等约束性制度的刚性执行，容错纠错等激励制度的弹性执行，灵活决定容错纠错的力度与方式，造成干部责任担当的制度保障不足。

容错免责的事由缺乏规范化认定，执行标准模糊，可能会导致以下问题，亟须采取措施，确保容错免责的事由得到规范化认定和执行，避免出

现风险和纠纷。一是判断标准有待进一步明确。如果容错免责的事由没有明确的标准和认定程序，就很难判断哪些情况属于容错免责的范围，容易出现主观判断和差异化处理的情况。亟须针对容错免责的事由，制定明确的规范和标准，包括认定程序、具体情形、标准等，以便执行主体能够根据规范进行操作。二是处理方式不一致。由于缺乏规范化认定和执行标准，可能导致不同执行主体对于相同情况的处理方式不一致，容易引发矛盾和争议。需要制定相应的制度和程序，包括责任追究、风险评估、风险防范等，以确保容错免责的程序得以顺利实施。三是存在一定法律风险。如果容错免责的事由没有明确的规范和标准，容易被滥用，从而增加执行主体和对象的法律风险。必须加强对容错免责制度的监管和检查，确保各执行主体按照规范操作，避免滥用和不当行为。

（三）容错纠错的显性制度与隐性制度未能配套使用

当前，容错纠错的合理边界和标准尺度极难把握，存在弹性解释空间和自由裁定权较大等问题。容错情形界定不够清晰，《关于进一步激励广大干部新时代新担当新作为的意见》对容错免责是通过列举方式规定，没有明确容错情形的标准，对容错免责的主观要件、客观行为等规定较为含糊。不少地区容错文件中的政策界限比较模糊，实施中易导致随意性和主观性问题。"制度界限"与"制度弹性"的不平衡，"显性制度"与"隐性制度"的不匹配，可能会导致以下问题。一是程序不完善。显性制度可能只是一些简单的规定或流程，无法完全适应复杂的现实情况；而隐性制度则是实际运行中的规则和惯例，但缺乏正式的书面规定，容易导致执行主体随意解释和操作。应当完善显性制度，使其更加具有可操作性，以适应复杂的现实情况。同时，隐性制度也应该被规范化，以保证其符合显性制度和主体利益。二是决策失误。由于隐性制度缺乏正式规定，执行主体容易受到非正式的规则和利益驱动，而忽视显性制度，导致决策失误，损害主体利益。应该加强容错纠错制度的培训，使执行主体能够正确理解和应用显性制度，同时也要加强对隐性制度的教育和监督。三是信任缺失。当显性制度和隐性制度出现矛盾时，执行主体可能会更加信任隐性制度，而忽视显性制度，导致信任缺失和冲突。应该加强对显性制度和隐性制度的监督与检查，及时发现和纠正问题，确保制度的有效执行。通过以上措施，可以确保显性制度和隐性制度相互配合，形成有效的容错纠错机制，为干部干事创业提供良好的保障。

（四）容错纠错的制度环境与配套制度尚未形成

按照系统性、整体性、协同性原则，干部容错纠错机制应需要与其他关联制度相互配套使用才得以奏效。然而，当前各地出台的相关配套制度普遍存在滞后缺位问题，囿于容错清单制度、容错程序制度、干部问责制度等与之配套衔接不够紧密，“主体制度”与“配套制度”不平衡，掣肘了容错纠错制度效能发挥，这也解释了为何不少地方容错纠错机制运行不畅、执行成效较弱的原因。

第一，干部容错清单制度缺乏。鲜见有地方系统地出台干部可容错误的正面清单、不可容错误的负面清单，尤其是介于正面清单和负面清单之间的“模糊地带”，尚无相应的制度规约。容错机制要有法可依、有章可循，设置容错机制要与党纪国法的精神和列入行业负面清单的事项相衔接、相配套。囿于各个行业、各个领域、不同事项、不同场景面临的过错风险不同、造成的社会负面影响迥异，因而对需要纳入容错范围的可包容过错的认定标准和适用情形，应由主管部门统一拟定，报纪检监察部门审核备案。第二，干部容错程序制度不完备。容错纠错程序制度是指纪检监察部门、组织部门等在行使容错纠错权力、实施容错纠错活动过程中所遵循的步骤方式、时限和顺序的总和。从实践来看，涉及容错纠错程序的启动、调查、处置、复议等规定尚不健全，需要遵照领导意志、传统规则运行，缺乏清晰的流程与明确的执行标准，多头管理与缺乏牵头部门导致推诿扯皮的情况并存。第三，容错纠错机制与干部问责制度缺乏衔接。干部容错纠错，通过减免责任，起到正向激励作用；而问责制度则通过责任认定、追究，实现反向约束作用的发挥。两者相辅相成、功能互补，共同对干部的行为发挥激励和约束的双重作用。但在实践中，干部问责制度存在刚性有余、柔性不足的问题，在容错纠错方面没有预留出足够空间；干部容错纠错相关规定也没有全面、科学、合理地嵌入干部问责制度之中，一定程度上影响二者的有机耦合与效用叠加。第四，容错纠错机制与干部选拔任用机制融合不足。多干事、搞改革的干部，通常要担责任、冒风险，增大了“犯错误”的概率，因此消解了一些干部干事创业的热情。一定意义上，需要通过干部选拔任用制度作为鲜明导向，鼓励干事创业，当前，容错纠错机制与干部激励机制缺乏有效衔接。第五，容错纠错机制与权利保护机制衔接不紧。实践操作中，被容错纠错免责的干部权益并未真正得到妥当维护。例如，免责干部声誉澄清方面，鲜有组织以公开形式在一定范围内为免责干部消除负面影响；免责干部选拔任用方面，实际提拔晋升过程中或多或少受到之前问责的影响。

当前容错纠错的制度环境与配套制度尚未形成，可能会导致以下问题。一是缺乏标准。在缺乏制度环境和配套制度的情况下，可能会出现不同执行主体的执行标准不一致，甚至是主观随意的情况，影响容错纠错机制的有效性。需要建立适应地方经济社会发展需要的容错纠错制度，包括规范和标准、程序和流程等方面，确保执行主体可以根据规范进行操作。二是难以落地。缺乏制度环境和配套制度，可能会导致容错纠错机制难以落地。执行主体缺乏对容错纠错机制的了解和认可，容易导致机制的失败。亟须建立与容错纠错机制配套的制度环境和配套制度，包括责任追究、风险评估、风险防范等，以确保容错纠错的程序得以顺利实施。三是政策持续性问题。不同领导对容错纠错的理解不同，认知层面有差别，可能导致政策中断甚至废弃。四是法律风险加大。缺乏制度环境和配套制度，容易导致容错纠错机制滥用，从而增加执行主体的法律风险。亟须建立容错纠错机制的监管机制，加强对容错纠错机制的监管和检查，确保执行主体按照规范操作，避免滥用和不当行为。

（五）容错与纠错执行过程中出现不平衡

容错和纠错构成容错纠错机制的“一体两翼”，二者相辅相成、缺一不可。容错并不意味着放任错误产生和发展，容纠并举方可确保容错纠错机制有效运行，但现今各地容错纠错制度安排中，较少将容错和纠错有机统一起来。从整体方案导向来看，有“重容错、轻纠错”倾向。从制度文本的篇幅来看，涉及容错机制的内容远多于纠错机制的内容，特别是关于纠错机制的文字叙述较为粗略，缺乏细则，甚至出现“一容了之”、只容不纠的情况。一些地方的文件对容错免责的范围、条件和程序有详细规定，但是鲜见对纠错范围和执行程序的界定，易导致纠错“执行难”的问题。容错后不纠错，容易出现两种现象：一种是过度容错，将容错机制的范围泛化；另一种是放任错误，将纠错简化为追究责任，破坏了容错纠错机制的整体性和平衡性。容错与纠错执行过程中出现不平衡，可能会导致以下问题。第一，倘若过于注重纠错而忽略容错，易出现容错不足，执行主体可能会对自己的错误行为过度担忧，缺乏主动创新的勇气和动力，从而影响政府的改革创新和发展。第二，如果过于注重容错而忽略纠错，将致使纠错不力，执行主体可能会滥用容错机制，导致错误行为无法及时纠正，从而增加政府的治理风险和成本。容错和纠错的不平衡，使得执行主体把责任推卸给其他人或机构，导致责任不明确甚至责任倒置、责任逃避的情况发生。容错不等于“纵错”，要科学“界错”、提前“防错”、大胆“容错”、及时“纠错”。注重事前分析研判、加强日常教育管理的事前预控，防止发生重大决策失误和重大工作偏差，及时发现问题、纠正错误，防止小错酿成大错。与此同时，下一步改革亟须在容错纠错之间保持平衡，即在保证容错机制前提下，加强纠错机制，及时发现和纠正错误，避免错误行为的滥用。明确容错和纠错责任，对于执行主体错误行为，应明确责任所在，从而避免责任倒置的情况。亟须加强对容错和纠错执行过程的监督和检查，构建科学完备的监督体系，包括过程分析、结果评估反馈机制，防止容错纠错权力滥用导致的“异化”“失灵”，同时及时发现和纠正问题，保障改革创新风险控制和可持续发展。

六　深化湘江新区“以备案促倍干”容错纠错改革的政策建议

容错纠错机制是一项系统工程，在推动干部干事创业中有着重要作用，其实施关键在于制度建设、在于宽松环境。近年来，各地贯彻落实中央精神，从制度和实践方面体现鼓励改革、容许试错、保护干部的信号，对营造干部干事创业、敢于担当的氛围起到了积极作用。湘江新区“以备案促倍干”容错纠错立体联动机制改革在此基础上进行了进一步的创造性探索，效果显著，广受关注。但随着经济社会的飞速发展，以及其他各种变量的影响，该机制在实际执行中还需进一步深化改进，不断提升执行效果，为更大范围推广提供优秀样本。

（一）厘定主体权责，构建容错纠错的跨部门协作机制

容错纠错制度依托现行行政体系，执行过程中涉及纵向层级关系和横向府际关系，需要打破传统行政壁垒，推动跨部门、跨层级乃至跨地区协作，实现主体间责任的均衡。这里面包括执行层级，从中央到省市、县区、乡镇各个层级，以及执行部门间，党委纪检监察、组织人事、政府职能部门等多个主体，还有社会舆论、公众、专家等监督主体。各级党委（党组）应站在全局的视角辩证统一地看待执纪问责与容错纠错，构建党委（党组）统一领导、纪检监察和问责部门牵头负责、组织部门统筹协调、相关职能部门协助配合的干部容错纠错责任体系，完善合作密切、分工明确、流程顺畅、指挥统一的干部容错纠错多元协同机制。

1. 明确党委领导容错纠错的主体职责

各级党委（党组）是容错纠错机制的实施主体，承担容错纠错主体责任，党委（党组）书记承担第一责任人责任。作为实施主体，各级党委（党组）应总揽全局、协调各方，全面领导执纪问责和容错纠错工作，使二者有机融合，既要防止苛责干部寒了人心，又要防范容错纠错"失灵"风险。要建立以各级党委（党组）书记为组长，各部门多元协同的容错纠错工作领导小组，严格遵循制度要求开展容错纠错工作，调查出"为何出错""错误性质""犯错程度"，结合干部日常表现、群众口碑，作出综合评判。各级党委（党组）应不折不扣贯彻落实中央改革精神，旗帜鲜明地推进容错纠错机制，让流汗者不流泪、辛苦者心不苦、实干者得实惠，引导广大干部在实践中奋发有为、干事创业，让"容错纠错"根植于干部心田。

2. 夯实纪委在容错纠错中的护航作用

各级纪检监察机关是容错纠错机制的执行部门，应在严格监督执纪的同时，准确把握政策界限，科学合理容错纠错。一是严格监督执纪问责。纪检监察机关应切实履行自身监督职责，在重大改革工作中，要及时跟踪监督，增强干部严格按照党章党规、法律法规办事的自觉性，促进干部健康成长，把失误降至最低限度，让改革少走弯路、不走过场。同时，更加注重纠错、容错同步进行。二是准确把握政策界限。对适用容错机制的问题，即何种情形启动容错纠错机制，通过规范程序进行科学有效界定，同

时协同组织人事部门及有关部门做好相关后续工作。三是科学合理容错纠错。纪检监察机关对容错申请，应按照管理权限会同其他部门展开调查取证，详细查明错误产生的原因及后果，并听取容错对象及其所在单位的意见，同时结合其以往表现，精准界定其应当承担的责任。若组织或个人的申请符合容错适用的情形，应当提出具体建议，决定给予从轻处理、减轻处理或者免责处理，或者终止该程序。若该决定难度较大，或者可能带来较大社会影响，可会同纪检监察机关或组织人事部门进行研究并决定，必要时可以征求上级主管部门意见，或者举行听证，并由纪检监察机关向申请组织或个人反馈最终认定结果。若出现组织或个人的申请不符合容错条件和要求的，纪检监察机关应及时做好解释与答复工作。

3. 强化立法部门制度建设的重要角色

立法部门是容错纠错机制的政策解释部门，也是重要保障部门，应统筹推进自上而下的统一立法，规范自由裁量权，制定统一标准、统一范围的容错纠错机制。容错纠错制度的订立与实践均归于法律框架下，依托法律效力增强容错纠错机制的合法性与权威性，通过法律法规的标准规范强化容错纠错清单与实施程序的科学性和可行性，借助法律推定、拟制等手段为故意、过失、主观、客观等的认定和判断提供方法参考，依靠法律强制力破解容错纠错实施中的阻力与障碍。

与此同时，针对目前杂乱无章的容错纠错地方性立法状态，建立具有普适性、一般性、规范性的全国性容错纠错机制，为容错机制提供合法性支撑。采取自上而下与自下而上相结合的方式进行立法，以便实现中央与地方立法的统一。

4. 加强容错实施部门与主体能力建设

敢于容错纠错、善于容错纠错是对领导者认知与能力的一种考验，不同领导者运用容错纠错机制的水平亦有差别。进取型的领导者宽容改革中的失误，正确对待犯错误同志，带领同志找出错误归因，并积极纠正错误。保守型的领导者避责心态明显，拒绝承担有风险的改革，严肃问责犯错误同志。领导者应站在推动改革创新的高度和实现人的全面发展的角度，辩证看待和正确处理执纪问责与容错纠错的关系，增强保护干部意识，提升容错纠错水平。一是精准甄别问题，坚持严管与厚爱结合，以实事求是的态度、辩证动态的深度、以人为本的厚度，对干部犯错的动机态度、性质后果及挽回损失等情况综合考量。二是科学容错纠错，注重容错实施部门与主体的专业化建设，按照既定程序，根据不同情境、不同情形，在执纪问责与容错纠错之间动态权变，有机融合，容纠并举，防止容错纠错“失灵”。

（二）明晰容错依据，建立容错纠错的案例库指导制度

1. 引入清单管理模式，细化容错纠错的分类清单

“摸着石头过河”的改革本质上就是一个不断试错的过程。信息不完备、人的有限理性加之问题与环境的复杂性给改革增加诸多变数，改革实施中难免出现这样那样的失误乃至错误。容错纠错机制的建立和有效实施，首要且最为关键的是依托一套标准明确、边界清晰的分类清单，并进行清单管理。只有明确规定哪些错误必须追责，哪些错误可以免责，才能为干部干事创业提供清晰的行动准则和稳定的心理预期。遵照习近平总书记关于容错纠错与激励干部担当作为重要论述的方法论指导，拟定可容性错误正面清单与不可容性错误负面清单这两类清单。一是制定可容性错误的正面清单。可容性错误是推进改革发展过程中或缺乏经验、或无明确限制、或无意的错误，属于非原则性错误。包括三类：在推进改革中，因缺乏经验、先行先试出现的失误或错误；尚无明确限制的探索性试验中的失误或错误；为推动发展的无意过失。可纳入可容性错误的正面清单主要有：负面影响或损失小的错误或失误，即没有产生重大社会不良影响，没有因工作失误造成国有资产巨大浪费与严重流失；没有个人利益诉求的错误或失误，即秉持公心，善意履职，无意也未曾为自己、他人或组织谋取私利的工作失误和偏差；不违反国家法律的错误或失误，即不触及国家法律这一根本底线的工作失误。与日常性工作相比，干部们对创新性工作中出现的错误或失误的宽容度更大。二是制定不可容性错误的负面清单。不可容性错误主要包括明知故犯的违纪违法行为、明令禁止后依然我行我素的违纪违法行为、为谋取私利的违纪违法行为等，这些违纪违法行为属于原则性错误，明确不可纳入容错纠错区间的错误。由于公共事务治理中面临较多复杂环境和不确定性因素，采用正面清单的办法一一列举可以适用容错免责的错误，是不完整的。因此，适当以负面清单制作为补充，重点结合当地实际情况明确所在地区不得纳入容错免责的“重大决策失误”、

“重大程序违规”和“重大生命财产损失”事项，既有利于堵塞适用容错纠错机制中可能的说情行为，又能避免因错用容错免责机制而引起公愤的事件发生。除两类清单之外，介于可容性错误与不可容性错误之间还存在可容可不容错误的“模棱两可”情形，必须具体问题具体分析并加以妥当处置。

2. 加强案例库的建设，形成容错纠错的“判例”指导

容错纠错是一项“摸着石头过河”的全新工作，缺乏全面系统的改革经验，加之相关政策制度尚不完备，实施细则较为模糊，一些地区和干部真正执行起来顾虑重重。为此，应当加强各地区容错纠错实践案例的汇总，发挥“判例”指导作用。一是发挥案例的总结作用。各地容错纠错机制实施过程中有各式各样的方法办法，有各种不同的经过结果，显著成效抑或失败教训。针对相关领域容错纠错的典型案例进行搜集归类、分析整理，及时提炼有益经验做法，发现出现的新情况，总结面临的新问题，不断健全完善现行容错纠错机制，更好释放其对于干部的保障作用。二是突出案例的示范作用。各地初始探索容错纠错之时，往往面临尺度不好把握、标准不好衡量的问题，案例的指导意义即是在于给执行者以及时性、针对性的示范。在汇聚各地有益做法的基础上，推出案例指导制度规范，将那些处置科学合理、主体客体拥护、社会评价较好的实践案例编纂成册，扩大应用覆盖面，使之成为样本乃至标准、规范，给各地容错纠错实践以借鉴。三是体现案例的宣传作用。容错纠错的有效实施，不仅在于实际工作，而且在于政策的宣导，让容错纠错防错保护干部的政策初衷深入人心，让不敢为、不愿为的干部，深刻感受到鼓励改革创新的鲜明导向，让敢担当、敢作为的干部，深切感受到组织的支持保障。案例库的建设构建起一个容错纠错、澄清正名、诬告陷害和重新使用“四位一体”、同向发力的新机制，发布的案例将建立起案例库并形成判例，配套建立每月报告、评估评价、跟踪问效等措施，推动容错纠错机制落地的上下联动，让各地区各部门在具体实践中有范例、有指引，让干部在干事创业中有借鉴、有参照。

3. 注重数字技术应用，规范容错纠错的实施流程

一是应用数字技术健全“防错”机制。上医治未病。要辩证看待防错容错关系，树立正确的防错理念，完善防错机制。防错不等于不允许犯错，是要尽可能采取措施，依托"城市大脑"与"领导驾驶舱"等技术平台，赋能干事创业人员，提升他们的分析决策能力，完善决策机制，减少犯错机会。现代化治理的关键不是要求领导者具备超人般的素质和能力，而是要求决策系统、工作机制科学合理，整体治理能力强大，并为个体管理者赋能；要在整体工作机制上下功夫，而不应将重大决策的得失系于某一个人或少数人身上。二是应用大数据技术完善"容错"机制。利用大数据技术，将领导干部在推进改革中的背景、决策、实施、反馈、改进等全过程的详细信息、资料全面刻画下来，形成可复查、可再现的大数据改革记忆系统，将真心为民、勇于改革、善于创新型好干部的干事创业过程全方位记录下来，利用大数据模型，建立有助于"三个区分"判断辅助系统，就能够将好干部区分出来，在他们因为客观原因犯错时，对他们启动"容错"机制，为他们的干事创业提供保障，减少他们干事创业的后顾之忧。三是应用大数据技术改进"纠错"机制。纠错的基本原则有三个方面：有错必纠、抓早抓小、帮助提高。要积极利用大数据技术开发一些关键决策的动态演化模型，帮助决策者预判不同决策方案的未来趋势。此外，对于敢担当、勇试错的领导干部，要利用大数据技术，及时全面分析错误教训，通过模型推演多种试错方案的未来结果，以便于找到最佳方案或及时止损，帮助纠错免责干部重拾信心、轻装上阵。

4. 增强跨界交流学习，拓展容错纠错的经验来源

随着各地改革的深化，干部容错纠错制度逐步建立，容错纠错实践探索陆续展开。各地颁布的制度是在中央政策指引下的地方贯彻落实，同时也是借鉴先行先试地区容错纠错实例的本地化。通过对相关政策文本的梳理可以发现，很多地方在容错纠错的适用情形、判断标准、处理程序、保障机制等方面存在相似的规定。此外，很多地方在推进干部容错纠错机制执行落地的过程中，会根据需要发布典型案例，如海南省于2021年出台了专门的典型案例通报发布制度，将实践经验上升为正式的地方性法规。由此可见，政策创新的学习与扩散有助于容错纠错制度在更多地区、更多领域、更大范围覆盖。在此基础上，应当有组织地增加地区间、部门间、层级间的跨界交流，一地有经验，多地受启示；一地出问题，多地有借鉴。

（三）加强整体考量，完善容错纠错全方位的联动机制

1. 坚持风险备案承诺与事前风险评估联动

为了避免容错纠错的“失灵”与“异化”风险，就必须将风险防控的关口前移，进一步完善容错免责事前备案制度，对于需要采取超常规方式实施的改革或具体事项，事前经过严格的审查认定之后进行风险备案承诺，以便给干部“试错探索”充分支持。与此同时，由专责机构与业务部门共同对改革创新事项展开风险评估，亦可委托第三方专业机构设定风险等级，给出风险评估报告来提前预测风险。以此尽可能将风险预判并化解在行动之前，减少后续容错纠错的压力。事前阶段除了风险评估机制以外，还可建立教育培训机制、舆论引导机制等一系列保障措施，把好准入关口。

2. 坚持容错纠错激励与监督问责约束并重

干部问责制度和容错纠错制度，皆为全面从严治党背景下完善权力运行机制的重要举措，问责是从权力规制的角度出发，容错纠错是从鼓励创新的角度考量，两者既相互关联又相互支撑。如何在保障行政权力运行有效性的前提下实现两者有机衔接，是容错纠错机制实施中的重要内容。这里需要依托两个主要部门（即纪检监察部门和组织部门），通过建立会商机制达成密切协作，对可能符合容错纠错情形的案例进行综合分析研判，共同商定是否予以容错免责。通过跨部门沟通会商机制，一方面实现了执纪问责和容错纠错之间的权力制衡，另一方面能够防止执纪问责和容错纠错相互脱节导致的制度悖论。

3. 坚持依申请启动与组织调查启动并行

程序正义是容错纠错制度效能得以有效发挥的基本遵循，在清晰界定何以容错免责的清单管理、标准规范前提下，需要构建一套严格完备的容错免责启动程序、调查程序，对事件进行判断、认定以及执行容错纠错机制。容错机制执行程序通常是当事人申请、组织核实、机构认定、单位报备等步骤，“启动”容错免责调查至关重要，在兼顾公平与效率情况下，可通过依申请启动与组织调查启动两种途径。一是依申请启动。干部干事创业过程中因失误被问责时，可以主动向纪检监察部门和组织部门提出免责申请，相关部门收到申请后，依据容错纠错制度，开展调查获取实际情

况，综合考虑失误事实、改革背景和补救成效等因素，触发对干部容错的保护机制。二是组织调查启动。上级纪检监察部门和组织部门在巡视工作、考核考评、群众来访、事故勘验中，对符合容错免责要求的，启动容错纠错程序，主动为干部提供免责帮扶。

4. 坚持组织主导行动与社会公众监督协同

容错纠错机制的实施主体为党委或纪委，但是机制运行中，应当调动社会公众参与监督，以期兼顾法理、治理和情理的合理性，兼收地方发展、干部激励和公众利益保障的功效。一是容错纠错制度的制定要公开。制度制定阶段，应通过专家咨询会、社会听证会等方式，征求多元主体意见，吸收有益建议。贴合实际情况细化容错纠错制度，增强容错纠错机制的可操作性，例如，运用清单管理等办法明确规定可以免于追责的“错误”场景具体是哪些，以及这些“错误”应承担的行政责任、政治责任和法律责任有哪些。制度成文之后，通过传统媒体和新媒体渠道向社会公布，提升社会知晓度。二是容错纠错机制的运行过程要公开。除了法律规定需要保密的情形以外，整个容错纠错的运行过程、实施细节均要向社会公开，具体而言，主体客体、制度规范、免责条款、认定程序、组织结论等重要内容应该在政府网站公开，接受社会监督。三是容错纠错行动的实施结果要公开。容错纠错机制实施的对象、需要容错免责的事件、启动容错纠错机制的原因和结果等重要内容应当在不涉密情况下向社会公开，接受舆论和公众监督。与此同时，应积极运用纠错成果，将容错纠错机制与干部选拔任用机制有机结合，激发干部干事创业积极性。

（四）容错纠错并举，健全事中事后全过程的补救措施

1. 塑造适度容错与科学纠错结合的理念意识

理念是行动的先导，也是行动的指引，必须将容错纠错的正确理念宣导先行，以此解放思想、端正认识、营造氛围，使得适度容错与科学纠错的理念深入人心。一是纠正容错的误区。误区一：容错是对从严治吏的“减压”。随着制度设定执行的程度越来越严，干部“自由裁量”的空间越来越小。当前一些干部的一块“心病”就是担心自己干事会犯错、索性不干事、不干事又怕误事。而建构容错纠错机制的最终目的就是要给改革创

新者撑腰鼓劲，医治这种“为官不为”的“心病”。误区二：容错纠错为干部“松了绑”，但其不是逃脱法纪的“挡箭牌”，容错纠错机制主要是维护干部改革创新的非主观失误，不能把组织提供的容错权当成不讲科学、脱离实际、不计后果的违规违纪“借口”，成为典型的“试错模型”。误区三：“容错”是懒政怠政的“借口”。部分所谓的“睿智者”把“不求有功、但求无过、不出事”标榜为自己新的价值取向。在全面从严治党的大环境下，要坚决杜绝这种消极堕落思想的滋生和助长。二是细化容错的标准。容错并不是对所有的错都容，而是适度容错，有相应的范围和标准。符合容错纠错的要件有几个方面：性质方面必须是法律法规没有明令禁止的、符合党中央决策部署的、有利于改革创新和发展大局的，而且没有为自己、他人、单位获取私利。主观方面必须是过失，包括疏忽大意的过失和过于自信的过失，或者由于不可抗力、难以预见等因素造成失误或错误。客观方面一般表现为在推进改革中因缺乏经验、先行先试出现失误或错误，或者在尚无明确限制的探索性试验中出现失误或错误。除此以外，还应包括重大项目建设审批、处理历史遗留复杂问题、维护社会稳定等急难险重任务中出现失误或错误。结果方面表现为工作没有达到预期甚至造成一定损失，对于造成损失的行为，应当及时采取补救措施防止损失扩大或者挽回损失。三是认清容错纠错的关系。容错是为了让干部减少顾忌，在法律法规范围内尽可能放开手脚、大胆干事，是替干部担责担难的方式手段。纠错是为了引导干部及时发现错误，主动修正行动和纠正问题，最大限度地挽回损失和消除不良影响。容错机制用于提前预判，纠错机制用于及时发现和化解问题，容错不代表可以一直犯错，有错误必须立即纠正，只容不纠就是放任。因此，容错机制是纠错机制的前提，纠错机制是容错机制的保障，二者相互依托、相互融合。

2. 建立领导干部决策失误监督多方提醒机制

容错纠错一定意义上是一种补救行为，除了事后纠错，更重要的是事前未雨绸缪，构筑起涵盖决策失误发现与识别、监督与预警在内的决策失误监督多方提醒机制，形成干部改革创新的“双重保险”。一是建立及时有效的上下沟通机制。上级主管部门要主动帮助下级单位、干部预判分析风险，避免由于沟通渠道不畅、指导不及时、上报时间延误等非关键性错误发生，提前压减可能性过错或偏误，降低改革被问题掣肘影响概率。二是建立重大事件风险评估机制。对重大改革、重要项目、复杂事项、风险情境进行预先评估审查，召开事前集体讨论会议并制定科学合理的执行方案，预判有可能出错的潜在风险点问题，及时跟进纠偏，最大限度降低犯错风险。三是建立失误监督与预警机制。党委（党组）、纪检监察部门、组织部门、相关职能部门通过巡视、巡察、督察、专项检查、考核考评、民主评议等方式对干部过错情况进行联合监测，与此同时，依托大数据、云平台等技术产品，构筑基于数据的动态化、常态化监测机制，前瞻化、精准化数据分析机制，及时识别、获取、搜集、汇聚、挖掘工作中的各种过失过错类项及内容，做出预警提醒。根据犯错的动机（是否有意、有无个人利益诉求）、领域（创新性工作与日常性工作）、性质（违纪与违法）、负面影响或损失（大与小）四个维度，科学区分不同类型错误。

3. 构建事中事后纠错的救济制度与政策措施

纠错判定与处置中，当事人申诉的机会至关重要，设立当事人申诉途径与申辩机制，形成有关容错纠错申诉救济的渠道、过程、环节、内容在内的制度安排，既有利于保护当事人的合法权益，又有助于客观全面进行案件分析。具体操作来看，当事人可以在纪检监察部门、组织部门获得提请申诉渠道，相关部门为了科学认证和归责判定，需要在问责决定出台之前，充分听取当事人对问责事宜的解释。为增强科学性，可以借助第三方专业机构与专家力量，全面评估改革事项的必要性与合理性，出现问题的深层次原因，身边干部群众的评价，改革项目最终价值等，以此作为定责或纠错的重要依据。对查无实据或轻微违纪免于追究纪律责任的责任人和当事人，可以通过谈心交流、通报等适当方式，及时澄清事实，消除负面影响，帮助他们放下思想包袱，大胆开展工作；对造成恶劣影响的，要坚决查处，并依纪依法追究责任。

4. 设置例外条款确保纠错救济及时启动到位

应急管理与风险规制视域下有一种情形称之为“紧急避险”，对于“紧急避险”情形应急处置要求当事人能够相机决策、当机立断。改革推进过程中，难免遇到一些特殊情形或者事态紧急情况，干部来不及请示汇报，组织无法及时作出反应，于是有可能贻误战机，错过了最佳保护机会。此时，需要构建一种特殊情形应急快速处置机制与例外条款制度，当然，设置例外条款绝不是“丹书铁券”，而是一个先免程序之责，进而考虑其实质行为与处置后果之间的关联性来适用容错条款的通道，旨在保护先控制风险的行动，通过强力管控避免错失机会，听之任之负面影响扩散。当然，此类应急处置的紧急避险处置结果未必都能够符合预期，这里有个底线思维，即不违反法律法规、公序良俗。

（五）完善制度保障，推动显性制度与隐性制度相融合

1. 构建容错纠错的考核评价体系

容错纠错机制实施之后的效果如何？需要构建一套科学合理的指标体系，涵盖动机评估、原因评估、效果评估和态度评估等主要内容，对干部所犯错误、社会效果及其矫正模式等作出综合评价。考察干部犯错误的动机究竟为何，是为了公共利益的实现而锐意创新导致的冒险犯错，还是为了一己私利或滥用权力所犯错误；是为了服务企业群众，有悖于或突破了现有规则规定招致问责，还是为了中饱私囊、内外勾结损害了组织或他人权益。要分清干部犯错的原因，是受自然灾害、政策调整等客观条件制约，还是急于求成、盲目冒进导致安排不周。衡量干部犯错时的态度，是知错能改、主动担责、投入挽救、降低影响，还是故意隐瞒、推卸责任、退缩逃避、放任自流。考虑干部犯错的影响是社会层面的影响，或是政治上的影响，是产生了一般性的影响，还是造成重大恶劣影响。

2. 完善容错纠错的执行监督制度

容错纠错涉及自由裁量权的运用，为增强其合法性与公信力，必须使整个容错纠错实施过程晒在阳光下，提供一套行之有效的监督体系，降低徇私舞弊、侵权行为的可能性。

首先，做好容错纠错的执行程序监督。针对容错纠错的条件、情形、程序等，利用专家咨询会、干部座谈会、群众问卷调查等渠道收集意见建议，通过指标体系评价合理容错纠错执行效果，关注容错纠错执行中问题的监督反馈。其次，加强容错纠错相关制度的宣传引导。通过各类媒体的宣传，引导公众理性看待改革创新中的试错行为，为发挥容错纠错机制的作用，营造良好的舆论氛围。再次，启动容错纠错执行过程的公开监督。畅通线上线下的信访举报渠道，容错纠错执行过程主动接受社会监督，及

时公开发布社会关注的重大容错纠错事项的认定和执行。最后，充分发挥第三方专业机构的作用。借力引智党校高校、科研院所、咨询公司的专家学者，形成一套有效的第三方监督评估机制，更加科学界定容错纠错范围、内容与责任，确保容错纠错制度公正执行。

3. 健全责任追究的查实落实机制

建立和实施容错机制的同时，必须进一步完善问责机制，只有把权力关进制度的笼子里，才能防止容错纠错机制被滥用和发生"异化"，成为"假改革者"形式主义的保护外衣。要建立健全问责的方式和程序，参照新修订的《中国共产党问责条例》有关问责程序的规定，问责方式和程序是问责制度构成的根本，是问责机制运行实施和取得成效的保障。对于问责方式，包括对组织和个人两个层面，此两种类型的责任追究方式既可以单独使用，也可以合并使用。对于问责程序，需要从问责发起、启动、调查、追责、救济等方面建立严密的责任追究程序，以规范问责的过程和操作流程，约束问责主体的自由裁量权。只有从全流程规范健全责任追究的查实落实机制，才能确保问责工作的合理性与合法性。

4. 建立能上能下的选人用人制度

一是建立优秀干部培养制度。建立健全竞争择优的选拔任用机制，对通过提供机会而发现的优秀人才，通过公平的竞争机制而涌现出来的佼佼者，要及时提拔使用，真正把会干事、想干事、能干事、干成事、不出事的干部用在关键岗位上，将优秀的干部充实到各级领导班子中来。二是建立分层分类干部选任制度。深化干部人事制度改革，坚持把竞争上岗和民主推荐作为基本选人用人方式，有序推进轮岗交流，加大轮岗交流力度，多岗位锻炼、培养能者、优者，多提供成长的机会和舞台。实行职位竞聘制，打破永久性的等级差别，引入职业风险竞争，形成广纳群贤、人尽其才、充满活力的用人机制。三是建立干部能力提升制度。实施绩效管理，以正面激励为主，采取"常规项目考评+重大工作考评+创新发展考评"的方式，对完成工作任务好的、取得效果显著的进行奖励。重视素质激励，提供培训、学习机会，提升岗位技能和综合素质，夯实发展基础。四是建立完善干部考核评价制度。坚持全面、科学和群众公认原则，完善干部政绩考核制度，要把群众意见作为考评干部的重要尺度。完善党政领导班子综合考核评价体系，吸收职能部门、党员、一般干部全面参与领导班子的综合考核评价，并且民意调查的权重占比要较大，同时要注意选择较为客观、公正的第三方参与考评。要注重领导干部平时考核与集中考核有机结合，设计科学的权重比较，从而体现领导干部综合考核的科学性。

报告执笔：刘　祺（中共河南省委党校副教授）
贾存斗（中国经济体制改革杂志社地方改革创新研究院研究员）

第七部分

长三角一体化发展国家战略下“双优势”转化的吴江路径研究

摘要：生态环境是人类赖以生存和发展的根基。如何利用有限的环境资源支撑经济的稳定、持续增长，如何借助现代化的经济体系保护和改善生态环境，实现更高的现代化目标，是亟待解决的现实问题，也是正确理解中国式现代化的重要前提。从历史逻辑看，建设人与自然和谐共生的现代化是中国式现代化的必然选择。从现实需求看，建设人与自然和谐共生的现代化是实现中国式现代化的必由之路。从未来发展看，人与自然和谐共生的现代化是高质量发展的必然要求。生态产品价值实现理念是我国生态文明建设思想的重大变革，也是实现“绿水青山就是金山银山”理论的物质载体和实践抓手。党的十八大以来，以习近平同志为核心的党中央站在高质量发展中国特色社会主义、实现中华民族伟大复兴中国梦的战略高度，把生态文明建设摆在全局工作的突出位置，大力推动生态文明理论创新、实践创新、制度创新，形成了习近平生态文明思想理论，为新时代我国发展绿色经济提供了根本遵循和行动指南。苏州市吴江区作为长三角绿色一体化示范区的核心组成部分，率先探索将生态优势转化为经济社会发展优势，率先探索从区域项目协同走向区域一体化制度创新，将国家战略新机遇转化为高质量发展新优势，综合实力稳居全国百强区第一方阵，形成了丰富的改革实践和“吴江样板”。吴江的实践“双优势”转化路径，是对“两山理论”的实践注解，对精准落实党的二十大提出的推动绿色发展、深刻阐述中国式现代化新道路、生动谱写人与自然和谐共生的中国方案具有重要的现实意义，值得在更大范围推广和应用。

关键词：绿色发展　区域一体化　高质量发展　吴江

一 长三角一体化发展国家战略下“双优势”转化的吴江路径创新实践背景

当前，全国各地积极践行习近平生态文明思想，加快建立健全生态产品价值实现机制，踊跃探寻生态优先、绿色发展新路径。“长三角一体化”是国家在新发展阶段着力提升国家综合实力、应对国际经济环境变化、提高参与国际竞争能力的战略部署。吴江是长江一体化发展示范区的重要组成部分，面积占示范区的51.3%，人口占44.6%，经济总量占52%，在高质量建设长三角生态绿色一体化发展示范区中，责任十分重大。

（一）理论背景

1. 经济高质量发展理论

党的十九大以来，以习近平同志为核心的党中央系统地将经济高质量发展重要论述运用于具体实践，并在具体实践中使之不断发展和完善。“经济高质量发展”是一种新的发展理念、新的发展方式、新的发展战略，是经济发展理论的重大创新。总而言之，经济高质量发展理论上与经济增长、经济发展、可持续发展等概念有关，所以高质量发展牵涉的内容比较广泛。

（1）可持续发展的含义。可持续发展是社会、经济、资源与环境持续、协调、稳定发展的经济社会发展模式。可持续发展的主要经济目标包括6个方面：①经济总量和质量的提高；②规范社会结构，使社会生活更安定、更丰富，以满足物质、精神、文化、社会的需要；③维持生态平衡和稳定，确保生物多样性和稳定性；④协调人与自然、经济与生态之间的关系，建立健全的生态环境保障体系；⑤稳定和发展趋势；⑥改进技术发展的方向和内容。

（2）高质量发展的含义。从宏观层面来说，主要是指生产要素投入少、资源环境成本低、经济效益好的发展。提质增效、创新驱动、绿色低碳和协调共享是衡量高质量发展的重要条件。具体包括6个方面：①要素投入产出效率高、速度稳；②市场、政府、科技、生态、社会、全球化等要素配置均衡，无明显短板；③创新驱动、高效发展；④生态友好、绿色发展；⑤社会和谐、共同发展、区域协调、贫富差距缩小、人人共享成果；⑥全球化程度高，共建人类命运共同体，国际协同的均衡发展。

综上，经济高质量发展，就是经济总量大与经济质量高要相统一，高品质供给与高品位需求相匹配，经济生态关系协调与经济循环顺畅相结合，收入分配公平与资源配置高效相适应的集中体现。

2. “两山”理论

> 生态资源是最宝贵的资源，不要以牺牲环境为代价来推动经济增长，这样的经济增长不是发展。要下决心停掉矿山，这些都是高明之举，绿水青山就是金山银山。
>
> ——2005年8月15日习近平总书记在安吉调研的发言

（1）“两山”理论是习近平生态文明思想的核心理论。2003年，习近平从认识论的高度阐释了人们认识绿水青山和金山银山之间关系的三个阶段。2005年8月，时任中共浙江省委书记的习近平在浙江省安吉县天荒坪镇余村考察调研时指出，“绿水青山就是金山银山”。2015年3月，《关于加快推进生态文明建设的意见》通过，正式把“坚持绿水青山就是金山银山”写进中央文件，“两山理论”成为指导中国加快推进生态文明建设的重要指导思想。

（2）“两山”理论阐明了经济与生态的辩证统一关系。体现了可持续、可循环的科学发展观，经济发展与生态保护二者不可分割，构成有机整体。绿水青山和金山银山绝不是对立的，关键在人，关键在思路；保护生态就是保护自然价值和增值自然资本的过程，保护环境就是保护经济社会发展潜力和后劲的过程。把生态环境优势转化成经济社会发展的优势，那么绿水青山也就变成了金山银山。这是我们党积极探索经济规律、社会规律和自然规律的认识升华，带来的是发展理念。

（3）“两山”理论是新时期正确处理人与自然关系的认识基础。“两山”理论表明，生态是经济社会发展的第一资源，抓生态就是抓发展。伴随人类社会发展至今的生态产品是有价值的。生态产品价值既包括生态产品自身的使用价值，也包含保护或修复提供生态产品的自然资源的成本。在“两山”理论实践中，吴江坚持生态立区、绿色富区、绿色富民，把环境与自然当作吴江走向产业升级的资本来保护和培育，推进“绿水青山就是金山银山”由理论变为现实。

3. 生态价值理论

随着科学技术的发展，工业文明的到来，信息文明的诞生，人类的经济生产活动空前活跃，对自然资源开发利用的强度也达到了前所未有的程度。如何正确处理经济发展和环境保护之间的矛盾，正确处理人与自然的关系，实现人与自然的和谐发展，已成为当今世界面临的重要课题。

（1）生态资源既有使用价值，又有经济价值。生态价值实现就是将生态产品所具有的功能和内在价值，通过政府购买、市场交易、生态产品溢价等形式转化成现实的经济价值，生态资源整体的使用价值表现为生态系统的使用价值。实践证明，人类生态意识的淡薄、生态价值观的缺失、人与自然关系的错位是生态危机产生的根源。人类在利用生态环境的时候，必须以适当的方式进行补偿，其补偿的依据之一就是生态价值理论。

（2）生态价值转化是经济发展的必然驱动。生态价值实现就是满足人类生存发展需要的过程，而生态价值转化则是生态价值在不同领域通过一定方式表现为经济价值的过程。在现代生态环境系统中，生态环境包含三方面的价值。一是固有的自然资源价值，即未经人类劳动参与而天然产生的那部分价值，它取决于各个自然要素的有用性和稀缺性；二是固有的生态环境价值，即自然要素对生态系统的功能性价值，包括维持生态平衡、促进生态系统良性循环等，对人类来说，这是一种间接价值；三是基于开发利用自然资源的人类劳动投入所形成的价值，包括为了保护和恢复生态环境所需的劳动投入。

4. 区域经济一体化发展理论

区域经济一体化的理论，最早能追溯到欧洲联合的联邦主义思想，当时在欧洲联合进程当中，有着重要影响的思想主要是联邦与邦联。联邦是一种复合制的政体，联邦成员只拥有地方自治权，而一些重要的主权如外交、防务等必须交由联邦当局行使。区域经济一体化的理论主要包括关税同盟理论、大市场理论、协议性国际分工理论。

（1）区域经济一体化，是同一地区的两个以上国家逐步让渡部分甚至全部经济主权。不同国家和地区以保护自身经济利益为目的，减少与消除彼此间的贸易壁垒，在经济上联合起来，通过相互磋商形成统一的经济联盟，促进资源的最佳利用，从而建立可实现产品、资本、人力资源等多个方面自由流通的跨国、跨区经济体的过程。我国区域经济一体化的研究主要集中在区域经济一体化发展的动力机制、区域经济一体化评价、区域经济一体化演进阶段、区域经济一体化的推进策略等方面。

（2）区域经济一体化总体上促进了区域经济增长，具体包括要素流动、产业结构和区域合作三种作用路径。在区域经济一体化发展中，生态环境共保共治是指在保护生态、打造优良环境时，各行政区地方政府以环境共同体为出发点，秉承生态环境统一不可分割的理念，共同建设良性生态体系，共同治理空气污染、水质恶化等生态环境问题。在区域利益分享和补偿机制的作用下，原本各自为政的“诸侯经济”被打破，信息共享使得地方政府不再进行低水平重复建设，而是优先发展辖区内的优势产业，区域内资源浪费减少，从而促进了经济增长。

（二）时代背景

中国经济发展进入新时期，面临着国际国内形势重大变化，需要更高水平的改革开放、更高要求的解决区域间发展不平衡问题和处理好经济发展与生态环境关系。长三角作为一个多区域的复合经济体，既有加强联系、促进交流的合作形式，又有优势互补、分工协作的差异化发展模式，还有缩小地区差距、促进协调均衡发展的目标。加快长三角绿色一体化发展，以更好地发挥对中国经济的引领作用。

1. 建设中国式现代化需要从更深层次释放经济发展内动力

党的二十大报告指出，要以中国式现代化全面推进中华民族伟大复兴。实现社会主义现代化和中华民族伟大复兴，是新时代坚持和发展中国特色社会主义的战略性、根本性任务。生态文明建设是以中国式现代化全面推进中华民族伟大复兴的基本特征和本质要求。当现代化与工业文明相伴而生，如何在生产力快速发展的同时避免巨大的生态环境代价，是世界现代化史上的一个难题。当前我国已进入了有能力解决生态环境问题的窗口期，推进经济与生态协同发展，优势互相转换的升级模式，实现社会经济发展与生态环境质量双提升，既是生态文明建设的重大需求，也是高质量发展的必然选择。

2. 落实国家重大战略使命要求区域协调制度集成更大突破

党的十八大以来，以习近平同志为核心的党中央高度重视区域协调发展，立足解决我国发展不平衡不充分问题，部署推动京津冀协同发展、长江经济带发展、粤港澳大湾区建设、长三角一体化发展、黄河流域生态保护和高质量发展等区域重大战略，推动形成相对平衡，构建优势互补、高质量发展的区域经济格局，为促进全体人民共同富裕提供坚实的区域发展支撑。随着经济快速发展，市场要素的流动和配置开始超越行政边界，传统的区域经济发展理论和政策难以适应中国经济社会发展的新要求，原有的体制机制和政策体系就难以有效推动区域主体之间的良性竞争合作，大量存在恶性竞争导致产业趋同、土地浪费、环境污染等问题。新发展阶段加快落实中央关于区域协调发展战略部署，需要更符合生态优先、绿色发展的理念，需符合主体功能区战略要求的制度创新集成，需要完善体制机制和创新政策体系，从理论、制度、体制和政策层面取得更大突破。

3. 生态资源与经济发展形成同频共振是新时代赋予的重大命题

当前，我国进入新发展阶段，开启全面建设社会主义现代化国家新征程。同时要清醒认识到，我国生态文明建设正处于压力叠加、负重前行的关键期，生态环境保护结构性、根源性、趋势性压力尚未根本缓解，区域间产业结构失序、公共产品供给不足、生态环境恶化、城乡差距明显等一系列区域经济发展相关问题依旧存在，究其原因是有限的自然资源无法支撑生产要素的大量投放与扩张，传统增长动能衰减，同时新旧动能转化速度慢、新动能规模小，制约了中国经济的转型升级和高质量发展。深入贯彻新发展理念，加快构建新发展格局，推动高质量发展，创造高品质生活，都对加强生态资源与经济发展形成同频共振提出了更高要求和赋予了更重大的时代命题。

4. 高效推进长三角一体化发展的国家战略要求突出“双优势”

高水平推进长三角一体化，深入贯彻习近平总书记的指示批示精神，扎实推进国家重大战略实施，是沪苏浙的“必答题”和“联考卷”。全面深刻理解长三角高质量一体化发展的具体内涵，需紧扣“一体化”和“高质量”两个关键词：一方面，一体化是实现长三角区域高质量发展的手段和途径；另一方面，高质量发展成为推进长三角一体化发展进程的内在要求。要结合国家创新发展的总体布局，用联系和发展的思维布局当前，谋划长远。作为长三角一体化发展的先手棋和突破口，吴江区肩负着打造“生态优势转化新标杆”的重大使命，在经济保持中高速增长、迈向中高端水平的同时，环境质量从遏制下降趋势到持续改善，逐步进入了经济与环境协调发展的新阶段。

5. 转化“双优势”是吴江高质量走好中国式道路的具体化

近年来，气候变化、生物多样性丧失、荒漠化加剧、极端气候事件频发，给人类生存和发展带来严峻挑战。作为负责任大国，我国建设生态文明，坚决摒弃损害甚至破坏生态环境的发展模式，在推动绿色发展中解决生态环境问题，是中国式现代化道路的重要内涵。作为江苏省民营经济的“领头羊”，吴江制造业发达，9 万家民营企业在此扎根，恒力、盛虹连续上榜“世界 500 强”，4 家企业跻身“中国企业 500 强”，29 家企业上市，拥有千亿级企业 3 家、百亿级 7 家、十亿级 75 家。雄厚的经济基础，为加大生态治理投入、推动创新发展提供了重要条件。吴江“双优势”把充分发挥和利用优良生态环境优势作为破解地方发展方式粗放、效率不高、创新不足、后劲乏力等内在结构性难题的关键，为经济高质量发展注入绿色底色和绿色动能。

（三）研究意义

促进区域协调发展，是长三角一体化示范区成立的使命初衷，也是提升长三角参与全球资源配置和竞争能力、增强对全国经济发展影响力和带动力的必由之路。吴江紧扣长三角“一体化”和“高质量”两个关键，从“制度创新度、项目显示度、民生感受度”出发，立足新发展阶段、贯彻新发展理念、构建新发展格局，形成了一批制度创新和项目建设成果，对于其他地区高质量发展有着重要的借鉴意义。

1. 有利于为处理好生态资源与经济发展关系提供方法论指导

人不负青山，青山定不负人。经济发展不能以破坏生态为代价，生态本身就是经济，保护生态就是发展生产力。作为生态经济良性转化和发展的地区，吴江深入把握发展的客观规律，审时度势，掌握和运用好辩证思维方法，坚持融合发展，在矛盾中寻找“和解之道”，在辩证中寻找解决高质量发展中遇到的经济和生态平衡发展的矛盾关系，有效提高分析和认识各种复杂问题的能力，在发展中保护、在保护中发展，正确处理经济和生态的关系。吴江坚定践行习近平生态文明思想，牢固树立“绿水青山就是金山银山”理念，在发展中调整、在调整中提升，以最美自然生态体现经济发展的高质量。

2. 有利于进一步体现长三角高质量一体化发展的优势和特色

2018 年以来，我国政府工作报告等中央文件多次强调，要推进长三角区域高质量一体化发展在深化供给侧结构性改革，加快推动质量变革、效率变革动力变革，实现经济社会稳步增长中的关键作用，充分体现了党中央对长三角一体化发展的高度重视。作为我国经济增长的重要引擎，长三角地区承担着引领和率先实现创新发展、迎接新一轮科技革命、探索制度创新的战略任务。吴江作为江苏省最南端一个区，也是全省唯一同时接壤沪、浙的区县，其产业发展带有明显的苏浙融合的色彩，特别是作为长三角一体化融合地区，未来发展潜力巨大。

区位优势。随着长三角绿色一体化深度推进，将不断显现和促进吴江自身发展。吴江是江苏省的“南大门”，东邻上海，西濒太湖，南连浙江，北依苏州主城区，其境内交通网络四通八达，也是苏州城区的最大板块和发展的最大战略纵深，在 2022 年度“全国综合实力百强区”排行榜中位列第八。

产业优势。吴江作为一个区，实体产业的规模经济效应明显，电子信息、丝绸纺织、装备制造、新材料四个千亿级产业，以及光缆电缆五百亿级产业。吴江拥有 1 个国家级开发区，2 个省级高新区，且民营经济比重大，十分活跃。丝绸纺织、电子信息、装备制造、光电通信等四大主导产业稳步发展，新一代信息技术、新型半导体、生物医药等新兴产业和现代服务业成为新的增长点。

生态环境优势。吴江拥有湖泊300多个，太湖岸线47公里，水域面积占比23%，是享誉全国的“鱼米之乡”“丝绸之府”。同里、黎里、震泽列入中国历史文化名镇。同里退思园、大运河吴江段和吴江运河古纤道等列入《世界文化遗产名录》。吴江境内的运河长40公里，占苏州的一半，东太湖“一级空气、二类水质”的宝贵资源和东太湖百里自然风光带是吴江最靓的“名片”。

3. 有利于探索形成从区域项目协同走向区域一体化制度创新

长三角区域一体化的融通共赢，体现在每一个重大项目里。区域一体化的过程产生于不同空间范围内的不同主体都追求各自的利益，使得在不同的市场上都有了对于相对统一的追求，所以区域一体化既使得状态和过程实现统一，手段和目的也达到统一。吴江率先探索将生态优势转化为经济社会发展优势，有助于探索从区域项目协同走向区域一体化制度创新。作为推进长三角一体化发展的先手棋和突破口，由青浦区、吴江区、嘉善县构成的长三角一体化示范区坚持制度创新和项目建设双轮驱动，率先探索将生态优势转化为经济社会发展优势，从项目协同走向区域一体化制度创新，自2019年成立以来，累计推出112项制度创新成果，其中38项向长三角地区和全国复制推广。

4. 有利于为全国生态资源与经济融合发展提供改革路径借鉴

生态环境问题归根结底是经济发展方式问题。生态优先不是不要经济增长，而是追求什么样经济增长的问题，面对保护生态和加快发展的双重压力，必须要正确处理好保护与发展的关系。产业分工和产业融合是产业发展的两大形态，分工产生效率，融合创造效益。尊重自然规律，科学合理利用生态资源进行生产，不仅能够获得稳定的高质量的产品供给，还能够很好地保护和改善生态环境。吴江摈弃片面发展观与片面保护观，统筹推进经济发展与环境保护，持续做好“生态+”文章，大力发展绿色经济，努力培育生态产业体系，推动生态产业化、产业生态化，将制度化常态化约束贯穿于各领域、全过程，将绿色发展理念根植于心、落实于行，走一条生态与产业、保护与发展，将生态资源转化为经济资源，促进产业融合发展，为全国生态资源有效利用和经济提振增效提供了模式借鉴。

5. **有利于积累更高层次更高水平的中国式现代化的实践经验**

在以中国式现代化道路全面推进中华民族伟大复兴新的历史征程、新的历史起点上，吴江区的“双优势”转化实践有助于中国积累更高水平的经济发展实践经验。也是吴江区建设人与自然和谐共生的现代化、促进人与自然和谐共生，建设美丽中国，积极应对全球气候变化，推进中国生态文明建设的一个新起点，一个新的转折。吴江的改革实践为中国式现代化建设提供了一个由区域一体化促进增长绩效的典型范本，而其通过开放形成的外向型经济，又在要素集聚、产业国际分工、企业跨地区分工、产业集群升级等方面积累了相对丰富的经验。这些经验既对其他区域的一体化具有借鉴价值，也可以避免因缺乏样本而导致的“试错”成本。

（四）全国区域一体化发展推进主要创新模式

改革开放之后，中央决策层战略思维是要允许一部分地区先富起来，然后推进共同富裕。此过程中，由深圳作为一个突破口而形成了后来广东一带的南部沿海珠三角增长极，以及基于上海及周边产业基础由浦东的超常规开发作为突破口确立的东部沿海长三角增长极。以长三角、京津冀、粤港澳大湾区域一体化为支点，通过一体化建设可以实现城市群区域内高质量发展，形成可复制、可推广的经验为其他区域所采纳和借鉴，引领带动全国经济社会的协调发展。

1. **京津冀“三个协同”发展**

京津冀协同发展战略的核心是有序疏解北京非首都功能，调整经济结构和空间结构，推进各方面的协同发展。

一是生态环境协同治理。打破行政区域限制，推动能源生产和消费革命，促进绿色循环低碳发展，加强生态环境保护和治理。在京津冀一体化发展的进程中，充分考虑发展区域的生态环境治理问题。利用天然地貌优势，合理划定西北部生态涵养区。围绕大气污染联防联控、水环境联保联治、生态环境联动执法等重点领域，加大节能减排力度，以清洁能源代替燃煤，持续优化能源结构，加强高污染产业整治力度，推动区域生态环境保护协同发展不断走向深入。

二是产业结构协同调整。围绕空间结构调整，积极疏解北京非首都功能。京津冀协同发展战略将有序疏解北京非首都功能、解决北京"大城市病"问题作为基本出发点，以产业疏解带动人口疏解，重点疏解一般性产业特别是高消耗产业。围绕产业结构调整，大幅压减高排放产业产能，推动产业优化升级。

三是产业链体系协同。京津冀三省市以搭建产业合作平台为抓手，积极开展形式多样的对接活动。围绕我国产业发展中的"卡脖子"问题，实现京津冀现代产业体系协同，促进形成创新合力。深化京津冀产业协同，促进产业布局优化和产业链上下游协同。

2. 长三角区域协调一体化

长三角大湾区地处长江入海口的冲击地区，以上海湾区为龙头，以宁波、苏州、杭州为三大极核，以舟山、嘉兴、湖州、绍兴为四大协同空间，以及辐射的沿海和内部腹地空间。改革开放后尤其是21世纪以来，国家、省市层面都对长三角一体化进行了积极有益的探索。

一是重点解决区域发展不平衡和不协调问题。从发展路径看，长三角地区要通过协调性均衡推动区域更高质量一体化发展，破解区域间发展不平衡、不协调问题，努力将长三角打造成为协调性均衡发展的高效经济体。长三角地区的一体化发展演绎着我国区域协调发展的一条现实路径，对中国各个区域板块探索创新的区域协调发展具有重要的参考价值。

二是以规范化和制度化强化生态经济一体化。长三角将规范和创新看作相互作用的双方，在动态管理中实现博弈均衡，加强地区间协同共治，逐渐发展探索出一条生态经济一体化治理的特色路径。长三角一体化要紧紧扣住区域一体化的本质要求，着力于破除一切不利于资源要素自由流动的障碍，使资源要素突破行政区限制，在更大范围内优化配置，促进市场的合理分工和各地区比较优势的充分发挥，实现区域整体的协同高效发展。

三是一体化发展创新了制度供给。长三角建设统一的生态环境保护制度，探索建立环评制度改革集成，统一的河湖环境要素功能目标、污染防治及评估考核机制，碳达峰碳中和工作联合推进机制。依托于长三角地区在线监测数据共享，三省一市生态环境部门开展长三角区域空气质量预报会商，携手构建区域大气污染的联防联控。近三年来，示范区坚持制度创新和项目建设双轮驱动，率先探索将生态优势转化为经济社会发展优势，从项目协同走向区域一体化制度创新。

3. **粤港澳大湾区“四区叠加”**

湾区经济是区域经济发展的高级形态。粤港澳大湾区经济一体化始于1978年中国开始的改革开放政策，无论是在内部城市间的合作能力，还是在联动内陆腹地、对接世界网络的综合效能上，都位居中国城市群的前列，是具有网络关联和一体化发展特征的典型区域。2021年粤港澳大湾区生产总值为12.71万亿元，经济总量接近纽约湾区。

一是以市场一体化进行区域经济发展一体化。早在20世纪90年代，大湾区已从多领域展开区域合作，为生产要素跨界流动、产业转移提供了便利。从粤港澳大湾区区域经济的形成过程以及粤港澳三地合作进程看，粤港澳大湾区作为一个区域经济体，市场一体化是大湾区一体化的基本驱动因素。

二是以要素跨市流动推动空间去边界化。粤港澳大湾区要素的集聚与扩散、产业结构升级会驱动城市区域空间结构的演化，促进同城化、创新走廊等空间形态的形成，推动大湾区呈现分散与集聚并存的空间格局。伴随粤港澳大湾区城市化的迅速发展，不同地市之间在产业合作、连接性基础设施的建设、区域性枢纽设施的共享等方面不断提高共识。

三是以制度叠加推进区域经济发展一体化。从区域经济一体化角度看，粤港澳大湾区有其独特性，这个区域内的香港、澳门两个特别行政区是世界级自由港，实行“一国两制”制度。港澳地区实行不同的海关制度、税收制度、货币制度以及社会生活制度。长期以来粤港澳地区各大城市之间相互学习、相互渗透，在贸易发展、资金、技术引进等方面优势互补，形成跨边界、跨制度、紧密联系的区域合作整体。

四是打破了行政分割，构建起“前店后厂”的产业地域分工模式。如东莞松山湖、惠州环大亚湾石化区等紧邻深圳的跨界地区重点平台与深圳的企业开展合作，形成了“深圳高端服务+东莞制造+惠州生活服务”的产业体系；珠三角9市的创新合作平台围绕科技资源要素开展规则衔接的压力测试，推动大湾区形成梯度发展、分工合理、优势互补的产业一体化体系。截至2021年，广东省共有高新技术企业超6万家，其中绝大部分在粤港澳大湾区，比2017年净增加了2万多家。

（五）“双优势”转化的实践内涵及特征

1. “双优势”转化的基本内涵

生态保护与经济发展是相辅相成、相互促进的。生态文明建设要求经济、社会、生态的全面协调、高质量低能耗的发展，以未来长远利益为目标，重视人类的永续发展，这要求建立生态与经济均衡发展模式。

一是生态良好是发展的一个优势，但是经济是城市发展的命脉，经济上不去，包括生态建设在内的许多事情实现都很难办成，即使取得了成果也难以巩固和深入发展。

二是如果片面地只关注经济的发展，不顾当地环境资源实际状况去大量消耗不可再生资源，以牺牲生态为代价换取一时的经济增长，必然会造成因盲目刺激经济所带来的各种生态环境破坏问题。

三是建设生态文明绝不是单纯解决环境问题，也不是只要环境保护而不要经济发展。生态环境保护的成败，归根到底取决于经济结构和经济发展方式的转变。

总体而言，“双优势”转化是实现生态保护与经济高质量发展协同共进的可持续发展模式。其主要内涵体现在以下三方面。一是在推进经济发展过程中，不能以牺牲环境为代价换取一时的经济增长。而是以加快转变经济发展方式、调整经济结构，坚持绿色发展为改革之根本。二是以体制机制改革推动地方发展实现从经济发展与环境保护“两难”向两者协调发展“双赢”转变。三是在对生态开发利用中进行保护、在保护中发展，推动经济高质量发展与环境保护实现“双赢”。

2. “双优势”转化的主要特征

“双优势”是一种全新的推动生态与经济良性推动转换的状态，主要特征表现为从传统的片面促进经济发展、片面保护环境向二者统筹协调共进转变，从维护当代人利益向兼顾当代人利益与子孙后代利益转变。

一是从基本理念上看，充分认识自然资本、人造资本、人力资本三种要素的结合对于生态产品价值实现的重要性，重视人造资本和人力资本投入。

二是从实施路径上看，在发展中保护、在保护中发展，推动经济社会发展与环境保护协同共进。保护生态就是增值自然资本，就是保护经济社会发展的潜力和后劲，让绿水青山既发挥生态效益又发挥经济效益。

三是从制度规范上看，综合运用法律、经济、行政等手段，逐步改变过多依赖资源消耗、过分依赖规模粗放扩张、过多依赖高能耗高排放的发展模式，对过度消耗资源的行为划定法律边界。

四是从改革实践上看，“双优势”的转化表现为顺应自然发展，考虑市场需求，充分利用基础资源禀赋，改善交通公共基础设施等，提升产业能级，促进经济与生态良性发展。

3.“双优势”转化的吴江诠释

“双优势”是吴江在发展地方经济的同时，注重生态文明建设，以自然生态优势拓展经济优势、经济优势“反哺”自然生态环境，是对“两山理论”的深刻注解和实践改革诠释。主要表现为以下几方面。

一是诠释了经济与生态辩证统一的关系。通过“通”和“补”，有效的促进了产业与生态融合。“通”就是要自上而下、自下而上彻底打通产业与生态两方面的理念、认知、人财物、资源资金资本、信息、体制机制、政策和市场等。“补”就是做到了产业与生态两方面优势互补，充分发挥生态资源功能和环境功能优势，形成融合共同体而非二元结构中的隔离体。通过“产业生态化”和“生态产业化”共同作用推动利用生态资源进行产业融合发展。

二是充分发挥生态资源环境的先天优势。吴江区自古便有“崇文厚道、尊重自然”的优良传统，是江苏省首批省级生态文明示范县区，与此同时制造业基础雄厚、民营经济高度发达，为促进生态优势和发展优势的双向转化提供了良好的土壤环境。吴江以经济社会发展优势带动生态资源优势的再升级，发挥生态环境优势，加快完善绿水青山价值核算体系，加快探索绿水青山转化为金山银山的发展路径，把示范区生态的优势更好地转化为高质量发展的优势。

三是充分挖掘生态优势及潜力的生态经济化优势。通过生态补偿、产业带动、定点帮扶等手段，使资源变资产、民居变民宿、产品变礼品等，让生态红利更好更充分地惠及人民群众。优质生态环境是吴江突出的资源禀赋，依托优势发展经济，意味着投入小、收益大、效率高，做大做强生态经济是吴江遵循禀赋优势探索新路子的必然选择。

二　长三角一体化发展国家战略下"双优势"转化的吴江路径创新实践主要做法

吴江生态禀赋优越，拥有河、湖、湿地、森林等丰富生态资源和典型生态系统，古镇、丝绸、国学等历史文化资源特色鲜明，优质生态产品供给能力较强。立足自身先天基底和示范区生态绿色发展定位，吴江加快推动生态产品价值实现，创造性探索点绿成金本土化路径，激活绿色潜力、释放绿色动能。在长三角一体化发展国家战略引领下，吴江区积极开展先行先试，以全局观念、创新思维、超前节奏推进各项工作，率先在全国、全省探索实施一批具有突破性、首创性的改革举措。

（一）强化顶层设计，在完善体制机制中扛起新使命

吴江始终把生态建设、生态保护和经济发展统筹推进，持续深化体制机制改革，生态系统性保护和修复机制在经济发展中也同步完善，实现"双优势"有效对接和根本性转化。

1. 以强化组织领导加大组织保障力

加强组织领导，是有序推进工作、强力抓好落实的重要保障。成立了示范区理事会、执委会，总规模90亿元的长新公司、总规模100亿元的水乡客厅公司，53家成员的示范区开发者联盟，初步形成了示范区"机构法定、业界共治、市场运作"跨域治理新模式；区级层面，成立吴江区推进长三角区域一体化工作领导小组和推进长三角生态绿色一体化发展示范区建设领导小组，建立区委常委会专题听取示范区工作机制，成立区长三角地区合作与发展办公室和区长三角一体化发展研究中心，成立了改革创新、规划建设、先行启动区建设等四个指挥部，不断激发长三角投资、城市投资、资本运作、文旅开发、水务运营等五大集团公司发展活力，深度参与示范区重大项目和载体平台建设。

2. 以持续完善工作机制提升内动力

全面落实长三角一体化发展国家《规划纲要》、示范区《总体方案》、江苏《实施方案》、苏州《行动计划》，研究出台《吴江区建设长三角生态绿色一体化发展示范区实施方案》，明确了示范区建设近期、中期和远

期发展目标，排定实施三大类21大项90个子项的重点任务，落实4方面保障举措，统揽示范区建设各项工作。三年来，共排定实施449项示范区建设年度工作要点，并牵头抓好协调推进和督办落实。其中，2020年，聚焦“六个重大”（重大项目、重大事项、重大平台、重大改革、重大突破、重大活动）梳理明确143项工作要点；2021年，围绕“制度创新度、项目显示度、民生感受度”部署推进年度重点工作178项；2022年，聚焦示范区“一田三新”排定128项年度工作要点。全力支持先行启动区建设，共排定实施86项先行启动区重点任务，其中，2020年度重点工作22项、2021年重点工作29项、2022年重点工作35项。

3. 以强化统筹协调实施方案和政策

市委常委会专题研究推进示范区建设，并出台支持示范区建设系列政策。近三年，围绕示范区建设重点任务，区委、区政府研究出台《关于率先对接上海走在沪苏同城化前列的实施方案》《关于建立更加有效的区域协调发展新机制的实施意见》《苏州市吴江区产业“十四五”发展及二〇三五年战略规划》《关于苏州市吴江区推进数字经济时代产业创新集群发展的实施意见》《苏州市吴江区推进数字经济时代产业创新集群建设2025行动计划》《关于推进美丽吴江建设的实施意见》《苏州市吴江区加快绿色低碳发展三年行动计划（2021—2023）（试行）》《苏州市吴江区扎实推动共同富裕走在前列三年行动计划（试行）》等一揽子政策文件，全面推动示范区建设。

4. 以科学编制发挥规划引领作用

规划科学会得到最大的效益，规划失误会造成最大的浪费，规划折腾是最大的忌讳。吴江深度参与示范区各类规划编制，发挥规划引领作用，注重总结正反两面的经验教训，着力增强规划的前瞻性、合理性、约束性和统筹性，确保规划和一体化建设始终沿着正确方向发展。围绕示范区“1+1+6”规划体系，抽调专人参加编制“示范区国土空间总体规划”和“先行启动区规划”。积极参与示范区产业规划、生态环境、水利、综合交通、文化和旅游发展、供排水、燃气等十余项专项规划编制。

5. 以发挥党建工作协同凝聚人心

如何在困难与挑战中发挥党建优势，凝聚人心推动高质量发展，是摆在一体化面前的重要任务。三地联合发布推动示范区党建工作创新发展

“1+2”文件体系，组建城市基层、非公、农村基层3个组织力学院，实施党建引领长三角一体化发展“书记项目”，打造“吴根越角”党建生态圈。聚焦“两在两同”建新功行动，发布“一线建功”四大计划。围绕示范区建设，连续举办长三角一体化示范区建设专题研修班、“四新讲座”“党员冬训”“干部讲堂”，并通过示范区三地多层次干部挂职交流，大力强化干部队伍建设，不断提高吴江各级干部推进一体化示范区建设能力。

（二）聚焦改革创新，在破除关键要素流动壁垒中激发新活力

要素自由流动是实现高质量发展的重要前提条件，一体化最大难点是破除制约区域间要素流动的体制机制障碍。为此，吴江坚持全面深化改革，充分发挥市场机制在资源配置中的决定性作用，畅通要素流动渠道，保障不同市场主体平等获取生产要素，推动要素配置依据市场规则、市场价格、市场竞争实现效益最大化和效率最优化。坚决破除制约一体化发展的行政壁垒和体制机制障碍，建立统一规范的制度体系，形成要素自由流动的统一开放市场是长三角区域一体化发展的内在要求。

1. 创新人才要素流动体制机制

一是完善人才互认互准制度。配合示范区执委会出台《长三角生态绿色一体化发展示范区专业技术人才资格和继续教育学时互认暂行办法》，针对三地的专业技术人才，聚焦职业资格、职称和继续教育学时逐步实现“跨域、互认和共享”。2021年6月，《长三角生态绿色一体化发展示范区机械专业高级工程师职称联合评审工作方案》印发以来，区人社局作为联评委办公室连续2年开展示范区机械专业高级职称联合评审工作，青浦、吴江、嘉善三地累计22人通过评审获机械专业高级职称，在全国范围内率先实现“一次评审，三地互认”。

二是推动人才资源有序流动。出台示范区“推荐外籍高层次人才申请在华永久居留的认定管理办法”，专业技术人才资格和继续教育学时互认暂行办法”等，针对三地专业技术人才逐步实现“跨域、互认和共享”，做好示范区外籍人才便捷服务。开展外国人工作许可证互认互准，设立“外国人来华工作、居留单一窗口”。建设“长三角（汾湖）人力资源服务产业园”，共建人力资源服务联盟。

三是率先推出突破社保限制的创业扶持政策。面向青吴嘉三地高校毕

业生出台《关于鼓励长三角生态绿色一体化发展示范区高校毕业生在吴创业的若干意见（试行）》，成立长三角一体化示范区公共创业服务联盟，联合青浦、嘉善人社局和三地团委连续两年成功举办示范区大学生创意创业大赛，共收到长三角地区参赛项目 195 个。

四是深化区域协同治理。探索以社会保障卡为载体建立居民“一卡通”，2021 年 5 月 20 日，发放吴江区首批江苏省第三代社会保障卡，省第三代社会保障卡上加载“交通一卡通”功能，可在长三角地区及全国 300 多个城市中带有“交通联合”标志的公交、地铁等公共交通刷卡支付，率先实现以社保卡为载体的示范区内公共交通“一卡通”。

五是推进劳动关系合作。创新探索仲裁协同办案，订立全国首个长三角联动巡回仲裁庭仲裁员互聘制度，邀请青浦区仲裁员与吴江区仲裁员组成合议庭，公开审理跨地区劳动人事争议案件。联合做好区域劳动关系治理工作，联合三地人社部门公布 16 个拖欠劳动报酬典型案例，配合市人社局开展长三角一体化示范区制造业企业市场工资价位工作，企业工资分配宏观调控协作联动。

2. 提升科技创新载体平台效能

坚持问题导向和需求牵引，围绕成果转化链上的“堵点”“痛点”“难点”，持续创新科技成果转化体制机制模式，构建全社会参与、全链条贯通、全要素组合的转化平台建设。与建设银行、江苏银行各签订 500 亿元信贷支持战略合作协议，全力支持吴江绿色低碳转型以及城市更新改造，赋能实体经济发展。推动区内多家银行跨区开立对公账户，完成首笔跨区域授信业务。实现全国首笔供应链企业间跨区域数字人民币转账支付等 7 个跨区域数字人民币试点场景应用。

3. 有力推进跨域信用平台建设

加快共建示范区公共信用平台，推进实现跨地区信用信息全量共享，配合执委会拟定《长三角生态绿色一体化发展示范区企业公共信用综合评价实施方案》《长三角生态绿色一体化发展示范区企业公共信用综合评价指引》（2022 版），制定信用评价标准，加快构建示范区企业公共信用综合评价和应用体系。推进示范区“信易贷”平台建设，“信易贷”规模已接近 500 亿元。推进知识产权跨区域管理服务联动协作，加快示范区知识产权保护服务中心建设。围绕《长三角地区共同开展“满意消费长三角”

行动方案》，突出建好环鼋荡湖美丽乡村放心消费示范带、古镇旅游放心消费商圈。

4. 建立健全跨域财税分享机制

探索建立“投入共担、利益共享”的财税分享机制，配合执委会出台《一体化示范区跨域财税分享实施方案》，在水乡客厅开发建设、跨区域协同招商、跨区域企业迁移等方面明确财税分享路径。签订一体化示范区涉税事项跨区域通办合作事项，公布首批4类15项涉税事项跨区域通办清单，包括企业完税证明开具、增值税一般纳税人登记等。按照江浙沪三地财政部门三年内为长三角一体化示范区先行启动区注入100亿元财政专项资金的政策要求，积极向上争取，已争取到苏州三年支持吴江示范区建设转移支付财力50亿元，全额投向示范区相关建设主体。康力大道东延工程等13个项目列入长三角一体化发展专项中央预算内投资支持范围，争取资金6.16亿元。

（三）筑牢绿色基底，在生态化发展中形成经济发展新动能

立足资源优势、发展生态经济既是吴江发展的方向，也是吴江发展的潜力。吴江区锚固生态基底，厚植最美生态底色，积极推进基础设施互联互通，推动生态环境建设和绿色低碳发展，打响“江村”品牌，持续探索生态友好型可持续增长模式、率先将生态优势转化为经济社会发展优势，高水平高标准打造长三角生态绿色一体化发展示范区乡村振兴美丽吴江样板区，构建共融共生共享生态空间格局。

1. 提速基础设施互联互通

加速融入“轨道上的长三角”，沪苏湖、通苏嘉甬铁路加快推进，如通苏湖城际铁路苏州至吴江段线路工正在审查，沪苏嘉城际铁路水乡旅游线苏州南站预埋段开工建设。高标准推进苏州南站科创新城片区城市设计和控规编制，苏州南站枢纽与集疏运道路等配套工程专项规划取得批复。苏州南站变更设计取得批复，线站规模提升至2台6线、站房面积扩大至4万平方米等。苏州南站TOD站城一体项目涉铁部分完成国铁鉴定中心审查，枢纽地下工程全面开工建设。盛泽站站房已开工建设，配套工程A区地下空间工程正进行垫层浇筑施工。苏台高速、605省道改扩建、鲈乡路北延、江陵路快速化改造等工程加快推进，松陵大道TOD综合交通枢纽预计2023年5月竣工验收，东太湖隧道、苏州湾隧道已开工建设，与苏州主

城区通达性不断提升。

突破跨省交通设施建设壁垒，以打通省际“断头路”为重点，康力大道（现更名为鼋荡路）成为示范区成立以来开通的第一条省际通道，汾湖大道南延、浦港路新改建等先行启动区互联互通项目加快推进。318 国道吴江区水乡客厅段工程按照“先行先试、容缺受理”的原则，探索跨区域高等级公路协同推进新模式。黎里-朱家角、桃源-乌镇、震泽-南浔等 16 条跨省和毗邻公路开通运行，实现所有省际主要通道公交全覆盖。

2. **加快构建蓝绿发展格局**

吴江区实施东太湖综合整治工程、太浦河水源保护工程，打造大运河文化带、东太湖百里风光带、太浦河沪湖蓝带、环鼋荡美丽湖泊群。跨区域共商共建“水乡客厅”，桑基鱼塘、蓝环工程吴江段开工建设。太浦河沪湖蓝带一期完成主体建设，环鼋荡岸线即将全线贯通。同里湿地公园获评国家级湿地公园，太湖浦江源获评国家级水利风景区，水系连通及农村水系综合整治试点县项目获国家考核评估优秀。串珠成链建设“平望·四河汇集”、盛泽“丝绸水路”等标志性节点，“新江南空间”现代风貌逐步显现。获评国家生态文明建设示范区、国家现代农业产业园，同里湿地公园获评国家级、太湖浦江源获评国家级水利风景区。

3. **持续深入生态环境治理**

推进水岸联动综合整治，从单一清水走廊治理转变为综合性清水绿廊建设，统一示范区水环境管控标准，提升林田空间生态服务功能，打造“看得见、进得去”的开放式林地景观。重点保护承载地区核心生态功能的水空间，提升示范区水面率，加强湖荡保护与河网整治，强化水空间建管，统一河道湖荡空间管控标准，严格保护水空间。

推进“一河三湖”跨界水体沿岸地区污染治理和岸线综合整治，累计完成治违拆旧超 4.9 万亩，削减低端落后喷水织机超 10 万台，整治“散乱污”企业（作坊）1.7 万余家。打好蓝天净土保卫战，全区约 1500 家企业挥发性有机物得到治理提升，完成 1900 余台 35 蒸吨以下燃煤锅炉淘汰或清洁能源替代，2021 年 PM2.5 年平均浓度首次低于 30 微克/立方米。

严格落实土壤环境污染重点监管单位“一制度三报告”工作，确保污染地块安全利用率 100%，近三年危废利用处置率保持 100%。吴江区水系连通及农村水系综合整治试点县项目连续两年获水利部和财政部评估优秀。全国首创“联合河长制”，联合巡河、联合监测、联合检测、联合保洁、联合治理五大机制常态化运行。

4. 有效落实“双碳”战略

研究出台《苏州市吴江区加快绿色低碳发展三年行动计划（2021—2023）（试行）》，提出8大专项行动31项工作任务，分阶段、分步骤推进全区碳排放稳步达峰。汾湖高新区编制完成《汾湖高新区能源发展“十四五”规划》。扎实推进分布式光伏开发建设全国试点，制定出台《苏州市吴江区分布式光伏规模化开发实施方案》《分布式光伏试点开发指引》，省内率先出台实施细则和工作指引。抓紧研究制定光伏项目相关补贴和投保细则，开发建设全区分布式光伏数字化管理平台，不断完善我区分布式光伏开发政策管理体系。协同共建近零碳水乡客厅，打造具有示范作用的碳达峰碳中和引领区和样板间。

5. 全面实施乡村振兴战略

深入实施农村人居环境整治提升五年行动，累计公布“红黑榜”28期，解决环境问题10万多处，累计完成新改建农村公厕1400座，行政村生活污水治理、垃圾分类覆盖率达100%，打造“五美”自然村247个，建成“美丽村景”1800多处、建成各级“美丽菜园”示范村40余个。“三张榜单引领农村人居环境整治高质量推进”成为全省唯一入选第二批全国农村公共服务典型案例。连片打造“魅力大运河”“美丽湖泊群”吴江特色田园乡村组团，形成环长漾特色田园乡村群、同里农文旅融合发展区、环鼋荡美丽乡村群等八个各具特色、亮点鲜明的乡村振兴示范片区。获评首批全国休闲农业重点县，建成中国美丽休闲乡村3家、省特色田园乡村13家。吴江蚕桑文化系统入选中国重要农业文化遗产，环长漾桑基鱼塘农业系统入选江苏省第二批省级重要农业文化遗产名录。制定出台《关于推动村级集体经济倍增发展的意见》，齐心村获评全省新型农村集体经济引领共同富裕示范村十佳案例，齐心村、黄家溪村入选全省新型集体经济发展百强典型案例。

（四）坚持创新驱动，在产业转型升级中点燃发展新引擎

创新是一个地区进步的灵魂和兴旺发达的不竭源泉。吴江区持续集聚

高端创新要素，提升区域创新浓度，增强科技创新能力，激发市场主体活力，做好“强链固链补链延链”文章，进一步增强民营经济“领头羊”优势，加快推动产业智能化改造、数字化转型，着力构建面向未来的融合型数字经济、前沿型创新经济、功能型总部经济、特色型服务经济、生态型湖区经济的“五新”经济。

1. **助力民营经济领跑全国**

民营经济是吴江经济社会发展的优势、特色和根基所在，是当前深入推进高质量发展的重要依托，“民营经济看吴江”已成为吴江对外交流的一张亮眼名片。拥有电子信息、丝绸纺织、装备制造、新材料四个千亿级产业，形成“四轮驱动”产业发展态势。纺织、光电缆、电梯产业入选国家外贸转型升级基地。“高原”上铸就“高峰”，4 家入围中国企业 500 强，6 家入围中国民企 500 强，其中恒力、盛虹跻身世界 500 强，分列第 75 位、241 位。

2022 年全区新增 4 家上市公司，近岸蛋白成为全区首家生物医药领域上市公司，太湖雪为北交所“新国货丝绸第一股”。2022 年 1 ~ 11 月，全区规上工业企业中，民营企业实现产值 2377.35 亿元，同比增长 7.1%，占规上工业总产值比重达 55.5%。完成民间投资 460.89 亿元，占全社会固定资产投资额的 70.6%，民资投资中工业投资 170.53 亿元，占工业投资的 76.0%。

2. **推动数字经济蓬勃发展**

连续实施两轮智能工业发展三年行动计划，制定《苏州市吴江区推进数字经济时代产业创新集群建设 2025 行动计划》，累计建成省级示范智能工厂 7 家、示范智能车间 163 个，数量全省第一。累计创建省五星级上云企业 26 家，居苏州大市第一，各星级总数达到 1386 家，成为全省唯一突破千家的区县级板块。深化工业生态“数字管理”，建设工业企业大数据云平台 3.1 版本。擦亮“工业互联网看吴江”品牌，全面发挥长三角工业互联网一体化发展示范区头雁效应，累计创建工信部工业互联网试点示范项目 3 家，国家级工业互联网平台 2 家，省级重点工业互联网平台 9 个，居苏州大市第一。工联院、信通院和华为云、海尔卡奥斯、徐工信息等工业互联网大院大所和国家级“双跨”平台成功落地。长三角示范区（吴江）算力调度中心入选国家“东数西算”工程长三角枢纽江苏唯一节点。

成立数字人民币试点推进工作领导小组，制定出台《吴江区数字人民币试点场景应用实施方案》，目前已覆盖11个场景应用。

3. 持续提升产业科创能力

国家先进功能纤维创新中心正式投用，成为全国首家由民营企业牵头建设的国家制造业创新中心。清华大学汽车研究院智能网联汽车创新中心、亨通海洋信息技术与装备创新中心获评省级创新中心。累计建成省级以上企业技术中心、工程研究中心、工程技术研究中心超230个。累计创建国家技术创新示范企业7家，国家级工业设计中心企业2家，省级院士工作站3家，省级企业重点实验室3家，省级工程技术研究中心77家，省级工业设计中心24家，国家企业技术中心11家，省级企业技术中心154家。三年来获评国家科学技术奖励6项，省科学技术奖24项，获奖数量位居苏州大市第一。英诺赛科、微康生物获国家发改委“卡脖子”攻关重大专项支持，迈为科技、赛伍技术、吴江变压器入选省双碳重大科技成果转化项目。

信能精密、嘉诺环境等单位先后承担了20余项国家重点科技研发计划。先后引进中科院微光电子研究所、苏州思萃城市更新产业技术研究所等独立研发机构。成立国家技术转移东部中心汾湖分中心、中科院长三角技术转移中心。先后举办产学研活动近50场，企业年均与高校院所联合开展技术合作超150项。“苏州湾创投壹号”基金管理规模超千亿，形成“基金+人才+项目”创新链条。入选首批省创新型示范县（市、区）。

4. 不断加快城市产业更新

坚持“亩均、绿色、创新、能耗”论英雄，修订完善吴江区工业企业综合评价分类实施办法，编制吴江区印染、织造、电梯、铸造等产业提升发展规划，2022年整优提升近千家低效工业企业、超2万亩低效用地，完成数居全市前列。立足“环太湖科创圈”“吴淞江科创带”交会点，大力推进花港湾、苏州湾科技城、太湖新城CBD等区域规划布局建设，形成恒力国际环企中心、开平一号等30余幢商务楼宇规模，云梨桥畔、盛家库老街、中新智地（吴江）苏州湾智能制造产业园等城市更新和产业更新项目成效初显。

加快纺织循环经济产业园、长三角现代供应链产业园、恒力智能化产业园等项目建设，推动纺织产业从“面料”向“材料”转型。积极推进绿色生产，累计17家企业入围国家绿色工厂，亨通光电等2家企业入围国家绿色供应链管理名单。

5. 加速形成人才集聚高地

实施人才创新创业“55352”工程、“人才新政15条”、示范区高峰人才联合激励计划，举办吴江国际精英创业周等品牌活动，发布“海聚英才”全球创新创业大赛示范区赛会联办创新共同体。截至2022年底，全区自主培养入选国家级重大人才引进工程29人、重大人才培养工程3人，江苏省“双创团队”5个、“双创博士”57人，苏州市“姑苏重大创新团队”2个、“姑苏创新创业领军人才”189人。

携手工联院江苏分院与苏州大学，打造工信部人才交流中心工业互联网产业人才基地。亨通集团成为全省首家具有正高级职称评审权的民营企业，获批全省首批“G42+”民营企业人才人事综合改革示范基地。协同青浦、嘉善累计开展12场“智汇长三角”一体化示范区校园引才专场活动，达成就业意向1758人。共建长三角一体化示范区数字化招聘服务信息共享平台，累计发布岗位40000余个。率先推出突破社保限制的创业扶持政策，建设“长三角（汾湖）人力资源服务产业园”，举办长三角一体化示范区人力资源产业高峰论坛。

6. 全面化提速服务业发展

研究制定总部经济、楼宇经济、服务业集聚区、生产性服务业等服务业高质量发展政策，配合执委会编制印发《长三角生态绿色一体化发展示范区知识创新型总部聚集区建设方案》。近三年累计兑现各类服务业高质量发展政策资金约1.72亿元。积极加快推进先进制造业与现代服务业深度融合，构建一二三产融合发展格局，成功入选省“两业”融合区域试点，入选省市“两业”融合试点企业累计18家和产业集群数量累计2个，总数位列苏州大市第一、全省前列。积极打造优质载体平台，吸引优质总部落户，推进产业集群发展。截至目前，全区共有13家企业获评苏州市总部企业认定，30家获评区级总部企业认定，全区共获评14个省市级服务业集聚区，数量规模位苏州大市前列。

（五）抓重点实施项目，是区域协同的重要载体和途径

抓项目就是抓发展，谋项目就是谋未来，大项目是带动投资增长、促进经济发展的重要载体，是优化产业结构、提升产业质量的重要力量。吴

江主动对接上海“四大功能”“五个中心”建设，推进一批战略规划共谋、开放融合共进、产业发展共促、江南文化共塑、基础设施共建、生态环境共保、公共服务共享、社会治理共治的同城化项目，实现与上海优势互补、协同发展。

1. 狠抓产业现代化转型升级工程

深入开展质量提升行动，实施好产业基础再造工程，夯实产业基础高级化、产业链现代化的根基。建成国家级企业技术中心11家，亨通光电、恒力化纤、盛虹集团等13家企业入选省“两业融合”龙头骨干企业试点。连续两年荣膺省“制造业创新转型和高质量发展成效明显地方”称号。中广核达胜、博众精工入选第五批省级生产性服务业领军企业。海晨物流入选省智慧物流降本增效关键物流技术突破试点。完成智改数转项目超3000个，提前一年实现规上企业全覆盖；44家企业获“智能制造贷”授信42.72亿元；完成智能制造诊断超900个。

2. 打造绿色创新发展新高地工程

依托上海交大等高校、科研院所优质资源，举办多种产学研活动，推进国家先进功能纤维创新中心以及省智能网联汽车创新中心建设，加速关键共性及“卡脖子”核心技术攻关；引进工业互联网专业院所和重大“双跨”平台，搭建“纺织行业数字化转型公共服务平台”。加快工业领域5G应用试点，累计建成超4000个，收录5G产业链图谱产品100个，5G应用项目签约超150个。

3. 加快创新链与产业链深度融合

做优10家苏州市自主品牌大企业和领军企业先进技术研究院，建成三级企业技术中心389家（国家级11家）；建成三级工业设计中心83家（国家级2家）；创建国家技术创新示范企业6家。累计认定省首台（套）重大装备48套。大力培育“专精特新”企业，吴江变压器、凯伦建材等35家企业获评国家专精特新“小巨人”企业。

4. 有序推进交通重大基础设施工程

推进沪苏湖铁路苏州段建设，打造多层次、立体化、跨区域的“轨道上的长三角”。率先贯通元荡路，规划提升吴江大道—周湖公路—金商公路、九桃线、华天路西延至南浔等跨省通道。沪苏湖铁路相交道路节点改造已取得工可批复。318国道吴江区水乡客厅段已召开初步设计审查会，完成施工、监理单位招标。长湖申线（京杭运河-苏沪省界段）航道整治工程正进行施工图设计。盛泽（长三角）现代供应链产业园码头工程完成施工图设计，仓储办公区域开工建设。

5. 加快推进文旅产业融合建设工程

组织国际绿色环湖骑行活动、长三角“运河名镇”龙舟平望邀请赛、汾湖世界攀岩赛、长三角地区足球赛篮球赛等大型赛事。依托区内千年古镇、现代农业、田园乡村、湿地公园、大运河文化带等文旅资源，打造示范区江南水乡古镇生态文化旅游圈。开展2020首届长三角示范区美食节、绿色餐饮风尚节、“五五购物节·乐购吴江”等活动；发布2021“阿拉游吴江”品牌。

6. 抓好民生幸福美好生活建设工程

设立长三角示范区医保经办专窗14个，实现经办事项全流程跟踪。实现尿毒症血透腹透、恶性肿瘤等病种在内的示范区门诊慢特病异地就医结算全覆盖，实现面向上海的1184家联网医疗机构就医免备案直接结算。率先实现异地就医结算全领域免备案，率先实现医保电子凭证门诊结算“一码通”。建立三地院前急救联动合作领导小组、联席会议制度，建立“信息互通、资源共享、优势互补、协调指挥”的应急救援机制。老有所养基本公共服务标准化列入国家试点，开通企业职工基本养老保险关系转移接续业务网上申请服务，推进沪苏转移“提速办”，实现区域内养老保险关系无障碍转移。深化跨域基础教育、普高教育、职业教育、高等教育等交流合作，一批优质教育机构落户吴江；强化课程基地建设，重视教育骨干人才培养，打造教育创新共同体，实现长三角教育事业共同发展。

7. 抓好社会治理新高地建设工程

共建三地政法系统协作机制，以8方面22项合作为抓手，构建“1+5+N”三级议事体系，成立示范区社会治理现代化研究基地，打造“C位长安”政法协同品牌。健全三地市场监管领域综合执法沟通协作机制，共同提升市场监管执法水平、净化市场环境。推动长三角“一网通办”专窗全覆盖，吴江全区共投放148台政务服务自助机，与青浦的40台、嘉善的56台自助机互联互通。支持示范区内4454项事项通办，自助一体机自投放以来使用量达327万次，使用总人次超58万，跨省访问量11405次。

示范区“跨省通办”综合受理服务窗口通办事项达 3877 项，通办事项数量全国最多、通办模式全国首创，实现“跨省授权、全盘受理、一窗综合、同城服务”。

8. 抓好生态价值新高地建设工程

推进示范区绿色发展国际创新中心建设。大力实施“三优三保”“三治”“三水同治”“263”“331”等专项行动，治违拆旧超 3 万亩。生活垃圾焚烧发电、危废焚烧处置等项目建成投用。开展“一河三湖”跨界水体联保共治，实施太浦河“沪湖蓝带”计划，完成太湖围网拆除和长江流域禁捕退捕任务，累计治理黑臭水体 220 条，实现区内所有水体河湖长全覆盖。国省考断面水质优Ⅲ比例提高 14.3 个百分点，连续 15 年实现太湖“两个确保”。

（六）先试先行探索，推进重点领域制度创新系统集成

吴江坚持把落实党中央顶层设计与地方率先突破、率先形成优势转化紧密结合起来，处理好改革总系统与子系统的关系，增强地方先行先试的勇气、胆魄，锐意创新进取，推进重点领域制度创新集成。

1. 汇编制度改革创新经典案例

2020 年，梳理 37 项制度创新和 45 项项目建设经典案例，其中各 25 项入选示范区案例汇编。2021 年，梳理 55 项制度创新和 48 项项目建设经典案例，其中 37 项制度创新和 27 项项目建设经典案例入选示范区案例汇编。2022 年，梳理形成 48 项制度创新案例成果。形成全国首创破产司法联动机制、首笔长三角绿色生态贷、科技创新券通用通兑等一批重点改革成果；“跨界联合河长制”入选“中国改革 2020 年度 50 典型案例”。

2. 深入推进乡村振兴系列改革

成功入围首批全国休闲农业重点县，吴江蚕桑文化系统成功入选第六批中国重要农业文化遗产“三张榜单”引领农村人居环境整治获评第二批全国农村公共服务典型案例。累计建成农业园区 15 个（28.45 万亩），吴江现代农业产业园成功创建国家现代农业产业园；省级现代农业产业示范园通过省级认定。

3. 加快复制推广自贸区创新制度

截至 2022 年底，吴江开发区本年度已累计复制推广江苏自贸试验区和苏州自贸片区改革创新项目 40 项，累计新增自主创新案例 33 项。汾湖高新区已累计复制推广江苏自贸试验区和苏州自贸片区改革创新项目 24 项，累计新增自主创新案例 17 项。

4. 持续推进营商环境等领域改革

持续推进营商环境、联动监管等重点领域改革。打造“最舒心”营商环境创新行动 4.0 版，全面实现“1330”改革目标。推动新监管模式政策落地，落实概要申报、无感卡口等 14 项创新举措，全力打造开放层次最高、优惠政策最多、功能最齐全、手续最简化的海关特殊监管区。

三 长三角一体化发展国家战略下“双优势”转化的吴江路径创新实践主要特点和方式方法

唯改革者进，唯创新者强。吴江始终坚持以习近平总书记关于推动长三角一体化发展的重要讲话和重要指示批示精神为指导，在没有成熟的经验可借鉴，没有成功的案例可遵循的前提下，紧扣“一体化”和“高质量”，积极探索生态优势转化新标杆的建设路径，吴江坚持在摸着石头过河的发展实践中解决问题，不断总结形成了独特的吴江经验和吴江方案，为新时代中国经济发展提供方法指引。

（一）坚持整体性系统性思维，发挥改革的联动效应

吴江强化系统化思维，加强顶层设计和战略谋划，通过务实有效的路径和举措，解决发展经济中与生态保护的深层次矛盾，充分发挥各项改革措施的联动效应，积极探索体制机制创新，推动全面深化改革举措在吴江系统集成、集中落实，着力提升一体化发展的创新性、探索性、引领性。

1. 坚持整体性系统性思维相统一

吴江从整体层面对发展过程中面临的难题做深入思考，兼顾整体性、系统性、局部性三者的统一，是重要的改革原则。以区域一体化协同发展作为主线，在规划设计上坚持整体性思维和系统性思维相统一，借鉴国内外发展成熟地区的优秀经验，坚持一张蓝图贯彻到底的规划理念，科学合

理布局示范区前期的产业规划，在开发建设示范区的同时，更注重保护好生态环境，实现经济发展的可持续。

2. 坚持经济效益生态效益相统一

在长三角一体化发展的国家战略引领下，吴江区积极借鉴江浙沪改革试点经验开展先行先试，率先探索将生态优势转化为经济社会发展优势，并以高质量发展优势反哺生态优势，在实践中总结出了一些好经验好做法。通过打通“绿水青山”与“金山银山”之间的转换通道，实现对习近平生态文明思想的创新性实践，并在一定程度上进一步拓展和深化，在解决生态保护与经济发展之间的关系问题上提供新模式、新路径，为长三角生态绿色一体化发展积累并贡献有益经验。

3. 坚持社会公正生态公正相统一

吴江在生态文明建设的时代背景下，以及长三角生态绿色一体化发展示范区的建设中，将公正融入生态领域，坚持社会公正与生态公正相统一。吴江注重将生态公正理念寓于地方发展的改革理念之中，不仅在行政区属范围内履行生态职责，还充分考虑长三角其他行政区范围内企业的发展利益与生态效益，为跨行政区一体化生态文明建设贡献吴江方案。

4. 坚持生态发展经济发展相统一

强化生态环境共保共治有助于在一体化发展中增强经济社会发展的可持续性，有利于为人民提供高质量的生活环境和生产环境。吴江秉持绿色发展理念融入生产、生活与生态文明建设的过程中，坚持绿色生产、绿色生活和绿色生态建设相统一。促进由绿色技术创新带来的企业、技术、项目等在示范区内的合理布局，不断完善绿色创新技术的分享和转化，引导产业布局朝着均衡化方向发展。

（二）高站位勇担当善谋划，自觉践行国家战略是关键

吴江高站位的担当起长三角一体化示范区重任，积极服务好上海这个长三角的龙头、长江经济带的龙头，在沪苏同城化、上海都市圈中找准定位、主动作为，为长三角区域经济形成更高质量一体化发展提供先行示范。

1. 把国家战略内化于改革实践探索

吴江实践证明，发挥国家战略牵引地方高质量发展的作用，推动国家

战略在地方先行先试，积极探索可复制可推广的经验，是一条行之有效的路径，是我们党治国理政的重要方式。吴江立足资源禀赋，推动国家战略与地方发展有机结合形成新优势，在推动“双优势”转化路径上形成了非常生动的实践范例，不断在服务全国改革开放大局中推进地方高质量发展，同时在先行先试中积极为全国发展提供有效的改革经验。

2. 立足资源生态优势科学谋划发展

吴江强化规划引领，坚持经济生态两手一起抓理念，聚焦问题导向，不断提高规划设计的前瞻性、系统性和科学性，进一步建立健全约束机制，加快特色产业规划设计和项目建设，有效的利用和提升生态经济价值，为高质量发展提供有力支撑。坚持从全国一盘棋、区域一体化的大局着眼，从本地产业布局、行业调整、产业发展方式转换着手，持续加大存量产业的环境治理力度，稳扎稳打改变传统产业结构，提高资源环境质量，提升项目效益、完善生态补偿、加大多元投入力度，实现生态、经济和社会效益协同发展。

3. 站在发展角度处理经济生态关系

中国的现代化是人与自然和谐共生的现代化，党的二十大报告明确提出，尊重自然、顺应自然、保护自然是社会主义现代化国家的内在要求，吴江站在发展的角度前瞻性地处理好经济与生态的融合发展关系，处理好保护和开发、生态和利益、当前和长远、整体和局部的关系，实现人与自然和谐共生。

4. 舍小利促经济社会生态效益共赢

随着党和国家对生态文明建设的重视，推动生态环境共保共治已经成为共识，但在经济发展过程中，由于生态与经济之间的人为矛盾，牺牲环境带来更大的经济效益往往成为首选，生态环境共保共治从口号到落实还有很长的路要走。吴江探寻环境效益和经济效益的共赢，从发展经济的焦虑中解脱出来，以壮士断腕的决心，敢于担当，树立正确政绩观，正确处理“大我”和“小我”的关系，正确处理长远利益、整体利益和短期利益、局部利益的关系，多做打基础、利长远的事。

（三）探索体制机制创新，注重一体化改革集成是重点

水深则鱼悦，城强则贾兴。吴江始终注重围绕产业链部署创新链、围绕创新链培育产业链，高效推进数字经济和数字化发展、制造业智能化改

造和数字化转型、工业互联网融合创新发展，打造现代产业集群。推进经济更高质量发展、生态环境更为优美、城乡发展更加协调、文化实力更加强大，让共同富裕可观可感。

1. 产业创新升级一体化

“产业创新”是推动长三角更高质量一体化发展的重要支撑。吴江近三年累计签约重大优质项目近百项，有效高企突破1200家，省双创团队实现“零突破”。英诺赛科成为吴江首家江苏省独角兽企业，中车交通智能制造星舰超级工厂有力牵引汾湖电梯产业转型升级。吴江开发区、汾湖高新区列入江苏自贸试验区联动创新发展区。

2. 教育医疗联通一体化

吴江积极推动在示范区相关工作互联互通互认，实现异地就医结算全领域免备案、医保电子凭证异地结算“一码通”，利用跨区域医疗联合体的优势医疗资源，加大专科联盟建设力度，建立跨区域医联体，推进示范区“健康教育联盟”“家医联盟”“疾控联盟”等建设，签订“青吴嘉”三地院前急救区域联动、卫生监督综合执法等合作协议，推动示范区内卫生健康事业真正从“有界”走向“无界”。

3. 基础设施建设一体化

完成示范区首条省际断头路打通、首座跨区域慢行桥建设。加快推动沪苏湖、通苏嘉甬高铁在苏州南站十字交会，上海轨交17号线、苏州轨交S7线在水乡客厅无缝对接。苏州南站科创新城控规取得初步成果，城市设计研究及汾湖片区概念规划获省国土空间规划三等奖。

4. 公共跨域服务一体化

公共服务差距大是我国区域内部经济社会发展不平衡的突出表现之一。公共服务差距大导致人民不能享受到同等的公共服务，尤其在基本公共服务这类与人们切身利益相关的方面。这种差距会影响人们对我国社会经济发展的评价，更会挫伤人们贡献社会的积极性。吴江在推进区域一体化的过程中，必须促进基本公共服务便利共享，让人们切切实实感受到一体化发展带来的成果。上海十院、复旦附属儿科医院医联体合作项目高效运转，长三角未来实验学校项目一期竣工，汾湖文体中心建成开业。杨文头村获评吴江首个“全国文明村”。黎里古镇获评“中国最具魅力研学旅游目的地”“中国最具品质文化旅游胜地”。

5. 绿色共享发展一体化

吴江聚力绿色发展推动区域一体化发展进程，辖区内 3 个国省考断面水质全部达标，330 个湖泊全部列入江苏省湖泊保护名录，超全省总数的 1/4。成立长三角一体化示范区绿色发展国际创新中心，“曲水善湾” 成为示范区乡村振兴样板，建筑单体水杉居获全球性设计双料大奖。完成全省首个集中连片整体打包备案的屋顶分布式光伏项目建设。

6. 创新案例试点一体化

吴江为践行“双碳” 战略，研究长三角一体化示范区绿色旅游发展路径，由吴江牵头拟定《长三角一体化示范区绿色旅游管理规范》，规范于 2022 年 5 月 19 日正式发布。规范主要践行绿色低碳理念，为全国树立一个绿色出行的服务样本，让旅游在“碳中和” 中发挥独特作用。相关指标将在吴江率先试点，实现“优质环境+优质产品+优质服务”，“可交易+可持续+可复制” 的“文旅碳交易” 绿色旅游新模式，为示范区乃至全国绿色低碳旅游作出示范。

（四）强化组织领导力，是改革举措落地见效的重要保障

为政之要，莫先乎人；万事之要，关键在人。吴江始终注重发挥党的各级组织在推进示范区建设中的领导和战斗堡垒作用，为实现目标任务提供坚强保障。

1. 以提高政治站位增强改革意识

吴江始终坚持以习近平新时代中国特色社会主义思想为指导，全面贯彻落实党的十九大、二十大和历届会议精神，深刻把握“争当表率、争做示范、走在前列” 的使命担当，紧扣一体化示范建设中心工作，明确目标、厘清思路、前瞻规划、扎实推进、落到实处，扎实推进沪苏同城化，打造创新发展新高地、生态绿色新典范、城乡融合新标杆、江南文化新空间、共同富裕新样板，建设“创新湖区”“乐居之城”，奋力谱写展示社会主义现代化“最美窗口” 的吴江篇章。

2. 以行政联动促进各方协调联动

吴江区长三角办公室侧重统筹谋划，加强综合协调和督促检查。各牵头部门和有关部门共同制定具体实施方案，逐项细化工作任务，实行工作项目化、项目清单化、清单责任化，明确时间表和线路图，做好进度跟踪

分析和协调推进。参与部门积极配合，共同推动工作有序开展，确保重点工作落地见效。注重加强与上海多层次常态化交流互访，健全与青浦、张江、临港等地的常态化会商机制，积极与上海商会、行业协会、高端智库等功能机构对接。

3. 以经济压力倒逼产业转型升级

借外部压力倒逼产业转型升级，向附加值更高的产业中高端环节延伸，这是吴江制造业历经风浪屹立不倒的一大动因。近年来，我国发展阶段发生变化，绿色发展稳步推进，相关行业快速增长，市场对中高端产品需求增加，产业升级发展步伐明显加快。与此同时，经济下行压力也在一定程度上倒逼产业升级，吴江积极面对整体经济形势下行的市场情况，部分发展动力不足的企业被淘汰，产业内部结构得到优化。

4. 以发展动力形成区域协同破题

消除行政壁垒的限制实现区域内竞相开放，能够衡量一个区域的发展是否一体化。资源禀赋、基础设施等自然和技术因素，虽然会影响一体化发展的进度，但是体制机制、制度、政策等主观因素才是衡量某个区域一体化发展水平的标志。用好示范区平台，做好对重大事项、重大资金、重大政策的向上争取，积极申报中央预算内资金和专项债，推动更多项目、资金、政策纳入示范区建设“大盘子”，为探索中国式社会主义现代化新道路做出更大贡献。

（五）践行人民至上理念，是改革的出发点和落脚点

始终把人民利益放在第一位是吴江坚持的政治立场，是推动社会经济发展的基本原则。吴江“双优势”转化，践行了区域经济一体化发展以共享区域基本公共服务为价值目标，以区域一体化为途径和手段，以创新和开放为区域一体化发展的动力。

1. 以“双优势”转化塑造“新时代鱼米之乡”风貌

组团式、品牌化、片区化推进特色田园乡村建设，加快推进联片打造长漾特色田园乡村群、同里农文旅融合发展区、鼋荡美丽乡村群、平望运浦乡境拾光等八大片区，精心雕刻江南韵、小镇味、现代风交织共鸣的生活场景。打造“曲水善湾”美丽吴江样板区成为长三角一体化示范区内重要的乡村振兴样板，“江村”成为承载群众美好生活向往、传承优秀水乡

文化、开展研学旅行的重要目的地。以获评国家现代农业产业园为新起点，推动土地、资金、科技等各类资源要素加快向园区聚集，不断提升农业质量效益和竞争力。大力实施乡村建设行动，推进农村建房风貌管控和提升，建设“五美三优”美丽乡村。

2. 以全面深化体制机制改革强化优质公共服务供给

深入推进现代化“教育名区”建设，营造良好教育生态，建设高质量教育体系，办好人民满意的教育。加大新建、改扩建推进力度，高水平建设苏州大学未来校区，推进苏州丝绸中专异地新建、苏州旅游与财经高等职业技术学校迁建等项目建设。加快提高医疗卫生服务能力，织牢织密公共卫生防护网，全面提升人民健康获得感。推动苏州九院、江苏盛泽医院建设成三级甲等医院，异地新建的区中医医院建设成三级中医院，儿童医院建设成三级专科医院。

聚焦“一老一小”，实施更加积极的人口发展政策，促进人口长期均衡发展，整体提升养老照护服务能级与水平，建设省域养老服务高质量发展先行区，形成多样化、多层次的照护服务体系。不断完善房地产调控机制，确保房地产市场平稳健康发展，努力实现“住有宜居”。落实示范区33项共建共享公共服务项目清单，推出更多“跨省通办”“一码通”等便民事项。

3. 以提升城市治理精细化水平筑牢安全发展底线

以“全生命周期管理”理念贯穿城市规划、建设、管理全过程，建立城市治理精细化常态长效机制。提升数字化治理服务水平，全面运用、深化拓展“大数据+网格化+铁脚板”治理机制，持续开展“三官一律”进网格活动。深入推进镇村两级社会矛盾纠纷调处化解中心建设，系统集成本级社会治理资源，为群众提供全覆盖、全领域、全过程的优质服务。

以“一网通办”“一网统管”建设为“牛鼻子”，以智能化、数字化为突破口，提升政务服务效率、保障城市安全有序运行。打造“城市驾驶舱”，完善“一网通用”的共性支撑和能力供给，优化重构基础设施、数据要素、公共平台、智慧应用、服务感知“五层一体”数字政府总体技术架构，不断增强数字政府建设的整体性、系统性和协调性。

提高本质安全水平，增强全民安全意识，抓实抓紧风险隐患排查化解，营造和谐稳定的发展环境。深化“平安吴江”建设，升级社会治安综合防控体系，加快新一代“雪亮技防”工程建设。压紧压实安全生产责任，及时防范化解意识形态、政府性债务、房地产、金融、信访稳定等重点领域风险。

加强安全生产监管执法，有效遏制重特大安全事故。持续推进危化品、城市建设、道路运输、消防安全、既有建筑排查整治等重点行业领域的安全生产专项整治，持续推进安全生产事故起数和死亡人数双下降。完善事故与自然灾害监测预警机制，提升应急物资储备及保障能力，提高防灾、减灾、抗灾、救灾水平。

4. 以“双优势”转化高质量发展动能促进共同富裕

共同富裕是社会主义的本质要求，是高质量发展的目的，也是激发社会活力的重要手段，更是中国式现代化的重要特征。吴江坚持以人民为中心的发展思想，坚持“创新、协调、绿色、开放、共享”新发展理念，在践行国家战略和加快“科创圈带”建设中释放富民红利，以中国式现代化推进吴江共同富裕，让中国式现代化在吴江大地上充分展现可观可感的现实图景。

四　长三角一体化发展国家战略下“双优势”转化的吴江路径创新实践普遍推广意义

党的十八大以来，加强生态文明建设提到了治国理政的核心位置。吴江通过自身实践，构建起新时代经济社会发展全面绿色转型的“大生态”建设，通过打通“绿水青山”与“金山银山”之间的转换通道，实现对习近平生态文明思想的创新性实践，并在一定程度上进一步拓展和深化，在解决生态保护与经济发展之间的关系问题上提供新模式、新路径，为长三角生态绿色一体化发展积累并贡献有益经验。

（一）汇聚一体化制度创新：在推动区域经济一体化发展中不断突破

发达国家的绿色工业实践表明，经济的发展离不开制度的保障，只有在完善的制度下，绿色工业才能有章可循。吴江“双优势”形成与发展，离不开国家战略部署，并且从实际情况出发，顺势而为、蓄势而发。吴江在构建现代化经济体系的先导和主力军、推进更高起点深化改革的先驱和标兵、推进更高层次对外开放的标准制定者、完善我国改革开放空间布局、推动长三角区域一体化制度集成创新等方面体现了示范价值。

一是推动土地要素集约。谋划实施城市和产业双优融合更新，建设中新智地智能制造产业园等更新项目，推动电梯等产业重组整合、提档升级，腾出发展空间近 3 万亩。

二是加快人才要素集聚。探索干部跨省交流任职新机制，建设自贸片区联动创新区，在开通高层次人才绿色通道等方面先行先试，发放首张跨区域“上海市海外人才居住证”。构建“基金+人才+项目”创新链条，“苏州湾创投壹号”基金实现规模超千亿元。

三是强化数字要素赋能。创新工业生态“数字管理”，深入推进差别化配置改革，实现“一个平台清家底、一套体系管评价、一项政策促转型”。依托中国工业互联网研究院江苏分院，持续擦亮“工业互联网看吴江”品牌，建成省重点工业互联网平台 9 个，数量全省领先。

（二）打造产业核心竞争力：在引领产业集群高质量发展中走在前列

制造业是立国之本、财富之源，是一个国家和地区综合国力的体现。强化对制造业核心竞争力的提升，既是制造业自身高质量发展的内在要求，也是制造业参与国际分工合作的必然选择。

当前我国工业化进程尚未结束，产业链供应链仍处于中低端水平，但传统产业并不代表没有核心竞争力，要通过推动传统产业转型升级，特别是通过数字化赋能、绿色化转型等手段，进一步为优势产业“锻长板”。吴江是制造业的吴江，更是以绿色发展转型和数字赋能的制造业转型引领示范的吴江。

吴江区按照产业化规律、市场化方式，加强生态优势转化的功能组团和载体建设，按照多中心、网络化、融合式组织形式，优化调整土地空间和产业布局，从而强化生态资源的系统保护、整体管控、集中利用。通过建设规模适宜、功能聚合、服务协同的“产业活力单元”，系统规划周边功能配套及产业转型，实现城乡格局和产业布局的协调统一，发挥生态资源的更大价值。围绕工业互联网助力提升制造业数字化转型水平、产业链现代化水平，推动产业向高端化智能化绿色化加速转型。

（三）践行融合发展理念：生态资源优势转化为经济社会发展优势

吴江区全面推动高质量发展始终坚持生态保护和经济发展的辩证统一。生态保护与产业发展是密不可分的，没有生态资源作为依托，产业发展就是无源之水；没有产业发展作为支撑，生态保护也难以持久。

一是秉承绿水青山就是金山银山的理念。吴江有单体面积 10000 多亩的平原森林，自然湿地保护率达 71.6%，累计拥有超千亩生态公园 7 个，国家级湿地公园 1 个，省级湿地公园 2 个。大力整合利用历史、人文、生态等方面的资源，推动全域旅游，一二三产融合，打响中国乡村振兴示范区国家级品牌，成为全域旅游示范区和长三角近郊旅游休闲的首选地。

二是大力实施生态美丽河湖群建设。通过岸线绿色贯通修复，水系结构优化，畅流活水等工程，全面消除城乡黑臭水体，全力展现江南水乡的自然之美，守护好水环境生态命脉，将水优势打造成吴江的名片。其中很重要的一点，是狠抓污防攻坚，减轻环境负荷的压力。例如，吴江在全国率先跨省、跨市、跨县区实现了联合河长制，建立了联合巡河、联合监测、联合执法、联合保洁、联合治理为主体的联合河长制机制。立足实际和产业结构的特点率先试行区镇空气质量补偿办法，对 35 蒸吨以下的燃煤锅炉进行了淘汰，开展了挥发性有机物治理等一批专项环境治理。

三是探索以新方法解决老问题。把产业发展和生态环境的改善统筹在一起考虑，推动两者新的融合发展、相互转化。在田园风光中植入适当规模的科创、研发产业，加快绿色生态项目“变现”生态价值，从而实现在“有风景的地方”嵌入“新经济”的有效发展模式。

（四）坚持以人为本共建共享：在经济社会发展中反哺生态资源优势

长三角一体化发展的落脚点，是通过各领域一体化举措，降低企业和居民的交易成本，增强百姓获得感。吴江区牢牢把握“改革创新度”与“百姓感受度”两者之间的关系，使得制度创新红利真正惠及百姓。

一是产业富民。牢牢把握长三角生态绿色一体化发展示范区建设和“环太湖科创圈”“吴淞江科创带”建设交会叠加的重要战略机遇，推进数字经济时代产业创新集群发展。开展长三角科技创新券通用通兑，支持科技企业跨区域购买服务。全区工业总产值超5000亿元，继电子信息、高端纺织和装备制造产业后，新材料产业迈上千亿级。

二是生态惠民。深化“一河三湖”（太浦河、淀山湖、汾湖、黿荡）整治，实施生态环境标准、监测、执法“三统一”制度，率先形成跨界水体联保共治模式。在全省率先试点环评审批承诺制，发放全省首笔超千万元的排污权抵押组合贷款，推动全省首个水质保险项目。

三是服务便民。打造长三角“一网通办”专区，受理事项达1398项，为全国之最。16条跨省和毗邻公交开通运行，实现主要省际道路公交全覆盖。引进上海世外教育等合作办学项目，与复旦大学附属肿瘤医院等开展医联体合作，形成公积金异地提取、社保卡“一卡通”等一批便民事项。

（五）形成先试先行改革实践路径：在探索中积累一批有效改革经验

实现区域一体化发展，无论是对市场还是政府，都是新的尝试与挑战，需要在思维、模式和制度方面进行探索与创新。吴江依托于长三角更高质量的一体化先试先行探索突破，在以生态要素促进经济发展，以经济反哺生态，进一步提高环境治理和提高资源配置的广度与深度、创新成果的应用与扩散、与各周边区域之间缔结多样化的网络合作关系等方面，发挥对长江经济带的龙头带动作用。吴江“先行先试”推进“双优势”转化，以“渐进式改革”实现与制度创新突破的操作路径，促进了先行地区制度创新的自觉尝试与实践。

一是从内到外的创新突破与形成改革合力。与以往有所不同的是，由于在长三角区域一体化发展战略中，更加注重于提高要素结构升级的潜力，表明吴江服务于长三角外部空间和内在动力都将发生显著的变化。区域协调发展作为宏观经济发展的总基调，致力于形成相对集中的、多样化的区域发展空间，意味着吴江需运用更加柔性的、规范的和具有显示度的方式而非常规的、受地理辐射范围局限的区位影响力，充分发挥制度创新、试验与推广、再创新的作用。

二是顶层设计生态产品价值的实现方式。按照产业化规律、市场化方式，加强生态优势转化的功能组团和载体建设，按照多中心、网络化、融合式组织形式，优化调整土地空间和产业布局，从而强化生态资源的系统保护、整体管控、集中利用。通过建设规模适宜、功能聚合、服务协同的“产业活力单元”，系统规划周边功能配套及产业转型，实现城乡格局和产业布局的协调统一，发挥生态资源的更大价值。

三是倡导以存量优化为主的发展模式。把“生态+”理念融入产业发展之中，遵循自然生态有机循环机理，对区域内产业系统、自然系统和社会系统进行统筹优化。以生态环境高标准倒逼经济发展转型升级，通过改进生产方式、优化产业结构等途径，加快推动绿色低碳发展，全面提高资源利用效率。统筹做好“留”和“转”的文章，促进“腾笼换鸟”，做好留白余地，为重大战略和重大项目预留空间，引导资源向先进生产力集中。

四是加强跨区域生态环境的协同治理。当前全国范围内区域协同保护与高质量发展仍然面临诸多挑战，吴江推进长三角一体化示范区生态环境领域共保联治的生动实践，为我国探索生态环境保护区域协作的道路作出了良好示范、积累了宝贵经验。牢固树立生态环境“一盘棋”思想，不断放大区域协同平台共建共享作用，切实加强跨区域河湖水源地保护，共同打造绿色发展底色，促进经济社会发展全面绿色转型。

五　长三角一体化发展国家战略下“双优势”转化创新实践存在的问题与挑战

长三角一体化发展取得明显成效，具备在更高起点上推动更高质量一体化发展的良好条件，但也面临新的机遇和挑战。

（一）“双优势”赋能作用待强化，制度创新待进一步突破

制度困境主要体现在三个层面，包括现有制度存在区域冲突和壁垒问题、新的制度支撑存在供给上存在不足，以及受到诸多因素的制约，部分制度难以落到实处。

1. **一体化制度创新需进一步突破**

改革进入深水区，受政策壁垒和行政区域限制的约束影响，示范区政策存在部分改革创新深度不够、有实质意义的创新不够多、停留在浅层次对接合作阶段，一些政策和制度创新推广仍未落地见效等问题。在一体化制度创新上思想不够解放，还存在思维定式、路径依赖，大胆试、大胆闯、自主改的力度仍需加大，“一子落而全盘活”的重点领域改革创新亟待突破。

2. **资源要素约束还需进一步破解**

随着示范区建设进程不断迈向深入，资金、用地、环保各项前置硬性标准对项目的制约性加大，以及工业保障线、示范区国土空间规划等新政策、新要求，资源约束日益趋紧，急需在化解资源要素瓶颈方面加大力度。吴江规划开发强度初步安排32.74%，现状开发强度达到32.85%，已突破上限，但仍无法满足开发需要。同时，耕地与基本农田两项指标缺口严重，耕地后备资源匮乏，只能依靠存量土地腾退来为新开发建设提供土地指标。示范区建设急需如期开工的，如水乡客厅一大批项目，涉及基本农田调整，土地腾退、盘活存量难度加大，环境承载能力需要进一步挖掘和提升，要素低成本的粗放型、低效率增长模式已经难以为继，必须要在新的时代背景下开创双循环相互促进的新发展模式，切实打造生态优势转化的新标杆。

3. **创新发展共识还需进一步凝聚**

一体化示范区建设很多具体工作都是在“无人区”里“闯新路”，没有经验可循，都需要各方站在国家战略的高度上看问题，用一体化思维来推动工作，大胆试、大胆闯，在凝聚共识、平衡利益、统一行动中加以推进。例如，吴江和嘉善都将高端装备制造作为主要的产业发展方向，但布局重点却不在交界处，在缺乏协调机制的前提下，各地招商容易以邻为壑，一方面造成部分行业产能过剩，另一方面难以形成合力提质增效。只有坚持规划引领、政府引导、市场参与，才能写好示范区这篇大文章。

4. **城市发展能级亟须进一步提升**

当前发展存在一些薄弱环节，产业层次总体还不高、中小规模制造企业较多，土地集约化程度有待提升，中高端人才净流入率较先进城市存在一定差距、医疗卫生服务体系有待健全、教育资源有待优化提升。迫切需要通过资源导入和产业优化，引领区域能级提升。

（二）改革统筹机制待健全，跨区域办事仍存在难度

近年来，吴江区初步形成了推陈出新、具有特色的“一网通办”工作态势，但由于受内外因素影响，在制度运行中，过于依赖行政层级、技术层级的纵向推动，而横向上的协同机制则较为薄弱。由于缺乏长三角区域层面的制度统筹、政策协同的顶层设计，区域内各地方改革主体的合力发展的意识不足，不同区域、部门各自为政、各行其是的现象依然存在。

1. 跨省政务服务标准有待统一

吴江与青浦、嘉善的制度、政策环境不尽相同，政务服务系统之间存在差异，例如，示范区三地事项名称、审批标准、申请材料、服务流程、办理时限要求尚未达成统一，急需各地部门明确跨省通办的受理审核标准，持续优化事项流程和办理深度。

2. 电子证照互认共享有待加强

对标上海，吴江区电子证照在政务服务领域的运用场景少，运用范围小，示范区电子证照数据库的数据完整性、实时性、准确性有待提高，对于电子证照、电子印章、网络数据安全防护，目前也缺少相应的法律界定和制度层面的支持，还需要上级部门统筹协调，进一步加大电子证照归集共享，提升交换速率，保障跨省使用效力。

3. 受理平台业务系统有待对接

推进“一网通办”就是要打通各部门间的数据壁垒，改变“数据孤岛”“数据烟囱”的隔绝现状，但在实际运行中，依然存在大量无法调用部门数据、需要二次录入的问题。由于部门业务系统多为国家或省市级建设，区级无法对接，因而吴江区综合受理平台和上级部门业务系统的数据交换仍然存在问题，由此也导致办理通道不统一，实际使用率还不够高。

（三）行政区域壁垒限制，要素市场化配置效率待提高

行政区域整体上依然没有改变条块分割、属地管理的管理体制，区域、部门之间的壁垒依然存在，没有充分发挥出各方优势和潜力，尚未形

成共建共享、统筹协调、功能互补的区域一体化发展格局，各方优势和潜力有待进一步发掘和挖掘。

1. **涉及范围广主体关系复杂**

一方面跨区域利益共享共担机制问题。飞地经济、共建园区在经济与社会统计特别是经济总量核算分享，农用地占补平衡以及税收分成等利益分享方面缺乏有效的制度安排；跨区域重大项目建设的投融资机制不完备，尤其是公共性、基础性、通用性的跨区域重大项目建设，缺乏有效的投融资机制保障，建设和运营机制也亟须创新完善，导致跨区域的基础设施建设特别是断头路、瓶颈路建设协商难、衔接难、建设难。

另一方面区域市场壁垒、地方封锁保护等现象仍然存在。一些地方提出“首台套”重大技术装备在跨地区销售中不能享受相应的资金、政策、保险等支持。另外，区域市场监管标准、处罚标准不统一，自由裁量权不一致，跨省市执法联动难等。传统的以行政边界为单元的政绩考核体系、绩效评价体系不适应区域协调发展需要。在以 GDP 为主要考核指标的情况下，各地区在发展产业、GDP 核算、税收分成等方面存在竞争关系，突出反映在各地发展规划内容雷同、招商引资的恶性竞争等，表现为跨区域深层次产业联动发展机制不畅通，产业关联度不高，区域合理分工、优势互补的产业格局难以形成。

2. **生产要素自由流动不通畅**

一是跨域数据融通仍有不畅。浙江在对接法院“执行一件事”上，可通过大数据局查询并在线办理多达 18 个部门的事项。而上海、江苏本地数据向本地法院的线上开放查询仍需进一步畅通，线上办理查封、过户等还在协调之中。目前，有 7 项数据可通过大数据局向吴江提供。如能将示范区相关数据共享到一个平台，对符合使用条件的部门和个人开放，将大大推动跨域协作。

二是跨域调解员互认范围有限。目前吴江已与上海青浦、浙江嘉善法院达成初步互认意见，但与沪浙其他地区法院的互认推动较缓慢。关于调解平台，目前各地区法院使用的平台不同且多头，而在线委派并开展调解时，需要确定统一的调解平台，如最高院的调解平台。

三是破产管理人指定存在区域性壁垒。根据《最高人民法院关于审理企业破产案件指定管理人的规定》规定，我国对管理人实行“名册制”管理。目前，苏州中院、嘉兴中院、上海高院分别编制相应地区管理人名册，只接受本地区机构（或个人）的申请，辖区法院审理企业破产案件也只能从相应名册中指定管理人。建议沪苏浙三地高院可联合编制长江三角洲区域破产管理人名册，或明确一体化示范区法院可在其他两地区所属管理人名册中指定管理人。

3. 共商共建共享机制未形成

一是案件管辖问题协调难。因以往各地存在对生态环境犯罪案件集中管辖、指定管辖等司法政策，有关示范区内生态环保类案件管辖权配置也存在一定差距。2019 年前，吴江区域内此类案件明确由苏州市姑苏区人民检察院集中管辖，经争取此类案件管辖权已回归吴江法院。示范区内知识产权类案件各地也存在集中管辖问题。诸如此类案件，如管辖权不统一，三地刑事办案协作将存在很大阻力。对基层院来说，相关协调工作烦琐费力，存在难度。

二是青吴嘉区域内司法政策协调趋同难。青吴嘉三院办理的危险驾驶、盗窃罪案件占比均较大，但该两类案件入罪标准不同。例如危险驾驶案中，嘉善对醉驾案不起诉标准为 170mg/100ml，吴江、青浦均低于此标准。青嘉吴三地的案卷质量及评查标准不统一，行政裁量权标准也不统一，需要进一步加强协调、统一标准。吴江区检察院正在积极争取上级支持，推进此类犯罪三地的刑事政策、入罪标准尽可能趋同，但此类司法适用问题涉及公检法等各部门，解决示范区域内同罪不同罚问题难度较大，尤其需要最高检、省级层面政法机关协调推进。

三是惠企检察政策示范区内复制推广难。目前，吴江司法拍卖涉税协作机制、青浦涉企行政争议实质性化解、嘉善知识产权和商业秘密检察监督保护绿色通道等多项创新举措相继出台并运转成熟，但这些在本地行之有效的机制要想在示范区内全面推广还存在行政壁垒，希望得到执委会政策支持。

四是数据综查平台未完全互通权限。三地数据综查平台只有极少数指定平台可受限访问，未完全互通权限。建议查询权限进一步开放，实现长三角区域警务数据资源共享，为刑侦、治安、禁毒、食药环等条线侦查破案提供全方位的信息支撑。受限于网络基础设施、平台建设级联模式、权限管理等问题，目前三地视频监控资源共享的实现还有一定难度。

（四）协同推进力不够，制度创新亟待更大突破

尽管近年来长三角积极探索一体化发展，但整体上依然没有改变条块分割、属地管理的管理体制，区域、部门之间的壁垒依然存在，没有充分发挥出各方优势和潜力，尚未形成共建共享、统筹协调、功能互补的区域一体化发展格局。

1. 一体化制度创新待突破

制度创新一些重点领域尚处于探索阶段，还未取得实质性突破。部分政策创新深度不够，一些制度推广仍未落地，制度创新的覆盖面不够宽，在打破政策壁垒、数据互联互通等方面亟待突破，在土地管理、生态补偿、财税分享等方面还需进一步拓展，尤其是耕地占补平衡指标、建设用地流量计划、机动指标跨省使用等方面有待国家明确相关政策、真正实现突破。上级对示范区的支持政策还未形成具体的操作办法，缺乏实质性的工作进展，在政策协调、资金投入等方面还需加大争取支持力度。

2. 改革协同推进力度不够

各部门改革项目融合度不高，部分单位习惯站在自身职责的角度谋划改革，特别是一些需要全区全域联动的改革事项，协同推进力度不够，导致吴江原有的一批引领性改革事项在后期没有得到很好的巩固、提升。部门“单打独斗”的情况还在一定程度上存在，协同联动、握指成拳的体制机制有待完善。相关工作联席会议、组织领导等保障机制有待深化，部门齐抓共管的合力有待提升，改革特色品牌还需进一步充实。

3. 对改革的系统谋划不足

全区范围内创新性的改革举措不多，一些改革任务其实是“新瓶装旧酒”，有些部门把一般性、事务性工作当成主要改革任务，“改革是个筐，什么都往里装”的倾向有所抬头，必须保持清醒认识。比如当前国家级、省级改革试点的带动作用还未很好显现。一体化示范区的政策红利没有充分发挥，各地各部门改革创新、争创试点的势头有所减弱，部分改革项目的实效性不足，一些行之有效的改革举措未得到很好复制推广。

（五）区域发展不平衡，粗放发展模式亟待改善

随着示范区建设进程不断迈向深入，资金、用地、环保各项前置硬性标

准对项目的制约性加大，以及工业保障线、示范区国土空间规划等新政策、新要求约束，吴江资源约束日益趋紧，环境承载能力需要进一步挖掘和提升，要素低成本的粗放型、低效率增长模式已经难以为继，必须要在新的时代背景下开创双循环相互促进的新发展模式，切实打造生态优势转化的新标杆。

1. 缺乏国土空间全域综合整治试点

《长三角生态绿色一体化发展示范区总体方案》中明确“支持一体化示范区开展土地综合整治，在确保耕地总量不减、质量提升、结构优化的前提下完善各类空间布局”。当前，示范区内耕地分布零散且“碎片化”、永久基本农田保护压力较大、建设用地集约化程度不高。同为示范区的嘉善县，其西塘镇获批全域土地综合整治国家级试点，通过改革试验进一步优化乡村空间格局、服务乡村振兴，人居环境得到极大改善。吴江区作为示范区三地之一，具有复制推广示范区制度创成果的政策支持，亟须通过国土空间全域综合整治试点，优化示范区生产、生活、生态空间格局，促进耕地保护和土地节约集约利用。

2. “三优三保”指标使用遭遇政策困难

由于近些年经济快速发展迅速以及一体化示范区的快速推进，吴江区的实际建设需求超出了原有规划的要求。虽然目前转变为“紧平衡”状态，但吴江开发强度已逼近“天花板”，吴江建设用地总规模空间仍然十分紧缺。吴江区“三优三保”产生的指标累积在区级“三优三保”指标管理平台，拆旧复垦整理出来的大量建设用地指标，无法落地上图，产生经济效益，造成指标使用政策困难。

3. 拆旧复垦资金压力较大

随着拆旧复垦工作的持续推进，拆迁成本逐渐增高、拆迁工作越来越难，资金困难成为吴江区部分区镇“三优三保”工作推进过程中的难点。据预测，全区农宅置换和工业用地复垦大约需要资金501.6亿元，资金缺口较大。拆旧复垦的主要资金来源是通过区“三优三保”公司向银行融资获得。各区镇完成拆旧复垦，拿到苏州市局下发的验收批文后，即可获得指标相应的资金。而只有将指标落地使用，方可产生经济效益，实现“三优三保”资金平台的顺利运行。目前，因规模影响，“三优三保”拆旧复垦产生的指标大量累积在区级“三优三保”平台，无法形成资金良性循环，延缓了“三优三保”工作进度。

（六）城市能级存在瓶颈约束，一体化思维待破解

当前发展存在一些薄弱环节，产业层次总体还不高、中高端人才净流入率较先进城市存在一定差距、医疗卫生服务体系有待健全、教育资源有待优化提升。迫切需要通过资源导入和产业优化，引领区域能级提升。

1. 企业梯队存在断层

吴江虽然拥有6家“中国民营企业500强”，但其他企业的营业收入不高，存在明显的断层。部分企业虽有增资扩产的意愿，但受土地、资金、人力等要素制约，经营成本持续走高，在本地扩产的规模受到限制。近年来，吴江年度工业用地指标较少，重大项目推进较慢；同时，新建项目和重大项目数量偏少，一些高技术产业项目因土地资源等要素制约无法顺利落地，客观上导致工业投资拉升动能不足。部分企业进一步拓展市场、对外兼并、扩大规模的进取意识不足，未能很好向产业链上下游扩展，导致规模达到一定台阶后多年徘徊不前。

2. 人才引进力度有所欠缺

放眼全市、全省乃至全国，各地人才竞争空前激烈，吴江和先进地区仍存在一定差距。比如，人才队伍结构还有待进一步优化。人才金字塔的“塔尖”还不够高，海外人才引进的新抓手、新渠道、新机制还不够完善，人才供给侧和需求端的匹配度还不够高；人才发展平台还有待进一步提升。高能级的科创载体还比较稀缺，全区层面缺少“记得住、叫得响”的载体平台，对于高层次人才的吸附能力还不够强；人才精准服务还有待进一步强化。“广撒网”“锦上添花”的服务居多，“点对点”“雪中送炭”的较少，人才服务的“力度”和“精度”都有待提升。

3. 医疗卫生体系有待健全

吴江区医疗卫生人员总量不足，人才队伍结构和资源分布不尽合理，高层次人才吸引力不强与基层卫生专业人才招聘困难并存。基层医疗卫生机构因位置偏、平台小、资源少等客观因素，普遍存在专业人员招聘难、留人难等困境，现有人员严重不足，干部队伍人才短缺，基层管理力量薄弱。与此同时，受新冠疫情的影响，医院业务量未恢复到疫情前，业务收入受到严重影响；医疗服务的新规定、新要求以及疫情防控工作任务，大幅增加了医疗成本、人员成本，医疗机构运维成本大幅增加。吴江区部分

医疗机构用房存在建造年代久远、外墙脱落、漏水等问题，目前仍有部分乡镇卫生院未达省基本建设标准，与目前社会经济发展水平和工作要求不相匹配，影响到政府对居民提供公共卫生服务的可及性，减缓了基本公共服务均等化进程。

4. **教育壁垒依然存在**

示范区各地原有教育体制及课程设置等方面存在差别，当前的教育一体化发展还处在初级阶段，相互间的合作面临区域行政壁垒，在招生入学等关键环节尤为明显。示范区内虽实行了职教招生一体化，但招生规模较小，招生方式也较单一，要实现真正意义上的全学段一体化招生入学仍任重道远。长三角示范区教师发展学院虽已成立，但是目前团队建设还不完善，缺乏国内知名专家和高端智库的指导支持，实际效用还未显现。教师一体化培训在协同管理和运行机制上缺乏操作口径，各地教育科研部门的体制不同、管理方式不同，造成相互沟通不够，开展深度研讨的机会不多。

六　深化长三角一体化发展国家战略下“双优势”转化的吴江路径创新实践政策建议

（一）对吴江的建议

1. **强化区域一体化发展：为构建新发展格局注入动能**

一是强化区域协同，服务构建一体化发展格局。紧扣“一体化”和“高质量”两个关键，实施产业科创、基础设施、生态治理、公共服务等新一批一体化项目。推动示范区 39 条支持政策落地见效，加快示范区 112 项制度创新成果深化集成，探索形成更多具有含金量的制度创新案例。

二是强化创新协同，积极参与构建长三角区域协同创新体系，聚焦重点区域、重点项目，高质量建设先行启动区、高铁科创新城和“水乡客厅”，推进苏州南站科创新城及盛泽站建设，共同打造“轨道上的示范区”。

三是突出优势资源，集中加快水乡客厅建设。推动科创学园、桑基鱼塘、蓝环工程吴江段等项目早日开工，合力将“水乡客厅”打造成新发展理念的实践地、高质量发展的引领地、一体化发展的示范区。精准划定

“三区三线”，深入实施低效工业企业整优提升行动，加快构建国土空间开发保护新格局，提升工业用地节约集约利用水平。

2. 推进标准一体化建设：为区域一体化管理提升效能

一是进一步探索推进示范区事项标准统一、材料清单统一、办理时长统一。在执委会牵头下，编制并发布《长三角生态绿色一体化发展示范区“一网通办”专窗受理服务规范》，深化三地政务服务“一窗就近办”“一网随时办”“一机自助办”。推动示范区先行启动区（汾湖）赋权工作，以审批权限的扩大促进示范区先行启动区一体化服务能力提升。

二是进一步规范电子证照数据共享交换机制。通过“长三角共享交换平台”，推进身份证、出生医学证明等示范区高频电子证照共享，进一步提升审批数据对接的及时性，力争实现示范区群众办理相关事项可直接调用相关证照。同时规范政务数据运用，构筑网络安全屏障，为企业群众提供放心安全的办事环境。

三是以便民化推动“一网通办”。针对企业群众集成服务需求，聚焦与企业群众生产生活密切相关的重点领域和高频事项，进一步推进政务服务“跨省通办”，扩大“一件事”集成套餐服务改革覆盖面，推进公共资源交易、中介互评互认等多领域联盟合作，深化“刷脸办”“免证办”“掌上办”等应用场景，并通过加大宣传等途径，提高百姓知晓率，最大限度优化群众办事体验。

3. 深化制度一体化创新：为推动全国高质量发展蓄能

一是深化改革探索，打造一体化制度创新样板。高标准谋划和推动“环太湖科创圈”和“吴淞江科创带”建设，抓紧出台相关实施方案，加快空间和产业协同联动，形成彰显湖区特色并与创新体系相匹配的空间布局。突出深化集成，做好示范区 112 项制度创新成果的落地生效、复制推广。

二是聚焦重点突破，加快推进重点领域改革走深走实。实施规划管理、要素流动、土地管理、财税分享等新一批改革事项，打造更多“首创”“首家”“首例”的改革场景案例。用好示范区金字招牌，加强与示范区理事会、执委会的对接争取，以纳入国家、省市重大规划项目为契机，加大对上争取力度，密切跟踪已申报中央资金项目进度，推动创建更多国家级发展平台。

三是突出改革创新力求突破。按照“不破行政隶属、打破行政边界”要求，持续推进一体化制度创新工作，加快推进落实《吴江区推进长三角生态绿色一体化发展示范区建设2022年度重点改革工作方案》，谋划实施“用好示范区平台，全力打造数字经济时代产业创新集群”等30个重点改革项目，明确17位区领导联系重点改革任务。

四是聚焦规划管理、生态环保、要素流动、碳达峰碳中和等“8+1+2”重点领域和重点难点问题，进一步加大改革攻坚力度，形成新一批更具含金量的制度成果，推进制度创新实现新突破。“大胆试、大胆闯、自主改”，发挥优势、主动作为，更多采用市场化的办法来打破制约壁垒，打造更多首创、首家、首例的改革案例场景。加快推动汾湖高新区协同争创国家高新区、东太湖度假区争创国家级旅游度假区。

五是深化系统集成复制推广。把加强改革系统集成、推动改革落地见效摆在更加突出的位置。推进跨区域统一的规划建设导则、科技创新券通用通兑、“金融十六条”、跨域“一网通办”、以社保卡为载体的“一卡通”等112项制度创新成果率先落地生效，进一步扩大和丰富制度创新的应用场景，不断释放一体化制度红利。

六是充分发挥示范引领作用，将复制推广工作作为贯彻新发展理念、构建新发展格局、推动高质量发展的一项重要举措，以一体化的思路和举措打破行政藩篱、利益格局和制度障碍，推动要素充分流动、资源高效配置、经济循环畅通。

4. 加快产业一体化融合：为提升产业现代化水平赋能

紧抓吴江融入长三角一体化的历史机遇，坚持整合理念，依托示范区“金字招牌”，围绕五大经济，以大项目为推手，以世界500强、央企、强企为主攻目标招大引强，积极引进一批产业带动作用大、关联度高、辐射能力强的优势项目，推动我区产业结构优化升级。

一是从制造业向商业服务全产业链延伸。吴江作为外向型经济重地，城市二产重、商业服务轻。要整合产业链各环节资源，从制造业逐步向商业服务延伸，提升全产业辐射能力。

二是加快壮大飞地经济。当前吴江资源、环境容量日益接近承载上限，发展飞地经济可以成为破解当前发展瓶颈的重要路径。应抓住长三角一体化契机，立足省内做飞地，跨出省外找飞地，不断做大“飞地经济”，为经济的再跃升拓展新的发展空间。

三是从制造基地向创新高地转变，从产业链集聚向价值链集聚转变，再造"先进制造"新优势，提升吴江制造在全球价值链中的层次。主动对接长三角科创新中心建设，嫁接长三角城市群科技力量，突破创新人才和创新资源瓶颈，提升全球资源配置能力和对国内顶级人才吸引力，探索智力共享、创新平台共享、研发产业化成果共享机制。

四是依托吴江区生态基础优势，积极发展旅游休闲、文化创意、健康养生等生态经济，做好水乡客厅、文化街区、文旅创意园、文化体验馆、养老示范基地、大健康等落户项目的推进工作，推动产业发展生态化、生态经济产业化。着力发展绿色经济，依托太湖资源，打造自行车、水上运动等体育活动品牌，大力发展体育产业。

5. 推进实体数字一体化：为制造业转型打造强力引擎

加快绿色转型升级，摆脱资源依赖发展智能制造业，构建自主可控现代产业体系，以产业升级引领苏州在长三角产业分工中的地位，提升价值链分工。

一是着力推进新兴产业集群发展。大力推进新一代显示、生物医药、高端装备等先进制造业集群建设，加快5G、人工智能、工业互联网等新兴产业布局，加快培育一批业绩突出、拥有自主知识产权和知名品牌，具有竞争力的企业，行业细分领域的"隐形冠军"。着力构建自主可控现代产业体系，打造长三角一体化发展产业高地。

二是打造数字经济时代产业创新集群。落实《苏州市推进数字经济时代产业创新集群建设2025行动计划》，强化协同创新，加大核心技术攻关力度，构建自主安全、多元可控的产业链、供应链、创新链、服务链，巩固民营经济领头羊优势，打造先进材料、高端装备、新一代信息技术三个产业创新集群。

三是主攻新型化纤、高性能纤维等方向，加快恒力长三角国际新材料产业基地、盛虹新材料产业园等建设，支持赛伍技术、世华新材料、捷力新能源等领军企业做大做强，推动"面料"向"材料"升级，打造先进材料产业集群。

四是主攻智能工业机器人、汽车配套、电梯等方向，支持迈为科技、博众精工等骨干企业发展，推动亨通无人机航空产业园等载体建设，打造高端装备产业集群。主攻信息通信与显示、集成电路、新型半导体等方向，以京东方、峻凌电子为龙头推进新一代柔性显示屏布局，以英诺赛科、集萃有机光电研究所为龙头发展第三代半导体全产业链，打造新一代信息技术集群。

五是推动数字经济引领转型升级。将数据资源作为产业创新集群发展的关键要素，全面推进数字产业化和产业数字化。持续推进智能化改造和数字化转型协同，实施智能化改造和数字化转型三年行动计划，加速实现规上工业企业智能化改造和数字化项目全覆盖。建设一批省市智能制造示范工厂，支持恒力、盛虹、亨通创建“灯塔工厂”。

六是发挥工业互联网平台赋能乘数效应，探索部省共建长三角工业互联网创新示范基地，高水平建设吴江开发区全省首批“5G+工业互联网”融合应用先导区。发挥国家级“双跨”平台的赋能作用，提升华为云、徐工信息、海尔卡奥斯等平台的影响力和竞争力，重点推动 HioT 亨通工业互联网等平台创建国家级工业互联网“双跨”平台，打响“工业互联网看吴江”品牌。

七是融入“数字长三角”和“太湖数创湾”建设，加快全国一体化算力网络长三角国家枢纽节点起步区（吴江）建设，加快全国一体化算力网络长三角国家枢纽节点算力调度中心建设，争取国家新型互联网交换中心落地，集聚一批“东数西算”典型示范场景和应用项目。

6. 创新驱动发展一体化：为中国式现代化提供战略性支撑

大力推动创新驱动一体化发展，通过交通地位、创新能力、科技实力、营商环境和人才吸引力的提升，吸引全球范围内的物流、资金流、信息流、技术流、人流的汇聚，提升资源聚集能力和城市能级。

一是全面激发社会创造力和市场活力。发挥龙头企业引领带动作用，聚焦“卡脖子”关键核心技术开展科研攻关，支持盛虹先进防护与功能纤维等创建全国重点实验室，培育一批科技公共服务平台、专业孵化器。做大做强国家先进功能纤维创新中心、江苏省智能网联汽车创新中心、集萃有机光电研究所、亨通海洋信息技术与装备创新中心、清华大学汽研院、示范区绿色发展国际创新中心等国家级、省部级创新平台，提升科创载体平台能级。

二是推动科技资源共享，充分利用长三角地区重大科研基础设施、大型科研仪器、科学数据、生物种质与实验材料等科技资源。积极参与长三角区域合作，持续用好各类开放式创新平台服务资源。加快长三角示范区知识产权保护服务中心建设，推动科技成果跨区域转化，构建科技成果转移转化体系。深化人才创新创业“55352”工程，深化示范区高端人才联招、载体联建机制，加快国际创新社区、科创蓝湾等高品质人才社区建设，培育壮大战略人才、科技领军人才、青年人才、卓越工程师等人才队伍和创新团队。

三是深度融入环太湖科创圈、吴淞江科创带，提升创新发展水平。依托中国工业互联网研究院江苏分院和苏州湾总部楼宇的集群优势，面对长三角并链接国际，重点招引数字经济、总部经济等新兴产业，打造知识创新型总部集聚区，集聚一批拥有技术创新、商业模式创新、功能创新的高成长性总部企业。依托苏大未来校区，引进高水平的研究型机构、企业技术研发中心、新型研发组织等，推进科技创新资源开放共享，推动产学研深度协同联动。

7. 深耕经济生态一体化：为构建高水平经济贡献力量

一是构建生态绿色发展新模式。落实生态保护红线、环境质量底线、资源利用上线，建立覆盖全区的“三线一单”生态环境分区管控体系。统筹山水林田湖草系统治理和空间协同保护。坚持“共抓大保护、不搞大开发”，严格落实长江流域重点水域“十年禁渔”重大任务。

二是打好污染防治攻坚战，统筹推进水、气、土生态环境质量提升。加强节能减排工作，全面削减水污染物排放，国省考断面水质稳定向好，深化推进 PM2.5 和臭氧浓度“双控双减”，实施重点流域防护林建设工程，构建共融共生生态空间格局。全力打造生态优势转化新标杆，探索生态产品价值转化实现机制。

三是有序推进碳达峰碳中和。统筹经济增长与碳排放控制，抓好产业、能源、建筑、交通、居民生活等领域绿色低碳转型，加快构建政府引导、企业为主、全民参与的温室气体减排格局，分阶段、分步骤推进全区碳排放稳步达峰，构建绿色生态文化体系，提高居民素养，推动节约、绿色、低碳成为群众生活的自觉行动。

四是鼓励企业开展技术改造和节能改造，提高能源利用效率。积极推动绿色居住建筑和装配式建筑发展，推行公共交通、绿色新能源交通，推进国家整县（市、区）屋顶分布式光伏开发试点，加快分布式光伏规模化发展，积极探索风能、氢能、地热能等可再生能源利用方式，加快能源数字化转型。

（二）对国家的建议

“一体化”是区域协调发展的最高形态，而发展质量往往检验着一体化的成效。长三角区域一体化的一个重要目标就是解决区域发展不平衡的问题，不同地区经济基础、自然条件存在客观差异，要因地制宜解决发展不平衡不充分的问题。

1. 加大授权放权：赋予吴江先试先行更大的探索空间

一是对吴江“双优势”转化先试先行予以综合授权。充分发挥基层改革首创精神，在风险可控的前提下，对不涉及国家禁止性规定的改革创新，允许地方备案后自行试点、自担风险；对涉及调法调规的改革创新，及时修订有关政策法规、部门规章，完善相关调整程序，既确保改革于法有据，又提高改革实效。

二是深化土地管理制度改革。将国务院授权两省一市批准的永久基本农田以外的农用地转为建设用地审批事项，由两省一市委托示范区批准。允许水系调整占补平衡中涉及补划水域开挖不占用建设用地指标。

三是充分利用市场机制盘活存量和低效用地。在不改变土地用途的前提下，授权开展未完成开发投资总额25%的闲置工业用地的处置工作。在两区一县确立的城市更新项目中，可由政府在土地使用权招标、拍卖、挂牌出让中确定由中标人或者竞得人一并实施城市更新。

四是推进资源要素配置改革。授权示范区进一步探索城镇土地使用税差别化政策，对于低端低效企业，允许在标准区间内上浮税额，最高按上限18元/㎡的价格征税，促进土地节约集约有效利用。

五是支持科技创新一体化发展。允许示范区认定的高水平研发机构享受进口自用设备免征进口环节税、采购国产设备自用的给予退税政策。以吴江汾湖高新技术产业开发区（示范区内唯一的省级高新技术产业开发区）为主体，支持三地以“一区多园”模式联合创建国家级高新区，即长三角生态绿色一体化发展示范区环淀山湖高新技术产业开发区。

六是支持符合示范区规划的电子通信、集成电路、生物医药、高端装备和航空航天等重点行业的发展，对其按照战略性新兴产业进行管理，推进产业链强链、扩链、补链。加大对示范区 5G 等基础设施项目的建设支持，加大投资力度，在示范区内保持布局平衡，原则上每平方公里内 5G 基站不少于 3 个。

七是对示范区内的功能型总部经济、特色型服务经济、融合型数字经济、前沿型创新经济、生态型湖区经济等行业企业，给予自设立之日起享受 5 年内减按 15%税率征收所得税的优惠政策；在示范区内工作的符合条件高端人才和紧缺人才，其个人所得税实际税负超过 15%的部分予以免征。

八是高标准配置示范区优质教育资源。开展高层次师范类院校专项定向培养计划（申请招生计划单列），两省一市高层次师范院校面向示范区生源定向招生。

2. 强化一体化统筹：建立健全区域利益协调发展机制

一是统筹生态经济一体化发展顶层设计。合理制定区域发展规划，对区域内的产业总体布局和各城市的产业分工进行优化分配，形成错位、互补和协调的发展机制。控制长三角区域规模避免激进扩容，因地制宜制定中长期发展规划，减少产能过剩形成的恶性竞争，不断提高区域发展活力。

二是加强生态产品价值实现一体化协调共识。为了提高自然资源系统的协同开发和加强互补性生产要素之间的协同作用，不仅要让更多的利益相关者参与生态产品价值实现的产业链，还要促进多元利益相关者之间的差异性诉求协同、生态产品价值认知共识和一致性行动协调，以提高系统协同效率。

三是建立健全生态资源产权交易、生态市场交易等横向交易机制。探索将部分生态物质产品、生态文化服务、生态资源资产产权投入市场进行交易，形成“谁开发、谁保护、谁破坏、谁负责、谁经营、谁获益”的资源管理新机制。通过设立区域生态补偿专项资金、政策补偿与资金补偿相结合等方式，完善区域生态补偿制度，确保资源输出地和生态治理地区能够得到合理的利益补偿，从而实现区域生态治理的可持续性。推动环境治理与生态建设协同立法，加快区域性生态环境保护规划和相关专项规划的编制工作，促进生态资源的合理调配和高效利用，探索区域多元主体协同治理模式。

四是发挥绿色金融作用，吸引社会资本参与生态产品创新和价值转化，形成多元投入格局。通过政府财政资金撬动或者吸引企业型市场资本投资资源相对贫乏的地区，特别是引进龙头企业，着力打造良种繁育、种植养殖、精深加工、品牌培育、市场营销等环环相扣的全产业链条，带动农产品深度加工开发和产业集群发展；通过政策引导吸引个人型社会资本，持续提升农民专业合作社和家庭农场培育，加强对中小企业发展引导，使其向产业链两端转移升级，提高专业化生产、服务和协作配套能力，提高中小企业经营管理水平。

五是针对一般性公共诉求，制度政策以稳定的长效机制，促进利益相关者与社会经济共生系统中的自然系统价值认知、生态保护需求以及生态产业化价值实现的预期保持一致，让一般性公共诉求和全域自然资源要素的协同开发利用成为一种文化共识。而对于多元主体的差异性诉求，制度政策更适合灵活的协商机制，如盘活闲置资源，通过租金、分红、参与运用管理等方式分享生态红利，探索宅基地所有权、资格权、使用权“三权分置”的具体形式，促进农民以多元资产参与乡村建设和经济发展。

3. 破除梗阻：打通行政壁垒加快要素市场化改革

一是加大区域协同发展政策的实施力度。探索突破行政区域界限的全域要素流动。加速消除依附在行政地域基础上的制约生产要素合理流动与资源优化配置的各种障碍，真正发挥市场在资源配置中的主导作用。

二是进一步完善激励约束机制和形成跨行政区的工作合力。注重因城施策、增强区域协同发展政策的要素流动性。以区域一体化的思路打破行政壁垒提高区域政策协同，让资本、劳动等要素在更大范围自由流动，才能促进经济高质量发展。强化区域协同发展政策的调整，探索缩小政策单元的实施方式，解决后发区域的执行有效性。

三是充分发挥政府的主观能动作用，通过制定统一市场规则，降低区域内贸易成本。在区域互助和利益协调机制上有所突破，培育一批功能定位明确的次级中心城市作为协同发展的战略腹地，以分流涌往先发城市的各类要素，引导经济发展能量次第辐射到后发区域。

四是打破原有固化的行政壁垒以及部门之间的隔阂。建立统一调配基本公共服务资源的对接平台，打造基本公共服务信息平台和数据库体系，促进在区域内信息共享与对接，要加快推进社保网、医保网、就业网、人才网、交通网等的互联互通，实现长三角区域间政策和措施相互衔接及标准互认，使得公共服务资源要素突破地域界限充分流动。

五是共同建设产业创新平台。推动实现成果转化利益共享，打造长三角高水平创新品牌。加强区域电子信息、生物医药和纺织等优势产业协作，促进传统产业的升级改造以及欠发达地区的产业承接，形成世界级制造业集群。加快推进创新驱动发展战略，不断提升长三角在全球贸易竞争中位势，为区域高质量一体化注入活力。

4. 共建共享：统一环境管理标准和加强信息联通

一是强化制度建设，实现市场基础制度规则统一。区域标准化工作对于打破固有的行政区域限制，促进统一市场规则的建立十分重要。根据区域标准化发展特点，设置相应的奖励制度，对符合区域标准化工作方向的项目给予支持，扶持区域标准化组织，奖励高水平区域标准。

二是跨区域统筹公共服务互惠共享制度和标准待遇。围绕民生所需的关键领域，加强对长三角地区基本公共服务制度差异现状的系统研究，确定制度、标准待遇对接的可能方向与具体方式，按照先易后难，逐步推进的原则，完善义务教育、医疗卫生、劳动就业、社会保险等基本公共服务跨区域流转衔接制度，着力探索长三角地区公共服务财政支出方面"钱随人走"的自由流转新方式。

5. 协同创新：健全科技创新和产业融合发展机制

一是加大金融创新力度。协调银保监会突破区域界限，支持地方法人金融机构在示范区内互设管理分支机构和设立资金营运中心。建设全国CCER（国家核证自愿减排）交易平台，差异化打造全国碳交易市场"第三中心"。由上交所牵头，在示范区设立上交所资本市场服务长三角工作中心。发挥交易所科创板培育专业优势，建立示范区"科创板企业培育中心"和"REITs 培育中心"。

二是共同创办助推科技创新发展的基金，保障创新的持续进行。根据区域内的实际情况明确所需科创基金的种类和规模，借鉴京津冀一体化发展经验，考虑成立长三角科技成果转化创业投资资金、长三角产业协同发展基金等。通过分析产业的类型、生产运作方式及发展前景等，找到基金给予重点支持的领域，进而形成可以向其他区域推广的一体化基金发展的良好经验。利用区域优势吸引国内外大额基金进入长三角地区，建设科技创新基金的示范园区。

6. 加强联动：提高示范区一体化通关便利化程度

成立中欧班列协调委员会等协调机构，实现长三角地区乃至全国范围内中欧班列业务的一体化申报；设立示范区中欧专列，运用信息化手段对企业货物进行统一调度，为示范区企业提供通关便利。建立示范区运河码头，形成水-陆-空多式联运模式，外贸货物抵达上海、宁波等一线港口后，可转关至运河码头，实现水水中转互通；构建联通上海港等主要港口的内外贸双航线，为示范区开放型经济发展提供外贸通关保障，降低企业运输成本。推动"长三角一体化海关真空包装等高新技术货物布控查验协同"试点在示范区落地。

7. 系统集成：强化改革跟踪评估和经验复制推广

坚持法治思维推动"双优势"转化制度系统集成。立足新发展阶段谋划改革、系统推进改革、聚焦制度集成。注重"审大小而图之，酌缓急而布之，连上下而通之，衡内外而施之"，充分考虑各项改革举措之间的关联性、耦合性，努力做到目前和长远相统筹、全局和局部相配套、渐进和突破相衔接。注重发挥吴江在推进"双优势"转化中所积累的制度创新成果复制推广到其他区域。按照"统一规划、统一政策、统一标准、统一管控"要求，以交通一体化、产业转移升级为优先领域、以市场一体化、行政管理协同、公共服务一体化为改革重点、进而以规划一体化为实现手段改变生产要素的流动配置模式。在规划管理、投资审批、财税分享、要素自由流动、公共服务、营商环境等方面积极探索一体化路径，形成可推广可复制的经验，进而扩展应用于整个长三角地区。

报告执笔：李红娟（国家发改委体改所研究员）

贾存斗（中国经济体制改革杂志社地方改革创新研究院研究员）

第八部分

新余市民生系统集成改革研究

摘要：保障和改善民生是中国共产党初心使命的具体体现。中国共产党作为马克思主义政党，从诞生之日起，就将带领人民创造幸福生活作为始终不渝的奋斗目标。2016 年 2 月 1~3 日，习近平在江西省看望慰问广大干部群众时强调，"保障和改善民生没有终点，只有连续不断的新起点，要采取针对性更强、覆盖面更大、作用更直接、效果更明显的举措，实实在在帮群众解难题、为群众增福祉、让群众享公平"。党的二十大报告指出，"江山就是人民，人民就是江山。中国共产党领导人民打江山、守江山，守的是人民的心。治国有常，利民为本。为民造福是立党为公、执政为民的本质要求。必须坚持在发展中保障和改善民生，鼓励共同奋斗创造美好生活，不断实现人民对美好生活的向往"。党的十八届三中全会以来，中央聚焦深层次体制机制改革，更加注重改革的系统性、整体性和协同性。习近平总书记在中央全面深化改革委员会第十次会议上指出，"现在要把着力点放到加强系统集成、协同高效上来"。中央全面深化改革委员会第十八次会议指出，"要把加强改革系统集成、推动改革落地见效摆在更加突出的位置。一要有系统观念；二要有辩证思维；三要有创新意识；四要有钉钉子精神"。中央全面深化改革委员会第二十四次会议指出，"我们把加强改革系统集成、推动改革落地见效摆在更加突出位置，支持推动有条件地方开展综合改革试点，强化重点改革任务督察落实"。新余市始终牢记民生就是民心，以习近平新时代中国特色社会主义思想为指导，坚持以人民为中心，坚持党建引领，坚持问题导向、目标导向、结果导向相结合，注重改革的系统性、整体性、协同性，通过系统集成改革，推动新余市建设社会主义现代化民生城市。新余市的颐养之家、城乡供水一体化、小荷工程、晓康诊所等民生工程已成为新余民生工作的响亮品牌，成为全省乃至全国民生改革领域的典型案例。

关键词：以人民为中心　系统集成改革　民生　新余

一　新余市民生系统集成改革研究背景及重要意义

为人民谋幸福是中国共产党的初心和使命。改革开放以来，中国共产党坚持“增进民生福祉”是改革的出发点和落脚点，“保障和改善民生”是我国经济社会发展的重要任务。研究新余市民生系统集成改革，有必要回顾改革开放以来我国民生事业改革历程、经验，深刻领会民生改革的重要意义。

（一）改革开放以来我国民生事业改革历程

改革开放以来，我国民生事业改革经历了初步建立阶段、基本构建阶段及不断完善阶段。

1. 党的十一届三中全会召开至党的十六大召开：民生制度初步建立阶段

党的十一届三中全会指出，“城乡人民的生活必须在生产发展的基础上逐步改善”。受限于当时的物质条件、经济基础，中央把解决人民群众的温饱问题作为最大的民生问题。伴随着农村经济体制的改革探索，从小范围包产到户延伸为普及全国的家庭联产承包责任制，改善了农村普遍贫穷的面貌。1982 年农村部分地区启动了农村养老保险制度的试点，1986 年国务院提出“构建中国特色的社会主义保障制度”，开启了国有企业待业保险制度以及城镇企业职工养老保险制度的探索。这一阶段，开启了以城镇职工基本养老保险制度、城镇职工基本医疗保险制度、失业保险、城市居民最低生活保障制度为核心的社会保障制度。

2. **党的十六大之后至党的十八大召开：民生制度基本构建阶段**

党的十六大提出全面建设小康社会的目标。党的十六大以后，中央把关注民生和保障民生作为构建社会主义和谐社会的重要内容，出台就业促进法，从法律制度上保障人的发展；修订《义务教育法》，强化各级政府对义务教育的责任。截至2012年，我国先后建立和完善农村最低生活保障制度、城镇居民基本医疗保险制度、新型农村合作医疗制度、城乡居民最低生活保障等一系列社会保障制度，构建了中国特色社会主义民生体系。

3. **新时代十年：民生制度不断完善阶段**

党的十八大指出："加强社会建设，必须以保障和改善民生为重点。"党的十九大指出："增进民生福祉是发展的根本目的。必须多谋民生之利、多解民生之忧，在发展中补齐民生短板、促进社会公平正义。"党的二十大指出："必须坚持在发展中保障和改善民生，鼓励共同奋斗创造美好生活，不断实现人民对美好生活的向往。"这一阶段，深入贯彻以人民为中心的发展思想，在幼有所育、学有所教、劳有所得、病有所医、老有所养、住有所居、弱有所扶上持续用力，人民生活得到全方位改善。人均预期寿命增长到78.2岁。居民人均可支配收入从16500元增加到35100元。城镇新增就业年均1300万人以上。建成世界上规模最大的教育体系、社会保障体系、医疗卫生体系，教育普及水平实现历史性跨越，基本养老保险覆盖10.4亿人，基本医疗保险参保率稳定在95%。及时调整生育政策。改造棚户区住房4200多万套，改造农村危房2400多万户，城乡居民住房条件得到明显改善。

（二）改革开放以来我国民生事业改革经验

改革开放以来我国民生事业改革经验主要包括以下几方面：一是始终坚持党的领导，自觉践行初心使命；二是高度重视民生问题，始终坚持以人民为中心的发展思想；三是注重转变政府职能，努力打造人民满意的服务型政府；四是发挥人民主体作用，紧紧依靠群众的智慧和力量；五是以改革促进民生高质量发展，不断提升公共服务水平。

1. **始终坚持党的领导，自觉践行初心使命**

习近平总书记指出："办好中国的事情，关键在党。中国特色社会主义最本质的特征是中国共产党领导，中国特色社会主义制度的最大优势是中国共产党领导。坚持和完善党的领导，是党和国家的根本所在、命脉所在，是全国各族人民的利益所在、幸福所在。”民生事业改革是一项复杂而艰巨的系统工程，坚持和加强党的领导是改善民生的根本保障。党的十八大以来，党中央更加重视增进全国人民的普遍福祉，人民生活水平不断提高。历史经验证明，唯有坚持和加强中国共产党的领导，才能取得民生事业改革的伟大胜利。

2. 高度重视民生问题，始终坚持以人民为中心的发展思想

党章明确指出：“坚持全心全意为人民服务。党除了工人阶级和最广大人民群众的利益，没有自己特殊的利益。党在任何时候都把群众利益放在第一位，同群众同甘共苦，保持最密切的联系，坚持权为民所用、情为民所系、利为民所谋，不允许任何党员脱离群众，凌驾于群众之上。”改善民生，满足人民对美好生活的追求，是中国共产党的任务和责任。改革开放以来，中国共产党带领人民不断解放和发展社会生产力，人民生活水平得到显著提高。党的十八大以来，以习近平同志为核心的党中央高度重视民生问题，始终坚持以人民为中心的发展思想，把增进人民福祉、促进人的全面发展作为一切工作的出发点和落脚点。

3. 注重转变政府职能，努力打造人民满意的服务型政府

在党的坚强领导下，充分发挥政府主导作用，人民生活水平显著提高，民生建设成果丰硕。回顾历史，在计划经济条件下单纯依靠政府是行不通的，在社会主义市场经济条件下完全依靠市场也是不可行的。市场并非万能，人民生活水平的提高，离不开政府的更好作用。各级政府需要增强社会管理和公共服务职能，不断提高公共产品和公共服务的供给能力，为更好地改善民生提供强有力的保障，真正成为便民、务实、清廉、高效的服务型政府。

4. 发挥人民主体作用，紧紧依靠群众的智慧和力量

习近平总书记指出：“人民是我们党执政的最大底气，是我们共和国的坚实根基，是我们强党兴国的根本所在。”在党的二十大报告中，习近平总书记强调，必须坚持人民至上。实践证明，人民群众是历史的真正创造者。新时代更要始终坚持人民主体地位，充分发挥人民群众的智慧和力量。

5. **以改革促进民生高质量发展，不断提升公共服务水平**

增进民生福祉是发展的根本目的。习近平总书记指出："发展为了人民，这是马克思主义政治经济学的根本立场。"让人民过上好日子，是我们一切工作的出发点和落脚点。发展是党执政兴国的第一要务，是解决我国一切问题的基础和关键。发展是增进民生福祉的根本保障，提升公共服务水平，必须通过经济发展来夯实保障和改善民生的物质基础。

（三）新余市民生系统集成改革的重要意义

习近平总书记指出："增进民生福祉是发展的根本目的。必须多谋民生之利、多解民生之忧，在发展中补齐民生短板、促进社会公平正义。"人民对美好生活的向往是我们一切工作的奋斗目标。人民群众的利益必须实现好、维护好、发展好。通过民生改革，把全心全意为人民服务的根本宗旨落实到一系列具体的惠民政策之中。

1. **深入贯彻以人民为中心的发展思想**

中国共产党根本宗旨是全心全意为人民服务，在改革中必须始终坚持人民立场，坚持人民主体地位，坚持一切为了人民，一切依靠人民，倾听人民的呼声，把人民拥护不拥护，赞成不赞成，高兴不高兴，答应不答应，作为衡量一切工作得失的根本标准。

保障和改善民生关乎国家长治久安，民生保障制度是国家治理体系的重要组成部分。党的十九届四中全会审议通过的《中共中央关于坚持和完善中国特色社会主义制度、推进国家治理体系和治理能力现代化若干重大问题的决定》指出，我国国家制度和国家治理体系具有"坚持以人民为中心的发展思想，不断保障和改善民生、增进人民福祉，走共同富裕道路的显著优势"。

2. **扎实推进共同富裕**

党的十八大以来，以习近平同志为核心的党中央把逐步实现全体人民共同富裕摆在更加重要的位置上，打赢脱贫攻坚战，全面建成小康社会，为促进共同富裕创造了良好条件。进入新时代，习近平总书记从社会主义本质角度将中国共产党的共同富裕思想推到了一个新的高度，指出"消除贫困、改善民生、逐步实现共同富裕，是社会主义的本质要求，是我们党的重要使命"。2022 年 8 月，习近平总书记在辽宁考察时指出："中国式现代化是全体人民共同富裕的现代化。”党的二十大将“逐步实现全体人民共同富裕”写入党章。

经济和民生一个是做大蛋糕，另一个是分好蛋糕，两者是相辅相成、辩证统一的关系。没有经济的发展，保障民生无从谈起。而离开保障改善民生，经济发展就失去了意义和方向。社会主义的本质要求社会财富的分配要公正、公平、合理，社会财富要为全民共享，共同致富，这是社会主义最大的优越性。共同富裕是最大的民生，最终要以民生温度提升幸福指数。

3. 顺应改革发展新形势

“系统集成”是习近平总书记基于十八届三中全会以来全面深化改革实践提出的一个深刻命题。改革“一招鲜”已不符合新时代的改革需求，只推进一两项“短平快”改革很难实现全面发展，而某一领域改革的滞后可能会引发改革全局的问题。坚持系统性思维，是推进全面深化改革开放的内在要求。中央全面深化改革委员会第十八次会议指出，要把加强改革系统集成、推动改革落地见效摆在更加突出的位置。系统集成改革在各地有了越来越多的实践，也逐渐成为衡量一个地方改革的水平高低、成熟程度的重要标准。

进入新时代，我国社会主要矛盾转化为人民日益增长的对美好生活的需求与不平衡、不充分发展的矛盾，人民对美好生活的向往更加强烈。在新的历史时期，人民群众的需要呈现多样化、多层次、多方面的特点，人民期盼有更好的教育、更稳定的工作、更满意的收入、更可靠的社会保障、更高水平的医疗卫生服务、更舒适的居住条件、更优美的环境和更丰富的精神文化生活。改革是发展的根本动力，发展的根本目的是增进民生福祉、实现共同富裕。需要让改革成果更多、更公平地惠及广大人民群众。

二　新余市民生系统集成改革的做法、成效

2016 年以来，新余市顺应人民对美好生活的新期待，充分调动基层积极性，注重在节约成本等细节上做文章，树立大抓基层鲜明导向，通过整合、争取、节约各类资金，以小投入建设大民生，打出了民生实践一系列组合拳，狠抓民生领域集成改革，“党建+颐养之家”、城乡供水一体化、小荷工程、水花行动等 30 余项民生项目已经形成品牌。

（一）养老服务领域

近年来，新余市以解决“农村居家、留守老人养老问题”为切入点，坚持以人民为中心的养老服务发展思路，建立“党建+颐养之家”可持续发展长效机制。目前，新余市已建成城乡颐养之家736家，惠及老人1.2万余名，实现城乡所有社区和有需求老人全覆盖，将居家养老、就近养老的梦想照进老人生活现实，打造居家社区养老“新余样板”，真正做到民得实惠、党得民心。形成了可复制、可推广、可持续、可提升的四可工作法。

一是可持续，严控成本是可持续的头等大事。新余市农村颐养之家按照“政府补助、村级配套、社会捐助、老人自缴、自我发展”模式，严控运行成本。场所建设上，坚持有公房的不租房、能租房的不建房原则。物资来源上，坚持采取大宗生活用品市级配送、日常蔬菜县区配送、家常菜村民爱心赠送等办法节省成本，让基层承受得起、老人负担得起。新余市每个行政村一次性投入10万元，利用闲置村级活动场所、小学校舍等现有资源进行简单改造或租用民房，按照每人每月350元的标准保障运转经费。

二是可复制，党建引领是可复制的关键一招。新余市充分发挥党的领导核心作用，强化颐养之家的政治引领和组织保障，凝聚党建惠民思想共识，放大党的群众工作优势，推动党的建设与民生事业深度融合，把党建引领作为“党建+颐养之家”可复制的关键一招。

三是可推广，村“两委”主抓是可推广的制胜之法。新余市着力发挥村“两委”主导作用，广泛汲取基层的智慧和力量，激发村（社区）“两委”四两拨千斤的内生动力，把抓“党建+颐养之家”作为检验村干部宗旨意识和能力素质的试金石。通过每年举办一次培训班、市委主要领导讲一堂课，市委全会邀请部分村（社区）党组织书记列席并安排一名代表发言，每年打一套关爱村（社区）党组织书记的组合拳等方式，不断提升基层党组织书记工作能力，调动党组织书记工作积极性，确保党组织书记能干事、愿干事。

四是可提升，广泛参与是可提升的重要补充。新余市大力引导党员干部、志愿者、群团、商会、乡贤等共同参与到颐养之家建设中来，动员各方力量积极参与，不断提升颐养之家整体运行水平。围绕打造“幸福城市”，新余市各基层主动适应老人对健康、精神慰藉等方面的需求，以优质服务提升老人幸福感，诸如晓康诊所适应老人的看病需求，适老化改造适应老人的日常生活需要，建立亲情连线适应老人对子女的思念之情等。

2019 年，新余市“党建+颐养之家”养老服务新模式入选“中国改革年度案例”，得到国务院领导点赞，并受邀在国务院会议上作经验介绍；2020 年，以颐养之家为特色的农村养老服务体系建设入选第二批全国农村公共服务典型案例；2021 年，列入“新时代江西改革新画卷”十大人气案例之首；2022 年，入选国家级居家和社区养老服务改革试点工作优秀案例。

（二）教育领域

习近平总书记指出，要推动城乡义务教育一体化发展，高度重视农村义务教育，努力让每个孩子都能享有公平而有质量的教育。新余市积极推行“小荷工程”、探索推行“水花行动”、建立“智慧校车”监控系统等，积极回应人民群众对教育的关切和期盼。

1. 推行“小荷工程”

一是顶层设计实。在全市农村义务教育寄宿制学校推行以膳食改善行动、免费热水淋浴和免费洗衣服务为主要内容的“小荷工程”。“小荷工程”覆盖对象为全市农村义务教育学校寄宿学生和教学点中午带餐学生。膳食改善行动按照每生 5 元/天、一年 200 天的标准进行补助：早餐免费提供一盒奶，家庭负责一个鸡蛋，晚餐免费提供一个荤菜；为教学点原中午带餐学生免费提供午餐。

二是因地制宜建。针对教学点用餐人数不同选择不同模式，就餐人数 10 人以下的教学点，搭伙当地颐养之家；10 人以上的，同教师一道搭伙供餐。有的学校实行包餐制（寄宿生每学期初缴齐一个学期的伙食费，每生每日伙食费相同），学校将膳食改善行动资金注入晚餐菜品中，通过提高品质增加膳食营养；有的学校采取刷卡模式（学生将钱打入饭卡，凭卡自由购买饭菜），由学生晚餐时到食堂专用窗口“小荷之窗”免费领取一个荤菜。

三是精打细算管。制定《新余市“小荷工程”专项资金管理办法》

《“小荷工程”降成本运行管理十条》等多项管理制度，对食堂运行、大宗食材采购、财政资金使用和人员职责作出明确规定。对粮油、食盐和鸡鸭鱼肉等主食材实行定点采购，以规模和批发取得价格优势；菜品上推行营养套餐制，荤素科学搭配，既营养均衡又避免浪费。

自 2019 年秋季以来，新余市先后在 64 所农村义务教育学校推行“小荷工程”建设，截至 2021 年底，共拨付市级财政资金 2300 余万元，改造或新建学生食堂 39 个、浴室 1555 个，设置洗衣房 49 个，受惠寄宿学生 5 万余人次。

2. 开展“水花行动”

一是从源头上遏制学生溺水事件的发生。“水花行动”是新余市政府的一项重大公益民生工程项目。2019 年底《新余市“水花行动”实施方案》出台，提出 2020 年全市小学四年级学生必须人人参与游泳技能培训，其中要求 80%以上的农村学生和 70%以上的城区学生掌握游泳技能。自 2020 年暑期开始，新余市正式启动了“水花行动”，为广大中小学生普及游泳安全知识和游泳技能，提高学生身体素质、生存技能和急救能力，从源头上遏制学生溺水事件的发生。

二是形成全社会共同参与的工作模式。新余市“水花行动”，围绕“三步推进”“三个结合”“三项机制”，形成以政府为主导、学校为主体、家校同联动、社会共参与的工作推进模式，在全市逐步构建体系健全、制度完善、教体结合、充满活力的中小学生游泳教育发展新局。

截至 2022 年，新余市共为 5 万余名小学四年级学生开展游泳培训，普及游泳安全知识，提高孩子生存技能和自救能力，学生溺亡人数逐年减少。

3. “智慧校车”为“幼苗”保驾护航

一是建立智慧校车安全管理平台。为有效解决校车安全这一社会关注的热点问题，新余市率先建立幼儿园“智慧校车”监控系统，搭建起“全程录像、动态监控、定时查询、轨迹回放”的智慧校车安全管理平台。“智慧校车”项目利用车载视频监控系统、GPS 定位系统，对校车内、上下车、学生乘坐等区域进行全方位监控，并依托移动物联网高速通道，实现校车位置定位、多屏幕实时视频监控、本地与远程录像播放、手机客户端视频监控查看、录像下载与图片抓拍等功能，提高了学校对校车状况的实时了解。

二是引入第三方参与“智慧校车”管理工作。新余市通过采取公开招标、政府购买服务的方式，引入第三方参与“智慧校车”安全运行管理工作，将“智慧校车”公司指挥中心设在第三方，由其负责监控调度，实时掌握校车运营状况，强化安全监管。

新余市实施“智慧校车”安全管理，对全区155辆校车进行智能化改造升级，实现了100%全覆盖，校车管理全面步入“智慧”时代。一旦发生突发事件，系统会自动触发报警，司机超速平台会发出警报，偏离既定线路时会有提醒，学生滞留车内会自动报警，家长能收到短信提醒。“智慧校车”强力保障校车行驶安全，真正实现安安全全上学、平平安安回家。

（三）医疗领域

新余市以“公平可及、群众受益”为出发点，通过增加财政投入、减少医药支出、纠正行风行规等，重建公立医院运行机制，切实解决“看病贵”问题。新余市深入贯彻落实“健康中国”战略，聚焦农村基本医疗卫生服务均等化，推进农村医疗卫生服务体系建设，以行政村为单元建设晓康诊所（公有产权），赋予村级医疗卫生机构新活力，让农村居民在家门口就能享受到便捷的医疗卫生服务，实现小病不出村的目标，晓康诊所真正成为农村百姓的健康“守门人”。

1. 公立医院改革让群众喜获实惠

一是政府主导，公立公益。坚持政府主导、公益为先的医改理念，让医院回归看病本位。履行政府职责，组建由新余市市长任主任的市公立医院管理委员会，厘清医管委（决策层）、公立医院（执行层）、监督管理办公室（监督层）三方权力边界和运行流程，切实担起政府在医改中的领导责任、保障责任、管理责任和监督责任。加大财政投入力度，出台调整市直公立医院财政补助的意见，2020年该市财政对公立医院投入1.14亿元，较改革前增长236%。化解存量债务，按照“制止新债、锁定旧债”原则清理公立医院债务，改革后公立医院基本建设、大型医疗设备购置经费全部由财政负担，2015~2020年6年间该市财政贴息资金共达6624.5万元。严控医疗费用增幅，划定区域医疗收入、单体医疗机构医疗收入、门诊和住院次均费用增幅“四条红线”，并纳入地方政府政绩考核、公立医院绩效考评重要内容，推动责任主体控制不合理费用。2020年该市医疗费用增幅为-1.96%，公立医院门诊、住院均次费用分别为273元和8644元，门诊均次费用、住院均次费用增幅均控制在8%以内。

二是医药降价，医保控费。取消药品加成，市县公立医院全部到位，实行零差率销售，每年节约群众医药费用负担近6000万元，2019年12月25日起又取消了耗材加成，一年节约群众医药费用约450万元。实施联合议价，药品带量采购和医用耗材阳光采购。2015年药品和医用耗材平均降幅达12.74%、16.7%，2016年再降13.01%、4.76%，2017年继续下降7.6%和9.48%。开展医保控费，在医保总额付费前提下，推行按单病种定额付费58个，按分值付费病种639个。引入商业保险公司经办大病保险，建立从入院到出院全程医保监管模式，每年减少群众医药费用开支约1.81亿元。

三是医生正风，医疗定规。小病大治、索要“红包”、骗保套保被诟病，新余“三管”齐下正风定规。管好处方，采取定期点评处方、监测和预警药品耗材使用情况，对用量用额前50名药品、前100名耗材进行季度分析通报；推行标准化疾病诊疗模式，规范医生诊疗行为，防止出现大处方、大检查、滥用药等不良行为。管正医风，实行“十不准”约谈制度，开展行风整治专项行动和收受红包、医药回扣问题专项整治，2020年新余市直各医院主动上交红包5.8万元，拒收红包119人次共计8.41万元。管准报账，重点整治“挂床”住院、“搭车”治疗等医患勾结套取、骗取医保基金行为，2017年出台《新余市基本医疗保险异地就医监督管理暂行办法》，严格按照“三单一网”审核报账流程规定操作，建立异地就医协查机制。

自2014年被列为公立医院综合改革国家试点城市以来，新余市以解决看病难、看病贵为问题导向，以医疗、医保、医药“三医联动”为路径，以“公平可及、群众受益”为出发点，通过增加财政投入、减少医药支出、纠正行风行规等，重建公立医院运行机制，切实解决“看病贵”问题。新余市取得了技术提上来、服务提上来、资源沉下去、费用降下去“上上下下”的改革成果。2017年1月，新余市作为唯一的地级市代表在全国卫生计生工作会上作典型发言，同年4月新余公立医院改革得到国务院办公厅通报表扬，获中央财政激励支持，同年8月被国务院原医改办、原国家卫计委、财政部、国家中医药管理局等四部门确定为公立医院综合改革首批国家级示范城市。

2. **晓康诊所护健康**

一是创新常态监管手段。市县两级卫生健康部门在全市 381 所晓康诊所均安装 1 个高清监控设备，组建“平安基卫”云服务平台，实现监控视频 7 天回看功能，相关工作场景通过云端进行存储推送，组成集团网，有对应权限的上级管理人员在电脑、手机端皆可进行实时调阅、画面抓拍、7 天回看、视频下载等操作。督促晓康诊所有效落实坐诊巡诊、基本医疗、公共卫生服务、规范执业服务、环境整治、健康扶贫、常态化疫情防控等工作任务。

二是加强队伍建设。采取委托医学院订单定向培养和在岗技能培训相结合的方式，先后选派 230 多名村医参与订单定向医学院校培养，已有 30 名毕业，充实到晓康诊所工作。举办 7 期培训班，培训 600 余名村医。晓康诊所村医实行聘用制管理，由当地乡镇卫生院从现有注册的或取得执业助理资格以上的乡村医生中择优选聘、签订合同；业务绩效考核，由县区卫健部门制定考核方案，乡镇卫生院组织实施，考核内容包括医疗服务、基本公共卫生服务、群众满意度等情况，考核结果与工资支付、是否续聘相挂钩。

三是规范乡村医生服务方式。做到三统一：统一业务管理、统一药械购销、统一财务管理。实行“四有”，看病有登记、用药有处方、诊疗收费有票据、病人转诊有登记。将联系电话、服务内容、收费项目、药品价格等上墙公示，实行 8 小时上班、24 小时负责制。

2020 年以来，新余市着力改善晓康诊所就医环境，开展乡村医生培训，规范乡村医生服务行为，晓康诊所提升取得显著成效。目前，新余市建成 381 所晓康诊所，覆盖全市所有行政村，其中近半数与颐养之家相邻。晓康诊所配置配齐 30 种及以上基本药物，全部实现医保门诊即时结算，让农村居民在家门口享受到便捷的医疗卫生服务，大大减轻患者就医负担，实现小病不出村目标，有利于缓解看病难看病贵分级诊疗制度的实施。

（四）住房及城市环境改造领域

新余市在老旧小区改造过程中，始终坚持以人民为中心，把顶层设计与实践探索有机结合起来，主动吸引社会资本参与改造，走出一条改造、管护、运营三位一体的链式改造新路。新余市为把棚户区打造成群众满意的民心工程、民生工程、幸福工程，坚持精心设计、精致建设、精细管理，积极顺应城市发展新理念新趋势，完善城市功能、提升城市品质、塑造城市风貌，让“工小美”天际线更富韵律、地标线更具美感。新余市将市民关注的背街小巷改造、公交站台提升、交通安全隐患点整治纳入民生实事，大力提升城市功能与品质。

1. 老旧小区改造

一是注重统筹协调，改造工作一体推进。新余市建立市、区、街道、社区、小区五级联动的工作机制。出台《新余市城镇老旧小区改造实施方案》《新余市老旧小区改造技术导则》，编制《新余市城镇老旧小区专项规划》，规范改造标准。市里明确将工程报建的审批权限下放到县区，为老旧小区改造项目建设开辟了绿色通道。

二是注重模式创新，改管护运一体跟进。采取 EPC+O 招投标模式，将老旧小区的设计、改造和后期物业管理捆绑发包。要求投标人或者投标联合体必须同时具备设计、施工相应资质和物业管理经验，中标单位在施工完成后负责小区的管护，并约定 10 年的物业服务年限。注重关口前移，政府监管一步到位。由国有企业投控集团与中标单位合作成立公司，负责小区运营、维护、管理。约定中标企业拿出工程款总额的 15%作为小区管理维护的“保障和补贴资金”，每年联合组织物业主管部门、街道、社区等对物业公司管理情况、居民满意度等进行考核。根据考核结果，以“保障和补贴资金”的形式分期支付给物业公司。

三是注重以管促改，物业管护一马当先。在改造项目开工之前，物业公司先行进入需改造的老旧小区，提供免费的保洁、保安服务，全力配合业主单位、街道社区开展群众工作，了解居民需求、协助项目设计和施工过程管护，先后向项目部反馈小区业主意见上百条，有效地维护了居民的合法权益。

四是注重汇聚民智，广大群众一致支持。在老旧小区改造计划申报之前，街道办和社区深入小区征求居民对改造的态度和意愿，规划方案设计之前，组织设计单位、施工单位、业主单位及街道社区人员到小区听取意见，尽可能地满足居民多样化的需求，遇到居民不理解、不支持、不配合现象，充分发挥业主委员会、社区志愿者、居民党员的作用，采用一线工作法，耐心细致做好解释说服工作，破除居民疑虑，争取最大支持。

截至 2022 年上半年，新余市共实施老旧小区改造 192 个小区、45073 户，投资额约 9.1 亿元；棚户区改造 44039 套（含垦区林区 13099 套），惠及群众 15 万余人，实现改造后的小区道路平整、设施配套、干净整洁、安全有序、管理规范、和谐宜居的目标，使老旧小区居民的居住条件和生活品质得到明显提升，群众的获得感、幸福感、安全感显著增强，较好地满足了人民群众对美好居住环境的需求。

2. 棚户区改造

一是加大政府财政资金投入力度。在积极争取中央财政和省级“以奖代补”资金和中央预算内配套基础设施补助资金支持的同时，通过土地出让收益、地方政府债券等多渠道安排资金，用于城市棚户区改造片区的道路、绿化、征收补偿、安置住房建设及基础设施配套建设等支出。

二是落实税费优惠政策。对棚户区改造项目按照规定减免各项行政事业性收费和政府性基金；对棚户区改造项目涉及的税收，严格按照财政部、国家税务总局《关于棚户区改造有关税收政策的通知》（财税〔2013〕101 号）规定实行减免优惠政策；参照公租房、廉租房政策执行；棚户区改造项目涉及的管道迁改事项，产生的占道费用享受优惠政策。

三是职责明确，有序推进。新余市围绕“资金筹措”和“质量安全”两个关键环节，通过各类途径筹措棚改所需资金，明确每个项目的安全生产责任人，及时跟踪安全生产、质量进度、疫情防控等工作，推进加快棚改工作进度，确保棚改工作目标任务圆满完成。

四是以人为本，妥善安置。城市棚户区改造项目要充分尊重群众意愿，严格执行房屋征收等有关法律法规的规定，保护征迁当事人的合法权益，严禁违法征收，依法妥善补偿与安置被征收人，切实让群众得到实惠。对经济困难、无力购买安置住房的城市棚户区居民，在符合保障政策的条件下，将其纳入住房保障体系中统筹解决。

棚户区改造工作是一项重大的民生工程，对提升城市品质、促进经济社会发展具有重要意义。新余市争取棚改专项资金在 2018 年改造 1.18 万户的基础上，2019 年又推进 2.48 万户棚改、1.9 万户老旧小区改造，实现改一片、成一片、大变样一片。

3. 改善城市环境

一是打造市民打卡地。新余市与新钢公司共同出资，将堆放了60年的850亩渣山改建成江西首个钢铁主题公园“袁河公园”，在新钢公司周边兴建五路一桥和绿环，助力新钢公司打造花园式工厂。大力实施钟灵大道景观提升工程、仰天岗绿色游步道改造。新余市中心两座钢结构人行天桥、赣西民俗风情街、老上海风情街、江口电厂艺术区等备受市民喜爱，成为城市新地标、市民打卡地。

二是积极整治黑臭水体。新余市投资6亿多元基本消除“两江”黑臭水体，投资20多亿元推进生活垃圾、建筑垃圾、餐厨垃圾、工业固废、危废垃圾等“五废”治理，生活垃圾、餐厨垃圾项目基本建成投运。

新余市坚持城市是日用品不是奢侈品理念，不搞大拆大建。不搞过度亮化美化形象工程，重点推进棚户区、老旧小区、城区农贸市场等改造，引进社会资本对17个城区农贸市场进行智能化改造提升。将市民关注的背街小巷改造、公交站台提升、交通安全隐患点整治纳入民生实事，大力提升城市功能与品质。

（五）社会服务领域

新余市积极拓展社会保障卡在政务服务和公共服务领域的深度应用，引导群众使用电子社保卡“亮证”和“用证”，加快推进数据资源共享，实现“减证便民”和“一卡通用”。通过工资直发，保障农民工利益。同时，加大对困难群众救助力度。

1. 打造社保卡“一卡通”

一是看病就医“一卡通”。全市已实现社保卡挂号、诊疗、检查、查询等就医结算全过程“一卡通”，并对接人社部社保卡平台，在市人民医院实现电子社保卡就医结算。

二是政务服务“一卡办”。实现电子社保卡扫码认证身份，316项政务公共服务事项实现社保卡“亮证办”，50个单位1538项依申请类事项实现凭社保卡受理提交。民生资金一卡发方面，实现75项民生类资金进社保卡发放。工资福利一卡领方面，全市95%的离退休人员养老金、市县乡三级589个单位公职人员工资福利实现社保卡领取。

三是景区场馆“一卡进”。全市重点景区和公共场馆实现社保卡“入场证”功能，仙女湖景区实现电子社保卡鉴别游客身份购票、过闸机，市图书馆实现电子社保卡借阅图书。

四是居民消费“一卡刷”。实现社保卡一卡式消费，并试点打造商超购物支付场景，实现电子社保卡金融移动支付。

“一卡通”自实施以来，新余市“一卡通”持卡覆盖人群大大增加，电子社保卡签发率、金融功能激活率、养老金进卡率、制卡网点配置率、应用目录实现数、进卡资金项目数等多项指标全省领先，群众通过“一卡通”享受到实实在在的便捷和实惠。

2. 工资直发，保障农民工利益

一是宣传推广，答疑释惑解民忧。在主要街道、人口密集地多形式、多途径广泛开展宣传，制作《致农民工朋友的一封信》张贴在各工程项目醒目处，进一步打消农民工使用社保卡领取工资的顾虑。

二是抓协调联动，一卡通发惠民生。协调金融部门为农民工工资直发社保卡提供跨行代发服务并免手续费、年费、短信费等，督促用人单位收集农民工社保卡信息，确保工资及时支付到位。

三是抓监督落实，保障有力暖民心。将各在建工程项目优先使用社保卡发放农民工工资列入确保工资发放的便民举措和落实工资支付保障制度的重要环节，加强核查检查、跟踪问效和考核评定，并作为各在建工程项目诚信等级评价的依据。

新余市针对农民工在不同工程项目重复办卡、工资卡被扣押、工资被冒领等三个常见问题引发的欠薪隐患，借助社保卡“一卡通”改革成果，全面推进在建工程项目农民工工资通过社保卡发放工作。2021 年以来，全市通过社保卡发放农民工工资共计 6 万余人次，发放总额 3.9 亿余元，经验做法获江西省省长叶建春批示，全省推广。

3. 加大对困难群众救助力度

在一老一小免费乘坐公交车的基础上，对 80 岁以上高龄老人给予每月 200 元以上津贴，百岁老人免费上敬老院。

一是入户精准摸排。新余市通过入户精准摸排、深入实地调研，对“因患重特大疾病导致医疗费用支出达到 5 万元以上、因自然灾害或交通事故等意外事件导致基本生活暂时出现较大困难的或因其他特殊原因导致基本生活暂时出现较大困难的”三类对象实施救助。

二是扩大救助范围。新余全市民政系统在往年救助的基础上，延长救助时间，并打破户籍管理限制，将符合救助条件的在新余过年的外地户籍困难人员纳入救助范围；加大对本地在外务工人员无法返乡回家过年家庭留守老人、儿童的救助力度。同时，将存在一定困难的留守家庭全部纳入救助范围。

三是加大特殊家庭养老保障力度。新余市为特殊家庭老人提供无偿或低收费托养服务，扶助金在现有基础上每人每月提高 50 元。以政府性资金或政府代管资金存放为杠杆，通过银行筹集、社会赞助等溢出效益募集 2000 万元天人基金，对癌症死亡实施特别关爱，给予一次性关爱资金 3 万元。

新余市开通“余也难”热线，在端午、中秋、元旦、春节等节日期间，对全市辖区内生活极其困难的群众进行生活紧急救助，给予每户 30 斤大米、10 斤食用油和 5 斤猪肉的救助。实现弱有所扶、困有所助、难有所帮，让困难群众共享改革发展成果，推进民生项目落地见效。

（六）城乡一体化及农村民生领域

近年来，新余市通过推动厕所革命、实施城乡供水一体化、攻坚“拆三房建三园”、农村“保家行动”、稳妥推进殡葬改革等，加快城乡一体化程度，提升农村民生质量。

1. 推动厕所革命

一是创新规划思路，坚持一体推进。强化规划引领，结合全市自然村规划修编和各村庄人口、需求等工作实际，将新余全市农村作为整体进行全域规划，确保各地新改建农村公厕规划布局科学合理。在此基础上，专门出台在农村开展公厕建设工作的指导意见，要求各县区、乡村严格按照规划推动农村“厕所革命”工作，层层压实责任，确保规划落地落实，一张图纸绘到底。创新工作思路，大力推行“四五六”工作法，有效解决了新改建农村公厕中地从哪里来、料从哪里来、钱从哪里来等要素保障问题。统筹兼顾落实，将改厕和城乡供水一体化、农村“拆三房建三园”、城乡人居环境综合整治等工作紧密结合起来，实现了与农村其他工作有效衔接、一体推进。

二是创新实施举措，服务群众生活。坚持便民为先，充分尊重群众意愿，将公厕尽可能地建在村庄入口、广场、集贸市场等人口较集中区域。同时，也注重公厕建筑外立面造型、色调等与周围环境的协调，指示标志明显，方便外来人员及游客辨识。坚持配套为要，把洗手池、化粪池，扶手架、老年马桶架等纳入基本设施范畴和基本建设要求，同步规划、同步建设，切实做到“简便、卫生、安全、实用”。坚持环境为重，大力推行公厕粪液、粪渣的无害化处理和资源化利用，村庄能自我消纳的优先考虑在本村庄利用，村庄不能自我消纳的，成立专业收运队伍，确定收纳企业，做到清淘、运输、处理和利用“四统一”，从而避免了“边建设、边污染，新建设、新污染”等环境卫生问题的产生。

三是创新管理方式，巩固建设成果。创造性开展“三个加强”管理维护工作，确保把好事办好办实。加强日常管理，坚持“一明两通三无四净”的管理标准（“一明”即灯光明，“两通”即用水通畅、用电通畅，“三无”即无溢流、无蚊蝇、无臭味，“四净”即地面干净、墙壁干净、厕位干净、周边干净）。强化农村公厕的日常管护，通过委托第三方管理、指定专人负责等多种方式把管理责任落实到人，确保建得好也用得好。加强设施管护，帮助村、组建立健全了公厕运行维护制度，重点强化对农村公厕水电安全、基础设施、环境卫生等方面的指导，及时发现并处理好公厕使用过程中的堵塞、设施损毁、用水用电等问题，确保公厕安全卫生。强化日常考核，制定农村公厕考核办法，厘清镇、村、组和保洁员的管理责任，并委托第三方机构对全市 31 个涉农乡镇的农村公厕的管理情况进行季度暗访，倒逼责任落实。

新余市利用现有旱厕、闲置房进行改造，大力推广装配式移动公厕，每座费用控制在 3.5 万元以下。通过整合旅游公厕建设奖励资金、新农村建设点专项资金、帮扶单位出资等方式，鼓励商会、社会爱心人士等公益捐建，仅两年时间 4000 多座水冲式农村公厕覆盖到所有自然村。

2. 实施城乡供水一体化

一是科学编制工程实施方案。新余市编制《新余市城乡供水一体化工程实施方案》。市城乡供水一体化工程分为 2 个项目区、8 个供水分区，总供水规模 44.16 万吨/日，概算总投资 12.76 亿元。项目区受益乡（镇、办事处）37 个、村委 375 个、自然村 2762 个、农户 32 万户，规划供水人口 118.98 万人。

二是广泛征求各界意见。为使城乡供水一体化项目实施和工程设计方案更加科学合理，新余市相关部门不仅多次征求领导小组成员单位和县（区）政府（管委会）、水利部门的意见，还召开新余市城乡供水一体化项目征求社会意见会议。市政府还就城乡供水一体化分别向市人大常委会第七次党组主任（扩大）会议、市政协九届七次主席会议作专题汇报，获得各级领导和社会各界人士的赞同与支持。

三是倒排工期挂图作战。新余市将城乡供水一体化项目总体布置、工程任务、组织机构、进度计划等全部上墙，实行倒排工期、挂图作战，为推进城乡供水一体化明确路线图、时间表。

四是积极推进强化措施。新余市城乡供水一体化建设项目部建立“微信工作群”，通过“微信工作群”和每周一次的调度例会，收集情况、协调问题、总结推进。县（区）政府（管委会）将城乡供水一体化纳入了县（区）年度绩效考核体系。春节期间，市、县（区）利用大型户外广告、广播电视、手机短信、微信平台、宣传车、宣传单等，多手段、全覆盖地向广大群众特别是返乡过年的群众宣传城乡一体化供水的重大意义、优惠政策等，积极有力地推进城乡供水一体化进村入户工程建设。

2017 年以来，新余市坚持“城乡统筹、资源整合、规模发展、专业运营”的总体思路，创新投融资和运营管理机制，建立“同网、同价、同质、直供到户”的城乡供水安全保障体系。目前共完成工程建设投资 13 亿元，供水主管网铺设 1067 公里，进村入户管道铺设 4650 公里，10 个新建或改扩建水厂、43 个供水加压站全部投入使用，全市 50 户以上和部分 50 户以下自然村接通了自来水，在全省率先实现城乡供水一体化整市推进覆盖。

3. 攻坚“拆三房建三园”

一是抓好顶层设计科学谋划部署。新余市委、市政府在充分调研摸底的基础上，采取自下而上征求意见建议、自上而下反馈决策部署的方式，反复研判存在的问题和可能面临的困难。结合新余市实情，严格遵循中央一号文件提出的关于实施乡村振兴战略的意见精神，出台《新余市农村拆“三房”工作实施方案》和农村拆“三房”建“三园”工作 11 项 10 个注意事项，成立市农村拆“三房”工作领导小组，明确“四必拆”“三保留”“三改造”，划好“法律线、实际线、良心线”三根线，制定市厅级领导带队督导涉农乡镇拆“三房”工作制度，在制度和组织上保障群众利益，促进工作顺利开展。在不搞试点的情况下，在全市全面铺开农村拆“三房”工作。

二是因地制宜彰显特色。新余市农村拆“三房”不是贪大求洋、大拆大建，而是因地制宜，各乡镇结合自身实际，积极探索出适合自己的工作方法，打造出独具特色的农村新风貌。有的乡镇利用本土人文、历史、乡土记忆等特点，将拆除后的物料用于建设人文历史景观，将具有历史印记的房屋改造成乡土记忆文化馆，如分宜县严嵩故居介桥村、洞村乡上泽村，打造出富有乡愁、人文、历史气息的特色乡村。有的乡镇将拆“三房”与土地增减挂结合起来，如渝水区罗坊镇，全镇共 13 个村委申报增减挂项目。村委和村民获得一定的经济利益回报，既能获取资金，又能盘活城乡存量建设用地，调动了群众拆“三房”的积极性和主动性，促使“三房”拆除工作进展顺利，促进农村农业的发展。部分乡镇通过产业引导、招商引资等方式推进工作。如仙女湖区凤凰湾易家桥村和分宜县钤山镇金鸡布村，大力发展乡村产业和乡村民俗游，化解“三房”拆除阻力，得到群众的大力支持，促使拆除工作又好又快地推进，提高了群众收入，改善了乡村整体环境。

三是党员示范带动群众踊跃参与。新余全市各级党员干部在拆“三房”工作中起到示范带动作用，做到铁面无私，不优亲厚友，既做“武”官，又当“文”官，白天进村入户当搬运工，晚上作宣讲员、报表员。绝大多数党员干部主动提出先拆自己的或父母和兄弟姐妹的“三房”，呈现“我是旗帜，我是党员我带头”的感人局面，渝钤大地党员干部示范身影处处可见。全市商会、乡贤踊跃参与，深入群众开展思想发动，带头拆除自家“三房”，免费提供机械、材料，自愿提供资金做好村庄规划、捐建“三园”；群众自发组织成立志愿服务队，积极开展宣传工作，自己动手搬离家物、清理物料、志愿建设房前屋后“三园”。

四是村貌巨变其乐融融。农村“三房”拆除后，做到规划先行，统筹推进，合理有序规范村民建房，废弃砖瓦用于铺设道路、边角边皮建设“三园”，陈旧农耕物具集中收纳建设村史馆，村级组织通过市场化运作集体建造公共安置房，统一安置鳏寡孤独的老人和农耕具。村庄公共设施不断完善，村村通道路硬化、村村通自来水、村庄垃圾和生活污水治理、农村卫生改厕等环境整治全面推进，新农村建设样板雏形逐渐形成，极大地改善农村人居环境，农村整体面貌焕然一新。

新余市财政设立1000万元专项资金，以奖代补，发挥村党支部和村民理事会作用，共拆除“三房”17.1万多栋、1000万平方米。以村民四知规范农村建房，20户以上村庄规划实现全覆盖，村容村貌焕然一新。

4. 农村“保家行动”

一是高位推动，铁腕治污。“保家行动”工作方案，三上市委常委会、一上政府常务会议，经研究确定。市领导一线作战，全程调度，督查暗访，全面推动各项工作落实。时任市委书记蒋斌两次专题调研，一次专题调度，七次作出重要批示；时任市长董晓健亲自解决整治工作中的具体问题；市委副书记曾萍任“保家行动”领导小组组长，具体负责抓好这项工作；市委常委会4次会议专题研究“保家行动”，市政府7次会议专题研究水环境突出问题整治工作。

二是上下联动，形成合力。水务局、环保局、农业局、工信委等市直有关单位积极行动，各县区乡村奋勇争先，层层落实责任；全市近万名干部群众，自觉放弃双休日和节假日，投身于“保家行动”工作中。

三是创新方式，加强巡查。新余市创新形式，建立“联查联巡”机制，环保、农业、水务、工信等部门加强执法，严厉打击各级各类环境违法行为；从各责任部门抽调人员专门组成巡查组，主要在8小时之外，对城区开展严密巡查，发现问题及时发送到市“蓝天行动工作群”“保家行动工作群”，有效推动了问题整改。

新余市关停改造畜禽养殖场7267家，拆除“三房”近10平方公里，老百姓全力支持、无一上访。

5. 稳妥推进殡葬改革

一是殡葬管理体制基本建立。多年来，新余市一直将殡葬改革工作纳入全市绩效考核、改革创新重点工作等考评内容，研究出台了《新余市全面深入推进殡葬改革工作实施方案》等一系列政策文件，成立由分管副市长为组长的殡葬改革领导小组，明确部门工作职责，各县区、乡镇按照统一部署层层召开会议进行再动员、再部署，各县（区）成立殡葬改革工作领导班子，形成主要领导抓总、分管领导牵头、乡镇一把手主责的工作格局，通过一级抓一级、层层抓落实，不断压实工作责任，形成了周调度、月督导、季通报、年考核的工作推进和调度机制。市委、市政府主要领导高度重视殡葬改革工作，多次召开专题会议听取汇报、深入实地调研，并多次在全市重要会议上强调殡葬改革工作。

二是殡葬基础设施有效改善。新余市及时制定殡葬设施建设规划，在大量调研的基础上，按照由县（区）统一规划、乡镇统筹、因地制宜，集中为主、分散为辅的原则，与江西大成公司合作开展殡葬基础设施建设。目前，新余全市兴建的51个农村公益性墓地已基本建成并全部投入使用；新建的2个人文纪念园（殡仪馆）项目正在积极推进；殡仪馆新增8台火化炉，维修改造2台火化炉，购置8辆接运车、2组冷藏柜，增加6套守灵房，改造2个火化车间。通过覆盖城乡的殡葬基础设施建设和设备改造升级，补齐了基本殡葬服务短板，保障了全市人民的殡葬服务和安葬需求，为实行全民遗体火化工作奠定了基础。

三是惠民殡葬政策全面落实。新余市坚持殡葬公益属性，立足于保障和改善民生，从惠民、便民、利民入手，着力解决群众后顾之忧。除对省民政厅所要求的五项基本殡葬服务费用一次性减免外，新余市还结合实际，率先推出了其他12项免费服务的惠民政策，另有4项服务按成本价收费，为每个丧户减少治丧开支约3770元。此外，针对没有参加社保的城乡居民免收公墓建设费和管理费，以及冰棺、绢花圈租用等费用，全部由政府兜底，真正做到丧者后事“零消费”。同时，还对选择骨灰生态安葬的丧属给予600~1000元奖补。所有减免费用直接在服务收费中核减，并实行全程代办制和“一站式”办结制，让群众省钱、省事、省心、省力，切实减轻群众负担，全力打造优质、高效、实惠、便民的殡葬服务体系。

四是治陋治乱全面清理。严格按照迁（平）坟规范流程人性化操作，制作新余全市“三沿六区”散埋乱葬坟墓整治示意图，实行销号管理，制定了督导和考核方案，对“三沿六区”范围内出现新增散埋乱葬坟墓的县区在年度考核中予以一票否决，确保无一例新增散埋乱葬坟墓。新余市对殡葬中介服务和丧葬用品市场进行重点整治，依法打击违规生产、销售棺木和大墓碑行为，关停全市所有生产、制作、销售木质棺木的经营户。

五是文明殡葬礼俗逐步形成。新余市积极倡导现代文明丧葬新风，充分发挥党员干部带头作用和群众自我管理作用，全面成立村（社区）红白理事会，将殡葬改革政策写入村规民约，规范丧事简办标准，深入推进殡葬信息化建设，各乡镇设立便民服务站点，为村民提供冰棺和绢花圈租用等服务，积极发挥村（居）“两委”和红白理事会、老年人协会等基层组织作用，推广骨灰植树、植花、植草等生态葬式，宣传现代文明的殡葬新理念、新礼仪，坚决遏制大操大办、重殓厚葬、封建迷信、乱埋乱葬等不良风气和陋俗，促进农村移风易俗。

新余市按照以人为本、政府主导、市场运作、分类实施、稳步推进思路，与江西大成投资公司合作，建成农村公益性墓地51个，至今未发生一起因殡改而引发的上访事件。

（七）社会治理领域

新余市“道德积分银行”自推广以来，全市矛盾纠纷数量显著下降，“民转刑”命案发生率为零。新余市医疗纠纷人民调解委员会成立8年多来，成功调处医疗纠纷742起、终止37起，调解成功率为95.25%。

1. 道德积分管理激活基层治理

一是由村“两委”具体负责。新余市将“道德积分银行”设在各村“两委”办公场所，由村“两委”具体负责，组建道德评审委员会，并请村里德高望重的老人出任“行长”。为每户建立积分存折，将村民德行善举量化，转化为积分累积储存，让有德者脱颖而出，成为乡邻效仿的道德标杆。道德积分可兑换日用物品，将物质奖励与精神激励有机结合，引导村民自觉维护良好乡俗民风。同时，建立健全“上级部门补助、单位帮扶支持、村级适当配套、乡贤自愿捐赠”等方面资金保障机制，做到可持续发展。

二是从乡村治理实际出发。新余市“道德积分银行”从乡村治理实际出发。明确“积孝、积善、积信、积勤、积俭、积美、积学”等七个方面46项标准，以户为单位进行积分。如见义勇为积50分、调解邻里纠纷积30分，对违反道德规范的行为则相应扣分。同时，将道德积分结果直接作为村里评定道德模范的重要指标之一。在村“两委”主持下，每月召开一次道德评议大会，评议本月村民积分情况；每季度评选一期光荣榜、进步榜和警示榜；每年度评选一次本村“好人”，并逐级推荐参加“身边好人”评选，对“好人”给予免费体检、旅游景点免门票等礼遇优待。通过评议，帮助村民进一步明是非、辨善恶，在乡村营造浓厚的向善崇德氛围，一系列乡村治理难题也迎刃而解。

近年来，新余市积极推进市域治理现代化改革工作，创新“173”工作模式，总结推广基层首创的道德积分管理做法，让道德有“尺子”可量、有“标杆”可比，营造了崇德向善的新乡风。道德积分管理模式推行3年多来，全市矛盾纠纷化解率达99.5%，“民转刑”命案保持零发生。2021年获评“平安中国建设示范市”；2022年6月，这一经验做法在中央政法委交流会上作典型发言。

2.“新余处方”推动“医闹”变“医调”

一是搭建平台，打造资质好信誉高的人民裁判员队伍。依托法治工作志愿者协会设立“新余市医疗纠纷人民调解委员会”，从医院、法院、检察院、司法行政等部门退休人员中选聘7名公道正派、事业心责任心强、群众工作经验丰富的同志组成专兼职人民调解员队伍，既解决设立主体的合法性，又保持独立于医患双方的中立性。组建由64名医学专家组成的医学专家库和由28名优秀律师、法官组成的法学专家库，选定省内外8家司法鉴定机构组成医疗损害鉴定机构库，确保每起纠纷调解均征询专家意见或司法鉴定意见，保障纠纷调解的公平、公正、公开。为强化经费保障，市医调委工作经费、调解员补助经费全部列入财政预算，办公用房和电脑、监控、录音、录像等设施设备一应俱全，确保每一起纠纷调解都做到调解、录音、录像三同步，既保证调解的公开、公平和规范，又经得起历史的检验。制度保障上，市医调委创设了岗位职责、操作规程、卷宗管理、责任认定、调解纪律等17项管理制度；完善从受理审查、调查核实到宣传告知、纠纷调解、协议签订，再到回访督办、反馈报告、结案归档一整套调解流程；建立与卫健部门和各医疗机构问题反馈机制，通过矛盾调解发现医疗机构存在的问题，有针对性地提出防范意见，帮助医疗机构从源头上堵塞漏洞。

二是规范流程，打造作风实专业强的人民调解员队伍。针对医患矛盾纠纷，市医调委坚持第一时间介入，在认真倾听当事人陈述后，通过查阅病例资料、现场调查，掌握第一手资料，做到每个环节都扎扎实实、环环相扣。根据掌握的情况，通过咨询专家意见或组织专家论证等方式，对“损害结果的发生所起作用大小、医患双方在诊疗过程中的过失行为、不能举证的要承担举证不能的责任和调解不力的后果”三个要素进行分析，以划分医患双方在纠纷中所应承担责任的大小，并严格依据责任等级、损害程度、赔偿标准确定赔偿数额，使医患双方心中有数，推动“医闹”变“医调”。

三是创新引领打造情理法兼顾的人民服务员队伍。在调解实践中，市医调委始终坚持情、理、法相结合，总结出行之有效的“四心三结合”工作法，即在热心、耐心、细心、恒心的基础上，坚持做到调解与普法相结合、依法与依理相结合、刚性与柔性相结合，做到动之以情、晓之以理、导之以法，增进医患双方彼此间的理解，促成双方在平等协商基础上自愿达成调解协议。疫情期间，市医调委及时调整服务方式，通过微信视频、QQ 语音通话，“点单”服务等方式组织人民调解员开展线上调解，仅 2020 年 1~3 月成功在线调处 19 起医患纠纷，其中实现医院无责“零赔偿”2 起，调解协议书经双方当事人同意后以电子文件形式送达，减少人员聚集；2020 年 4 月 1 日省司法厅专报司法部，面向全国推广。在机制创新上，市医调委还引入医疗责任保险理赔工作机制，利用江泰保险经纪平台，采取市场配置资源的方式，建立“调、保、赔、防”四位一体的调解新模式，引导医疗机构加强医疗风险控制与提升管理能力。同时，医疗责任保险主承保方作为第三方，参与医疗纠纷调解工作，既保障保险公司的话语权，又保证调解协议的执行力。

近年来，新余市坚持以习近平法治思想为指导，聚焦社会治理体制机制性难题、基层基础工作短板、影响市域安全稳定等突出问题，用心用情用力打造本土化“枫桥经验”，成立医疗纠纷人民调解委员会，将专门工作与群众路线结合起来，不断创新社会矛盾预防化解机制，首开全省医疗矛盾纠纷专业调解共建先河，被誉为第三方人民调解工作“新余模式”。2017 年，荣获首批“全国平安医院创建活动表现突出地区”；2022 年，荣获“江西省市域社会治理现代化优秀试点成果奖”；市医调委获评“全国模范人民调解委员会”，收到群众锦旗 324 面。

（八）交通出行领域

环城路是新余市“工小美”新辉煌的具体成果。环城路建成通车，彻底结束货车穿城而过的历史，城区面积扩大到 360 平方公里，为新余未来发展拓展重大战略空间。

一是模式创新，破解资金难题。项目建设中，新余市以小成本办成大事件，采用PPP模式建设，通过政府和社会资本合作，引导私营企业、民营资本参与公共基础设施的建设，圆了新余人几十年的梦想。

二是技术创新，破解建设难题。这条集新余“五个之最”的背后，是建设管理、施工安全、环境保护等诸多领域的创新。截至通车前夕，环城路项目施工团队共完成省部级工法9项，实用新型专利10项、发明专利2项、国家级QC成果奖4项，中国质量协会质量信得过班组1项，计算机软件著作2项。

三是思维创新，破解发展难题。环城路的通车彻底结束货车穿城而过的历史，重塑新余交通版图，为新余画上“半小时交通圈”和“一小时经济圈”，城区面积扩大到360平方公里，为新余未来发展拓展战略空间。它使新余市路网呈“环形+放射”型的布局模式，放射线直接联系着上高、新干、峡江、樟树“三县一市”，基本形成以新余市为核心的“1+4”区域发展模式。

环城路是新余“十三五”标志性项目，是新余复市以来工程投资最大、筹备耗时最短、所经路线最长、建设等级最高、辐射范围最广的新余“五个之最”的民生之路。项目总投资38.3亿元，全长73公里，按一级公路标准建设，路基宽25.5米，双向四车道，设计时速为60公里。2017年8月破土动工，2021年1月通车。它的开通有利于地区之间的经济联动发展，有利于推动“新宜吉六县跨行政区转型合作试验区”基础设施的互联互通，有利于优化城市功能布局，降低企业物流成本，提高物流运输效率，并带动沿线资源的开发，促进区域经济发展。

三　新余市民生系统集成改革的特点、经验与启示

（一）新余市民生系统集成改革的特点

新余市民生系统集成改革具有四个显著特点：第一，提高政治站位，强化责任担当；第二，党建引领，推动党的建设与民生事业深度融合；第三，以新时代全面深化改革方法论为指导，系统集成、高效联动；第四，善用市场化改革思维，破解民生事业发展的难题。

1. 提高政治站位，强化责任担当

近年来，新余市坚持人民至上，在推动实现高质量发展中与时俱进建设社会主义现代化民生城市。新余市深入贯彻落实习近平总书记重要讲话精神，大力践行以人民为中心的发展思想。高度自觉坚持“四个意识”，坚定不移地把改革总体设计中有关社会事业、保障和改善民生的改革要求落到实处。这是新余以人民为中心、增进民生福祉的创新探索，是坚持人民主体地位、实现人民对美好生活向往的必然选择，是完整准确全面贯彻新发展理念、推进共同富裕取得更为明显的实质性进展的生动实践。切实加强普惠性、基础性、兜底性民生建设，让改革发展成果更多更公平地惠及全市人民，把以人民为中心的发展思想落实到做决策、定政策、办实事上，体现到一个个具体民生项目上。

2. 党建引领惠民生，凝心聚力担使命

新余市充分发挥党的领导核心作用，把党建引领作为民生系统集成改革的关键一招。新余市积极培育“五强”书记，确保颐养之家有得力的人来抓。新余市围绕打造强政治、强能力、强管理、强自律、强素质的“五强”村（社区）党组织书记队伍，把建设颐养之家作为检验其能力和素质的试金石。通过每年举办一次培训班、市委主要领导讲一堂课，新余市委全会邀请部分村（社区）党组织书记列席并安排一名代表发言，每年打一套关爱村（社区）党组织书记组合拳等方式，不断提升基层党组织书记工作能力，调动党组织书记工作积极性，确保党组织书记能干事、愿干事。

新余市以创建“共产党员示范市”为统领，充分发挥党组织引领和广大党员干部先锋模范作用。新余市委常委每人挂点联系一个乡镇，指导乡村振兴和城乡供水一体化工作。市直有关部门党委（党组）充分发挥行业部门职能，按照责任分工，及时调度、统筹协调，实时解决城乡供水一体化工程推进中的问题和困难。各县（区）对本地城乡供水一体化工作负总责，成立工作领导小组，做好现有供水工程资产处置、建设用地征用等工作。施工企业在工程项目部建立临时党支部，为工程建设质量与安全提供组织保障。各乡镇（街道）党委当好一线总指挥，摸清底数、掌握动态，做好施工环境协调，积极化解推进中遇到的矛盾。各村党组织积极向农民群众宣讲项目意义，动员群众主动参与城乡供水一体化建设。

3. 求真务实，实事求是

新余市以小投入建设大民生。建设颐养之家，每个行政村一次性投入10万元，利用闲置村级活动场所、小学校舍等现有资源进行简单改造或租用民房。按照每人每月350元的标准保障运转经费，形成了可复制、可推广、可持续、可提升的四可工作法。推行小荷工程。从教育专项附加费中整合切块资金1000多万元，用于改善农村寄宿制学校学生营养餐和免费洗澡、洗衣服，出台管理降成本十条，通过在有条件的学校安装光伏发电、建设小荷菜园等措施降低运行成本，增强可持续能力。

4. 发挥立法作用，鼓励社会参与

为保障广大群众对民生城市建设的知情权、参与权和监督权，新余市聚焦群众关切的一批重大民生问题，充分发挥立法的引领和推动作用，先后制定出台了《新余市颐养之家条例》等7部与人民群众切身利益紧密相关的地方性法规，巩固了民生改革的成果，为民生城市建设提供了良好的法治保障。与此同时，新余市充分发挥人大、政协和社会各界的民生监督作用，凝聚起民生城市建设的强大合力，有效推动了老年人权益保障、学校“大校额大班额”和公立幼儿园学位不足等一批事关全局的民生问题的解决，切实增强了人民群众的获得感、幸福感和安全感。

5. 遵循市场规律，创新投资方式

各类产业资金均以物化的方式投入扶贫产业中，形成可核查的物化资产，确保资产不流失。政府投入的财政资金，全部以不低于10%的收益比例，签订不少于5年的产业协议；扶贫小额信贷资金、贫困户自筹资金等，按照市场化要求，吸纳贫困户以多种形式参与，按股分红，既保证了扶贫产业的健康发展，又带动村集体和贫困户持续受益。据测算，新余市城乡供水一体化工程总投资达12.76亿元，完全由财政承担不现实，让农民摊派也不合理，最佳途径是“花别人的钱办自己的事、花未来的钱办今天的事”。新余市通过与中国水务集团沟通洽谈，按照企业出大头、政府出小头、群众享其成的原则，政府和企业合作共建城乡供水一体化项目。工程建设资金由政府和供水企业分担，政府出资30%，供水企业出资70%。项目建设中，由供水企业先行垫付项目建设所需全部资金，政府承担的建设资金从项目开工时起算，五年内分期到位。政府投资主要用于管材与设备采购，实行公开招投标，企业投资主要用于水厂、加压站与进村入户工程建设。

（二）新余市民生系统集成改革的经验与启示

新余市民生系统集成改革是全国改革发展进行变革性实践取得突破性进展的缩影，是坚持以人民为中心、全面贯彻新发展理念的生动实践和典型案例。新余市积极推动民生系统集成改革，有很多经验、启示，对中西部地区民生改革具有参考借鉴意义及推广价值。

1. 发挥党建引领，强化责任担当

新余市委深入贯彻落实习近平总书记重要讲话精神，大力践行以人民为中心的发展思想。强化党建在民生事业中的政治引领和组织保障作用，凝聚党建惠民思想共识。发挥“四个作用”，共建民生城市。充分发挥党建引领核心作用，发挥上下联动关键作用，发挥开门搞改革先导作用，发挥基层首创主体作用。

2. 坚持务实之风，推进民生改革

新余市围绕项目化管理、标准化建设、一体化推进、社会化运作、惠民化目标，推动民生体系从有形化建设向无形化管理转变。民生各项措施具有可操作性，务必坚持实在、实际，制定切实可行的控制成本措施，人力、物力、财力最优化组合。新余市委切合基层实际，专门出台《关于在全市推行党建+颐养之家工作的指导意见》《关于在全市农村寄宿制学校推行小荷工程的指导意见》等系列文件，市委主要领导挂帅出征，亲自审定建设标准、成本管理等规定，为打造全市一老一小民生品牌把脉定向。

3. 擦亮民生品牌，注重长远导向

新余市立足着力改善民生，扎实推动共同富裕。新余市“党建+颐养之家”获得中央领导批示，被评为中国改革年度案例、全国第二批公共服务典型案例和国家居家和社区养老服务改革试点工作优秀案例。新余市注重民生工作的持续性，注重群众长久利益，充分考虑将来和后续发展，努力探索促进实现共同富裕和建设现代化民生城市新路子。

4. 坚持系统集成，健全民生法治体系

新余市自觉以习近平新时代中国特色社会主义思想为指引，紧扣基层两治，贯通系统思维，补齐民生链、编织民生网、健全民生体系。新余市制订出台了《新余市完善民生体系若干措施》，成立了由市委书记、市长任双组长的民生体系建设领导小组和民生城市建设办公室，形成了37项民生工作推进机制。充分发挥改革突破和先导作用。新余市先后制定出台了《新余市颐养之家条例》等7部与人民群众切身利益紧密相关的地方性法规，为民生城市建设提供了良好的法治保障。

5. 创新机制方法，破解民生难题

新余市通过政府主导、社会参与、市场运作，努力做到不花钱办成事，少花钱办大事。善用市场化改革思维，破解民生事业发展挑战。遵循市场规律，创新投资方式。各类产业资金，形成可核查的物化资产，确保资产不流失。

四 对新余民生系统集成改革的建议

近年来，新余市在民生领域开展了一系列的改革，取得了丰硕的成果。为更好地推动新余市民生集成改革，课题组结合党的二十大精神，从养老、医疗、教育、社保、就业等领域提出建议，助力新余市民生事业再上新台阶，同时也为中西部地区民生改革提供参考。

（一）推进养老服务体系建设，健全完善老年健康服务体系

第七次全国人口普查结果显示，我国60岁及以上人口已达2.64亿人，占总人口的比重比2010年上升了5.44个百分点，中国已成为老龄人口大国。党的二十大报告指出，实施积极应对人口老龄化国家战略，发展养老事业和养老产业，优化孤寡老人服务，推动实现全体老年人享有基本养老服务。（中国）江西省第七次全国人口普查公报-红黑统计公报库显示，新余市60岁及以上人口占17.68%，65岁及以上人口占12.25%。

1. 更好地发挥公办养老机构基础作用，支持社会力量参与养老服务事业

新余市应更好地发挥公办养老机构基础作用，坚持公益属性，积极发展街道（乡镇）、社区养老服务中心，力所能及地鼓励、支持农村发展互助式养老服务。同时，支持社会力量参与养老服务事业，大力发展普惠型养老服务，为更多老年人提供方便可及、价格可负担、质量有保障的养老服务。

2. 健全完善老年健康服务体系，保障养老服务人员工资收入

健全完善老年健康服务体系，根据财政实际情况，逐步提高失能、重病、高龄、孤寡老人等健康监测覆盖率。针对老年人常见的慢性病，进行早期筛查、干预及分类指导。同时，建立健全相关专业领域、社会服务人才和志愿者队伍，提升养老服务质量，让更多老人安心、家人舒心。用人单位充分保障养老服务人员工资收入，建立科学合理的工资绩效机制，吸引更多优秀人才进入养老服务岗位。

3. 引导老年人参与社区活动，更好地发挥余热

引导老年人参与社区治理、环境卫生整治、丰富社区文体活动等工作，发挥余热，服务社区、帮助邻里。更好地发挥新余市老年大学作用，组织引导广大离退休干部无私奉献，聚焦“工小美”建设，关心支持新余经济社会发展。积极开展各类活动，为更多学员提供更高效更优质的服务。

（二）深化医药卫生体制改革，促进医保、医疗、医药协同发展

党的二十大报告指出，深化医药卫生体制改革，促进医保、医疗、医药协同发展和治理。

1. 深化以公益性为导向的公立医院改革，市委牵头组建管委会

深化以公益性为导向的公立医院改革，组建由新余市委、市政府负责同志牵头，政府有关部门、部分人大代表和政协委员，以及其他利益相关方组成的管理委员会，履行政府办医职能，负责公立医院的发展规划、章程制定、重大项目实施、财政投入、运行监管、绩效考核等，并明确办事机构，承担管理委员会日常工作。

2. 定期轮岗城市医院精兵强将，提高农村和社区医疗水平

针对城乡医疗水平客观存在的差异，应更好地发展农村和社区医疗卫生队伍，方便更多的人民群众就近就医。通过定期抽调、轮岗城市医院的优质医生、医疗队伍到农村和社区等方式，提高农村和社区医疗水平。

3. 逐步健全医防协同、医防融合机制，健全公共卫生体系

根据现有财力，力所能及地逐步健全医防协同、医防融合机制，健全公共卫生体系，提高重大疫情早发现能力，加强重大疫情防控救治体系和应急能力建设，有效遏制重大传染性疾病传播。

（三）加快基础教育改革，办好人民满意的教育

党的二十大报告指出，办好人民满意的教育。教育是国之大计、党之大计。培养什么人、怎样培养人、为谁培养人是教育的根本问题。

1. 推进义务教育优质均衡发展，构建优质均衡的基本公共教育服务体系

进一步推进义务教育优质均衡发展，构建优质均衡的基本公共教育服务体系，着力推进学前教育普及普惠发展，完善普惠性学前教育保障机制，逐步提高公办园生均公用经费标准或财政补助标准、普惠性民办园补助标准，使普惠性学前教育更好地惠及广大人民群众。着力推进特殊教育拓展融合发展，进一步提高特殊教育水平，使残疾儿童更好地共享社会文明发展成果。

2. 构建立德树人落实机制，全面提升育人质量

构建立德树人落实机制，全面提升育人质量。巩固提升“双减”水平，充分发挥学校教育主阵地作用。深化教育教学改革，不断推进教育教学方式方法创新。引导学校树立科学教育观念，提高办学水平，促进学生德智体美劳全面发展。引导社会和家长理解支持基础教育，营造良好的教育生态。

（四）适应高质量发展需求，健全更丰富的社会保障体系

党的二十大报告指出，社会保障体系是人民生活的安全网和社会运行的稳定器。健全覆盖全民、统筹城乡、公平统一、安全规范、可持续的多层次社会保障体系。

1. 健全适应各类从业人员的社会保障制度，保障新业态从业人员权益

健全适应各类从业人员的社会保障制度，为更好地适应新业态新经济发展需要，需要打破传统的工伤保险、失业保险等以是否签订“劳动合同”为前提的参保约束，为越来越多的新业态从业人员建立职业伤害保障及失业保险制度，切实保障其社会保障权益。

2. 应用大数据、云计算等技术，建立安全、高效的社会保障服务体系

建立方便、快捷、安全、高效的社会保障经办管理服务网络体系，广泛应用大数据、云计算、互联网和区块链等技术，尽可能地让法人和居民

足不出户即可享受参保登记、缴费、查询，领取待遇等各项服务，彻底颠覆传统的大厅式、柜员制、面对面的服务模式。

（五）强化就业优先政策，大力拓宽就业渠道

党的二十大报告指出，实施就业优先战略。就业是最基本的民生，应强化就业优先政策，健全就业促进机制，促进高质量充分就业。

1. 健全就业公共服务体系，全面清理各类限制性政策

健全覆盖城乡的就业公共服务体系，加强基层公共就业创业服务平台建设，提供就业免费优质服务。建立促进创业带动就业、多渠道灵活就业机制，全面清理各类限制性政策，增强劳动力市场包容性。同时，进一步健全劳动合同制度和劳动关系协调机制，加强劳动者权益保障。

2. 构建常态化“援企稳岗帮扶”机制，完善重点群体就业支持体系

构建常态化“援企稳岗帮扶”机制，统筹利用好就业补助资金和失业保险基金。健全就业目标责任考核机制和就业影响评估机制，完善高校毕业生、退役军人、农民工等重点群体就业支持体系。

3. 健全终身职业技能培训制度，完善就业需求调查和失业监测预警机制

健全终身职业技能培训制度，大力发展技工教育，大规模开展职业技能培训，加快培养大批高素质劳动者和技术技能人才，全面提升劳动者就业创业能力。通过人工智能、大数据等科技手段，对重点地区、行业企业的就业岗位进行动态监测，完善就业需求调查和失业监测预警机制。

报告执笔：徐照林（中国经济体制改革杂志社地方改革创新研究院学术秘书、博士后）

第九部分

西部地区探索共同富裕的“涪城实践”研究

摘要：习近平总书记在党的二十大报告中指出：“共同富裕是中国特色社会主义的本质要求，也是一个长期的历史过程。”在全面建设社会主义现代化国家的新征程中，推动全体人民共同富裕，是各级党委政府在新时代新阶段面临的新课题。近年来，四川省绵阳市涪城区坚持以习近平新时代中国特色社会主义思想为指导，深刻理解社会主义的本质要求和习近平总书记关于推进共同富裕的重要论述，坚持“在高质量发展中促进共同富裕”，深入践行以人民为中心的发展思想，总体把握、集成资源、一体推进，努力为西部地区实现共同富裕探索涪城路径。涪城区在探索推进共同富裕道路中，坚持党建统领，抢抓国家和地区发展的重大战略机遇，以实现人民共同富裕为总目标，以绵阳高水平中国科技城建设为总牵引，以“高质量发展和城乡融合”为总抓手，坚持“抓发展、惠民生、促公平”的总思路，推动涪城发展再上新台阶。坚持社会主义市场经济改革方向，聚焦改革的系统集成和协同高效；坚持市场化改革，大力发展平台经济；坚持产业集群化发展，聚力科技创新发展，打造了“3+1”现代工业体系、“1+6”现代服务业体系和“1+2+3”现代农业产业体系，实现全域强区的建设，不断夯实共同富裕的物质基础。全面推进乡村振兴，盘活资源要素，大力发展农村集体经济，坚持缩小共同富裕的城乡差距，扎实推进城乡基本公共服务更加均衡。坚持在推进高质量发展中推进高质量民生，首创“十心行动”和“五润行动”，积极回应人民群众的关切与要求，精准决策，精准施策；将“富脑袋”与“富口袋”相结合，积极推进中华优秀传统文化创造性转化和创新性发展，发展社会主义先进文化，推进文旅融合，并在发展中厚植“生态”底色，发展绿色循环经济，将生态价值转化为经济价值，带领辖区人民群众不断创造更加幸福美好的生活，为西部地区实现共同富裕贡献了“涪城路径”和“涪城经验”。

关键词：高质量发展　共同富裕　西部地区涪城

一 涪城区探索共同富裕的时代背景及重要意义

习近平总书记在党的二十大报告中指出：“共同富裕是中国特色社会主义的本质要求，也是一个长期的历史过程。我们坚持把实现人民对美好生活的向往作为现代化建设的出发点和落脚点，着力维护和促进社会公平正义，着力促进全体人民共同富裕，坚决防止两极分化。”实现共同富裕，是全体中国人民的共同期盼，是中国共产党为之奋斗的重要目标，是社会主义的本质要求。西部地区作为面积最大、低收入人口最多、经济发展相对较滞后且刚刚脱贫的地区，在推进共同富裕的道路上面临更为严峻的挑战。绵阳市涪城区作为中国唯一科技城——绵阳市的主城区，在探索共同富裕的过程中，深刻认识国际国内发展环境面临的深刻复杂变化，贯彻新发展理念，融入新发展格局，推动高质量发展，为推动涪城区共同富裕奠定坚实的基础，实现建设西部现代化强区的目标。

（一）共同富裕的基本概念及内涵分析

1. 我国共同富裕的基本概念

共同富裕是指在一定共同体范围内消除贫困和两极分化，使每个个体都享有财物精神充裕的生活。共同富裕既强调“共同”，又强调“富裕”，不能孤立、片面地理解共同富裕。首先，“共同”意味着“公平”，“共同”的主体是全体人民，他们平等地享有社会物质和精神财富，平等地享有发展、富裕等一切机会，人人“都要”“都能”过上美好生活。其次，

"富裕"不仅意味着"效率"，强调全社会的物质、精神财富能够充分地满足全体劳动者的物质文化需要，人人都能得到自己想要的东西，还强调精神上的"共同富裕"，能够满足人们精神文化层面的需求，要确保内容的丰富性和多元性。

2. 共同富裕的新时代内涵

党的二十大报告中8次提到"共同富裕"，彰显了新时代党对"共同富裕"的高度关切。新时代的共同富裕具有鲜明的中国特色，坚持党的领导，坚持以人民为中心，构建社会主义市场经济体制，通过高质量发展满足人民日益增长的美好生活需要，通过扩大中等收入群体实现全体人民的共同富裕，通过缩小区域、城乡差距实现全域性共同富裕，通过共建共治人居环境和推动公共服务均等化，实现人的全面发展和社会全面进步。

（二）改革开放以来我国推进共同富裕的探索状况

1. 从改革开放到党的十八大我国共同富裕推进状况

（1）探索阶段：1978~1991年

1978年邓小平同志提出："让一部分地区、一部分企业、一部分农民，由于辛勤努力成绩大而收入先多一些，生活先好起来，就必然产生极大的示范作用。"这是首次提出"先富带动后富"，初步规划了"共同富裕"思想的实现路径，并提出经济建设"三步走"战略和"两个大局"的思想，体现了共同富裕目标的长期性、艰巨性和实现过程的阶段性，既为促进区域协调发展提供理论基础，也明确了实现共同富裕的路径选择。

（2）确立阶段：1992~2001年

党的十四大提出了建立社会主义市场经济体制的改革目标，要"运用包括市场在内的各种调节手段，既鼓励先进，促进效率，合理拉开收入差距，又防止两极分化，逐步实现共同富裕"。通过《国家八七扶贫攻坚计划》基本解决了全国农村贫困人口的温饱问题；党的十五大提出全面建设小康社会的"三步走"战略；随后又提出"西部大开发"战略，为西部地区快速发展和实现共同富裕开辟新道路。

（3）发展阶段：2002~2012年

党的十六大制定了全面建设小康社会的奋斗目标，提出了"妥善处理效率和公平的关系，更加注重社会公平"，把维护社会公平实现共同富裕放到了更加突出的位置。十六届五中全会提出“建设社会主义新农村”，提出要切实提高农民收入；西部大开发、东北地区等老工业基地、中部崛起等战略的深化与提出，进一步解决了地区间差距大、生产发展、生态恢复等问题。

2. 新时代地方推进共同富裕的探索

第一，浙江：市场带动。浙江作为全国共同富裕示范区，共同富裕的实现程度和先行探索属于全国前列；发展环境开放自由，区域差距不断缩小，收入分配更加合理。一是市场活力优势明显。良好的营商环境和民营经济发展为推进共同富裕提供重要支撑。民营经济是浙江经济的最大特色、最大优势和最大资源，民营企业占比超九成，形成了公有企业和民营企业相互协作、平等竞争的良性格局。二是改革创新意识强烈。先后探索了“最多跑一次”“枫桥经验”“健康码”等，有较强的改革创新意识和大胆探索的精神。三是通过“山海协作+飞地经济”的创新补齐区域均衡发展短板。以产业梯度转移和要素合理配置为主线，通过发达地区产业向欠发达地区合理转移，形成省内区域间优势互补的良好局面。

第二，吉林市：城乡协同。作为东北老工业基地和国家重要农产品生产基地，对共同富裕的探索在东北属于典型，农业优势不断显现，缩小了城乡差距。一是发展特色农业，做强农村产业。用工业化、信息化推动农业现代化，利用可视农业和可追溯技术体系锁定高端客户，提供全环节可控可视的高品质绿色农业，探索“高端订制”销售模式；推广“一村一品”“一乡一业”“一县一特”，把产业链主体留在县域，让农民分享增值收益。二是促进城乡融合，做好城乡协同。重点实施农业特区发展、特色产业小镇创建、美丽乡村建设等十大工程，推进城乡要素合理配置和城乡产业有机融合。

第三，山东潍坊：特色农业与高水平工业同步发展。潍坊的共同富裕探索成果显著，在全国也具有代表性。通过智能赋能工业，工业与农村相互促进，缩小城乡差距。一是以产业思维发展农业，加速城乡产业融合。以县域为单元，整县推进，均衡发展，“潍坊模式”走科技创新农业发展活力，“诸城模式”畅通农业经济循环，“寿光模式”提升产业链供应链现代化水平，提高农业创新力、竞争力和全要素生产率。二是以创新引领产业体系完善，推进先进制造业发展。完善智能制造体系，推动机械装备、高端化工、汽车制造等产业高端高质高效发展；培育发展新兴产业，壮大声光电和集成电路、高端动力装备、新能源汽车等产业；推动前沿新材料、激光雷达、磁悬浮等产业发展，抢占发展制高点。

第四，湖南长沙：工业与文化并重。近年来，长沙正积极探索共同富裕发展路径，智能制造集群优势凸显，文化产业异军突起。一是以科技创新助力产业集群高质量发展。依托长株潭国家自主创新示范区、湘江新区、自贸试验区长沙片区以及创新人才、创新平台、创新生态等优势，以科技创新驱动发展，构建优势突出、特色鲜明的“1+2+N”先进制造业集群，智能网联汽车保持领跑态势。二是探索产业链“链长制”。将市领导与龙头企业相结合，推动“串行生产”向“协同制造”转变，形成“龙头企业带动中小企业发展”“整机企业带动配套企业发展”的产业协作模式。三是推动精神文化共同富裕。形成“广电湘军”“出版湘军”“动漫湘军”“娱乐湘军”等品牌集群，将红色文化与现代文化相结合，整合“红、绿、古”资源，探索旅游观光、休闲娱乐、文化体验“三位一体”的产业发展模式，文化产业总产值超过 2000 亿元。

第五，广东顺德：工业主导。顺德是乡镇工业化的典型，城乡差距缩小，优势人才聚集。顺德是全球最具影响力的先进制造业基地和现代服务业基地之一，拥有家电、高端装备制造两大产业集群。一是工业主导。推进农村工业化改革，依托村级工业园区，打造世界级家具产业集群；以基层政府为主导，以乡镇企业为基础，实现农村工业化和城乡一体化发展。二是创新引领。重点培育发展智能家电、高端装备制造、先进材料、现代轻工家居等战略性支柱产业，引进电子信息、生物医药、新材料、芯片、集成电路等高科技企业，制造业数字化智能化发展成为全国样板。三是人才强区。人才政策敢为人先、体系完善，深入推进“919”人才工程，投入不低于 10 亿元人才补贴。

（三）西部地区探索共同富裕的历史机遇与现实基础

1. 西部地区探索共同富裕的历史机遇

（1）踏上全面建设社会主义现代化国家新征程

共同富裕是社会主义现代化的重要目标和中国式现代化的重要特征，2035 年基本实现社会主义现代化远景目标中提出的“全体人民共同富裕取得更为明显的实质性进展”，国家把促进全体人民共同富裕摆在更加重要的位置，向着这个目标更加积极有为地努力。

（2） 中国特色社会主义制度优势更加彰显

在习近平新时代中国特色社会主义思想的科学指引下，坚持全面深化改革总目标，在更高起点、更高层次、更高目标上推进全面深化改革，开创了改革开放新局面，推动中国特色社会主义制度更加成熟更加定型，国家治理体系和治理能力现代化水平不断提高，为政治稳定、经济发展、文化繁荣等提供了有力保障，为西部地区共同富裕的实现提供了有力的制度保证。

（3） 新时代西部大开发大开放形成新格局

抓住国家深入西部大开发的机遇，借助“一带一路”和“东数西算”战略布局，强化开放大通道建设，强化举措抓重点、补短板、强弱项，推动经济高质量发展，促进西部地区经济发展与人口、资源、环境相协调，实现更高质量、更有效率、更加公平、更可持续发展，西部地区生态环境、营商环境、开放环境、创新环境得到明显改善，最终实现共同富裕。

（4） 新发展理念赋能共同富裕进程

新发展理念蕴含共同富裕的深层逻辑，不仅与共同富裕内在统一，也赋能共同富裕。进入新发展阶段，我们要完整、准确、全面贯彻新发展理念，以创新激发内生动力，以协调增强均衡性，以绿色厚植生态底色，以开放构建内外联动新格局，以共享彰显人民性特质，更好地实现共同富裕。

2. 西部地区探索共同富裕的现实基础

（1） 坚持党的全面领导是推动共同富裕的政治基础

习近平总书记指出：“把党的领导落实到国家治理各领域各方面各环节。”新时代推动共同富裕，党的全面领导为推动共同富裕提供了坚实的政治基础与保障。

（2） 经济高质量发展是推动共同富裕的经济基础

推进高质量发展，在“做大蛋糕”和“分好蛋糕”两方面持续发力，通过高度创新、高度优化、高度数字化、高度科技化“做大蛋糕”，为推进共同富裕打下坚实的物质基础；通过乡村振兴战略和区域协调发展战略缩小城乡差距和区域差距，“分好蛋糕”，切实推进共同富裕。

（3） 社会民生事业成果是推动共同富裕的社会基础

以就业、医疗、教育、收入分配和社会保障等为核心的民生事业，事关人民群众生活质量的提升，事关共同富裕战略目标的实现。党和政府察民情、解民忧，关注社会热点，破解社会难点，打通社会堵点，以高度的政治责任感推动社会治理和民生建设，夯实共同富裕的社会基础。

（4）中华文化和中国精神是推动共同富裕的文化基础

文化贯穿于社会主义现代化建设的全过程和各方面，是经济发展的“助推器”、政治文明的“导航灯”、社会和谐的“黏合剂”。西部地区拥有丰富的特色文化、民族文化资源，只有发展以人民为中心的文化，才能更好地丰富人民精神世界、增强人民精神力量，让人民精神文化生活迈上新台阶，为共同富裕注入文化发展动力。

（5）高水平生态文明建设是推动共同富裕的生态基础

开展高水平生态文明建设，将西部的自然资源禀赋转化为经济发展红利，将农村各类自然资源转化为助推农民增收的资产，将生态文明建设效用的提升与增进经济福祉、社会福祉紧密结合，从生态维度为缩小区域差距、城乡差距、收入差距提供解决方案，已成为扎实推动西部地区共同富裕的重要抓手。

（四）涪城区探索共同富裕的现实意义与战略机遇

1. 涪城区探索共同富裕的现实意义

（1）进一步贯彻落实好以人民为中心的发展思想

涪城区坚持民生事业高质量发展，首创“十心行动”和“五润行动”，既是对党中央决策部署，特别是习近平总书记关于民生事业发展的指示精神的全面贯彻落实，也是对人民群众关切与要求的积极回应，真正做到了以人民为中心。

（2）进一步推进高质量发展的现实要求

涪城区坚持把推进发展作为第一要务，深化放管服改革、优化营商环境、大力发展平台经济、推进科技创新和乡村振兴，促进经济高质量发展，不断夯实共同富裕的物质基础，缩小城乡差距，扎实推进城乡基本公共服务更加均衡，探索共同富裕的实践路径。

“人民对美好生活的向往，就是我们的奋斗目标。”涪城区创新性实施“十心行动”和“五润行动”，精准精细回应群众关切，解决人民群众的急难愁盼问题；充分挖掘“欧阳修出生地”“三线建设”等文化，丰富文化产品，发展文化产业，满足人民的精神文化生活需求。

（3）进一步提升全区基层社会治理能力的要求

涪城区坚持党建引领，通过“党群暖心驿站”推进基层社会治理体系化、标准化、规范化和智慧化，以市场化改革为方向，充分发挥多元主体的力量参与社会治理；积极探索分类治理模式，精准施策，建立健全基层社会治理的体制机制，提高基层治理效能，引领基层治理现代化。

（4）进一步深化区域协调发展的方向

涪城区通过推进乡村振兴，促进城乡融合；通过产业集聚的中心城区打造区域增长极，带动城区与农村整体发展，基于功能区域的定位、产业布局，协调各行业、产业和企业的区域布局，促进区域协调发展，使得发展成果人人享有、各得其所。

（5）进一步扎实推进乡村振兴的目标

涪城区发挥资源禀赋优势，锚定“加快建设全省现代农业示范区”目标，构建“1+2+3”现代农业产业体系，大力推进农村集体经济和合作社发展，增强农村发展的内在动力，成功创建了四川省首批实施乡村振兴战略先进区，荣获四川省实施乡村振兴战略工作“示范村”和“先进乡镇”的称号。

2. **涪城区探索共同富裕的战略机遇**

（1）国家重大发展战略支撑

“一带一路”、西部大开发、“东数西算”、成渝地区双城经济圈等重大战略汇聚，为涪城区加快共同富裕的实现提供更加有力的战略支撑和政策优势。同时，绵阳科技城在国家战略科技力量布局和科技强国战略中显得更为重要，这也为涪城区发展带来了更多的发展机遇。

（2）西部大开发的历史机遇

随着西部大开发的深入推进，国家给予的政策与资金等各方面的支持力度越来越大，四川从西部内陆跃升为对外开放前沿。涪城区积极融入成都周边城市发展布局，积极同广东、上海、浙江、江苏等地对接，探索合作发展契机，继续布局和推动实施一大批重大基础设施和产业项目，如2022年10月，中西部最大的“环球港”——“涪江环球港”落地绵阳，进一步推进涪城经济转型升级发展。

（3）成渝地区双城经济圈辐射

涪城地处成渝地区双城经济圈、成绵乐发展带和成都“一小时经济圈”，在绵阳打造市场主体高层次、经济聚集高强度、城市发展高能级、副中心城市中当主力、打头阵、走在前，为共同富裕的实现搭建强有力的发展平台。

（4）前期改革成果效果显著

涪城区两项改革“前半篇”成效显著，农村土地“三权分置”扎实推进，农村土地承包地确权登记颁证工作被全国通报表扬，85 项改革任务全面推进，为共同富裕的推进奠定了较好的制度与政策基础，有利于后续农村改革各项政策的有效落实。

（5）产业发展奠定坚实基础

涪城区出台产业强区、全域强区和产业高质量发展政策，构建现代产业体系；以“三度”服务优化营商环境，营商氛围更加浓厚、成效愈发显著，科大讯飞、硅基智能、天仪卫星等一大批科技创新企业蓬勃发展。产业高质量发展交出了“亮丽答卷”，为涪城共同富裕实践探索奠定坚实基础。

二　涪城区探索共同富裕实践的主要内容

近年来，绵阳市涪城区深入践行以人民为中心的发展思想，总体把握、集成资源、一体推进，以产业高质量发展为基础，将民生高质量发展和乡村振兴作为重要内容，探索出了平台经济、“三度服务”、“十心行动”等，努力为西部地区实现共同富裕贡献“涪城路径”。

（一）以政治为根本，在党的全面领导下推进共同富裕

坚持和加强党的全面领导是实现共同富裕的根本保障。涪城区在推进共同富裕的过程中，以党建引领民生事业高质量发展，增强党组织的凝聚力，系统谋划，努力把涪城建设成为“有福之城、温暖之家、和谐之地”。

1. 坚持党建引领，凝心聚力谋发展

系统实施“五大行动”，创新打造“五力领航”涪城党建品牌，以高质量党建引领西部现代化强区建设与共同富裕实践。

（1）实施党建“铸魂行动”，凝聚理想信念的精神力

一是坚持正确的政治方向。涪城区委、区政府在推进共同富裕的过程

中，始终坚定不移地贯彻落实党中央大政方针和省委市委决策部署，紧紧围绕国家重大发展战略部署和四川省、绵阳市的重大发展方向，确保涪城区各项事业始终沿着正确方向前进。二是着力强化理论武装。巩固深化“不忘初心、牢记使命”主题教育和党史学习教育成果，抓好理论学习，办好“涪城视界”，筑牢高质量发展思想根基。

（2）实施党建“筑基行动”，夯实强基固本的组织力

以提升组织力为重点，突出政治功能，建设推动高质量发展的坚强战斗堡垒。一是创新党组织设置。探索组建科技创新聚合型、企业社区融合型、商圈楼宇集合型和农业公园联合型“四大功能型”党组织，将党组织建在小区院落、楼栋、企业车间和网格上。二是抓实基础规范。实施基层党建质量提升计划和党员全面提质计划，加强基层组织能力建设和队伍建设，实现在联系服务群众中教育、引导群众。三是突出党建特色。紧扣各镇街发展定位，构建“一镇街一特色”党建工作格局，吴家镇聚焦企业社区化抓党建、杨家镇聚焦联合党委抓党建、丰谷镇聚焦“微权”监督抓党建等，全方位加强基层党组织建设。

（3）实施党建“提能行动”，强化狠抓落实的执行力

抓住干部这一关键，强化政治担当，提升落实本领，锤炼过硬作风，锻造高素质专业化干部队伍。一是鲜明用人导向。落实新时代好干部标准，突出实干实绩，注重从实施“三千工程”、建设“四个强区”主战场考察识别干部。二是提升能力素质。统筹实施“一把手”提能、专业化领导干部培养和年轻干部铸魂三大工程，推进村、小区党组织和非公经济党组织负责人教育培训全覆盖。三是激励担当作为。深化“周周听汇报、月月晒进度、季季搞拉练、年年评成效”机制，营造比学赶超浓厚氛围。强化容错纠错、能上能下等机制运用。

（4）实施党建“清风行动”，增强自我革命的免疫力

把严的主基调长期坚持下去，以系统施治、标本兼治理念正风肃纪反腐，巩固风清气正良好政治生态。一是强化政治监督。持续深化纪检监察体制改革，健全完善监督体系，务实开展“听音问廉”，推动各类监督上下联动、贯通协同，打通全面从严治党向基层延伸的“最后一米”。二是强化作风建设。深入贯彻落实中央八项规定精神，深挖细查隐形变异“四风”问题，常态化开展专项整治，完善党内问责机制。三是强化惩贪治

腐。坚持无禁区、全覆盖、零容忍，严肃查处在行政审批、工程建设、执法司法等领域的腐败问题。

（5）实施党建“聚力行动”，提升改革发展的领导力

充分发挥区委总揽全局、协调各方的领导核心作用，全面加强对各项事业的领导。一是科学决策聚共识。发挥区委全委会决策和监督作用，落实好重大决策法制审查和广泛征求意见制度，运用决咨委智库资源，广泛凝聚发展共识。二是统筹协调促合力。保障区人大区政协依法依章行使职权，充分发挥工会、共青团、妇联等人民团体作用，共同参与到共同富裕的事业中。三是示范带动强引领。提升组织群众、宣传群众、凝聚群众、服务群众的能力，党员领导干部要充分发挥“头雁效应”，带头干、带领干、带动干。四是狠抓执行求实效。坚持问题导向、目标导向、结果导向，持续深化运用项目工作法，全面推行清单制，严格实行挂图作战，确保各项措施落实见效。

2. 创新制度建设，政策驱动促活力

（1）创新干部结对帮扶城镇困难群众工作制度

全面落实“一线工作法”，健全完善干部结对帮扶城镇困难群众工作体系和长效机制，创新性开展“五润行动”计划，探索构建“1226”工作体系，精准帮扶 2307 名城镇困难群众，把党委政府的关心送到群众心坎上。区级领导、调研员、科级干部和揭榜挂帅的干部分别联系帮扶 1～3 户城镇困难群众，实现全区城镇困难群众联系帮扶全覆盖、常态化，解决城镇困难群众“急难愁盼”问题。

（2）创新行政审批制度

一是审批方式不断创新。开展“四减一优”行动，推进政务服务事项集约化管理；提升“互联网+政务服务”水平，实行一网通办、并联审批、全程代办，梳理可进驻镇（街道）便民服务中心的政务服务事项 238 项，可进驻镇（街道）便民服务中心的便民服务事项 19 项，村社区代办服务事项 77 项。已实现企业新设登记不超过 2.5 小时，全程网办占比 98.9%，一次办事项占比 100%，承诺提速率达 97.2%。二是审批服务以人为本。事项要素清单化，高频事项自助办，做到群众“办事不求人”。创新开展“容缺审批”“主题式”服务、“告知承诺制”，设置志愿服务岗，提升涪城行政审批服务的人性化水平。

（3）创新产业发展支持政策

涪城区围绕经济发展，先后出台县城经济高质量发展18条措施、建设全域强区的实施意见、产业强区的实施意见、《支持产业高质量发展86条措施》、《涪城区关心关爱企业家10条措施》等。围绕乡村振兴，先后出台《“十四五”新型城镇化和城乡融合发展规划》《全面推进乡村文化振兴的实施意见》《大力发展文旅经济加快建设文化强区旅游强区的实施意见》等。围绕民生事业，先后出台干部结对帮扶城镇困难群众工作制度、“十心行动”等政策汇编。创新产业发展支持政策，围绕共同富裕涉及的各个领域与环节，全方位、全过程的政策布局，为涪城区探索共同富裕提供了支撑与保障。

3. 建强组织体系，同心戮力增优势

（1）“四联四强”联合党委引领乡村振兴

聚焦“千鹤桑田”蚕桑文化等农业主题公园建设，打破镇村行政界限，跨区域跨行业组建农业主题公园联合党委，以联建组织、联抓项目、联促发展、联推治理“四联”为统领，聚合各类党建资源和各方力量，夯实党在农村的执政根基。一是统建振兴堡垒。聚合杨家、吴家、丰谷等镇村，联合组建3个区域化特色产业功能型联合党委，打破镇村行政限制，破除镇与部门条块管理盲区，建强引领乡村振兴的“红色引擎”。二是统选振兴骨干。坚持“头雁”引领，联合党委书记由镇党委书记担任，副书记由熟悉党建、农业农村工作的干部担任，专业党建人才和专业技术人才形成合力，全方位推动农业主题公园建设。三是统抓振兴机制。制定联合党委议事和运行机制，建立镇村、职能部门和龙头企业联席会议制度，定期沟通研究抓党建促乡村振兴工作。

（2）片区“功能型”党建引领全域发展

创新组建科技创新聚合型、企业社区融合型、商圈楼宇集合型和农业公园联合型“四大”功能型党组织，持续建强党建引领片区高质量发展“红色引擎”。一是聚合组织引领发展。以园区统建科技创新党建联盟，选优配强联合党委“头雁”队伍，吸收园区科技创新企业优秀党员负责人担任，推动组织共建、党员共管和活动共办；搭建党史学习教育“云课堂”，激活园区党员先锋意识，聚力科技创新。二是融合服务专班推进。组建服务重大项目和重点企业“红色专班”，“一企一策”制定工作方案，建立

“企业吹哨、专班报到”服务模式，及时解决企业发展中存在的困难和问题。三是融合情感扎根实干。以党建带群建，整合工会、团委、妇联等群团组织力量，构建“企业社区共同体”，打造服务员工“生活暖心服务圈”。四是集合治理提质增效。发挥联合党委调度核心作用，推进政务服务跨区域“一次办结”。引导企业党组织反哺社区，持续开展春季送岗位、夏季送清凉、秋季送助学、冬季送温暖“四季惠民”行动，形成推动商圈楼宇发展的“命运共同体”。

（二）以经济为基础，在高质量发展中推进共同富裕

1. 优化营商环境，市场活力不断迸发

（1）深化“三度服务”

持续深化招商引资有热度、项目落地有力度、服务企业有温度的“三度服务”，成立“企业办事不出园”工作专班，负责研究解决工作推进过程中的困难和问题。一是服务方式升温。系统出台《支持产业高质量发展86条措施》《涪城区关心关爱企业家10条措施》等政策，形成支持产业、企业、企业家的政策体系；创新构建四大常态化联系服务体系，“早餐汇”“鹊桥会”“四上”企业全覆盖走访和企业家座谈会，形成全覆盖联系服务的工作闭环。二是服务方式创新。创新构建“一网一微一函一热线”交流体系，搭建微信涪企掌上议事厅，开通营商环境24小时服务热线。三是服务成果显著。企业家“早餐汇”入选全省营商环境指标提升行动经验做法；通过“政府搭台，银企唱戏”，辖区企业获得银行贷款近200亿元；重点企业全覆盖走访，累计收集困难问题1944个，化解1671个，化解率达85.96%。

（2）创新服务模式

构建园区企业服务中心总牵头，园区服务专员、企业项目专员具体办，多个部门联动办的集成服务模式。园区企业服务中心、区级部门精心提供个性化服务“菜单”，园区企业依托微信群、“呼叫电话”等按需向园区企业服务中心“点菜”，园区服务专员、企业项目专员“随叫随到”，做到“有事必应、无事不扰”。坚持市场化导向，精准对接企业需求，引入法律、财务、人力资源等第三方服务机构，全面梳理涉企商务服务事项，编制《商务服务项目清单》《三方机构服务清单》，推进企业服务精准滴

灌、全面覆盖。

2. 践行平台经济，产业生态更加开放

涪城区坚持系统观念，树立“政府创造平台、市场运营平台、企业融入平台”的平台思维，探索以平台经济推动产业发展，推动企业招引从“单棵植树”到“成片造林”转变、产业培育从“分隔分散”到“沿链聚合”转变、企业服务从“注重前端”到“全程覆盖”转变，推动经济高质量发展。

（1）探索精准专业化平台招商

创新推动招商模式由“2C”招企业向“2B”招平台转变，大力实施精准专业化平台招商，提升招商质效。一是招引产业平台。积极招引不同类型的专业平台主体，由平台负责收集信息、对接企业，开展不同行业领域的招商引资工作；政府建立正向激励、反向约束的管理机制，对平台实施全方位、全过程的动态目标考核。二是建强专业队伍。聚焦产业细分领域，由专业的人做专业的事，招商平台的专业团队开展招商，有效保障招商的工作力量和专业水平；政府集中力量做好招引项目在土地、资金等方面的要素保障。三是培育招商主体。出台专门政策，激励企业特别是龙头企业充分发挥主体作用、自身优势，开展以商招商，延长产业链条，让每个企业都成为招商主体、招商平台，推动形成“大招商”格局。涪城区累计引进联东U谷、中南高科、惠科模组等5亿元以上重点项目27个，引进中关村信息谷、科大讯飞等科创项目119个。

（2）搭建专业平台延链补链强链

涪城区瞄准三次产业中的高端产业和产业高端，按照“一产业一平台”“一龙头一平台”思路，建设运营一批专业产业平台，培育一批龙头企业，承载主导产业项目落地，促进产业沿链发展，构建现代产业生态圈。一是打造科技创新平台。打造5G、卫星应用等“八大科技园”，加速源头科技创新资源导入，入驻11个专业平台，科大讯飞、硅基智能、天仪商用卫星等119个科技创新项目落地。二是集聚先进制造业平台。引进工业地产头部企业联东U谷、中南高科集聚发展新型显示和汽车电子产业集群，集聚发展5G制造产业集群。三是壮大城市经济平台。依托城市综合体、特色街区、专业楼宇、专业市场四类空间载体，集聚重组、开发运营各类城市资源，大力发展城市经济。四是构建现代农业平台。依托“千鹤桑田”“湖光山色”“蔬香绿野”三大农业主题公园，构建政府、市场、企业、农户四位一体发展机制，促进农业生产、科技支撑、特色文化、乡村旅游、农产品销售全面发展。

3. 推动园区集群发展，承载能力显著提升

按照“一区多园”进行布局，构建组团式产业功能区，推动园区走特色化、集约化和人性化发展之路，以园区促产业、以产业助经济，为涪城共同富裕的实现奠定坚实的物质基础。

（1）优化产业园区布局

精准定位园区主导产业和特色产业，推动优势资源和优质企业向符合产业布局要求的园区集聚，做大做强产业集群。按照“一园一产业”的思路，科技城新区涪城片区聚焦科技创新产业，重点布局5G、人工智能、北斗卫星等科创项目和平台；临港经济发展区聚焦先进制造业及相关项目；中心城区聚焦现代服务业，重点布局城市综合体、特色街区、专业楼宇、专业市场等商业项目；农旅融合区聚焦现代农业，布局三大农业主题公园相关项目。

（2）健全园区管理机制

引入市场化手段，构建起“园区管委会+公司半行政化半市场化”的运营模式，实现园区高效管理、高质发展、高能服务。聘用制用人改革，设置“主要负责人-分管负责人-主办-职员”四级管理的组织构架；创新实行全员聘用，用人实现由“身份管理”向“岗位管理”转变。市场化运营机制改革，优化设置园区管理机构，园区管委会机构精简、职责清晰、高效管理。

（3）完善园区运营方式

运用市场化手段，引导多方资源参与园区建设发展。一是创新园区+国有平台公司模式。构建“半市场化”开发建设模式，建立园区+区级国有平台公司，构建“集团公司+多个子公司”的组织结构，探索市场化管理、市场化运营、市场化服务。二是创新园区+整体开发公司模式。构建多种市场化合作模式，实现投入、建设、管理、运营一体化，探索采取封闭开发、半封闭开发方式，固化合作关系，赋予区域整体开发权利，实施区域整体开发。三是创新园区+产业发展公司模式。构建政企混合模式，聚焦科技创新产业，引进产业平台公司，采取自建自营、联建联营、入驻运营等方式，建设产业平台、企业平台、项目平台。

（4）强化园区精准服务

一是赋能园区政务服务。赋予涉及园区工商注册、市政设施建设类审批、建设工程规划许可证等经济发展方面的行政审批职能，打造审批事项最少、办事效率最高、发展服务最优的政务服务环境。二是集成专业服务。引进专业运营公司管理运行服务园，建立园区企业服务专员制度，搭建“1个服务平台+3个功能区”的服务机制，为园区企业提供专业精准服务。三是完善园区配套服务。做好产业配套布局规划，加快产业服务性商圈建设，完善住宿餐饮、休闲娱乐、健身旅游等生活配套功能，提供高质量生产生活配套服务。引进专业机构负责园区市政维护工作，提升市政管理维护水平，改善园区生态环境。

4. 做优科技创新，发展动能不断壮大

坚持创新发展，加速科技创新与经济社会发展深度融合，深度参与成渝绵“创新金三角”建设，对标当好“科技创新排头兵”，为涪城经济发展提供新动能、为绵阳建设国家科技创新先行示范区作贡献。

（1）推动科技城新区建设

实现科技智谷和环西科大两大组团加速突破，高标准建设成渝双城经济圈优质项目集聚、特色产业鲜明、创新资源富集的科技创新产业园。抓住科技城新区建设“牛鼻子”，高效配置创新要素，增强科技创新策源、科技成果转化、科技赋能发展三大能力。以科技创新为核心，布局建设一批高能级创新平台，推动科技资源共享、标准通用、任务对接、联合攻关，着力实施一批重大科技项目，加速推进高校、院所科技成果转移转化。依托科技智谷、环西科大两大组团，推动孵化服务平台资源整合、协同运行，加快推进国家大学科技园数字经济创新中心和创业黑马西部（绵阳）科创基地建设。

（2）提升科创策源能力

推动中关村信息谷创新中心等13个平台运营，创新引进联东U谷·绵阳国际企业港、中南高科·涪城智能电子产业园等优质运营平台，引进惠科模组等投资5亿元及以上项目20个。加快科技智谷科技园区建设，引导科技型中小企业按专业特色、产业链关系向科技园区聚集；鼓励区内企业与科研院所、龙头企业和行业组织共建检验检测、技术再研发、小试中试等技术服务平台。打通政产学研企的科技研究与成果转化的交流互动机制，推动各类创新主体申建各类创新平台，建立国省市重点实验室培育库。

（3）培育壮大科创主体

支持惠科光电、龙华薄膜等企业与科研院所、高校等联合技术攻关，共建高水平创新联合体，打造共性产业技术平台；支持西南科技大学联合中国空气动力研究与发展中心等共建中国科技城（绵阳）融合创新研究生院。2021 年，引进创业黑马产业创新加速平台，入驻项目 92 个，引进西科大数字经济创新中心、北斗星利方智能云平台等科技创新项目 40 个，高新技术企业 54 家，新认定市级科技型中小企业 88 家。

5. 构建现代产业新体系，产业结构持续优化

（1）做大先进制造业

打造“3+1”现代工业体系，构建以新型显示、汽车电子、5G 三大重点产业集群为支撑的先进制造产业体系。围绕惠科项目，大力发展玻璃基板、驱动 IC、偏光片等上游材料产业和下游显示终端，打造新型显示产业高地；围绕富临精工为龙头，打造川西北汽车电子核心器件生产研发基地。2021 年，龙华薄膜被认定为国家级专精特新“小巨人”企业，惠科光电成为区属首家百亿级工业企业，富临精工荣获中国机械工业科学技术二等奖。

（2）做优现代服务业

打造“1+6”现代服务业体系，提档升级会仙路“月季浪漫时尚”、大观园“留住绵阳记忆”、跃进路“三线历史文化”、三江片区“城市夜经济”、花园片区“TOD 快时尚”等一批主题商圈，引领商业贸易创新发展。推进文创产业园、蓝城国际康养产业园、裕农新域商贸物流城、临园路金融集聚区等重点项目建设。

（3）做精现代农业

以都市休闲农业为发展方向，以精品蚕桑、优质蔬菜为主导产业，积极培育茧丝、芦笋、生态鱼（虾）重点产品，构建“1+2+3”现代农业产业体系，梯次推进三大农业主题公园建设，计划建成省级园区 1 个，晋级市级园区 1 个，培育区级五星级园区 1 个。

（4）做强数字经济

出台《涪城区数字经济发展 2022 年行动计划》，依托 5G 和卫星应用科技园、创业黑马西部科创基地，以科大讯飞、硅基智能为龙头，加快发展大数据、人工智能、数字文创等数字经济核心产业，做大做强数字经济产业集群，引进西科大数字经济创新中心。推动智慧教育示范区建设，建成区域智慧教育成效展示中心、AI服务教学学校。

6. 推进乡村振兴，农村发展提质增效

依托涪城资源禀赋，锚定“建设全省现代农业示范区”目标，以“构建‘1+2+3’现代农业产业体系”为路径，2019年成功创建四川省首批实施乡村振兴战略先进区。

（1）全面落实乡村振兴责任

建立区级领导包片、区直部门包村联系制度，压实三级书记责任。出台《关于全面推进乡村振兴加快涪城农业农村现代化的实施意见》《实现巩固拓展脱贫攻坚成果同乡村振兴有效衔接重点工作任务清单》《涪城区2021年涉农保险创新试点工作实施方案》等文件，全力推进乡村振兴工作。创新开展村（社区）书记“早餐汇”，搭建区镇村三级书记扁平化互动交流平台，面对面讲政策、听意见、解难题。

（2）提升农业现代化水平

明确“农业产业化、产业园区化、园区公园化”的建设目标，全域优化农村产业布局，做强做优特色农业品牌，强化现代农业支撑体系。

一是优化农业产业化体系。构建以现代都市农业为发展方向，以“千鹤桑田”“湖光山色”“蔬香绿野”三大农业主题公园为平台的“1+2+3”现代农业产业体系。梯次建设运营“千鹤桑田”蚕桑文化、“湖光山色”稻渔亲水湿地、“蔬香绿野”芦笋大健康三大农业主题公园，覆盖全区48%以上农业区域。推行“龙头企业+专合组织+农户”“大园区+小业主”等经营模式，初步形成市场牵龙头、龙头带基地、基地联农户的农业产业化联合体经营格局。全区新型经营主体达388家，其中龙头企业60家，专合组织273家。

二是做精特色产业。村集体经济组织与天虹丝绸等农旅融合区内优质农业企业、农民合作社等新型农业经营主体合作，持续壮大集体经济产业规模，打造出如“涪城蚕茧”“涪城芦笋”“奥巴黑”有机猪肉等有影响力的农业品牌。全区拥有农产品认证绿色食品13个、有机农产品6个、地理标志农产品2个、地理证明商标2个、名特优新农产品1个，其中6A级顶级精品生丝成为APEC会议和G20峰会领导人服装原料丝以及国际品牌指定原料。

（3）建立健全体制机制

一是健全管理运行机制。优化治理架构，全面推行村集体经济组织成员（代表）大会、理事会、监事会“三会分设”，按照“八个一”标准推进农村集体经济组织规范化、实体化运行。将村集体经济发展纳入镇、村领导班子抓党建述职评议和目标绩效考核。探索集体经济收益分配改革，每年按一定比例提取集体经济收益，用于扩大再生产、村公益事业和民生改善等方面。

二是健全长效增收机制。探索村集体资产所有权与经营权分离的运营机制，以低风险可持续的方式放活经营权，通过股份合作、资源合作、资产入股、租赁经营、发展托管、“三权分置”所有权分红等多种形式增加集体收益，探索形成政策引导、产业带动、生产服务、租赁经营、入股分红、共建联营六种发展路径，实现全区每个村集体经济组织收入超10万元。

（4）强化农村人才队伍建设

一是夯实人才培育机制。全覆盖培训村（社区）党组织书记、主任246人，将86名年轻返乡创业人员、优秀大学毕业生等纳入村社后备干部库。开展新型职业农民、农业经营管理人才和科教文卫及农技人才等培训10余期，培训返乡创业人员、进城务工回流人员、新型农业经营主体领办人、基层农技人员等。

二是探索人才引进和回流机制。坚持“不求所有，但求所用”，采取签订技术服务协议、联系指导协议、短期项目合同等方式，通过与科研院校签订合作协议，探索出了一条户口不迁、关系不转、双向选择、来去自由的乡村人才引进新模式。建立“涪城高层次人才库”，吸纳98名拔尖人才返乡创新创业。鼓励各类创业园（孵化园）为优秀返乡农民工提供创业服务指导，在要素保障、金融信贷等方面加大支持力度，吸引180余人返乡创业，指导实施创业项目36个。

7. 推进城乡融合，城乡资源要素顺畅流动

（1）加快城乡产业融合

一是强化城市产业功能，提高城市产业辐射力。按照“集聚化、特色化、网络化”思路，实施楼宇经济总部集聚行动，开展精准定向招商，吸引培育大企业大集团地区性总部、功能性总部落户涪城，打造区域性金融总部商务区；挖掘老城新价值，拓展城市新业态，融入现代文化元素，打造“特色街区+”新经济。二是强化城镇功能区，提高镇产业承接力。实施“腾笼换鸟”工程，将城区内农副产品加工、建材、机械设备、小商品交易等市场迁移到相关功能区域，使各镇产业布局更趋科学合理，特色更加鲜明，承接城区产业更加顺畅。

（2）加快城乡公共服务融合

全面改善乡村硬件基础设施，推动城乡基本公共服务均等化，促进公共服务资源和产品向乡村社区基层“下沉”，建设更加宜居的现代乡村。一是落实好各项惠民政策，实施好民生工程，在村（社区）便民服务中心推进“一网通”“一卡通”服务项目。二是大力发展教育事业。采取“名校+新校”“名校+乡校”“名校+弱校”等“1+N”模式，增强优质教育资源辐射带动力。建立基层教师激励机制，鼓励优秀教师资源留在乡村。三是构建覆盖健康全过程的健康服务体系，建立保障全区居民基本医疗、基本公共卫生服务和满足多层次卫生服务需求的医疗服务体系和公共卫生服务体系，加快村（社区）卫生服务中心的提档升级。

（三）以民主法治为保障，在维护公平正义中推进共同富裕

1. 落实基层协商民主，社会治理效能显著提升

（1）强化政协协商体系与平台建设

2015年，涪城区政协推动人民政协协商与基层协商相衔接，通过试点设立乡镇（街道）政协工委等方式，形成人民政协协商民主向基层延伸的纵向体系，将人民政协协商参与基层治理纳入党委工作部署，加强督导落实。2020年，涪城区政协印发《“有事来协商”平台建设工作实施方案》，从目标、措施、流程、要求等方面予以系统规范强化“1+2+4+N”协商体系平台建设，实现协商平台建设工作健全有力、机制规范高效、协商有效推进。

（2）完善协商议政机制

推动出台《中共绵阳市涪城区委关于加强社会主义协商民主建设的实施意见》，印发《政协绵阳市涪城区委员会关于进一步加强政协委员履职平台建设的实施意见》等文件，形成了较为完备、规范、有效的协商议政

制度体系，实现了以制度规范履职、以机制保障落实的目标。构建完善的“1+2+4+N”协商体系，实现政协协商和基层协商的有效衔接。引导“新乡贤”协商新形式在基层治理中发挥作用，出台《涪城区选树新乡贤助力乡村治理工作方案》；鼓励农民参与村内民主选举、村民“一事一议”等活动，为乡村治理注入新活力。近五年，开展各类协商活动76次，形成协商报告47篇。

2. 优化执法体系方式，法治环境不断完善

（1）构建高效顺畅的执法体系

将综合行政执法体系与城市管理综合执法改革统筹安排，以综合行政执法规范化建设为抓手，以综合行政执法体系改革为重点，推进综合行政执法“全覆盖”，构建“权责明确、行为规范、精干高效、保障有力、监督到位、协调一致”的综合行政执法体系。综合行政执法办定期与公安、综合行政执法、市场监管、交警等部门的联勤联动机制，定期开展联合整治，建立相互支撑协作机制。

（2）创新“公调对接”的矛盾调解机制

涪城区搭建“1+3”公调对接模式，搭建一个公调对接平台，形成以驻所跟班调解员为主体、接处警民警参与、专业人士介入的矛盾调解机制。

一是健全完善基层调解组织体系和责任机制。按照1个调解中心、1个专家调解团队、9个调解工作站、114个调解工作室的模式构建调解组织网络，调整充实了区、镇（街道）两级层面的矛盾纠纷多元化解工作领导小组，统筹抓好矛盾纠纷多元化解工作的协调推进、监督指导。

二是健全解纠的联动机制和工作规范。建立完善“N+1”工作机制，深化诉非衔接、公调对接、访调对接、劳调对接和诉源治理工作机制，印发《涪城区进一步完善矛盾纠纷多元化解工作实施意见》，明确矛盾纠纷受理、调解和回访时限压缩到3个工作日。改革以来受理矛盾纠纷共计2648件，调解成功率达98%。

三是构架解纠的快捷机制和信息共享平台。在各镇（道）综治中心（矛盾纠纷多元化解中心）设立“心理咨询室”“调解工作室”；将“雪亮工程”“慧眼工程”“网格化服务管理信息系统”全覆盖并由专人管理，实现区镇（街道）、村（社区）、农户互联互通。

（3）强化法律教育与宣传

学习贯彻习近平法治思想，深入宣传以宪法为核心的中国特色社会主义法律体系，深入实施深化拓展“法律七进”严格落实“谁执法，谁普法”的普法责任制，加快推进法治涪城建设。依托道德讲堂、文明城市建设、基层法治示范创建活动、“3.15”消费者权益日、“6.26”禁毒日等活动开展德治和法治宣教活动，提高老百姓的道德修养和法治意识。鼓励法治文化作品创作与推广，完善公共场所法治宣传教育设施，运用新媒体新技术普法，推进“智慧普法”平台建设，形成立体化法治宣传教育传播体系。范家村、临园路东社区被评为“全国民主法治示范村（社区）”，刘家坪村被评为首届省级“民主示范村”，小浮桥社区被评为“市级民主法治示范村（社区）”。

（4）建设法律服务体系

创建企业家法治护航中心，搭建“法律服务面对面”平台，组织律师、基层法律服务工作者和一村（社区）一法律顾问深入企业，进行全面“法治体检”。开展“平安乡村”建设，持续开展“六无”平安村（社区）建设活动。整合律师、公证、人民调解等法律服务资源，降低法律援助门槛，每年全区范围内开展法律咨询和援助活动300余次，组织30余名律师队伍到各村（社区）开展300余次法律服务活动。

3. 深化司法体制改革，司法服务效能不断提升

全面深化司法体制综合配套改革，严格落实司法责任制，完善监察权、审判权、检察权运行和监督机制，规范司法行为，保证公正司法。统一执法司法标准，促进司法执法活动精细化、标准化、信息化，提高司法质量效率。建立府院联动机制及司法公益基金，提升破产案件办理效率和质量；坚持诉源治理与落实立案登记制相结合，引导当事人优先通过非诉途径多元化解矛盾纠纷。

完善“互联网+诉讼”模式，建设诉讼服务设施，建设集约高效、多元化解、便民利民、智慧精准、开放互动、交融共享的现代化诉讼服务体系，推进司法队伍革命化、正规化、专业化、职业化“四化”建设。

4. 创新基层监督模式，权力治理体系不断优化

涪城区探索构建“1233 微权 e 监督”模式，切实规范制约基层“微权”运行，推动基层监督网络不断完善，相关做法被省委改革办《调查与决策》刊发。

（1）优化监督体系

开展镇（街道）纪检监察组织标准化、法治化建设，发挥镇（街道）纪（工）委监督示范引领作用；完善监督机制，采用廉情牌、红黑榜、村广播、听音问廉等监督方式。“两项改革”以来，共查处违纪违法案件26件，村级纪检组织主动上报问题线索11条。

（2）健全监督手段

借力“互联网+”，促进基层监督平台软硬件建设；用活“阳光惠农监管平台”和“惠民惠农财政补助资金‘一卡通’监管平台”，以“大数据”监督“小权力”，及时发现、纠正、处置问题。

（3）厘清监督重点

突出政治监督，聚焦乡村振兴政策落地和深化惠民政策落实的监督、紧盯重点项目建设与推进的监督、加强农村集体“三资”使用的监督，明确重点，及时纠正问题，“两项改革”以来，群众因村集体“三资”问题信访举报件同比下降61.9%。

（4）完善监督路径

健全完善村（社区）纪检监察组织列席相关会议，通过开展民主评议、询问质询等方式，对村级重大决策、财务收支、公开情况等进行全方位监督，采取专项检查、随机抽查、核实数据、村民评议等方式督办。“两项改革”以来，村（社区）纪检监察干部主动开展监督检查470余次，发现问题44个，督促整改42起，协助核查问题线索18个。

（四）以文化为引领，在加强精神文明建设中推进共同富裕

强化社会主义核心价值观引领，推动文化事业全面繁荣和文化产业快速发展，满足人民群众多样化、多层次、多方面精神文化需求，形成“一镇一品牌，一村一特色”的文化。2019年，涪城区被列为新时代文明实践中心建设全国试点县。

1. **塑造文化振兴要素，文化内容持续丰富**

（1）挖掘涪城文化元素内涵

以“涪聚三江、城纳四海”为主题，系统打造城市文化品牌。以一体化、集成化的方式，挖掘以中华优秀传统文化、革命文化和社会主义先进

文化为主体，以民俗文化、现代文化为重要支撑的“红、古、绿”文化要素。

一是继承发扬中华优秀传统文化。打造以欧阳修、扬雄、蒋琬等为代表的中华优秀传统文化，打造以三国文化、制作毛笔、年画绘画、茶叶烘焙为代表的民俗文化，丰富人民群众的文化生活。涪城区非物质文化遗产入选“第一批四川省非物质文化遗产项目体验基地”。

二是弘扬革命文化。完善以谭德政烈士革命英雄事迹为主体的革命文化精神，依托丰谷镇“德政教育基地”，充分挖掘并整合涪城区红色文化资源。通过“四史”教育，弘扬光荣传统、赓续红色血脉，发挥红色文化的教育作用。

三是发扬社会主义先进文化。打造以“艰苦创业、团结协作、勇于创新、无私奉献”为核心的三线建设精神，形成以跃进路三线历史文化街区为核心的研学路线；围绕产业创新，弘扬改革创新和科技创新的时代精神，弘扬社会主义先进文化。

（2）强化特色品牌建设

深入推广一桌涪城菜、一批涪城造、一部涪城片、一首涪城歌、一套涪城 LOGO，打造特色文旅宣传品牌。以“欧阳修文化”为核心，以“三线建设”“天青苑川剧”“西蜀子云亭”等为代表的涪城文旅品牌，打造马家巷、跃进路、铁牛古玩街等特色旅游商业街区，构成休闲都市景观群；以万达广场、富临大都会等为代表的商业综合体，构成都市游憩商业景观群，整合了以“涪城剪纸”“涪城根艺”“玉龙化石雕刻”“葫芦雕绘”为代表的非物质文化遗产。将现代文化与民俗文化相结合、将优秀传统文化融入老百姓的生活，丰富人民群众精神文化生活。丰谷镇将“欧阳修出生地”的历史文化内涵与生态建设相结合；杨家社区将蚕桑文化、传统农耕文化与蜀绣有机融合，入选第二批全国乡村旅游重点村。

2. 打造文化产业体系，文化价值不断凸显

（1）建立全方位制度支撑体系

涪城坚持把发展旅游业放在突出位置，出台了以文促旅、以旅彰文的文件，如《关于大力发展文旅经济加快建设文化强区旅游强区的实施意见》《绵阳市涪城区“十四五”文化和旅游发展规划》《关于全面推进乡村文化振兴的实施意见》《关于进一步推进欧阳修文化建设的实施意见》

等，从政策、人力、机制等各个方面，全力支持、鼓励和引导涪城打造都市旅游目的地，推动全域旅游发展。

（2）打造文化旅游消费聚集区

以街巷文化、科技文化、川剧文化为主题，强化场景营造与体验提升，释放文化旅游消费潜力，形成一批文化旅游经济商圈和消费功能区。依托三江半岛、铁牛广场，建设夜间消费集聚区；依托三线建设工业遗址、历史文化街区等，打造文创特色街区；深化文化农业主题公园建设，打造观光带、体验培训馆，开发丝绸、蚕桑、书画文化衍生产品，带动文化旅游全面发展。打造中高端文化消费场所，建设线上线下融合的文化消费综合体，引导非遗技艺、文创产品、文艺演出通过网络直播、短视频等方式推广宣传，为消费者提供更加便捷高效的文化消费体验。

（3）支持文艺院团发展壮大

推进天青苑川剧团改造升级，拓展剧团经营模式，探索"戏剧+旅游+研学"多业态发展模式。开展优秀戏曲剧本创作扶持，推出一批优秀戏曲剧本，实现川剧品牌化、精品化。开展川剧惠民演出、川剧下乡、川剧进校园活动，运用新技术手段和现代传播渠道，提升优秀演艺产品的市场影响力。培育演艺中介机构，深入开展全民艺术普及工作，提高演艺市场资源配置能力。

3. 健全公共文化服务体系，群众性文化活动更加多元

按照"加快文化和科技融合提升公共文化服务效能"的思路，增强全区人民群众的文化获得感和幸福感，连续 20 年荣获"全国文化先进县"，2019 年获评"四川省现代公共文化服务体系示范县"。

（1）强化公共文化服务产品供给

涪城区以社会主义核心价值观为引领，打造了"天青苑""金峰雄狮""牛王会"等文化品牌；举办"幸福涪城"群众文化节、社区文化艺术节、"职工艺校""美丽乡村村（春）晚过大年"等群众喜爱的文化新品牌，营造"公园+"新经济与"公园+"新消费，开辟全方位、全领域、全时空的文化产品供给新形态。建设惠科文化共享馆和涪城区体育馆图书共享馆，打造乡村图书共享点，设立城市社区"红色文化书屋"，持续开展"非遗集市""非遗进校园""传统文化培训季"等 10 余个地方特色文体品牌活动。每年开设全民艺术普及课程 5 个，开展全民艺术普及活动 20

场，开展文艺演出活动40场。

（2）推动公共文化服务数字化发展

开展“公共文化服务数字赋能建设”，升级“涪城文旅云”，构建集文旅资讯、文旅资源、文旅服务为一体的综合数字服务平台，打响涪城文化数字化品牌。加快公共图书馆、文化馆和综合文化站数字化转型升级，推广建设智能书屋，加强数字文化内容的创作、推广，通过“抖音”“快手”等宣传涪城文化旅游资源。建立川剧、非遗等本土文化资源库，打造云课堂、云演艺、云诗会等线上活动。

4. **推进乡村文化振兴，农村精神文明有效提升**

深化拓展新时代文明实践中心建设，实现镇、村新时代文明实践所、站全覆盖，涪城出台《乡村文化振兴七条措施》，获评全国文明单位3个、全国文明村镇3个、全国文明家庭1个，乡村文化振兴成果显著。

（1）推进乡村“复兴少年宫”建设

2021年，涪城区被列为乡村“复兴少年宫”建设全国试点县。依托涪城剪纸、金峰雄狮、炳林毛笔、天青苑川剧等本地特色非遗传承文化项目，开展校外实践活动，培育“复兴少年·涪城未来”“风筝制作·放飞理想”“巴蜀腔韵”等40余个特色活动。累计投入253万元用于保障复兴少年宫建设试点工作，已建成1所区级“中心复兴少年宫”，9个“镇街复兴少年宫”，打造“复兴少年宫研学基地”，构建全区少年宫30分钟服务圈。

（2）加强乡风文明建设

巩固农村思想文化阵地，推动公共文化资源向农村延伸，加强基层群众文化队伍建设，创新实施文化惠民工程。推行孝德文化，弘扬尊老敬老的传统美德。引导村民对“吃清明会”等旧习俗进行改造，注入讲孝德故事、评“孝德之星”等新元素，建立“孝德榜”，弘扬先进事迹。用好“村规民约”，推进乡村治理制度化规范化管理，将“孝老爱亲，赡养父母”等明确为村民的基本遵循和制度规范。罗汉寺村获评省级“环境优美示范村”和“四好村”。

5. **促进文旅深度融合，旅游发展质量稳步提高**

（1）打造文化旅游精品线路

以涪城商业步行街、成绵路、铁牛商圈、滨江广场为依托，建成主城区“绵州记忆”城市休闲文化旅游精品线路。加强跃进路历史文化街区工业遗产保护利用，嵌入“三线记忆·革命激情”红色文化旅游精品线路。加强三大农业主题公园建设，打造以传统农业文化为核心的乡村旅游精品线路；挖掘丰谷码头、炳林毛笔、谭德政等非遗文化和红色文化故事，传承传统文化和红色文化主题研学线路。引导支持历史文化旅游、红色旅游、科工旅游、生态观光等旅游业态升级，将文化与教育相结合，丰富教育与旅游服务的文化内涵。

（2）实施“文旅+”融合创新工程

深化“文旅+交通”融合发展，开通城乡特色旅游交通线路、乡村旅游产业环线。深化“文旅+工业”融合发展，发挥全区工业遗产、传统工艺和电子工业资源富集的优势，开发工业文化遗产旅游、现代工业旅游产品和工业文创产品。深化“文旅+商务”融合发展，完善城市商业区旅游服务功能，开发地方特色工艺品、老字号产品、文化旅游纪念品等创意商品。培养康养旅游、体育旅游、音乐旅游等新业态，促进文体旅深度融合。

（五）以“十心行动”为抓手，在促进民生事业高质量发展中推进共同富裕

涪城坚持把高质量民生作为推动共同富裕的价值取向和目标追求，出台《关于加快推动民生事业高质量发展的实施意见》，推出民生事业高质量发展“十心行动”，初步构建起涪城民生服务体系的“四梁八柱”。涪城区《民生改革“十心行动”推动共同富裕》入选“2021年度地方全面深化改革典型案例”，跻身全国幸福百强区，实现了幸福指数与发展指数同步跃升。

1. 创新开展“五润行动”，构建城镇困难群众帮扶体系

（1）系统谋划，帮扶制度精准保障

出台《涪城区城镇困难群众精准帮扶办法（试行）》《涪城区城镇困难群众精准帮扶“五润行动”计划》《涪城区干部结对帮扶城镇困难群众工作制度（试行）》《涪城区引导支持社会力量参与城镇困难群众精准帮扶工作机制》等政策文件，制定城镇困难群众精准帮扶任务清单和责任清单2张清单，构建完善“1226”帮扶工作体系，以系统集成理念建立城镇困难群众精准帮扶制度体系。

（2）“全域识别”，困难群众精准定位

一是科学认定，提标扩面补齐短板。对困难群众开展帮扶需求调查，

全面掌握致困原因和帮扶需求。依据国家标准、困难群众实际情况，扩大帮扶范围，加大帮扶力度，提升帮扶标准。

二是宣传引导，拓展主动申请范围。利用广播、电视、网络等平台，公开城镇困难群众帮扶的申请条件、程序、所需资料及帮扶项目等，引导符合条件的群众主动申请。开设《涪城民生365》新闻专栏，对群众关切的热点难点问题进行跟踪报告。

三是数据筛查，提高精准识能力。强化民政、残联、医保等部门的协调配合，搭建数据共享平台，加大困难群众台账的筛查力度和范围，提高精准识别城镇困难群众的能力。

四是强化动态监测。印发《低收入人口动态监测和常态化帮扶实施方案》，将城镇困难群众全面纳入动态监测。依托信息系统，实现低收入人口监测数据、需求信息、帮扶情况等信息实时共享。

（3）"五润行动"，靶向发力精准攻坚

突出帮扶政策针对性。"五润行动"构建了基本生活救助帮扶、专项救助帮扶、急难救助帮扶三大类救助帮扶政策体系，增进民生福祉。突出帮扶清单精确性。以精细精致精品的"三精"标准，制定《涪城区城镇困难群众精准帮扶政策清单（2022年）》，明确基本生活救助帮扶、专项救助帮扶、急难救助帮扶三大领域58项具体措施。突出帮扶力量聚合性。全面落实"一线工作法"，建立干部结对帮扶制度，引导全区企事业单位、社会组织、社会各界参与，以个体带动团体，以团体带动全域。

（4）"成果共享"，机制保障精准落实

坚持党建引领，构建党委领导、政府负责、部门联动、社会参与的民生工作机制，健全优化民生工作领导小组。强化资金集成投入，优化财政支出结构，持续加大财政民生投入，确保一般公共预算中民生支出占比不低于70%，2022年区财政预算1000万元，专项用于城镇困难群众精准帮扶工作。强化督查考核激励，实行台账式管理、项目化推进，将目标任务分解到每一个镇街、区级部门和园区。

2. 坚持教育融合发展，促进城乡教育均衡化发展

（1）发展普惠性学前教育

加快发展普惠性学前教育，扩大公办园数量，积极扶持普惠性民办幼儿园发展，继续巩固"80·50"目标任务成果。加强公办园和民办教育机构合作，采取“两自一包”新办园模式，扩大公办园幼儿占比。健全动态管理机制，开展各级示范性幼儿园创建，促进学前教育保教质量整体提升。

（2）义务教育集团化办学

探索“大学区制”，实行义务教育学校教师“区管校聘”，推行县域内校长教师交流轮岗和城乡教育联合体模式。加大乡镇学校特岗教师招聘力度，强化乡镇教师的培训培养。重点深化“集团化”办学，灵活采取“名校+新校”“名校+乡校”“名校+弱校”等“1+N”模式，推动优质教育资源共建共享。

（3）职业教育融合发展

探索“订单式”人才培养路径，深化产教融合、校企合作，探索职业教育人才培养新模式，强化与惠科、京东方、长虹等本地企业深度对接，促进教育链、人才链与产业链、创新链衔接。整合四川省绵阳职业技术学校、丰谷中学资源，推进普职融通改革试点，推动普通高中教育与职业教育优质融合发展；推进中职学校实训基地建设，强化农村实用人才培养，扩大“3+2”中高职五年贯通培养规模，促进中高职有效深度衔接。

3. 推进医疗卫生事业提档升级，提供有效便捷优质服务

（1）“以城带乡”创新医共体建设

创新开展以城带乡“5+5”医共体建设，形成“一带一”结对帮扶、组团发展模式，医疗机构“以大带小”组团发展、人才技术“以上率下”融合发展、救治体验“以小见大”和谐发展。以“区级医院+基层医疗卫生机构”融合发展的区域医疗卫生共同体，构建“基层首诊、双向转诊、急慢分治、连续服务”分级诊疗模式，推动优质医疗资源扩容下延，打造30分钟乡村健康医疗服务圈。基层医疗机构就诊患者增加15%以上。

（2）健全乡村医疗卫生服务体系

构建“区级—镇（街）—村（社区）”三位一体的“3+N”医疗卫生服务体系，建立和完善相关政策制度，增加基层医务人员岗位吸引力，加强乡村医疗卫生人才队伍建设。巩固全国基层中医药工作先进单位创建成果，实施基层中医药服务能力提升工程，建立健全乡村中医诊疗服务体系。推进“互联网+医疗健康”，积极发展远程影像诊断和远程会诊，提升基层医疗服务质量。

（3）推进社会办医错位发展

鼓励民营医疗机构提质增效，积极引进社会资本投入，兴办康复护理、老年病、精神病、医养结合等特色专科医院和“专精特”健康产业；引进发展第三方医学检验、医学影像等专业服务机构，逐步形成与公立医疗机构功能互补、错位发展、规范有序的社会办医体系。

4. 完善就业创业服务体系，形成城乡统一市场

（1）做大就业空间

以重大项目为牵引，持续扩大就业容量，新增就业岗位每年保持在5000个以上。深入实施劳务协作、春风送岗、招聘进校园等专项活动，引导市场主体创造更多就业岗位，年均助企招工岗位不低于1000个。积极支持共享经济、直播带货、网络零售、夜间经济等新形态，催生适应年轻人的新岗位。

（2）做优就业服务

运用“智汇涪城”，实施就业服务“直通车”，建立科技智谷人力资源综合服务平台。建设“高技能人才实训基地”“职业技能大师工作室”，持续抓好各类劳动者就业培训，指导惠科、富临大都会酒店等22家企业开展“以工代训”，组织龙华薄膜与绵阳职业技术学院开设企业新型学徒制培训班2期。强化农民工服务保障，建立驻外农民工服务站，构建农民工服务保障网；积极开发公益性岗位，确保零就业家庭动态清零。吴家镇2020年开设农民工培训班7期。

（3）做强创业平台

开展各类创新创业大赛、创业沙龙、创业成果展示等主题活动；加强创新创业园区（孵化基地）建设，依托西科大、5G产业园等载体，形成一批优质就业创业示范基地，营造良好创业生态。推动返乡入乡创业，建立“一园多基地”模式，打造涪城返乡入乡创业品牌。

5. 探索基层治理新路径，破解基层治理难题

（1）坚持分类引导精准治理

一是深化小区分类治理。探索“集体经济撬动、部门项目支持、社会资本参与”的模式。实施老旧小区“守望相助”治理行动，探索“三无”小区物业兜底服务模式，支持有条件的社区以争取公益创投、购买社会服务、成立社会企业等方式，为小区提供物业兜底服务。实施商品住宅小区

“和美宜居”治理行动，打造“红色物业”服务平台，满足居民多元化、高品质服务需求。

二是实施商圈分类治理。实施专业市场“互惠互利”治理行动，组织共建单位、市场商户、辖区居民成立“爱心联盟”等共建联盟，实施“有涪同享”“红心为民”等治理项目，形成社区服务市场、商户回馈居民、民商共建共治的良性互动。实施商圈楼宇“多元协同”治理行动，利用“会仙夜话”“1958 区域共治中心”等商圈服务平台，形成“社区+商圈+企业+居民”的生活共同体和利益共同体。实施新兴行业“服务引导”治理行动，以党建带群建，推动新兴行业就业群体融入基层治理。

三是推行“三乐”为民服务。实施“老年乐居”服务行动，推动老年群体自治，丰富老年文化活动。实施“青年乐业”服务行动，建好用好“智汇绵州·才聚涪城”直播带岗招聘平台，建好“货车司机之家”“新兴行业职工之家”等基层工会服务阵地。实施“少儿乐学”服务行动，建好用好“家庭教育指导中心”，深入实施“复兴少年宫”计划等，营造“少儿乐学”浓厚氛围。

（2）创新建立“党群暖心驿站”

涪城区坚持政府主导、市场主体、多方联动，创新建设“党群暖心驿站”，实现群众需求和服务资源精准对接。一是优化服务方式。将政务服务、便民服务终端下沉到驿站，创新开展服务事项跨社区受理、转接、代办等，实现街道权限范围内的服务事项跨区域、全覆盖、一站式办理。二是丰富服务内容。除基础政务服务和便民服务外，“全天候”“定制化”提供老人儿童临时看护、爱心义诊、爱心理发等特色延伸服务。三是优化运营方式。引入社会组织、爱心企业等联合承办驿站，经营收入的 30%保障运行管理；打造集智慧党员、智慧生活等为一体的“智慧型”平台。截至 2021 年底，已建成投用党群暖心驿站 13 个，构建覆盖全域的 10 分钟便民服务圈，让群众办事更方便、更快捷。

（3）打造社区治理新平台

建设“三社联动”服务中心与社会组织培育发展服务中心支持平台，孵化培育社区社会组织、社会企业；开展社工师和社会组织培训，培养专业治理类人才，提升服务专业性；开展公益微创投项目活动，打造品牌社区服务项目。探索出“3H+1”新模式，改革治理机制、拓展多方参与渠道、打造基层治理新引擎。灵通社区采取“3+3+3+N”的介入策略积极推动社区服务项目化进程，积极回应和解决辖区居民存在的共性需求和社区治理与服务发展过程中面临的共性问题。

6. 优化便民服务内容，提高便民服务水平

（1）推动便民服务便利化

健全“三个一”便民服务响应体系，深化“政务服务+”模式，优化党群暖心驿站、“税邮双代”合作网点建设，实现群众需求极速响应、精准对接、用心服务。目前我区实有村社区便民服务站113个，各类代办点23个、代办员719人。通过“线上线下”受办、帮办代办，基本实现城市社区“10分钟便民服务圈”、农村“15分钟便民服务圈”。

（2）推动便民服务智慧化

一是，提升服务方式完备度。依托四川省政务服务一体化平台，目前各区级部门已认领事项6210个，事项权限逐级下放。推广绵阳市“一网通办”平台和天府通办绵阳站点，搭建便民服务“掌上办”快速通道建立微信群、QQ群等，提供在线咨询、业务指导等，辅导线上办事，加快办理速度。建立政务服务“好差评”制度，全面及时准确了解企业和群众对政务服务的感受和诉求。

二是，提升智慧政务成熟度。依托省一体化政务服务平台、绵阳市企业服务云平台、天府通办App、“涪城行政审批”微信公众号等媒介，提供网上咨询、网上预审、全程网办，实现“就近办、家里办”，进一步拓宽群众办事和诉求渠道，共享“互联网+政务服务”发展成果，推动政务服务事项从“网上办”“掌上办”向“网上好办”“掌上易办”转变，实现政务服务网上可办率100%，全程网办率98.9%。

（3）推动便民服务高效化

推进政务服务事项集约化管理，全面推进“最多跑一次”改革。设置特殊群体“爱心专区”、开通“绿色通道”，实现全流程“一对一”帮办代办服务，确保重点人群办事“一站式”办结。积极推进社保、医保、税务组建社会保险费联合征收大厅，实现参保登记、政策咨询、社保缴纳等业务“一站式”办结。

（4）推动便民服务规范化

推动场地建设、事项进驻、窗口设置、流程管控、制度管理等各环节规范化建设，优化功能分区，完善窗口布局，实现“一窗受理”“一链办理”“一网通办”“一次办结”。深化“放管服”改革，将与群众密切相关的民生类服务事项下放、前移到村（社区）便民服务站办理。全区统一办事流程、审查标准，实现无差别服务，做到“事事有标准可依、人人按标准履职”。通过对全区778项政务服务事项流程进行优化再造，累计精减申请材料198项、633份，精简审批环节86个，承诺提速73.62%，减少跑动次数30次。切实做到让群众看得懂、有指引、好办事、办好事，实现“小事不出村（社区）、大事不出镇”。

（六）以绿色为方向，在改善城乡生态环境质量中推进共同富裕

涪城区立足人居环境整治，通过“点、线、网、面”立体治理，相关部门联动配合，集中力量治理大气污染、水污染、土壤污染，为人民群众提供更多优质生态产品。

1. 整治人居环境，人居质量显著提升

（1）加强农村生活居住环境治理

采取“政府补助+农户自筹”方式，改造危房1624户，改厨2327户，改厕2810户，新建院坝1482户，农村道路通车里程达1193公里，村、组道路硬化率达100%。全面推行民议、民筹、民管、民评的激发群众参与积极性的“四民机制”，家家户户实现了垃圾不乱倒、脏水不乱排、杂物不乱堆、粪污不外溢，村民卫生意识、文明意识、健康意识和生态意识普遍提高。

（2）加强农村生活污水分类治理

坚持分类指导、分类施策的原则，精确区分河流沿线、大型聚居区域、农业生产区域、偏远农户等实际情况，结合河流排放容量、种植业“受体”消纳能力、交通地理条件等问题，精心编制农村生活污水分类治理实施方案，以场镇污水处理厂辐射一片、一体化处理设施覆盖一片、“三格式”沉降+抽运集中堆肥还田利用一片的“三片治理法”实现农村生活污水的有效治理。“十四五”预计新建一体化生活污水处理设施20处，新建场镇生活污水处理厂管网接入口23处，新建大型院落集污池23口，农村生活污水得到有效治理的行政村占比达85%以上。

（3）创新开展城市“微治理”

按照“一街一景，一景一特色”思路，综合考虑绿地位置、面积、现

状、人口密度、周边环境等诸多因素，致力于打造兼具便民休闲、历史传承、夜景照明、特色花园等功能的城市“口袋公园”。2021年完成一环路南段游园、三桥桥头游园等7处“口袋公园”建设，受益市民达30万人。

2. 加强生态环境保护，污染防治效果明显

（1）建立健全环境保护制度

落实“涪城区生态环境保护十大长效机制”，建立环境精准评估与督察机制、绿色考核体系，引导企业打造现代环保型企业。制定《涪城区农村环境治理管理办法》《涪城区农村公路、水利设施、林业资源管理办法》，开展农村生活垃圾处理费用分担机制试点，将村庄建设、垃圾和污水治理费用分担纳入村规民约。

（2）加强农业面源污染防治

全面实施“一控两减三基本”，开展化肥农药零增长行动，使化肥农药使用量保持负增长趋势，畜禽粪污资源化利用率达85%以上，废弃农膜回收率达90%以上，农药包装废弃物回收处置率达85%以上，秸秆综合利用率达98%以上，建立秸秆资源台账。在耕地土壤环境质量类别划分成果的基础上，做好耕地安全利用和农作物结构调整工作；持续开展畜禽养殖粪污治理，强化畜禽养殖污染专项排查。加快推进渔业绿色高质量发展，全面实施长江“十年禁渔”。

3. 推进生产生活低碳化，资源利用率大幅提升

（1）大力发展循环经济

以工业化和城镇化过程中废弃物资源回收利用为重点，积极推进废弃工业老厂房的金属和塑料包装物的回收再利用。推进重点领域清洁生产，强化清洁生产技术改造，促进工业企业污染深度治理和园区集中治理，鼓励企业使用清洁能源及原材料，降低单位产品水耗，提高水重复使用率、废物综合利用率。强化重点用能单位节能管理，加快推进合同能源管理。

（2）倡导绿色生活方式

大力推广绿色消费、绿色低碳出行，推行垃圾分类和减量化、资源化，在全社会大力倡导简约适度、绿色低碳的生活方式，推动形成绿色消费自觉。倡导节俭生活，开展“全国节能宣传周”“全国低碳日”“绿色低碳生活行动计划”“地球一小时”等主题活动。培育绿色生态文化，打造一批生态文化保护、环保科普教育和生态文明宣传教育基地。

三　涪城区探索共同富裕实践的启示与推广价值

（一）涪城区探索共同富裕实践的启示

1. 抓思想，强化使命担当

涪城区坚持党建统领，主动作为，探索创新，在探索实现共同富裕的道路上，不等不靠、主动担当、积极作为，在谋划中坚持以人民为中心的发展理念和贯彻落实新发展理念的整体性、系统性、协调性。

一是主动担当，强化开拓进取。涪城区发挥作为中国唯一科技城主城区的先发优势，提升发展势能，在经济发展、民生保障等方面实施的改革举措、取得的丰硕成果，赢得新机遇、新空间。以高度的政治责任感和使命感，高质量完成东西部协作各项工作任务，先行探索共同富裕在西部地区的实践。

二是狠抓落实，强化求真务求。涪城区委区政府真抓实干、积极主动，既站高谋远，更脚踏实地，既有顶层设计，又有分工落实，党员领导干部直接联系企业、联系贫困户，把共同富裕的蓝图和构想变成分工明晰、责任明确的任务清单和责任清单，“周周听汇报、月月晒进度、季季搞拉练、年年评成效”，实实在在办实事，不断提升涪城首位度，夯实共同富裕的基础。

三是贯彻落实新发展理念的系统思维。涪城区创新谋划推出民生改革“十心行动”，推动民生工作从零散化、碎片化、分割化向系统化、集成化、联动化转变；探索平台经济，从“招企业”转化为“招平台”，有较强的全局思维、系统思维和战略思维，起到了提纲挈领、纲举目张的效果。

2. 把方向，坚持社会主义市场经济改革

涪城区坚持市场化改革，充分发挥市场在资源配置中的决定性作用，不断优化营商环境扶持民营企业发展，同时引导市场主体提供基本公共服务，实现效率和公平互相倚重的共同富裕。

一是全方位做好市场化改革。通过市场化运作，涪城区建立的“党群暖心驿站”实行“市场化+公益性”运营模式，由社区、企业、社会组织、群众和相关部门共同参与驿站建设管理。鼓励支持有意愿有能力的企业和个人参与公益慈善事业，发挥第三次分配在改善分配结构中的作用，进而实现共同富裕。

二是大力发展民营经济。持续优化促进民营经济发展的政策、法治、市场、社会环境，支持民营企业平等参与市场竞争。引导民营企业和国有企业建立配套协作机制，鼓励民营企业实施质量品牌战略；鼓励民营企业、社会资本进入基础设施、医疗、养老等领域，形成市场主导的投资内生增长机制。

三是打造一流营商环境。深化“放管服”改革，聚焦营商环境“三度服务”，在服务上做“加法”，在流程上做“减法”，将改革创新和流程再造赋予企业全生命周期，形成服务高质量发展的核心竞争力，确保企业招得来、建得快、发展好，全国一流、全省领先的营商环境加快形成。

3. 抓政策，优化体制机制建设

体制机制建设是推进共同富裕的制度支撑与保障，国有企业市场化改革深入推进，区属国有企业“造血”功能增强；新增市场主体 12934 户、增长 13.87%，入围全国投资竞争力百强区。

一是创新园区体制机制改革。涪城区按照“一园多区、项目牵引、重点突破、管理创新”的工作思路，深化园区体制机制改革，引入市场化手段，构建起“园区管委会+公司半行政化半市场化”的运营模式，实现园区高效管理、高质发展、高能服务。深化科技领域“放管服”改革，推动职务科技成果权属改革，健全创新尽职免责容错机制，营造鼓励创新、宽容失败的良好环境。

二是创新农业农村体制改革。涪城区扎实做好“两项改革”，完善村（社区）治理体制机制，进一步优化资源配置、提升发展质量、增强服务能力、提高治理效能，促进农村重点改革推进和谐有序。有序推动权力下放、资源下沉、服务下移，推动改革成果转化为发展红利。完成两项改革“后半篇”文章 141 项重点任务，明确镇街法定权力 119 项，赋权事项 39 项。

三是创新基层治理体制机制。深化“平安镇村、平安社区”建设，实施城市治理“一屏统筹”项目，全面完成四川省第二批城乡社区治理试点项目。深入开展基层法治示范创建，增强全社会尊法学法守法用法观念。

健全完善“互联网+政务服务”，全面实现异地居民身份证“全城通办”“微户政”App线上服务，网上办理事项达到100%。

4. 抓产业，推动经济高质量发展

涪城作为主城区，服务业增加值、社会消费品零售总额连续多年位居全市第一位，三次产业结构中第三产业占比高于全市平均水平。出台系列政策，助力经济高质量发展，为推进共同富裕提供坚实的物质保障。

一是强化产业集群化发展。涪城区以平台经济模式推进产业集群化和沿链化发展，建设运营一批专业产业平台，构建现代产业生态圈，做强做大主导产业链，吸引配套产业链，建设支撑产业链，形成具有综合优势的产业集群。按照“一区多园”和“一园一主题”进行布局，构建组团式产业功能区，做强片区承载，推动四大主体功能区协调发展，加快形成优势互补、各具特色的区域经济板块。

二是强化数字赋能产业发展。涪城依托拥有高新技术企业聚集的优势，加强数字技术研发，加快推进数字技术在工业领域的深度渗透，提升制造业数字化、智能化水平。发挥科大讯飞、硅基智能、天仪卫星等龙头企业引领带动作用，开展产业链、技术融合应用等方面合作，加快推进数字人全球直播基地、“绵阳一号”星座等项目建设，推动数字产业集群发展，建设西部数字经济示范区。

三是聚力科技创新发展。依托作为中国唯一科技城主城区的辐射带动，推广物联网、数字化等新技术、新产品科研成果转化落地。强化企业主体地位，鼓励以惠科光电、龙华薄膜、富临精工等为代表的科技企业积极开展科技创新，支持企业申报高新技术产业化示范项目。强化政产学研用协同发力，建立多方参与、高效联动的创新创业网络体系，充分释放创新创业潜能，为产业高质量发展注入活力动力。

5. 抓要素，释放社会发展活力

涪城区抢抓省委支持科技城加快发展的重大机遇，加快内部资源整合，强化外部力量的引导催化，紧扣打造成渝地区高质量发展样板区建设，全面激活市场、激活要素、激活主体，使要素资源在城乡之间自由平等流动的态势竞相显现。

一是优化土地配置。涪城区探索宅基地“三权分置”，落实宅基地集体所有权，保障宅基地农户资格权，适度放活宅基地使用权。通过村庄整治、宅基地整理等节约建设用地，支持农村三产融合和新产业新业态，催生并实现乡村产业重构、乡村集体经济组织重构、乡村聚落空间形态重构、乡村治理模式重构。

二是强化资金保障。加大涉农资金整合力度，建立政府引导、社会参与的投融资机制，推动金融资源与生产要素自由结合，加大对新型农业经营主体和重点领域的金融支持。创新涉农保险，完善“政银保担”四位一体新型农业和支持农村发展的担保体系，形成城乡资本相融互动、乡村崛起的财政金融和社会资本支持体制机制。

三是柔性聘用引人才。依托“绵州育才计划”“院士小镇”“企业小镇”招引高端人才，建立“涪城区高层次人才库”；建立区级领导干部联系优秀人才制度，全面做好高端人才的各项服务。支持行业领军人才到农村创新创业，实施“龙头企业+专业技术人员+农户”结对工程，扎实开展现代农业大数据服务等培训。

6. 抓文化，丰富人民精神生活

涪城区在探索共同富裕的过程，将“富脑袋”与“富口袋”相结合，积极推进中华优秀传统文化创造性转化、创新性发展，弘扬革命文化，发展社会主义先进文化，推进文旅融合，打造文化消费新业态。

一是强化文化品牌建设，塑造良好社会风尚。推进具有涪城特色的非遗传承保护发展，持续挖掘和沉淀以优秀传统文化、革命文化、社会主义先进文化、民俗文化、现代文化等为主体的文化体系与内涵，发展地方特色文化，塑造涪城特色文化品牌，丰富人们的精神文化生活，增强人民群众的文化获得感和幸福感。

二是强化文旅融合发展，提高文化产业竞争力。依托三大农业文化主题公园，培育全新文化旅游产业形态，激活文化消费，打造红色、绿色、健康、科技、文化等研学路线，将旅游资源开发与文化建设、教育科技发展、康养体育等融合发展，推动文化产业持续健康发展，新型文化企业、文化业态、文化消费模式不断涌现。

7. 抓农村，推进城乡一体化

涪城区紧紧依托地处城市腹心的区位优势，坚持以城带乡、产城相融，推动城乡居民基本权益平等化、城乡基本公共服务均等化、城乡居民收入均衡化、城乡要素配置合理化、城乡产业发展协同化“五化”联动，形成了具有涪城特色的共同富裕实践路径。

一是发展壮大新型农村集体经济。立足农业产业基础和优势，按照“三年三园三步走”梯次建设农业主题公园的规划，以农科文旅商“五态融合”为主要路径，推动农业产业化、产业园区化、园区公园化。探索政策引导、产业带动、生产服务、租赁经营、入股分红、共建联营等集体经济发展模式。支持供销合作社与村集体经济组织、农民合作社开展合作，拓展联农带农覆盖面，建立城市资源与农村资源有效链接模式。

二是深化城乡融合发展。出台《关于建设全域强区的实施意见》，围绕城乡融合发展、城乡基础设施建设、优质公共服务供给、缩小城乡差距等方面，着力解决辖区内发展不平衡、不充分的问题，从城强乡弱到全域强区迈进、从攻坚农村向城乡并重迈进。在坚持农村攻坚不放松的基础上，聚焦城市主城区的特点和城乡困难群众实际，开展“五润行动”，探索城市困难群众精准帮扶工作路径。

三是推进产业发展融合。推动农村一二三产业深度融合，促进农业全产业链、价值链转型升级，大力发展旅游休闲、健康养生等服务业，建设农业主题公园，推进都市农业发展。根据主体功能划分，加强区域产业布局调整，加快重点乡镇产业功能区建设，加快产业转型升级，形成主导功能明确，产业特色彰显，城乡区域联动的区域化、差异化、融合化、高端化产业发展新格局。

（二）涪城区探索共同富裕实践的推广价值

县域发展关联着城乡差距、地区差距和群体差距，对我国共同富裕事业具有“提纲挈领”的关键作用。我国扎实推动共同富裕必须瞄准县域这个空间，通过消除县域的不平衡不充分发展来实现整体发展的稳定性、持续性和包容性。

1. 培育经济增长新动能建成“科教强区”的地方实践

涪城区依托绵阳科技城主城区的优势，坚持创新在现代化建设全局中的核心地位，从培育壮大创新主体、加强创新平台建设和优化创新创业环境等方面，发挥科技人才和特色产业优势，加快推进“科技+教育+产业”深度融合，建设全省重要的科技创新策源地和产业创新应用场。完善企业技术创新政策支撑体系，支持企业组建创新联合体和创新联盟，鼓励企业承担重大科技项目，促进各类创新资源向优质企业集聚。发挥科技智谷和环西科大两大科技园区组团引领发展，加强源头科技创新资源导入，建立以科技园区“1+X”服务体系为主导，科技孵化器为核心，全链条综合服务为支撑，规范化科技中介机构为桥梁的科技创新服务体系。深度融入成渝地区双城经济圈科技创新中心，全面参与中国西部科学城建设，打造区域协同创新共同体。加强与川渝地区科研院所、高校交流合作，扩展跨省市院地、校地合作，鼓励支持企业建设国家实验室、天府实验室、科技城实验室等。近三年，引进中关村信息谷、科大讯飞等科创项目 119 个，打造了西部科技创新示范区。

2. 形成城乡融合新格局建成“全域强区”的标杆城市

探索城乡融合发展的共同富裕之路，需要破解农村产业发展困境。涪城区连续多年推进“城乡一体化”发展路径，形成了较好的城乡一体发展基础，探索的“全域强区”改革道路成效显著。2021 年，涪城区提出实施“三千工程”、建设“四个强区”发展战略，出台《关于建设全域强区的实施意见》，采取“名校+新校”“名校+乡校”等“1+N”模式，推进城乡集团化办学；创新“5+5 组团式”发展模式，构建医疗共同体，让人民群众在就业、医疗、教育、文化、公共服务、基层治理、困难帮扶等方面有更多更直接的幸福感、获得感和安全感。出台《关于全面推进乡村振兴加快涪城农业农村现代化的实施意见》《实现巩固拓展脱贫攻坚成果同乡村振兴有效衔接重点工作任务清单》等文件，壮大农村集体经济，落实农业投入增长机制，创新各类资本参与产权抵押、保险服务、风险补偿、担保服务、股权投资、社资合作和资金互助的“1+7”多元投融资模式。2021 年投入财政资金 5.43 亿元，实施农田水利建设等乡村振兴项目，创建省、市级乡村振兴先进镇 2 个、示范村 6 个。“全域强区”体现“发展为了人民、发展依靠人民、发展成果由人民共享”，着力解决涪城区域内发展不平衡、不充分问题，为城乡携手共进、共富共美创造了条件，是西部地区探索城乡融合路径的标杆城市。

3. 构建现代产业新体系建成“产业强区”的创新尝试

在产业体系上，涪城区坚持园区承载、集群发展，以新型显示、汽车电子、5G 制造为主导产业，发挥数字经济引领作用，构建“3+1”现代工业体系；以商业贸易为支撑，以科技服务、现代金融、现代物流、电子商务、文化创意、旅游康养为重点，构建“1+6”现代服务业体系；以现代都市农业为发展方向，以精品蚕桑、优质果蔬为主导产业，以“三大农业主题公园”为平台，构建“1+2+3”现代农业体系，推进农业产业化、产业园区化、园区公园化，“绵州记忆”入选第一批国家级夜间文化和旅游消费集聚区。在产业高质量发展上，涪城区以平台思维打通资金、信息、技术和人才等要素流，推进产业集群化和沿链化发展，探索以平台经济模式推动产业发展，建设运营科技创新平台、先进制造平台、城市经济平台、现代农业平台，以产业和产业链聚集助推经济高质量发展。京东、王府井、“涪江环球港”等龙头企业相继入驻涪城。2021 年首次入围赛迪顾问全国百强区，连续两年被省委省政府评为全省县域经济发展强区，成为西部现代产业集聚地的创新尝试。

4. 激发经济社会新活力建成“开放强区”的城市典范

涪城区坚持对内靠改革、对外靠开放，聚焦重点领域和关键环节，积极实施更大范围、更宽领域、更深层次对外开放，全面提升开放型经济发展水平。以市场化改革为方向，坚持系统思维，全面深化改革开放，创新营商环境“三度服务”，从体制机制、服务模式、服务体系上改革创新、形成闭环，纵深推进“放管服”改革，全方位优化营商环境；通过“政府搭台，银企唱戏”，加强涪城区“民营企业护航中心”建设，引导金融机构加大信贷投放，用心、用情、用力服务企业全生命周期，通过改革优化开放发展环境，市场主体活力的激发推动综合实力显著提升。目前，已开展企业家“早餐汇”91 期、银企“鹊桥会”14 次，企业问题化解率高达 91.2%。“三度服务”经验做法入选 2020 年全省法治政府建设创新实践案例，企业家“早餐汇”入选《四川省营商环境指标提升行动经验做法》，并入围赛迪顾问全国百强区。坚持开放理念，深化对外合作水平，积极融入成渝地区双城经济圈、西部大开发、东数西算等重大发展战略，积极对接广东、深圳，甚至国外企业，在高端装备制造、汽车、新材料、节能环保和食品饮料、文旅等重点领域合作，先后引进惠科模组、中关村信息谷、科大讯飞、上海月星“涪江环球港”等重大项目。涪城对内深化市场化改革理念，创新发展方式，对外深化改革和开放合作不断扩大，打造了西部县域经济开放发展的典范。

5. 持续保障民生推动民生事业高质量发展的西部样本

涪城区在推进共同富裕的过程中，坚持以人民为中心，加大民生改善力度，全面增进民生福祉，有效增加优质公共服务供给，更好满足人民群众美好生活向往。涪城区提出“努力让人人都能拥有快乐和美、幸福安康的美好生活；人人都能享有山清水秀、城乡融合的宜居环境；人人都能感受和谐稳定、公平正义的社会良序；人人都能拥有涪聚三江、城纳四海的归属认同，确保全区人民最大程度共享高质量发展成果”。结合涪城城乡困难群众实际，推动形成民生改革“十心行动”，制定涪城区《关于加快推动民生事业高质量发展的实施意见》，统筹规划民生事业发展路径，积极探索逐步走向“共同富裕”的涪城道路。为了巩固农村脱贫攻坚成果，促进城乡融合发展，认真分析和研究城镇困难群众的现状和需求，制定了《涪城区城镇困难群众精准帮扶办法（试行）》，从基本生活保障、就业创业帮扶、改善基本生活条件、加大教育资助力度、强化基本医疗保障等方面，开展“五润行动”，精准帮扶。2021 年，涪城区发放各类社会救助资金 2834 万元，精准帮扶 2307 名城镇困难群众，把涪城区对城市困难群众的精准帮扶得到了中央有关部门的高度认可。

四　涪城区及西部地区探索共同富裕实践的困难与挑战

涪城区创新民生改革的“十心行动”和“五润行动”，推动民生工作从零散化、碎片化、分割化向系统化、集成化、联动化转变，推动民生事业高质量发展，是涪城区深入学习贯彻中央精神、结合涪城区实际，探索出了西部地区实现共同富裕的生动实践和样本。但是，看到成绩的同时，我们必须清醒认识到，我国经济社会刚刚进入高质量发展阶段，全面深化改革进入深水区，因此，无论是涪城区、绵阳市，还是全国层面，在推进过程中，机制体制、城乡融合等方面还存在现实困难与挑战。

（一）涪城区探索共同富裕面临的困难

1. 政策保障体系有待健全

一是园区管理机制尚需完善。涪城区现有的产业园区存在发展不均衡、总体“小”且“散”的情况；部分园区建制不健全，无专门管理机构和专职管理人员。园区发展未能纳入省市园区体系统一管理，缺乏对总体战略的具体布局规划。园区运行管理体制不畅，存在“镇园”磨合问题，部分园区公共服务体系、招商、产业准入、资金使用等机制尚需明确。

二是城乡融合机制尚需完善。现行乡村发展体制机制尚不能有效契合城乡融合对体制机制配套的要求；在壮大农村集体经济改革过程中，存在部分农民群众不愿改革、不愿创新，乡镇、村干部在推进改革、推动创新遇到的阻力较大，区级层面改革勇气不足，创新力度不够，未能形成有效的改革措施。

2. 城乡融合有待深化

涪城区在教育、医疗、社会保障方面的投入得到了很大的提高，但也存在一些比较突出的问题，城乡公共服务体系发展不均衡，界限明显。

一是城乡规划滞后。涪城区规划偏重于城区规划，镇规划和中心村的规划没得到应有的重视，规划编制工作滞后；各镇规划不统一、水平低，全区统筹力度不够，没有形成系统科学的镇规划编制体系，部分镇的规划编制无法得到市级规划部门认可。市级规划部门重视城市规划区范围内的规划，乡村规划缺乏力量，城乡规划“两张皮”现象比较严重。

二是城乡产业融合不足。一三产业之间、产业与城市之间的融合度不深。农业“零、散、小”，优质特色产业不突出，产品质量不高，产能不足；产品供给结构不合理，质优价低现象依然存在；农业品牌不响亮且数量较少。乡村休闲旅游产业、“互联网+现代农业”等新业态发展滞后、开发不足，新型经营主体引领作用不明显，没有形成规模效应。

三是城乡公共服务发展不均衡。城乡教育资源分配不均，教育教学质量发展不均衡；城乡基本医疗卫生服务在财政投入、医疗水平、设施设备上差距甚大。农村社会保障水平明显低于城市，公共文化服务体系相对单薄，服务方式单一，配套设备、财政投入、文化活动组织开展水平等远低于城市。乡镇高等级公路占比低，公交线路班次和密度相对不足，与城区差距较大。

四是城乡生态融合不到位。农村缺乏生态规划，城市田园化、乡村公园化尚未破题，生态文明发展理念不强。乡村自然生态缺乏有意识的保护，在村庄布局、生态环境、文化保护等方面存在相当大的改善空间。小水道污染治理力度不够，面源污染尚未完全解决，河道生态功能薄弱。

3. 精神文化生活有待丰富

涪城区精神文化生活“缺不缺、够不够”问题总体上得到解决，“好不好、精不精”问题越来越凸显。

一是文化产品传承与发展系统化有待提升。涪城的部分传统文化和非物质文化遗产项目出现因缺乏继承人发展困难；部分传承人或企业盲目建设零散的、不成体系的文化基地或品牌，导致资源分散，未形成完整系统的文化产业。

二是文化产品供应与吸引力有待提升。涪城区文化产品丰富多元，但文化产品质量不高，价值引领力未完全体现；没有形成有规划、有体系的传播生态链，内容感染力有限。政府提供的文化服务内容相对雷同，出现浪费现象，无法满足群众需求。学习科学文化知识以及提升道德情操水平的途径相对匮乏，有的“村规民约”生搬硬套，不易记诵，缺少有效监督约束机制，效果不佳。

三是文化产品宣传与影响力有待提升。部分文化产品传播力度不够，受众范围不够广，人气不旺、吸引力不强，参与率过低；群众不知道有文化阵地，阵地利用率不高；少数文化宣传与传播工作存在图热闹、讲场面和走过场的现象。

4. 要素配置与流动有待优化

涪城区要素跨企业、跨产业和跨区域流动不通畅和配置范围有限，导致其难以流向生产率较高的企业、行业或市场，极大地影响了创新要素配置效率。

一是用地制约因素突出。在引进一些规模较大、效益较好的现代农业产业化项目方面，因缺乏一般农用地和集体建设用地指标，往往难以顺利快速落地实施。农村土地市场运行机制不完善，土地流转和交易规模不大；“三权分置”的土地改革滞后，宅基地、双挂钩改革缓慢。

二是农业发展资金投入不足。涪城区享受上级财政支持偏少，向上争取压力加大，对现代农业发展投入不足；农业产业融资难、融资贵的问题仍然突出，农业作为弱势产业对社会资本吸附力不够，社会资本参与乡村发展的条件不充分、效益不明显。

三是专业性人才缺乏。作为中国唯一科技城，涪城区的高水平科技人才供应不足，引进培育力度与政策仍需优化；同时农业农村发展的劳动力尤其是专业性农业人才极其缺乏，缺少对农业专业人才的有效激励机制与政策。

5. 基层社会治理能力有待提升

涪城区探索的“五步工作法”“四轮驱动”等破解了基层社会治理的难题，但在目前的社区治理中仍存在一些基础性的问题有待解决，如居民参与性不高、风险治理能力不足等。

一是治理方式创新不足。工作中行政干预手段过多，硬性规定办法过多，缺乏与人民群众交流沟通的载体和机制，“疏堵结合”效果欠佳。政策制度考虑群众需求少，导致有的制度形同虚设，无法落实。缺乏足够的服务意识，服务机制没有完全跟上；基层社会治理的体制机制尚不健全，职责权限划分模糊，存在个别部门推诿扯皮现象。

二是三治协同融合不够。社区“行政化”倾向严重，部分党群活动中心，只有“党”、没有“群”；功能集成“形式化”，各自为政现象明显。基层群众自治组织抓自我服务、自我教育、自我监督的形式和内容不够丰富，自治属性体现不充分。个别社区治理工作中法治意识和能力不足，传统观念还根深蒂固；德治教化举措不丰富。

三是多元主体参与深度广度不够。党组织作用发挥不充分，小区缺乏阵地，居民参与基层治理的积极性、主动性、创造性不足；推动市场主体和社会力量共同参与基层治理的举措不够，缺乏社会治理参与奖励机制。多数社区集体经济不发达或者没有，社区造血功能薄弱，对上级财政资金依赖度高。

四是矛盾纠纷化解机制有待完善。农村纪检监察队伍专业性不强，有待强化；解决新的利益群体的新诉求缺乏制度规范和实践经验。涉法涉诉、征地拆迁、安置补偿、环境污染等问题不断增多，社区工作立法滞后，政府治理过度依赖行政手段，社区协商与自治能力不强，服务水平有待提升。

（二）我国西部地区探索共同富裕面临的挑战

作为全国改革发展相对滞后的西部地区，经济社会发展的结构性矛盾依然突出，推进共同富裕面临比东部改革发展发达地区更多的挑战。

1. 脱贫攻坚成果有待巩固

西部地区由于经济脆弱性与不确定性、资源环境先天不足、内生发展动力不够等问题，游离于贫困边缘的群体占有一定比例，受地区资源、教育设施、自身条件等影响，其收入来源和财产相对薄弱，返贫的可能性较大，容易成为共同富裕道路上的短板。2021 年 6 月正式实施乡村振兴法，乡村振兴机制和相对贫困治理机制还处于研究摸索中，很多体制机制尚未完全建立，可能会存在支持不足的情况。

2. **经济基础有待强化**

一是西部整体经济发展水平不高。受地理位置、资源禀赋、公共基础设施、人才储备、历史文化等因素影响，西部地区经济发展相对落后，人均 GDP 相当于全国平均水平的 2/3，不到东部地区的 40%；近年来东西部城镇居民收入差距扩大了 167 倍，而农村居民收入差距扩大了 176 倍。经济发展水平的落后致使西部地区实现共同富裕的物质基础薄弱，限制了向更高层次发展。

二是西部地区产业发展优势不突出。部分西部地区很难吸引技术、人才、资本，导致产业发展缓慢，难以形成地区优势产业。当前产业依然以低附加值的制造业为主，升级转型偏慢，相比较发达地区经济发展水平较为落后。

3. **发展不平衡问题依然存在**

一是区域发展不平衡。西南地区发展情况好于西北地区，四川、陕西、重庆、云南和广西 5 省总面积占西部 12 省的 20%，而经济总量占比达 64%；内蒙古、甘肃、青海和宁夏等地区经济总量在西部整体中的占比持续下降；区域人口向中心城市、发达区域流动的趋势增强，西南、西北分化态势更为显著。产业转型升级、优势特色产业培育等发展缓慢，经济发展省会城市一家独大，老少边穷地区面临极大挑战（见图 1）。

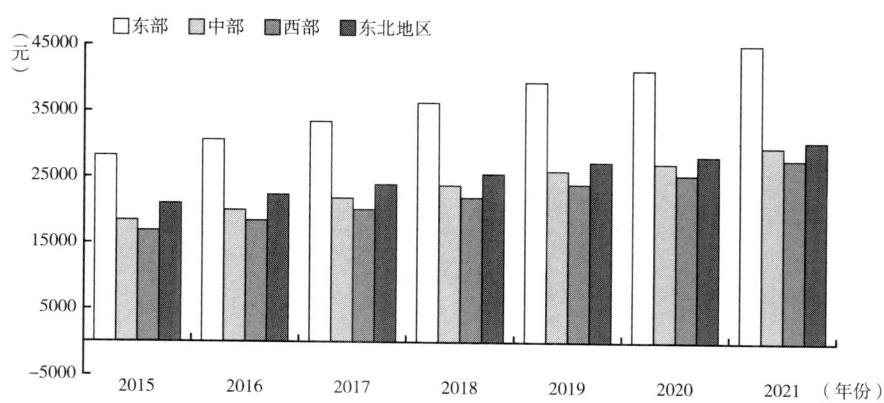

图 1　2015~2021 年东部、中部、西部和东北地区人均可支配收入情况

资料来源：根据国家统计局公布数据整理。

二是城乡发展存在差距。受城乡二元结构影响，城镇化过程中对城市的关注多于农村，城乡发展不平衡已经是一个普遍问题，且城乡差距还在不断扩大。所以在推进共同富裕的过程中，必须将农村发展放在至关重要的位置（见图2）。

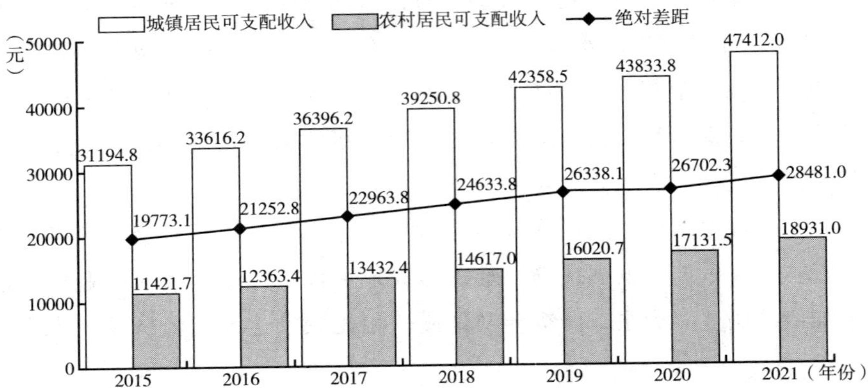

图2　2015~2021年城乡居民人均可支配收入情况

资料来源：根据国家统计局公布数据整理。

4. 公共服务资源配置不均衡

受经济发展水平和区域、城乡发展不平衡的影响，西部地区公共服务资源配置也存在内部不平衡和区域不平衡的问题。

一是义务教育发展失衡。西部地区的教育在城乡、区域、学校之间的办学条件差距仍然明显，主要体现在生均教学设备仪器拥有数量、图书藏量、校舍面积、运动场地等方面。偏远地区学校虽然建筑与校舍面积够用，但是师资队伍老化、教学现代化手段匮乏，导致教学质量水平明显偏低（见表1）。

表1　2019年城乡生均家庭教育支出

项目	城镇(元)	农村(元)	城乡比
全国生均家庭教育支出	10938	4595	2.38
学　前	8517	3467	2.45
小　学	8680	2866	3.03
初　中	11331	4780	2.37
普通高中	19836	12880	1.54
中　职	10211	9315	1.10

二是社会保障水平有差距。区域内国有企业和事业单位的社会保障基本实现全员覆盖，但非公有制企业社会保险仍然存在漏洞。省会城市和经济条件相对较好的地区的社会保障水平相对较高，保障体系全面且劳动者参保意识强烈；经济落后地区社保体系不健全且居民参保意愿不强。

三是基本医疗服务城乡差距有待缩小。城乡和区域内医疗卫生资源分布不均，农村医疗设施配置落后，卫生人员医疗技术水平较低。基层医疗机构服务能力不高且利用不足，大型医院人满为患与基层医疗资源未充分利用的现象并存（见表2）。

表2　2020年东西部地区城乡基本医疗差距

单位：人，张

项目	每千人口卫生技术人员			每千人口医疗卫生机构床位		
	农村	城市	城乡比	农村	城市	城乡比
全　国	11.46	5.18	2.21	8.81	4.95	1.77
江　苏	10.26	6.61	1.55	8.09	5.44	1.48
贵　州	12.18	4.86	2.50	10.79	4.86	2.22

资料来源：国家医疗保障局：《2020年全国医疗保障事业发展统计公报》。

四是生态资源价值实现受阻。西部地区生态资源丰富，但受发展理念、发展方式与政策等各方面的影响，尚未完全打通生态资源转化通道，也未建立完善的生态资源产权制度和开发制度，资源价值未完全挖掘。

五是精神文化生活有待提高。西部地区文化产品与资源价值尚未完全挖掘，也没有形成标准化、规范化、规模化的文化品牌，高质量文化产业和高品质公共文化服务体系有待完善，以满足人民群众的精神文化生活。

5. 体制机制尚需完善

一是系统集成改革力度不够。西部在全面深化改革的过程中，大胆探索的主动性和力度不够，在融、跨、链、扩等方面的制度创新和改革不充分，产业创新、社会治理等多方面的多部门、跨领域、跨区域、跨行业全要素统筹联动机制不健全，改革的紧密连接、协同配套、梯次接续等仍需强化，系统集成改革力度不够，影响西部地区高质量发展的推进。

二是要素流动机制不畅。由于资源禀赋、政策制度、科技创新水平、劳动力素质以及市场化程度等方面存在较大差异，再加上城乡二元结构影响，"人""财""地"要素更偏向于向城市和经济发达地区流动，导致西部地区区域与城乡长期面临着发展不平衡不充分的问题。

三是市场化机制有待健全。受政策和发展理念影响，部分地方尚未建立健全的市场经济制度，在市场准入、公平竞争等方面缺少保障，影响了市场经济的公平有序，影响国内统一大市场形成，影响要素合理流动。

四是收入分配制度有待完善。在城乡户籍制度影响下，就业过程中农村工资待遇与福利保障受到了不公平待遇，技术、资本、知识、数据等在初次分配中的地位未得到体现和有效保护。第三次分配制度与体系尚未完全确立，极大地影响了其在收入分配中的作用与影响力。

6. 共同富裕认识有待提高

新时代的共同富裕实践引起了人民群众的高度关注，但仍有部分群众对共同富裕的认知存在片面性。将共同富裕的内涵狭隘地等同于物质富裕，缺少对文化、生态和社会制度等方面关注，片面理解共同富裕的领域；将共同富裕教条地理解为共同均等的富裕，缺少对共同富裕程度的准确理解；将共同富裕视为触手可及之物，忽略了共同富裕实现的现实基础；将共同富裕视为可望而不可即的乌托邦，过度夸大了共同富裕实现的难度。这是扎实推进共同富裕过程中要解决的观念问题，只有形成共识，才能聚成合力。

五　对涪城区及西部地区探索共同富裕实践的建议

涪城区在探索共同富裕实践中的主要做法、实践价值及遇到的问题与挑战等都具有典型性，其经验与启示对于推进我国西部地区探索共同富裕也具有一定的参考价值与意义。本部分从涪城区和西部地区两个层面，探讨进一步推进共同富裕的对策与建议。

（一）对涪城区探索共同富裕的政策建议

未来，涪城区要充分贯彻落实好党的二十大精神，结合新时代发展主题，用好改革这个关键一招，充分发挥市场在资源配置中的决定性作用，全面贯彻新发展理念，加快建设现代化经济体系，深入实施民生事业高质量发展，加快探索西部地区共同富裕的涪城路径。

1. 进一步深化使命担当意识

一是坚持党建统领，把牢共同富裕的正确政治方向。全面对标习近平总书记的重要讲话精神，充分发挥党总揽全局、协调各方的作用，在打造社会治理共同体、确立协商合意、保护困难群体、构建治理合作关系等方面发挥好党组织的引领作用，稳步推进全体人民在共建共享中实现共同富裕。

二是深化责任意识，争创共同富裕示范区。积极争取在国家发改委、四川省等指导下，探索共同富裕的“涪城经验”，高水平打造西部地区共同富裕样本，争取创建“四川省共同富裕试验区”区级改革试点，并争创国家级共同富裕的试点、试验区、示范区。

三是深化使命担当意识，坚定推进共同富裕的信心与决心。涪城区委、区政府要坚定改革开放再出发的信心和决心，敢于突破创新，勇于冲破思想观念的障碍和利益固化的藩篱，在体制机制与政策法规层面再进一步突破。

四是继续真抓实干，求真务实出成果。涪城区委区政府要把谋事和谋势、谋当下和谋长远统一起来，紧盯目标任务，梳理推进共同富裕的任务清单和责任清单，推动全区产业高质量发展，着力在先进制造业、科技创新产业、现代服务业、民生等方面，突破创新，推进全体人民走向更高质量、更有活力、充分体现社会主义优越性的共同富裕。

2. 进一步推进全面深化改革

一是聚焦改革的系统集成和协同高效。涪城区要继续坚持以系统性思维推进共同富裕，注重顶层设计和整体谋划，使各项政策相互配合、相互促进、相得益彰。一方面，要继续深化系统集成改革的深度与广度，确保系统集成改革带来的规模效应，继续推动产业高质量发展和民生事业高质量发展；另一方面，要拓展集成改革领域，探索政策集成改革、文化集成创新等，充分整合资源要素，推动协同高效发展。

二是重视市场化在改革中的重要作用。党的二十大报告指出，“必须完整、准确、全面贯彻新发展理念，坚持社会主义市场经济改革方向”，“完善产权保护、市场准入、公平竞争、社会信用等市场经济基础制度，优化营商环境”。涪城区要深化“政府创造平台、市场运营平台、企业融入平台”的平台思维，深化“平台经济”发展模式，继续深化市场化改革，破除阻碍要素自由流动的体制机制障碍，完善产权保护制度、市场准入制度、公平竞争制度和社会信用制度，实现资源配置方式优化和创新。要鼓励引导民营经济发展，深化“放管服”改革，深入推进优化营商环境的“三度服务”；支持各类市场主体积极参与到民生保障、乡村振兴、文化建设等领域，释放市场潜力、激发创新活力，为经济社会高质量发展注入动力。

三是重视要素市场化配置综合改革。党的二十大报告指出，要“深化要素市场化改革，建设高标准市场体系”。涪城区要积极主动开展要素配置市场化改革，探索要素跨城乡、跨区域、跨行业高效有序流动、科学合理配置的路径，提升协同配置效率，提升要素集成创新能力。针对传统要素，要破除体制机制障碍，高效利用，提高配置效率；要优化产业用地供应方式，盘活存量用地；畅通人才和劳动力的流动渠道。针对新型要素，要加强制度建设，创新利用，开拓市场空间；要健全科技成果转化制度和激励机制，充分发挥技术的经济价值和社会价值；从数据确权、数据交易、数据安全保护等方面加快制度确立，完善数据要素竞争规则。

四是创新投融资模式，实现经济多元投入。涪城区要深入探索“政府引导、市场运作、企业经营”模式，加快构建“1+7”多元投入模式，创新乡村振兴投融资方式，发挥农业农村发展平台公司优势，统筹整合各级涉农资金，鼓励和引导社会资本进入农村发展，引导金融机构加强对农村地区的信贷投放，大力盘活存量，积极扩大增量。

3. 进一步结合时代发展主题

涪城区在探索共同富裕的实践中，要充分融入时代发展大局和区域发展大局中，有效结合新时代国家发展“重大主题”和区域发展“重点主题”，抓住发展机遇，融入优势发展平台，深入推进共同富裕。

一是结合智能化革命，发挥好技术的作用。结合党的二十大精神，“支持专精特新企业发展，推动制造业高端化、智能化、绿色化发展”，同时依托涪城区在5G、人工智能和通信等方面的优势，利用智能技术引领产业创新和服务创新，推动经济高质量发展和社会治理能力提高。加快产业数字化和数字产业化转型，推进数字经济发展，加快数据要素不断融入工业制造、现代农业和服务业等领域，打造“数字农业”“数字文创”等新产业，促进智慧交通、智慧医疗、智慧物流等多业态融合发展，赋能传统产业转型升级，持续释放数字经济的活力，构筑良性数字生态体系。

二是结合“双循环”，推进经济高质量发展。涪城区要依托“成渝地区双城经济圈”“东数西算”等国家重大战略，做优区域协同发展，发挥科技城主城区在5G、人工智能等战略性新产业的优势，构建高质量区域产业集群，推动战略性新兴产业融合集群发展。打造国内循环与国际循环兼备的高新技术产业链体系，并通过“一带一路”扩大高水平对外开放，实现国内循环与国际循环的有机结合。

三是坚持以人为本，推进民生事业高质量发展，满足人民对美好生活的向往。涪城区要深入推进“十心行动”“五润行动”，围绕城乡融合、优质公共服务供给、缩小城乡差距等，全力推动基本民生向品质民生转变，做到在高质量发展中高质量保障和改善民生，实现民生工作向促进人的全面发展和社会全面进步转变。

四是把文化自信作为持久精神力量，打造文化产业新高地。以“欧阳修文化”为核心，打造集中华优秀文化、革命文化、社会主义先进文化和科技文化于一体的文化体系，充分挖掘文化内涵与精神价值，发挥文化“强精神”“润心灵”的作用，践行社会主义核心价值观。加强文化产业培育和升级发展，塑造城市历史文化、红色文化、科技文化品牌体系，引导文化科技创新赋能经济发展，推进文化事业和文化产业大发展大繁荣。

五是坚持绿色发展，推进生态文明建设。涪城区要以“双碳”目标为引领，加快构建绿色低碳产业发展技术创新体系，推进产业绿色低碳化发展。利用高新技术优势，发展循环经济，推进清洁生产，统筹做好“减法”和“加法”，推广使用绿色产品，提高能源清洁高效利用率，优化能源消费结构，协同推进节能减排、减污降碳。培育绿色产业，加快建设绿色低碳园区、绿色低碳工厂，培育绿色现代产业集群。

4. 进一步深化城乡融合发展

一是坚持基本公共服务供给“质”“量”协同。涪城区要进一步提升农村基本公共服务水平，兼顾数量和质量，满足农民的现代化、多样化、层次化需求。整合城乡公共服务资源，优化资源配置，教育方面依托“大学区”和集团化办学、医疗方面依托“5+5”医共体，将优质资源进一步向农村倾斜。改善农村办学条件，发展农村学前教育，推动教师轮岗制，实现教育资源均等化。

二是加快推进城乡生态融合。涪城区要加大城乡生态规划，打造生态经济示范点、生态建设示范基地、丰富生态产品，开发公众休闲、旅游观光、生态康养服务和产品，建立生态产品价值市场化实现机制。打造不同特色、具有优秀传统文化的公园化新农村，建设美丽宜居乡村，加快补齐农村人居环境突出短板。

三是激活农村内生动力。涪城区要进一步强化保障激励，在项目、资金、技术等方面提供支撑，鼓励支持贫困群众创业增收，制定贫困户产业发展扶持办法；加强贫困户的教育动员，鼓励支持他们主动参与到产业发展中去，调动贫困户积极发展种养殖产业，拓宽贫困户增收渠道，夯实增收基础。

5. 进一步推动农业现代化发展

一是深化农业农村改革，激活农业发展要素。党的二十大报告指出，要“坚持城乡融合发展，畅通城乡要素流动”。涪城区要深入推进农村土地制度改革、农村集体产权制度改革和农村金融改革，落实宅基地所有权、资格权、使用权“三权分置”政策，适度放活宅基地使用权，加快推进集体经营性资产股份合作制改革，推动资源变资产、资金变股金、农民变股民。

二是坚持发展壮大农村集体经济。统筹做好“市场化改革+集体经济”“宅基地改革+乡村建设”“数字化改革+强村富民”，促进农科文旅商“五态融合”，大力发展特色优势产业，乡村数字经济，通过新型集体经济组织延长农业产业链，抱团发展农村集体经济。鼓励新型经营主体、村集体经济组织以二次分红的模式，为农民提供较稳定的产业收益。加大对龙头企业的扶持力度，充分发挥新型经营主体的市场主体地位和农民专合社示范社、家庭农场示范场的带动示范作用。出台村集体组织发展奖补政策，支持村集体组织带领群众发展产业，并在税收、用地等方面给予政策支持。

6. 进一步提高社会治理能力

从涪城区社会治理的全过程来看，多元主体参与是重心，风险治理是底线，服务优化是关键，智慧化建设是运行保障。

一是调动多元主体参与社会治理。要激发人民群众的主体意识和参与意识，引导社会各方面力量共同参与，通过召开联席会议、定期协商议事、加强日常沟通等方式，增强各方面的统筹协调和协作配合，形成政府主导、市场调节、社会参与、居民自治的“多元主体共治”模式。

二是创新基层社会治理服务机制。要继续做好“党群暖心驿站”，突出科技化和高效化特点，努力构建10分钟服务圈。严格落实社区减负相关规定，强化社区公共服务事项准入执行力，规范社区工作事项，真正还自治权给社区，实现“居民自治”的归位。

三是创新基层社会治理矛盾化解机制。要进一步优化“1+3”公调对接模式，注重预防，科学化解，依托道德讲堂、文明城市建设、“3.15”消费者权益日等活动节点，常态化开展德治和法治宣教活动，提高老百姓的道德修养和法治意识，夯实基层治理体系建设。

7. **进一步促进人才驱动发展**

坚持科技自立自强、人才引领驱动，全面贯彻新时代人才工作新理念新战略新举措，把高端创新人才作为第一生产力，坚持培养与引进并重，注重人才激励机制，营造更好人才发展生态，造就一支高端人才密集、结构素质优良、竞争优势凸显的创新人才队伍。

一是加强高端创新人才的引进。构建灵活多样的创新型高精尖人才引进和管理机制，畅通人才流动的渠道，用好涪城人才发展专项资金，落实好物质奖励与精神奖励并重的制度。加强与国内外名校名院名企战略合作，重点引进一批科技领军型人才、专家团队。要依托“院士小镇”和“企业小镇”吸引更多知识型、实用型、创新型高端人才流入。营造良好科学氛围和重才氛围，将科学研究、基础设施、文化建设等都融入人才保障环境建设中，加强人才创新团队建设，支持企业建设更多国家级、省级科技创新平台。

二是加强产业科技人才的培养。通过政策环境优化、搭建高质量创新平台以及开展广泛科技合作，推进科技企业发展，带动培养创新型人才和科技创新团队。探索建立产教融合、校企合作的人才培养模式，大力培养新型技能人才。瞄准产业创新重点领域，研究制定产业技术领域紧缺专业人才培养目录。

三是畅通高水平人才的流动渠道。健全城市科技人员支援农村发展的激励机制，落实新型职业农民培育行动，落实配套政策措施，全面建立新型职业农民制度。构建乡村人才流入留住机制，吸引乡村人才返乡创业，落实返乡人员创业补贴等政策。制定有针对性的培训计划，重点开展农村劳动力技能培训。

（二）对西部地区探索共同富裕的政策建议

1. 推进经济高质量发展，夯实共同富裕的物质基础

党的二十大报告指出，未来五年，“经济高质量发展取得新突破，科技自立自强能力显著提升，构建新发展格局和建设现代化经济体系取得重大进展”，它要求西部地区必须从科技创新入手，通过构建现代经济体系推动经济高质量发展，为共同富裕提供坚实的特质基础。

一是提高自主创新能力。西部地区要通过税收减免、知识产权保护、增加研发资金投入等政策，加大对高新技术企业的扶持力度，引导激励企业加大研发投入，营造良好的科技创新环境。企业要坚持创新驱动，夯实发展的科技支撑基础，加快创新驱动步伐，推动科技成果转化，不断增强企业竞争力。充分发挥后发优势，强化已有科学技术的应用推广，加大相关产业、领域的科技研发投入，提高自主创新能力，缩小与中东部地区及城乡之间的发展差距。

二是完善社会主义市场经济体系。西部地区的市场化改革程度还不充分，需要进一步强化。一方面要完善相关制度机制，健全以公平为原则的产权保护制度，落实公平竞争审查制度，完善科技人才发现、培养和激励机制。另一方面要完善要素市场化配置，主要是在金融、科技、数据等方面健全制度规则，实现要素价格市场决定、流动自主有序、配置高效公平。

三是抓住机遇深化开放合作。借助西部大开发、“东数西算”、“一带一路”等国家重大发展政策支持，加强与东中部地区联动，通过对外开放引进高技术、人才、资金，拓展产业和项目合作空间，实现高质量发展；积极发展自贸区、保税区以及蓉欧快铁、中欧班列等，构建国内国际物流大通道，让边疆地区和偏远城市在国际区域合作赢得更多机遇。

四是做强民营经济。要充分激发市场主体活力，坚决破除市场中各种不合理门槛和限制，完善法律体系和优化营商环境，构建公平有序的竞争环境，鼓励、支持、引导其快速健康发展，推动民营经济实现新的飞跃。深化“放管服”改革，营造清新爽朗的营商环境，健全企业家参与涉企政策制定机制，保证企业充分参与，让涉企政策更为精准有效。

五是做大数字经济。西部地区要充分借助“东数西算”，加快数字产业布局，促进数字技术与产业融合，大力改革创新，推进产业数字化和数字产业化。建立健全数字经济发展的政策环境，加快发展科技服务，软件与信息服务、现代物流、金融服务等能力提升，构建现代化产业体系，全方位、深层次推动经济发展动力变革、效率变革、质量变革，为西部地区经济高质量发展提供动力。

2. 深化收入分配制度改革，多渠道增加城乡居民收入

党的二十大报告指出，“分配制度是促进共同富裕的基础性制度”。共同富裕是全体人民的富裕，必须完善分配制度改革，多渠道增加城乡居民收入，并缩小差距。

一是加大西部地区财政支持力度。要加大对西部地区的财政转移支付力度，尤其是当前经济发展水平落后、内生发展动力较差的地区，以及农村；同时给予经济薄弱地区一定的税收返还补助。探索加快税收结构变革，探索建立根据家庭负担情况相应减免征收的税收形式。

二是拓宽农村居民增收渠道。要盘活农村资源，积极推动土地要素产权制度改革，建立健全要素产权交易流转市场，完善征地补偿机制，最大限度地保障农民权益。培育壮大农村集体经济新优势，培育农村集体产业，引导市场主体参与农村经济发展，多渠道促进农民增收致富，实现城乡共同富裕。

三是完善个人所得税制度。地方政府要相应免除弱势群体、减轻工薪阶层低收入者的征税，多方面强化对高收入者个税征收管理与监管稽查，将信息管理系统多角度地应用在对高收入者收入来源定时定期监控。

四是探索制定民间慈善组织健康发展机制。要加大力度推进民间慈善组织和社会组织更快地发展，加强与东中部地区的交流。要充分尊重民间慈善组织的自主性与创造性，为其构建良好宽松的发展环境，并对具体项目和活动予以一定的支持，增强组织的可持续发展能力。

3. 缩小城乡区域发展差距，实现公共服务优质共享

一是重视县域经济的发展。县域是城市和农村的耦合节点。要将城镇公路、铁路、公交客运等基础设施延伸至周边农村，实现城乡交通无限对接，促进县城和周边乡村之间的要素流通畅行。在资源区位条件相对较好的县域，布局培育产业园区，构建集约化产业经济增长点，打造县域特色龙头企业产业，造就一批农业发展强、工业动力足、辐射能力强的高质量发展强县。

二是保障基础教育公平。要创新教育资源供给方式，充分利用数字信息技术，创造具有个性化、智能化、精准化的知识内容共享服务。探索构建教师智力共享机制，通过在线教育、教师交流、教师轮换等方式，实现跨区域教育资源共享。

三是推动优质医疗资源均衡分布。构建覆盖城乡居民的公共服务卫生体系，保障群众的安全健康。探索提升因病致贫精准救助机制，建立救助系统，构建电子信息档案，实现救助信息共享，最大程度保障救助对象的医疗费用报销与结算。

四是完善就业服务体系。鼓励和支持大众自主创业就业，完善落实就业创业扶持政策，推进众创空间、创业孵化基地等平台建设。完善职业教育、技工教育体系、农民专业技能培训等，完善终身学习体系，建立终身职业技能培训体系。

4. 打造新时代文化高地，丰富人民精神文化生活

一是充分挖掘文化内涵与要素。西部地域广泛，具有丰富的特色文化，要充分挖掘中华优秀传统文化、革命文化和社会主义先进文化的内涵；将自然资源景观与特色人文景观相结合，打造区域性具有影响力的特色文化品牌，创建文化产业和文化体系，借助文化创造经济价值，将经济建设与精神文明建设相统一，推进共同富裕。

二是激发文化产业创新能力。党的二十大报告指出，要“实施国家文化数字化战略，健全现代公共文化服务体系，创新实施文化惠民工程”。所以要创新更多的文化产品和产业发展场景，借助新技术赋能文化产业，做活“数字+文创”，提升文化产业内容创新，提高文化产品的质量与品格，推动文化产业高质量发展，满足人民群众对各类文化产品的需求。

三是完善文化产业市场体系。借助“一带一路”等机遇，强化东中西部跨区协作，优势互补，实现文化市场跨区域协同发展。鼓励支持重点文化企业发展，培育一批具有核心竞争力的文化企业。完善文化监管机制，鼓励创作更多人们喜闻乐见的优秀文化作品。

5. 践行“绿水青山就是金山银山”理念，打造美丽宜居的生活环境

一是深化绿色生态理念。西部地区很多生态资源保护对国家发展具有深远影响，必须深化对习近平总书记提出的“两山”理论的认识，巩固国家生态安全屏障、保护生物多样性，大力宣传和推进生态文明教育，确保“一江清水向东流”。

二是打通“绿水青山就是金山银山”这一通道。瞄准国内外市场消费新趋向，依托“互联网+技术”，探索蓝天、碧水、净土自然风光与民族、区域、文化特色相融相向的开发机制，制定激励清单和限制清单，实现经济、社会与生态效益相统一。

三是完善生态补偿机制。在制度和法律层面明确生态补偿主体、客体、补偿内容及激励约束机制，在区域内、区域间形成生态补偿大格局。探索并推广三江源国家公园“六位一体”的生态管护模式，实现生态补偿多元化、市场化、协同化，实现生态资源价值转化。

6. 实施乡村振兴战略，突破实现共同富裕的重点领域

一是促进农村产业兴旺。首先要发展特色农业。西部地区要发挥农村在自然资源、政策和文化等方面的优势，体现少数民族与边疆特色，实施特色种养业提升行动；完善全产业链支持措施，引导农产品流通企业、电商、批发市场与特色农产品精准对接。其次要强化特色品牌宣传。政府要对有机、生态、绿色农产品的商标申请给予大力支持，把资源优势转化为产业优势。利用线上线下全媒体平台加强推介乡土特色产品，提高产品的知名度与影响力。最后要建立农村产业集群。把特色性与专业性相结合，把科技创新与特色制造联系起来，以现代化的生产组织管理方式，提高优势产业和特色产业聚集度，形成规模效应。

二是构建农村集体经济组织。完善新型农村集体经济组织内部治理结构，健全村民大会、理事会、监事会等机构，推进各方利益相互制衡、相互监督、相互制约。提高农民参与意识，规范村民大会制度，加强管理型人才的引进培训及乡土技术型人才的回归反哺，提高农村集体经济的经营管理和生产发展能力。

三是推动乡风文明建设。依托西部的特色文化和乡风民俗，弘扬传统美德，展现淳朴民风，亮化乡村文明之底色，营造和美浓厚之乡风。以社会主义核心价值观统领乡村文化建设，以教育宣传、引导激励、文化浸润等方式影响农民思想观念；利用电视广播、微信群等新媒体宣传引导，丰富农民的精神文化生活。

7. 提升基层社会治理能力，构建舒心安心放心的社会环境

一是坚持党建统领，夯实治理基础。要坚决补齐基层党组织领导在基层治理过程中的各项短板，把基层党组织建设成为坚强的战斗堡垒。完善基层自治制度和民族区域自治制度，坚持村委会的主导地位，坚持自我教育、自我服务、自我管理的原则，坚持以人民中心，尊重人民群众的主体地位，构建健全、制度化的基层治理框架。

二是健全基层社区管理服务平台。建立健全社区服务创新机制，准确把握社会成员的切身诉求，为居民提供精准化、精细化的社会服务。推进审批权限向基层延伸，通过基层服务管理平台，构建养老托育、扶残助残、医疗卫生、家政服务、物流商超、治安执法等便民服务场景有机集成和精准对接，构建网格化便民服务管理机制。

三是提高基层治理的法治化能力与水平。要教育引导基层党员和领导干部增强法治观念，提高运用法治思维和法治方式开展工作和解决问题的能力。要把良法善治的要求贯穿到基层治理的全过程和各方面，为夯实国家治理根基提供可靠的法治保障。将严格规范公正文明执法在基层落地落细，用法治给行政权力定规矩、划界限，提高依法行政水平；推行“互联网+法治”，建立完善公正透明的司法保障体制机制，加强司法监督，促进基层法治建设，维护社会公平正义。

四是引导社会力量参与基层治理。要建立健全各种力量参与基层治理的规范化运行的协同机制，充分发挥政府、社会、市场的优势、实现基层社会有效治理。支持和发展社会力量服务机构，搭建社会力量服务平台，构建基层自治组织与社会力量的联动机制，健全服务体系。健全基层民主协商制度和多元协商议事机制，加强监管，提高社会治理的社会化、法治化与专业化水平。

加快补齐区域发展短板、推进西部地区走共同富裕的道路，就要着力推进西部地区产业振兴、提高资源利用效率、构建乡村混合经济体和加大开放力度，要不断改革收入分配机制、创新城乡联动模式、完善社会保障服务体系和加强生态文明建设，不断缩小与东中部地区的差距，最终真正实现全体人民共同富裕。

报告执笔：张　静（北京邮电大学马克思主义学院副教授）

图书在版编目（CIP）数据

新时代改革方法论的地方实践 / 潘治宏主编. --北京：社会科学文献出版社，2024. 5
（地方改革创新实践案例研究丛书）
ISBN 978-7-5228-3453-5

Ⅰ. ①新… Ⅱ. ①潘… Ⅲ. ①改革-研究-中国
Ⅳ. ①D61

中国国家版本馆 CIP 数据核字（2024）第 066187 号

地方改革创新实践案例研究丛书
新时代改革方法论的地方实践

主　　编 / 潘治宏

出 版 人 / 冀祥德
责任编辑 / 陈晴钰
责任印制 / 王京美

出　　版 / 社会科学文献出版社
地址：北京市北三环中路甲 29 号院华龙大厦　邮编：100029
网址：www. ssap. com. cn
发　　行 / 社会科学文献出版社（010）59367028
印　　装 / 三河市龙林印务有限公司

规　　格 / 开　本：787mm × 1092mm　1/16
印　张：35. 25　字　数：564 千字
版　　次 / 2024 年 5 月第 1 版　2024 年 5 月第 1 次印刷
书　　号 / ISBN 978-7-5228-3453-5
定　　价 / 168. 00 元

读者服务电话：4008918866